# Oldenburger Jahrbuch

Band 97, 1997

# Oldenburger Jahrbuch

Band 97, 1997

Herausgegeben vom Oldenburger Landesverein
für Geschichte, Natur- und Heimatkunde e.V.

ISENSEE VERLAG
OLDENBURG

Der Druck dieses Bandes wurde gefördert durch die
Oldenburgische Landschaft, Herrn Horst-Günter Lucke und die

**VR-Stiftung**

Volksbanken · Raiffeisenbanken

Schriftleiter des Oldenburger Jahrbuches

Teil I    Geschichte: Prof. Dr. Albrecht Eckhardt

Teil II   Vorgeschichte: Prof. Dr. Mamoun Fansa

Teil III  Naturwissenschaften: Dr. Ulf Beichle

Teil IV   Bibliographie: Dr. Egbert Koolman

Teil V    Berichte: Klaus Barelmann

*Titelbild: Bewuchs auf der Kirchenmauer der St.-Marien-Kirche in Wardenburg (Aufnahme von Klaus Taux).*
*Siehe hierzu Beitrag von Klaus Taux in diesem Band S. 299 ff.*

 ISBN 3-89598-347-0

Die Deutsche Bibliothek - CIP-Einheitsaufnahme

**Oldenburger Jahrbuch** / Hrsg. vom Oldenburger Landesverein für Geschichte, Natur- und Heimatkunde e.V. - Oldenburg : Isensee
  ISSN 0340-4447
  Früher verl. vom Oldenburger Landesverein für Geschichte, Natur- und Heimatkunde e.V.
  Bd. 97 (1996 -

Isensee Verlag, Haarenstraße 20, 26122 Oldenburg

© Oldenburger Landesverein für Geschichte, Natur- und Heimatkunde e.V.
Gedruckt bei Isensee in Oldenburg

# Inhaltsverzeichnis

Teil I: GESCHICHTE

**Aufsätze und kleine Beiträge**

*Johannes Ey:*
Aufbau und Profile früher Deiche - kritische Betrachtung einer neuen
Sichtweise . . . . . . . . . . . . . . . . . . . . . . . . . . . . . . . . . . . . . . . . . . . . . . . . . . . . 1

*Peter Sieve:*
Friesoyther Bürger als Lehnsträger . . . . . . . . . . . . . . . . . . . . . . . . . . . . . . . . 11

*Ingrid Weibezahn:*
Wandmalereien in der Sakristei der Wildeshauser St.-Alexander-Kirche . . . . . . 41

*Wolfgang Rohde:*
der voetlude banner
Über älteste oldenburgische Chronistik mit Edition eines Rasteder Fragments 67

*Siegfried Müller:*
Leben im alten Oldenburg . . . . . . . . . . . . . . . . . . . . . . . . . . . . . . . . . . . . . 83

*Reinhold Schütte:*
Domänenpolitik und Domänenverwaltung im Oldenburger Land
vom 16. Jahrhundert bis zur Gegenwart . . . . . . . . . . . . . . . . . . . . . . . . . . . 101

*Christina Randig:*
„Ein Mensch, der nicht lieset, sieht in der Welt nur sich."
Zum literarischen Wirken der "Oldenburgischen Literarischen Gesellschaft"
in der Zeit von 1796 bis 1801 . . . . . . . . . . . . . . . . . . . . . . . . . . . . . . . . . . 137

*Roswitha Schweichel:*
Von Sperlingen und Krammetsvögeln. Vogelschutz im Großherzogtum Oldenburg 1869-1920 . . . . . . . . . . . . . . . . . . . . . . . . . . . . . . . . . . . . . . . . . . . . 159

*Udo Schulze:*
Johannes Wien und Herbert Goltzen - zwei Ostpfarrer in Oldenburg . . . . . . . 181

**Bücherschau** . . . . . . . . . . . . . . . . . . . . . . . . . . . . . . . . . . . . . . . . . . . . . . 213

B. Alberts s. Historische Gärten in Schleswig-Holstein
Ansichten der Nordwolle *(J. Halbfaß)* . . . . . . . . . . . . . . . . . . . . . . . . . . . . . . 250
N. Aschenbeck s. Zeitschnitte
Aus der Arbeit des Geheimen Staatsarchivs *(F.-W. Schaer)* . . . . . . . . . . . . . . . 219
K. Bade, H.-B. Meier u. B. Parisius: Zeitzeugen im Interview *(H. Düselder)* . . . . 256

St. Baumeier / Ch. Köck: Sauerland *(M. Schimek)* .......................... 242
H.-J. Behr: Franz von Waldeck *(A. Eckhardt)* ............................... 227
R. Belling s. Daniel
Bertelsmann Lexikon Geschichte *(M. Nistal)* .............................. 213
B. Bei der Wieden s. Leben im 16. Jahrhundert
Biographisches Lexikon für Ostfriesland 2. Bd. *(A. Eckhardt)* ................ 252
A. von Boetticher: Geschichtliches Ortsverzeichnis des Landkreises Peine
    *(Ch. Moßig)* ........................................................ 222
A. Bonk: Urkundenbuch des Klosters Barsinghausen *(M. Nistal)* ............. 224
Braunschweigisches Biographisches Lexikon *(H. Schieckel)* .................. 252
Bremisches Jahrbuch 74/75, 1995/96 *(Ch. Moßig)* ........................... 220
Brockhaus. Die Bibliothek. Weltgeschichte Bd. I *(A. Eckhardt)* ............... 214
B. Brockmann: Die Christianisierung des Oldenburger Münsterlandes
    *(R. Holbach)* ....................................................... 237
D. Brosius: Urkundenbuch der Stadt Celle *(M. Nistal)* ...................... 226
A. von Buttlar s. Historische Gärten in Schleswig-Holstein
A. Frhr. von Campenhausen s. Hucker
K. Casemir u. U. Ohainski: Niedersächsische Orte *(B. Schneidmüller)* ........ 221
Chronik der Gaststätte „Zum Drögen Hasen" *(F.-W. Schaer)* ................ 264
H. de Cuveland: Schloß Ahrensburg *(J. Deuter)* ............................ 246
H. Daniel, R. Belling, G. Hoffmann: Verkehr und Wasser in Oldenburg
    *(M. Nistal)* ......................................................... 263
W. Delbanco s. Rölker
Delmenhorster Heimatjahrbuch 1996 *(J. Halbfaß)* .......................... 221
J. Döring, M. Fansa, C. Feveile, A. Jager, St. Jensen, E. Kramer: Friesen, Sachsen
    und Dänen *(R. Holbach)* ............................................. 215
H. Düselder s. Geschichte der Stadt Oldenburg Bd. 2
I. Eberhard: Van des stades wegen utgegeven unde betalt *(M. Schimek)* ....... 249
U. Elerd s. Geschichte der Stadt Oldenburg Bd. 2
A. Fahl-Dreger s. Hucker
M. Fansa s. Döring
D. Faß: Sager Heide Bd. 2 *(J. Halbfaß)* ................................... 264
C. Feveile s. Döring
S. Frank s. Schmerenbeck
Gärten der Goethe-Zeit *(J. Deuter)* ....................................... 246
W. Garbas s. Zeitschnitte
Geschichte der Stadt Oldenburg Bd. 2 *(A. Sander-Berke)* .................... 261
U. Gittel: Die Aktivitäten des Niedersächsischen Reichskreises *(M. Reinbold)* .. 227
J. Graw: Arnoldsdorf *(H. Düselder)* ....................................... 259
H. W. Grosse / H. Otte / P. Perels: Bewahren ohne Bekennen? *(K.-L. Sommer)* . 240
W.-E. Gudemann s. Bertelsmann Lexikon Geschichte
H. Günther s. Gärten der Goethe-Zeit
H.-J. Häßler: Die Altsachsen *(R. Holbach)* ................................ 215
I. Harms: „Wat mööt wi hier smachten ..." *(B. Parisius)* .................... 235
C. u. I. Hattendorf s. Chronik der Gaststätte „Zum Drögen Hasen"
V. Herre s. Gärten der Goethe-Zeit

G. Heuzeroth / P. Szynka: Unter der Gewaltherrschaft des Nationalsozialismus *(H. Düselder)* .......... 234
U. Hindersmann s. Bade
Historische Gärten in Schleswig-Holstein *(J. Deuter)* ............ 245
Ch. Hoffmann: Ritterschaftlicher Adel *(H.-J. Behr)* ............ 254
G. Hoffmann s. Daniel
B. U. Hucker: Stift Bassum *(R. Holbach)* .......... 238
M. Hundt: Die mindermächtigen deutschen Staaten *(A. Hanschmidt)* ........ 230
M. Hundt: Quellen zur kleinstaatlichen Verfassungspolitik *(A. Hanschmidt)* ... 230
A. Jager s. Döring
W. Janssen-Holldiek: Renaissance- und Barock-Ofenkacheln *(H.-G. Vosgerau)* .. 248
H.-R. Jarck s. Braunschweigisches Biographisches Lexikon
St. Jensen s. Döring
R. Joppich s. Hucker
H. Judeich: Mutter wartet *(H. Schieckel)* ............ 260
G. Kaldewei s. Ansichten der Nordwolle
G. Kaldewei: Es war einmal eine Burg *(D. Rüdebusch)* ............ 260
W. Kehn: Christian Cay Lorenz Hirschfeld *(J. Deuter)* ............ 247
J. Kloosterhuis s. Aus der Arbeit des Geheimen Staatsarchivs
Ch. Köck s. Baumeier
E. Kramer s. Döring
H. W. Krumwiede: Kirchengeschichte Niedersachsens Bd. 2 *(R. Schäfer)* ...... 239
J. Kuropka / H. von Laer: Woher kommt und was haben wir an Niedersachsen *(U. Schneider)* ............ 217
H. von Laer s. Kuropka
Leben im 16. Jahrhundert *(Ch. Reinders-Düselder)* ............ 257
H. van der Linde: Gezeiten *(J. Schrape)* ............ 251
G. Lohse: Geschichte der Ortsnamen im östlichen Friesland *(H.-J. Mews)* ..... 223
Th. Mack: „dessen sich keiner bey Vermeidung unser Ungnade zu verweigern ..." *(W. G. Rödel)* ............ 255
J. Matthies s. Historische Gärten und Schleswig-Holstein
H. Mehl: Acker-, Markt- und Reisewagen *(M. Nistal)* ............ 243
Th. Messerschmidt s. Historische Gärten in Schleswig-Holstein
H.-B. Meyer s. Bade
M. M. Meyer s. Historische Gärten in Schleswig-Holstein
S. Meyer s. Bade
A. Mindermann: Adel in der Stadt *(M. Nistal)* ............ 254
U. Möllney: Norddeutsche Presse um 1800 *(W. Barton)* ............ 244
B. Müller: Schloß Delmenhorst *(D. Rüdebusch)* ............ 260
M. Nistal s. Geschichte der Stadt Oldenburg Bd. 2
H. Obenaus: Im Schatten des Holocaust *(H. Düselder)* ............ 240
U. Ohainski s. Casemir
W. Ordemann: Preußen und Oldenburg *(St. Hartmann)* ............ 231
B. Parisius s. Bade
Phantasie und Illusion *(J. Deuter)* ............ 244
G. Ramsauer: Kirche und Nationalsozialismus in Tossens *(K.-L. Sommer)* ...... 265

D. von Reeken s. Geschichte der Stadt Oldenburg Bd. 2
D. von Reeken: Heimatbewegung *(B. Mütter)* .............................. 233
D. von Reeken: Lahusen *(K. Lampe)* .................................... 251
M. Reinbold: Der Unterthanen liebster Vater *(H. Schieckel)* ................. 228
Ch. Reinders-Düselder s. Geschichte der Stadt Oldenburg Bd. 2
U. Reinhardt: Lüneburger Testamente *(H.-J. Behr)* ....................... 236
R. Rölker u. W. Delbanco: Urkundenbuch des Stifts Börstel *(A. Eckhardt)* ...... 225
J. Rund: Geschichtliches Ortsverzeichnis des Landkreises Gifhorn *(Ch. Moßig)* . 222
F.-W. Schaer: Geschichte des Niedersächsischesn Staatsarchivs in Oldenburg
    *(St. Hartmann)* ................................................ 219
C. Scharf: Katharina II. *(St. Hartmann)* ................................ 229
G. Scheel s. Braunschweigisches Biographisches Lexikon
B. Schimmelpfennig: Könige und Fürsten, Kaiser und Papst *(B. Schneidmüller)* . 226
P. Schmerenbeck: Puppen, Bären, Magische Laternen *(S. Famulla-Lietz)* ....... 243
W. H. Schröder: Sozialdemokratische Parlamentarier *(A. Eckhardt)* ........... 231
M. Schumacher: M.d.L. *(A. Eckhardt)* ................................. 232
B. Schumann s. Schmerenbeck
H.-H. Seedorf u. H.-H. Meyer: Landeskunde Niedersachsen Bd. II *(A. Eckhardt)* 216
K.-L. Sommer s. Geschichte der Stadt Oldenburg Bd. 2
J.-D. Steiner s. Bade
E. Tantzen: 700 Jahre Chronik der Familie Tantzen *(H. Schieckel)* ............ 258
M. Tielke s. Biographisches Lexikon für Ostfriesland
K. Vincenz s. Schmerenbeck
G. Wachtendorf: Oldenburger Häuserbuch *(R. Wyrsch)* .................... 263
B. Wallenberg-Pachaly s. Hucker
A. Wandschneider s. Phantasie und Illusion
W. Wegewitz: Das Abenteuer der Archäologie *(F. Both)* .................... 215
K. H. L. Welker: Rechtsgeschichte als Rechtspolitik *(H.-J. Behr)* ............. 237
L. Wittenberg s. Zeitschnitte
Zeitschnitte *(D. Rüdebusch)* ........................................... 260
Zurück zur Natur *(J. Deuter)* .......................................... 248

## Teil II: VORGESCHICHTE

*Jürgen Lange:*
Wurten und Altdeiche als Kulturdenkmale ............................... 267

*Frank Both:*
Das „Beterlein" von Köterende
Sakrale anthropomorphe Kleinplastiken aus Nordwestdeutschland .......... 275

*Jörg Eckert:*
Bericht der Archäologischen Denkmalpflege 1996
Niedersächsisches Landesverwaltungsamt
Institut für Denkmalpflege, Außenstelle Weser-Ems ...................... 285

## Teil III: NATURWISSENSCHAFTEN

*Klaus Taux:*
Farnpflanzen an alten Kirchen und Friedhofsmauern im Oldenburger Land ... 299

*Fritz Runge:*
Sukzessionsstudien an einigen Pflanzengesellschaften Wangerooges IV ...... 323

*Carsten Ritzau:*
Untersuchungen zur Pflanzenwespenfauna der Ostfriesischen Inseln
(Hymenoptera: Symphyta) .................................................. 329

*Hans Rudolf Henneberg:*
Der Schloßgarten in Oldenburg und seine Vogelwelt.
Beobachtungen von 1890 und heute (1997) .................................. 337


## Teil IV: BIBLIOGRAPHIE

*Egbert Koolman:*
Oldenburgische Bibliographie 1996 ......................................... 357


## Teil V: BERICHTE

Berichte des Oldenburger Landesvereins für Geschichte, Natur- und
Heimatkunde e.V. für 1996/97 .............................................. 391

Jahresberichte 1996/97 .................................................... 393

Vortragswesen und Studienfahrten 1996/97 .................................. 413

Fahrtberichte 1996/97 ..................................................... 417

Johannes Ey

# Aufbau und Profile früher Deiche
## - kritische Betrachtung einer neuen Sichtweise

In der neuen Folge der „Oldenburger Forschungen" erschien 1996 die Arbeit von Heinz A. Pieken über „Deichrecht und Deichmauern in den Bilderhandschriften des Sachsenspiegels und in anderen Quellen"[1]. Zum wesentlichen Teil befaßt sich die Abhandlung mit der Konstruktion, den Profilen und der Höhe mittelalterlicher Deiche. Auf diese Aspekte der Arbeit von Pieken soll im folgenden näher eingegangen werden.
Pieken versucht, seine nachfolgend dargestellte Sichtweise zur Konstruktion früher Deiche zum einen mit den Bildern in den Handschriften des Sachsenspiegels, zum anderen mit einem archäologischen Profil zu begründen. Seine Interpretation ist dadurch gekennzeichnet, daß er den Inhalt der Abbildungen häufig unmittelbar überträgt, ohne auf deren Symbolgehalt zu achten. Schon Grimm[2] betont jedoch den Symbolcharakter der Darstellungen im Sachsenspiegel: „.... für die Erläuterung der Rechtssymbole sind diese Bilder ganz geringfügig; ... auch zeigen sie, wie man sich damals auf allgemeines Symbolisieren verstand ..." Zum Symbolgehalt der Bilderhandschriften des Sachsenspiegels äußert sich auch Scheele. Er betont den „zeichenhaften Charakter der (dargestellten) Realien und die z.T. damit verbundene Umstilisierung". Die Realitätsferne vieler Illustrationen weise daher dem Text eine um so wichtigere Rolle bei der Interpretation der Bilder zu. Die Bilderhandschriften böten einstweilen kein treues Abbild der „vergangenen Wirklichkeit"[3]. Schmidt-Wiegand formuliert es sogar noch deutlicher. Sie stellt die Abbildungen nur als Ergänzung des Textes hin, dem die führende Rolle in den Bilderhandschriften des Sachsenspiegels zukomme[4].

---

1) Heinz A. Pieken, Deichrecht und Deichmauern in den Bilderhandschriften des Sachsenspiegels und in anderen Quellen (Oldenburger Forschungen Neue Folge Bd. 2), Oldenburg 1996.
2) Jacob Grimm, Deutsche Rechtsaltertümer, 2 Bde. Unveränd. reprograf. Nachdruck der 4. verm. Aufl. Leipzig 1899, Darmstadt 1974, S. 284.
3) Friedrich Scheele, Zum Wirklichkeitsgehalt in den Miniaturen der Oldenburger Bilderhandschrift des Sachsenspiegels, in: Mamoun Fansa (Hrsg.), der sassen speyghel. Sachsenspiegel - Recht - Alltag, Bd. 2 (Archäologische Mitteilungen aus Nordwestdeutschland Beiheft 10), Oldenburg 1995, S. 69-81, hier 74, 71.
4) Ruth Schmidt-Wiegand, Die Bilderhandschriften des Sachsenspiegels als Zeugen pragmatischer Schriftlichkeit, in: Frühmittelalterliche Studien 22, 1988, S. 357-387 u. Taf. 29-37, hier 370.

---

Anschrift des Verfassers: Dr. Johannes Ey, Diplom-Geograph, Niedersächsisches Institut für historische Küstenforschung, Viktoriastraße 26/28, 26382 Wilhelmshaven.

Im Detail nun sieht Pieken die Entwicklung des Deichbaus folgendermaßen ablaufen. Der Bau von Winterdeichen stelle einen Bruch mit dem Prinzip dar, flache Überlaufdeiche - die er „Urdeiche" nennt - zu bauen. Winterdeiche seien daher in technischer Hinsicht keine Weiterentwicklung von Sommerdeichen[5]. Kernpunkt seiner Ausführungen ist die These, im Gegensatz zu Sommerdeichen habe der zentrale Teil mittelalterlicher Winterdeiche aus einer „Deichmauer", einem „Höft", mit Holzverstärkung bestanden. Beidseits dieser Deichmauer soll eine „Stahle" als breite, flache Arbeitsbühne errichtet worden sein, um die Mauer bei Bedarf erhöhen zu können[6]. Dem ist jedoch entgegenzuhalten, daß eine steil abfallende Deichmauer schon aus physikalischen Gründen dem Druck einer entsprechend hohen Wassersäule und erst recht der Wucht des Wellenschlages einer Sturmflut niemals standhalten und sofort brechen würde. Denn nicht nur die Höhe, sondern gerade die Stärke der Deiche ist ausschlaggebend für deren Standsicherheit generell und insbesondere bei Sturmfluten. So gibt schon im 18. Jahrhundert der berühmte Deichbaumeister Albert Brahms eine Empfehlung für das Verhältnis von Basisstärke eines Deichs zu dessen Höhe: es soll mindestens 3,5:1 betragen[7]. Damit verlangt er eine dammartige und keine mauerartige Konstruktion. Darüber hinaus erkannte Brahms, daß die im spitzen Winkel auf den Deich einwirkende Wucht des Wellenschlages weit geringere Auswirkungen habe, als wenn sie senkrecht aufträfe. Daher fordert er eine insbesondere auf der seewärtigen Seite des Deiches möglichst flache Böschungsneigung, so daß sich die Wellen totlaufen können[8]. Auf die von Pieken postulierte Konstruktion mit Stahle kommen wir weiter unten zurück.

## Die Böschungen der Deiche in den Darstellungen des Sachsenspiegels

Pieken versucht, aus Darstellungen früher Deiche in den Bilderhandschriften des Sachsenspiegels insbesondere seine für mittelalterliche Winterdeiche aufgestellte Hypothese der Deichmauer mit fast senkrechter Front zur Seeseite herzuleiten. Diese Annahme ist jedoch leicht zu widerlegen. So zeigt eine Szene aus der Heidelberger Handschrift[9] ganz klar, daß es sich bei der angeblichen „Deichmauer" um einen Wall handelt, der eben gerade nicht senkrecht, sondern deutlich gebösht dargestellt ist. Wie oben gezeigt muß überdies der Böschungswinkel aus technischen Gründen in Wirklichkeit deutlich flacher gewesen sein[10]. Außerdem muß beachtet werden, daß - wie ebenfalls oben angesprochen - die Illustrationen im Sachsenspiegel die wirklichen Verhältnisse nicht unbedingt exakt wiedergeben. Das gilt offen-

---

5) Pieken, S. 43.
6) Pieken, Abb. 9; S. 8, 36 ff., 43 ff., 65.
7) Albert Brahms, Anfangsgründe der Deich- und Wasser-Baukunst, 1.-2. Teil. Nachdruck der Ausgabe Aurich 1767 bzw. 1773. Hrsg. vom Marschenrat zur Förderung der Forschung im Küstengebiet der Nordsee. Mit einem Nachwort von Klaus Hafemann, Leer 1989, S. 21.
8) Ebd., S. 22.
9) Codex Palatinus Germanicus 164, fol. 9 r1; Wiedergabe bei Pieken, Abb. 1/Bild 1.
10) Vgl. Hans Joachim Kühn, Die Anfänge des Deichbaus in Schleswig-Holstein, Heide 1992, S. 15 u. Abb. 2.

sichtlich insbesondere für den in der Oldenburger Bilderhandschrift des Sachsenspiegels aus dem 14. Jahrhundert dargestellten Deich[11], der steil ins Meer abzufallen scheint. Durch seine senkrechte, abweisende Seeseite sollte offenbar die abwehrende Funktion des Deichs betont werden. Auch die hier oben spitz zulaufend dargestellte Deichform muß in Wirklichkeit viel flacher gewesen sein! So steht auch das Gebäude (wahrscheinlich eine Kirche) hinter dem Deich stellvertretend - und damit symbolhaft - für das ganze Dorf[12]. Pieken deutet das auf Abb. 3 dargestellte Gebäude zwar als das Kloster Rastede[13]. Dieser Interpretation ist jedoch nicht zuzustimmen, da das Herkunftsgebiet der Vorlage für die Oldenburger Handschrift des Sachsenspiegels wahrscheinlich im Lüneburger Raum liegt[14]; im Kloster Rastede wurde lediglich die Abschrift angefertigt! Parallelen für die irreale Wiedergabe von Böschungswinkeln in Quellen des 11. und 12. Jahrhunderts sind z.B. Darstellungen von Turmhügelburgen (Motten)[15]. Sie fallen durch ihre extrem steil abfallenden Hügelflanken auf, wogegen eine Rekonstruktion der Burg Elmendorf am Zwischenahner Meer als Doppelmotte des 12. Jahrhunderts nach den Grabungsbefunden von deutlich flacheren Böschungen ausgeht[16]! Pieken hält das Problem der symbolhaften Darstellung jedoch offenbar für unwichtig[17]. Abgesehen von diesen Aspekten ist die realistische Darstellung eines sehr flach geböschten Deichprofils insbesondere in kleinen, schmalen Zeichnungen wie z.B. den Bilderhandschriften des Sachsenspiegels kaum möglich. Aus diesen technischen Gründen sind sogar archäologische Profile auch heute oft noch überhöht dargestellt!

## Die „Stahle" nach historischen und archäologischen Quellen

Die Überlieferungen sprechen eindeutig gegen die von Pieken postulierte Deichkonstruktion aus Mauer mit Stahle. Die Bilder in der Heidelberger sowie der Oldenburger Handschrift des Sachsenspiegels[18] stellen mittelalterliche Deiche dar, die ganz gleichmäßig aus Kleisoden aufgebaut sind[19]. Auf diesen Bildern ist nicht die Spur einer Stahle zu erkennen! Die Stahle ist überdies entbehrlich, wenn man eine relativ flache Böschung der frühen Winterdeiche voraussetzt - und diese wird auch durch die unten beschriebenen archäologischen Profile belegt! Allerdings haben Deiche manchmal einen sehr breiten Unterbau, der sich als getrennte Auftragsphase

---

11) Codex picturatus Oldenburgensis CIM I 410, fol. 58 r1; Pieken, Abb. 3.
12) Scheele, Wirklichkeitsgehalt (s. Anm. 3), S. 74.
13) Pieken, S. 20.
14) Friedrich Scheele, Zur Herstellung und Gestaltung der Miniaturen. Mit besonderer Berücksichtigung des Verhältnisses von Illustrationen und Registern, in: Ruth Schmidt-Wiegand (Hrsg.), Oldenburger Sachsenspiegel. Vollständige Faksimileausgabe des Codex picturatus Oldenburgensis CIM I 410 der Landesbibliothek Oldenburg. Kommentarband, Graz 1996, S. 59-86, hier 76 ff.
15) Hans-Wilhelm Heine, Burgen im Oldenburger Sachsenspiegel. Abbild und Wirklichkeit - Burgenkundliche Bemerkungen, in: der sassen speyghel, Bd. 2 (s. Anm. 3), S. 241-260, hier Abb. 3 u. 13.
16) Ebd., Abb. 6.
17) Pieken, Anm. 24 (auf S. 79).
18) S. Anm. 9 bzw. 11.
19) Johannes Ey, Der Sachsenspiegel als Quelle zum frühen Deichbau, in: der sassen speyghel, Bd. 2 (s. Anm. 3), S. 203-205, hier 204.

darstellt. So hat z.B. der 1873 gebaute Deich in Idagroden/Jadebusen einen sehr flachen Unterbau, dessen Oberkante bei nur 1,45 m über dem mittleren Tidehochwasser (MThw) liegt und der die gleiche Basisbreite von 18,30 m aufweist wie der aufliegende Deich[20]. Ein solcher Unterbau darf jedoch nicht mit einer Arbeitsbühne verwechselt werden! Pieken[21] räumt selbst ein, er habe Schwierigkeiten, die durch die Quellen überlieferte Basisbreite der Deiche mit der von ihm postulierten „Steilheit" des Profils in Einklang zu bringen. Auch das mittelalterliche Westerlauwerssche Recht spricht schon von einem mindestens 18 m breiten Deich: *... dabei soll die Deichberme dreiundsechzig Fuß des Deiches sein, wenn man ihn damit halten kann ...*[22].

## „Deichmauern" und Holzverstärkung nach historischen und archäologischen Quellen

Belege für Deichmauern als Relikte mittelalterlicher Deiche finden sich weder in der Beschreibung und den Abbildungen frühneuzeitlicher Deiche von Musculus 1625/1626[23] noch bei Hunrichs 1770/71[24], Brahms 1767/1773 und Tenge 1898! Pieken bezeichnet die von ihm selbst im Deichkern vermutete Deichmauer als „Höft"[25]. Johann Wilhelm Anton Hunrichs, ein Deichbaufachmann des 18. Jahrhunderts, beschreibt im Kapitel „Von den Mitteln wider den Abbruch" aus seiner Veröffentlichung „Practische Anleitung zum Deich- Siel- und Schlengen-Bau" den Begriff „Höft" jedoch ganz anders[26]. „Von hölzern Höftwerke" definiert er als „eine Reihe dichte an einander geschlagener Wandpfähle". Er ergänzt, sie sollten möglichst resistent gegen Beschädigung durch Wellen- und Eisgang sein. Es muß sich daher hierbei um einen Schutzverbau an der Außenseite des Deichs handeln. Den Verbau mit Strauchwerk oder Schlengenwerk nennt er „Strauchhöft" bzw. „Schlengenhöft" oder „Schlenge". Unter einem Höft versteht man daher einen außen (seewärtig) liegenden Deichschutz und keine „Deichmauer" als Kern eines Deichs. Die Verstärkung von Deichen durch Holzeinbau („Stackdeiche") ist archäologisch erst für die Zeit seit dem späten 15. Jahrhundert[27] und historisch erst seit dem 16. Jahrhundert nachgewiesen. So erwähnt der nordfriesische Pastor und Chronist Johannes Petreus

---

20) Oskar Tenge, Der Jeversche Deichband. Geschichte und Beschreibung der Deiche, Uferwerke und Siele im dritten Oldenburgischen Deichbande und im Königlich Preußischen westlichen Jadegebiet, 2. Aufl., Oldenburg 1898, Taf. 17.
21) Pieken, S. 41.
22) Wybren Jan Buma, Wilhelm Ebel u. M. Tragter-Schubert (Hrsg.), Westerlauwersches Recht I (Altfriesische Rechtsquellen Bd. 6), Göttingen 1977, Buch XIII, Kap. 14, S. 218.
23) Albrecht Eckhardt (Hrsg.), Der Deichatlas des Johann Conrad Musculus von 1625/26. Faksimile-Ausgabe, Oldenburg 1985.
24) Johann Wilhelm Anton Hunrichs, Practische Anleitung zum Deich- Siel- und Schlengen-Bau. Erster Theil, von Deichen und Sielen. Zweyter Theil, von Schlengen, Höftern und anderen Schutzwerken, Bremen 1770 bzw. 1771.
25) Pieken, S. 26, S. 36, Abb. 9.
26) Hunrichs (s. Anm. 24), S. 258 f.
27) Hans Joachim Kühn u. Albert Panten, Der frühe Deichbau in Nordfriesland. Bräist/Bredstedt 1989, S. 44.

# Aufbau und Profile früher Deiche

Stackdeiche erst für das Jahr 1581, wenn er von ... *gestackten und flacken dicken* ... schreibt[28]). Als Beleg für solche angeblich bereits im Mittelalter bestehenden Konstruktionen nimmt Pieken eine allerdings erst aus dem ausgehenden 16. Jahrhundert stammende Deichrute[29]), auf die schon Wiebalck[30]) hingewiesen hat. Beekman[31]) deutet den im Zusammenhang mit dem Deichbau verwendeten Begriff „Paalwerk ..." jedoch als eine zum Schutzverbau unmittelbar außen vor den Deichfuß gesetzte „Holzung". Solche Holzungen waren erst seit der frühen Neuzeit gebräuchlich[32]), um den Deichfuß an besonders gefährdeten Stellen vor Erosion durch Wellenschlag zu schützen. Auch die Reiseberichte aus dem 18. Jahrhundert, auf die sich Pieken stützt[33]), belegen lediglich solche neuzeitlichen Holzungen. Die Ansprache der beiden recht undeutlichen Striche, die bei dem im Heidelberger Sachsenspiegel dargestellten Deich[34]) in der Fallinie seiner seewärtigen Böschung verlaufen, als „Bohlwerk" einer Deichmauer[35]) erscheint mithin sehr gewagt.

## Archäologische Befunde zu Konstruktion und Entwicklung früher Winterdeiche

Pieken spricht den Befund des von Friedrich Saeftel[36] in der Wilstermarsch dokumentierten Profils als „Deichmauer" an[37]). Nun weisen die kompakten Blöcke aus Sodensetzungen im Zentralbereich dieses Profils zwar steile Flanken auf. Sie stellen aber nur einzelne Materialeinheiten im gesamten Deichauftrag dar und sind nicht als „Mauer" zu deuten. Anderenfalls müßten sich alte Oberflächen in Form dunkler, humoser Bänder über die Oberseiten der Blöcke ziehen, was nicht der Fall ist! Auch die Frage, wie solche „Kleiquader" zu einer haltbaren Mauer miteinander verbunden werden sollten, muß Pieken ausdrücklich offen lassen[38])! Überdies ist auch eine „Stahle" - wie sie Pieken als seitlich an die Mauer angefügte Arbeitsbühne postuliert - mit diesem Profil ebensowenig wie mit den im folgenden aufgeführten Deichprofilen zu belegen. Piekens Arbeit ignoriert die Ergebnisse aus den neueren Untersu-

---

28) Johannes Petreus, Ein korte Beschrivinge des Lendlins Nordstrandes, 1620-33, in: Reimer Hansen (Hrsg.), Johannes Petreus' Schriften über Nordstrand, Nachdruck der Ausg. Kiel 1901, Walluf 1974, S. 71-288, hier 191.
29) Pieken, S. 27 f.
30) R. Wiebalck, Zur mittelalterlichen Agrargeschichte der Friesen zwischen Weser und Elbe, in: Jahrbuch der Männer vom Morgenstern 13, 1912, S. 58-103, hier 66.
31) A. Beekman, Aanvullingen en verbeteringen op het gebied van dijk- en waterschapsrecht, bodem en water, aardrijkskunde, enz., in: E. Verwijs u. J. Verdam (Hrsg.), Middelnederlandsch Woordenboek, Elfde Deel, Den Haag 1941, Sp. 60.
32) So auch Pieken, S. 19!
33) Pieken, Anm. 43 u. S. 28.
34) Codex Palatinus bzw. Pieken (s. Anm. 9).
35) Pieken, S. 19.
36) Friedrich Saeftel, Schnitte durch den „Schlafdeich" in Büttel bei St. Margarethen, in: Nordelbingen 9, 1933/34, S. 405-412.
37) Pieken, Abb. 4.
38) Pieken, S. 61.

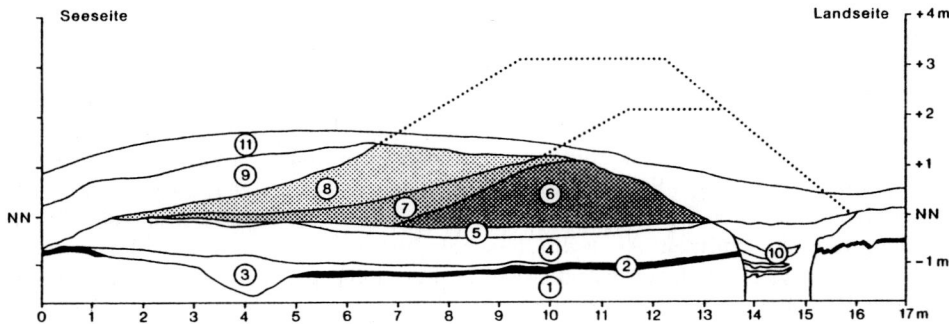

*Abb. 1: Eiderstedt: St. Johannis-Koog Deich. Vereinfachtes Profil. 6 Deichphase 1 als Sommerbzw. Überlaufdeich; 7 Deichphase 2 als mittelalterlicher Winterdeich mit flach abfallender seewärtiger Böschung. 1 alter Klei; 2 Torf der vorrömischen Eisenzeit; 3 zugeschlickter Priel; 4 junger Klei; 5 mittelalterliche Oberfläche; 8 Deich 3 (frühe Neuzeit); 9 Deichplanierung; 10 Graben; 11 Deichplanierung. - Quelle: Meier, Archäologie in den Nordseemarschen, Abb.9 (Wiedergabe mit frdl. Genehmigung des Autors und des Karl Wachholtz Verlages, Neumünster).*

chungen früher Deiche z.B. von Brandt[39]), Kühn[40]), Meier[41]) und Hallewas[42]) bzw. interpretiert sie falsch[43]). Die entsprechenden Befunde seien daher im folgenden näher betrachtet. Die mittelalterlichen Winterdeiche besaßen eine flache seewärtige Böschung, wie in der Wesermarsch, in Nordfriesland, auf der Halbinsel Eiderstedt und in den Niederlanden dokumentierte archäologische Profile beweisen. So zeigt ein Deichschnitt im St. Johannis-Koog/Eiderstedt[44]) deutlich, wie aus dem Sommer- und Ringdeich (Deichphase 1, Kronenhöhe ca. +1,1 mNN, Sohlbreite 6 m) durch Aufhöhung schließlich der mittelalterliche Winterdeich (Deichphase 2, Kronenhöhe ca. +2,2 mNN, Sohlbreite ca. 11 m) entstand. Dabei ist zu beachten, daß die Basis dieser beiden frühen Deichphasen bei ca. -0,35 mNN liegt; die Kronenhöhe über dem ehemaligen Umland betrug mithin mindestens 1,45 m bzw. 2,55 m! Dieser Befund widerlegt Piekens Auffassung, das Bauprinzip von Winterdeichen sei grundsätzlich anders als dasjenige flacher Sommerdeiche[45]). Deichphase 1 des St. Jo-

---

39) Klaus Brandt, Der Fund eines mittelalterlichen Siels bei Stollhammer Ahndeich, Gem. Butjadingen, Kr. Wesermarsch, und seine Bedeutung für die Landschaftsentwicklung zwischen Jadebusen und Weser, in: Probleme der Küstenforschung im südlichen Nordseegebiet 15, 1984, S. 51-64.
40) Kühn u. Panten (s. Anm. 27).
41) Dirk Meier, Dietrich Hoffmann u. Michael Müller-Wille, Zum mittelalterlichen Landesausbau Eiderstedts, in: Offa 46, 1990, S. 285-299; Dirk Meier, Archäologie in den Nordseemarschen. Untersuchungen an Warften und Deichen in Norderdithmarschen und Eiderstedt, in: Michael Müller-Wille u. Dietrich Hoffmann (Hrsg.), Der Vergangenheit auf der Spur. Archäologische Siedlungsforschung in Schleswig-Holstein, Neumünster 1992, S. 63-82.
42) Daan Hallewas, Mittelalterliche Seedeiche im holländischen Küstengebiet, in: Probleme der Küstenforschung im südlichen Nordseegebiet 15, 1984, S. 9-27.
43) Pieken, S. 47.
44) Abb. 1, 6-8; Meier et al. (s. Anm. 41), S. 295 ff.
45) Pieken, S. 43 u. 57.

Aufbau und Profile früher Deiche 7

*Abb. 2: Sillens, Ldkr. Wesermarsch: Rest des Ringdeichs. Unter den beiden alten Oberflächen der Römischen Kaiserzeit und des frühen Mittelalters liegt jeweils Sediment. Nur im Bereich über der 9 m langen mittelalterlichen Oberfläche ist noch ein Rest des inzwischen größtenteils abgetragenen Deichauftrags zu erkennen. Als früher Sommer- bzw. Überlaufdeich entspricht er der Phase 1 des St. Johannis-Koog Deichs auf Eiderstedt (Abb. 1,6).*

hannis-Koog Deichs ist in das 11./12. Jahrhundert zu datieren und dem Ringdeich von Sillens/Wesermarsch durchaus vergleichbar[46]. Im übrigen kann Piekens These, der Sillenser Ringdeich könnte auch erst viel später als Rückzugsdeich in Reaktion auf die spätmittelalterlichen Meereseinbrüche errichtet worden sein[47], nicht überzeugen. Unter dieser Voraussetzung wäre der Deich nicht vor dem späten 14. Jahrhundert entstanden, was jedoch durch das von ihm umschlossene unregelmäßige Flursystem, welches älter als das umliegende sein muß, widerlegt wird. Denn diejenigen Siedlungsplätze, die der regelmäßigeren - und jüngeren - Parzellierung in der südlich des Ringdeiches gelegenen Niederung (Sietland) zuzuordnen sind, sind archäologisch bereits in das 12./13. Jahrhundert zu datieren[48]. Hinzu kommt, daß

---

46) Foto: Abb. 2; Peter Schmid, Die mittelalterliche Neubesiedlung der niedersächsischen Marsch, in: Mette Bierma, Otto H. Harsema u. Willem van Zeist (Hrsg.), Archeologie en Landschap. Bijdragen aan het gelijknamige symposium gehouden op 19 en 20 oktober 1987, ter gelegenheid van het afscheid van Harm Tjalling Waterbolk, Groningen 1988, S. 133-165, hier Abb. 11,5 u. 13.
47) Pieken, S. 58.
48) Klaus Brandt, Die mittelalterliche Siedlungsentwicklung in der Marsch von Butjadingen (Landkreis Wesermarsch). Ergebnisse archäologischer Untersuchungen, in: Siedlungsforschung 2, 1984, S. 123-146, hier 134 u. 136.

das (alte) Wegenetz teilweise dem Verlauf des Ringdeichs folgt[49]). Auf der Halbinsel Eiderstedt datiert die Phase 2 des St. Johannis-Koog Deichs sehr wahrscheinlich ins 15. Jahrhundert. Darüber liegt Deich 3, der vermutlich ins 16. Jahrhundert zu stellen ist und ursprünglich ca. +3,5 mNN erreichte; seine Sohle war mittlerweile auf 15 m verbreitert worden. Alle drei Phasen sind insbesondere auf ihrer jeweiligen Seeseite flach geböscht, nämlich im Verhältnis von 1:2 bei Deich 1 und 1:4 bei den Deichen 2 und 3. Die Landseite besaß in allen Fällen ein Böschungsverhältnis von 1:1,5[50]). Weitere Beispiele mittelalterlicher, flach geböschter Seedeiche bieten die Schnitte durch den Seedeich des Alten Kooges auf Nordstrand/Nordfriesland sowie durch den Schardeich des Großen Kooges auf Pellworm/Nordfriesland[51]). Die Krone des Nordstrander Deichs reichte bis ca. +3,4 mNN (Höhe über ehemaligem Umland ca. 3,4 m), die des Pellwormer Beispiels bis +2,8 mNN (Höhe über ehemaligem Umland ca. 2,4 m). Beide Deichprofile besaßen eine flache seewärtige Böschung, der Pellwormer Deich eine steiler abfallende landwärtige Böschung. Sie dienten nicht mehr als Sommerdeich, der im Winter zum Überlaufdeich wurde, sondern als vollwertiger Winterdeich von beträchtlicher Höhe[52]). Ein Schnitt durch den Osterhever Mühlendeich/Eiderstedt erbrachte u.a. zwei Deichphasen aus dem 14. Jahrhundert[53]). Die Krone von Phase 1 lag ca. 2 m, diejenige von Phase 2 ca. 2,70 m über der ehemaligen Marschoberfläche. Das Böschungsverhältnis betrug auf der Seeseite jeweils 1:4 und auf der Landseite 1:1[54]). Auch hier fassen wir in beiden Phasen eindeutig frühe, seeseitig sehr flach geböschte Winterdeiche von beträchtlicher Kronenhöhe. Das bei Stollhammer Ahndeich/Wesermarsch dokumentierte Deichprofil[55]) zeigt in seiner Deichphase 3 einen flach geböschten Deich, der mit einer Höhe von 1,60-1,90 m über dem ehemaligen Umland bereits einen frühen Winterdeich darstellt. Er ist mit großer Wahrscheinlichkeit in die Zeit um 1300 n.Chr. zu datieren, entspricht also zeitlich der Entstehung des Sachsenspiegels. Der in den Niederlanden gelegene Westfriese Omringdijk wurde u.a. bei Enkhuizen/Zuiderzee geschnitten. Das Profil zeigt, daß die zweite Deichbauphase, die Hallewas dem 14. Jahrhundert zuweist[56]), die für einen mittelalterlichen Seedeich typische flache seewärtige Böschung besaß[57]). Mit einer Kronenhöhe von mehr als 2 m über dem ehemaligen Umland stellt diese Bauphase ebenfalls einen frühen Winterdeich dar.

Selbst Geländebeobachtungen sprechen gegen Piekens Thesen zur Konstruktion früher Winterdeiche. So kann der einem Deichbruch unmittelbar vorausgehende Kappensturz eines Deiches nicht, wie Pieken behauptet[58]), als ein Zeichen für die Existenz einer „Mauer" im Deichkern gewertet werden. Wenn die Kappe herunter-

---

49) Rosemarie Krämer, Historisch-geographische Untersuchungen zur Kulturlandschaftsentwicklung in Butjadingen mit besonderer Berücksichtigung des mittelalterlichen Marktortes Langwarden, in: Probleme der Küstenforschung im südlichen Nordseegebiet 15, 1984, S. 65-126.
50) Meier, Archäologie (s. Anm. 41), Tab. 2.
51) Kühn u. Panten (s. Anm. 27), Abb. 13,3 bzw. 11,5.
52) Ebd., S. 51.
53) Meier, Archäologie (s. Anm. 41), Abb.10,5 u. 10,6.
54) Ebd., Tab. 3.
55) Brandt, Siel (s. Anm. 39), S. 58 f. u. Abb. 4 unten.
56) Hallewas (s. Anm. 42), S. 21.
57) Ebd., Abb. 8 u. 9 B.
58) Pieken, S. 37 bzw. Anm. 265.

stürzt, dann ist das eine Folge der Erosion durch überlaufende und direkt hinter dem Deich auftreffende Wassermassen. Diese Erosion greift von der Landseite her am und vor dem Fuß des Deiches an, so daß das Profil der landwärtigen Deichflanke übersteilt wird, bevor schließlich die Kappe herunterstürzt.

So bleibt abschließend zweierlei festzustellen. Einerseits verkennt Pieken zumeist die Symbolik der Bilder in den Handschriften des Sachsenspiegels; andererseits schenkt er den neueren archäologischen Untersuchungen an frühen Deichen aus Niedersachsen, Schleswig-Holstein und den Niederlanden nicht genügend Beachtung bzw. interpretiert deren Ergebnisse falsch. Eine u.a. an diesen modernen archäologischen Befunden orientierte Argumentation wäre dem hier besprochenen Aufsatz sicher dienlicher gewesen als eine derart spekulative, nicht abgesicherte Interpretation der Bilderhandschriften des Sachsenspiegels. Diese stößt auch bei Historikern auf Kritik[59]). Ein Literaturverzeichnis wäre gerade im Hinblick auf die vielen grundsätzlichen Aussagen Piekens wünschenswert gewesen. Auch hätte es - anders als 547 Anmerkungen (teilweise mit fehlerhaften Zitaten, so Anm. 444!) - dem Leser die Lektüre erheblich erleichtert.

---

59) Siehe Rezension der Arbeit durch Friedrich Scheele, in: Emder Jahrbuch 76, 1996 (1997).

Peter Sieve

# Friesoyther Bürger als Lehnsträger

## Vorbemerkung

Im späten Mittelalter und in der frühen Neuzeit waren zahlreiche Bürgerfamilien in Friesoythe, einer Ackerbürgerstadt des Niederstifts Münster, mit Grundbesitz und mit Zehntrechten in der näheren Umgebung belehnt. Das Obereigentum der betreffenden Güter und Zehnten lag dabei in den Händen der verschiedensten Lehnsherren.
Beim Tod des Lehnsherrn wie auch beim Tod des Lehnsträgers mußte das Lehnsverhältnis von den jeweiligen Erben erneuert werden. In beiden Fällen hatte der Lehnsträger die Pflicht, das Lehen zu „muten", wie der Fachausdruck lautete, und dem Lehnsherrn dafür eine Gebühr zu entrichten. Über diese Belehnungen wurden seit dem ausgehenden Mittelalter Urkunden ausgestellt. Sehr oft kam es auch zu Streitigkeiten um die Vererbung der Lehen, die in der frühen Neuzeit vor den zuständigen Gerichten ausgetragen wurden. Sind die Lehnsurkunden und die Prozeßakten überliefert, besteht eine Möglichkeit, mit ihrer Hilfe die Geschichte der Familien der Lehnsträger weit über die Zeit der ersten Kirchenbuchaufzeichnungen hinaus zurückzuverfolgen.
Im vorliegenden Beitrag wird nun versucht, die weitverstreuten Informationen, die über Lehen von Friesoyther Bürgern bis etwa zur zweiten Hälfte des 17. Jahrhunderts erreichbar sind, möglichst vollständig zusammenzustellen. Die Ergebnisse sind nicht nur für genealogische Forschungen, sondern ebenso auch für rechtsgeschichtliche und für sozialhistorische Fragestellungen von Interesse.

## I. Der Böseler Zehnte

Bösel war bis 1873 eine Bauerschaft des Kirchspiels Altenoythe und bestand aus den Ortschaften Bösel und Osterloh. Um 1700 existierten hier 37 Hofstellen, darunter 6 Ganzerben, 4 Halberben und 8 Kotten. Die meisten Betriebe waren frei; in einem Hörigkeitsverhältnis standen nur die Ganzerben Meiners und Drees nebst dem Brinkkotten König zu Bösel (hofhörig an die Landesherrschaft), das Halberbe Bley zu Osterloh und der Brinksitzer Tegeler zu Bösel (hörig an Gut Altenoythe) sowie das Halberbe Sprock zu Osterloh (hörig an das Pastorat in Friesoythe). Schließlich gab es noch eine zum Gut Altenoythe gehörende Mühle (die Aumühle bei Osterloh)

---

Anschrift des Verfassers: Peter Sieve, M. A., Schnepfenweg 12, 49377 Vechta.

und eine (1604 bzw. 1638 vom Altenoyther Gutsbesitzer angekaufte) Ziegelei in Westerloh[1]). Die St.-Martins-Kapelle in Bösel ist erstmals 1574 nachweisbar, stammt aber zweifellos aus dem Mittelalter[2]).

Der sehr ertragreiche Böseler Zehnte, dessen Besitzgeschichte sich ab 1320 bzw. 1404/07 verfolgen läßt, war ursprünglich in Händen von drei verschiedenen Lehnsherren. Den Hauptanteil hatte der Edelherr zur Lippe, während der Edelherr von Diepholz den sogenannten Kleinen Zehnten (auch Buschzehnte genannt) und der Abt von Corvey den Zehnten der beiden Erbhöfe Meiners und Drees verlehnte. Seit dem 15. Jahrhundert verlehnte Corvey auch den ursprünglich diepholzischen Zehntanteil. Lehnsträger waren ritterbürtige Familien, die ihrerseits den Böseler Zehnten als Afterlehen an Friesoyther Bürger ausgaben. Im 16. Jahrhundert waren sechs Einwohner von Friesoythe mit Anteilen des Böseler Zehnten afterbelehnt. Im Oldenburgischen Urkundenbuch[3]) und in der heimatgeschichtlichen Literatur[4]) finden sich manche irreführende Angaben zu diesen Lehen. Die Irrtümer beruhen auf Verwechselungen des Dorfes Bösel mit dem Kirchdorf Barßel am Nordrand des Amtes Cloppenburg, dessen Name in den Schriftstücken des 14. bis 16. Jahrhunderts von dem Namen Bösel oft nicht zu unterscheiden ist: Bei beiden Orten ist von *Borsele, Bersele* u.ä. die Rede. Schon im 17. Jahrhundert kam es deshalb zu Fehlinterpretationen von älteren Urkunden.

### a) Der Bauerzehnte (Lehen der Edelherren zur Lippe)

Am 18. Mai 1320 übertrugen vor dem Drosten zu Vechta der Knappe Hugo Glode, auch von Döllen genannt, und sein Sohn Friedrich dem Ritter Wessel von Pente und seinem Sohn Gottschalk alle ihre Rechte an dem Zehnten von Halen (bei Emstek), mit denen sie vom Fürstbischof von Münster belehnt waren, sowie an dem Zehnten von *Borsele*, als dessen Lehnsherr in der Urkunde der Edelherr zur Lippe genannt wird[5]).

Etwa neunzig Jahre lang blieben die von Pente im Besitz des Böseler Zehnten. Nach dem Tod des Rabodo von Pente belehnte Junker Simon zur Lippe 1409 Otto Doringelo, den Amtmann zu Cloppenburg, „in Mannstatt" mit dem Zehnten zu *Bozele*,

---

1) Cl[emens] Pagenstert, Die ehemaligen Kammergüter in den Ämtern Cloppenburg und Friesoythe [...], Vechta 1912 (Reprint Dinklage 1977), S. 179-180.
2) Der älteste Nachweis für die Böseler Kapelle steht im Aufschreibungsbuch des Amtes Cloppenburg von 1574, wo als Grundstücksnachbar eines Böseler Bauern S[ankt] *Marttin* erwähnt wird: Niedersächsisches Staatsarchiv in Oldenburg (künftig: StAO), Best. 111-2 Ab. Nr. 4 Bl. 248r. Erst ab 1613 liegen genauere Angaben zu dieser Kapelle vor: Karl Willoh, Geschichte der katholischen Pfarreien im Herzogtum Oldenburg, 5 Bände, Köln 1898-1899 (Reprint Osnabrück 1975), Bd. 4, S. 121-122.
3) Rüthning (s. Anm. 5 u. 13) bezieht in seinen Erläuterungen alle Angaben zum lippischen Zehntlehen in Bösel fälschlich auf Barßel.
4) Auch Schulte wiederholt Rüthnings Fehler: Heinrich Schulte, Die Urpfarre Oyte, hrsg. v. Cl[emens] Woltermann, Friesoythe 1985², S. 75 u. 86-87; Heinrich Schulte, Barßel an den Waterstrom, hrsg. v. Bürgerverein für den Raum Barßel, Rhauderfehn 1981, S. 56-61.
5) Original der Urkunde: Gutsarchiv Assen (Benutzung durch das Westfälische Archivamt in Münster). Druck: H[ans] Sudendorf, Geschichte der Herren von Dincklage, hrsg. v. J[ulius] Sudendorf, Heft 1, Osnabrück [1842], S. 32-33. Danach auch (mit falschem Datum 10. Mai): Urkundenbuch der Kirchen und Ortschaften von Südoldenburg, bearb. v. Gustav Rüthning (Oldenburgisches Urkundenbuch, Bd. 8; künftig: OUB 8), Oldenburg 1935, S. 16-17 (Nr. 20).

drei Hauszehnten zu Mittelsten Thüle, vier Hauszehnten zu Großenging, zwei Hauszehnten zu Varbrügge und dem Zehnten zu Timmerlage. Und 1411 erhielt Heinrich von Bolland durch Bernhard, Edelherr zur Lippe, die Lehngüter des verstorbenen Rabodo (zwei Häuser in Kleinenging, vier in Großenging, die Mühle daselbst, zwei Häuser in Varbrügge, drei in Mittelsten Thüle und den *Bur-Tegeden* in *Borsele*) als Erbmannlehen, wobei sich Heinrich verpflichtete, eine von Rabodos hinterlassenen Töchtern zu heiraten[6]).

Bei den genannten Lehen, die sämtlich im Amt Cloppenburg gelegen sind, handelt es sich um die einzigen Lehen des Edelherrn zur Lippe in diesem Raum[7]). Vermutlich waren sie als Mitgift der Oda, einer Tochter des etwa 1202 gestorbenen Grafen Simon von Tecklenburg, die Hermann II. zur Lippe geheiratet hatte[8]), in den Besitz dieses Hauses gekommen.

1423 belehnte der Herr zur Lippe den Knappen *Clawes van Werpe* mit den genannten Gütern im Amt Cloppenburg, wobei noch einmal der frühere Besitzer, *Rabodo van Penthe*, erwähnt wird[9]). Am 13. September 1490 wurde *Clawes van Werpe, Berndes sone*, Lehnsträger, der 22 Jahre später beim Lehntag zu Lemgo verhindert war und sich vertreten ließ[10]).

Doch schon am 2. September 1490 war ein gewisser Arnd Frese für sich und seine Brüder vom Grafen zur Lippe mit denselben Gütern wie Claus von Warpe belehnt worden[11]). Anscheinend haben sich die Familien Frese und von Warpe die Einkünfte aus diesen Lehen damals geteilt. Später erscheinen bis zur Aufhebung des Lehnsverhältnisses nur mehr Arnd Freses Nachfahren als Lehnsträger der lippischen Güter im Amt Cloppenburg[12]). 1530 belehnte Graf Simon zur Lippe den *Thonies Frese to einem rechten man ervelene* mit zwei Höfen zu *Lutteken Gingk*, vier Höfen zu *Groten Gingk*, der Mühle daselbst, zwei Höfen zu *Varmbrugge*, drei Höfen zu *Myddelsten Tule* und dem *tegeden tho Borsele*, wie diese Güter schon der verstorbene *Arndt de Frese* von den Voreltern *tho medebehoef seyner broder* zu Lehen gehabt hatte[13]).

Das Adelsgeschlecht Frese war in der Grafschaft Hoya beheimatet. Gegen Ende des

---

6) Lippische Regesten, bearb. v. O. Preuss u. A. Falkmann, 4 Bände, Lemgo u. Detmold 1860-1868 (Reprint Osnabrück 1975), Bd. 3, S. 113 (Nr. 1722) u. 135 (Nr. 1756).
7) Die Geschichte dieser Lehen ist schon im Jahre 1828, als die oldenburgische Regierung Ansprüche darauf erhob, von dem lippischen Archivrat Clostermeier untersucht und in einem Dossier für seine Regierung dargelegt worden: Nordrhein-Westfälisches Staatsarchiv in Detmold (künftig: StAD), L 6, Akte Nr. 9, Bl. 145-162.
8) Vgl. Lippische Regesten (s. Anm. 6), Bd. 1, S. 174-175 (Nr. 236).
9) StAD, L 1, W 4, Urk. Nr. 1 v. 26. Febr. 1423; vgl. Lippische Regesten (s. Anm. 6), Bd. 3, S. 113.
10) StAD, L 1, W 4, Urk. Nr. 2 v. 13. Sept. 1490 u. Nr. 3 v. 27. Febr. 1512.
11) StAD, L 1, F 3, Urk. Nr. 1 v. 2. Sept. 1490; vgl. Lippische Regesten (s. Anm. 6), Bd. 3, S. 135.
12) Ein Hinweis zur Aufklärung des Sachverhalts findet sich in den Lehnsakten der Grafschaft Hoya. Danach verzichtete Nikolaus von Warpe 1516/18 und 1534 auf verschiedene von den Grafen von Hoya ausgegebene Lehen zugunsten seiner Verwandten Victor, Johann bzw. Nikolaus Frese: Hoyer Urkundenbuch, Abt. 1: Hoyer Hausarchiv, hrsg. v. Wilhelm von Hodenberg, Hannover 1853, S. 397-398 (Urk. 603 u. 606) u. 446-447 (Urk. 696 u. 697).
13) Urkundenbuch von Süd-Oldenburg, bearb. v. Gustav Rüthning (Oldenburgisches Urkundenbuch, Bd. 5; künftig: OUB 5), Oldenburg 1930, S. 406 (Nr. 975). Die Lehnbriefe und Lehnsreverse aus den Jahren 1490 bis 1652 werden im Staatsarchiv Detmold (Signatur: L 1, F 3, Urk. Nr. 1-13), die aus den Jahren 1614 bis 1803 im Staatsarchiv Aurich (Signatur: Dep. XLI A, Nr. 43, 85, 91, 92, 93) aufbewahrt. Über die Belehnungen 1560, 1563 und 1579 vgl. auch Statistische Beschreibung der Gemeinden des Herzogthums Oldenburg, bearb. u. hrsg. v. Paul Kollmann, Oldenburg 1897, S. 490-491.

15. Jahrhunderts kam Viktor Frese nach Ostfriesland, er und seine Nachkommen ließen sich auf Burg Hinte bei Emden nieder[14]). Um 1600 entstanden nach dem Tod des Familienoberhaupts Claus Frese, Häuptling zu Uttum und Hinte, zwischen den zu Nienburg und zu Hinte erbgesessenen Linien Frese langwierige Streitigkeiten um die Lehen im Amt Cloppenburg. Schließlich forderten sowohl Claus Freses Kinder wie auch die in der Grafschaft Hoya wohnhaften Verwandten ihre Afterlehnsträger nach Hinte bzw. Nienburg zur Lehnserneuerung. Daraufhin wandte sich die Stadt Friesoythe, von deren Mitbürgern mehrere betroffen waren, in einem Schreiben vom 27. Juni 1612 an den Grafen zur Lippe als den Oberlehnsherrn und bat ihn um Klärung der strittigen Sache[15]).

In einer Bestandsaufnahme der landesherrlichen Güter im Amte Cloppenburg vom Jahre 1574 notierte der Rentmeister unter den Abgaben des an die Landesherrschaft hofhörigen Kötters König in Bösel: *Item giebt Zehendenn von allenn Lenndereyenn Hermann Wittingk zu Phrisoytha und seinenn Zustendenn, nemplich Meinert Tieke, Wempe Brandt und Johan Scheelenn*[16]). Aus dem folgenden wird klarwerden, daß diese vier Teilhaber sämtlich Lehnsträger der Frese zu Hinte waren.

Am 24. Juni 1649 hielt Junker Mauritz Frese zu Hinte einen Lehntag ab[17]). Zwei Monate zuvor hatte er seine Lehnsmannen im Amt Cloppenburg aufgefordert, nach Hinte zu kommen und ihre Lehen zu muten, weil vor einiger Zeit sein Vater gestorben war. Bei den Afterlehnsträgern, die am Böseler Bauerzehnten teilhatten, handelte es sich ausnahmslos um Friesoyther Bürger. Ein Viertel des Zehnten kam damals Wilke Meesmann zu (1), ein zweites Viertel Duke Brand (2). Von der anderen Hälfte des Zehnten zog Meinert Tiedeken drei Viertel (3) und Hermann Witting ein Viertel (4). Anhand der beiden Lehnsbücher, die die Herren von Frese anlegten[18]), kann man die Besitzgeschichte der verschiedenen Lehenbestandteile seit 1649 lückenlos verfolgen. Im folgenden seien die vorliegenden Angaben bis etwa gegen Ende des 17. Jahrhunderts zusammengestellt:

1. Als *Wilcke Meeßman* am 24. Juni 1649 auf Burg Hinte erschien, legte er Lehnbriefe aus den Jahren 1624 und 1641 vor, die sein Recht bewiesen. Mauritz Frese stellte Meesmann einen neuen Lehnbrief aus und nahm dafür 12 Reichstaler[19]). Meesmann muß der Rechtsnachfolger des 1574 genannten Johann Schele gewesen sein[20]).

Dieser Teil des Böseler Bauerzehnten war im 17. Jahrhundert zweimal Gegenstand von Rechtsstreitigkeiten. Im Jahre 1615 klagte *Herman Strüvingk von Frieß Oytha* namens seines Vaters *Johan Strüvingk* gegen den *Herman Schelen* um den Besitz dieses Böseler Zehntlehens. Strüving wies darauf hin, daß Hermann Scheles Vater *eines*

---

14) O[tto] G[alama] Houtrouw, Ostfriesland. Eine geschichtlich-ortskundliche Wanderung gegen Ende der Fürstenzeit, 2 Bände, Aurich 1889-1891 (Reprint Leer 1974), Bd. 1, S. 419-420.
15) StAO, Best. 20-39 B II E Nr. 1a Bl. 77-78. Schon früher einmal, am 25. Juni 1603, hatte Friesoythe den Grafen zur Lippe um Schlichtung der Streitigkeiten gebeten: StAD, L 6, Akte Nr. 243, Bl. 4-5.
16) StAO, Best. 111-2 Ab. Nr. 4 Bl. 246v.
17) Niedersächsisches Staatsarchiv in Aurich (künftig: StAA), Dep. XLI B, Nr. 503, S. 11-23.
18) StAA, Dep. XLI B, Nr. 503 u. 512.
19) StAA, Dep. XLI B, Nr. 503, S. 11-12. Einen Teil des Lehngeldes zahlte Wilke Meesmanns Vetter *Wilhelm Harms*.
20) Im Friesoyther Stadtprotokollbuch ist vermerkt, daß *Wilcke Mesman* 1642, als die *Wittibe Schelische* noch lebte, vom Junker Steding zu Stedingsmühlen die *Schelen* Behausung in Friesoythe kaufte: StAO, Best. 262-13 Nr. 64 Bl. 35.

*Meßpriesters Sohn und in Unechtt geboren sei, dahero Lehen zu empfahen undüchtig.* Er wandte sich zuerst an die Häuptlinge Claus und Garrelt Frese zu Hinte und Uttum und appellierte dann vergeblich an den Grafen zur Lippe[21]).

In den 1640er Jahren machten die Brüder Alrich und Focke Block, die zu Hollen im Saterland ansässig waren, einen Versuch, sich in den Besitz dieses Teils des Böseler Zehnten unter der Lehnsherrschaft des Landesherrn zu setzen. In einem Brief an ihren Landesherrn begründeten sie ihren Anspruch mit zwei Urkunden aus den Jahren 1403 und 1458, die die Belehnung von Angehörigen der Familie Block mit dem Zehnten von *Bersele* bzw. *Borszele* durch den Bischof von Münster bezeugten. Die Brüder Block erklärten dazu, daß das ihnen zustehende Lehen durch ihrer *predecessoren uhnachtsambkeit* abhanden gekommen sei. Von Junker Mauritz Frese zu Hinte sei der Böseler Zehnte, *von Ihro hochgräfliche gnaden van der Lippe als Oberlehnherrn herkommendte, [...] an den Vreeszmannen, zu Frysoetten burgern, vor vielen jahren transferirt worden.* Nun begehrten die Brüder Block, vom Lehnsherrn ihrer Ahnen wieder in ihr Recht eingesetzt zu werden[22]). Ihre Argumentation beruhte jedoch auf einem Irrtum: Die Lehnbriefe von 1403 und 1458 bezogen sich nicht auf den Böseler, sondern auf den Barßeler Zehnten, und dieser war bereits 1558 an die Kirche zu Barßel verkauft worden[23]). Die Blocks scheinen mit ihrer Eingabe beim Bischof von Münster keinen Erfolg gehabt zu haben. Als nun 1649 der Lehntag zu Hinte stattgefunden hatte, versuchten sie es beim Junker Frese. Dieser zitierte Alrich Block und Wilke Meesmann für den 20. November 1649 auf seine Burg. Nach Anhörung beider Parteien fällte er die (richtige) Entscheidung: Meesmann blieb Lehnsträger, weil er *mit Lehnbrieffen und sonsten bewiesen* hatte, daß *ehr, seine Vorvädern und Vorwanten hundert unde etzliche Jahren in Possession gewesen* waren. Block wurde endgültig abgewiesen[24]).

Am 12. Februar 1663 meldete *Diderich Meeßman* durch seinen Sohn *Wilcke* dem Junker Frese, daß sein Bruder *Wilcke* erbenlos gestorben sei, und wurde daraufhin belehnt. Als dann im Juni 1681 auch *Dirich Meeßman* starb, wurde sein Sohn *Wilcke Meeßman* Lehnsträger[25]).

2. *Doecke Brandes* - Rechtsnachfolger des 1574 genannten Wempe Brand - ließ seinen Lehnsherrn 1649 wissen, er habe seinen Zehntanteil zu Zeiten des alten Claus Frese mit dessen Zustimmung dem Junker Kobrink auf Gut Altenoythe versetzt und wolle diesem seinen Anteil nun ganz abtreten, wenn es der Lehnsherr erlaube[26]). Bald darauf, 1649 am Tag Galli, erschien Caspar Kobrink auf Hinte, wies Duke Brands Lehnbrief von 1612 und zwei Schreiben von 1637/38 bezüglich der Verset-

---

21) StAD, L 6, Akte Nr. 243, Bl. 6-11.
22) OUB 5, S. 221 (Nr. 556); OUB 8, S. 324-325 (Nr. 419). *Vreeszmannen* ist vermutlich ein Lesefehler, es müßte *Meeszmannen* heißen.
23) Peter Sieve, Urkundenabschriften über die Zehnten der Barßeler Kirche 1474 bis 1558, in: Oldenburger Jahrbuch 93, 1993, S. 103-111, hier S. 106; vgl. auch Josef Möller, Von den Anfängen bis zum 19. Jahrhundert, in: Josef Möller, Renate Wendrich u. Heino Weyland, Das Seemannsdorf Barßel. Beiträge zur Schiffahrtsgeschichte des Ortes, hrsg. v. Bürger- u. Heimatverein Barßel, Barßel 1991, S. 11-131, hier S. 26-28.
24) StAA, Dep. XLI B, Nr. 503, S. 27.
25) Ebd., S. 35 u. 67. Weiterhin wurde 1694 *Diedrich Meesman*, Sohn des *Dierck Meeßman*, belehnt: ebd., S. 76.
26) Ebd., S. 14-15.

zung des Zehnten vor und bewarb sich um die Belehnung. Zugleich sprachen auch *Wempe Moerman* und *Johan Krose* vor, die sich als *Doecko Brants Swester Kinder* bezeichneten und ebenfalls den fraglichen Zehntanteil haben wollten. Junker Frese entschied sich für seinen Standesgenossen, der übrigens auch auf die anderen drei Zehntanteile und auf das Thüler Lehen spekulierte[27]). Seitdem gehörte den Kobrinks der vierte Teil des Böseler Bauerzehnten.

3. Den größten Anteil am Böseler Bauerzehnten besaß *Meinardt Tideken*. Schon 1574 war eine gleichnamige Person Mitbesitzer des Böseler Zehnten gewesen. 1649 legte Meinert Tiedeken in Hinte einen Lehnbrief von 1624 vor und wurde gegen Zahlung des Lehngeldes in Höhe von 16 Reichstalern belehnt. Beim nächsten Lehntag 1681 erschien er wieder und bekam eine neue Urkunde. Für seinen Sohn *Borchart Tideken* wurde die Belehnung 1692 erneuert[28]).

4. Nur ein Viertel des halben Böseler Bauerzehnten hatte 1649 *Harmen Wittingh* inne, während sein gleichnamiger Vorfahr 1574 noch Hauptteilhaber gewesen zu sein scheint. Ebenso wie Brand wollte Witting seinen an Kobrink versetzten Zehntanteil 1649 verkaufen[29]). Dazu ist es aber nicht gekommen. Nach Hermann Wittings Tod 1667 belehnte der Junker Frese 1668 den Sohn *Wilke Witting*. Dessen Ehefrau, *Garbrecht Tideken*, streckte ihrem Mann aus ihren eigenen Mitteln die nötigen 350 Reichstaler vor, um den verpfändeten Zehntanteil wieder auszulösen, wofür sie einige ihrer Ländereien verkaufte[30]). 1678 wurde nach Wilkes Tod dessen Sohn *Arendt Witting* belehnt[31]).

In der Folgezeit kam es wiederholt zu langwierigen Auseinandersetzungen um die einzelnen Bestandteile des Zehnten[32]). Zuletzt zog die Familie Frese zu Hinte die Hälfte des Böseler Bauerzehnten selbst, während sie mit der anderen Hälfte die Familien Tiedeken und Witting in Friesoythe afterbelehnt hatte. 1850 wurden beide Hälften mit je 4000 Talern abgelöst[33]).

### b) Der Kleinzehnte (Lehen des Abtes von Corvey)

Die älteste Nachricht über den Kleinen Zehnten von Bösel, der auch Buschzehnte genannt wurde, steht in einer Urkunde vom 28. Juni 1407. Darin bezeugt Johann, Edelherr zu Diepholz, *dat wij in vortijden hebt belenet Otten Sloren den eldern to Olden-*

---

27) Ebd., S. 24-26.
28) Ebd., S. 13-14, 59 u. 75. Über die Familie Tiedeken in Friesoythe vgl. Peter Sieve, Friesoyther Ratsgeschlechter vom 14. bis zum 16. Jahrhundert, in: Oldenburger Jahrbuch 92, 1992, S. 69-97, hier S. 89-93.
29) StAA, Dep. XLI B, Nr. 503, S. 14-15.
30) Ebd., S. 37-40.
31) Ebd., S. 49-50 u. 60. Über die Familie Witting in Friesoythe vgl. Sieve, Ratsgeschlechter (s. Anm. 28), S. 93-96.
32) So z. B. in den Jahren 1779 bis 1782, als die Erben der Eheleute Johann Heinrich Wreesmann und Lucia von der Horst zu Friesoythe einerseits und die Witwe des Wilke Witting und deren Sohn Arend Witting zu Friesoythe andererseits wegen einer Kapitalschuld nebst Zinsen und für dieselbe erhobene Ansprüche an den Böseler und Osterloher Zehnten einen Prozeß vor dem Hofgericht in Münster führten: StAO, Best. 110 Nr. 1503. Weitere Akten zum Böseler Zehnten aus den Jahren 1781-1852: StAA, Dep. XLI B, Nr. 595 u. 603.
33) Pagenstert (s. Anm. 1), S. 179.

*borg und dre van der Sloren slechte myt all erenn gude,* nämlich dem *luttiken tegheden to Borzell in dem kerspele to Oyte*[34]).
Drei Jahre zuvor, am 13. Dezember 1404, hatte der Abt von Corvey den Knappen *Luder Slore* mit dem Zehnten über *Wichbertynghehusen* und *Tulemannynghehusen,* gelegen *in der burscup to Borsele unde in den kerspele to Vretoyghe,* belehnt[35]).
Hundert Jahre später gehörte zum corveyschen Anteil des Böseler Zehnten sowohl der genannte Kleinzehnte der ganzen Bauerschaft[36]) als auch der volle Kornzehnte der an die Landesherrschaft hofhörigen Erben Meiners und Drees, die in den Lehnbriefen bis 1806 als „Weichbardinghausen" und „Tillmannshausen" bezeichnet wurden, obwohl diese Hofnamen damals schon längst nicht mehr gebräuchlich waren. So belehnte der Abt von Corvey 1508 den *Johann Slore,* Sohn des verstorbenen Johann, zu einem rechten *ervemanleine* mit *Wichberdingeshusen, Tulemanningeshusen* und dem *teenden in der burschap tho Bersele* in dem *kerspele Freizoithe* gelegen, wie sie schon seine Voreltern zu Lehen gehabt hatten[37]). Mit denselben Gütern wurde 1571 und 1588 Bernd Schloer, ältester Sohn des verstorbenen Johann, belehnt[38]).
Über Afterverlehnungen liegt die erste überlieferte Nachricht aus dem Jahre 1482 vor. Der Knappe *Johan Schloer* belehnte in diesem Jahr *to rechter manstadt Wilken Budde tho Oythe* mit dem Zehnten von zwei Höfen *tho Boisel* im Kirchspiel *Oyte,* nämlich von *Meynerdes hus* und von *Dreuws hus*[39]).
Die Friesoyther Familie Budde läßt sich von etwa 1437 bis zur Mitte des 16. Jahrhunderts nachweisen und gehörte zur Oberschicht der Stadt. Ihr erster bekannter Vertreter, Lüder oder Lüdeke Budde, war um 1437/48 Richter in Friesoythe[40]). Die

---

34) Gutsarchiv Daren (Benutzung durch das StAO), Urk. Nr. 1. Die hier nachgewiesenen diepholzischen Anrechte am Böseler Zehnten können als Indiz dafür gewertet werden, daß mit dem 1080/88 erwähnten Zehnten von *Borsla,* den der Osnabrücker Bischof Benno II. einer Ahnfrau des Diepholzer Edelherrengeschlechtes übergab, tatsächlich der Böseler Zehnte gemeint ist. Vgl. dazu Willy Moormeyer, Die Grafschaft Diepholz (Studien und Vorarbeiten zum Historischen Atlas Niedersachsens, Heft 17), Göttingen 1938, S. 28-29 (wo *Borsla* mit Börstel im Altkreis Bersenbrück identifiziert wird), und Josef Möller, Bedeutet „Borsla" Barßel oder Bösel?, in: Volkstum und Landschaft. Heimatblätter der Münsterländischen Tageszeitung (Cloppenburg), Nr. 120, März 1987, S. 8-10, sowie dens., Seemannsdorf (s. Anm. 23), S. 26-28.
35) Nordrhein-Westfälisches Staatsarchiv in Münster (künftig: StAM, Msc. I 134, S. 254. Nach Martin Last, Adel und Graf in Oldenburg während des Mittelalters (Oldenburger Studien, Bd. 1), Oldenburg 1969, S. 116-117, war das Geschlecht Schlore in Butteldorf im Kirchspiel Altenhuntorf (Stedingen) beheimatet.
36) Nieberding, der nur die Urkunde von 1407 und die späteren Verhältnisse kannte, nahm irrig an, der Böseler Kleine Zehnte sei vom Kloster Corvey an die Diepholzer Edelherren verlehnt worden: C[arl] H[einrich] Nieberding, Geschichte des ehemaligen Niederstifts Münster [...], Vechta 1967² (Neudruck der Erstausgabe Vechta 1840/52), S. 143.
37) StAO, Best. 20-39 B II D Nr. 1 Bl. 9r. Im Regest dieser Urkunde im Oldenburgischen Urkundenbuch heißt es fälschlich, Schloers Voreltern hätten den Zehnten vom Stift Münster zu Lehen getragen: OUB 5, S. 370 (Nr. 897).
38) StAO, Best. 20-39 B II D Nr. 1 Bl. 9r-10r; vgl. Statistische Beschreibung (s. Anm. 13), S. 331. Bernd Schloer, der 1578 Elisabeth von der Horst heiratete, war auf Gut Klein-Engershausen bei Oldendorf in der Grafschaft Ravensberg erbgesessen, das er aber nicht seinen Kindern vermachte: Karl Adolf Freiherr v[on] d[er] Horst, Die Rittersitze der Grafschaft Ravensberg und des Fürstbistums Minden, Berlin 1894 (Reprint Osnabrück 1970 u. 1979²), S. 8-11, u. Nachtrag Lübbecke 1899, S. 8-9.
39) OUB 5, S. 347 (Nr. 831).
40) Meppener Urkundenbuch, hrsg. v. Hermann Wenker, Meppen 1902-06 (Reprint Osnabrück 1973), S. 182-183 (Nr. 227); OUB 8, S. 92-93 (Nr. 156a u. 156b). Ein *Johan Budde,* vielleicht sein Bruder, war 1431 und 1470 münsterscher Richter zu Cloppenburg: OUB 8, S. 77 (Nr. 134) u. 122 (Nr. 190). Er wird 1449 als *Meyger Johan Budde* in einer Cloppenburger Urkunde erwähnt: OUB 8, S. 94-95 (Nr. 158).

Personenschatzung von 1473 nennt die Bürger Wilke Budde und Johann Budde[41]), von denen letzterer 1486 auch als Ratmann erwähnt wird[42]). In Essen bei Quakenbrück war 1468 ein Lüder Budde Vikar[43]). Um 1535 lebte in Friesoythe Wilke Budde mit Frau Taleke und den Kindern Grete und Lüdeke[44]). Lüdeke Budde, der Sohn, wird 1544 als Haushaltsvorstand in Friesoythe genannt[45]), muß aber bald darauf gestorben sein, denn 1549 erscheint an seiner Stelle (als letzte Namensträgerin des Geschlechts in Friesoythe) die Witwe Taleke Budde, wohl seine Mutter[46]).

Im Aufschreibungsbuch des Amtes Cloppenburg von 1574 steht unter Bösel beim Bauern Meiners: *Item giebt Zehendenn vonn allenn Lenndereyenn unnd lebenndiger Habe Dirick Dueken Erben unnd Herbart Wittingk zu Phrisoytha.* Dieselben Personen werden als Zehntinhaber auch beim Bauern Drees genannt[47]). Wie aus dem Folgenden deutlich werden wird, muß Duken mit seinem Zehntanteil afterbelehnt gewesen sein, während Witting seinen Zehntanteil als Heuerer der Erben Budde gebrauchte.

In den Jahren 1605 bis 1611 kam es zu langwierigen Streitigkeiten um den von der Familie Schloer afterverlehnten Böseler Zehnten[48]). Aus den Prozeßunterlagen läßt sich ersehen, wie verwickelt die Rechtslage in derartigen Fällen sein konnte.

Zur Vorgeschichte des Streits berichtete Johann Schloer in einem Schreiben an die münsterschen Räte vom 10. Oktober 1608 unter anderem, es sei *hirumb also bewant, das etwan Lüdeke Budde fürmals von meinen Fürelteren, so vielmals ausserhalb Landes sich in Krigsgescheften verhalten, und also der Einnahm des Zehenden zu Böesell weinigh abwarten konn[t]en, mit denselben Zehenden afterbelehenet gewest.* Dieser Lüdeke Budde hatte einen Sohn Wilke und eine Tochter Taleke. Letztere heiratete nach ihres Vaters Tod den Daniel Heidebreker (auch Thomassen genannt), einen Bürger zu Norden in Ostfriesland. Wilke Budde und Daniel Heidebreker verkauften - angeblich ohne Wissen der Familie Schloer - den Böseler Zehnten an einen gewissen *Steven, Johan Lambertz gnant*[49]). Nachdem dieser gestorben war, wurde sein Sohn, Lüdeke Stevens, auf Buddes und Heidebrekers Bitte hin von Bernhard Schloer (Johanns Vater)

---

41) StAO, Best. 111-2 Ab. Nr. 32 Bl. 27r.
42) OUB 5, S. 352 (Nr. 846).
43) OUB 8, S. 121 (Nr. 188).
44) StAO, Best. 111-2 Ab. Nr. 34 Bl. 56v. In einem Schatzungsregister von 1534 sind außerdem die Kinder Taleke und (nachgetragen) Johann erwähnt: StAM, Domkapitel Münster, Akten IV G, Nr. 2, Bd. 24, Bl. 5v. Letztmals wird Wilke Budde 1538 genannt: De kroniek van Abel Eppens tho Equart, hrsg. v. J[ohan] A[driaan] Feith u. H[ajo] Brugmans (Werken uitgegeven door het Historisch Genootschap, 3. Serie, Nr. 27), Teil 1, Amsterdam 1911, S. 71-72.
45) Erwähnung 1544: StAO, Best. 111-2 Ab. Nr. 36 Bl. 20r. Lüdeke Budde bewohnte damals das Haus, in dem 1473 Wilke Budde gelebt hatte.
46) Erwähnung 1549: StAO, Best. 111-2 Ab. Nr. 37 Bl. 72v. Als 1556 die seit der Oldenburger Fehde von 1538 entstandenen Kriegsschäden der Friesoyther Bürger geschätzt wurden, gab Taleke Budde Verluste in Höhe von 97 Ridderguden an: StAO, Best. 20-46 Nr. 3 Heft 9 Bl. 338v.
47) StAO, Best. 111-2 Ab. Nr. 4 Bl. 250r u. 253r. Vgl. Pagenstert (s. Anm. 1), S. 102-103.
48) Der Hergang der Streitsache Schloer contra Heidenbrecher und Krose läßt sich aus den Prozeßakten der münsterschen Regierung (StAO, Best. 110 Nr. 1534) und aus den nur bruchstückhaft überlieferten Prozeßakten der corveyschen Lehnkammer (StAM, Fürstabtei Corvey, Akten, Nr. 1998 [Lehen 380]) rekonstruieren.
49) Die Akten enthalten keine Angaben zu dieser Person. Es handelt sich aber zweifellos um einen Nachkommen oder Verwandten von Johann Stevens von Buldern alias Johannes Lamberti, der in den 1520er Jahren erster evangelischer Pastor in Norden war: vgl. F[riedrich] Ritter, Henricus Ubbius' Beschreibung von Ostfriesland v. J. 1530, in: Jahrbuch der Gesellschaft für bildende Kunst und vaterländische Altertümer zu Emden 18, 1913, S. 53-141, hier S. 131-134.

# Friesoyther Bürger als Lehnsträger

afterbelehnt. Doch Lüdeke Stevens starb schon bald im Krieg. Nach ihm erlangte Daniel Heidebreker 1588 von Bernhard Schloer für sich die Afterbelehnung mit dem Böseler Zehnten. Daraufhin strengte ein gewisser Dietrich Melchiors, der Lüdeke Stevens' Schwester geheiratet hatte, beim Friesoyther Gericht einen Prozeß gegen Heidebreker an, den er 1592 verlor[50]). Die Familie Heidebreker blieb fortan in ungestörtem Besitz des Zehnten. Nach Daniels Tod wurde 1597 sein ältester Sohn Lüdeke belehnt, und als auch dieser kurz darauf starb, 1598 der zweite Sohn, der wie der Vater Daniel Heidebreker hieß.

Die Heidebrekers wohnten in Ekel bei Norden, neun Meilen von Bösel entfernt. Daher verheuerten sie den Zehnten am 27. Mai 1589 an zwei Friesoyther Bürger, Duke Witting und Hinrich Kinen, für eine jährliche Summe von 25 ostfriesischen Talern. Fünfzehn Jahre später zog dann der Friesoyther Kaufmann Folkert Krose als Heuerer den Zehnten.

Nachdem der alte Bernhard Schloer gestorben war, mußte die Afterbelehnung für Daniel Heidenbrecher (so lautete sein Name verhochdeutscht) erneuert werden. Am 24. Februar 1604 stellte Bernhards Sohn, Johann Schloer, ihm einen Lehnbrief aus. Dieser enthielt zum ersten Mal die Bedingung, daß Heidenbrecher den Zehnten nicht an Folkert Krose verheuern dürfe. Heidenbrecher erklärte sich damit einverstanden. Das Motiv für die von Johann Schloer eingeführte Klausel war, daß er befürchtete, ihm könne sein Lehen entfremdet werden. Wie er in einem Schreiben an die münsterschen Räte vom 27. August 1607 ausführte, hatte *gedachter Crause benebenn unnd zwischen den Lendereien, darauß angeregter Zehende erfellig, einen anderen Zehendenn stets gehabt*, weshalb er, Krose, danach trachten würde, den Schloerschen Zehnten seinem eigenen zu inkorporieren. Tatsächlich hatte Heidenbrecher im Jahre 1603 dem Krose den fraglichen Zehnten für einen Preis von 500 „alten Talern" zum Kauf angeboten.

Indessen setzte Daniel Heidenbrecher nach seiner Belehnung 1604 einen neuen Heuervertrag auf. Kontraktpartner war nun der Friesoyther Bürger Hermann Witting. Für 15 Reichstaler jährlich sollte dieser die 15 Scheffel Roggen, die bisher sein Schwager Folkert Krose gezogen hatte, erhalten. Es war jedoch ein offenes Geheimnis, daß Witting nur ein Strohmann des wirklichen Zehntheuerers Krose war. Deshalb versuchte die Witwe Schloer (Johanns Mutter) nach der Ernte des Jahres 1604, den Zehnten durch das Friesoyther Gericht beschlagnahmen zu lassen. Trotzdem zog Krose den Zehnten ein.

Im folgenden Jahr begab sich die Witwe Schloer, begleitet von ihrem jüngeren Sohn Hermann und ihrem Schwiegersohn Johann Bunte - der ältere Sohn Johann war zu jener Zeit abwesend -, zur Erntezeit selbst nach Friesoythe. Am St.-Laurentius-Tag machten sie sich zusammen mit dem Friesoyther Fähnrich Johann Schröder auf den

---

50) Zu dieser Streitsache sind nur zwei Aktenstücke überliefert. In einem Schreiben des *Berendt Sloer* an den Abt von Corvey vom 23. Oktober 1589, in dem erwähnt wird, daß sich der Krapendorfer Pastor *Ludewigh Kype* für Melchiors verwendet hatte, stellt Schloer fest, daß ihm nach dem Aussterben der Buddes freistehe, eine Person seiner Wahl neu zu belehnen. Melchiors habe, obwohl der Böseler Zehntanteil wegen des Prozesses unter Arrest gelegt war, zu nachtschlafender Zeit eine *Anzal Wagen versamlet, daß Kohrn ufgeladen, und damit in der Morgenzeitt, wie der Statpforten ufgangen, in Oyte geyagett*: StAM, Fürstabtei Corvey, Akten, Nr. 1998, Bl. 15-16. Das zweite überlieferte Aktenstück ist das abschriftlich erhaltene Urteil vom 2. September 1592: StAO, Best. 110 Nr. 40 Bl. 40.

Weg nach Bösel, um die von den Bauern bereitgestellten Garben einzusammeln. Bei der Friesoyther Kirche trafen sie auf eine Gruppe von neun bewaffneten Bürgern unter der Führung von Folkert Krose, die ihnen drohten und sogar hinter ihnen her schossen (wobei Schröders Hut beschädigt wurde). Diese Gruppe folgte ihnen nach Bösel und hinderte sie dort gewaltsam am Abführen des Zehnten. Unverrichteter Dinge zogen die Schloers wieder ab. Witwe Schloer ging zum Friesoyther Richter Conrad Tameling und ließ dort durch den „Fiskus" (den landesherrlichen Anklagevertreter) Hermann von Grönum ihr Erlebnis zu Protokoll nehmen. Die Witwe behauptete sogar, Folkert Kroses Bruder Friedrich habe sie auf den Mund geschlagen.
Am 17. Oktober 1605 klagte Hermann Schloer beim Abt von Corvey als seinem Oberlehnsherrn gegen Heidenbrecher und Krose. Nun begann ein langer Prozeß, an dem auch die Kanzler und Räte des Hochstifts Münster und die Cloppenburger Beamten beteiligt waren. Während sich das Verfahren jahrelang hinzog, zog Folkert Krose 1606 den Zehnten noch einmal ungestört ein. 1607 verlangte Johann Schloer vom Friesoyther Richter abermals, den Zehnten zu beschlagnahmen, erklärte sich aber schließlich einverstanden, daß Hermann Witting den Zehnten einnehmen und verwerten dürfe, wenn er das Geld beim Richter deponieren würde - was Witting aber dann nicht tat. Als schließlich 1608 auch die Obrigkeit die „Sequestrierung" des Zehnten verlangte, stellte Richter Tameling die Ernte dieses Jahres unter manchen Widerwärtigkeiten (die Ware war leicht verderblich und es gab keine Zehntscheune) sicher. Ein Versuch Folkert Kroses, trotzdem den Zehnten an sich zu nehmen, kam ihn teuer zu stehen. Von der ihm auferlegten hohen Brüchtensumme konnte ihn auch eine Reise nach Münster mit Vorsprache bei der Regierung nicht befreien.
Wegen der Auseinandersetzung 1605 in Bösel mußten die Richter in Friesoythe und Cloppenburg 1608 einige Augenzeugen vernehmen, unter ihnen den Friesoyther Fähnrich Johann Schröder sowie einen gewissen Hermann Bernheit aus Bösel, der inzwischen mit Frau und Kindern nach Leer verzogen war. Heidenbrecher und Krose zogen zum Beweis ihres Anrechtes auf den Zehnten das 1592 vom Friesoyther Gericht gefällte Urteil heran. Für Heidenbrecher verwendete sich auch seine Landesherrin, Gräfin Katharina von Ostfriesland.
Nach langem Schriftverkehr der Parteien mit den zuständigen Stellen und nach einer Verhandlung vor dem Lehngericht zu Corvey erging endlich am 20. Juli 1609 das Urteil der corveyschen Lehnkammer. Es gab dem Kläger Schloer recht und erklärte die Afterbelehnung des Heidenbrecher für nichtig. Der Heuerer Krose hatte die Zehnterträge der letzten Jahre zurückzuzahlen.
Die Vollstreckung dieses Urteils gestaltete sich offenbar schwirig. In einem späteren Schreiben behauptete Schloer, Krose habe ihm einen Schaden von über 100 Reichstalern zugefügt, weil er, Schloer, *in die 8 Wochen mit Wagen und Pferde selbdritte zu Frysoette und Bösell wegen der Execution verharren* mußte.
Nachdem der Streit mit Krose endlich seinen Abschluß gefunden hatte, begann schon ein Jahr später eine neue Auseinandersetzung. 1610 hören wir, daß nun ein gewisser Helmerich Dudeken in Friesoythe den Schloerschen Zehnten zu Bösel zog. Dieser muß der Erbe des 1574 als Inhaber eines Teiles dieses Zehnten erwähnten Dirich Duken gewesen sein. Johann Schloer ging nun gerichtlich gegen Dudeken vor, der jedoch tatsächlich einen Lehnbrief von Bernhard Schloer vorweisen konnte. Der

noch 1615 bei der corveyschen Lehnkammer anhängige Prozeß scheint im Sande verlaufen zu sein.

Nach dem Tode des Helmerich Dudeken wollte sein Sohn Hermann vom Abt zu Corvey mit dem Zehnten belehnt werden. In einer Eingabe vom 18. Januar 1631 bescheinigte ihm der Friesoyther Stadtrat, daß sein Vater stets den fraglichen Zehnten gezogen hatte (was auch *die Leuthe, auß welchen Lande der Zehende gehet, alß nemblich Reinke Meinerß undt Johan Drees nachglassene Wittibe* bezeugen) und daß seinen Eltern *in den Manßfeldischen Unwesen* die *Lehenbriefe undt alles genommen* worden sei[51]). In späterer Zeit findet sich kein Dudeken mehr im Besitz des Zehnten.

In der ersten Hälfte des 17. Jahrhunderts erwarb der auf Gut Altenoythe ansässige Adlige Bernhard Kobrink[52]) den corveyschen Anteil des Böseler Zehnten. Zunächst kaufte er am 8. Mai 1630 in Jever von dem Fähnrich der Festung Jever, Johann Budde, dessen *angeerbtes Lehengutt zue Bösel*[53]). Dieser hatte fünf Tage zuvor ein Schreiben an den Abt von Corvey verfaßt, worin er diesen zum wiederholten Male bat, ihm zu seinem Recht zu verhelfen[54]). Budde begründete seinen Anspruch auf den Böseler Zehnten wie folgt:

Der Großvater des Fähnrichs Johann Budde war ein Bruder jenes Wilke Budde gewesen, der vor vielen Jahren mit dem Böseler Zehnten belehnt gewesen war. Wilke war von seinem Sohn Lüdeke beerbt worden, dessen Lehnbrief sich nun im Besitz des Fähnrichs befand. Nachdem Lüdeke Budde ohne Hinterlassung männlicher Erben verstorben war, wäre nach Lehenrecht der rechtmäßige Erbe im Mannesstamm der jetzt in Jever wohnende Johann Budde gewesen[55]). Daß er sich nicht sofort beim Abt von Corvey gemeldet hatte, begründete Budde mit seiner „Simplizität und Ignoranz" und damit, daß er seinerzeit noch minderjährig gewesen war und später viele Jahre in Kriegsdiensten gestanden hatte. Außerdem habe ihm sein nächster Verwandter, Johann Schröder, die Lehnbriefe, die er als Beweismittel benötigte, vorenthalten; er habe sie erst nach Schröders Tod von dessen Witwe erhalten und sich dann sofort an den Abt gewendet[56]). Besagter Schröder ist uns aus der Streitsache Schloer/Heidenbrecher noch in Erinnerung; möglicherweise hatte die Familie Schloer damals, nachdem sie den Prozeß gewonnen hatte, den Böseler Zehnten an Schröder verheuert.

---

51) StAM, Fürstabtei Corvey, Akten, Nr. 1998, Bl. 28-29. Mit den „Mansfeldischen Unwesen" ist die Zeit von Graf Mansfelds Zug nach Ostfriesland (November 1622) bis zu dem verheerenden Gefecht von Altenoythe (Weihnachten 1623) gemeint: vgl. Albert Weskamp, Das Heer der Liga in Westfalen zur Abwehr des Grafen von Mansfeld und des Herzogs Christian von Braunschweig (1622-23), Münster 1891.
52) Über dieses Geschlecht siehe Peter Zimmermann, Die Familie von Kobrink im Oldenburgischen, in: Oldenburgische Familienkunde Jg. 33, Heft 1, März 1991, S. 337-372.
53) StAO, Best. 272-17 Nr. 919, Urkunde v. 8. Mai 1630.
54) Ebd., Schreiben v. 3. Mai 1630.
55) Johann Buddes Vater hieß Gerd Budde: StAO, Best. 262-4 Nr. 6767. Vom 28. November 1594 datiert ein Ehevertrag zwischen Johann Budde, Bürger zu Jever, und Elske, Tochter des verstorbenen Hinrich Salers: StAO, Best. 262-4 Nr. 6815. Aus Buddes zweiter Ehe mit einer gewissen Lücke gingen zwei Töchter hervor, Elsabe (heir. vor 1644 den Rittmeister Onneke Diderichs) und Nese (heir. 1644 den Notar Christian Albers): StAO, Best. 262-4 Nr. 6683. Johann Budde starb zwischen 1630 und 1643. Söhne scheint er nicht gehabt zu haben.
56) Aus einer anderen Quelle geht hervor, daß *Elsche Meiers*, des seligen *Johan Schröders* Witwe, mit ihrer Tochter *Barbaren* 1631 ihr Wohnhaus binnen Friesoythe für 450 Taler an *Albert von Uchtrupff* verkaufte: StAO, Best. 262-13 Nr. 64 Bl. 71v-72r.

In einem zweiten Schritt erlangte Bernhard Kobrink auch die Anrechte der mittlerweile nach Deventer verzogenen Familie Schloer[57]) auf das fragliche Besitztum. 1648 belehnte Abt Arnold von Corvey ihn mit den Erben Weichbertinghausen und Teilmannshausen sowie mit dem Zehnten von Bösel, welche Güter Kobrink 1647 laut einer vom Stadtrat von Deventer ausgestellten Urkunde von (dem zuletzt 1631 damit belehnten) Bernhard von Schloer erworben hatte[58]). Weiterhin liegen folgende Lehnbriefe vor: 1663 von Bischof Christoph Bernhard für Bernhard von Kobrink[59]), 1704 von Abt Lorenz für Caspar Herbord von Kobrink[60]), 1715 von Abt Maximilian für den Vorgenannten, 1722 von Abt Carl für den Vorgenannten und seinen Bruder Rötger Adolf[61]).

Nachdem die Kobrinks 1728 ausgestorben waren, gelangte der Böseler Kleinzehnte an die von Elmendorff zu Füchtel[62]), die darüber in einen Erbschaftsstreit mit den von Schade zu Daren und Altenoythe gerieten. Der Prozeß wurde 1728 bis 1733 vor dem Hofgericht zu Münster, anschließend vor dem Reichskammergericht ausgetragen und erst 1770 durch gütliche Einigung beigelegt[63]). Darüber hinaus führten die von Elmendorff zu Füchtel in den Jahren 1767 bis 1769 wegen des Böseler und Osterloher Zehnten einen Prozeß gegen die von Frese zu Hinte[64]).

Nach 1806 gingen die Corveyer Lehen im hiesigen Raum auf den oldenburgischen Staat über. 1813 wurde der corveysche Anteil des Böseler Zehnten abgelöst, der Herr von Elmendorff zu Füchtel erhielt 3600 Taler dafür[65]).

---

57) *Jan Sloer van Oeßenbrugge* heiratete am 24. November 1605 in Deventer *Theodore Scherffs*, die Witwe des *Jacob van Armell*: StAM, Fürstabtei Corvey, Akten, Nr. 1998, Bl. 12. Aus dieser Ehe gingen die beiden Söhne *Berendt* und *Derick Herman* hervor: StAO, Best. 20-39 B II D Nr. 1 Bl. 27-28. Vgl. auch H. Kronenberg, Geslacht Scherff of Scharff, in: De Nederlandsche Leeuw. Maandblad van het Koninklijk Nederlandsch Genootschap vor Geslacht- en Wapenkunde, Jg. 64, 1947, Sp. 64-78, hier Sp. 66.
58) StAO, Best. 272-17 Nr. 200. Der Verkauf war schon 1644 in die Wege geleitet worden: StAO, Best. 272-17 Nr. 919, Schreiben des Abtes von Corvey v. 19. Dez. 1644.
59) Gutsarchiv Daren, Urk. Nr. 60. Über den damaligen Umfang des Böseler Kleinzehnten unterrichtet eine Aufstellung, die Bernhard von Kobrink 1679 auf Wunsch der corveyschen Lehnkammer anfertigte: StAO, Best. 272-17 Nr. 919, Spezifikation v. 29. März 1679. Danach brachte der aus bestimmten Teilen des Böseler und Osterloher Esches bestehende Kleine Zehnte bei guter Ernte einen Ertrag von 50 Vierop Roggen und 10 Vierop Hafer, der Kornzehnte von Drees und Meiners 30 Vierop Roggen und 6 Vierop Hafer. Hinzu kamen 5 Lämmer, 3 Gänse und 4 Hühner als Blutzehnt.
60) Gutsarchiv Daren, Urk. Nr. 74.
61) StAO, Best. 272-17 Nr. 243 u. Nr. 248.
62) Lehnbriefe des Abtes von Corvey für die von Elmendorff liegen aus den Jahren 1728, 1738, 1744, 1759, 1777 und 1780 vor: StAO, Best. 272-17 Nr. 249, 255, 257, 265, 275 u. 282.
63) Findbuch zu den Reichskammergerichtsakten 1524-1806, bearb. v. Albrecht Eckhardt (Inventare und kleinere Schriften des Staatsarchivs in Oldenburg, Heft 15), Göttingen 1982, S. 109-110 (Nr. 192). Man vergleiche dazu auch den 1754 beginnenden Reichskammergerichtsprozeß um das Eigentumsrecht am Garreler Zehnten: ebd., S. 58-59 (Nr. 102). Hierzu erschien damals eine 26seitige Druckschrift, von der ein Exemplar in der Universitätsbibliothek Münster, 3 C 3587-5 (Deductiones Osnabrugensis Bd. V, darin Nr. 9), überliefert ist.
64) StAO, Best. 272-17 Nr. 1112.
65) Pagenstert (s. Anm. 1), S. 179.

## II. Die Thüler Zehnten

Entlang des Weges von Friesoythe nach Cloppenburg erstreckt sich die alte Bauerschaft Thüle, die aus den drei Teilen Vordersten Thüle (im Norden), Mittelsten Thüle und Thülsfelde besteht[66]. Im Mittelalter gehörte Thüle zum Kirchspiel Altenoythe, seit 1619 dann zum neuerrichteten Kirchspiel Friesoythe.

### a) Vordersten Thüle (Eigentum des Osnabrücker Domdechanten)

In Vordersten Thüle bestanden ursprünglich zwei Ganzerben, Roter und Sieger. Beide waren hörig an die Landesherrschaft, Roter eigenhörig, Sieger nur hofhörig. Vom Erbhof Sieger wurde, wahrscheinlich gegen Ende des Mittelalters, der Hof Preuth abgeteilt, der dasselbe Hörigkeitsverhältnis wie Sieger hatte[67]. Als eine der letzten Neugründungen von Kotten im hiesigen Raum kam endlich 1576 der freie Hof Krümmling hinzu[68].

Der Zehnte von Vordersten Thüle gehörte nach dem Aufschreibungsbuch des Amtes Cloppenburg von 1574 dem Domdechanten von Osnabrück. Unsicher ist, ob eine aus einem Besitz in Thüle an die Vikarie der 10.000 Märtyrer im Dom zu Osnabrück jährlich zu leistende Abgabe von zwei Malter Roggen, die bis 1556 entrichtet wurde[69], hierher zu stellen ist.

### b) Mittelsten Thüle (Lehen des Edelherrn zur Lippe)

Die ältesten Höfe in Mittelsten Thüle, die Ganzerben Theilmann, Deters und Grothaus, waren Besitz der Propstei Wildeshausen und werden bereits um 1270 erwähnt[70]. Der Hof Grothaus wurde in späterer Zeit als Halberbe eingestuft, vermutlich weil man den freien Kotten Herbers abgetrennt hatte. Weitere, noch mittel-

---

66) Ebd., S. 183-184. Zur Ortsgeschichte vgl. auch Heinrich Schulte, Friesoythe, hrsg. v. Clemens Woltermann, [Friesoythe] 1969, S. 118-127.
67) Pagenstert (s. Anm. 1), S. 100-102.
68) Die Gründungsurkunde dieses Hofes befindet sich noch heute in Familienbesitz: [Clemens Woltermann,] Zur Geschichte des Hofes Cloppenburg, Thüle, in: Volkstum und Landschaft Nr. 85, Aug. 1972, S. 27-28. Vgl. auch StAO, Best. 289 Nr. 88.
69) Gerd Steinwascher, Das Pfründenverzeichnis des Osnabrücker Domvikars und bischöflichen Offizials Franz von Dey, in: Osnabrücker Mitteilungen 99, 1994, S. 115-136, hier S. 128.
70) Im ältesten Lehnsregister der Grafen von Oldenburg-Bruchhausen stehen *Olrik, Hinrick unde Werner von Tule*: Die ältesten Lehnsregister der Grafen von Oldenburg und Oldenburg-Bruchhausen, hrsg. u. erläutert v. Hermann Oncken (Schriften des Oldenburger Vereins für Altertumskunde und Landesgeschichte, Bd. 9), Oldenburg 1893, S. 104. Diese Höfe gehörten zu dem Gut, das die Bruchhauser Grafen dem Alexanderstift Wildeshausen, dessen Vögte sie waren, entfremdet hatten, das aber nach dem Aussterben der Bruchhauser an die Propstei zurückfiel: Johannes Göken, Die wirtschaftliche Entwicklung des Alexanderstifts Wildeshausen im Mittelalter, Friesoythe 1933, S. 55-56.

alterliche Neugründungen von Höfen in Mittelthüle waren der Kotten Abeln und die Brinksitzer Schöning[71]) und Theilmann.

Älteren Nachrichten zufolge war der Mittelthüler Zehnte ein landesherrliches Lehen. Ein um 1325 entstandenes Verzeichnis der Tecklenburger Lehen im Cloppenburger Raum führt einen Zehnten *to Tule* im Kirchspiel *van Oyte* auf, mit dem damals Gerhard von Sutholte belehnt war[72]). 1411 belehnte dann der *her van Munster Johanne Tamelynck myt deme tenden dryer huser to Myddelstentule in dem kerspele van Oyte in der burscup to Myddelstentule to manleene*[73]). Diesen Zehnten trug Johann Tameling 1424 zugunsten des Gerd Tideking dem Bischof von Münster auf. Ein späterer Randvermerk zu dem um 1325 entstandenen Tecklenburger Lehnsregister, der aus der ersten Hälfte des 15. Jahrhunderts stammen dürfte, nennt *dominus Albertus Tidekinch in Oyte et Gerd Tidekinch, eius frater,* als Besitzer des Thüler Zehnten[74]).

Diese Belege stehen im Widerspruch dazu, daß der Mittelthüler Zehnte nachweislich ein lippisches Lehen war; die 1409 beginnenden Nachweise hierfür sind oben beim Böseler Bauerzehnten angeführt. Vermutlich verlehnte der Landesherr in Thüle damals nur einen kleineren Teilzehnten, für den weitere Spuren fehlen.

Bei einer Landschatzung des Jahres 1535 wird unter den Einwohnern Friesoythes ein *Dirick Symers* mit Frau *Tallecke* und Kindern *Greta* und *Johann* genannt, der *van eynen tegeden to Tule* einen Emder Gulden Steuer zahlen muß[75]). Im Jahre 1549 belehnte *Oethraven Vrese* den *Symer Dyrick, Symerß shoene,* zu einem „rechten Mannlehen" mit dem Zehnten der *burschup tho Middelsten Tülle* und 1576 der Häuptling Claus Frese zu Uttum und Hinte den *Symer Symers,* wie er zuvor schon dessen Bruder *Göke Symerß* belehnt hatte[76]).

Als Junker Mauritz Frese zu Hinte 1649 einen Lehntag wegen der im Amt Cloppenburg gelegenen Lehngüter durchführte, erschien unter seinen „Vasallen" auch ein *Dirck Simens zu Westerstede,* der einen Lehnbrief von 1624 vorwies und mit dem Bauerzehnten zu Mittelsten Thüle belehnt wurde[77]). Achtzehn Jahre später mußte dieser seinen Zehnten verkaufen: Am 23. September 1667 erwarben *Herman Deters und Gerdt Teilman,* beide in Mittelthüle wohnhaft, von *Dirck Symers* dessen Lehngut, das er, *umb sich auß seinne große Schulden zu retten, verkauffen muste.* Als Preis wurden 1628 Reichstaler vereinbart. Einen Lehnbrief erhielt 1670 Hermann Deters, Zeller in

---

71) Stammhof der Vorfahren der in Ostfriesland und Westfalen verbreiteten Familie Schöningh: siehe Daniel Schöningh, Nachrichten über die älteste/ältere Geschichte der Familie Schöningh, in: Auf Roter Erde. Beiträge zur Geschichte des Münsterlandes und der Nachbargebiete (Beilage zum Münsterischen Anzeiger), Jg. 9, 1933/34, S. 78-80; Jg. 10, 1934/35, S. 25-26 u. 36-38; Jg. 11, 1935/36, S. 43-45 u. 53-55.
72) Die Lehnregister der Bischöfe von Münster bis 1379, bearb. v. Hugo Kemkes, Gerhard Theuerkauf u. Manfred Wolf (Westfälische Lehnbücher, Bd. 2), Münster 1995, S. 56.
73) StAM, Fstm. Münster, Lehen, Nr. 1111, Bl. 20r; vgl. Wolfgang Bockhorst, Geschichte des Niederstifts Münster bis 1400 (Geschichtliche Arbeiten zur westfälischen Landesforschung, Bd. 17), Münster 1985, S. 217.
74) Lehnregister Münster (s. Anm. 72), S. 56. Ein Alhard (!) Tideking war in der ersten Hälfte des 15. Jahrhunderts Vikar in Friesoythe: Sieve, Ratsgeschlechter (s. Anm. 28), S. 90.
75) StAO, Best. 111-2 Ab. Nr. 34 Bl. 59v.
76) StAD, L 6, Akte Nr. 243, Bl. 12-13.
77) StAA, Dep. XLI B, Nr. 503, S. 18-19.

Mittelthüle[78]). Bis zur Ablösung blieben die Mittelthüler Bauern Afterlehnsträger ihres eigenen Zehnten[79]).

### c) Thülsfelde (Lehen des Landesherrn)

In Thülsfelde gab es im Mittelalter nur ein Gehöft, das wahrscheinlich erst im 15. Jahrhundert in die beiden Halberben Göken und Wilken aufgeteilt wurde. Grundherr war das Pastorat in Friesoythe[80]). Der Thülsfelder Zehnte war ein landesherrliches Lehen. Zusammen mit dem sogenannten Wolterdingkamp bei Friesoythe wurde er bis 1400 von den Grafen von Tecklenburg, danach von den Bischöfen von Münster ausgegeben.
Die älteste Nachricht findet sich in einem im 15. Jahrhundert niedergeschriebenen Lehnsregister, bei dem es sich nach neueren Forschungen um die Abschrift eines Verzeichnisses Tecklenburger Lehen aus der Zeit um 1325 handelt[81]). Unter den Trägern von Lehen im Kirchspiel *Oyte* ist aufgeführt: *Item Diderich Hemelingh eyn stucke landes, dat is eyn kamp, unde den teynden to Tulsvelde*[82]).
1411 belehnte Otto, Fürstbischof von Münster, den *Johanne, Gerken sone van der Mollen, myt deme Wolderkynckampe und myt deme tenden to Tuylsfelde* als Mannlehen, *alse dat Gerke syn vader to lene to holdene plach*[83]). 1462 wurde *Hermannus tor Molen, filius Johannis tor Molen*, neuer Lehnsträger *in manstat*[84]). Und bei den Aufzeichnungen über den Lehntag zu Vechta 1525 heißt es: *Item Hermann tor Mollen is beleent myt dem Wolderken Kamp unnd dem tegeden to Tuelsfelde, in dem kerspell van Oyt belegenn*[85]).
Der nächste Lehnsträger, Herbert Paßmann, erscheint 1560 beim Lehntag zu

---

78) Ebd., S. 41-43.
79) Pagenstert (s. Anm. 1), S. 183-184.
80) Ebd.
81) Hugo Kemkes, Wie alt sind die ältesten Lehnbücher der Bischöfe von Münster?, in: Jahrbuch für das Oldenburger Münsterland 1991, S. 44-70, hier S. 51-52.
82) Lehnregister Münster (s. Anm. 72), S. 57.
83) StAM, Fstm. Münster, Lehen, Nr. 1111, Bl. 20r; vgl. Lehnregister Münster (s. Anm. 72), S. 57. Dieselbe Familie war vom oldenburgischen Grafenhaus mit dem Osterlinderner Zehnten (siehe dort) belehnt.
84) StAM, Fstm. Münster, Lehen, Nr. 1113, Bl. 53r u. 20v; vgl. Bockhorst, Niederstift (s. Anm. 73), S. 217. Ein Hermann tor Mölen ist 1472, 1492 und 1496 als münsterscher Richter in Friesoythe bezeugt: Ostfriesisches Urkundenbuch, Bd. 2: 1471-1500, hrsg. v. Ernst Friedländer, Emden 1881, S. 11 (Nr. 910); [Bernhard] Engelke, Alte Gerichte in dem alten Amte Cloppenburg, in: Jahrbuch für die Geschichte des Herzogtums Oldenburg 17, 1909, S. 177-297, hier S. 262-264; Urkundenbuch von Jever und Kniphausen, bearb. v. Gustav Rüthning (Oldenburgisches Urkundenbuch, Bd. 6), Oldenburg 1932, S. 172 (Nr. 351). 1488 erscheint er als Zeuge beim Verkauf eines Erbes bei Marx in Ostfriesland: Ostfriesisches Urkundenbuch, Bd. 2, S. 279 (Nr. 1223).
85) StAM, Fstm. Münster, Lehen, Nr. 1115, Bl. 104v. *Herman thor Mollen* war Kaufmann, wie aus einem Brief des Cloppenburger Amtmanns über einen Streit mit dem Grafen von Ostfriesland um weggenommene Laken von 1524 hervorgeht: StAA, Rep. 4 B I f, Nr. 1257. Er hatte sechs Kinder, die noch 1562 am Leben waren: Jasper, Gerd, Dirick, Hille, Taleke und Grete. Gerd tor Mölen war Kaufmann in der baltischen Hansestadt Reval, Taleke heiratete Herbert Paßmann in Friesoythe, Hille wohnte 1567 in oder bei Wittmund, der Verbleib der übrigen ist nicht bekannt: Stadtarchiv Reval (Benutzung durch das Bundesarchiv in Koblenz), B. i. 107, Bl. 2v, 12r, 13r u.ö. Vgl. auch Heinz von zur Mühlen, Reval vom 16. bis zum 18. Jahrhundert. Gestalten und Generationen eines Ratsgeschlechts (Quellen und Studien zur baltischen Geschichte, Bd. 6), Köln u. Wien 1985, S. 358-360.

Vechta[86]). Dieser Friesoyther Bürger dürfte ein Sohn des 1519/20 erwähnten Friesoyther Richters Cornelius Paßmann[87]) gewesen sein. Um 1510 geboren[88]), hatte er durch seine Ehe mit Taleke, einer Tochter des Hermann tor Mölen, das Zehntlehen erlangt.

Herbert Paßmann wird am 17. August 1569 beim Lehntag in Vechta wiederum mit dem *Wolterdingkampe* und dem Zehnten zu Thülsfelde belehnt. Zugleich wird protokolliert, daß *Jasperenn Dierichs unnd Hummen Kromers die Helffscheidt unsers Zehendenn zu Tulesfelde vonn weilandt Henrichen Orthmans angestorben* (sie haben ihn also beerbt). Sie bitten um Genehmigung, dieses Lehen an *Dietherichen Tamlings*, Bürgermeister zu *Oyta*, verkaufen zu dürfen, was ihnen auch gewährt wird[89]). Unklar ist, wie der verstorbene Heinrich Ortmann an seine Hälfte des Zehnten gekommen war. In der Folgezeit wurde stets Paßmann als „Prinzipal-Lehnsträger" (zur Gänze), Tameling aber zur „Halbscheid" belehnt. Die Praxis sah so aus, daß Paßmann den Kamp nutzte, während Tameling den Zehnten gebrauchte[90]). An dieser Stelle folgen demnach nur die Nachrichten zur Familie Tameling.

Dietrich Tameling, aus einem alteingesessenen Friesoyther Geschlecht stammend, wurde etwa 1520 geboren[91]). Als seine Eltern werden 1535 die Eheleute Werneke und Jutte Tameling genannt, von denen Jutte noch 1549 als Witwe lebte[92]). Dietrich Tameling war zweimal verheiratet: 1549 wird seine (erste) Frau Anne erwähnt, 1577 war er Witwer, 1582 erscheint seine (zweite) Frau Mette[93]). Als Bürgermeister ist er seit 1567 bezeugt[94]). Er hatte (aus erster Ehe) mindestens sechs Kinder[95]). Eine Tochter heiratete Henrich Burmann, Bürger zu Emden[96]) (erwähnt 1577 und 1594), eine andere Tochter, Grete, ehelichte Hermann Paßmann[97]) (erwähnt 1584). Der Sohn Gerd ließ sich in Arnheim nieder, heiratete dort *Styne Kocks*, starb etwa 1594 und

---

86) StAM, Fstm. Münster, Lehen, Nr. 1117, Bl. 122r.
87) *Cornelius Pasman* stellt 1520 als münsterscher Richter zu Friesoythe eine Urkunde aus: OUB 5, S. 385 (Nr. 937). Der aus dem Saterland stammende Humanist Heinrich Scheve bedachte *Cornelium Pasman, virum non indoctum, aequitatis iudicem atque antiquae fidei amicum*, mit einem 1519 gedruckten Gedicht: Hermann Hamelmanns Geschichtliche Werke. Kritische Neuausgabe, begonnen v. Heinrich Detmer, Bd. 1: Schriften zur niedersächsisch-westfälischen Gelehrtengeschichte, Heft 3: Illustrium Westphaliae virorum libri sex, hrsg. v. Klemens Löffler, Münster 1908, S. 328.
88) 1571 wird Herbert Paßmann als Sechzigjähriger erwähnt: Engelke (s. Anm. 84), S. 267.
89) Aktenüberlieferung: StAO, Best. 20-39 B II B Nr. 3 Bl. 2-3. Lehnbucheintrag: StAM, Fstm. Münster, Lehen, Nr. 1118, Bl. 117r-v. Der Original-Lehnbrief des Herbert Paßmann vom 17. Aug. 1569 befindet sich im Privatbesitz der Familie Heiner Wreesmann, Vordersten Thüle.
90) So wurde es 1684 festgelegt, doch zeigt die Aktenlage, daß diese Regelung schon lange vorher üblich war: StAO, Best. 20-39 B II B Nr. 3 Bl. 205.
91) Engelke (s. Anm. 84), S. 267.
92) StAO, Best. 111-2 Ab. Nr. 34 Bl. 60r u. Ab. Nr. 37 Bl. 71r.
93) StAO, Best. 110 Urk. Orte Friesoythe 1582 Juni 29.
94) Sieve, Ratsgeschlechter (s. Anm. 28), S. 83.
95) Die folgenden genealogischen Angaben beruhen auf drei Urkunden von 1577, 1584 und 1594, in denen Erbschaftsangelegenheiten geregelt werden: StAO, Best. 20-39 B II B Nr. 3 Bl. 82r-84v; StAO, Best. 110 Urk. Orte Friesoythe 1594 Juli 1. Man vergleiche dazu auch die (nicht fehlerfreien) Angaben bei Johannes Gravert, Die Bauernhöfe zwischen Elbe, Stör und Krückau mit den Familien ihrer Besitzer in den letzten 3 Jahrhunderten, ergänzt u. vollendet v. Emil Holst u. Theodor Ahsbahs, hrsg. v. d. Krempermarsch-Sparkasse in Krempe, Glückstadt 1929, S. 218.
96) Über ihn siehe Heinrich Buurman, Burman in Barßel und Emden, in: Oldenburgische Familienkunde Jg. 27, Heft 4, Dez. 1985, S. 254-262, hier S. 260.
97) Vermutlich identisch mit Hermann Mölmann, dem um 1600 oft erwähnten Bürgermeister von Friesoythe; vgl. unten zum Wolterdingkamp.

hinterließ die Töchter Margaretha und Geske. Der zweite Sohn, Henrich, wanderte ebenfalls nach Gelderland aus, und zwar nach Doesburg, wo 1594 seine Witwe Judith mit ihrem zweiten Mann, dem Kirchmeister *Rutger Everts*, und den Kindern aus erster Ehe, Henrich und Geseke, lebte[98]. Der dritte Sohn, Wilke, verheiratet mit Geseke, wurde Besitzer des Meyerhofs zu Reinshaus bei Friesoythe[99]. Der vierte und jüngste Sohn schließlich hieß wie der Großvater Werneke Tameling.
1577 zog sich Dietrich Tameling aufs Alltenteil zurück. Aus diesem Anlaß setzte er mit seinen Erben einen Vertrag auf, worin er sich für seine alten Tage unter anderem den Gebrauch des Thülsfelder Zehnten vorbehielt[100]. Dietrich Tameling lebte auch noch 1584, als seine Söhne Gerd und Wilke und sein Schwiegersohn Hermann Paßmann sich vertraglich einigten, daß ihr Bruder bzw. Schwager Werneke Tameling mit seiner Ehefrau Rike (der Tochter des Cloppenburger Bürgermeisters Hermann Düvel) alle elterlichen Güter, darunter Haus und Hof binnen Friesoythe, erben sollte[101]. Als jedoch der alte Dietrich Tameling starb, ließ sich 1590/91 sein in Arnheim wohnender ältester Sohn Gerd mit dem Thülsfelder Zehnten belehnen[102]. Hiergegen erhoben die Vormünder des minderjährigen Sohnes seines inzwischen bereits verstorbenen Bruders Werneke Tameling Protest. Es gelang ihnen, 1593/94 für den jungen Dietrich Tameling die Belehnung zu erlangen, nachdem auch Gerd Tameling in Arnheim verstorben war[103].
Dietrich Tameling heiratete 1605 Margaretha Voß, eine Tochter der adeligen Eheleute Rudolf Voß und Anna Holthusen zu Mundelnburg[104]. In seiner angestammten Behausung an der Moorstraße in Friesoythe wirtschaftete Dietrich als „Herbergierer"[105]. 1614 gehörte er zu den Mitunterzeichnern eines gegen die Rekatholisierungsbestrebungen des Landesherrn gerichteten Protestschreibens der Stände des

---

98) In Doesburg gehörte die Familie des Bürgermeisters *Hendrik Tamelinck* (gestorben 1625) zu den führenden Ratsgeschlechtern: J. Mulder, Een magistraat in beroering. En onderzoek naar de sociale mobiliteit onder de regenten van Doesburg gedurende de periode 1665-1717, in: Bijdragen en Mededelingen [der] Vereniging Gelre, Deel LXXV, Arnhem 1984, S. 102-123, hier S. 121. Es sei auch darauf hingewiesen, daß im 17. Jahrhundert ein *Henricus Tamelinck* aus Doesburg und ein *Theodorus Tamelinck* (gestorben 1661) an der Universität Utrecht studierten: C. J. Welcker, Het Wapenboek van de Geldersch-Overijselsche Studentenvereeniging aan de Utrechtsche Hoogeschool, 1635-1671, in: „De Nederlandsche Leeuw". Maandblad van het Genealogisch-heraldisch Genootschap, Jg. 42, 1924, Sp. 34-44, 77-80, 111-116 u. 139-145, hier Sp. 141-142.
99) Wilke Tameling heiratete damit auf einen der stattlichsten Höfe in der Umgebung von Friesoythe: Cl[emens] Woltermann, Die Meierhöfe im Oldenburger Münsterland mit allerlei Geranke rundherum in Wort und Bild, Friesoythe 1978, S. 40-47. Die dort abgedruckte Liste der Hofbesitzer ist äußerst fehlerhaft.
100) StAO, Best. 20-39 B II B Nr. 3 Bl. 82r-83r.
101) Ebd., Bl. 83r-84v.
102) Ebd., Bl. 68-76.
103) Ebd., Bl. 78-118. Die in oder bei Arnheim lebende Tochter des Gerd Tameling, Margarethe oder *Grietyen Tamerlinghs*, versuchte noch 1594 vergeblich, sich vom Bischof von Münster belehnen zu lassen. Nach dem Regierungsantritt des Bischofs Ferdinand von Bayern 1613 muteten Johann Paßmann und Dietrich Tameling das Lehen: StAM, Fstm. Münster, Lehen, Nr. 1122, Bl. 36v-37v.
104) Ehevertrag: StAO, Best. 272-1 Nr. 125. Über die Familie Voß zu Mundelnburg siehe Rudolf v[om] Bruch, Die Rittersitze des Fürstentums Osnabrück, Osnabrück 1930 (Reprint Osnabrück 1982²), S. 367.
105) Dies vermerkt das Personenschatzungsregister von 1606, demzufolge er zusammen mit Johann Noest die höchste Steuersumme zahlte: StAO, Best. 111-2 Ab. Nr. 40 S. 32.

Niederstifts Münster[106]). Damals war er wohl bereits Bürgermeister[107]). Am 27. Februar 1618 starb er[108]).

Das Thülsfelder Lehen erbte sein ältester Sohn Werner[109]). Dieser ehelichte Margaretha Kobrink aus einer zu Altenoythe erbgesessenen Adelsfamilie[110]). Nach 45 Dienstjahren als fürstlich ostfriesischer Küchenmeister zu Esens kaufte er 1682 das Gut Barkhausen bei Burhafe im Harlingerland[111]), wo er am 12. April 1685 starb[112]). Sein Sohn und Erbe, Caspar Hinrich Tameling zu Barkhausen, verkaufte den Thülsfelder Zehnten mit Konsens des Lehnsherrn 1702/03 an den Friesoyther Richter Gottfried Düvel[113]). Die weitere Geschichte dieses Lehens soll hier nicht verfolgt werden[114]).

Zur mittelalterlichen Besitzgeschichte des Thülsfelder Zehnten gibt es noch eine andere Tradition. Im 15. Jahrhundert erscheint dieser nämlich als Teil des Zehnten der benachbarten Bauerschaft Resthausen im Kirchspiel Krapendorf. 1448 verpfändete Evert Kobrink mit seiner Frau Nese in Friesoythe *ver huse tegeden, belegen tho Restehusen*, darunter den Kornzehnten *over Gerken hues Tuilsfeld*, für 100 rheinische Gulden der *Meimberge, seligen Nostes huesfrawen*, und ihren Kindern. 1462 verkaufte derselbe Evert Kobrink den Zehnten über fünf (!) Erben *to Restehusen*, darunter auch über *Tulsfeldes erve, dat nu Herman tor Ouwenmolen hefft*, an die Kirche zu Molbergen, die auch das Darlehen von 1448 auslösen oder verzinsen mußte[115]). 1683 berichtet der Pfarrer von Molbergen, daß die Kirche den Zehnten von Resthausen beziehe, wovon ein Haus entzogen sei, daß man Thülsfelde nenne. Nach der Überlieferung war der Thülsfelder Zehnte von einem lutherischen Pastor Molbergens der Kirche entzogen worden. Dieser habe ihn seiner Tochter als Heiratsgut übergeben, die später verarmt sei, wodurch der Zehnte an einen Bürger in Friesoythe kam[116]).

---

106) Die Gegenreformation in Westfalen und am Niederrhein. Actenstücke und Erläuterungen, zsgest. v. Ludwig Keller. Dritter Theil: 1609-1623 (Publicationen aus den K. Preußischen Staatsarchiven, Bd. 62), Leipzig 1895, S. 476-479 (Nr. 367).
107) Findbuch zum Bestand Stadtarchiv Friesoythe, bearb. v. Harald Schieckel (Inventare und kleinere Schriften des Staatsarchivs in Oldenburg, Heft 10), Göttingen 1980, S. 14 (Nr. 8) u. 38 (Nr. 84).
108) StAO, Best. 20-39 B II B Nr. 3 Bl. 124-125. In Dietrich Tamelings Haus an der Moorstraße zog bald nach seinem Tod der Mühlenpächter Bitter Knehem ein. Als dessen Ehefrau wird 1645 Margaretha Tameling erwähnt: StAO, Best. 110 Urk. Orte Friesoythe 1645 Juni 10. Während des Dreißigjährigen Krieges quartierten sich mehrmals hohe Offiziere in Knehems Haus ein, darunter in der Weihnachtszeit 1623 der bei Altenoythe siegreich gebliebene ligistische Oberst Erwitte: [Anton Wreesmann,] Friesoythe in vergangenen Zeiten. Separat-Abdruck der Tageszeitung für den Amtsbezirk Friesoythe, Friesoythe 1930, S. 42-43. Das zeigt, daß dieses Haus damals als das wohl vornehmste am Platze galt.
109) StAO, Best. 20-39 B II B Nr. 3 Bl. 130, 133, 135-136; StAM, Fstm. Münster, Lehen, Nr. 1125, Bl. 13v.
110) Zimmermann (s. Anm. 52), S. 355.
111) Heyko u. Eva Heyken, Die Einwohner des alten Amtes Wittmund von 1565 bis 1752 (Quellen und Forschungen zur ostfriesischen Familien- und Wappenkunde, Beiheft 18), Aurich 1985, S. 129-130; vgl. auch Ilse Bitter, Ministerial-Familien des alten Amtes Cloppenburg: Die Familie Düvell, in: Volkstum und Landschaft Nr. 30, Febr. 1955, S. 10.
112) Zeugnis des Pastors zu Burhafe: StAO, Best. 20-39 B II B Nr. 3 Bl. 149.
113) Ebd., Bl. 231-267 (darin Bl. 249: eine Urkunde mit dem Tamelingschen Siegel). Eintragung im Lehnsregister: StAM, Fstm. Münster, Lehen, Nr. 1129, Bl. 134. Schon 1678 hatten Caspar Hinrich Tamelings Eltern Grundstücke bei Friesoythe an den Richter Düvel verkauft: Findbuch Stadtarchiv (s. Anm. 107), S. 21 (Nr. 25).
114) Vgl. dazu Schulte, Friesoythe (s. Anm. 66), S. 122-123.
115) OUB 8, S. 93 (Nr. 156b) u. 104-105 (Nr. 171a).
116) Willoh (s. Anm. 2), Bd. 5, S. 340-341.

## III. Der Loher Zehnte

In einer Aufzählung des Barßeler Pastors Cappius über die Einkünfte seiner Kirche aus dem Jahre 1651 heißt es zur Bauerschaft Lohe: „In dieser Bauerschaft sein 8 Häuser. Aus dieser Bauerschaft hat die Kirche den halben Zehnten. Die andere Hälfte haben selige Nostes Erben aus Friesoythe. Ein großes Erbe ist zehntfrei. Der halbe Zehnt bringt 26, 28, 30 Rthr., zuweilen mehr oder minder, je nachdem mehr oder minder gesäet ist und die Früchte geraten sind"[117]). Die Loher Bauern waren wie alle Einwohner des Kirchspiels Barßel und des Saterlandes Freie[118]).

1474/84 hatten die Ratleute der Kirche zu Barßel die eine Hälfte des Loher Zehnten von dem Friesoyther Bürger *Frerick Steneken* und seiner Frau *Beke* angekauft. Dazu hatten sie 1525 von einem gewissen *Berent Buttel* und seiner Frau *Anne* die volle Lehnshoheit darüber erworben, wodurch diese Hälfte des Zehnten allodifiziert worden war[119]).

Die andere Hälfte des Loher Zehntens, den bereits zu Beginn des 17. Jahrhunderts die Familie Noest zog[120]), war, wie eine amtliche Untersuchung 1831/32 ergab, von alters her ein von den Besitzern des Gutes Bomhof (bei Langförden im Amt Vechta) ausgegebenes Lehen[121]). Das früheste Zeugnis, das sich hierfür beibringen ließ, war ein Lehnbrief des Herrn von Schilder vom 25. August 1711 für Johann Noest, Bürger zu Friesoythe[122]). Johann Noests gleichnamiger Sohn beklagte sich 1733 bei seinem Lehnsherrn über Streitigkeiten mit seinem Oheim Cornelius Noest. Der halbe Zehnte wurde schließlich unter den beiden Linien Noest aufgeteilt, so daß 1831 Johann Noest in Friesoythe ein Viertel, Peter Noest in Leer und H. A. J. Wreesmann in Friesoythe je ein Achtel des Zehnten gebrauchten.

## IV. Der Dwergter Zehnte

Der Zehnte der Bauerschaft Dwergte im Kirchspiel Molbergen war zur Hälfte landesherrlicher Besitz, zur Hälfte osnabrückisches Lehen. Es handelte sich um den Frucht- und Blutzehnten von sieben Hofstellen. Im späten Mittelalter verpachtete die Landesherrschaft ihren Anteil an die Bauern von Dwergte[123]), während der Bi-

---

117) Ebd., Bd. 4, S. 62.
118) Pagenstert (s. Anm. 1), S. 180-182.
119) Sieve, Urkundenabschriften (s. Anm. 23), S. 104-105. Ein *Berndt Buttel* stellte als fürstbischöflich münsterischer Richter zu Meppen 1528 eine Urkunde aus: Das Archiv des Vereins für Geschichte und Altertumskunde Westfalens, Abteilung Paderborn, Teil 2, Unterabteilung 3: Urkunden, in Regestenform bearb. v. Bernhard Stolte, Paderborn 1905, S. 425.
120) 1613 wird Johann Noest als Inhaber genannt: Willoh (s. Anm. 2), Bd. 4, S. 62. Über das Geschlecht Noest vgl. Sieve, Ratsgeschlechter (s. Anm. 28), S. 88.
121) Die folgenden Angaben sind der Untersuchungs-Akte von 1831/35 entnommen: StAO, Best. 20-39 B II B Nr. 2.
122) In dem Lehnbrief heißt es, das Lehen gehöre zum Grothausschen Erbe. Vgl. dazu die Besitzgeschichte des Gutes Bomhof: Nieberding (s. Anm. 36), S. 405-406.
123) 1447 übertrug der Cloppenburger Amtmann den Besitz des *halven tegheden to Dwerghete* dem *Gerd*, Sohn *Alberdes Toleken anders gheheten to Dwerghete*: Wolfgang Bockhorst, Cloppenburg im Mittelalter, in: Beiträge zur Geschichte der Stadt Cloppenburg, Bd. 1, hrsg. v. d. Stadt Cloppenburg, Cloppenburg 1985, S. 65-76, hier S. 74-75.

schof von Osnabrück den seinen an die im Emsland ansässige adelige Familie Budde verlehnte[124]). Diese gab den Zehnten als Afterlehen an Friesoyther Einwohner weiter.

Erstmals wird der Dwergter Zehnte in einer Urkunde von 1408 erwähnt. Am 14. Mai dieses Jahres bekundet *Dyderick Eckeshussen*, daß er von *Lamberten Budden yn lenwere und yn manstat den tegeden van Dverchte, gelegen yn den ampte van der Cloppenbroch und an den kerspele van Molbergen*, empfangen hat. Als Zeugen werden *Gerd Zwartewold, Erberd van Langen, Hinrich van Brantlecht* und *Herman van den Kamppe* genannt. Für den Aussteller siegelt *Wessel, richter to Linge*[125]). Die Familie dieses Lehnsträgers war nach der Bauerschaft Eggershausen bei Altenoythe benannt[126]).

Die nächste Spur findet sich in zwei Urkunden von 1451 und 1452, wonach Lambert Budde den *Reyner Nost*, Bürger zu *Vresoyta*, und den *Alberd van Thüle* mit dem halben Dwergter Zehnten „in Mannstatt" belehnt[127]). Es dürfte sich um die Erben der ausgestorbenen Familie von Eggershausen handeln. 1508 wird dann *Reyner Noest*, Bürger zu Haselünne, Lehnsträger des Giseke Budde. 1530 folgt *Wempe Noest*, Bürger zu Haselünne und Lehnsträger des Lambert Budde, 1539 *Hinrick Meerswyn*, Vogt und Bürger zu Haselünne und ebenfalls Lehnsträger des Lambert Budde[128]).

Nach Pagenstert wurde der Dwergter Zehnte „Ende des 16. Jahrhunderts halb von der Landesherrschaft, halb von Heinr. Meerschwein zu Haselünne derart gezogen, daß das eine Jahr der Landesherr den Roggen und Meerschwein den Hafer, das andere Jahr umgekehrt letzterer den Roggen und der Landesherr den Hafer zog. Die dem Landesherrn zustehende Hälfte hatten 1574 die Dwergter Bauern auf 6 Jahre gedungen und zwar gaben sie, wenn M. den Hafer zog, 7½ Mlt. Rg., im folgenden Jahre 7½ Mlt. Hafer. Später alternierte die Landesherrschaft mit dem Hause Bakum. Die letzterem zustehende Hälfte ging 1802 durch Allodifikation in den freien Besitz des Herrn v. Ascheberg über"[129]).

## V. Der Grönheimer Zehnte

Bis ins 17. Jahrhundert bestand die Bauerschaft Grönheim im Kirchspiel Molbergen aus nur zwei Bauernhöfen. Mit den Zehnten von Grönheim, Resthausen und Stal-

---

124) Merkwürdigerweise fehlt der Dwergter Zehnte in den Osnabrücker Lehnbüchern. Es liegen jedoch aus dem 16. Jahrhundert mehrere Lehnbriefe der Osnabrücker Bischöfe für die Familie Budde über Besitzungen in den Kirchspielen Thuine, Freren und Molbergen vor: StAM, Gutsarchiv Venne, Urk. vom 8. Juni 1533, 21. Okt. 1567, 4. Febr. 1572 u. 12. Febr. 1584. Über die Familie Budde zu Hange siehe Rudolf vom Bruch, Die Rittersitze des Emslandes, Münster 1962, S. 147-148.
125) StAM, Gutsarchiv Venne, Urk. vom 14. Mai 1408.
126) 1323 ließen *Johannes de Eckechusen* (der sich auf seinem erhaltenen Siegel *Johannes d'Oyte* nennt) und sein Sohn *Hadebertus* dem Ritter Wessel von Pente den Halener Zehnten auf, den sie von ihm als Lehen besessen hatten: Gutsarchiv Assen, Urk. v. 11. Nov. 1323. Im Jahre 1397 erhielt *Johan Blome*, Sohn des verstorbenen *Engelbert*, vom Grafen Nikolaus von Tecklenburg das frühere Dienstmanngut *Eckehusen* (Eggershausen) im Kirchspiel *Oyte* (Altenoythe) zu freiem Eigentum: StAM, Grafschaft Tecklenburg (Rep. A 190), Urk. Nr. 138; vgl. Bockhorst, Niederstift (s. Anm. 73), S. 97.
127) StAM, Gutsarchiv Venne, Urk. vom 4. Juli 1451 und 18. Sept. 1452.
128) Ebd., Urk. vom 3. Dez. 1508, 22. Sept. 1530 (vgl. StAO, Best. 272-21 Nr. 153) und 8. Mai 1539. Über die Familie Noest in Haselünne vgl. Sieve, Ratsgeschlechter (s. Anm. 28), S. 86.
129) Pagenstert (s. Anm. 1), S. 157.

förden belehnte der Bischof von Münster 1414 einen gewissen Rembert Mule bzw. dessen Vormund[130]). Später hört man nichts mehr von einem landesherrlichen Anspruch auf den Grönheimer Zehnten; statt dessen erscheint dieser als Zubehör des Gutes Südholz und Lehen des Klosters Corvey.

Das Gut Südholz bei Bakum war aus einem alten Haupthof des Klosters Corvey entstanden[131]) und wurde noch im 18. Jahrhundert zusammen mit dem Zehnten von Grönheim und einem Hof in Varnhusen (Kirchspiel Visbek) vom Corveyer Abt als Lehen ausgegeben[132]).

Den Grönheimer Zehnten gaben die auf Südholz ansässigen Adligen als Afterlehen an Friesoyther Bürger weiter. Zu Anfang des 17. Jahrhunderts ging Caspar von Quernheim zu Südholz gegen seinen Lehnsmann Ebbeke Schumacher vor und beschuldigte ihn, den Grönheimer Zehnten unrechtmäßig zersplittert zu haben. Abt Dietrich von Corvey nahm jedoch mit einem Schreiben vom 16. Juli 1612 seinen „Subvasallen" gegen von Quernheim in Schutz[133]).

Bald darauf berichtete Hermann Tiedeken, ältester Sohn des verstorbenen Johann Tiedeken zu Friesoythe, dem Abt Dietrich, er sehe sich gezwungen, den achten Teil des Grönheimer Zehnten, den er vom Stift zu Lehen trage, zu verkaufen, doch weigere sich der andere Lehnsträger, Gerd Schumacher, diesen zu erwerben. Da der Abt eine Aufteilung des Lehens nicht duldete, ermahnte er Schumacher am 10. Februar 1613, den Kauf zu tätigen. Bereits sieben Tage später fand das Geschäft vor Dietrich Brüning, Richter zu Quakenbrück, Badbergen und Menslage, statt: *Der ersahm undt manhaffter Herman Ziedeken [!] von Freßoeite, jetziger Zeitt Palbirer undt Wunde Artz unter der Staten von Hollandt Kriegs Volck,* verkauft für sich und seine Frau Sophia seine Rechte am *Gröner Zehende,* der aus *beyde Gröner Erbe im Kirspel Molbergen* gezogen wird, an *Gerdt Schumacher,* Bürger zu *Oithe,* und dessen Ehefrau *Geßken*[134]). 1620 belehnte Caspar von Quernheim den *Ebken Schomakers,* Bürger zu *Frießoitta,* weiland *Gerhardten* Sohn, mit diesem Zehnten.

1654 zitiert *Johan von Quernheimb zur Horenburgh* seine Subvasallen *Johan Schumacheren,* Bürger zu Friesoythe, und *Alhardten Spliten von Bassell* nach Bakum in das Haus des kaiserlichen Notars *Hilmarus Voß* und wirft ihnen vor, daß sie wegen des *Grohnemer* Zehnten beim Tode des Caspar von Quernheim, beim Tode des alten Abtes und beim Tode seines Vaters Johann von Quernheim ihre Belehnung nicht ordnungsgemäß empfangen hatten. Man vereinbart die Ausstellung eines neuen Lehnbriefs, wofür die Subvasallen ihrem Lehnsherrn *zu geben versprochen viertzigh inspecie*

---

130) Bockhorst, Niederstift (s. Anm. 73), S. 216-217.
131) Nieberding (s. Anm. 36), S. 378.
132) Unterlagen darüber finden sich in der Akte eines 1710 beginnenden Prozesses, in dem die Besitzerin des Gutes Südholz-Quernheim mit Erfolg verschiedene Rechte einklagte, u.a. das Lehnrecht über den Grönheimer Zehnten, woraufhin ihr Gegner, der Freiherr von Galen, 1717 an das Reichskammergericht appellierte: StAM, Reichskammergericht, G Nr. 51, Bd. 2.
133) Original: Pfarrarchiv Molbergen, Rep. Nr. 404; Abschrift: StAM, Reichskammergericht, G Nr. 51, Bd. 2, Bl. 24-25. Die folgenden Angaben sind, wenn nicht anders angegeben, dem Pfarrarchiv Molbergen (Urkunden und Akte Rep. Nr. 404) entnommen.
134) Zeugen sind *Johan Nottbecken,* Vogt zu Badbergen, *Harmen Ziedeken,* Bürger zu Friesoythe, und *Henrich Meyer* zu Quakenbrück. Diese Urkunde ergänzt die bei Sieve, Ratsgeschlechter (s. Anm. 28), S. 89-93, gemachten Angaben über das Geschlecht Tiedeken. Dort wird auf S. 93 Hermann Tiedeken fälschlich als „Landsknecht" bezeichnet.

*Richsthaler und dre Richsthaler der Frauwen zu Wynkauffe benebenst zwe holländische Kese*, am nächsten Maitag zu bezahlen. Bei späteren Belehnungen soll diese hohe Summe nicht maßgeblich sein. Im folgenden Jahr überträgt Alhart Spliet zu Barßel seinen Anteil am Zehntlehen dem Johann Schumacher alias Spliet zu Friesoythe.
1668 belehnte Christian Philipp von Quernheim den *Johan Schuemacheren, Bürgern zu Frysoit, weiland Ebbeken Sohn*, mit dem Grönheimer Zehnten[135]). 1705 verkaufte vor dem Friesoyther Magistrat *Harbert Spliedt* mit dem Einverständnis seines Vaters *Johan* und seiner Ehefrau *Riggoldten Karhoff* die „Halbscheid" des Grönheimer Zehnten an *Godtfriedten von Gronum* zu Grönheim und seine Frau *Margreten Bangen*. 1714 wurde Herbort Schumacher alias Spliet (nach dem Tod seines Vaters) mit der anderen Hälfte belehnt.
Im Jahre 1716 erwarb der Molberger Pastor Plate von dem Friesoyther Bürger Herbert Spliet den halben Zehnten zu Grönheim, womit sich die Herrin von Gut Südholz-Madras unter Vorbehalt der Lehnshoheit einverstanden erklärte. Später kam es zu einem langwierigen Prozeß zwischen der 1724 von Plate errichteten Vikarie und der Familie Plate, der unter anderem vor dem Lehnsgericht zu Corvey geführt und erst 1830 in Oldenburg (zugunsten der Familie Plate) beendet wurde[136]).

## VI. Der Kleinenginger Zehnte

Der Zehnte der Bauerschaft Kleinenging im Kirchspiel Lindern war, wie oben beim Böseler Bauerzehnten ausgeführt wurde, lippisches Lehen und wurde von den Herren Frese zu Hinte afterverlehnt. Die Besitzgeschichte läßt sich bis 1486 zurückverfolgen. In diesem Jahr belehnte *Johan Frese* den *Wempe Mohrman* mit dem Zehnten zu *Lütken Ging*. Mittwoch nach Pfingsten 1539 belehnte *Ottorabe Frese* den *Wempe Mohrman tho Oyte* damit, 1545 Ottorabe Frese den Wempe Moormann, Sohn des Wempe, auch zum Behuf seines Bruders Eilert oder Albert, 1572 Claus Frese den Wempe Moormann[137]).
Beim Lehntag zu Hinte 1649 erschien *Wempe Moerman, Bürger zu Freeßoyte*, legte einen Lehnbrief von 1612 als Beweismittel vor und wurde mit dem *Zehenden zu Lutken Gingen* belehnt[138]). Dieser Wempe geriet mit seinem Bruder Johann in einen Streit. Wempe wollte die Zehnteinnahmen ganz für sich haben, obwohl Johann nach Erbmannen-Lehnrecht die Hälfte zustand. Johann fand Rückhalt bei seinem Schwiegervater, dem Bürgermeister *Dirck von Garrell*. Junker Mauritz Frese reiste in dieser Angelegenheit im August 1657 in eigener Person nach Friesoythe und verhalf dem Johann Moormann zu seinem Recht, indem er ihm einen eigenen Lehnbrief über die Hälfte des Zehnten ausstellte. In einem weiteren Streit (mit Remmer Alrichs aus Ramsloh, der mit einer Hälfte des Großenginger Zehnten belehnt war) hielten die

---

135) StAM, Reichskammergericht, G Nr. 51, Bd. 2, Bl. 25.
136) W i l l o h (s. Anm. 2), Bd. 5, S. 364-368. Die sehr umfangreichen Prozeßakten befinden sich im Pfarrarchiv Molbergen, Rep. Nr. 404. Akten über die Allodifikation des Zehnten 1835-40: StAO, Best. 20-39 B II D Nr. 2 Bl. 86-173.
137) StAO, Best. 20-39 B II E Nr. 1b Bl. 7v, 8r u. 118.
138) StAA, Dep. XLI B, Nr. 503, S. 21-22.

Brüder Moormann anscheinend zusammen. Es ging dabei um die Abgrenzung der Landstücke auf dem Ginger Esch[139]).

Nach dem Tod des *Johan Mohrman* wurde seinem minderjährigen Sohn *Dyrich* 1671 ein Lehnbrief über den halben Zehnten ausgestellt, weil seine Vormünder befürchteten, der Oheim Wempe könne ihm seinen Anteil entziehen[140]). Beim Lehntag 1681 erhielten Wempe und Dierich je einen Lehnbrief[141]). 1686 schrieb *Wempo Mohrman* nach Hinte, er sei *alt und lebensmüde* und wolle seinen *halben Lutken Ginger* Zehnten seiner Tochter Hille zedieren, die mit Gerd Wichmann verheiratet sei. Dieser wurde denn auch 1687, auch für seinen Sohn Sander, belehnt[142]). Hiergegen erhob der genannte Dierich Moormann, Wempes Neffe, der inzwischen in Neuenburg in der Grafschaft Oldenburg wohnte, Einspruch. Die lippische Lehenkammer gab ihm 1689 recht und stellte fest, daß Frese nicht befugt sei, das Lehen in weiblicher Linie zu vergeben[143]). Obwohl der Richter zu Lastrup diesem Urteil entsprechend versuchte, dem Dierich Moormann sein Recht am Kleineninger Zehnten zu verschaffen, zog Gerd Wichmann 1690 widerrechtlich den Zehnten[144]). Neue Streitigkeiten um den Zehnten brachen nach Dierich Moormanns Tod aus, als sein ältester, 1710 belehnter Sohn Johann Hinrich Moormann den ganzen Zehnten für sich haben wollte und so seine jüngeren Brüder um ihren Anteil brachte[145]).

Als der Kleineninger Zehnte 1854 abgelöst wurde, waren zwei in Kleinenging ansässige Bauern Lehnsträger[146]).

## VII. Der Osterlinderner Zehnte

Der Zehnte von Osterlindern im Kirchspiel Lindern, Amt Cloppenburg, war ein Lehen des oldenburgischen Grafenhauses. Am 13. Juli 1439 verlehnte Graf Dietrich diesen Zehnten *der ersamen vromen vrouwen Gherborge, borcherschen to Oyte, Gerde, Eylerde, Hermene unde Diderike ere sones geheten van der Molen.* Am 12. März 1452 erneuerte Graf Gerd die Belehnung für *Gerborge, borgersche to Oyte, und Hermenne eren sone,* sowie auch zum Behuf *erer sones Gerdes und Diderikes.* Falls *Gerborg und Hermen* stürben, sollte einer der Brüder das Lehen übernehmen[147]).

1503 nahmen die Kirchgeschworenen von Lindern diesen Zehnten für ihre Kirche von Graf Johann von Oldenburg zu Lehen, nachdem sie ihn von *Hermen thor Molen*

---

139) Ebd., S. 28-33; vgl. StAO, Best. 20-39 B II E Nr. 1b Bl. 8r-9r.
140) StAA, Dep. XLI B, Nr. 503, S. 45-47.
141) Ebd., S. 55-56; vgl. StAO, Best. 20-39 B II E Nr. 1b Bl. 2r.
142) StAA, Dep. XLI B, Nr. 503, S. 70-71.
143) StAO, Best. 20-39 B II E Nr. 1b Bl. 9r-10v.
144) Ebd., Bl. 24r.
145) Im Jahre 1719 war der Zehnte an drei Friesoyther Bürger verheuert: ebd., Bl. 53. Das letzte Dokument der Akte ist ein Schreiben der Witwe des Oltmann Joseph Moormann (zu *Astedt* in der Gemeinde Bockhorn) an den Grafen zur Lippe von 1758, worin sie erklärt, ihr verstorbener Mann habe vor vier Jahren den Zehnten zu Kleinenging an Wilhelm Awick, Führer in Lastrup, verkauft, und bittet, diesen Verkauf nicht anzuerkennen: ebd., Bl. 226-227.
146) Pagenstert (s. Anm. 1), S. 130.
147) OUB 5, S. 275-276 (Nr. 689) u. 296-297 (Nr. 738). Es handelt sich um dieselbe Familie, die vom Bischof von Münster mit dem Thülsfelder Zehnten belehnt war (siehe dort).

käuflich erworben hatten[148]). Es liegen mehrere Lehnsreverse aus dem 16. und 17. Jahrhundert vor[149]). In den folgenden Jahrhunderten zog die Linderner Kirche den vollen Fruchtzehnten, während der Blutzehnte zwischen Kirche und Pastorat Lindern geteilt war. Die Ablösung erfolgte 1847 bzw. 1854[150]).

## VIII. Ein Lehen in Schwaneburg

Die Ortschaft Schwaneburg, nordwestlich der Stadt Friesoythe gelegen, bestand im 18. Jahrhundert aus neun Hofstellen, die als Pferdekotten eingestuft wurden[151]). Davon lagen fünf (Warnken, Glup, Gesen, Hillebrand und Cordes) nahe beieinander und bildeten zusammen ein Mannlehen der Grafschaft Hoya-Bruchhausen. Eine weitere Höfegruppe bestand aus drei Kotten (Windberg, König und Renschen), von denen zwei seit 1408 den Zehnten an den Altar Unserer Lieben Frau in der Friesoyther Kirche abzugeben hatten[152]). Etwas außerhalb lag ein neunter Kotten (Schüdde). Die Schwaneburger Bauern waren sämtlich Bürger der Stadt Friesoythe, ebenso wie die gleichfalls außerhalb der Stadtmauern wohnenden fünf Bauern von Klauen und der Bauer auf Meeschemanns Stelle[153]). Im Friesoyther Stadtrat waren 1367 *Johannes dictus Swaneburch* und 1391 *Steneke van Swaneberghen* vertreten[154]).
Der älteste Beleg für ein Lehngut der Grafen von Hoya in Schwaneburg stammt aus dem Jahre 1445, als *Dudeke van Swanenberghe* sich damit belehnen ließ[155]). Mit großer Wahrscheinlichkeit haben die Grafen von Hoya dieses Lehen von den Grafen von Oldenburg über die Linie Bruchhausen ererbt[156]).
In einem um 1562 angelegten Verzeichnis der hoyaschen Lehnleute ist angegeben, daß *Warneke von Schwanebergk im Gerichte zu Frysoette ein Stück Guths in Lendereyen zu Lehne* hat[157]). 1574 wurde *Warneke von Schwanebergen* nach dem Tod seines Vaters damit belehnt, und als Graf Otto 1576 in Nienburg seine Vasallen belehnte, wurde „Werneke von Schwanebergs Bevollmächtigter [...], weil seine von der Stadt Friesoyte besiegelte Vollmacht nicht genügend war, mit einem Scheine darüber entlassen"[158]).
Nachdem 1582 die Grafschaft Hoya als heimgefallenes Lehen an das Herzogtum

---

148) Urkundenbuch der Grafschaft Oldenburg von 1482 bis 1550, bearb. v. Gustav Rüthning (Oldenburgisches Urkundenbuch, Bd. 3), Oldenburg 1927, S. 111 (Nr. 158) u. 269-270 (Nr. 406).
149) Alexander Sommer, Der Versuch des Grafen Anton von Oldenburg zur Reorganisation des Lehnswesens in seinen Landen 1565-1568. Teil 1, Hildesheim 1907, S. 49-50.
150) Willoh (s. Anm. 2), Bd. 5, S. 85-86.
151) Pagenstert (s. Anm. 1), S. 183; Schulte, Friesoythe (s. Anm. 66), S. 128-134.
152) Willoh (s. Anm. 2), Bd. 4, S. 460-462.
153) Clemens Woltermann, Oberhof Warnken in Schwaneburg bei Friesoythe; Geschichte der Bauerschaft Schwaneburg, in: Volkstum und Landschaft Nr. 102, Juni 1979, S. 3-10.
154) OUB 8, S. 28-29 (Nr. 56) u. 41 (Nr. 82). Bereits 1342 ist ein Geistlicher namens Arnold von Swaneborg, Kaplan des Grafen Johann von Oldenburg, bezeugt: Hans Hanken, Das Kollegiatstift zu Oldenburg. Seine Kirchen, seine Geistlichen und seine Güter (Oldenburger Forschungen, Heft 12), Oldenburg 1959, S. 54.
155) Hoyer Urkundenbuch, Abt. 1 (s. Anm. 12), S. 301-302 (Urk. 477).
156) Allerdings fehlt Schwaneburg im ältesten erhaltenen Lehnsregister von Oldenburg-Bruchhausen: Lehnsregister Oldenburg (s. Anm. 70), S. 94-114.
157) Hoyer Urkundenbuch, Abt. 1 (s. Anm. 12), IV S. 73.
158) Ebd., S. 899 (Urk. 1572) u. 934-936 (Urk. 1621).

Braunschweig-Lüneburg gelangt war, mußten sich die Schwaneburger Lehnsträger erst in Celle, später in Hannover belehnen lassen, bis das Gut Mitte des 19. Jahrhunderts allodifiziert wurde. Eine Inspektion des Lehngutes 1672 ergab, daß es im Laufe der Zeit in fünf Hofstellen aufgeteilt worden war, von deren Bauern sich immer nur einer, nämlich Warnken, mit dem ganzen Komplex belehnen ließ. Über den Status der anderen vier (ob Afterlehnsträger oder nicht) und über das Erbrecht dieses Mannlehens kam es im 19. Jahrhundert zu gerichtlichen Auseinandersetzungen, die im Hinblick auf das Lehnsrecht nicht uninteressant sind[159]).

## IX. Verschiedene Güter in Timmerlage, Hammel, Schnelten und Benstrup

Im 14., 15. und 16. Jahrhundert vergaben die Bischöfe von Osnabrück eine zusammengehörige Gruppe von Lehen in den Orten Timmerlage, Hammel, Schnelten (alle im Kirchspiel Lastrup) und Benstrup (im Kirchspiel Löningen). Die genauen Bestandteile dieser Lehen-Gruppe sind allerdings nicht einheitlich angegeben. In Timmerlage sollen es drei oder auch vier Erbhöfe gewesen sein, ab 1427 wird nur mehr der Zehnte darüber genannt. Für Hammel und Schnelten ist meist je ein Erbhof ausgewiesen, für Benstrup sind es meist zwei Erbhöfe; doch auch hier kommt es zu erheblichen Abweichungen. Nicht einmal die Angabe, ob das Lehen in „Mannstatt" oder in „Dienstmannstatt" vergeben wird, ist einheitlich[160]).
Als Lehnsträger sind nacheinander verzeichnet: 1350/66 *Willike Schele*[161]) *opidanus in Oyte* (bei ihm statt des Erbhofes in Schnelten zwei Höfe in Kleinenging); 1410/24 *Ludolphus prope cimiterium in Oyte*; 1427 *Bodeke Ludeken zone by den Kerchove, borger to Oyte*; 1442/50 *Godeke by den Kerckhave to Vreysoyte*; 1455/82 *Godeke Ludeken sone by dem Kerckhove to Oute*; 1473 *Dudeken Gerwerdes*; 1510 *Diderich Doelen*.
In den zu diesem Lehen-Komplex gehörenden Bauerschaften sind später keine osnabrückischen Lehnsrechte mehr zu finden[162]). Die weitere Besitzgeschichte kann hier nicht verfolgt werden.

## X. Der Wolterdingkamp bei Friesoythe

Am Weg von Friesoythe nach Altenoythe lag früher ein Kamp, der von alters her zusammen mit dem Thülsfelder Zehnten vom Landesherrn als Lehen ausgegeben wurde. Die Besitzgeschichte dieses Doppellehens bis zum Jahre 1569 ist bereits oben

---

159) Woltermann, Warnken (s. Anm. 153), S. 3-6. Im Archiv der Stadt Friesoythe liegen maschinenschriftliche Kopien der Schwaneburger Lehnsakten, deren Originalvorlagen im Hauptstaatsarchiv Hannover im Zweiten Weltkrieg vernichtet worden sind.
160) Die mittelalterlichen Lehnbücher der Bischöfe von Osnabrück, hrsg. v. Hermann Rothert (Osnabrücker Geschichtsquellen, Bd. 5), Osnabrück 1932 (Reprint Osnabrück 1977), S. 52, 116, 130, 167, 199, 208-209 u. 246.
161) Wohl ein naher Verwandter ist *Johannes Schele*, der 1350/77 im gleichen Gebiet belehnt wird: Lehnbücher Osnabrück (s. Anm. 160), S. 38.
162) Pagenstert (s. Anm. 1), S. 121, 123-125 u. 139.

bei Thüle behandelt. Zu ergänzen bleibt die Lagebeschreibung des fraglichen Kamps und die Fortsetzung der Besitzgeschichte bis ins 18. Jahrhundert.

Das in den Lehnbriefen bis zuletzt als Wolterdingkamp bezeichnete Flurstück grenzte im Süden an den sogenannten Kurzen Wischkamp, im Westen an die Holzungen des Gutes und des Meyerhofs Altenoythe und im Norden und Osten an den gemeinen Weg. Seine Größe betrug um 1720 nach Friesoyther Maß 32 Scheffelsaat, nach münsterschem Maß 24 Scheffelsaat[163]). Der alte Flurname „Wolterdingkamp" war anscheinend schon im 17. Jahrhundert nicht mehr gebräuchlich. Statt dessen hieß das Landstück „Möhlmanns Kamp"[164]). Die damit belehnte Familie Paßmann führte damals den Beinamen Möhlmann, vermutlich weil ihre Vorfahren im 15. Jahrhundert tor Möhlen geheißen hatten.

Wie oben bereits ausgeführt wurde, belehnte der Bischof von Münster die Paßmanns sowohl mit dem Zehnten als auch mit dem Kamp, wobei aber der Zehnte nur von den Tamelings, der Kamp nur von den Paßmanns gebraucht wurde.

Träger des Lehens wurde 1580 Johann Paßmann (sicher der älteste Sohn des zuletzt 1569 belehnten Herbert Paßmann), der im Oktober 1618 starb[165]). Ihn beerbte sein ältester Sohn Rudolf Paßmann[166]). Dieser starb schon 1624, woraufhin die Witwe Barbara für den ältesten Sohn Gerd um Belehnung nachsuchte[167]). Es wurden aber einstweilen die Erben des Cornelius Paßmann, Bruders des Johann, belehnt, unter denen prompt Streitigkeiten über die Nutzung des Kamps ausbrachen[168]). Erst 1640 erlangte Gerd Paßmann sein Familienlehen[169]). Er starb in hohem Alter am 14. März 1703. Sein Enkel und Hauserbe Detert Rotert (alias Rotermund) in Friesoythe teilte darauf der Lehnkammer mit, er habe sich mit seinem in Ostfriesland lebenden Onkel Hilmar Paßmann, dem einzigen lebenden Verwandten, geeinigt, daß er, Rotert, neben allen Gütern in Friesoythe auch den Wolterdingkamp erhalten solle. Es dauerte einige Jahre, bis die erwünschte Belehnung endlich erfolgte[170]). Nachdem

---

163) StAO, Best. 20-39 B II B Nr. 3 Bl. 184.
164) Diese Bezeichnung ist schon 1625 belegt: ebd., Bl. 33-35.
165) Ebd., Bl. 6 u. 16-21. Johann Paßmann hatte zwei jüngere Brüder, Hermann und Cornelius. Hermann Paßmann ist wahrscheinlich mit dem um 1600 amtierenden Bürgermeister Hermann Möhlmann zu identifizieren. Ihm hatte Johann die Nutzung von vier Stücken Land auf dem Wolterdingkamp zugestanden. Als Hermann 1617 oder 1618 starb, machten der Bruder Cornelius und eine Schwester Erbansprüche auf diese Landstücke geltend, die Johanns Sohn Rudolf 1618 zurückwies.
166) StAO, Best. 20-39 B II B Nr. 3 Bl. 24-25.
167) Ebd., Bl. 27. Das Gesuch wurde 1627 von Barbaras zweitem Mann Wempe Krose erneuert: ebd., Bl. 50-51.
168) Ebd., Bl. 28-49. Im Zusammenhang mit diesen Streitigkeiten ist ein interessanter Erbvertrag der Kinder der Eheleute Cornelius Paßmann und Talke vom Jahre 1599 überliefert: ebd., Bl. 9-11.
169) Aktenüberlieferung: ebd., Bl. 54. Lehnbucheintrag: StAM, Fstm. Münster, Lehen, Nr. 1123, Bl. 73v. Ger(har)d Paßmann mußte sich nochmals 1652 und 1656 belehnen lassen. 1656 beklagte er sich, daß er als unvermögender Mann wegen eines geringen Lehens schon wieder den weiten Weg (nach Münster) habe machen müssen: StAM, Fstm. Münster, Lehen, Nr. 1125, Bl. 16v. Weitere Belehnungen für Gerhard Paßmann 1684 und 1700: StAO, Best. 20-39 B II B Nr. 3 Bl. 139-145 u. 158. Über ihn vgl. auch Peter Sieve, Die Einwohnerliste der Stadt Friesoythe von 1681, in: Oldenburgische Familienkunde Jg. 28, Heft 4, Dez. 1986, S. 369-393, hier S. 378 u. 386 (Nr. 80).
170) StAO, Best. 20-39 B II B Nr. 3 Bl. 155-186; StAM, Fstm. Münster, Lehen, Nr. 1131, Bl. 83r u. 135r. Eine vom Friesoyther Stadtrat ausgestellte Urkunde vom 5. Mai 1705, die sich heute im Besitz der Familie Wreesmann in Vordersten Thüle befindet, bezeugt, daß *Hilmar Paßman*, wohnhaft zu *Holtrup* in Ostfriesland (wohl Holtrop bei Aurich), mit seiner Frau *Fohlke* von seinem Vetter *Detert Rotert*, Bürger in Friesoythe, sein elterliches Gut (darunter *in specie auch alles, waß ihme auß den Lehnlande auff dem Möllmans Campe liegendt gebührete*) richtig empfangen und es ihm gegen gute Bezahlung überlassen hat.

Detert Rotert 1737 und seine Witwe Gesina Margaretha Hanschen 1747 gestorben waren, fiel der Wolterdingkamp an den Lehnsherrn zurück und wurde seither verpachtet[171]).

## XI. Die „Sternwarte" bei Friesoythe

In Friesoythe beim Gymnasium gibt es ein Flurstück, das auf den Flurkarten den Namen „Standewaar" trägt. Alteingesessene Stadtbewohner kennen das Gebiet unter der plattdeutschen Bezeichnung „Stannewaohr"[172]). Es liegt in der Nähe des alten Wolterdingkamps.

Im Jahre 1532 beurkundete ein gewisser *Johann van Bylrebecke,* daß er den *Dyryck Noest* mit der *Sternewarden belegen voer der kerckesporten tho Vresoyth* belehnt habe[173]). Weitere Belehnungen sind hierfür nicht überliefert. Etwa einhundertfünfzig Jahre später, 1681, nahm der Friesoyther Bürger *Johan Noest* einen Kredit auf und verpfändete dafür ein Stück Bauland (Ackerland) auf der *Stäenewahr*, das an sein eigenes Land grenzte[174]).

Dieselbe Familie Noest hatte auch den bereits oben behandelten halben Loher Zehnten als Lehen inne. 1731 wurde Johann Noest vom Herrn von Schilder zu Bomhof als dem Lehnsherrn dieses Zehnten aufgefordert, für die Lehnserneuerung nicht nur die den Loher Zehnten betreffenden Unterlagen mitzubringen, sondern auch diejenigen Mutscheine und Lehnkontrakte, die die vom Hause Stockum „unterhabenden" Ländereien betreffen und die den Herrn von Beverförde angehen[175]).

Dieser zufällig überlieferte Hinweis erlaubt es, die Lehnsherren der „Sternwarte" zu identifizieren. Der 1532 genannte Johann von Billerbeck war Burgmann zu Nienborg im Westmünsterland. Sein gleichnamiger Enkel hatte eine Erbtochter, Anna von Billerbeck, die 1630 als Ehefrau des Bernd von Beverförde erwähnt wird und diesem den Burgmannshof in Nienborg wie auch das Gut Stockum bei Schöppingen zubrachte. Im ersten Drittel des 18. Jahrhunderts verschwägerten sich die von Beverförde zu Stockum mit den von Schilder zu Sassenberg und Bomhof[176]).

---

171) StAO, Best. 20-39 B II B Nr. 3 Bl. 188-228.
172) Nach S c h u l t e , Friesoythe (s. Anm. 66), S. 200, sollen hier früher Findlinge aufgestellt gewesen sein.
173) OUB 5, S. 409 (Nr. 981). Die Kirchpforte war das östliche Stadttor.
174) Findbuch Stadtarchiv (s. Anm. 107), S. 21 (Nr. 26). Angefügt sei eine Bemerkung zur Namensgeschichte der „Sternwarte": Aus der ursprünglichen Bezeichnung *Sternewarde*, die in der Urkunde von 1532 überliefert ist, wurde lautgesetzlich *Starnewarde* (parallel zu *kerke-karke* [Kirche] oder *Hermann-Harmen*). Durch Verschleifung entwickelte sich daraus *Stannewaohr* (ao = langes offenes o). Die 1681 belegte Namensform *Stäenewahr* dürfte bereits als *Stannewaohr* zu lesen sein. Als im 19. Jahrhundert der Urkataster aufgenommen wurde, trugen die Vermessungsbeamten bei diesem Flurstück, dessen Name nicht mehr verstanden wurde, die Bezeichnung *Standewaar* ein, weil sie das *nn* irrtümlich für eine Verschleifung von *nd* hielten.
175) StAO, Best. 20-39 B II B Nr. 2 Bl. 9v-10r.
176) A[nton] F a h n e v o n R o l a n d , Geschichte der Westphälischen Geschlechter unter besonderer Berücksichtigung ihrer Uebersiedelung nach Preußen, Curland und Liefland, Köln 1858 (Reprint Osnabrück 1966), S. 48-50 u. 419-421.

## XII. Sonstige Lehen

Zur Vervollständigung der Angaben über Friesoyther Bürger als Lehnsträger muß noch auf zwei sehr frühe Erwähnungen von Lehnsveräußerungen hingewiesen werden.

1323 überließen *Johannes de Eckechusen* (alias *d'Oyte*) und sein Sohn *Hadebertus* dem Ritter *Wescelo de Pennethe* ihren Zehnten in Halen (einer Bauerschaft bei Emstek), den sie von ihm zu Lehen besessen hatten. Sie machten aber zur Bedingung, daß der Knappe *Scheleke* und seine Frau *Ybeke* die eine Hälfte dieses Zehnten, der Knappe *Otto de Borgere* und seine Frau die andere erhalten sollten. Den vom Fürstbistum Münster lehnsrührigen Halener Zehnten hatte Wessel von Pente erst 1320 zusammen mit dem Böseler Zehnten (siehe oben) von Hugo Glode erhalten. Es fällt auf, daß der Böseler Zehnte in diesem Zusammenhang vorkommt; vermutlich befand er sich wie der Halener Zehnte bereits damals in den Händen von afterbelehnten Einwohnern von Friesoythe. Die Erben des Wessel von Pente wechselten 1326 aus der oldenburgisch-delmenhorstischen in die münstersche Ministerialität[177]).

Die andere Nachricht betrifft den kleinen Zehnten von Bonrechtern bei Visbek. 1347 teilten *Heylewigis*, die Witwe des *Gerhard Scheleke van Oythe*, und ihr Sohn *Rembertus* dem Bischof von Osnabrück mit, daß sie den anderen Sohn *Helmerich*, Rektor des Hl.-Kreuz-Altares in Wildeshausen, ermächtigt haben, dieses Lehngut zu verkaufen[178]).

## XIII. Der Varrelbuscher Zehnte

Als Ergänzung zu dieser Zusammenstellung seien hier noch die Belege für Besitzrechte von Friesoyther Einwohnern an einem Zehnten, der offenbar kein Lehen war, zusammengestellt.

Am 17. Mai 1489 beurkundet der Cloppenburger Richter, daß *Lambertus van Wulften* mit seinen ehelich geborenen Kindern *Hille, Johann, Taleke* und *Brant* den Vorstehern der St.-Andreas-Kirche in Krapendorf (heute Cloppenburg) ein Viertel des Zehnten von Varrelbusch, einer Bauerschaft des Kirchspiels Krapendorf, verkauft hat. Als dieser Zehnte 1530 auf einen festen Satz von 36 Scheffel Roggen gesetzt wurde, heißt es, die Krapendorfer Kirche habe ihn von *Lambert van Wulften, tid sines levens borgern to Friesot, erflik erkofft*[179]). Unklar ist, ob diese Friesoyther Familie mit dem Quakenbrücker Burgmannengeschlecht von Wulften[180]) verwandt war.

Nach Pagenstert hatte das an die Landesherrschaft hofhörige Halberbe Trinen in Varrelbusch 1574 vom Zehnten 9 Scheffel Roggen an die Krapendorfer Kirche und 3 Scheffel Roggen an Wilken Wulf zu Altenoythe zu geben[181]).

---

177) Gutsarchiv Assen, Urk. v. 18. Mai 1320, v. 11. Nov. 1323 (vgl. Anm. 126) u. v. 23. Sept. 1326. Über die münsterschen Lehen der Familie von Pente, darunter den Zehnten des westlichen Teils von Halen, vgl. auch Lehnregister Münster (s. Anm. 72), S. 87-89.
178) OUB 5, S. 139 (Nr. 388).
179) OUB 8, S. 156-157 (Nr. 234) u. 246-247 (Nr. 331).
180) Vgl. vom Bruch, Rittersitze des Fürstentums Osnabrück (s. Anm. 104), S. 374.
181) Pagenstert (s. Anm. 1), S. 45-46.

## Einige Ergebnisse

Bei den Friesoyther Bürgern, die mit Zehnten und anderen Gütern belehnt waren, treten nicht weniger als sieben verschiedene Lehnsherren auf. *Landesherrliche* Lehen (ursprünglich tecklenburgisch, seit 1400 münsterisch) waren der Thülsfelder Zehnte (II-c) und der Wolterdingkamp bei Friesoythe (X). Von den benachbarten *Grafen von Oldenburg* wurde der Zehnte von Osterlindern (VII) verlehnt. Als Lehnsherr eines Gutes in Schwaneburg (VIII) erscheint der *Graf von Hoya-Bruchhausen*. Der weitentfernte *Edelherr zur Lippe* verlehnte die Zehnten von Kleinenging (VI) und von Mittelsten Thüle (II-b) sowie einen Teil des Böseler Zehnten (I-a). Obereigentümer eines anderen Teils desselben (I-b) wie auch des Grönheimer Zehnten (V) war der *Abt von Corvey*. Einen dritten Teil des Böseler Zehnten (I-b) verlehnte ursprünglich der *Edelherr von Diepholz*. Der Dwergter Zehnte (IV) sowie ein Güterkomplex in der Umgebung von Lastrup (IX) wurden von den *Bischöfen von Osnabrück* verlehnt. Die Zehnten von Bösel, Kleinenging, Mittelthüle, Grönheim und Dwergte waren an Angehörige des niederen Adels verlehnt, die wiederum Friesoyther Bürger damit afterbelehnten. Eine Sonderrolle spielten zwei von ritterbürtigen Familien an einen Friesoyther Bürger ausgegebene Lehen: der halbe Loher Zehnte (III) und die sogenannte Sternwarte bei Friesoythe (XI).

Diese Aufsplitterung der Lehnshoheit in einem relativ kleinen Gebiet läßt sich aus der hochmittelalterlichen Geschichte des Raumes um Friesoythe und Löningen erklären. Ursprünglich hatte einerseits das Kloster Corvey, andererseits das Geschlecht der Oldenburger Grafen hier umfangreiche Besitzungen.

Reste des Corveyer Eigentums waren der Kleine Zehnte von Bösel (I-b) und der ganze Grönheimer Zehnte (V). Auf alte Corveyer Rechte gingen vielleicht auch die obengenannten osnabrückischen Güter (IV und IX) zurück, die sich der Bischof im Zehntstreit des 11. Jahrhunderts angeeignet haben könnte[182].

Dem oldenburgischen Grafenhaus gehörte in der fraglichen Zeit noch der Zehnte von Osterlindern (VII). Im 12. Jahrhundert waren durch die Heirat Eilikas von Oldenburg mit Heinrich von Tecklenburg umfangreiche Güter im Hasegau und im nördlichen Lerigau an das tecklenburgische Grafenhaus gelangt, die die Grundlage für dessen spätere Landesherrschaft in diesem Raum bildeten, darunter der Thülsfelder Zehnte (II-c) und der dazugehörige Wolterdingkamp (X). Andere Güter wie das Gut in Schwaneburg (VIII) kamen an die oldenburgische Seitenlinie Bruchhausen, die im 14. Jahrhundert von den Grafen von Hoya beerbt wurde. Der Böseler Bauerzehnte (I-a) und die Zehnten von Mittelsten Thüle (II-b) und Kleinenging (VI) waren vermutlich durch eine Heirat von Tecklenburg an Lippe gelangt[183].

Auf welchen Wegen und zu welcher Zeit Einwohner Friesoythes in den Besitz von Lehen gekommen sind, ist nicht mehr zu klären. Es ist aber anzunehmen, daß dies mit der Gründung der Burg und des Marktortes im 13. Jahrhundert zusammenhängt. Die 1238 erwähnten Ministerialen des tecklenburgischen Haupthofes Oythe werden zum Teil Vorfahren der späteren bürgerlichen Lehnsträger gewesen sein.

---

182) Vgl. Bockhorst, Niederstift (s. Anm. 73), S. 24-28 u. 171-172.
183) Ebd., S. 18-24, 168-170 u. 173-174.

Auch der berühmte, aus Friesoythe stammende und 1397 verstorbene Theologe Heinrich Totting von Oyta war ja nach den zeitgenössischen Quellen dienstadliger Herkunft[184]).

Für die Bevölkerungsgeschichte bietet das zusammengetragene Material über die Lehnsträger aus dem 16. und 17. Jahrhundert eine Reihe von Belegen für die damals offenbar beachtliche Auswanderungsbewegung von Friesoythe in die nördlich davon gelegenen Gebiete. Die Erben der Familien Tameling und Paßmann zogen nach Ostfriesland, Mitglieder der Familien Siemer und Moormann gingen in die Grafschaft Oldenburg, und die Familie Budde wanderte nach Jever aus.

---

184) Franz Flaskamp, Der Wiedenbrücker Stiftspropst Heinrich Totting von Oyta. Lebensbild eines westfälischen Theologen im 14. Jahrhundert, in: Jahrbuch des Vereins für westfälische Kirchengeschichte 51/52, 1958/59, S. 9-26, hier S. 13.

Ingrid Weibezahn

# Die Wandmalereien in der Sakristei der Wildeshauser St.-Alexander-Kirche

Die evangelisch-lutherische Alexanderkirche in Wildeshausen, einst Hort der Reliquien des hl. Alexander, birgt heute außer einigen bedeutenden beweglichen Inventarstücken noch einen besonderen Schatz in situ: mittelalterliche Wandmalereien, die in unterschiedlich gutem Erhaltungszustand alle vier Wände der südlich neben dem Chor gelegenen Sakristei überziehen. Da diese Wandmalereien bisher noch nicht zusammenhängend dargestellt wurden, soll an dieser Stelle der Versuch einer

*Abb. 1: Wildeshausen, St.-Alexander-Kirche, Sakristei, Wandmalereien an der Westwand (Foto: Autorin).*

Anschrift der Verfasserin: Dr. Ingrid Weibezahn, Feldstr. 23, 28832 Achim.

ausführlichen Beschreibung und kunsthistorischen Würdigung unternommen werden.

Die Baugeschichte der ehemaligen Stiftskirche St. Alexander in Wildeshausen ist weitgehend ins Dunkel gehüllt; nach dem Baubefund scheint die heutige Kirche ein Werk des 13. Jahrhunderts mit einer Fertigstellung um das Jahr 1270 zu sein. In diese Zeit fällt auch die Errichtung eines Anbaues im Winkel zwischen Ostchor und südlichem Querschiff, der wahrscheinlich als Kapitelstube genutzt wurde. Hier wurden 1892 bei Bauuntersuchungen zur Klärung bauhistorischer Fragen jene Wandmalereien entdeckt. Diese Auffindung wurde nun erfreulicherweise nicht, wie damals leider nur allzu oft üblich, zum Anlaß genommen, in der Entdeckerfreude die Malereien durch ergänzende Restaurierungen auf Dauer zu verunstalten und zu verfälschen. Vielmehr wurden die erkennbaren Szenen ohne größere Eingriffe sichtbar gemacht, die unzusammenhängenden Reste hingegen durch eine Rupfenbespannung zur Konservierung abgedeckt. Gleichzeitig erfolgte eine ausführliche Beschreibung und Würdigung im 1. Heft der damals im Erstdruck erschienenen Inventarisation der Kunstdenkmäler des Herzogtums Oldenburg. Dieser Text soll hier als Grundlage für die Beschreibung des damaligen Befundes noch einmal wörtlich zitiert werden[1]):

„Bei Aufnahme und Beschreibung der St.-Alexander-Kirche im Herbst 1892 wurde, um festzustellen, ob der Chor der Kirche mit dem ehemaligen Kapitelhause und Remter durch eine Thür verbunden sei, Teile des Mauerputzes in der jetzigen Sakristei - vermutlich die Kapitelstube des ehemaligen Alexanderstifts - abgeschlagen und hierbei Spuren von alter Malerei entdeckt. Bei den vorgenommenen Untersuchungen und vorsichtigem, mühevollen Abkratzen und Abschaben des 6-8fach aufgetragenen Kalküberstrichs wurde ein großes allegorisches Mittelbild an der nördlichen Mauer freigelegt ... Das aufgefundene höchst geschickt komponierte, figurenreiche Bild zeigt in der Mitte den Heiland am Kreuze mit nach rechts geneigtem Haupte, oben am Kreuzesarm ein Band ohne Inschrift. Die an der linken Seite stehenden ... nur zum Teil sichtbaren Kriegsknechte öffnen dem Gekreuzigten die rechte Seite mit einem Speer und halten einen Schwamm empor; ausserdem umgeben das Kreuz noch stehende und ruhende Figuren mit lieblichem Gesichtsausdruck und schöner Gewandung.

Von den weiter vorgefundenen Seitenbildern konnten nur eine schön gezeichnete weibliche Heilige und ein Engel mit einem Schriftband in der Hand erhalten werden, während von der übrigen, die ganze Wand umfassenden Malerei nur Bruchstücke von Figuren und Ornamenten freigelegt werden konnten.

Wie durch weitere Untersuchungen festgestellt worden ist, sind die übrigen drei Wände ebenfalls mit Malereien bedeckt; es findet sich an der Ostseite neben einem vor etwa 30 Jahren eingebrochenen Fenster die vorzüglich erhaltene Darstellung des Bethlehemitischen Kindermordes ... Zur Linken sitzt König Herodes mit Szepter und Krone unter einem reichen, fast ganz romanisch gehaltenen Baldachin, vor ihm in sehr beweglichen Stellungen die Mörder, im Begriff, die Kinder mit dem

---

1) Vgl. Die Bau- und Kunstdenkmäler des Herzogtums Oldenburg. 1. Heft: Amt Wildeshausen. Neudruck der Ausgabe von 1896, Osnabrück 1976, S. 107 f.

# Die Wandmalereien in der Wildeshauser St.-Alexander-Kirche

Schwerte zu töten, und rechts erblickt man eine Mutter mit entsetzten Gesichtszügen, welche den tödlichen Schwertstreich von ihrem Kinde abzuwehren sucht.
In der rechten Ecke neben der Mauernische ist noch der untere Teil einer menschlichen Figur, von Krebs und Fischen umgeben, sichtbar.
An der Südseite des Raumes wurden die unteren Gewandteile einer knienden weiblichen und einer stehenden männlichen Figur - anscheinend der Englische Gruss - gefunden, sowie mehrere weibliche Figuren und der Kopf einer Heiligen. Die Darstellung ist durch einen vor längeren Jahren errichteten Schornstein zerschnitten und es ist kaum möglich, den Gegenstand festzustellen, ebenso ist die vierte Seite des Raumes durch Einfügen von neuen Mauerteilen beschädigt und sind nur noch Bruchstücke der Darstellung erhalten."
Soweit zunächst einmal der Befund des Jahres 1892. In dem oben geschilderten Zustand mit der Rupfenbespannung scheinen die Malereien für die nächsten 50 Jahre verblieben zu sein. Bei einer ersten Sichtung des oldenburgischen Denkmälerbestandes nach dem 2. Weltkrieg nahm man sich erneut die Wildeshauser Malereien vor. Der Maler Hanns Weickert befreite 1953 die Wände der Sakristei von der Rupfenbespannung und legte weitere Szenen frei. In einem kurzen Bericht über diese Maßnahmen erwähnt Herbert W. Keiser die beiden bekannten Szenen Kreuzigung und Bethlehemitischer Kindermord und zusätzlich den Einzug in Jerusalem an der Westwand[2]). Diese Wand scheint damals im Mittelpunkt der Untersuchungen gestanden zu haben, denn Keiser berichtet ferner von der Freilegung einer Reitergruppe mit Jagdfalken auf der ältesten Putzschicht dieser Wand und datiert sie in die Zeit um 1280. Allem Anschein nach hatte man aber bereits 1892 Reste von Malereien einer älteren Schicht entdeckt, denn in dem Bericht von 1896 heißt es dazu: „Unter diesen Wandmalereien finden sich noch Reste von farbigen Darstellungen aus dem 13. Jahrhundert auf dem ersten Mauerputze, von denen nur zwei Halbfiguren und Reste von Gewändern in sehr zarten grünen und braunen Farbtönen an Stellen, wo der zweite Mauerputz abgebröckelt war, freigelegt werden konnten"[3]).
Auch 1953 wurden die Malereien den Berichten nach offenbar nur geringfügig ergänzt, dafür aber die Sockelpartien und auch die Fehlstellen von den Dübellöchern der Rupfenbespannung ausgefüllt. Zu den Sockelpartien heißt es im Bericht von 1896: „Unter den sämmtlichen Wandbildern zieht sich eine vom Fußboden 1,40 m hohe, faltenreiche, handwerksmäßig hergestellte Teppichmalerei, in rötlich-gelber Farbe hin, welche oben mit einem breiten Bande, mit fünfblätterigen Rosen und von Kreisen eingefassten Kreuzen in weisser Farbe verziert ist, während oberhalb der fast 2,50 m hohen Bilder ein schön gezeichneter Fries von schmalen Blättern mit Ranken in tiefbrauner Farbe den Abschluss bildet"[4]).
An anderer Stelle wird die Beschreibung der Teppichmalerei ergänzt: „Interesse erregen die zahlreichen, insbesondere auf dem braunen Bande des Teppichs eingeritzten Schriftzüge, welche zum teil noch dem 14. Jahrhundert angehören und bekannte Namen, so eines Kapitelbaumeisters aus dem 16. Jahrhundert und eines Küsters aus

---

2) Vgl. Herbert Wolfgang Keiser, Die mittelalterlichen Wandmalereien in der Alexanderkirche zu Wildeshausen, in: Niedersächsische Denkmalpflege, Bd. 2, 1955-56, Hildesheim 1957, S. 29 -31.
3) S. Anm. 1, S. 110/11.
4) Ebd., S. 110.

dem 17. Jahrhundert aufweisen. Da aus späterer Zeit sich keine Schriftzüge mehr finden, ist anzunehmen, dass die Wandmalereien zum ersten Male unter der Herrschaft der Gräfin Wasaburg bei Ausweissung der Kirche im Jahre 1664 übertüncht worden sind"[5]).

Soweit der Befund, wie er sich aus den vorliegenden Veröffentlichungen ergibt. Im Jahre 1995 wurden die Wildeshauser Wandmalereien erneut untersucht und konserviert, und dabei bot sich die Gelegenheit, mit Hilfe der Baugerüste die Malereien noch etwas genauer in Augenschein zu nehmen. Die Aussicht, die von Keiser als „unzusammenhängende Konturenrudimente" bezeichneten Reste der Wandmalereien vielleicht doch noch etwas genauer zu identifizieren, war zu verlockend!

Nach gründlicher Begutachtung, z. T. gemeinsam mit Restaurator Retterath aus Hildesheim, ließen sich Reste einer fortlaufenden Folge von 24 Einzelszenen, teilweise in zwei Bilderstreifen übereinander, erkennen. Sie umziehen den nahezu quadratischen Raum und stellen Ereignisse aus der Lebens- und Leidensgeschichte Christi dar. Die Darstellungen sind in hochformatigen Bildern angeordnet, die mittels Leisten mit Schablonenrosetten gerahmt sind.

Die Bildfolge beginnt in der Südostecke des Raumes mit Resten einer Darstellung, die offenbar schon 1892 freigelegt und als „Englischer Gruß", also als eine Verkündigung an Maria, gedeutet worden ist (Szene 1). Erhalten haben sich die unteren Stufen eines Betstuhles und auf der rechten Seite Gewandreste einer knienden Gestalt, rechts davon eine Vase und auf der anderen Seite des Betstuhles Gewandreste einer weiteren von links herannahenden Gestalt. Man könnte sich diese Malereireste sehr gut in der Art der Verkündigung an Maria vorstellen, wie sie in der gleichzeitigen niederländischen Malerei so häufig überliefert ist, mit der an einem Betstuhl knienden und in einem Gebetbuche lesenden Maria, auf deren Reinheit eine Vase mit Lilien deutet, und dem von links herantretenden Engel[6]).

Rechts neben dieser Szene folgen sehr geringe Reste (Szene 2), und zwar zwei Kopffragmente mit Heiligenschein und zwei Gewandsäume. In Kenntnis der Abfolge der biblischen Schilderungen ließe sich an die sogenannte Heimsuchung denken, also an den Besuch Marias bei ihrer Verwandten, Elisabeth, der Frau von Zacharias, die ebenfalls ein Kind erwartet; sie wird Mutter Johannes des Täufers[7]). In der christlichen Kunst ist diese Begebenheit meist in der Form dargestellt, daß beide Frauen sich begrüßen oder dicht nebeneinanderstehen; gelegentlich wird auch gezeigt, wie Elisabeth ihre Hand auf den schwangeren Leib Marias legt.

Von der folgenden Darstellung (Szene 3) ist so gut wie nichts erhalten; erkennbar sind im Vordergrund rechts eine liegende Kuh und in der Mitte möglicherweise Reste einer Krippe. Es könnte sich also um die im Lukas-Evangelium folgende Schilderung der Geburt Christi handeln[8]).

Die nächste Darstellung (Szene 4) zeigt höchstwahrscheinlich eine Anbetung der Könige gemäß der Beschreibung im Evangelium des Matthäus[9]). Erhalten haben

---

5) Ebd., S. 111.
6) Vgl. Hl. Schrift, Lukas 1, 26-38.
7) Ebd., 39-56.
8) Vgl. Lukas 2, 1-7.
9) Vgl. Matth. 2, 1-11.

## Die Wandmalereien in der Wildeshauser St.-Alexander-Kirche

sich davon Reste des Gewandes von Maria, der Kopf des Christkindes mit dem Kreuznimbus und rechts ganz nah daneben, der Kopf einer weiteren Person, offenbar eines vor dem Christuskind knienden Königs. Links wird eine Hand sichtbar, die etwas hält, möglicherweise eine der von den Königen für das Christkind mitgebrachten Gaben. Ein weiterer Gewandrest im unteren Bereich könnte zum Gewand des knienden Königs gehören. Wir erinnern uns dabei wiederum an Darstellungen aus der niederländischen Malerei des 15. Jahrhunderts.

Die weiteren Darstellungen dieser Wand sind kaum mehr zu identifizieren, da sich nur sehr wenig erhalten hat. So ist auch nicht eindeutig zu klären, ob es sich um eine oder zwei Szenen handelt, da durch einen Türdurchbruch in der Wand eine Störung eingetreten ist. Allerdings deutet die Ausdehnung der zur Verfügung stehenden Fläche auf zwei Szenen. Die linke Darstellung (Szene 5) zeigt in der linken oberen Ecke zwei weibliche Köpfe mit Heiligenschein und in der rechten Ecke Sterne. Ob es sich hier, der Abfolge der Evangelien folgend, um eine Darbringung Christi im Tempel handelt[10], wage ich nicht zu entscheiden. Immerhin wäre vorstellbar, daß diese beiden weiblichen Köpfe mit Heiligenschein auf die Prophetin Hanna[11] und die Gottesmutter Maria hindeuten, so wie sie z.B. in der entsprechenden Darstellung im Leben-Jesu-Zyklus eines Kölnischen Meisters um 1400 wiedergegeben sind[12]).

Bevor wir uns den nächsten Malereien zuwenden, noch ein Blick hinauf auf den oberen Teil der Südwand. Die Mauer ist hier sehr uneben und als Malfläche ziemlich ungeeignet, scheint einst aber dennoch diesem Zweck gedient zu haben, wie freigelegte Spuren zeigen. Leider sind die Reste im mittleren Teil der Wandfläche sehr fragmentarisch und deshalb bisher nicht zu deuten; sichtbar sind ein kleines Figürchen und ein waagerecht liegender Kopf mit langen herabhängenden Haaren.

Am rechten Rand der Wandfläche sind hingegen Fragmente einer Darstellung erhalten (Szene 6), die offenbar etwas leichter zu deuten sind. Dort sind Reste einer Gestalt zu sehen, die in ihrem Äußeren große Ähnlichkeit mit den Engeln auf den Wandmalereien im Bremer Dom-Museum aufweist[13]), und außerdem Reste zweier Spruchbänder - die einzigen beschrifteten Relikte auf den Malereien dieses Raumes überhaupt. Aus den erhaltenen Buchstaben des oberen Spruchbandes, welche als *in som...* zu entziffern sind, ließe sich vermuten, daß diese Szene mit der Flucht nach Ägypten zusammenhängt. In der Vulgata, dem lateinischen Bibeltext, heißt es dazu: *... ecce angelus domini apparet in somnis Joseph dicens...*[14]) Die erwähnte Gestalt wäre demnach der im Text erwähnte Engel, der Joseph im Traum erscheint und ihm die Flucht vor den Häschern des Herodes nahelegt. Da der Rest des unteren Spruchbandes als das Wort *qui...* zu erkennen ist, könnte es sich um die Fortsetzung des Bibeltextes handeln: *Qui consurgens accepit puerum et matrem eius nocte et recessit in Aegyptum; ...*[15])

---

10) Vgl. Lukas 2, 21-39.
11) Ebd., 36-38.
12) Weitere Einzelheiten zum Vergleich der Kölner und Wildeshauser Darstellungen siehe unten.
13) Weitere Einzelheiten zum Vergleich Bremen-Wildeshausen siehe unten.
14) Vgl. Matth. 2,13: „... da erschien der Engel des Herrn dem Joseph im Traum und sprach ..."
15) Ebd., 14: „Und er stand auf und nahm das Kindlein und seine Mutter zu sich bei der Nacht und entwich nach Ägyptenland; ..."

Da in den Leben-Jesu-Zyklen die Geschichte von Josephs Traum stets nur eine Nebenszene bildet[16]), ist mit ziemlicher Sicherheit davon auszugehen, daß die in der Wandmitte befindlichen Figurenreste Teile der Flucht nach Ägypten sind. Da die biblische Überlieferung im späten Mittelalter durch legendenhafte Züge bereichert wurde, die verschiedene Begebenheiten auf der Flucht und während des Aufenthaltes in Ägypten beinhalten, läßt sich aus den erhaltenen Resten keine genaue Angabe über die Darstellung herleiten. Vorausgesetzt, die Wandmitte wurde von einer Darstellung der Flucht nach Ägypten eingenommen, so wäre die rechts davon anschließende Szene mit den beiden Spruchbändern wohl eher noch als Aufforderung des Engels an Joseph, wieder in die Heimat zurückzukehren, zu deuten[17]), da die „Leserichtung" der Bildszenen in der Regel von links nach rechts verläuft.

Die mit diesem Ereignis ursächlich zusammenhängende Szene, der von König Herodes befohlene Bethlehemitische Kindermord, wäre an sich als nächste Darstellung auf der nun folgenden Westwand zu erwarten. Eigenartigerweise findet sie sich aber, aus dem Zusammenhang gerissen, auf der gegenüberliegenden Seite, der Ostwand (Szene 7). Ob diese Inkonsequenz mit einem früheren Umbau zusammenhängt oder andere Gründe hat, läßt sich heute nicht mehr ermitteln[18]). Tatsache ist, daß diese Szene, gemessen an dem Bisherigen, erstaunlich gut erhalten ist und in ihrem Detailreichtum sehr lebendig wirkt. Herodes sitzt, wie eingangs bereits geschildert, auf der linken Seite auf einem Thron mit Baldachin; er hält in der einen Hand sein Zepter, während der Zeigefinger der anderen Hand auf die seitlich folgende Szene weist. Dort sind martialische Soldaten zu sehen, mit Gurt und Beinschienen gerüstet wie für einen Krieg, die ihres Amtes walten: der eine mit einem Schwert in der erhobenen Rechten, während die Linke ein Kind gepackt hält; ein anderer hat ein Kind am Arm ergriffen, das vor Schreck den Finger in den Mund steckt. Um der Szene jegliche Unklarheit zu nehmen, trägt dieses kleine Geschöpf einen Judenhut. Am unteren Bildrand die Mütter, in Trauer und Verzweiflung über ihre toten oder todgeweihten Kinder. Eine der beiden Frauen hat flehend den Arm erhoben und wendet sich an den neben ihr stehenden Soldaten mit der Bitte um Gnade. Dieser hält ein Kind auf seinem Arm, das bittend seinen Kopf ergriffen hat. Rechts neben dieser bewegten Szene, durch eine nachträglich eingebaute Tür davon getrennt, werden Füße und Unterschenkel einer menschlichen Figur sichtbar, dane-

---

16) Vgl. Lexikon der christlichen Ikonographie, Bd. 2, Freiburg 1994, S. 44.
17) Vgl. Matth. 2, 19-23. Auch dieser Text enthält in der Vulgata die Worte „in somnis" und „qui".
18) An der Kindermordszene fallen zwei Besonderheiten ins Auge: Sie besitzt nicht den üblichen rotbraunen Rahmen aus Schablonenmalerei und reicht weiter in den unteren Wandbereich als die anderen Szenen. Dies kann mit dem Anbringungsort zusammenhängen - die Stirnwand des Raumes, vor der wohl keine Stühle oder Truhen standen, wie dies für die beiden Seitenwände anzunehmen ist, die deshalb mit einer leicht zu erneuernden Vorhangmalerei ausgestaltet sind (bzw. waren). Es kann aber auch damit zusammenhängen, daß die Malereien eventuell zu einem späteren Zeitpunkt angebracht wurden, als man die gesamte Fensterwand neu gestaltete. Für den oberen Abschnitt der Südwand wäre als einstige Gestaltung auch die folgende Szenenabfolge von links nach rechts denkbar: Flucht nach Ägypten, Bethlehemitischer Kindermord, Traum mit der Aufforderung zur Rückkehr. Daran schlösse sich sehr passend auf der Westwand die Szene „der 12jährige Jesus im Tempel" an. Die kleine Figur und der waagerecht liegende Kopf wären dann Fragmente des Bethlehemitischen Kindermordes. Doch müssen dies Spekulationen bleiben, solange keine weiteren Reste auf dem oberen Teil der Südwand freigelegt sind.

ben Fische und ein Krebs. Was zunächst in einem Kirchenraum sehr ungewöhnlich erscheint, entpuppt sich bei näherem Hinsehen als durchaus gängige Heiligengestalt: Es handelt sich bei dieser Darstellung ganz eindeutig um die Reste einer einstmals dort auf die Wand gemalten großen Christophorusfigur[19]. Der mächtige Baumstamm, den Christophorus als Wanderstab benutzt und der nach der Legende am nächsten Tage grünt, ist auf der Wandmalerei im unteren Teil noch gut zu erkennen[20]. Christophorus gehört als Heiliger zu den 14 Nothelfern und wird noch heute in der katholischen Kirche sehr verehrt. Sein Anblick schützt den Gläubigen vor plötzlichem Tod. Seit dem 12. Jahrhundert wurde diese Heiligengestalt in vielen Kirchen entweder als Wandmalerei oder als dreidimensionale Plastik angebracht[21]. Diese Darstellung (7A) gehört zwar stilistisch zu den übrigen Szenen, weicht aber inhaltlich vom Zusammenhang ab; möglicherweise wurde sie aus Platzgründen (für jeden sogleich sichtbar gegenüber dem Eingang) an diesem schmalen Wandstreifen, der für andere Bildszenen ungeeignet wäre, angebracht.

Wir setzen unsere Erkundung der Wandmalereien an der Westwand fort; diese Darstellungen haben sich am besten von allen erhalten. Hier sind zwei Folgen von Szenen übereinander angebracht dergestalt, daß sich im unteren Streifen von links nach rechts sechs verschiedene Darstellungen und im oberen Bereich fünf Szenen aneinanderreihen. Die Szene links unten (Szene 8) zeigt den 12jährigen Christus lehrend im Tempel[22]. Erkennbar sind zwei diskutierende bärtige Juden mit Büchern in den Händen. In der oberen Bildmitte sitzt Christus, erkennbar am Kreuznimbusrest, auf einem Thron und hält ein aufgeschlagenes Buch in der Linken. Ein dazugehöriges Spruchband ist leider unbeschriftet. Im linken Bildteil sind ferner gestikulierende Hände erhalten, welche die Thematik dieser Szene gut ergänzen.

Von der nun folgenden Szene (9) haben sich nur ein bärtiger Männerkopf und Teile des Oberkörpers erhalten; rechts schräg darunter eine unbekleidete Gestalt, von der vor allem Oberarm und Ellbogen zu sehen sind. Hierbei handelt es sich um Fragmente der Taufe Christi mit Johannes dem Täufer links und Christus rechts[23]. Eine entsprechende Szene, allerdings in seitenvertauschter Anordnung, befindet sich auch im Dom-Museum Bremen.

Ein waagerecht angebrachtes (unbeschriftetes) Spruchband leitet über zu der nun folgenden Szene (10), die wiederum nicht ganz eindeutig zu identifizieren ist. Eine guterhaltene Christusfigur - erkennbar am Kreuznimbus - steht mit segnend oder lehrend erhobener Rechter offenbar in freier Landschaft; Reste von Baumstämmen rechts und links sowie der Sternenhimmel deuten darauf hin, daß sich die Szene im

---

19) Ein Riese mit Namen Reprobus oder Offerus möchte nur dem mächtigsten König dienen. Er betätigt sich als Fährmann, der Menschen durch eine Furt hindurchträgt - daher Fische und Krebs -, und trägt eines Nachts auch ein Kind, das während des Weges durch das Wasser schwerer und schwerer wird, so daß der Riese unter der Last fast zusammenbricht. Am anderen Ufer erkennt er, daß er Christus getragen hat und nennt sich von nun an „Christo phorus" (der Christusträger). Vgl. Reclams Lexikon der Heiligen und biblischen Gestalten, Stuttgart 1979, S. 88.
20) Vgl. Die Legenda aurea des Jacobus de Voragine. Aus dem Lateinischen von Richard Benz. Heidelberg 1984, S. 498-503.
21) Vgl. Lexikon der christlichen Ikonographie, Bd. 5, Freiburg 1994, S. 495 f.
22) Vgl. Lukas 2, 40-52.
23) Vgl. Matth. 3, 13-17.

*Abb. 2: Szene 10 (Westwand): Speisung der 5000 (Foto: Autorin).*

*Abb. 3: Szene 11 (Westwand): Einzug in Jerusalem (Foto: Autorin).*

Freien abspielt. Ein Schriftband, das Christus halbkreisförmig umgibt, weist leider keinerlei Beschriftung mehr auf, hat möglicherweise niemals eine Schrift getragen. Links sind Reste zweier weiterer nimbierter Personen erhalten, barfuß und in schlichter Gewandung: offenbar Jünger Christi. Zwischen der vorderen Gestalt und Christus liegen auf dem Boden in ovaler Anordnung 14 kreisförmige Scheiben, die wahrscheinlich den Schlüssel zu dieser Szene bilden. Es handelt sich offenbar um die Wiedergabe der Speisung der Fünftausend[24], bei der Christus in der wundersamen Brotvermehrung nach der biblischen Überlieferung mit fünf Broten und zwei Fischen eine große Menschenmenge so reichlich beköstigt, daß mit den übrigbleibenden Krumen sogar noch zwölf Körbe vollgefüllt werden können. Diese Brotkrumen werden in der christlichen Kunst gerne scheibenförmig als Hostie dargestellt[25].

Die nun folgende Szene (11) ist erfreulich gut zu erkennen; sie zeigt Christus auf einem Huftier reitend und zwei Männer links neben ihm. Hier kann es sich natürlich nur um Christi Einzug in Jerusalem handeln[26]. Zwar ist der rechte Bildteil zer-

---

24) Matth. 14, 15-21.
25) Vgl. Reclams Lexikon der Heiligen und biblischen Gestalten, Stuttgart 1979, S. 99/100.
26) Vgl. Joh. 12, 12-19.

Die Wandmalereien in der Wildeshauser St.-Alexander-Kirche 49

*Abb. 4: Szene 12 (Westwand): Abendmahl (Foto: Autorin).*

stört, aber die Hinterbeine des Esels sowie die reitende Gestalt mit Kreuznimbus sind noch gut erhalten. Wie es scheint, ist Christi Blick direkt auf den Beschauer gerichtet. Die beiden links davon stehenden Personen sind durch Heiligenschein als Jünger gekennzeichnet; leider ist das von ihnen ausgehende lange Schriftband unbeschriftet.
Es folgt eine große Fehlstelle, die sicherlich ihren Grund in einer nachträglichen Vergrößerung der Tür zu diesem Raum hat. Bei der dadurch zerstörten Malerei dürfte es sich höchstwahrscheinlich um eine Fußwaschung Christi gehandelt haben[27], ein Motiv, das sehr häufig Bestandteil des Leben-Jesu-Zyklus ist und zur Abendmahlsszene überleitet.
Die rechts folgende Szene mit dem Abendmahl[28] hat sich am besten von allen Darstellungen erhalten (Szene 12). Christus sitzt inmitten seiner Jünger an einem quer zum Betrachter gestellten Tisch. An seiner Brust ruht - ein in dieser Form sehr häufig dargestelltes Motiv - sein Lieblingsjünger, der noch jugendliche Johannes. Bei den anderen frontal wiedergegebenen Jüngern dürfte es sich möglicherweise um Petrus, Bartholomäus und Jakobus handeln. Sie essen, trinken ihren Wein aus länglichen Amphoren und unterhalten sich. Im Vordergrund, seitlich der freigelassenen

27) Vgl. Joh. 13, 4-18.
28) Vgl. Matth. 26, 20-30.

Mitte, wird eine kniende Gestalt sichtbar, die als einzige durch ein festes Attribut, einen Beutel am Gürtel, zu identifizieren ist. Merkwürdigerweise ist diese Person im oberen Teil gänzlich zerstört; eine große Fehlstelle bedeckt diesen Teil der an sich so gut erhaltenen Szene: Nur die über den Tisch in Richtung auf Christus vorgeschobene Hand ist als einziges in dieser großen weißen Fläche erhalten und gibt beredt davon Kenntnis, daß es Judas ist, dem Christus gerade den Bissen reicht[29]).

Die nächste im Neuen Testament überlieferte Begebenheit ist Christi Gebet am Ölberg[30]). Diese Szene (13) ist als erste in der oberen Reihe an der Westwand, oberhalb von Szene 8 (lehrender Christus im Tempel), wiedergegeben und relativ gut erhalten. Sie ist ebenfalls ganz in der überkommenen Art gestaltet. Wir sehen Christus kniend am Ölberg beten; der Garten Gethsemane ist offenbar durch eine gekurvte Mehrfachlinie als eingezäunt gekennzeichnet. Seitlich von Christus sind zwei der in der Bibel erwähnten drei Jünger einigermaßen gut zu sehen, offenbar Jakobus und Johannes, die trotz Christi Bitte „Bleibet hier und wachet mit mir" immer wieder einschlafen. Zwischen Christus und dem vorne sitzenden Jünger wird schließlich bei genauem Hinschauen noch eine weitere Gestalt erkennbar, nämlich Petrus mit dem gelichteten Haupthaar. Das über Christi Haupt sichtbare Spruchband ist wiederum leer. Im Hintergrund ist ein Kelch zu erkennen, der auf Christi Wort hinweist: „Mein Vater, ist's nicht möglich, daß dieser Kelch von mir gehe, ich trinke ihn denn, so geschehe dein Wille!"[31]) Rechts am Bildrand wird ein Soldat sichtbar, erkennbar an Schwert und Rüstung, der eben im Begriff ist, über den Zaun des Gartens zu steigen.

Maltechnisch interessant ist es, wie es dem Künstler gelungen ist, die Malerei an der linken Seite in die Gewölbezone hineinzuziehen. Hier reichte die zur Verfügung stehende senkrechte Malfläche offenbar nicht aus, so daß dem Künstler nichts anderes übrigblieb, als in die Gewölbekappe auszuweichen. Er hat dies aber recht geschickt bewerkstelligt, so daß es nur bei genauem Hinsehen auffällt. Ähnlich verfährt er übrigens an der entsprechenden Stelle auf der rechten Seite der Westwand (Szene 16, Kreuztragung).

Der über den Zaun steigende Häscher leitet zu der nun folgenden Gefangennahme Christi (Szene 14) über[32]). Die Mitte der Szene wird von der Darstellung des Verrates beherrscht; Judas tritt von rechts an Christus heran, um ihn zu küssen. Trotz der nur schwach erhaltenen Umrißdarstellung sind die beiden unterschiedlichen Physiognomien gut erkennbar: Christus mit leicht geneigtem Haupte in Dreiviertelansicht und Judas mit ausgeprägtem Profil. Ob die Malereireste links von dieser Szene einst den Schwerthieb des Petrus darstellten[33]), läßt sich nicht mehr mit Sicherheit bestimmen. Erkennbar sind ein Kopf mit einer zum Gesicht geführten

---

29) Gemäß der biblischen Überlieferung bei Joh. 13, 21-27. Daß es sich bei der Beschädigung gerade an dieser Stelle um einen Zufall handelt, halte ich für unwahrscheinlich. Es liegt näher, hier an eine bewußte Zerstörung zu denken; der verabscheuungswürdige Verräter sollte nicht länger in Gemeinschaft mit den anderen Aposteln und Christus zu sehen sein. Wann diese vermutete Beschädigung erfolgte, ist ungewiß.
30) Vgl. Matth. 26, 36-46.
31) Vgl. Matth. 26, 42.
32) Vgl. Matth. 26, 47-56.
33) Vgl. Joh. 18, 10-11.

Die Wandmalereien in der Wildeshauser St.-Alexander-Kirche —————— 51

 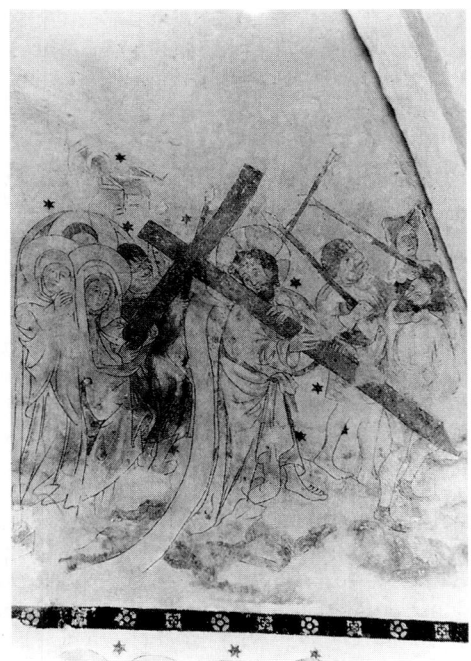

Abb. 5: Szene 15 (Westwand): Christus vor Kaiphas (Foto: Autorin).

Abb. 6: Szene 16 (Westwand): Kreuztragung (Foto: Alfred Panschar, Wildeshausen).

Hand - möglicherweise der am Ohr verletzte Malchus - und die hintereinander gestaffelten Gewandumrisse zweier Personen. Bei dem links im Vordergrund auf der Erde liegenden Gegenstand könnte es sich um die zur Erde gefallene Fackel des Kriegsknechtes Malchus handeln, die auf den Darstellungen dieser Szene sehr häufig wiedergegeben wird. Hämisch blickende Soldaten im Hintergrund geben dem Ganzen seine traditionelle Einbindung in das biblische Geschehen.

Eine der - zumindest im unteren Teil - besterhaltenen Szenen ist die nun folgende Vorführung Christi vor seinen Richter (Szene 15). Da diese Darstellung in Kopfhöhe der Personen eine große Fehlstelle aufweist, ist nicht klar erkennbar, ob es sich bei dem Verhörenden um den Hohenpriester Kaiphas[34], König Herodes[35] oder den römischen Statthalter Pilatus[36] handelt. Christus wird von zwei Soldaten vor einen mit zwei Stufen erhöhten Thronsessel geführt, auf dem ein Mann sitzt. Am oberen Bildrand werden die Spitzen von Hellebarden und anderen Waffen sichtbar. Die mit Beinschienen und Schwert versehenen beiden Soldaten stehen in eigenartigem Ge-

---

34) Vgl. Matth. 26, 57-68.
35) Vgl. Lukas 23, 7-11.
36) Ebd., 13 -25.

gensatz zu der friedvollen Gestalt Christi, der mit gekreuzten Händen vor seinem Richter steht. Für Kaiphas als Gegenüber spricht hierbei die Haltung des Dargestellten, der seine Hand am Ausschnitt seines Gewandes hält, was auf das in der Bibel überlieferte Zerreißen seiner Kleider[37]) hindeuten könnte.

Die folgende Malfläche müßte nach der Abfolge der biblischen Überlieferung entweder eine Darstellung der Geißelung Christi oder der gewöhnlich mit „Ecce homo" bezeichneten Vorführung des geschundenen Christus vor dem Volk durch Pilatus enthalten. Sie wird jetzt aber durch die 1953 freigelegte ältere Malschicht eingenommen, die eine Darstellung einer Falkenjagd zeigt. Diese Szene (B) wird weiter unten ausführlicher besprochen.

Es folgt unter den Darstellungen des 15. Jahrhunderts die Kreuztragung[38]), mit den heiligen Jungfrauen und dem das Kreuz mittragenden Simon von Kyrene links, dem kreuztragenden Christus im Zentrum und Soldaten und dem Aufseher rechts. Diese Szene (16) ist, wie auch die vorige, in manchen Einzelheiten offenbar ergänzt. So wirkt besonders der linke Teil der Malfläche mit der Frauengruppe wie nicht mehr im Originalzustand befindlich. Es ist deshalb auch nicht auszuschließen, daß auf diese Weise in manchen Partien Umdeutungen erfolgten. Auffällig ist nämlich, daß hier die vorderste der Marien den Querbalken des Kreuzes gepackt hält, während dies doch eigentlich dem neben ihr gehenden Simon von Kyrene zukäme. Dieser wiederum scheint eine Leiter zu tragen, wobei der Längsholm, den er trägt, stark ergänzt aussieht. Eine kreuztragende Maria wäre eine ganz ungewöhnliche Darstellungsform, die möglicherweise bei der Restaurierung aus einer Mißinterpretation der Darstellung einer Veronika mit dem Schweißtuch entstand[39]).

Interessant und wohl kaum eine Hinzuerfindung ist ein anderes Detail: Christi Gewand ist im vorderen Teil zu einem Zipfel hochgerafft, um seinen Beinen beim Ausschreiten Bewegungsfreiheit zu ermöglichen; dieser Gewandzipfel ist über das Seil gezogen, mit dem Christus um den Leib gefesselt ist. Das andere Ende des Seiles wird von dem voranschreitenden Aufseher gehalten, der sich gerade zu Christus umwendet, wie um ihn zu einer schnelleren Gangart anzutreiben. Gleichzeitig greift Simon von Kyrene (und eine der Marien?) helfend ein. Damit bekommt die ganze Darstellung etwas sehr Lebendiges; die in späteren Jahrhunderten so beliebte Szene „Christus unter dem Kreuz" wird hier vorbereitet.

Die nun folgenden Szenen bedecken die Nordwand des Raumes. Die Bildfolge beginnt links im Vordergrund mit einer Darstellung, die sich aus zwei Szenen zusammenfügt (Szene 17 und 18). Erkennbar ist im unteren Bereich ein Mann, dessen Unterkörper vom Kreuzbalken überschnitten wird. Er hält offenbar das Ende eines Seiles in den Händen. Rechts von ihm ist ein weiterer Mann zu sehen, der mit einem Werkzeug in der Rechten offenbar am Kreuz arbeitet. Ob es sich dabei um die An-

---

37) Vgl. Matth. 26, 65.
38) Vgl. Lukas 23, 26-32.
39) Die Gestalt der Veronika mit dem Schweißtuch ist in der Bibel nicht überliefert. Hingegen wird in der Legenda aurea des Jacobus de Voragine, geschrieben um 1270, von einer Frau berichtet, die Christus eines Tages um ein Bild von sich bat und ihm dafür ein Leinentuch gab. Als sie es wenig später von ihm zurückerhielt, hatte sich darauf Christi Antlitz wie ein Bild abgedrückt. Die Darstellung der Hl. Veronika mit dem Schweißtuch muß sich dann im späteren Mittelalter aus dieser Legende entwickelt haben.

Abb. 7:
Szene 19 (Nordwand):
Kreuzigung
(Foto: Autorin).

heftung Christi an das schräg auf dem Erdboden liegende Kreuz oder die Kreuzaufrichtung handelt, läßt sich nicht mit Sicherheit sagen. Erkennbar sind ferner Spuren von Christi Haupt.

Im Hintergrund ist eine Szene abgebildet (Szene 18), die eigentlich zur Kreuzigung gehört: Zwei Männer, der eine mit spitzem Judenhut, der andere mit umgeschlagenem Schlapphut, hocken einander gegenüber auf der Erde. Sie scheinen mit irgendeiner Sache sehr stark beschäftigt zu sein, worauf besonders die gierige Physiognomie des rechten Mannes deutet. Bei genauem Hinschauen entdeckt man zwischen ihnen ein im Umriß wiedergegebenes Gewand, ferner die in typischer Würfelhaltung erhobene rechte Hand des einen Mannes und schließlich auch noch den - wahrscheinlich ergänzten - Würfel in der Luft. Diese Malerei gibt also die in den Evangelien erwähnten Worte Christi wieder: „Sie haben meine Kleider unter sich geteilt, und über mein Gewand haben sie das Los geworfen"[40].

---

40) Vgl. Matth. 27, 35; Markus 15, 24; Lukas 23, 34; Joh. 19, 23-24.

Es folgt die eigentliche Darstellung der Kreuzigung (Szene 19). Sie ist sehr volkreich wiedergegeben und entspricht dem Typus der „Kreuzigung mit Gedränge", wie der offizielle Fachausdruck heißt. In dieser Form werden alle Überlieferungen der Evangelien in der Darstellung zusammengefaßt. Wir sehen also - nur im oberen Teil erhalten - den bärtigen Christus in der üblichen Weise am Kreuz hängend und links von ihm einen der beiden Schächer[41]) mit über den Kreuzbalken gebundenen Armen. Zwischen beiden wird auf einem senkrechten Stock der Essigschwamm sichtbar, mit dem man Christus erfrischt[42]), nach anderer Überlieferung auch gequält hat[43]). Etwas unterhalb des Schwammes sind Fragmente eines Gesichtes im Profil zu sehen und zwei Hände, die eine Lanze in Christi Seite stechen[44]). Rechts vom Kreuz steht in reichem Gewand der bei der Kreuzigung anwesende Hauptmann der römischen Streitkräfte im Gespräch mit einem zweiten Mann[45]).

Dieser Szene beigeordnet ist im Vordergrund links die Darstellung der Frauen, die von ferne der Kreuzigung zusehen. Nach der biblischen Überlieferung sind es Maria Magdalena, ferner Maria, die Mutter des Jakobus und Maria Salome, die Mutter der Kinder des Zebedäus[46]). Der Wildeshauser Künstler hat die Anzahl der Frauen auf sechs erhöht, wie dies im späten Mittelalter aufgrund der Tradition, die sich bei den geistlichen Spielen entwickelt hatte, durchaus üblich war. Eine besondere Betonung erfährt dabei die Gestalt der Maria Magdalena, die häufig als schöne junge Frau wiedergegeben wird, welche sich trauernd am Fuß des Kreuzes aufhält. Auch auf unserem Wandgemälde ist sie in dieser Weise wiedergegeben: eine junge Frau mit ausgeschnittenem Kleid hat ihre Arme um den Kreuzesbalken geschlungen.

Es folgt rechts eine Szene, von der sich nur sehr wenig erhalten hat (Szene 20). Eine in der rechten Ecke befindliche Leiter sowie ein Fußfragment am Balken links lassen vermuten, daß es sich um eine Kreuzabnahme handeln könnte[47]); eine Hand und ein Gewandteil, die vielleicht zu einem Helfer bei der Kreuzabnahme gehören, sowie Reste eines Kopfes zwischen Leiter und Kreuzbalken unterstützen diese These.

Auf der Szene rechts daneben (Szene 21) sieht man eine ruhende Gestalt in einem Steinsarg und rechts daneben Fragmente einer trauernden weiblichen Person. Dies dürfte also die Grablegung Christi darstellen[48]).

Oberhalb der als Kreuzabnahme bezeichneten Szene ist ein Fragment einer sogenannten Siegesfahne erkennbar (Szene 22); es handelt sich hierbei um eine Fahne mit Lamm und Kreuz als Symbol für den Opfertod Christi. Dieses Motiv wird im-

---

41) Vgl. Lukas 23, 33-43.
42) Vgl. Joh. 19, 28-30. „Danach, da Jesus wußte, daß schon alles vollbracht war, daß die Schrift erfüllet würde, spricht er: ‚Mich dürstet.' Da stand ein Gefäß voll Essig. Sie aber füllten einen Schwamm mit Essig und legten ihn um einen Isop und hielten es ihm dar zum Munde. Da nun Jesus den Essig genommen hatte, sprach er: ‚Es ist vollbracht!' und neigte das Haupt und verschied."
43) Vgl. Matth. 27, 33-34: „Und da sie an die Stätte kamen mit Namen Golgatha, das ist verdeutscht ‚Schädelstätte', gaben sie ihm Essig zu trinken mit Galle vermischt, und da er's schmeckte, wollte er nicht trinken."
44) Vgl. Joh. 19, 33-36.
45) Vgl. Matth. 27, 54.
46) Ebd., 55-56.
47) Ebd., 57-58; Markus 15, 42-46.
48) Vgl. Matth. 27, 59-60; Markus 15, 46.

mer dort eingefügt, wo die Auferstehung Christi wiedergegeben werden soll. Allerdings sind auf der Wandfläche keinerlei weitere Reste erhalten, die auf diese Bildszene hindeuten.

Neben dieser Szene, also oberhalb der als Grablegung bezeichneten Malerei, sind links drei Personen mit Heiligenschein erkennbar mit betend erhobenen Händen (Szene 23). In der Mitte ist neben unklaren Resten eine Hand mit drei waagerecht gehaltenen Fingern erhalten. Dieses Motiv kennzeichnet stets eine sprechende Person. Wahrscheinlich handelt es sich hier um die drei Frauen am Grabe Christi, die am Ostermorgen den Leichnam salben wollen. Die im Redegestus wiedergegebene Hand wäre dann die Hand des Engels, der auf dem leeren Grab sitzt und den Frauen von der Auferstehung Christi berichtet[49].

Von der rechts davon befindlichen letzten Szene dieser Wand hat sich außer einem kleinen Stück Schablonenmalerei nichts erhalten, ebensowenig wie von den Darstellungen auf dem linken Teil der Ostwand; hier sind nur zwei braune, ca. 20 Quadratzentimeter große Farbflecken zu sehen. Geht man davon aus, daß in dieser Kapitelstube ein vollständiger Christuszyklus wiedergegeben war, so kämen für die fehlenden Szenen die Himmelfahrt Christi (auf dem letzten Stück der Nordwand) und auf dem verbleibenden Teil der Ostwand eine Darstellung des Pfingstwunders und eventuell auch noch das Jüngste Gericht in Frage. Letzteres wäre zusammen mit dem Bethlehemitischen Kindermord (auf der rechten Seite der Ostwand) eine sehr sinnvolle Zusammenstellung. Durch Umbauten in nachmittelalterlicher Zeit[50] hat sich hier nichts weiter an Malereien erhalten.

Kehren wir noch einmal zurück zur Nordwand und wenden uns dem oberen Teil der Wand zu. Hier haben sich einige Reste von Malerei in kräftigem Blau und Braun erhalten, die auf den ersten Blick durch ihre unbestimmten Formen wie Überbleibsel einer Dekorationsmalerei wirken (Szene C). Ein intensives Studium mit dem Fernglas läßt jedoch die unklaren Farbflächen zu bestimmten Umrissen und Formen zusammenwachsen, deren Deutung allerdings nach wie vor nicht einfach ist. In der Mitte der Malereireste wird links der Umriß einer männlichen Gestalt erkennbar, deren (von der Figur aus) rechter Arm angewinkelt ist und waagerecht über der Brust liegt. Der Arm umfängt einen dünnen Stab, an dem vermittels einer Unterlage eine kleine Figur befestigt zu sein scheint, von der nur die Unterschenkel und Füße zu sehen sind. Rechts von der eben beschriebenen Gestalt mit dem angewinkelten Arm tritt aus den diffusen Farbflächen ein Kirchengebäude mit rotbraunem Dach und Fensteröffnungen hervor, und wiederum rechts davon scheint eine weitere Gestalt mit Heiligenschein zu stehen, der sich in Taillenhöhe zwei weitere Rundungen wie Heiligenscheine hinzugesellen. Am unteren Rand der bemalten Fläche werden links zwei weitere Rundungen wie Heiligenscheine und einige Farbreste sichtbar.

Diese nur nach intensivem Betrachten herausgelesenen Objekte stellten sich zunächst jeglicher Deutung entgegen. Doch ergab sich dann aus der Überlegung, daß es sich bei der Kirche um ein Modell der Alexanderkirche handeln könnte, ein An-

---

49) Vgl. Markus 16, 1-8.
50) Einzelheiten zu eventuellen Umbauten sind nicht bekannt, möglicherweise wurde das Fenster im 17./18. Jh. vergrößert und verursachte tiefgreifende Beschädigungen an der Malerei.

satzpunkt. Wäre es denkbar, daß mit dieser Darstellung des hl. Alexander, dessen Reliquien im Jahre 851 hierher nach Wildeshausen überführt wurden, in irgendeiner Form gedacht werden sollte? Die Überprüfung der Ikonographie des Heiligen ergab einen ersten Hinweis: Der hl. Alexander erlitt im 2. Jahrhundert gemeinsam mit seiner Mutter, der hl. Felicitas, und sechs Brüdern, das Martyrium und wird nur sehr selten alleine, in der Regel mit Mutter und Brüdern abgebildet[51]). Eine der wenigen überlieferten Darstellungen aus dem 16. Jahrhundert zeigt die hl. Felicitas mit ihren sieben Söhnen während ihres Martyriums in einem großen Kessel über einem Feuer. Aus der Gruppe der im Kessel hockenden Söhne ragt auf der linken Seite der hl. Alexander stehend empor, den rechten Arm angewinkelt um ein großes Holzkreuz mit dem Kruzifixus gelegt[52]). Dieses Gemälde von Bartholomäus Bruyn läßt auf einen festen Darstellungstypus schließen, dessen Entstehung sicherlich zeitlich weiter zurückreicht. Ein frühes Beispiel für diese Form der Alexanderdarstellung findet sich sogar in Wildeshausen selber, und zwar in einem Kapitelssiegel: Hier ist der hl. Alexander auf einem Thron sitzend zu sehen mit dem erhobenen Schwert in der Rechten und einem Kreuz an einem langen dünnen Stab in der Linken. Auch hier ist der Arm in der typischen Weise um den Kreuzesstab herumgeschlungen[53]). Demnach könnten die Malereireste in der Wildeshauser Kirche - sozusagen als Arbeitshypothese - als das Fragment einer Darstellung der hl. Felicitas mit ihren Söhnen (rechts und unten) und dem hl. Alexander mit Kruzifixus (links stehend) interpretiert werden; zwischen den beiden Hauptfiguren erscheint die Alexanderkirche (oder ein in Hausform gestalteter Schrein) als Hort der Reliquien.

Leider ist der Erhaltungszustand dieser Fragmente so schlecht, daß eine Datierung schwer fällt; fast könnte man vermuten, daß hier beide Malschichten miteinander verquickt erhalten sind, wobei die großen zusammenhängenden Farbflächen vielleicht der älteren und die Figurenreste der jüngeren Schicht zuzurechnen wären. Doch ist in diesem Punkt derzeit keinerlei Festlegung möglich.

Zusätzlich zu diesen soeben beschriebenen Darstellungen haben sich, wie schon kurz erwähnt, an anderer Stelle noch Reste älterer Malerei erhalten, auf die ich jetzt näher eingehen möchte. Die guterhaltene Szene befindet sich an der Westwand des Raumes zwischen den Szenen „Christus vor Kaiphas" und „Kreuztragung". Es handelt sich um die Wiedergabe dreier Personen zu Pferde, die offensichtlich der Falkenjagd nachgehen (Szene B). Der vorderste der drei Reiter hält auf der ausgestreckten linken Hand einen Falken, der eben im Aufsteigen begriffen ist. Diese Beschäftigung, die Jagd mit dem eigens dafür abgerichteten Jagdfalken, war im Mittelalter in der höfischen Gesellschaft sehr beliebt. So verwundert es nicht, daß die drei hier wiedergegebenen Jäger durch ihre Kronen als Könige gekennzeichnet sind.

Allerdings bleibt der inhaltliche Zusammenhang dieser Malerei zunächst unklar. Die Forschung hat in dieser Jagdszene bisher vor allem eine Verherrlichung des mit-

---

51) S. Anm. 19, Stichworte Alexander, S. 28, und Felicitas, S. 193.
52) Ein Gemälde von Bartholomäus Bruyn d. Ä., entstanden um 1512-1515, Sammlung Kisters, Meersburg. Vgl. Horst- Johs Tümmers, Die Altarbilder des älteren Bartholomäus Bruyn, Köln 1964, Abb. A 7, S. 149, Text S. 49.
53) S. Anm. 1, S. 27, Fig. 4. Leider keine Datumsangabe für das Siegel; vermutlich 13. Jahrhundert.

# Die Wandmalereien in der Wildeshauser St.-Alexander-Kirche

telalterlichen Rittertums gesehen[54]). Eine höfische Szene in einem Kirchenraum? Man wird dieses Bild sicherlich nicht ausschließlich als ein schmückendes Jagdmotiv deuten können, sondern damit eine symbolische Aussage verknüpfen müssen. Wenn wir die Wiedergabe dieser vordergründig so heiteren Szene genauer betrachten, so fallen einige besondere Details ins Auge, die uns auf den richtigen Weg bringen. Drei Könige reiten zur Falkenjagd, doch ihre Gesichter und Gebärden sind nicht fröhlich und voller Jagdeifer, sondern erschrocken und betrübt. Man beachte vor allem den letzten der drei Männer: Seine Gesichtszüge sind im Schrecken verzerrt, er ringt die Hände, sein Oberkörper wendet sich ab, er scheint am liebsten flüchten zu wollen. Auch die Wiedergabe der anderen beiden Reiter, wiewohl nicht so gut erhalten, deutet dies an. Die Könige sind also durch irgendein Ereignis zutiefst erschreckt worden. Was könnte dies sein? Der Kenner mittelalterlicher Kunst ahnt, daß hierfür eigentlich nur der Anblick dreier lebender Toter in Frage kommt, gemäß der alten Legende von der Begegnung der drei Lebenden und der drei Toten[55]).

Es handelt sich hierbei um ein eher seltenes Motiv, dessen bildliche Darstellung sich wahrscheinlich aus Textüberlieferungen des 13. Jahrhunderts entwickelte: „Drei hochmütige junge Edelleute sind in einsamer Gegend auf die Jagd gezogen. Ihr Weg führt über einen verlassenen alten Friedhof. Plötzlich stehen drei Tote vor ihnen. Deren verweste, von Würmern zerfressene und in Laken gehüllte Körper bieten einen grauenvollen Anblick. Erschreckt halten die drei Lebenden inne. Da beginnen die Toten zu sprechen. Sie berichten von ihrem früheren weltlichen Leben, das aus Genuß, Sinnenfreudigkeit und Übermut bestand. Die Lebenden antworten den Toten; es kommt zu einem Gespräch, bei dem die Toten auf ihren jetzigen Zustand hinweisen und die Lebenden ermahnen, von ihrem genußsüchtigen Leben abzulassen, für das sie dereinst büßen müßten. ‚Was ihr seid, das waren wir. Was wir sind, das werdet ihr'; eine Ermahnung, mitten im Leben schon an den Tod zu denken, von den weltlichen und vergänglichen Genüssen abzustehen und ein Gott gefälliges Leben zu führen, auf daß der Tod Erlösung und nicht ewige Pein bedeute"[56]).

In Kenntnis dieser Textüberlieferung wird die Bedeutung von Gesten und Mienen der drei Könige erst richtig verständlich. In Gedanken zu ergänzen sind auf dem Wandbild natürlich zu den drei von links nach rechts reitenden Königen die ihnen von rechts entgegenkommenden drei lebenden Toten. Aller Wahrscheinlichkeit nach

---

54) „Darunter fand man 1954, ..., eine Schicht mit Malereien aus der Zeit des letzten Grafen aus dem Hause Oldenburg-Wildeshausen, Heinrich IV., der 1270 gestorben ist. Die schöne Falkenjagd würde zum Bild dieses ritterlichen Edelmannes passen." Vgl. Hans-Christoph Hoffmann, Evang.-luth. Alexanderkirche Wildeshausen. Kunstführer Schnell & Steiner, München 1989, S. 15.
55) Mein Dank gilt Herrn Karl-Heinz Franke, Wildeshausen, der mich auf dieses Motiv hinwies.
56) Vgl. Willy Rotzler, Die Begegnung der drei Lebenden und der drei Toten. Ein Beitrag zur Erforschung der mittelalterlichen Vergänglichkeitsdarstellungen, Winterthur 1961, S. 7. Zu dieser „Kernlegende" hat Rotzler in seiner Publikation eine Fülle von weiteren Überlieferungen gesammelt, die das Motiv in verschiedenen Varianten wiedergeben. Nach Rotzlers Untersuchungen wurde das Motiv der Begegnung der drei Lebenden mit den drei Toten (im folgenden „Begegnung" genannt) wahrscheinlich gegen Ende des 13. Jahrhunderts in Nordfrankreich erstmalig literarisch in Gedichtform verwendet.

waren sie auch einst vorhanden bzw. wären vielleicht noch jetzt unterhalb der Malschicht des 15. Jahrhunderts auf der rechten Bildseite zu finden[57]).

Nach der Deutung des Motivs ergibt sich nun zwangsläufig die Frage nach dem Grund für die Anbringung an dieser Stelle. Die Legende von den drei Lebenden und den drei Toten ist, wie wir hörten, eine Art „Memento mori", also eine Mahnung, bei allem weltlichen Wohlleben auch an den Tod zu denken. Dies war natürlich auch in einer Kapitelstube für die mit irdischen Gütern reich gesegneten Stiftsgeistlichen als Warnung sicherlich angebracht! Ob die Darstellung auch im weiteren Sinne als ein Memento mori zu verstehen ist, das an ein spezielles Ereignis in der Geschichte des Ortes Wildeshausen erinnern sollte, läßt sich nicht sagen. Denkbar wäre es, mittels dieser Darstellung den aufmerksamen Betrachter jener Zeit an den Verlust zu erinnern, den das Geschlecht der Grafen von Oldenburg-Wildeshausen in den Auseinandersetzungen mit den Stedinger Bauern erlitt. Im Jahre 1233 wurde Graf Burchard von Oldenburg-Wildeshausen von den Stedingern bei dem Ort Hemmelskamp erschlagen; dessen Bruder Heinrich fiel 1234 in der Schlacht bei Altenesch[58]). Daß das Motiv der „Begegnung" grundsätzlich als Epitaph für Verstorbene verwendet wurde, belegt ein - wenngleich später entstandenes - Beispiel in Paris. Dort ließ Herzog Jean de Berry 1408 am Portal der Kirche der Saints Innocents für den ermordeten Herzog Louis d'Orléans diese Szene als Steinrelief anbringen[59]). Eine Verwendung dieses Motivs in einem Kapitelsaal ist gleichfalls für Frankreich, wenn auch aus späterer Zeit, belegt. Im Kapitelsaal in St. Riquier bei Amiens (Somme) entstand gegen Ende des 15. Jahrhunderts eine entsprechende Darstellung: Drei junge Adlige mit ihren Falken reiten durch die Landschaft. Beim Anblick der drei Toten reißen sie ihre Pferde zurück[60]).

Nach Rotzlers Untersuchungen wurde das Motiv der „Begegnung" wahrscheinlich im letzten Viertel des 13. Jahrhunderts in Nordfrankreich erstmalig literarisch in Gedichtform verwendet[61]). Offenbar erfolgte fast gleichzeitig die bildkünstlerische

---

57) Der am rechten Bildrand der Jagdszene erhaltene Kopf mit Judenhut gehört ganz sicherlich nicht zur älteren, sondern zur Malschicht des 15. Jahrhunderts und dürfte im Zusammenhang mit der abgetragenen Szene - möglicherweise „Geißelung" oder „Ecce homo" - stehen.

58) Vgl. Gustav Rüthning, Oldenburgische Geschichte, Bremen 1911, S. 46. Renners Chronik hingegen - offenbar in manchen Punkten nicht ganz verläßlich - überliefert Burchards Tod für das Jahr 1223. Sein Text sei dennoch wegen der anschaulichen Schilderung hier zitiert: *a. 1234 ... Korts darna worden de davendigen Stedingers geslagen, und mit den perden to treddet, dar bleven doth in korter tidt 6000 man, und vele vordrunken in der flucht in der Wesser, desgeliken in den kulen, also is ohre bosheit thom ende kamen, dar blef doth greve Hinrich van Oldenborch im ersten angrepe, dan he rande to den fienden in, stortede mit dem perde, und wort alßo geslagen, und mit ohme 9 pelegrimen ...* Vgl. dazu Johann Renner, Chronica der Stadt Bremen, Transkription von Lieselotte Klink, Bremen 1995, Teil 1, fol. 189r, S. 216 und fol. 199v, S. 227. Wie wir wissen, hat Burchards Sohn, Graf Heinrich IV. von Oldenburg-Wildeshausen, bereits zwei Jahre nach der Schlacht (1236) für das Seelenheil seines Vaters und Onkels dem Kloster Hude seine Rechte auf die Nordheide östlich von Berne übertragen (... *ob spem retributionis divine preces memoratorum fratrum exaudivimus et pro anima patris mei Borchardi et Heinrici patrui mei comitum de Aldenborhc sub sancte crucis vexillo a Stedingis occisorum* ...). Vgl. Gustav Rüthning, Oldenburgisches Urkundenbuch, Bd. 4, Oldenburg 1928, Nr. 244, S. 109 f.

59) Vgl. Rotzler (s. Anm. 56), S. 186.

60) Ebd., S. 198. Leider hat Rotzler dieses Motiv vor allem in England, Frankreich und Italien verfolgt und nur vereinzelte deutsche Beispiele, vor allem spätere Holzschnitte, gebracht. Es wäre sicherlich lohnend, das Motiv der „Begegnung" auch einmal systematisch für Deutschland zu sammeln.

61) Ebd., S. 18 f.

Die Wandmalereien in der Wildeshauser St.-Alexander-Kirche ——————— 59

Umsetzung; im Jahre 1285 entstand die erste bekannte bildliche Darstellung in einer französischen Handschrift[62]). Im 14. Jahrhundert scheint das Motiv über Nordfrankreich nach Deutschland eingeflossen zu sein. Dies vorausgesetzt, ergibt sich für die Datierung der Wildeshauser Malereien ein neuer Gesichtspunkt. Bisher wurden die Malereien der frühen Schicht in die Zeit des letzten Grafen aus dem Hause Oldenburg-Wildeshausen-Bruchhausen, Heinrich IV., datiert, der 1270 starb[63]). Diese Zuweisung erfolgte aufgrund von Stiftungen des Grafen für die Ausstattung der Wildeshauser Kirche[64]), aus denen auf eine Vervollständigung der Innenausstattung der Kirche und damit auf die Anbringung der Malereien geschlossen wurde. Wiewohl eine Zuweisung an Graf Heinrich IV. gerade im Hinblick auf das Schicksal seiner Familie und der damit verbundenen Stiftung sehr verlockend wäre, ist es fraglich, ob eine so frühe Datierung angesichts der von Rotzler ermittelten Überlieferungsgeschichte aufrechtzuerhalten ist. Sollte dies zutreffen, so hätten wir in Wildeshausen ein ungewöhnlich frühes Beispiel für das Motiv der „Begegnung" vor uns. Angesichts der geringen erhaltenen Reste und des mäßig guten Erhaltungszustandes ist eine genauere stilistische Analyse schwierig. Diese Erwägungen veranlassen mich, doch eher von einer etwas späteren Entstehung, vielleicht um 1300, auszugehen.

Bei der Überlieferung der Thematik könnte im übrigen die Tatsache, daß die Reliquien des Hl. Alexander Wildeshausen im Mittelalter zu einem wichtigen Wallfahrtsort machten, eine nicht unbedeutende Rolle gespielt haben. Es ist davon auszugehen, daß Wildeshausen mit seiner Stiftskirche auch von den Jakobspilgern aufgesucht wurde, die von hier aus ihre Reise über Westfalen, das Rheinland und von dort aus über Nordfrankreich nach Spanien fortsetzten. In umgekehrter Richtung gelangte das Kulturgut mit den zurückkehrenden Pilgern und Künstlern aus Frankreich über das Rheinland nach Nordwestdeutschland. So kann die Kenntnis von der Legende der Begegnung der drei Lebenden und der drei Toten bereits zu einem recht frühen Zeitpunkt nach Wildeshausen gelangt und dort in Wandmalereien umgesetzt worden sein.

Kehren wir von den Malereien des 13./14. Jahrhunderts zurück zu den Arbeiten des 15. Jahrhunderts! Ein unmittelbar neben dem Chor gelegener Raum, der bereits in früherer Zeit mit Malereien versehen worden war, wurde im frühen 15. Jahrhundert künstlerisch neu ausgestaltet. Leider gibt die spärliche Quellenlage keinen näheren Hinweis auf Grund und Anlaß für diese Ausgestaltung. Auch besitzen wir keinerlei Kenntnis über die Herkunft der Maler, die mit diesem doch recht umfangreichen Projekt beauftragt wurden. Dennoch ist die Kunstwissenschaft in diesem Fall in der glücklichen Lage, für eine genauere Datierung in einem Umkreis von nur 50 Kilometern gleich zwei weitere Beispiele für Wandmalereien dieser Zeit zu besitzen,

---

62) Ebd., S. 73 f.
63) Zuletzt s. Anm. 54.
64) Er stiftete ein ewiges Licht zu Ehren des heilbringenden Kreuzes und der heiligen Jungfrau und ließ das Heilige Grab in der Alexanderkirche am Karfreitag besonders aufwendig schmücken. S. Anm. 1, S. 30 (leider dort keine Quellenangabe; im Oldenburger Urkundenbuch kein Hinweis auf diese Stiftung auffindbar).

und zwar im Dom-Museum in Bremen und in der ehemaligen Klosterkirche in Lilienthal[65]).

1985 wurden bei Renovierungsarbeiten in einem mittelalterlichen Anbau neben dem Chor, dem späteren Dom-Museum, Reste von Wandmalereien entdeckt. Es handelt sich ebenfalls um Darstellungen aus der Passionsgeschichte: die Taufe Christi, Fragmente zweier Engel mit Weihrauchgefäßen, die Bekleidung Christi mit dem weißen Spottgewand[66]), die um Christi Rock streitenden Kriegsknechte, ein jugendlicher Musikant (?), Christus in der Mandorla, Reste eines Gotteslammes. Die schlanken Figuren in ihrer zeittypischen Kleidung mit kurzem Oberteil und schmalen Beinlingen ließen an eine Entstehung in der Zeit um 1400 denken. Erfreulicherweise konnte diese Vermutung mit Hilfe der Baugeschichte bestätigt, durch Auswertung vorhandener zeitgenössischer Quellen sogar noch präzisiert werden. Daraus ergab sich, daß der Zeitpunkt der Ausgestaltung des Raumes mit Wandmalereien wahrscheinlich zu Anfang des 14. Jahrhunderts lag, als der bislang profan genutzte Raum unter der einstigen Schatzkammer des Domes in eine Kapelle umgestaltet wurde[67]). Die Stiftungsurkunde für einen Marienaltar „in capella nova sub thesauria"[68]) datiert vom 14. August 1414.

In der einstigen Klosterkirche in Lilienthal wurde 1974-1976 bei Renovierungsarbeiten im Chorraum ein Zyklus von Wandmalereien freigelegt. Es handelt sich ebenfalls um eine Folge von Darstellungen aus der Passionsgeschichte: eine Abendmahlsdarstellung, Reste einer Kreuzigungsszene und eine Beweinung Christi, dazu Reste eines Christophorus und weitere Fragmente, die möglicherweise einst zur Passionsgeschichte gehörten (Geißelung?, Kreuztragung?). Für diese Malereien wurde bislang eine Entstehungszeit zwischen 1450 und 1480 vermutet[69]). Da sie aber ungewöhnlich große stilistische Ähnlichkeit mit den Malereien des St. Petri Domes aufweisen, ist von einer um einige Jahrzehnte früheren Entstehung, vielleicht um 1420, auszugehen.

Beim Vergleich dieser drei Wandmalereien wird eine große stilistische und teilweise auch kompositionelle Ähnlichkeit spürbar. So zeigt die Christusfigur von der Speisung der 5000 in Wildeshausen in ihrer Haltung eine gewisse Verwandtschaft mit dem taufenden Johannes im Bremer Dom. Stärkere Ähnlichkeit wird beim Einzug in Jerusalem zwischen dem hinten stehenden Jünger und dem Christus der Taufszene im St. Petri Dom deutlich. Die stilistische Verwandtschaft der Figuren zeigt sich besonders auch in den beiden Abendmahlsszenen in Wildeshausen und Lilienthal; hier sind mehrere deutliche Übereinstimmungen in den Physiognomien und der

---

65) Vgl. dazu Ingrid Weibezahn, Die mittelalterlichen Wandmalereien im Bremer Dom-Museum, in: Niederdeutsche Beiträge zur Kunstgeschichte, Bd. 32, München 1993, S. 75-89. In Vorbereitung: Ingrid Weibezahn, Werkstattzusammenhänge, in: Wandmalereien des Mittelalters in Niedersachsen und im Groninger Land. Dokumentation einer gefährdeten Kunstgattung.
66) Vgl. Lukas 23, 11.
67) Vgl. W. v. Bippen, Neue Untersuchungen zur Baugeschichte des Domes, in: Bremisches Jahrbuch, Bd. 14, 1888, S. 198 f. Vgl. Johann Hemeling, Diplomatarium fabricae ecclesiae Bremensis. Hrsg. Liselotte Klink, Hildesheim 1988, S. 115/116.
68) Vgl. D. R. Ehmck / W. v. Bippen, Bremisches Urkundenbuch, Bd. V, Bremen 1902, S. 62, Nr. 61.
69) Vgl. Wilhelm Dehlwes, Lilienthal. Kloster, Kirchen und kirchliches Gemeindeleben, Lilienthal 1978, S. 53.

Haltung der Personen erkennbar. Kompositionell wiederum treten die Grablegung Christi in Wildeshausen und Lilienthal zusammen. - Die Schablonenleisten mit den eingestreuten stilisierten Blüten und Sternen, welche die einzelnen Bildszenen umrahmen, sind in Lilienthal, Wildeshausen und im Dom völlig identisch.

Aus den angeführten Übereinstimmungen ergibt sich ganz zweifelsfrei, daß die Malereien in allen drei Kirchen von derselben Werkstatt, wenn nicht sogar von derselben Künstlerhand herrühren. Über die Persönlichkeit dieses Mannes gibt es jedoch bislang leider keinerlei Erkenntnisse; auch die Abfolge der Arbeiten ist aufgrund des problematischen Erhaltungszustandes kaum mehr zu verifizieren. Wollte man hier eine Reihenfolge rekonstruieren, so wären wohl die Wildeshauser Malereien im Hinblick auf ihren reichen Formen- und Erfindungsschatz als Endpunkt der Arbeiten einzustufen. Damit rückt eine Datierung in die Zeit um 1430 in den Bereich des Wahrscheinlichen.

Zum Abschluß bleibt natürlich noch die Frage nach den Anregungen, welche der unbekannte Meister der Wandmalereien oder seine Werkstatt verarbeitet hat. Im niedersächsischen Gebiet rund um Bremen ist wie in anderen Kunstsparten auch im Bereich der Malerei von einer Beeinflussung aus der rheinisch-westfälischen Kunstlandschaft auszugehen. Beziehungen, die entlang der alten Handelswege und auf dem jahrhundertealten Pilgerpfad von Norden ins Rheinland geknüpft wurden, haben sich natürlich auch in umgekehrter Richtung ausgewirkt und die Kunst des Westens nach Norden gebracht. Dies gilt, wie bereits weiter oben ausgeführt, in beschränktem Maße sicherlich schon für die Kunst der frühen Gotik, in weitaus stärkerem Maße dann natürlich für die Zeit der Hoch- und Spätgotik.

Wie es scheint, waren die Mitglieder der Bremer Werkstatt, wie wir sie der Einfachheit halber nach ihrem in unserem Zusammenhang frühesten Werk einmal nennen wollen, mit den Kunstströmungen ihrer Zeit wohlvertraut. Vorbilder für einen Christuszyklus der in Wildeshausen geschaffenen Art gab es in jener Zeit sowohl in der rheinischen Kunstszene wie auch in einem anderen wichtigen Handelszentrum, in Lüneburg. Dies mag ein vergleichender Blick auf ein Tafelbild der Kölner Schule[70] und auf die Goldene Tafel aus der Michaelskirche in Lüneburg verdeutlichen[71]. Beide Kunstwerke setzen ein in jener Zeit beliebtes Motiv, das Leben und Leiden Christi, in ähnlicher Weise um. Auf dem Kölner Gemälde ist das Leben Christi in 35 Einzelszenen dargestellt, beginnend bei der Verkündigung und mit dem Jüngsten Gericht endend. Hier finden sich kompositionell und stilistisch viele Ähnlichkeiten, die zwar nicht auf eine unmittelbare Abhängigkeit, wohl aber auf eine allgemeine Orientierung an Werken dieser Schule deuten. Die Lüneburger Altartafeln, eine Folge von 36 Darstellungen, weisen in fast noch stärkerem Maße in manchem Detail

---

70) Kölnischer Meister, um 1400, Das Leben Christi. Museen Preußischer Kulturbesitz, Gemäldegalerie Berlin-Dahlem, Altes Galerieverzeichnis Nr. 1224. Vgl. Staatliche Museen, Gemäldegalerie, Verzeichnis der ausgestellten Gemälde, Berlin 1966, S. 63; ferner Lexikon der christlichen Ikonographie, Bd. 3, Freiburg 1994, Abb. S. 77/78.

71) Vgl. Gertrud Schiller, Ikonographie der christlichen Kunst, Bd. 2, Passion Christi, Gütersloh 1968, Taf. 21-24: Goldene Tafel aus der Michaelskirche in Lüneburg, heute Hannover, Niedersächs. Landesgalerie; ferner: museum, Niedersächsisches Landesmuseum Hannover, Braunschweig 1983, Abb. S. 56/57.

*Abb. 8: Nordwestdeutscher Meister, Der große Kalvarienberg, 1410–1440 (Foto: Rheinisches Bildarchiv, Köln).*

Die Wandmalereien in der Wildeshauser St.-Alexander-Kirche

Abb. 9:
Bremen, St.-Petri-Dom,
Chorgestühl,
Bethlehemitischer Kindermord, 1360-1380
(Foto: Lothar Klimek,
Worpswede).

Verwandtschaften mit den Wildeshauser Malereien auf, so z.B. bei der Anbetung der Könige mit dem auf der rechten Seite ganz nahe am Jesuskind knienden König, mit den links hinter dem Esel gestaffelten Jüngern beim Einzug Christi in Jerusalem. In Köln hingegen entdecken wir die große Lücke links neben Judas bei der Abendmahlsdarstellung und den geflochtenen Zaun beim Gebet in Gethsemane. Diese Vergleiche ließen sich noch beliebig weiterführen. Sie machen deutlich, daß unser Maler und seine Werkstatt sich für ihr Schaffen in Bremen, Lilienthal und Wildeshausen an diesen oder ähnlichen Werken orientiert haben.

Wir finden aber auch die unmittelbare Übernahme von Gestaltungsmotiven, so entdecken wir z.B. die an der linken Seite des Kreuzes kniende Maria Magdalena in ganz ähnlicher Haltung und mit entsprechend um den Kreuzesfuß geschlungenen Armen auf dem Gemälde „Der große Kalvarienberg" eines nordwestdeutschen Meisters, der dieses Werk zwischen 1410 und 1440 schuf[72]). Auch können wir uns aus der Kenntnis dieses Bildes die Wiedergabe der eigentlichen Kreuzigung mit dem Schwamm- und Lanzendetail in Wildeshausen ableiten. Die Szene der Kreuzanheftung mit dem an einem Seil ziehenden, ziemlich roh wirkenden Helfer erscheint hingegen auf einem Kalvarienberg des Meisters der hl. Veronika, einem zwischen 1405 und 1440 ebenfalls in Köln tätigen Maler[73]). Den Soldaten, der bei Christi Gebet im Garten Gethsemane so zielstrebig über den geflochtenen Zaun steigt, finden wir auf einem Gemälde aus Utrecht wieder[74]), das um 1410 entstand.

Unser Maler und seine Werkstatt haben sich also wohl sehr gut im nordwestdeutschen Kunstraum umgesehen und dabei auch aus ihrem unmittelbaren Arbeitsfeld Anregungen aufgegriffen, wie die Szene des Bethlehemitischen Kindermordes beweist, die weder auf dem Kölner noch auf dem Lüneburger Leben-Jesu-Zyklus erscheint. Unser Künstler hat das Vorbild dafür anderswo gefunden, sehr viel näher, nämlich im Bremer Dom! Dort findet sich auf einer der Wangen des Chorgestühls eine entsprechende Szene, die in vielen Details mit der Wildeshauser Malerei übereinstimmt: Herodes sitzt am linken Bildrand auf einem Thron, hält in der einen Hand das Zepter[75]) mit dem kugeligen Knauf und hat die andere Hand wie zur Beteuerung seiner Unschuld auf die Brust gelegt; in Wildeshausen ist dieses Motiv zu einem Hinweisen auf das Geschehen umgedeutet. Seitlich davon stehen die Soldaten in Helm und Rüstung und haben die Kinder gepackt und die Schwerter zu ihrem gräßlichen Werk erhoben. Die trauernden und verzweifelten Mütter, in Bremen aus Platzgründen nur in einer Person stellvertretend für viele dargestellt, sind in Wildeshausen im unteren Wandbereich sehr detailreich wiedergegeben.

Die Bremer Chorgestühlswangen entstanden zwischen 1360 und 1380, die Wandmalereien in der dortigen ehemaligen Marienkapelle um 1414. Die Tatsache der Übernahme des Kindermordmotivs erhärtet die weiter oben geäußerte Einschätzung der Entstehungszeit der Wildeshauser Malereien: Unser unbekannter Maler hat von Bremen aus weitere Aufträge für Lilienthal und Wildeshausen erhalten und dort seine im Bremer Dom neu erworbenen ikonographischen Kenntnisse verwertet.

Mit einer ausführlichen Beschreibung der Malereien in der ehemaligen Kapitelstube der Wildeshauser St.-Alexander-Kirche und ihrer Einordnung in die Kunstentwicklung ihrer Zeit sollte versucht werden, diese beachtlichen Reste mittelalterlicher Wandmalereien aus ihrem Dornröschenschlaf zu wecken und einem größeren Leserkreis vorzustellen sowie ihrer Bedeutung gemäß zu würdigen. Die Malereien geben selbst in ihrem jetzigen teilweise sehr fragmentarischen Zustand eine Vorstellung von ihrer einstigen Wirkung als vollständiger Bilderzyklus der Lebens- und Leidensgeschichte Christi aus dem ersten Drittel des 15. Jahrhunderts. Die unter dieser Malschicht zutage geförderten und hier ausführlich beschriebenen Relikte einer noch früheren Ausmalung, deren Entstehung möglicherweise in die Zeit um 1300 zurückreicht, weisen die einstige Wallfahrtskirche St. Alexander in Wildeshau-

---

72) Vgl. Wallraf-Richartz-Museum, Verzeichnis der Gemälde, Köln 1965, S. 136 und Abb. 9.
73) Wie Anm. 72, S. 121 und Abb. 11.
74) Vgl. Schiller (wie Anm. 71), S. 364, Abb. 151.
75) Beim Bremer Chorgestühl nur der untere Teil des Zepters erhalten.

sen als einen wichtigen Standort mittelalterlicher religiöser Wandmalereien in Niedersachsen aus[76]).

---

76) Die Malereireste lassen sich also als Abfolge der folgenden Darstellungen rekonstruieren:
Südwand unten (von links nach rechts):
    1) Verkündigung
    2) Heimsuchung
    3) Geburt Christi
    4) Anbetung der Könige
    5) Darstellung im Tempel (?)
Südwand oben:
    - Größere Fehlstelle
    6) Flucht nach (oder Rückkehr aus) Ägypten
Ostwand, rechter Teil:
    7) Bethlehemitischer Kindermord
    7A) Hl. Christophorus
Westwand unten:
    8) Der 12jährige Christus im Tempel
    9) Taufe Christi
    10) Speisung der 5000
    11) Einzug in Jerusalem
    - Große Fehlstelle (Tür)
    12) Abendmahl
Westwand oben:
    13) Ölberg
    14) Gefangennahme Christi
    15) Christus vor Kaiphas
    B) Falkenjagd
    16) Kreuztragung
Nordwand unten (bei Doppelszenen jeweils unten und oben):
    17/18) Annagelung an das Kreuz/Würfeln um das Gewand Christi
    19) Kreuzigung
    20/21) Kreuzabnahme/Auferstehung
    22/23) Grablegung/Die Frauen am Grabe
    - Große Fehlstelle
Nordwand oben:
    C) Hl. Alexander und hl. Felicitas mit den anderen Söhnen (?)
Ostwand, linker Teil:
    - Große Fehlstelle

Wolfgang Rohde

## *der voetlude banner*

Über älteste oldenburgische Chronistik mit Edition eines
Rasteder Fragments

### 1. Zur Überlieferungslage

Im Oldenburgischen beginnt die Chronistik, wie auch anderswo sehr häufig, als lateinisch abgefaßte Klostergeschichte, hier die des Benediktinerklosters Rastede. Die „Historia Monasterii Rastedensis" (HMR) wurde u.a. 1880 von G. Waitz[1]) herausgegeben. Und H. Lübbing legte 1976 eine Übersetzung und Bearbeitung „Die Rasteder Chronik 1059-1477" vor[2]). Wir verdanken danach dem aus Oldenburg stammenden Bremer Domherrn Heinrich Wolters einige der heute verlorenen Teile der Klosterchronik, und zwar die Jahre ca. 1317-1450[3]) betreffend.

Der kirchlichen Chronistik folgt dann meist eine Adelschronik, in unserem Fall die der Grafen von Oldenburg, deren Hauskloster Rastede war. Autor der lateinischen Chronik der Erzgrafen (Chronica archicomitum Oldenburgensium) war der aus Meppen stammende Augustinermönch Johannes Schiphower. Schiphower verarbeitet dabei insbes. Rasteder Chronistik, und die aus Rasteder Sicht nennenswerten Vorgänge zwischen 1463 und 1477 können wir nun umgekehrt nur aus seinem Text rückerschließen[4]). Die engen Beziehungen zwischen Kloster und Grafenhaus haben den Übergang zur Adelschronik objektiv erleichtert. Aber obwohl Schiphower die Oldenburger Grafen mit dem fast phantasievollen Titel *Erzgrafen* ziert, hat er viel Kirchliches[5]) in die Chronik einfließen lassen. Insofern dürfte Graf Johann (V., für Zeitgenossen VII.) den Text zum Ruhme seines Hauses mit gemischten Gefühlen wahrgenommen haben. Daß Schiphower gar so unsensibel war, wichtige gräfliche Taten zeitlich in den Rahmen äbtlicher Amtszeiten einzuordnen, wird weiter unten

---

1) G. Waitz, Historia Monasterii Rastedensis, in: Monumenta Germaniae Historica. Scriptores Tom. 25, Hannover 1880, S. 495-514.
2) Hermann Lübbing, Die Rasteder Chronik 1059-1477. Übers. u. bearb. v. H. Lübbing, Oldenburg 1976. Vgl. dort S. 9-12 zur Entstehung der Einzelteile des nicht homogenen Werkes.
3) Hermann Oncken, Zur Kritik der oldenburgischen Geschichtsquellen im Mittelalter, phil. Diss. Berlin 1891, S. 56.
4) Oncken (s. Anm. 3), S. 68 ff.
5) Und Persönliches; Oncken (s. Anm. 3), S. 105.

---

Anschrift des Verfassers: Prof. Dr. phil. Wolfgang Rohde, Lessingstraße 3, 26131 Oldenburg.

zu sehen sein. Der formelle Schluß[6]) der Schiphowerschen Chronik fällt in das Jahr 1505. Das Niedersächsische Staatsarchiv Oldenburg besitzt eines der beiden überlieferten Autographen des Schiphower, Best. 297 A Nr. 1[7]).

Der Komtur des Johanniterklosters zu Bredehorn (bei Bockhorn bzw. Varel i.O.), Johann van Haren, vollendete bereits 1506 seine Übersetzung der Schiphowerschen Chronik „in dudesch" (gesprochen: *düdesch*), d.h. niederdeutsch. Dabei handelt es sich um eine stark (bes. Kirchliches betreffende Partien) kürzende Umarbeitung, die sich der annalistischen Form nähert. Gemäß seiner Vorlage bietet auch v. Haren eine Chronik *der Arsegreuesschup* (S. 1). Wie wiederum weiter unten am Beispiel zu sehen sein wird, reicht auch bei ihm der Gestaltungswille nicht so weit, daß die Geschicke der „Erzgrafschaft" und nicht die Amtszeit der Äbte den Gliederungsrahmen bilden müßten. Das sog. Verfasserlexikon[8]) weist die Gothaer Handschrift Chart. B 60 als Autograph des Johann v. Haren aus.

Obwohl dies Werk nie den Druck erreicht hat, ist es doch im Oldenburgischen stärker rezipiert worden: allein im Staatsarchiv Oldenburg bzw. in der Oldenburgischen Landesbibliothek existiert ca. ein Dutzend (partieller) Abschriften mit annalistischen Nachträgen des 16., 17., ja sogar noch 18. Jahrhunderts. Von zwei weiteren fortsetzenden Handschriften zu Kopenhagen berichtet Oncken[9]); die Landesbibliothek besitzt hiervon inzwischen zwei Mikrofilme.

In der Herzog August Bibliothek Wolfenbüttel (197 Blankenburg) befindet sich eine weitere bemerkenswerte Handschrift (Hs.) dieses Typs. Dies auch, weil der erste Schreiber, Hannecke Boecksenn, sich 1575 um den Verbleib sorgt. So heißt es anfangs u.a.: *Fundt vorhalenn, is so gudt alse gestalenn. He schall fundt gelt hann, vnd schall jnn den kroech gann.* Diese Hs. hat H. Hamelmann für sein hochdeutsches *Chronicon Aldenburgense*[10]) benutzt und selbst annalistische Eintragungen vorgenommen, die von 1563 bis 1588 reichen. Dieser Hs. ist aus dem Staatsarchiv Oldenburg Best. 297 A Nr. 31 an die Seite zu stellen; dies Autograph Hamelmanns erfaßt z.T. noch das 15. Jahrhundert, reicht aber ebenfalls bis 1588. Im letzten Viertel des 16. Jahrhunderts gibt es also bereits eine hochdeutsche oldenburgische Chronistik. Hamelmann starb 1595, und das 1599 - wenn auch weiter überarbeitet - erschienene *Oldenburgisch Chronicon* ist die erste hiesige Chronik, die einen zeitgenössischen Druck erreicht hat; mit ihr und der niederdeutschen Fassung von Luthers kleinem Katechismus wird Oldenburg auch Druckort. Hamelmanns Bericht über einen Oldenburger Aufstand des Niederadels von 1271[11]) bietet Rüthning (orthographisch z.T. geglättet) S. 89; im 1599er Druck findet er sich gegenüber Hamelmanns Hs. deutlich modernisiert auf S. 128 f. Auf die Fortsetzer und die hochdeutschen Fassungen werde ich weiter nicht eingehen, obwohl diese für regionale Schreibkultur und Sprachmodernisierung wichtige Zeugen sind.

---

6) Oncken (s. Anm. 3), S. 78.
7) S. Oncken (s. Anm. 3), S. 77-82.
8) Die deutsche Literatur des Mittelalters, Bd. 4, 1983².
9) Oncken (s. Anm. 3), S. 123.
10) Hermann Hamelmann, Oldenburgische Chronik, hrsg. v. G. Rüthning, Oldenburg/Berlin 1940.
11) Lübbing (s. Anm. 2), Anm. 68.

1993 habe ich die „Chronica van den groten daden der Grauen van Oldenborch" herausgegeben (kurz: „Chronica"). Die originale Hs. befindet sich ebenfalls in Gotha. Der Anonymus hat eine Grafenchronik intendiert und auch realisiert - ohne von Erzgrafen zu schreiben. Er kannte zwar Schiphowers, aber nicht v. Harens Text. Er bietet uns eine spätmittelniederdeutsche Fassung[12]) und vermeldet Ereignisse bis 1538.

## 2. Ein Rasteder Fragment

H. Oncken geht S. 54 ff. auf „Bruchstücke (...) in der Form eines plattdeutschen Auszuges" ein, die der Bremer Johann Winkel aus Bücken hatte und „um die Mitte des 16. Jahrhunderts anfertigte" (S. 55). Diese befinden sich auch jetzt noch in Gotha (Teil von Chart. B 58). - Nach unserem heutigen Sprachgebrauch ist der Text nicht plattdeutsch: dies ist die Bezeichnung für dialektale oder doch (schein-)dialektisierte niederdeutsche (Sprech-)Varietäten. Der Text ist mittelniederdeutsch und repräsentiert die älteste volkssprachliche Chronistik im Oldenburgischen.
H. Wolters, der 1438 zum Kanonikus in Bücken gewählt wurde[13]), hat wohl den Text aus Rastede nach dort vermittelt. Er selbst hat die HMR für die Zeitstrecke ca. 1317-1450 bearbeitet. Das Fragment vermeldet Geschehnisse nur bis 1427. Zu fragen ist, ob der Text tatsächlich in das 2. Viertel des 15. Jahrhunderts paßt und wie zuverlässig Winkel als Abschreiber ist.
Oncken bemerkt, daß Winkel seine Auszüge „sonst immer in der Sprache des Originals anfertigte"[14]). Winkel beendet seine Abschrift der *nageschreuenen stucke* (s. die erste Anm. im Anhang) der *Cronica rastedensis deutsch* mit der Notiz *finis cronice rastedensis*. Schon eine erste Prüfung des Textes zeigt, daß er durchaus nicht der Mitte des 16. Jahrhunderts angehört. Den Schreibungen *Swippenbergen, tüngellmersch, bardewisck* z.B. entsprechen in der spätmittelniederdeutschen „Chronica" *Schwippenbergen, Tungeler marsch, Bardewisch*. Und einen älteren niederdeutschen Text fingieren wollte Winkel gewiß nicht.
Wie zuverlässig ist die Abschrift nun? Um dies einzuschätzen, bietet sich eine Prüfung der Schreibung für *Graf* an: Das Mittelniederdeutsche des 15. Jahrhunderts hatte dafür *greue*. Adelstitel wechseln (wie der Adel selbst) im 16. Jahrhundert früh zum Hochdeutschen. Spätmittelniederdeutsch haben wir dann (vgl. „Chronica") meist die Mischform *Graue*, danach hochdeutsch *Graff*. Winkel bietet nun 51mal die e-haltige Form, 5mal die a-haltige Mischform. Danach könnten wir ihn als einen relativ zuverlässigen Kopisten bezeichnen[15]).

---

12) Wolfgang Rohde, Die „Chronica van den groten daden der Grauen van Oldenborch" und das Verhältnis Niederdeutsch/Hochdeutsch im Oldenburgischen, in: Mitteilungsblatt der Oldenburgischen Landschaft Nr. 82, 1994, S. 5 f.
13) Oncken (s. Anm. 3), S. 62
14) Ebd., S. 55.
15) Wolfgang Rohde, Die oldenburgischen Sprachenverhältnisse zwischen Mittelalter und früher Neuzeit, in: Oldenburger Jahrbuch 95, 1995, S. 28.

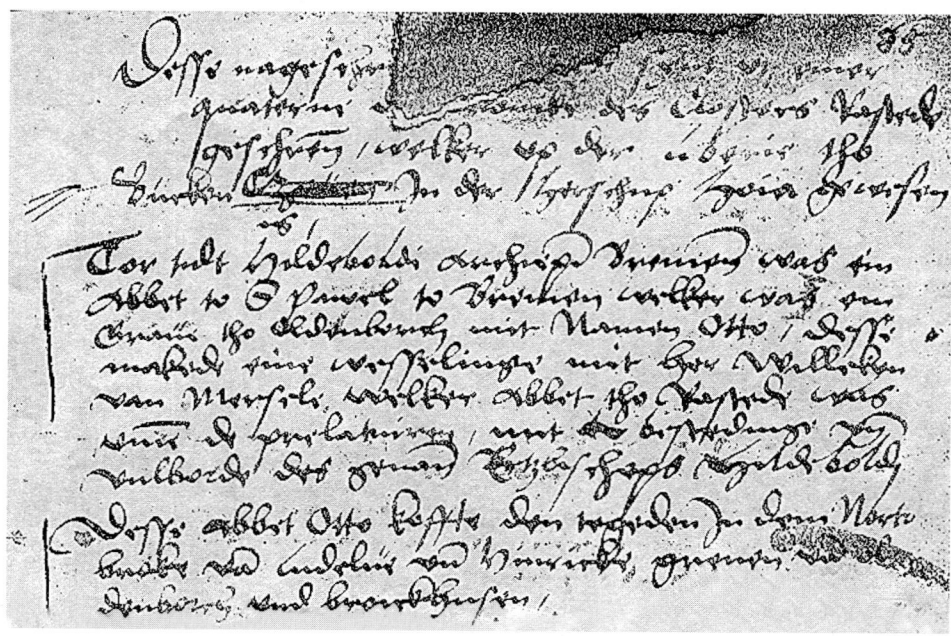

*Abb. 1: Der Anfang des Rasteder Fragments in der Abschrift des Bremers Johann Winkel (heute in Gotha). - Gotische Kurrentschrift der Mitte des 16. Jahrhunderts.*

Die Sprache des Fragments ist sonst[16]) als nordniedersächsisch zu klassifizieren. Als Schriftsprache ist sie notgedrungen z.T. auch dialektfern: so bleibt der Umlaut regelmäßig unbezeichnet (etwa: *suster*); statt *sinte* (Sankt) haben wir *sunte* (gesprochen: sünte); das Partizip des Präteritums erhält ein *g(h)e-* vorangestellt, usw. Hier stimmt die Sprache zum sog. klassischen Mittelniederdeutschen, z.T. auch Hansesprache genannt. Die Stadt Oldenburg hatte, bes. mit der Hansestadt Bremen als juristischem Oberhof, genügend Gelegenheit, sich diese Sprachnorm anzueignen. Anders wird es mit einem ländlich gelegenen Kloster gewesen sein, das auch andere kommunikative Vernetzungen hatte. So haben wir zweimal *derden* („3.") aus älterer westfälischer Schreibtradition (statt *drudden*), allerdings kein *vrend*, sondern nur (viermal) *frund*. Mithin kann *derden* nur einen anderen Schreibkontext repräsentieren; der Verfasser-Schreiber der Vorlage war gewiß kein Westfale. Er könnte sogar Oldenburger gewesen sein: Etwa in dem Wort *buwen* statt *bouwen* ist <uw> Oldenburger Normalform[17]). Das kleine Fragment hat diese Schreibweise 6mal; die „Chronica" kennt sie im gleich zu besprechenden Textausschnitt ebenso, hingegen hat v. Haren *bouwen*.

16) Agathe Lasch, Mittelniederdeutsche Grammatik, Tübingen (1914) 1974.
17) Robert Peters, Zur Geschichte der Stadtsprache Oldenburgs, in: der sassen speyghel, Bd. 1, Oldenburg 1995, S. 340.

## 3. Über eine Rebellion des oldenburgischen Niederadels

### Zur Auswahl des Textausschnittes

Bei Einbeziehung des Rasteder Fragments haben wir drei verschiedene mittelniederdeutsche Fassungen aus dem miteinander verflochtenen Themenkomplex Rasteder Klosterchronik/Oldenburger Grafenchronik; in zeitlicher Abfolge: das (Rasteder) Fragment, J. v. Haren, „Chronica". Der sehr geringe Umfang und die stilistische Kürze des Fragments engen das Blickfeld auf der Suche nach hier gut vorführbaren Parallelstellen stark ein. Es gibt eigentlich nur einen geschichtlichen Vorgang, dessen literarische Darbietung in Frage kommt: die Rebellion von Angehörigen des niederen oldenburgischen Landadels um 1270. Zu jener Zeit war mit Otto ein Angehöriger des Oldenburger Grafenhauses Abt; vielleicht ist das der Grund, daß diese Ereignisse in der HMR und einigermaßen ausführlich auch im Fragment wiedergegeben sind.

### Zu den beiden lateinischen Textfassungen

Die HMR stellt die Adelsrebellion in Kapitel 33[18]) dar. Ich gebe nachfolgend die hochdeutsche Übersetzung von Lübbing[19]):

*Zur Zeit dieses Abtes (Otto) begannen einige oldenburgische Ritter, hauptsächlich Ritter Robert von Westerholt und seine Sippe, sich gegen die Grafen von Oldenburg aufzulehnen und trotzig zu rebellieren. Diese Rebellion und Opposition artete in solchen Haß aus, daß der Ritter Robert mit Hilfe der Grafen von Welpe und Bruchhausen und anderer befreundeter Ritter und Knappen, vor allem mit Hilfe der Ritter Heinrich von Bremen und Lüder von Hude, auf dem Hoheitsgebiet der Oldenburger Grafen die Burg Swippenbergen erbaute, die heute Wardenburg heißt. Er eroberte sogar die Stadt Oldenburg. Doch der genannte Graf befolgte den Rat verständiger Männer, steckte die Stadt in Brand und vertrieb so die Angreifer. Auf dem Rückweg zu ihrer Burg fügten die Ritter dem Grafen mancherlei Schaden zu. Am Ende stießen der Graf und die Ritter, beide mit einer starken Streitmacht, auf der Tungeler Marsch im Kampfe zusammen. Dort siegte der Graf und nahm viele Ritter und Knappen gefangen, die er im Oldenburger Burgturm in Ketten legen ließ. Das Reiterfähnlein in diesem Kampfe führte der mutige und tatkräftige Ritter Johann von Mansingen, das Banner des Fußvolks trug Ritter Oltmann von Beverbäke. Beide kämpften so tapfer, daß ihr Ruhm in jener Gegend noch nicht verblaßt ist.*

Eine Stelle der Lübbingschen Übersetzung scheint mir kommentierenswert: *Huius belli vexillum, videlicet equitum* bzw. *vexillum vero peditum* (gegen Textende) übersetzt Lübbing zum einen mit „Reiterfähnlein", zum andern mit „Banner". In HMR scheinen noch alle hier möglichen Bedeutungen des Wortes *vexillum* eine Rolle zu spielen: Es bedeutet sowohl die anläßlich des Kampfes aufgerichtete Fahne (Kampfzeichen) als auch davon abgeleitet das Kommando in Kriegs- und Friedenszeichen und dann die unter der genannten Fahne geführte Truppe von Soldaten.

---

18) Waitz (s. Anm. 1), S. 509, Z. 1-15.
19) Lübbing (s. Anm. 2), S. 37 f.

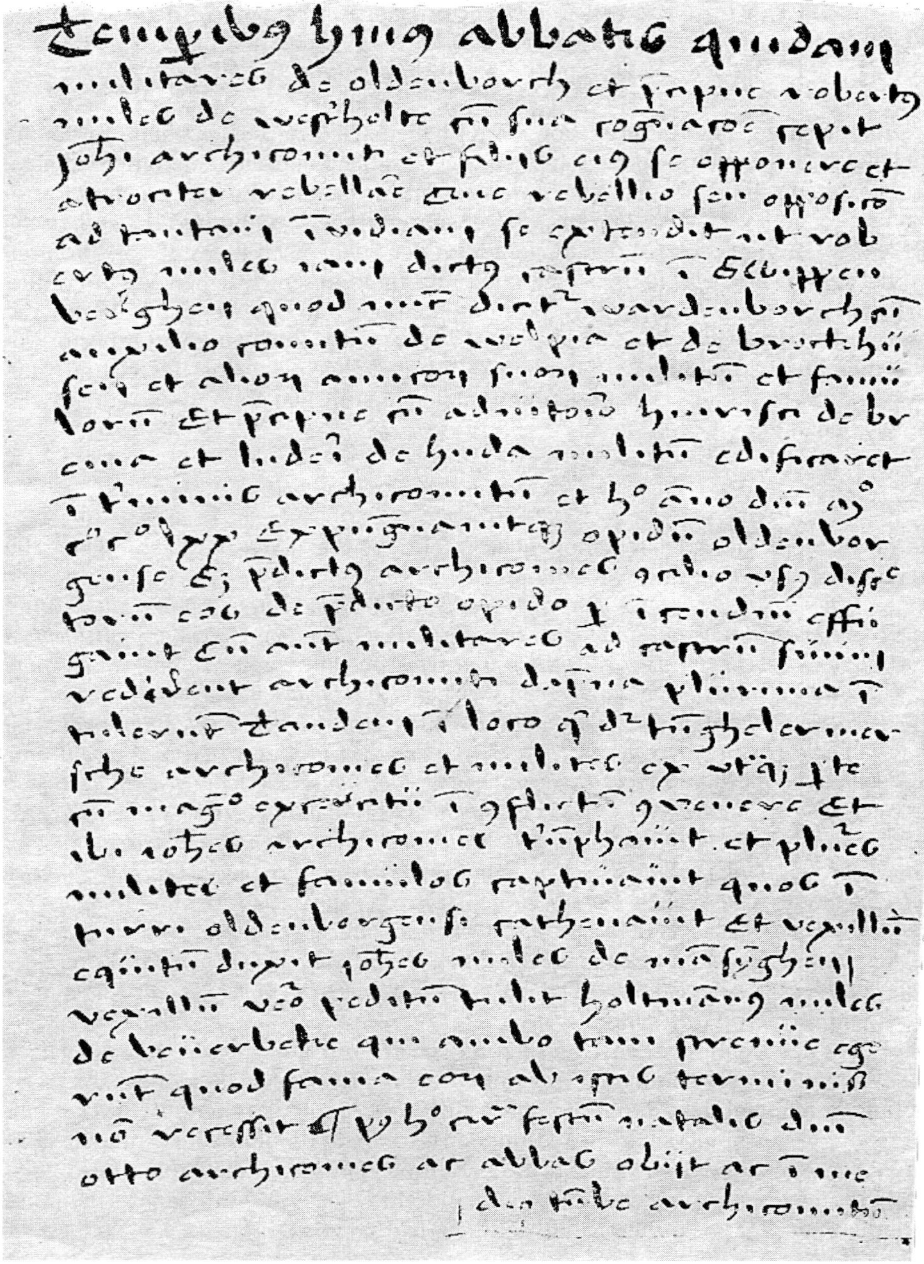

Abb. 2: Beginn der Schilderung der Oldenburger Adelsrebellion um 1270 nach Johann Schiphower (Oldenburger Autograph, ca. 1505). - Humanistische Schrift mit der typischen Tendenz zur (unverbundenen) Buchschrift.

Die Schiphowersche Chronik der Oldenburger Erzgrafen folgt in dem uns hier interessierenden Textausschnitt recht eng der Rasteder Klostergeschichte. Der Text nach dem Oldenburger Autograph des J. Schiphower lautet:
*Temporibus huius abbatis quidam militares de oldenborch et precipue robertus myles de westerholte cum sua cognatione cepit johanni archicomiti et filiis eius se opponere et atrociter rebellare Que rebellio seu oppositio ad tantam invidiam se extendit ut robertus miles iam dictus castrum in Swippenberghen quod nunc dicitur wardenborch cum auxilio comitum de welpia et de brockhusen et aliorum amicorum suorum militum et famulorum et precipue cum adiutorio hinrici de breme et luderi de huda militum edificaret in terminis archicomitum et hoc anno domini m·cc·lxx Expugnavitque opidum oldenburgense Sed predictus archicomes consilio usus discretorum eos de predicto opido per incendium effugavi Cum autem militares ad castrum suum redirent archicomiti dampna plurima intulerunt Tandem in loco qui dicitur tunghelermersche archicomes et milites ex utraque parte cum magno exercitu in conflictum convenere Et ibi iohannes archicomes triumphauit et plures milites et famulos captiuauit quos in turri oldenburgensi cathenauit Et vexillum equitum duxit johannes miles de mansynghem vexillum vero peditum tulit holtmannus miles de beuerbeke qui ambo tam strenue egerunt quod fama eorum ab istis terminis non recessit.*

Der bei Meibom[20]) gedruckte Schiphower-Text weicht von dem der Oldenburger Hs. nur geringfügig ab; z.B. hat er gegenüber der Hs. neuere Interpunktion und mehr Majuskeln. Einzige (ganz unbedeutende) lexikalische Abweichung (noch im ersten Satz) ist *acriter* statt *atrociter*.

Gegenüber HMR hat der Textausschnitt bei Schiphower wenige erwähnenswerte Änderungen:
- die Bezeichnung Erzgraf statt (nur richtigem) Graf;
- die Rebellion richtet sich gegen Erzgraf Johann und seine Söhne;
- die Rebellenburg Swippenberg ist 1270 erbaut;
- während HMR *belli vexillum, videlicet equitum* hat, ist das bei Schiphower auf *vexillum equitum* verkürzt: das Banner ist nicht mehr Kampfeszeichen, sondern nur noch Kommandozeichen.

*Die mittelniederdeutschen Textfassungen*

Die älteste Fassung bietet das Fragment der *Chronica rastedensis deutsch*. Die Passage von *Item jn desses Abbets tiden settede sick etlike ridderschup* bis *der voetlude banner vorde oltman van beuerbeke ridder* findet sich im Anhang, auf S. 86 der Hs.

Bei J. v. Haren heißt es[21]):
*Bi der tit desses Abbates sommighe schiltbarne menne van Oldenborch, nomptlighe Robert van westerholte ritter satte sich myt den synen jeghen johanne Arsegreuen vnde sine kyndere vnde worden also seer ghewraghen vnde twigdrachtich dat robert vorgenompt de borch schippenberghen, nu tho der tid wardenborch ys gheheten leth bouwen myt hulpe der greuen van der welp vnde van brockhusen vnde myt sinen anderen frunden vnde ghudemennen alse myt namen myt hulpe Hinrikes van Bremen vnde ludger van der Hüde ridderen vnde leth se*

---

20) Heinr. Meibom (d. J.), Scriptores Rerum Germanicarum, II, Helmstedt 1688, S. 104.
21) S. 64/65 von Chart. B 60 aus Gotha.

*legghen vp den ort des landes Oldenborch vnde dat an deme jare m.cc.lxx vnde wan de stad Oldenborch auer Arsegreue Johan brukede rades wyserlude vnde vordref se myt brande dar weder vth Dusse ridder toghen weder vp er borch vnde deden den greuen groten schaden Jnt leste qwemen de Arsegreue vnde se tho hope vppe tünghelermersche vnde sloghen sick seer vnderanderen Arsegreue Johan behelt dat velt vnde grep vele ridder vnde ghudemenne vnde satte se tho Oldenborch in den torn Den banner der ghudemenne vnde perdesluden vorde Johan van mansinghen ridder Der vothghengher banner droch holtman van beuerbeke ridder Dusse twe deden so strenghen groten Arbeyt an den velde alse yenighe ridder don mochten*
(Anm.: Bei dem Wort *seer* hat die Hs. das zweite *e* jeweils über das erste gesetzt.)
Der Anonymus der „Chronica" hat[22]) folgende Textversion:
*Tho dersuluen tith Graf Johans, iß ein Knape, Robertus Westerholte mit namen, gewesen, Desulue heft angefangen Graf Johan vnd synen Szonen tho wedderstreuende, Disse wedderspennicheit heft sick dorch nidt ßo hoch erhauen, Dat Robertus eine Borch in Schwippenbergen, dat iß thor Wardenborch, mit hulpe der Grauen van der Welpe, vnde Brockhusen, neuen andern syner guden bekanten vnd frunden, vnd vornemlick Hinrick v. Bremen vnd Luder van der Hude, jn der Grafschup Oldenborch vpgebuwet, Anno dusent twehundert vnd seuentich, vnd hebben de Stadt jngenamen, nomlick, Oldenborch Auerst vpgemelte Graue heft de Stadt angesticket, vnd se alßo dar wedder vth gedreuen. Alse nu Robert ser groten schaden dem Grauen thogeuoget hadde, Sinth se thom latsten beidersitz mith eren Krigsvolck, an dem orde, de Tungeler marsch genomet an ein ander gekamen, vnd eine schlacht geholden, dar heft Graf Johan Triumphert, vnd vele Knapen vnd landesknechte erslagen vnd vencklick genamen, Dat Ruiter venlin heft Johan van Mansinge darvan gebracht, vnd der Landesknechte venlin heft Oltman van der Beuerbeke erlanget.*
Einen weiteren Vergleich der gegebenen Texte (inklusive nachschlagbarer HMR und hochdeutscher Fassungen) kann ich hier nur sehr partiell vornehmen; in jedem Fall sollten diese Texte auch einmal zur Verfügung gestellt werden. Hervorgehoben seien:
- Wie die Eingangspassagen zeigen, verwirklicht erst der Anonymus in seiner „Chronica" auch formal eine Grafenchronik; eine solche durfte man im „Fragment" allerdings nicht erwarten.
- in terminis (archi-)comitum ist nur bei v. Haren als „Grenzgebiet" interpretiert worden: *vp den orth des landes Oldenborch*.
- J. v. Haren ist andererseits derjenige, der im Gegensatz bes. zum Anonymus der „Chronica" etwas von ritterlicher Kultur versteht: Robert ist nicht nur *ritter* (!), sondern ausdrücklich auch ritterbürtig (*schiltbar*). Beim Anonymus ist er - trotz lateinischem *miles* - nur *Knape* (lateinisch *famulus*)[23]).
- In der „Chronica" finden wir gegen Textende Reflexe des in den 1480er Jahren von Kaiser Maximilian begründeten Wesens der Landsknechte, der Fußsoldaten aus kaiserlichen Landen. Dem Fußvolk (*voetlude*) des „Fragments" entsprechen die Fußsoldaten (*vothghengher*) bei v. Haren. Die „Chronica" hat dann *Knapen vnd landesknechte*.

---

22) S. 69 f. der Druckfassung.
23) Vgl. Wolfgang Rohde (Hg.), Chronica van den groten daden der Grauen van Oldenborch, Oldenburg 1993, XII. Kap., Anm. 2.

- Auf die mit *vexillum* verbundenen Übersetzungsprobleme habe ich hingewiesen. Die „Chronica" geht, offensichtlich um das Heldenhafte der Tat zu unterstreichen[24]), noch weiter: Johann und Oltmann erobern die feindlichen Fahnen!

Ich halte es immerhin für wahrscheinlich, daß der Anonymus der „Chronica" das Rasteder „Fragment" gekannt hat. Man vgl. hierzu die letzte Anm. im Anhang. Und: das zu Textende explizit ausgesprochene Lob für Johan und Oltman fehlt nur ihm und dem „Fragment"[25]).

Es bleibt noch zu fragen, wer im 2. Viertel des 15. Jahrhunderts Teile der Rasteder Klosterchronik warum in die Volkssprache übertrug. Der Text könnte zu Vorlesungen, etwa im Refektorium, gedient haben. Dem widerspricht der Satz, daß man des Grafen Moritz Grabstein noch *hudigen dachs* präsent habe; Klosterinsassen war das ja geläufig. Insofern müßte es jedenfalls auch nichtklösterliche Adressaten gegeben haben. J. Winkel hat in der gesamten Abschrift nur zwei Stellen durch fette Schrift und besonders große Buchstaben ausgezeichnet: *Greue Cordt* (d.i. Konrad) und *Greue Otto* (S. 86). Die Textstellen selbst scheinen mir nicht hervorhebenswert; und Äbte werden nicht hervorgehoben (auch nicht der aus dem Hause Oldenburg stammende Abt Otto, der auf S. 85 angesprochen wird). Daß Winkel selbst, gegen die Vorlage, so sporadische Auszeichnungsschrift anwandte, scheint mir unwahrscheinlich; eher noch dürfte er solche „Schnörkel" übergangen haben. Zumindest erwähnen möchte ich, daß zu Beginn des 15. Jahrhunderts ein Graf Otto (IV. von Oldenburg-Delmenhorst, bis 1418) lebte, dessen Vormund Graf Konrad (II. von Oldenburg, bis 1401) gewesen war[26]); beide hatten auch Kinder.

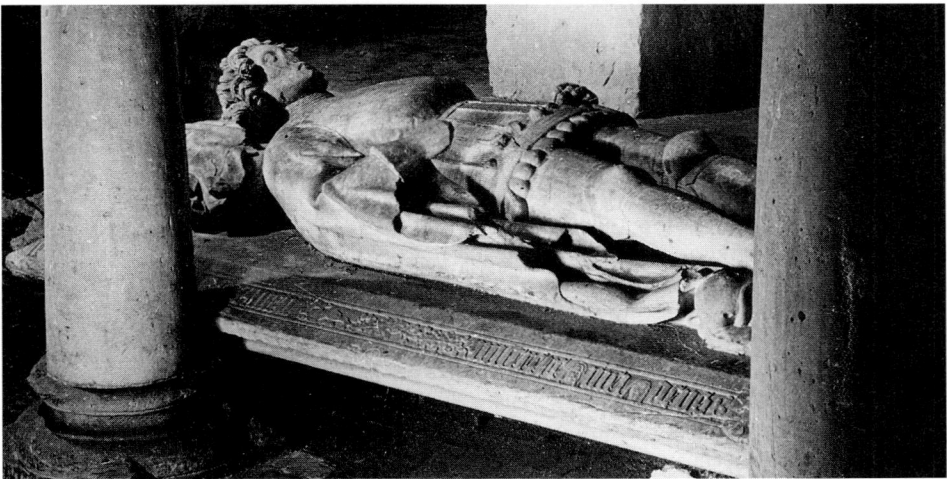

Abb. 3: Grabmal des 1420 an der Pest gestorbenen Grafen Moritz von Oldenburg in der Rasteder St.-Ulrichs-Kirche. - Das Rasteder Fragment dazu: *Ingeborch (...) let bringen (...) einen steen vp dat graff tho male schone, alß men noch seen mach.*

24) Ebd., S. 33.
25) Ebd., S. 121.
26) Hamelmann (s. Anm. 10), S. 86.

Wenn man die drei mittelniederdeutschen Textfassungen genauer mit HMR vergleicht, dann bietet das „Fragment" eindeutig die grafenfreundlichste Version:
- Der Graf von Oldenburg wird vor dem aufständischen Ritter Robert genannt.
- Von Robert (und seinem Anhang) wird nur gesagt, daß er Oldenburg erobern wollte.
- Der Graf verjagte die Aufständischen mit Brand von der Stadt; es fehlt, daß der Graf hierzu Oldenburg selbst in Brand setzen mußte - was HMR durch den Hinweis abmildert, daß verständige Männer hierzu rieten.
- Zur Entscheidungsschlacht stoßen beide nicht einfach aufeinander; der Graf erscheint als der Handlungsmächtigere, denn er *quam tho stride*.
- Der noch andauernde Nachruhm der ritterlichen Unterführer Johann und Oltmann auf gräflicher Seite wird nicht erwähnt.

Daraus möchte ich schließen, daß das Rasteder Fragment in einer im einzelnen nicht geklärten näheren Beziehung zum Grafenhaus steht; in diese Richtung würden die Vermutungen ohnehin gehen. Das bedeutet nicht, daß eine mittelniederdeutsche Chronik für das Kloster ansonsten funktionslos gewesen sein muß. Die sonst so häufig zu beobachtende Abfolge: lateinische kirchliche Chronik, lateinische Adelschronik, volkssprachliche Adels- bzw. regionale Chronik ist im Oldenburgischen so nicht eingehalten: Der lateinischen Klosterchronik folgt zunächst eine volkssprachliche Klosterchronik; nur ist dieser Schritt nicht so eindeutig „klösterlich", da Rastede das Hauskloster der Oldenburger Grafen war und der volkssprachliche Bearbeiter dies - trotz der unstrittigen Untaten einiger gräflichen Herren - auch wohlwollend mit berücksichtigen konnte.

## Anhang: Das Rasteder Fragment (*Chronica rastedensis deutsch*)

### 1. Vorbemerkungen

Die Vorarbeiten zu dieser Edition haben mir vor allem das Niedersächsische Staatsarchiv in Oldenburg, dessen Direktor, Herrn Prof. Dr. A. Eckhardt, ich hiermit danke, und die Landes- und Forschungsbibliothek Gotha ermöglicht; deren Direktor, Herrn Dr. H. Claus, und deren Leiterin der Handschriftenabteilung, Frau Dr. M. Mitscherling, gilt mein besonderer Dank.

Das edierte Fragment ist in der Gothaer Bibliothek in Chart. B 58 überliefert. Der Abschreiber J. Winkel (s.o.) nennt es *cronica rastedensis*. Die folgende Umschrift des originalen handschriftlichen Textes markiert die Seiten des Originals (**S. 85-91**); ferner mit Ziffern in spitzen Klammern den Beginn des nächsten Hunderts von Wörtern (<2> bis <14>); dadurch soll später der Rückverweis bei den Anmerkungen erleichtert werden.

Das Fragment ist mir aus sprachgeschichtlichen Gründen wichtig. Es spielt auch eine Rolle bei der Rekonstruktion der Rasteder Chronik bzw. der Beurteilung der Woltersschen Überarbeitung derselben[27]. In der Mitte des letzten Jahrhunderts hat

---

27) Oncken (s. Anm. 3), S. 54.

Wilhelm Leverkus in Oldenburg auch dies „Fragmentum Chronicae Rastedensis", wie er es nannte, gründlich bearbeitet. Seine Randkommentare sind für einen Historiker, der speziell zu diesem Komplex arbeitet, sicher auch heute noch von Interesse. Die Hs. befindet sich im Staatsarchiv Oldenburg[28]).
Zur Transkription ist auszuführen: Es wurde versucht, im Druck das handschriftliche Bild möglichst getreu wiederzugeben; das gilt insbesondere für Fettschrift; Absätze (hat Hs. fast nie, und sie kennt auch kein Einrücken) und die Zahl der Auslassungspunkte, z.B. (.....), wo die beschädigte Hs. nicht lesbar ist, aber ungefähr angegeben werden soll, wieviel Spatien (heute: Leeranschläge) fehlen. Das Komma vertritt die größere Virgel. Majuskel und Minuskel sind nicht immer deutlich unterscheidbar. Abkürzungen wurden aufgelöst; ist eine Abkürzung nicht ganz sicher eindeutig auflösbar, so wurde die gewählte Auflösung in Klammern gesetzt, z.B. de(m). Vorgenommene Ergänzungen bei schadensbedingten Lücken der Hs. stehen ebenfalls in Klammern, haben aber nach bzw. vor der Klammer zusätzlich einen Punkt; z.B. (.dem.).

*2. Der Text*

**S. 85:**
*Desse nageschr(.euenen stucke.)synt vth einer quaterne d(.er C.)ronike des Closters Rastede geschreuen, welke vp der liberie tho Bücken jn der Herschup Hoia gewesen is,*
*Tor tidt Hildeboldi Archiepiscopi Bremensis was ein Abbet to S Pawel to Bremen welker was ein Graüe tho Oldenborch mit Namen Otto, Desse makede eine wesselinge mit Her Willekyn van Mersele welker Abbet tho Rastede was vmme de prelatuiren, mit bestedinge vn(de) vulborde des genan(nten) Ertzbischops Hildeboldj.*
*Desse Abbet Otto koffte den tegeden jn dem Nortbroke van Ludelüe vn(de) Hinricke greuen van oldenborch vnd broickhusen,*
*De oldern dusser Greüen gingen an de gudere desses closters also <2> dat all des closters meiere mit eren guderen toegen auer de elüe, Vnd do se nicht anders nemen konden der kercken, Nemen se casulen vn(de) kelcke vn(de) ander czirheid(en),*
*do de bosheit desser Greuen wardt gerekent vor dem erwerdigen bischup Hartwico van Hamborch, do settede He sick jegen ße mit gestlike(m) vnde werltlichem rechte,*
*Desse Greuen fengen vp der Hemmeluart Marie vele pelgrimen vth freslant, de alle jare tho Rastede plegen to kamen vnd schatteden en gelt aff vn(de) leten ße gaen, Vnd deden vele boesheit Hirumme wurden se vordreuen vth orer Herschup, vn(de) brachten er leuent tho jn groter <3> armoet*
**S. 86:**
*Desse Abbet(............ein.)e klocken,*
*Jtem he vorstorde(............)tor Halehorst vn(de) makede dat men (.dat lan.)dt scholde buwen vth dem vorwercke des closters, He regerde dat Closter by na xxiij jare*
*Jn dem lesten jare dusses Abbets brende de stadt Bremen*
**Greue Cordt** *van oldenborch ein Sone Greue Johannes vn(de) Greuynnen Ricksen van der Hoie was by Abbet Otten tyden*

---

28) Best. 296 Nr. 21 Bd. 2.

*Jtem jn desses Abbets tiden settede sick etlike ridderschup jn dusser Herschup mit oren magen vnd fründen jegen den Greuen van Oldenborch Nomliken Robert eyn ridder van Westerholte mit syner <4> hulpe, des greuen van der welpe vn(de) van brockhüsen vnd merer anderer frunde ridder vnde knapen vnd sonderliken Hinricks van Bremen vnd luders van der Hüde ridders Vnde buwede ein slot jn eine stede jn der herschup geheten Swippenbergen, dat nu Het Wardenborch, He wolde vthvechten dat wickbelde Oldenborch, Ouerst de Greue van Oldenborch vor jagede en mit brande van de(m) wickbelde, Robert de ridder mit syner hulpe toich wedder to de(m) slote vnd dede de(m) Greuen groten schaden, jnt leste quam de greue jegen em tho stride jn der tüngellmersch, vnd want den stridt, vnde venck vele ridder vn(de) <5> knechte vnde slot se jn de hechte, der ruter banneren vorde Johan van mansingen ridder, vnde der voetlude banner vorde oltman van beuerbeke ridder*

**S. 87:**

**Greue Otto** *van D(.elmenhorst..m.)it hulpe der Hertogen van Lünebor(.ch..........)grote schar vnde wolde den bischop van Bremen Gisebertum vteren jn den guderen des Stichtes vnde jm stedingerlande, Des quam de ertzebischup vnd stridede mit des Hartogen schare jn ener stede geheten slutter zyl, vnd mit sunte Peters vahn wandt He den stridt vnd venck des Hertogen vn(de) des greuen schar vnd schattede enn aff dre dusent marck*

*Graue Johan van oldenborch greüe Cordes vader hefft <6> geleüet to der tidt Ertzbischop Giseberti van Bremen*

*Mit rade dusses Giseberti is ein praüest tom Nienwolde Abbet to Rastede gewürden mit namen Arnoldus*

*Anno etc. 1317 wardt na Abbet Arnoldus einer mit Namen Johannes Abbet, Jnn desses Abbets tidt leth greue Johan van oldenborch greue Cordes vader Muiren dat Altar Sunte Marien Magdalenen, Desse Abbet Johan starff Anno 1347, do leuede Otto ertzbischup to Bremen*

*Anno 1364 wart einer to Abbet gekaren de hete Oltmannus, de gaff dem Bischup vor sine confirmatien x marck, Mester bertolt ij marck dem kapellane vn(de) kemerer ij marck dem wigelbischuppe ij marck*

*De <7> koste jn dessem warue weren xiiij marck dem Capittel van Bremen tho wyne iij marck*

**S. 88:**

*Anno 137(..............)xij Apostel dach leth greue Cordt mu(.iren m.)idden jn de kercke eyn Altar, jn de ere S. Mi(.chaelis.) Annen vnde Aller seelen jn na tiden wardt idt gesett vor dat kor to Rastede*

*In dem suluen jare wart koneke de gebaren was van Delmenhorst Greue kordes frouwe, Ein ßone geheten Graue Johan*

*Jn dem suluen jare roueden vnd branden Greue Karsten vnd greue Kordt gebrodere dar karspell to golswerden, dar vele fresen doet bleüen, Greue Cordes frouwe telde einen Sone de het Mauritius <8>*

*Greue Karstens froüwe gebaren van Honsten, geheten Agnete, teelde hir nha twe Soens mit*
    *greue diderke*
*namen vn(de)*
    *greue karsten*

*Desse dre Greuen deleden desse herschupp vnderlanges*

*Abbet Hinrick leth malen vp de(n) kore van graue Hünen etc.*

*By desses Abbets tiden Nam Greue Mauritius eine frouwen vth dem Hertoch dom van*

Brunswick Hertoch Berndes Süster geheten Elizabeth, desse froüwe hadde Sons de nicht lange leüeden,
Anno 1401 . na Abbet Hinrick wardt einer Abbet de hete Reinerus, De Ertzebischup Otto gaff ome syne Confirmatien sonder grote gaüe, Desse Abbet leth ersten maken den graüen vmme dat closter
Item Greue Diderick nam <9> eyne frouwen gebaren van Delmenhorst mit Name Alheit, by Abbets Reiners tyden. Desse frouwe starff tor Welßborch

**S. 89:**
Vnd de Welsbor(.ch.................)storet. By dusser tidt rou(.eden de Br.)emer dat stedinger landt vnde bran(.den.) Omstede Anno 140(.8.) vmme trent lechtmissen vngeferlick do fengen se greüe karsten mit ein deel syner güden mahn vnde radluden van Oldenborch, vor ere vorlosinge beheldlen de Bremer dat landt tho Wuirden tho pande,
Desse Greue Karsten buwede ein slot by de Jade
Vnde Greue Dyderike, syn broder bwede dat huis to der Hundes molen, dar na buwede he ock dat slot tom koenen vorde,
Greue karsten is <10> begrauen to Oldenborch to Sunte Lamberte
Anno 1420 starff Mauritius des derden dages na Sunte jlien is begraüen to rastede
Na dren weken starff syn frouwe Elizabeth vn(de) wardt by em begrauen
Se hadden eine dochter de hete Jngeborch de was ein frouwe juncker Okken van dem Broke vn(de) van aurike, de let bringen nicht lange dar na einen steen vp dat graff tho male schone, alß men noch seen mach,
Se gaff ock dessem Closter oren Haluen Hoyken, dat is ein rodt gulden stucke, dar van is gemaket ein korkappe, vnd ock einen kelck wol vorguldet, vnd smyde vn(de) <11> ander clenode;
Anno 1423 brande de greue van der Hoien de wardenborch westerborch vnde Hatten Hirumme rouede Greue Diderick vor Zyke vnde brande tho hant de molen darsülüest
Dessuluen jars venck greue Dyrick greue Otten van der Hoie mit xviij gude mans,

**S. 90:**
Do w(.as..................n.)omet guith man geheten Dide(.rick bardewi.)sck de nam de venkenisse van dem Greuen va(.n........)en vnd brande tor suluen tidt olden brockhusen,
Anno 1424 nam Greue Dyderick Hertoch alües suster van Sleswick geheten Heylewych, to ener frouwen
      Kersten
Se telde vann em Greue   Mauricium vn(de)
      Gerdt
Desse vorbenompt hertoch hadde lange by sick greue Karsten vnd Greuen <12> Gerdt Men Greuen Mauricium sende he jn dat studium dar he wol tho nam jn klockheit
Desse Greue Dyderick brachte ock de Herschup van Delmenhorst wedder tho der Herschup van Oldenborch mit groter koste vnd mit grote(n) gude, de lange hadde scheden wesen van der Herschup van Oldenborch mit hulpe des ertzebischups van Bremen Nicolas, de en enich erue was der Herschup van delmenhorst,
Desse Bischup makede frede twuschen Greue Diderick vnd den Gemenen fresen
Anno 1423 do want fock vken lengene vn(de) deterden, vnde dede vele quades jegen juncker ocken
Des suluen jars branden de freßen dat slot by d(er) Jade <13> dat greue didericks broder, greue Karsten hadde buwen laten, dar se vele quekes roueden Hirumme brende greue Dyrick Deterden,

*Dessuluen jars vp de(n) dach Cosme vnd Damiani wurden geslagen jn vreslant greue Johan van Retberge vn(de) Juncker kordt van Depholte, wurden begrauen to Rastede*
*Item do wurden gefangen Nicolaus ertzbischup to Bremen Greue Johan van der Hoien mit ij$^c$ myn x, Do quam Diderick Bardewisck Droste to Aurick des derden dages fenck vn(de) sloch mit syner hulpen ccl vresen vnd behelt ccc vnd xl zadelde perde, de se tom deel van den dudeschen hadden gewunnen,*
**S. 91:**
*Desse Droste mit h(.ulpe..................)makede* <14> *quit sun(.der .............)den Bischup den greuen van (.der Hoien.) mit den anderen*
*Desse Droste makede fock vken so flüchtig dat he syner nargen dorffte wachten*
*Deß negesten jars am dage Symonis et Jude fenck Fock Uken mit den menen Freßen juncker Ocken to Marien have, und bleven vele dudeschen doet in ener stede geheten Wildtacker finis chronice rastedensis.*

### 3. Anmerkungen und Lesehilfen

Bis **<2>**: *nageschreuenen stucke*: die Ergänzung des Verbs *nageschreuen* scheint mir sicher, die von *stucke* „Abschnitte" sehr wahrscheinlich zutreffend. - *welke*: Hs. welker. - *quaterne*: Quaternio (Lage aus vier Doppelblättern). - *S Pawel*: S steht für Sünte; das *w* in *Pawel* entspricht unserem *u*. - *vulbort*: Einwilligung. - *tegede*: Zehnte. - *olderen*: Eltern.

Bis **<3>**: *elüe*: Elbe. - *casulen*: Meßgewänder. - *gerekent*: vorgetragen. - *schatteden en (...) leten*: Hs. hat gegen den Kontext jeweils Singular *schattede, let* ( die Stelle bedeutet: kassierten Geld von ihnen ... und ließen). - *boesheit*: Hs. hat *e* über dem *o*.

Bis **<4>**: *magen*: Verwandten.

Bis **<5>**: *ein slot*: Hs. *eine slot*. - *vthvechten*: erobern. - *quam*: kam.

Bis **<6>**: *hechte*: Gefängnis (zu hochdeutsch *Haft*). - *ruter*: berittene Krieger (hochdeutsch: *Reuter*). - *voetlude*: Fußsoldaten. - *vteren*: vertreiben. - *sticht*: Stift.

Bis **<7>**: *praüest*: Propst. - *wigelbischup*: Weihbischof.

Bis **<8>**: *warue*: Angelegenheit. - *telde*: gebar.

Bis **<9>**: *vnderlanges*: untereinander.

Bis **<10>**: *vmme trent lechtmissen*: so um Lichtmeß (2. Feb.). - *güden mahn*: orthographisch auch *guden man* (sogar *guithen*, unflektiert *guith*, s.u.) möglich; bedeutet Dienstmannen (Ministerialen) oder Knappen (lat. *famulus*). - *bwede*: orthographische Variante zu (und zu lesen wie) *buwede*. - *koenen*: Hs. hat *e* über dem *o*.

Bis **<11>**: *tho male schone*: in jeder Hinsicht schön. - *Hoyken*: (weiter) Mantel. - *korkappe*: Chormantel (meist - für Prozessionen - bes. geschmückt).

Bis <12>: *alües*: Alf(e)s (hochdeutsch: Adolfs).

Bis <13>: *Men*: aber. - *sende he jn*: Hs. *sende jn*. - *Gemenen fresen*: der Gesamtheit der Friesen. - *vele quades*: viel Böses.

Bis <14>: *vele quekes*: viel Vieh. - *ij$^c$ myn x*: zweihundert weniger 10 = 190.

Bis <15>: *makede quit*: befreite. - *nargen*: nirgendwo. - *wachten*: (er)warten. Beim Anonymus heißt die Textstelle: *heft Focko vcken ßo veltfluchtig gemacket dath he syner nergen heft beiden doruen*. Wenn die Auskunft unserer mittelniederdeutschen Wörterbücher erschöpfend ist, dann regiert *beiden* im Gegensatz zu *wachten* nur einen Genitiv der Sache; *syner* beim Anonymus wäre danach nicht korrekt. Das könnte bedeuten, daß er das Fragment (oder eine entsprechende Vorlage) kannte und die Konstruktion beibehielt, obwohl er ein anderers Hauptverb wählte (*beiden* warten auf).

Siegfried Müller

# Leben im alten Oldenburg

Im folgenden wird ein Ausschnitt aus der Kulturgeschichte der Stadt Oldenburg von 1500 bis 1800, oder, wie der Historiker sagt, der Frühen Neuzeit, dargestellt. Es wird versucht, Charakteristisches dieser Zeit zu erfassen. Zugleich wird hier und da auch ein Blick auf die anderen Städte des Oldenburger Landes geworfen.
Die Darstellung bedient sich zweier Personen, die 1530, in dem Jahr, in dem die folgenden Ereignisse wie in einem Brennspiegel gebündelt werden sollen, tatsächlich gelebt haben: des Bremer Bürgermeisters Johann von der Trupe und des Oldenburger Bürgermeisters Martin Bone. Stellen wir uns vor, der Bremer Bürgermeister hätte seinen Oldenburger Ratskollegen besucht, und lassen wir beide Ereignisse erleben, die so oder ähnlich passiert sind, zum Teil nur eben zeitversetzt. Es werden natürlich nur solche Begebenheiten berücksichtigt, die in das Stichjahr 1530 „passen". So wäre es z.B. nicht zulässig, die Kleidung des Bürgermeisters von 1530 anhand der Kleiderordnung von 1736 zu beschreiben, denn die Mode wechselte wie heute auch schon in früheren Jahrhunderten. Es wird also ein methodischer Kunstgriff angewandt, wie ihn ähnlich der Altmeister der deutschen Wirtschaftsgeschichte, Wilhelm Treue, in seinem Buch „Eine Frau, drei Männer und eine Kunstfigur" verwendet hat[1]). Die Kunstfigur dient Treue zur Darstellung eines idealtypischen Lebenslaufs des 17. Jahrhunderts. Auch hier soll eine idealtypische Darstellung geboten werden, nur eben nicht unter Verwendung einer synthetischen Person, sondern zweier Personen, die existiert haben.
An einem schönen Sommertag des Jahres 1530 machte sich der Bremer Bürgermeister Johann von der Trupe sehr früh am Morgen auf den Weg nach Oldenburg, um seinen dortigen Kollegen, den Bürgermeister Martin Bone, zu besuchen. In seiner Begleitung befanden sich zwei Knechte, was angesichts der unsicheren Landstraßen nur vernünftig war. Raubüberfälle auf Reisende und Frachtwagen waren an der Tagesordnung. Zwar hatten sich der Oldenburger Graf als Landesherr und der Olden-

---

1) Vortrag, gehalten am 11. März 1996 im Oldenburger Landesverein, ergänzt um Literaturangaben. Wilhelm Treue, Eine Frau, drei Männer und eine Kunstfigur: Barocke Lebensläufe, München 1992. Vgl. auch Hartmut Boockmann, Die Lebensverhältnisse in den spätmittelalterlichen Städten, in: Bremer Landesmuseum für Kunst- und Kulturgeschichte (Hrsg.), Aus dem Alltag der mittelalterlichen Stadt, Bremen 1983, S. 9-21.

---

Anschrift des Verfassers: Dr. Siegfried Müller, Landesmuseum für Kunst und Kulturgeschichte Oldenburg, Schloßplatz 26, 26122 Oldenburg.

burger Rat in der Stadtrechtsurkunde von 1345 gemeinsam verpflichtet, für die Sicherung der Landstraßen vor den Toren der Stadt Sorge zu tragen[2]). Jedoch wußte von der Trupe nur zu gut, daß dies leichter geschrieben als verwirklicht war. Außerdem wußte er aus Akten und Erzählungen über den Grafen Gerd von Oldenburg, daß dieser in der Vergangenheit den Handel in Oldenburg und Ostfriesland sowie in der Nord- und Ostsee unsicher gemacht und auch etliche Hamburger und Bremer Kaufleute, die über Bremen, Delmenhorst und Wildeshausen nach Münster zogen, ausgeraubt hatte. Erst das militärische Eingreifen des Administrators des Erzstifts Bremen und Bischofs von Münster sowie der Städte Buxtehude, Lübeck, Hamburg und Stade hatte wenige Jahrzehnte zuvor den Straßen- und Seeraub beendet[3]). Johann von der Trupe ritt durch ein Gebiet, in dem sich Marsch-, Moor- und Geestböden abwechselten[4]). Das Brenn- und Bauholz für die Bevölkerung kam schon lange nicht mehr aus dieser Gegend, in der einst Eichen- und Birkenwälder gewachsen waren. Viehverbiß, intensive Holznutzung und Plaggenstich über Jahrhunderte hatten zur Folge, daß sich vor der Stadt jetzt ausgedehnte Heideflächen erstreckten[5]). Torf aus den Mooren mußte deshalb vielfach das Brennholz ersetzen; Bauholz holte die vor 1529 gegründete und 1574 28 Mitglieder umfassende oldenburgische Schiffergesellschaft aus Norwegen[6]). Diese Ressourcenverknappung an Holz und Lebensmitteln ist keine Besonderheit Oldenburgs. Ursprünglich war Mitteleuropa dicht bewaldet; im 10. Jahrhundert setzte dann, bedingt durch das Ansteigen der Bevölkerung, eine Rodungsperiode größeren Ausmaßes ein. Zudem benötigten die Städte gewaltige Mengen an Bauholz. Erst die Pestepidemien des 14. Jahrhunderts, denen viele Menschen zum Opfer fielen, halfen dem Wald, sich zu erholen[7]). Die Industrialisierung im 19. Jahrhundert überwand die ökologische Krise des Mittelalters: Kohle, Stein und Beton verringerten den Zugriff auf das Holz[8]); die

---

2) Dietrich Kohl, Der Freibrief der Stadt Oldenburg vom 6. Januar 1345, in: Oldenburger Jahrbuch 50, 1950, S. 128-135.
3) Hermann Oncken, Graf Gerd von Oldenburg (1430-1500), in: Jahrbuch für die Geschichte des Herzogtums Oldenburg II, 1893, S. 15-84, hier S. 47 f.; Karl Sichart, Der Kampf um die Grafschaft Delmenhorst (1482-1547), in: Jahrbuch für die Geschichte des Herzogtums Oldenburg XVI, 1908, S. 193-291, hier S. 200; Herbert Schwarzwälder, Bremen als Hansestadt im Mittelalter, in: Hansische Geschichtsblätter 112, 1994, S. 1-38, hier S. 36 ff.
4) Hans Boy, Die Stadtlandschaft Oldenburg, Bremen-Horn 1954, S. 3 ff.; Rosemarie Krämer, Die naturräumlichen Voraussetzungen für die Besiedlung der Stadt Oldenburg, in: Karl Otto Meyer (Hrsg.), Bodenfunde in der Stadt Oldenburg (Archäologische Mitt. aus Nordwestdeutschland, Beiheft 3), Oldenburg 1988, S. 10-16.
5) Krämer (s. Anm. 4), S. 13. Vgl. auch Dietrich Kohl, Forschungen zur Verfassungsgeschichte der Stadt Oldenburg. Zweiter Artikel. Die Allmende der Stadt Oldenburg, in: Jahrbuch für die Geschichte des Herzogtums Oldenburg 11, 1902, S. 7-82, hier S. 25.
6) Stadtarchiv Oldenburg = Niedersächsisches Staatsarchiv (künftig: StAO, Best. 262-1 A, Korporationen (Schiffergesellschaft Nr. 1-4); Dietrich Kohl (Bearb.), Urkundenbuch der Stadt Oldenburg (künftig: OUB 1), Bd. 1, Oldenburg 1914, S. 276 ff., Nr. 456 f. (Statuten von 1529).
7) Sönke Lorenz, Wald und Stadt im Mittelalter, in: Bernhard Kirchgässner, Joachim B. Schultis (Hrsg.), Wald, Garten und Park (Stadt in der Geschichte Bd. 18), Sigmaringen 1993, S. 25-34.
8) Allgemein: Hansjörg Küster, Mittelalterliche Eingriffe in Naturräume des Voralpenlandes, in: Bernd Herrmann (Hrsg.), Umwelt in der Geschichte, Göttingen 1989, S. 63-76.

Mineraldüngung führte zu Ertragssteigerungen, bezogen auf unsere Region vor allem im Oldenburger Münsterland[9]).

Nach neunstündigem, scharfem Ritt traf Bürgermeister von der Trupe mit seiner Begleitung einige Kilometer vor der Stadt Oldenburg auf die ersten Zeichen Oldenburger Herrschaft: Er passierte die Stadtmark, ein Gelände mit Wiesen, Äckern und Gärten. Diesen Grundbesitz der Gemeinde, auch Allmende genannt, hatte der Oldenburger Rat im 14. und 15. Jahrhundert durch den Ankauf benachbarter adliger Güter und durch gräfliche Schenkungen erheblich vergrößern können. Auf den Wiesen und Weiden graste das Vieh der Bürger, von den Wiesen holten sie ihr Heu für den Winter. Jeden Morgen trieb der vom Rat angestellte und besoldete Kuhhirte die Kühe aus den Ställen in der Stadt auf die fetten Weiden vor dem Haarentor, der Schweinehirt die Schweine auf die Wiesen beim Stau[10]). In den Gärten bauten die Bürger Obst und Gemüse an sowie Hopfen für ihre eigene Bierproduktion, hier zogen sie Heilpflanzen und züchteten Bienen, um ihren Bedarf an Wachs und Süßstoffen zu decken, denn Rübenzucker war noch unbekannt, Rohrzucker mußte über den Fernhandel zu hohen Preisen bezogen werden.

Vor unserem Bremer Bürgermeister erstreckte sich zu seiner Rechten die Hunte, die ebenso wie die Haaren dem Vieh als Tränke diente. Auf zahlreichen Wiesen am Wasser lag die Wäsche zum Bleichen. Dienstmägde wuschen die Wäsche ihrer Herrschaften; Gerber, die dort ihre Hütten und Lohgruben hatten[11]), und Müller benötigten das Wasser für die Ausübung ihres Gewerbes, und so mancher benutzte diesen Fluß auch als Abfallgrube.

Schon kurze Zeit später sah von der Trupe die Stadt Oldenburg mit ihrer unverwechselbaren Silhouette, ähnlich wie sie sich uns in dem Bastschen Kupferstich von 1598 präsentiert: eine Ansammlung von Häusern und Kirchen, umgeben von einer Mauer[12]). Diese Mauer war charakteristisch für die Städte des Alten Reiches. Sie sollte vor Bedrohung von außen schützen - und an Fehden und Kriegen war die Zeit reich, auch im Oldenburger Land. Erst im Juli und August des Jahres 1474 hatten die Bürger erfolgreich der Belagerung und dem Beschuß Oldenburgs durch die Münsteraner widerstanden - ein Ereignis, das sicher so manchem Oldenburger noch im Gedächtnis oder durch Erzählungen bekannt war[13]). Für jeden Reisenden waren Mauer und Geschütze sowie Pforten, Türme, Brücken, Wälle und Gräben also das sichtbare Zeichen für die Wehrhaftigkeit der Stadt und ihrer Bürger. Zugleich war durch den Bau der Mauer die Ausdehnung der Stadt festgelegt, abgesehen von den Vorstädten[14]). Erst in der zweiten Hälfte des 18. Jahrhunderts folgte man auch in Ol-

---

9) Bernd Mütter, Agrarmodernisierung in Deutschland zwischen Reichsgründung und Erstem Weltkrieg: Das Beispiel Oldenburg, in: Geschichte in Wissenschaft und Unterricht 11, 1988, S. 651-673.
10) Kohl (s. Anm. 5), S. 25; Hellmut Rogowski, Verfassung und Verwaltung der Herrschaft und Stadt Jever von den Anfängen bis zum Jahre 1807 (Old. Forsch. 16), Oldenburg 1967, S. 140.
11) StAO, Best. 262-1 Ab. Nr. 2 fol. 8r (1627), fol. 47r (1644).
12) Albrecht Eckhardt, Udo Elerd, Ewald Gäßler, Das Bild der Stadt. Oldenburg in Ansichten 1307-1900, Oldenburg 1995, S. 30 f.
13) Oncken (s. Anm. 3), S. 47 f.
14) Allgemein: Bernhard Kirchgässner, Günther Scholz (Hrsg.), Stadt und Krieg (Stadt in der Geschichte, Bd. 15), Sigmaringen 1989.

denburg dem allgemein in Europa üblichen Trend zur Entfestung, d.h. man schleifte die Mauern und wandelte die Wälle in Promenaden um. Zugleich wurde es dadurch möglich, Wohngebäude außerhalb der alten Befestigungen zu errichten[15]).
Leider wissen wir nicht, seit wann die Bürger Oldenburgs ihre Stadt erstmals mit Wall und Graben als Schutz vor Überfällen und als Zeichen ihres Besitzstandes umgaben. Eine Stadtmauer wird in der zweiten Hälfte des 13. Jahrhunderts zum erstenmal urkundlich erwähnt. Seit der Mitte des 15. Jahrhunderts hatten die Bürger begonnen, ihre Stadt mit einer Mauer aus Ziegelsteinen zu umgeben, die man vom nordwestlich der Altstadt gelegenen Ziegelhof holte, den der Landesherr der Stadt 1345 geschenkt hatte[16]). Diese Mauer, die auch unser Besucher vor sich sah, war, wie neue archäologische Befunde zeigen, etwa 3,60 m hoch und 1 m breit. Zur besseren Verteidigung baute man in diese Mauer Türme, die einen Durchmesser von 4 m aufweisen konnten und vermutlich zur Stadtseite hin offen waren[17]).
In Friedenszeiten wurde die Stadt von den Bürgern bewacht, die sie auch - zumindest theoretisch - mit der Waffe in der Hand verteidigen mußten. Dieser Wachdienst und der Umstand, daß ihn außer den Bürgern auch Soldaten des Landesherrn versahen, blieb ein ständiger Streitpunkt zwischen der Stadt Oldenburg und dem Grafen. Die bürgerliche Bewaffnung bestand zu dieser Zeit hauptsächlich aus Hakenbüchsen, Helmbarten und Spießen. Das städtische Aufgebot war in Oldenburg, Cloppenburg, Delmenhorst, Friesoythe, Jever, Vechta und Wildeshausen wie allgemein üblich nach Rotten oder Korporalschaften gegliedert, deren Zahl schwankte[18]). Die Oldenburger Bürgerschaft war 1577 in 44 Rotten eingeteilt (ca. 440 Wehrpflichtige)[19]). Im Alarmfall kannte jeder Bürger, auch der Bürgermeister Martin Bone, seine Rotte, jede Rotte ihren Einsatzort.
Der Mauerring, auf den der Bremer Bürgermeister nun zuritt, war nur an wenigen Stellen durchlässig, hauptsächlich an den fünf Toren, die sich nach verschiedenen Himmelsrichtungen öffneten. Auf das östliche, das Dammtor, mündete die von Bremen kommende Straße. Von der Trupe ritt auf dieses Dammtor zu. Jeder, der hier in die Stadt wollte, mußte zunächst den Burgbereich passieren. Dadurch wurde er augenfällig mit der Tatsache konfrontiert, daß Oldenburg den Landesherrn in seinen

---

15) Allgemein: Volker Schmidtchen (Hrsg.), Festung Garnison Bevölkerung (Schriftenreihe Festungsforschung Bd. 2), Wesel 1982; Hartwig Neumann, Reißbrett und Kanonendonner. Festungstädte der Neuzeit, in: Badisches Landesmuseum Karlsruhe, „Klar und lichtvoll wie eine Regel". Planstädte der Neuzeit vom 16. bis zum 18. Jahrhundert, Karlsruhe 1990, S. 51-76; A. Fara, Bernardo Buontalenti. Architekt und Festungsbauer, Basel 1990.
16) Kohl (s. Anm. 2), S. 133, Nr. 12.
17) Jörg Eckert, Archäologische Untersuchungen an der mittelalterlichen Stadtmauer von Oldenburg, in: Oldenburger Jahrbuch 94, 1994, S. 291-311.
18) Zu den südoldenburgischen Städten s. Dietrich Kohl, Das ältere Verfassungsrecht der südoldenburgischen Städte, in: Niedersächsisches Jahrbuch für Landesgeschichte 9, 1932, S. 154-179, hier S. 174 f.; Albrecht Eckhardt, Vom Wigbold zur Stadt, in: Stadt Cloppenburg (Hrsg.), Beiträge zur Geschichte der Stadt Cloppenburg, 2 Bde., Cloppenburg 1985 und 1988, Bd. 1, S. 42-64, hier S. 50. Zur Bewaffnung des Cloppenburger Bürgers im 16. Jh. vgl. StAO, Best. 262-12 Nr. 122, wo von „langen Rohren" und „kurzen Rohren" die Rede ist.
19) StAO, Best. 262-1 Ab. Nr. 15. Die Wildeshauser Bürgerschaft war 1688 in 16 Rotten (= 165 Wehrpflichtige) eingeteilt. S. dazu StAO, Best. 262-9 Nr. 1293. In Vechta umfaßt das Rottregister von 1689 135 Personen (ebd., Best. 262-11 Nr. 2355).

Mauern hatte, also Residenzstadt war. Auch unser Bremer Bürgermeister mußte seinen Weg in die Stadt über den Burghof nehmen. Er hatte Glück, daß er nicht um die Mittagszeit angekommen war, denn dann waren die Burgtore geschlossen. Erst ab etwa 1570 konnte der Reisende an der Burg vorbei in die Stadt gelangen.

Am Dammtor, das erst vor kurzem erbaut worden war und bis 1791 stehen sollte[20], herrschte dichtes Gedränge, dessen die Torwächter nur mit Mühe Herr werden konnten. Es war ein buntes Treiben, das unser Besucher sah: wandernde Handwerksgesellen, Gaukler, einige auswärtige Händler, Mönche, Tagelöhner, Bauern aus der Umgebung. Der Abdecker, der nicht nur der „Recyclespezialist", sondern auch der Henker war - mitunter, wie in Cloppenburg und Vechta, auch Chirurg -[21]), schaffte gerade verendetes Vieh fort[22]). Fremde, die in die Stadt wollten, waren dabei, ihre Waffen bei der Wache abzugeben[23]). Bettler hofften auf ein Almosen[24]). Apener und Delmenhorster Fuhrleute warteten mit ihren Frachtwagen auf die Abfertigung[25]).

Die Stadt selbst, in die der Bremer Bürgermeister 1530 durch das Dammtor einritt, hatte schon eine 800jährige Siedlungsgeschichte hinter sich, deren Ausgangspunkt die Besiedlung östlich des Marktes gewesen war. Um 1500 lebten in ihr etwa 2.000-3.000 Menschen. Zum Vergleich: Cloppenburg zählte zu dieser Zeit etwa 300 Einwohner, Friesoythe und Delmenhorst jeweils etwa 500, Jever und Wildeshausen wohl zwischen 800 und 1000[26]). Oldenburg gehörte damit zu jenen 90 % der 5.000 Städte im Heiligen Römischen Reich Deutscher Nation, die nur wenige tausend Bewohner aufwiesen. An die Bevölkerungszahl von Bremen, das um diese Zeit 18.000 Bewohner hatte, oder Emden, Hildesheim, Lüneburg und Münster, die auf je 10.000 kamen, reichte Oldenburg nicht heran[27]). Überhaupt erreichten im 16. Jahrhundert in Deutschland nur 25 Städte mehr als 10.000 Bewohner. Die größte Stadt war damals Köln mit etwa 40.000 Bewohnern[28]).

Die Stadt war in 15 Minuten vom Heilig-Geist-Tor zum Dammtor zu durchschreiten. Auf diesem Raum standen die Häuser der Bürger, die kirchlichen, städtischen und gräflichen Gebäude dicht beieinander. Man kannte noch keine Wolkenkratzer - wenige Städte wie z.B. Trier, Regensburg oder San Gimignano besaßen hohe

---

20) Hermann Oncken, Zur Topographie der Stadt Oldenburg am Ausgang des Mittelalters, in: Jahrbuch für die Geschichte des Herzogtums Oldenburg 3, 1894, S. 115-155, hier S. 147.
21) Karl Willoh, Das Scharfrichterhaus bei Vechta, in: Jahrbuch für die Geschichte des Herzogtums Oldenburg 12, 1903, S. 130-138.
22) Vgl. auch J. C. v. Oetken, Corpus Constitutionum Oldenburgicarum selectarum, Oldenburg 1722, Zweiter Teil, Nr. LXVI und LXVII, S. 170-172.
23) Für Jever: Rogowski (s. Anm. 10), S. 159, Nr. 15.
24) Erst 1581 ließ der Landesherr vor dem Heilig-Geist-Tor ein Armenhaus für 16 Männer und Frauen errichten. S. dazu Oetken (s. Anm. 22), Erster Teil, Nr. I, S. 1 f.
25) StAO Best. 262-1 Ab. Nr. 2 fol. 18r (1635).
26) Bernhard Riesenbeck, Die Bevölkerung der Stadt Cloppenburg von der zweiten Hälfte des 15. bis um die Mitte des 17. Jahrhunderts, in: Oldenburger Jahrbuch 41, 1937, S. 145-162, hier S. 162; Göken, „Friesoythe", in: Erich Keyser (Hrsg.), Niedersächsisches Städtebuch, Bd. III.I Niedersachsen und Bremen, Stuttgart 1952, S. 133-135, hier S. 133; Hermann Lübbing, „Wildeshausen", ebd., S. 373-379, hier S. 374; Georg Heinrich Andree, „Jever", ebd., S. 209-214, hier S. 210.
27) Allgemein: Heinz Schilling, Die Stadt in der Frühen Neuzeit (Enzyklopädie deutscher Geschichte, Bd. 24), München 1993, S. 2 ff.
28) Ebd.

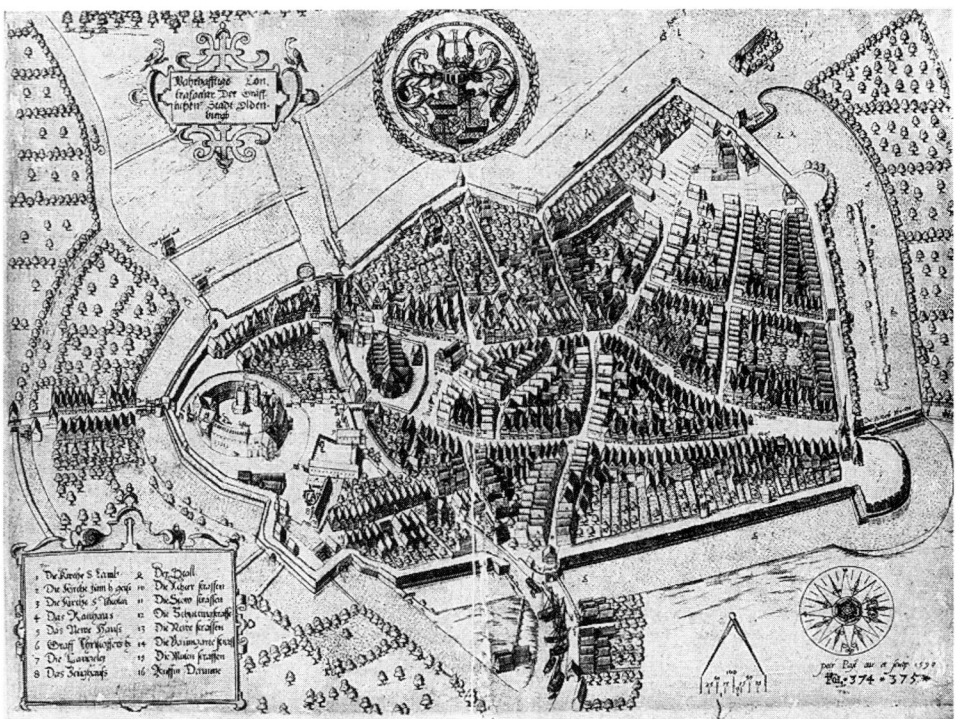

*Abb. 1: Pieter Bast, Vogelschauansicht Oldenburgs von Osten, Kupferstich, 1598 (aus: Hermann Hamelmann, Oldenburgisch Chronicon, Oldenburg 1599, nach S. 374).*

Wohntürme -, aber bei Bevölkerungswachstum verdichtete sich die Bebauung, d.h. man teilte den Wohnraum immer mehr auf. Vor allem von den Stadttoren aus konnte man den Eindruck der Enge bekommen, zumal aus Sicherheitsgründen zu ihnen jeweils nur eine Straße führte. Die Hauptstraßen erreichten zwar immerhin eine Breite von 6 bis 8 Metern, wobei sich immer wieder Verengungen und Erweiterungen ablösten. In den Seitengassen jedoch standen die Häuserreihen vielfach nur 3 bis 5 m auseinander[29]). Dieser Eindruck wurde durch die vorkragenden Häuser noch verstärkt, die nur wenig Luft und Licht in die Gassen gelangen ließen sowie durch die Tatsache, daß die Straßen als Lagerplatz für Waren und Baumaterial dienten.

Die Straßenzüge öffneten sich nur an wenigen Stellen zu platzartigen Erweiterungen; der größte dieser Plätze und zugleich der lebhafteste Teil der Stadt war der Marktplatz. Innerhalb der Stadt gab es also keine Parks oder ähnliche öffentliche

---

29) Boy (s. Anm. 4), S. 24.

Grünanlagen, wie wir sie heute im Stadtbild gewohnt sind. Die einzigen Grünflächen waren die kleinen Gärten hinter den Bürgerhäusern und die Friedhöfe.
Unserem Reisenden fielen die - nach heutigen Maßstäben - zahlreichen jungen Menschen auf den Straßen nicht weiter auf. Damals galt man nämlich mit 30 Jahren schon als alt; die meisten Städter erreichten noch nicht einmal das vierte Lebensjahrzehnt[30]). Der Bremer war auch nicht weiter erstaunt über die verdreckten und stinkenden Straßen Oldenburgs, die er nun betrat[31]).
Einer der wichtigsten Gründe für die Unsauberkeit der Straßen war die Viehhaltung in der Stadt. Gänse, Enten, Hühner, Schweine, Ziegen, Schafe, Kühe und Pferde zu halten war für viele Bürger eine wirtschaftliche Notwendigkeit[32]). Man war nämlich zum Teil Selbstversorger, d.h. Milch, Butter, Eier, Käse und Fleisch kamen auch aus der eigenen Viehhaltung. Die Obrigkeit konnte die Viehhaltung deshalb zwar nicht verbieten, versuchte jedoch, sie zu reglementieren. Hierbei kam es ihr vor allem darauf an, den Standort der Schweineställe festzulegen. Die Viehställe standen normalerweise auf den Höfen hinter den Häusern, wie „meterdicke Dungschichten" im Untergrund des Stadtkerns von Oldenburg belegen[33]). Aus Platzmangel bauten die Bürger ihre Schweineställe aber auch auf den Straßen, direkt unter ihren Fenstern. Man kann sich daher gut vorstellen, daß der Rat solche Bauten auf den ohnehin schon engen und verdreckten Straßen nicht dulden wollte. Aber in Jever wurde erst 1701, in Oldenburg 1724 verfügt, die an den Straßen erbauten Schweinekoben abzubrechen[34]). Zudem blieb das Vieh tagsüber nicht in den Ställen: Hühner, Gänse und Enten liefen auf den Straßen frei umher, damit sie sich von den Abfällen ernähren konnten, ebenso wie Ratten, streunende Hunde und Katzen. Die Kühe und Schweine wurden morgens aus der Stadt hinaus- und abends wieder hineingetrieben - auch das trug nicht gerade zur Sauberkeit der Straßen bei. Hinzu kam der Dreck, den die Fuhrleute mit ihren Frachtkarren verursachten[35]). Ein ähnliches Bild bot sich in anderen Städten des Oldenburger Landes. In Delmenhorst meinte der Magistrat noch 1776, daß der Ort „mehr einer Galerie von Misthaufen und Kuhställen als einer Stadt" gleiche[36]). 1797 schrieb ein Chirurg aus Anlaß einer drohenden Choleraepidemie in Cloppenburg, daß sowohl dort als auch in Friesoythe die Misthaufen vor den Häusern den „ordentlichen Abzug des Unrats" verhinderten[37]).

30) Allgemein: Schilling (s. Anm. 27), S. 10. Für Cloppenburg hat man für das Jahr 1473 - ca. 200 Einwohner - die Zahl der unter 12 Jahre alten Personen auf 30 % geschätzt; für das 18. Jahrhundert geht man von 15-18 % aus. Vgl. dazu Riesenbeck (s. Anm. 26), S. 149.
31) Allgemein: Günter Heine, Umweltbezogenes Recht im Mittelalter, in: Herrmann (s. Anm. 8), S. 111-128; dort auch weitere Literatur.
32) Für Jever s. StAO, Best. 262-4 Nr. 4660.
33) Heinz-Günther Vosgerau, Modell eines oldenburgischen Stadthauses aus dem 17. Jahrhundert, in: Meyer (s. Anm. 4), S. 80-82, hier S. 82; ders., Mittelalterliche Brunnen am Markt in Oldenburg, in: Oldenburger Jahrbuch 88, 1988, S. 145-181.
34) StAO, Best. 262-4 Nr. 4858; StAO Best. 262-1 Nr. 3297.
35) Oetken (s. Anm. 22), Sechster Teil, Nr. XXXVI (1647) und XXXVII (1644). S. auch Nr. XXXVIII (1714), S. 78-80 sowie StAO, Best. 262-1 Nr. 3297 (1724) und Best. 262-1 Ab. Nr. 3 (Ratsprotokoll 1622), fol. 20v, Nr. VIII.
36) Zit. nach Edgar Grundig, Geschichte der Stadt Delmenhorst von ihren Anfängen bis zum Jahre 1848, 3 Bde., Delmenhorst 1953 und 1960, hier Bd. 1, S. 336.
37) Hans Hochgartz, Bilder und Dokumente zur Geschichte der alten Cloppenburger Straßen, in: Stadt Cloppenburg (s. Anm. 17), Bd. 1, S. 124-184, hier S. 149.

Ähnliche Probleme gab es zu dieser Zeit in Wildeshausen und noch in den 1830er Jahren auch in Vechta[38]).
Was tat die Obrigkeit in Oldenburg dagegen? Wie auch andernorts versuchte sie die Bürger zur Reinhaltung anzuhalten. Dabei regelte der Landesherr vor allem die Beseitigung fester, nichtlöslicher Abfälle. Das hatte nicht nur hygienische Gründe, nämlich die drohende Verunreinigung des Wassers. Es bestand auch die Gefahr, daß der Unrat bei Regen durch die Gosse in den Stadtgraben floß, wo er zu Verlandungen führen konnte. Das aber hätte bei kriegerischen Überfällen die Sicherheit der Stadt gefährdet. In der ersten Hälfte des 17. Jahrhunderts war es daher beispielsweise verboten, den Abfall länger als acht Tage vor der Haustür liegen zu lassen und totes Vieh auf die Gasse oder in die Haaren zu werfen. Dennoch war es weiterhin gang und gäbe[39]). In Jever kehrten im 18. Jahrhundert viele Bürger den Dreck vor das Haus des Nachbarn[40]). In Cloppenburg ordnete die oldenburgische Regierung erst 1804 an, alle vor den Häusern liegenden Mistgruben und Abfallhaufen zu beseitigen[41]). An nicht wenigen Stellen der Stadt stank es außerdem, weil zahlreiche Fremde dort ihre Notdurft verrichteten[42]).
Unser Bremer Bürgermeister ritt zunächst zur Lambertikirche, wo er sein Pferd einem seiner beiden Knechte übergab, um dort einem Verwandten des Oldenburger Bürgermeisters, dem Dekan Helmerich Bone, einen Besuch abzustatten. Wie vielerorts üblich, so kamen auch in Oldenburg zahlreiche Geistliche der Pfarrkirche aus Ratsfamilien[43]); ein Umstand, der während der Reformationszeit das Festhalten am alten Glauben fördern konnte.
Johann von der Trupe bot sich in der Lambertikirche das gewohnte Bild tiefer Religiosität[44]). Er sah von Gläubigen gestiftete Leuchter mit brennenden Kerzen, kostbare Heiligenfiguren und Reliquien. Er sah Gläubige, die vor dem silbernen Bild der hl. Anna beteten. An den Wänden hingen Totengedächtnismale. Es gab 20 von einzelnen Familien und vom Oldenburger Grafenhaus gestiftete Altäre, war doch diese Lambertikirche zugleich Hof- und Grabkirche. An einigen dieser Altäre fanden gerade Gottesdienste statt. Hier beteten Geistliche für das Seelenheil der Stifter und ihrer Angehörigen, dort war der Gedenkgottesdienst für einen Verstorbenen soeben beendet. Die Kirchenvorsteher verteilten nun das Memoriengeld, den Dank des Toten für die Teilnahme an seiner Memorie, an die Teilnehmer, nämlich Geistliche, Verwandte und Freunde sowie an den Schulmeister und seine Schüler für ihren Gesang - so hatte es der Verstorbene testamentarisch verfügt.
Dekan Helmerich Bone, den von der Trupe nun aufsuchte, lebte noch ganz in der Heilswelt des Mittelalters. Er war über die jüngsten Ereignisse in der Stadt tief beunruhigt und erzählte von den Predigten, die die Anhänger der ketzerischen luthe-

---

38) StAO, Best. 262-9 Nr. 2001; Best. 262-11 Nr. 1630 (1834).
39) StAO, Best. 262-1 Nr. 3297.
40) StAO, Best. 262-4 Nr. 4858 (Straßenreinigungsordnung von 1737).
41) Hochgartz (s. Anm. 37), S. 139.
42) StAO, Best. 262-1 Nr. 3297 (1725) betr. „öffentliche Toilette".
43) Hans Hanken, Das Kollegiatstift zu Oldenburg (Old. Forsch., 12), Oldenburg 1959, S. 57.
44) Allgemein: Vgl. die Literaturangaben bei Michael Borgolte, Die mittelalterliche Kirche (Enzyklopädie deutscher Geschichte, Bd. 17), München 1992, S. 143 f.

rischen Sekte seit den 1520er Jahren auch in der Grafschaft Oldenburg und in der Residenzstadt verbreitet hatten. Seit 1524 sei der Pilgerstrom zur Wallfahrtskirche in Wardenburg abgeebbt. Dies begriff er als Anzeichen für die um sich greifende Glaubensunsicherheit. Das Ringen um den rechten Glauben habe sogar schon die gräfliche Familie erfaßt und diese in zwei Lager gespalten. Seit 1529 gäben die lutherisch gewordenen Grafen Christoph und Anton den Ton an. Letzterer beginne sogar schon damit, sich am Klostergut zu vergreifen. Erst vor kurzem habe er Gebäude des Karmeliterklosters Atens abreißen lassen und sich Güter des Zisterzienserklosters Hude einverleibt. Wenn das so weitergehe - Graf Anton warte wohl nur noch den Tod seiner altgläubigen Mutter ab -, werde er wohl als Nächstes die katholischen Geistlichen aus dem Land treiben[45]).

Unser Bremer Bürgermeister hatte für diese Klagen kein Verständnis. Als überzeugter Lutheraner war er stolz darauf, daß seine Heimatstadt zu dieser Zeit schon ebenso wie Braunschweig, Celle, Göttingen und Goslar evangelisch war[46]). Die Grafschaft Oldenburg sollte dann tatsächlich, wie vom Dekan befürchet, 1576 evangelisch werden - für die Residenzstadt Oldenburg läßt sich für die Einführung der Reformation aufgrund der schlechten Quellenlage kein genaues Datum nennen.

Unter den gegebenen Umständen verlief die Begegnung der beiden Personen recht einseitig, und von der Trupe verließ die Lambertikirche rasch wieder, um sich zum Haus des Bürgermeisters zu begeben. Es stand im Marktstraßenviertel[47]), der besten Wohngegend der Stadt. Ebenso wie heute bevorzugten gut situierte Bürger auch im Mittelalter bestimmte Wohngegenden. Wer etwas auf sich hielt und es sich leisten konnte, wohnte damals in der inneren Stadt, am Markt. Neuere archäologische Untersuchungen haben für Oldenburg gezeigt, daß die Bewohner dieses Viertels zum Teil kostbaren Hausrat besaßen, u.a. venezianisches Glas bzw. Façon de Venise[48]). Hier war sozusagen das „Honoratiorenviertel", in dem auch zahlreiche Ratsherren wohnten und eben auch der wohlhabende Kaufmann und Bürgermeister Bone.

Das äußere Erscheinungsbild seines Hauses dürfte dem des noch heute am Markt stehenden „Degodehauses" ähnlich gewesen sein. Dieses 1502 erbaute, 1617 umgebaute und 1888 erneuerte giebelständige Fachwerkhaus war geradezu typisch für die norddeutsche Stadt des Mittelalters. Nur wenige der 420 Bürgerhäuser, die 1513 in Oldenburg gezählt wurden, waren aus Naturstein oder aus Ziegelsteinen errich-

---

45) Emil Sehling (Hrsg.), Die evangelischen Kirchenordnungen des XVI. Jahrhunderts, Bd. 7: Niedersachsen, Die außerwelfischen Lande, 2. Halbband, 1. Teil: Stift Hildesheim, Stadt Hildesheim, Grafschaft Oldenburg und Herrschaft Jever (Bearb. Anneliese Sprengler-Ruppenthal), Tübingen 1980, S. 947-1162, dort auch die ältere Literatur; Heinrich Schmidt, Kirche, Graf und Bürger im mittelalterlichen Oldenburg, in: Reinhard Rittner (Hrsg.), Oldenburg und die Lambertikirche, Oldenburg 1988, S. 9-40; Wiebke Pleuß, Hermann Hamelmanns „Historica ecclesiastica" über Oldenburg und seine Zeit, in: Oldenburger Jahrbuch 89, 1989, S. 21-40.
46) Bernd Moeller, Die Reformation in Bremen, in: Jahrbuch der Wittheit zu Bremen 17, 1973, S. 51-73, erneut abgedr. in: Johannes Schilling (Hrsg.), Bernd Moeller. Die Reformation und das Mittelalter. Kirchenhistorische Aufsätze, Göttingen 1991, S. 161-181.
47) Oncken (s. Anm. 20), S. 148.
48) Der Verfasser dankt Dr. Jörg Eckert, Niedersächsisches Landesverwaltungsamt/Institut für Denkmalpflege, Außenstelle Weser-Ems, für die Einsichtnahme in die Bodenfunde.

tet[49]). Noch 1592 bemerkte ein Reisender, die Stadt sei „aus reinem Lehm gebaut"[50]). Ähnliches hatten 1561 zwei Italiener, die durch Nordwestdeutschland reisten, von Delmenhorst, Cloppenburg und Wildeshausen berichtet[51]). Diese Fachwerkhäuser waren mit Ziegeln eingedeckt, wie in spätmittelalterlichen Städten allgemein üblich. Denn seit 1479 waren in Oldenburg Strohdächer wegen der großen Feuergefahr verboten. Auch in Jever, wo es 1540 verheerende Stadtbrände geben sollte, erhielt 1572 nur noch derjenige eine Baugenehmigung, der sein Haus mit „hartem Dach" deckte. Für die älteren Gebäude galt, daß alle Hauseigentümer, die dazu finanziell in der Lage waren, ihre Häuser ebenfalls mit Pfannen decken mußten[52]).

Als Johann von der Trupe das Haus betrat, eilte ihm sein Freund schon entgegen. Er begrüßte seinen Gast auf mittelniederdeutsch, jener Sprache, die man zu dieser Zeit im gesamten norddeutschen Raum sprach. Seit der Mitte des 14. Jahrhunderts hatte in Oldenburg Mittelniederdeutsch Latein als Schriftsprache abgelöst. Das Hochdeutsche als gesprochene Sprache setzte sich hier erst zu Beginn des 17. Jahrhunderts durch - noch der Kleine Katechismus des Landesherrn von 1599 war in mittelniederdeutsch abgefaßt[53]).

Die beiden Knechte des Bremer Bürgermeisters, die ihn begleiteten, wußten sofort, daß sie einen reichen Bürger vor sich hatten, war Martin Bone doch kostbarer gekleidet als die übrigen anwesenden Männer. Auch an den Frauen im Haus fiel auf, daß sie unterschiedlich gekleidet waren, und das war keine Frage des jeweiligen Geschmacks. Auch wenn für Oldenburg Kleiderordnungen erst seit dem 17. Jahrhundert nachweisbar sind, kann man doch davon ausgehen, daß bereits im spätmittelalterlichen Oldenburg das Tragen von Kleidung und Schmuck reglementiert war. Kleiderordnungen sollten Stand, Beruf und Vermögen des Ehemannes sichtbar machen; sie schufen Distanz zwischen den Ständen und erhielten sie aufrecht[54]).

So ließ der Oldenburger Bürgermeister seine Gewänder u.a. aus Leidener Tuch fertigen, welches ihm der Oldenburger Kaufmann Johann Hungerhove lieferte. Zu dessen Kunden gehörten auch der gräfliche Kanzler und die Gemahlin des Landesherrn[55]). Dieses Tuch war sehr kostbar, für eine Elle - etwa 58 cm - hätte ein Handwerksmeister etliche Tage arbeiten müssen - abgesehen davon, daß er es vermutlich gar nicht tragen durfte. Denn noch die Kleiderordnung von 1736 verbot Handwerkern das Tragen kostbarer Stoffe[56]). Abgesehen von der Qualität der Kleidung - wie

---

49) Kurt A s c h e, Das Bürgerhaus in Oldenburg, Tübingen 1982.
50) Herbert und Inge S c h w a r z w ä l d e r, Reisen und Reisende in Nordwestdeutschland (Veröff. d. Hist. Kommission f. Niedersachsen u. Bremen XXXV, Bd. 7), Hildesheim 1987, S. 324.
51) Ebd., S. 136 f.
52) R o g o w s k i (s. Anm. 10), S. 166 Nr. 34.
53) Kurt R a s t e d e, Das Eindringen der hochdeutschen Schriftsprache in Oldenburg, in: Oldenburger Jahrbuch 38, 1934, S. 1-107; Robert P e t e r s, Zur Geschichte der Stadtsprache Oldenburgs, in: Egbert K o o l m a n, Ewald G ä ß l e r, Friedrich S c h e e l e (Hrsg.), der sassen speyghel. Sachsenspiegel - Recht - Alltag, Bd. 1, Oldenburg 1995, S. 327-360; Wolfgang R o h d e, Die oldenburgischen Sprachverhältnisse zwischen Mittelalter und früher Neuzeit, in: Oldenburger Jahrbuch 95, 1995, S. 15-30.
54) Allgemein: Neithard B u l s t, Robert J ü t t e (Hrsg.), Zwischen Sein und Schein. Kleidung und Identitäten in der ständischen Gesellschaft, in: Saeculum 44/1, 1993.
55) Kurt R a s t e d e, Aus Geschäfts- und Rechnungsbüchern Oldenburger Kaufleute im 16. und 17. Jahrhundert, in: Oldenburger Jahrbuch 42, 1938, S. 1-40, hier S. 7 ff.
56) StAO, Best. 262-1 Nr. 2981.

sah die damalige Mode aus? Zwar gibt es keine bildliche Darstellung des Bürgermeisters. Jedoch zeigen zeitgenössische Altarbilder aus oldenburgischen Kirchen sowie Lederfragmente von am Oldenburger Marktplatz gefundenen Schuhen, daß man auch hier mit der Mode ging[57]). Der modebewußte Herr trug eine Art Kniebundhose, dazu Strümpfe aus Stoff oder Leder - gestrickte Strümpfe kannte man erst ab Mitte des Jahrhunderts. Die Schuhe waren aus Rinds-, Schweins- oder Ziegenleder gearbeitet - hirschlederne Schuhe galten als absoluter Luxus. Die noch um 1520 übliche spitze Form war nun unmodern, Schuhe hatten vorne so breit zu sein wie ein Ochsenmaul - daher der Begriff „Ochsenmaulschuh". Das Wams lag nicht mehr so eng an wie in den Jahrzehnten zuvor. Darüber trug der Herr von Stand die sogenannte Schaube, einen dreiviertellangen Mantel, der am Kragen mit Pelz abgefüttert war.

Von der inneren Aufteilung des Hauses von Martin Bone wissen wir leider nichts, weil für Oldenburg keine Bauzeichnungen oder Darstellungen aus der Zeit um 1530 überliefert sind. Doch wir können uns aufgrund unseres Wissen über die Häuser wohlhabender Bürger anderer Städte ein Bild machen[58]).

Normalerweise bildete im Bürgerhaus jener Zeit die Diele den Mittelpunkt des Familien- und Arbeitslebens im Erdgeschoß. Hier lagerten Waren und Vorräte, hier traf man sich. Nebenan befanden sich die Küche und Werkstatt bzw. das Kontor, so wohl auch das des Kaufmanns Martin Bone. Der eigentliche Wohnraum, die Stube, „Dorntze" genannt, lag im ersten Obergeschoß, zusammen mit mehreren Kammern, in denen die Hausbewohner schliefen. Oberhalb dieses Stockwerks erstreckte sich der hohe Bodenraum, auf dem ebenfalls Vorräte und Waren aufbewahrt wurden.

Das Mobiliar solcher Häuser, wie wir es aus Testamenten und von Darstellungen auf Bildern kennen, war insgesamt spärlicher, als es heute üblich ist, die Qualität und Ausführung auch damals abhängig vom Vermögen der Bewohner und von der jeweiligen Mode. Die Einrichtung der Stube bestand normalerweise aus Tisch, Stühlen, Schränken, die übrigens noch keine Glasscheiben besaßen, und hölzernen Wandregalen. An der Wand, häufig über mehrere Wände reichend, stand die Sitzbank. Truhen waren Sitzgelegenheit und Aufbewahrungsmöbel zugleich. Während die Dorntze im Haus eines reichen Kaufmanns wie Martin Bone repräsentativ eingerichtet war, finden wir die Kammern weniger bequem ausgestattet. Bett, eine einfache Bank, Kasten und Börter waren häufig die einzigen Einrichtungsgegenstände der Schlafkammern. Hinzu kommt, daß es noch keine Zentralheizung für das gesamte Haus gab. Die Kammern konnten nicht geheizt werden. Der einzige beheizbare Raum im Haus war bis zum Ende des 17. Jahrhunderts die Dorntze.

Dort hatte Martin Bone für seinen Gast eine Mahlzeit bereiten lassen - normalerweise wurde die zweite Hauptmahlzeit des Tages am Abend eingenommen[59]). Auf

---

57) Die Lederfragmente wurden im Rijksdienst voor het Oudheidkundig Bodemonderzoek in Amersfoort/Niederlande untersucht und befinden sich im Bestand des Landesmuseums für Kunst und Kulturgeschichte Oldenburg.
58) Allgemein: Günther Wiegelmann (Hrsg.), Nord-Süd-Unterschiede in der städtischen und ländlichen Kultur Mitteleuropas (Beitr. z. Volkskultur in Nordwestdeutschland, H. 40), Münster 1985; dort auch weitere Literatur.
59) Allgemein: Ulf Dirlmeier, Gerhard Fouquet, Ernährung und Konsumgewohnheiten im spätmittelalterlichen Deutschland, in: Geschichte in Wissenschaft und Unterricht 44, 1993, S. 504-526.

langen Bänken sitzend, erwartete die Gesellschaft - andere Honoratioren der Stadt hatten sich inzwischen dazugesellt -, was Küche und Keller des Hauses zu bieten hatten. Ob unser Bürgermeister in der Gestaltung seiner Bewirtung, nämlich bei der Zahl seiner Gäste, der Speisen und Getränke Beschränkungen unterworfen war, wie es vielerorts üblich war, wissen wir nicht. Es fehlen uns dazu die Quellen. Immerhin wissen wir, daß die erste für Oldenburg überlieferte Polizeiordnung von 1636 den Aufwand bei Familienfesten genau nach drei Ständen regelte[60]). Aber jedenfalls gab es kein Wildbret wie Reh und Hase, da das Jagdprivileg in Oldenburg dem Landesherrn vorbehalten blieb. Erst ab 1765 durften auch Ratsherren in der Allmende Hasen, Birk- und Rebhühner bejagen[61]).

Man aß wie allgemein üblich mit den Fingern und mit dem Messer, das sich jeder Gast mitgebracht hatte[62]). Jeder aß vom eigenen Holzbrettchen und trank aus einem Glas bzw. Zinnbecher. Noch wenige Jahrzehnte zuvor hatten sich jeweils zwei Tischgenossen beides geteilt[63]). Es gab Rind- und Schweinefleisch, Geflügel, Käse, Butter, Schwarzbrot, Kuchen, Äpfel und Nüsse, Lachs, Stockfisch und Hering, den die oldenburgische Schiffergesellschaft aus Norwegen bzw. Holland und Schweden holte. Aber auch Karauschen aus der Haaren und aus den Stadtgräben kamen auf den Tisch, war der Fischfang dort doch das Privileg des Rates. Der Fischfang in der Hunte blieb dagegen dem Landesherrn vorbehalten[64]). Auf jeden Fall gab es sehr viel Fleisch zu essen, wie es allgemein üblich war. Kein anderes Jahrhundert hatte einen so hohen pro-Kopf-Fleischverbrauch wie das 16. Jahrhundert[65]). Getrunken wurden Rheinwein und Bordeaux sowie Bremer, Groninger und Oldenburger Bier; Spielleute unterhielten die fröhliche Gesellschaft mit Liedern[66]).

So gestärkt lud Bone seinen Gast anschließend in das städtische Badehaus ein. Von der Trupe folgte dieser Einladung umso lieber, als er auch in seiner Heimatstadt des öfteren eine der vier Badestuben aufsuchte[67]). Gerade jetzt, wo es in Bremen innenpolitische Schwierigkeiten gab - es ging dabei um die Allmendenutzung durch Honoratioren -[68]), war es ihm angenehm, seine Sorgen für einige Zeit in einer entspannten Atmosphäre vergessen zu können.

Diese Badestuben waren ein Ort der Körperpflege, der Geselligkeit, oftmals aber auch ein Ort ungezügelter Sinnenfreude. Die Leitung solch eines Badehauses lag in den Händen eines vom Rat angestellten und beaufsichtigten Bademeisters, der seine Dienste auch als Wundarzt, Masseur, Friseur und Kuppler anbot. Wie viele Badestuben es in Oldenburg zu Beginn des 16. Jahrhunderts gab und wo sie gelegen haben,

---

60) Oetken (s. Anm. 22), Zweiter Teil, Nr. V, S. 4-8.
61) Kohl (s. Anm. 5), S. 28 f.
62) Allgemein: Ulrike Zischka u.a. (Hrsg.), Die Anständige Lust. Von Esskultur und Tafelsitten, München 1993, vor allem S. 66 ff.
63) Hans Ottomeyer, Tischgerät und Tafelbräuche, in: Alois Wierlacher, Gerhard Neumann, Hans Jürgen Teuteberg (Hrsg.), Kulturthema Essen: Ansichten und Problemfelder, Berlin 1993, S. 177-185; Günther Wiegelmann, Ruth-E. Mohrmann (Hrsg.), Nahrung und Tischkultur im Hanseraum (Beitr. z. Volkskultur in Nordwestdeutschland, Bd. 91), Münster, New York 1996.
64) Kohl (s. Anm. 5), S. 29 f.
65) Paul Münch, Lebensformen in der Frühen Neuzeit 1500 bis 1800, Frankfurt/M., Berlin 1992, S. 319 f.
66) Vgl. Oetken (s. Anm. 22), Zweiter Teil, Nr. X, S. 13-16.
67) Herbert Schwarzwälder, Geschichte der Freien Hansestadt Bremen, Bd. 1, Bremen 1975, S. 166.
68) Ebd., S. 186.

wissen wir nicht. Für das 14. Jahrhundert ist nur eine Badestube in der Gaststraße bezeugt[69]). 1584 privilegierte der Landesherr immerhin fünf Barbiere und verlieh ihnen die sogenannte Amtsgerechtigkeit. Sie allein waren befugt, das Aderlaßbecken als Zeichen ihres Handwerks vor ihrem Haus aufzuhängen[70]). Um 1530 dürften also zwischen einer und fünf Badestuben in Oldenburg existiert haben.
Natürlich war es nicht ganz ungefährlich, sie zu besuchen. Wenn dort ein von Läusen geplagter Reisender sich ihrer zu entledigen hoffte, bedeutete das immer eine Gefahr für die übrigen Badegäste. Von anderen Städten wissen wir auch, daß man sich dort mit ansteckenden Krankheiten infizieren konnte - in Oldenburg wird das nicht anders gewesen sein.
Unsere Freunde focht das alles aber nicht an, war man doch über den Übertragungsmechanismus noch nicht informiert. Gern hätte sich Martin Bone vom Bader wegen eines Hautleidens Schröpfköpfe applizieren lassen. Wie alle Zeitgenossen glaubte auch er an die therapeutische Wirkung der Blutabnahme, durch die nach damaligem Verständnis seine Körpersäfte wieder ins Gleichgewicht kämen. Erst Rudolf Virchows Zellularpathologie sollte Mitte des 19. Jahrhunderts der Lehre, daß die Körpersäfte über Gesundheit und Krankheit entscheiden, den Garaus machen[71]). Aber die Sterne standen an diesem Tag für eine solche Behandlung ungünstig, wie ihm der Bader mitteilte, und so ging der Bremer Bürgermeister kein Risiko ein und verzichtete.
Während Bone und von der Trupe in froher Runde beisammen saßen, kam der Bote des Rates herein, um den Bürgermeister an die anstehende Ratssitzung zu erinnern. Die hatte Martin Bone völlig vergessen. Doch kam es ihm gerade recht, daß sein Bremer Ratskollege als Berater anwesend war, weil heute diffizile Fälle zur Entscheidung anstanden. Dazu muß man wissen, daß das Oldenburger Stadtrecht von 1345 ebenso wie dasjenige von Verden, Wildeshausen und Delmenhorst auf dem Bremer Stadtrecht von 1303/08 beruhte, welches wiederum ganze Abschnitte aus dem Hamburger Stadtrecht von 1270 übernommen hatte[72]). Der Oldenburger Rat wandte sich in schwierigen Rechtsfragen daher des öfteren schriftlich an den Rat der Stadt Bremen, der auf diese Weise auf die Oldenburger Rechtsprechung zumindest bis 1590 einwirkte. Parallel dazu verdrängte das römische Recht auch hier das alte Stadtrecht[73]).
Martin Bone war nun froh, seinen erfahrenen Bremer Bürgermeisterkollegen an seiner Seite zu wissen, denn sie alle waren ja Laienrichter. Erst ab 1593 nahm ein studierter Jurist an den Berufungsverhandlungen des Oldenburger Rates teil, erst ab

---

69) Oncken (s. Anm. 20), S. 148
70) Hans Hemmen, Die Zünfte der Stadt Oldenburg im Mittelalter, in: Jahrbuch für die Geschichte des Herzogtums Oldenburg 18, 1910, S. 191-304, hier S. 268-271. Vgl. auch StAO, Best. 262-1 Ab. Nr. 2 fol. 19r (1637) betr. Niederlassung eines „qualifizierten Baders oder Schröpfers" in der Stadt.
71) Allgemein: Arthur E. Imhof (Hrsg.), Der Mensch und sein Körper von der Antike bis heute, München 1983; Heinrich Schipperges, Die Kranken im Mittelalter, München 1990²; Robert Jütte, Ärzte, Heiler und Patienten. Medizinischer Alltag in der frühen Neuzeit, München, Zürich 1991.
72) Schwarzwälder (s. Anm. 3), S. 38; Albrecht Eckhardt, Bremer Stadtrechtsfamilie und Oberhof, in: der sassen speyghel (s. Anm. 53), S. 249-264.
73) Rastede (s. Anm. 53), S. 64 f.

1694 führte ein Rechtsgelehrter als Bürgermeister den Vorsitz[74]). Und so machten sich die beiden rasch auf den Weg zum Rathaus. Unterwegs klagte Bone seinem Besucher sein Leid über die Macht des Landesherrn in der Stadt. Vor kurzem habe der Rat einem fremden Gaukler gestattet, vor dem Schütting zu spielen. Nachdem der Graf davon Kenntnis erhalten habe, sei es sofort untersagt worden[75]). Selbst bei solchen Vergnügungen behalte sich der Gnädige Herr das letzte Wort vor.

Im Rathaus warteten schon die übrigen fünf Ratsherren, die zusammen mit dem Bürgermeister für ein Jahr ihr Ehrenamt ausübten. Außerdem war der Stadtschreiber zugegen. Da zu jener Zeit noch nicht jeder Ratsherr lesen und schreiben konnte, nahm diese Funktion immer ein Geistlicher aus der Lambertikirche wahr[76]).

Martin Bone konnte zwar lesen und schreiben, hatte jedoch keine Universität besucht. Der erste studierte Oldenburger Bürgermeister war Wyneke Westerloy, der 1522 in Wittenberg studiert hatte[77]). Vermutlich hatte der Oldenburger Bürgermeister die Lateinschule besucht. Über die Lehrinhalte der Oldenburger, Delmenhorster, Vechtaer, Friesoyther und Wildeshauser Lateinschule - in Cloppenburg und Jever gab es zu dieser Zeit noch keine - ist wenig bekannt[78]). Sie dürften aber weitgehend denen entsprochen haben, die damals allgemein üblich waren, nämlich das Trivium, d.h. Grammatik, Dialektik und Rhetorik. Viele uns heute selbstverständliche Fächer fehlten also. Nur in manchen Schulen übte man außerdem das Aufsetzen von Geschäftsbriefen. Unterrichtssprache war das Latein des Mittelalters, das Mittellatein, also nicht das klassische. In der Regel trat der Schüler mit sechs oder sieben Jahren in die Lateinschule ein. Zunächst kam er in den ersten Haufen - so nannte man die Klasse -, wo er etwa zwei Jahre blieb. Dort lernte er Lesen und Schreiben anhand einer Fibel. In der zweiten Klasse wurde lateinische Grammatik durchgenommen. Lateinische Syntax und Stilistik sowie rhetorische Übungen standen auf dem Stundenplan der dritten Klasse. Hielt der Schüler bis zum Schluß durch, verließ er die Schule nach sechs Schuljahren[79]).

Außer der Lateinschule gab es in Oldenburg noch eine Schreibschule, Vorläufer der späteren Volksschule. In ihr lernte der Schüler Lesen und Schreiben in deutscher Sprache sowie - für Kaufleute und Handwerker wichtig - kaufmännisches Rechnen. Diese Schule vermittelte also das für eine handwerkliche oder kaufmännische Berufsausübung wichtige theoretische Rüstzeug. Belegt ist die Schreibschule erst seit 1620, doch ist davon auszugehen, daß sie auch schon vorher bestanden hat[80]), zu-

---

74) Ebd., S. 65 und S. 102; Kohl (s. Anm. 2), S. 137.
75) StAO, Best. 262-1 Nr. 2 fol. 18r (1635). 1648 wollten „Freifechter" ihre Künste zeigen. Der Rat verwies sie an den Landesherrn (ebd., fol. 69r).
76) Rastede (s. Anm. 53), S. 43.
77) Ebd., S. 57.
78) Andreas Kathe, Der weite Weg zum Wissen. Studenten aus Südoldenburg im Spätmittelalter, in: Jahrbuch für das Oldenburger Münsterland 1989, S. 61-84.
79) Grundlegend: Friedrich Paulsen, Geschichte des gelehrten Unterrichts, Bd. 1, Leipzig 1913³, ND Berlin 1960; Bernd Moeller, Hans Patze, Karl Stackmann (Hrsg.), Studien zum städtischen Bildungswesen des späteren Mittelalters und der frühen Neuzeit (Abh. d. Akad. d. Wiss. in Göttingen, Phil.-hist. Klasse, Folge 3, Bd. 137), Göttingen 1983.
80) Rastede (s. Anm. 53), S. 43.

mal in Cloppenburg, Vechta und Wildeshausen bereits für das 16. Jahrhundert dieser Schultyp nachzuweisen ist[81]).

Doch kommen wir zurück zu unserer Ratssitzung. Als erstes wurde der Fall Cord Meiger aufgerufen. Meiger wollte das Bürgerrecht gewinnen, eine besondere Rechtsstellung[82]). Denn wie in jeder mittelalterlichen Stadt, so war auch in Oldenburg die Bevölkerung nicht nur sozial, sondern auch rechtlich stark differenziert. Es gab Bürger und Einwohner, Laien und Geistliche. Als Einwohner galten z.B. Adlige, Geistliche, Soldaten, Knechte, Juden, Spielleute, Gesellen, Tagelöhner, Dirnen, Henker und Dienstmädchen. Oldenburger Bürger war jeder, der das Bürgerrecht besaß. Am einfachsten erfüllen konnten diese Bedingung natürlich die Kinder von Oldenburger Bürgern; sie wurden in das Bürgerrecht hineingeboren[83]). Sofern man das Bürgerrecht nicht erbte, mußte man es kaufen. Für den Oldenburger Rat waren zu jener Zeit Neubürgeraufnahmen keine Seltenheit, wie anderswo auch. Seit der zweiten Hälfte des 15. Jahrhunderts stieg die Bevölkerung in den Städten des Alten Reiches stetig an, zu Beginn des 16. Jahrhunderts hatte dieser Anstieg noch zugenommen[84]). Cord Meiger brachte vor, daß er schon seit Jahr und Tag in Oldenburg lebe, also nicht Leibeigen sei. Denn bekanntlich machte Stadtluft nach einem Jahr und einem Tag frei. Auch übe er einen ehrlichen Beruf aus. Außerdem deuteten keine Narben in seinem Gesicht und an den Händen auf die Bestrafung früherer Rechtsverletzungen hin[85]). Da der Bewerber ein wirtschaftlich interessantes Gewerbe ausübte - er war nämlich Honigkuchenbäcker -, beschloß der Rat, ihn als Bürger aufzunehmen. Daraufhin schwor Cord Meiger gegenüber Martin Bone den Bürgereid, der kurz nach 1345 eingeführt worden war, und zahlte das Bürgergeld. In dem Eid ging es um Gehorsam gegenüber Rat und Landesherr sowie um die Unterwerfung unter die städtische Gerichtsbarkeit. Der Neubürger hatte nun Rechte, aber auch Pflichten, die den allgemein üblichen entsprachen: Zu den Rechten zählte der militärische und juristische Schutz durch den Rat, das Recht auf Ausübung eines bürgerlichen Gewerbes - d.h. er konnte also Handwerksmeister werden -, auf politische Mitwirkung im Rahmen der Stadtverfassung und auf Nutzung der Allmende. Zu seinen Pflichten gehörten u.a. die Verteidigungsbereitschaft, Deichbau und -pflege, Zahlung von Steuern, Teilnahme an Verbrecherjagden und die Brandbekämpfung. Das Delmenhorster und Jeveraner Bürgerrecht beinhaltete zusätzlich noch die Teilnahme an Wolfsjagden[86]).

Als nächstes kam der Fall des Schlachters Marten Reimers zur Sprache. Dieser war der üblen Nachrede gegenüber Harmen Rottgers angeklagt. In erster Instanz hatte das gräfliche Vogteigericht als Strafe ein bürgerliches Einlager, als „Hausarrest", von

---

81) Kathe (s. Anm. 79), S. 61 und S. 83 Anm. 2 und 3.
82) Dietrich Kohl, Das Bürgerrecht in der Stadt Oldenburg 1345-1861, in: Oldenburger Jahrbuch 41, 1937, S. 79-97.
83) Allerdings waren sie von den bürgerlichen Lasten bis zu ihrer „Verheiratung" befreit. S. dazu StAO, Best. 262-1 Ab. Nr. 2 fol. 68r (1648).
84) Schilling (s. Anm. 27).
85) Allgemein: Olwen Hufton, Das Gericht, in: Heinz-Gerhard Haupt (Hrsg.), Orte des Alltags: Miniaturen aus der europäischen Kulturgeschichte, München 1994, S. 238-249, hier S. 242.
86) Grundig (s. Anm. 36), Bd. 1, S. 148; Rogowski (s. Anm. 10), S. 122 (1766).

einer Woche verhängt. Damit war Rottger nicht einverstanden gewesen, und so hatte er Berufung beim Ratsgericht eingelegt, welches für solche Fälle zuständig war. Wie für viele Stadträte so waren auch für den Oldenburger Rat Beleidigungsfälle an der Tagesordnung.

Von der Trupe sagte zum vorgetragenen Fall, daß nach Bremer Recht vier Wochen Einlager üblich seien. Anschließend müsse der Beschuldigte außer eines Bußgeldes noch die „Stadtsühne" leisten[87], eine Entschädigung. Die Festsetzung der Art der Entschädigung war in das Ermessen des Klägers gestellt. Sie konnte von einer kleinen Geldstrafe bis zu einjähriger Verbannung reichen. Dies zeigt, wie hochgradig empfindlich die mittelalterliche Gesellschaft auf Ehrverletzung reagierte.

Bone dankte seinem Kollegen für den Rat und verkündete in Abstimmung mit seinen Oldenburger Ratsfreunden ein entsprechendes Urteil. Reimers blieb jetzt nur noch die Berufung an das gräfliche Obergericht.

Danach mußte sich Heinrich Wessel gemeinsam mit seiner Frau verantworten. Sie hatten zwei Schweineschinken, einen Sack mit einem Scheffel Gerste und einen kleinen Kessel gestohlen. Man verurteilte beide Angeklagte zu acht Tagen Haft bei Wasser und Brot. Anschließend sollten sie in das Halseisen geschlossen werden, wobei sie etwas von den gestohlenen Sachen am Hals tragen mußten[88]. Wie lange der Missetäter am Pranger stand, hing von der Schwere des Vergehens ab, aber auch vom Wetter. Das Prangerstehen konnte eine halbe Stunde dauern, drei Stunden - bei Messerstecherei - oder länger. 1638 mußten z.B. zwei des Heudiebstahls überführte Personen von 10-13 Uhr vor dem Rathaus stehen - gefesselt und mit einem Heukranz auf dem Haupt[89].

Der Schandpfahl mit dem Halseisen, in das sie eingeschlossen wurden, stand in Oldenburg am zentralen Platz der Stadt, am Markt. Man kann wohl kaum erahnen, was in dem Verurteilten vorgegangen sein muß, wenn er, eingeschlossen in das Halseisen, von der Menge angegafft, verspottet und beschimpft wurde, wenn Freunde und Nachbarn ihn sahen, zu denen er anschließend zurückkehren mußte. Das war auch der Zweck dieser Ehrenstrafe, denn in der mittelalterlichen Gesellschaft beruhte das soziale Ansehen nicht auf der Persönlichkeit des Individuums, sondern auf dem Stand und der äußeren Stellung, die es im Urteil der anderen einnahm. Das Stehen am Pranger bedeutete für den Verurteilten also eine Bloßstellung. Zugleich stellte es für die Umstehenden eine Abschreckung dar[90].

Als der Bürgermeister mit seinem Freund das Rathaus endlich verlassen konnte, war es schon stockfinster - eine Straßenbeleuchtung gab es noch nicht. Der Nachtwächter hatte bereits seinen Dienst angetreten, der erst gegen Morgen endete. Die

---

87) OUB 1 Nr. 475 (1534).
88) StAO, Best. 22 Ab. Nr. 29 fol. 92v-93r (1652).
89) StAO, Best. 262-1 Ab. Nr. 2, fol. 24v.
90) Allgemein: Michel Foucault, Überwachen und Strafen. Die Geburt des Gefängnisses, Frankfurt/M. 1977; Wolfgang Schild, Alte Gerichtsbarkeit: Vom Gottesurteil bis zum Beginn der modernen Rechtsprechung, München 1985²; Hartmut Boockmann, Das grausame Mittelalter, in: Geschichte in Wissenschaft und Unterricht 38/1, 1987, S. 1-9; Richard van Dülmen, Theater des Schreckens: Gerichtspraxis und Strafrituale in der frühen Neuzeit, München 1988³; Christoph Hinckeldey (Hrsg.), Justiz in alter Zeit, Rothenburg o.d.T. 1989³.

Stadttore waren geschlossen[91]) - in Jever wurden sie dem Stadtrecht von 1572 zufolge erst morgens gegen acht oder neun Uhr wieder geöffnet[92]). Und auch die Oldenburger Bürger, die an diesem Tag Wachdienst hatten und ihn mitunter durch das Abfeuern ihrer Gewehre lautstark begannen[93]), waren schon auf ihrem Streifengang - in Jever wurde dieser Wachdienst erst Ende des 17. Jahrhunderts abgeschafft[94]). Beide Bürgermeister ließen sich wegen der Dunkelheit Laternen reichen und zündeten sie an. Sie taten gut daran, Lichter mit sich zu führen, wollten sie nicht über Abfall und Dreck stürzen oder Gesindel in die Hände fallen. In Jever war es 1572 Vorschrift, ab 21 Uhr eine Laterne bei sich zu haben. Wer danach von der Wache ohne Licht angetroffen wurde und ihr das nicht erklären konnte, mußte damit rechnen, bis zum anderen Morgen in das Halseisen am Rathaus gestellt zu werden[95]). An der Beschaffenheit der Straßen sollte sich im übrigen bis zum 19. Jahrhundert nichts grundlegend ändern: Einem Zeitgenossen fiel noch 1801 auf, daß abends nur die Straßen in Delmenhorst „noch halsbrecherischer" seien als die in Oldenburg[96]). Unsere Freunde erreichten jedoch unbehelligt das Haus des Bürgermeisters.

Wir blenden uns an dieser Stelle aus dem Besuch des Bremer Bürgermeisters in Oldenburg aus. Wir haben ihn an einem Tag in seinem Leben begleitet und so einen Einblick in das alltägliche Leben im mittelalterlichen Oldenburg erhalten. Manches daran ist zeitlos, anderes zeitbedingt. Auf jeden Fall taten wir einen Blick in ein Stück Kulturgeschichte, die Geschichte unserer Kultur. Die Kenntnis von deren Wurzeln zu bewahren muß Anliegen von uns allen sein.

---

91) Vgl. StAO, Best. 262-1 Ab. Nr. 3 (1575) fol. 3r.
92) Rogowski (s. Anm. 10), S. 157, Nr. 8.
93) StAO, Best. 262-1 Ab. Nr. 2 (1620).
94) Rogowski (s. Anm. 10), S. 121.
95) Ebd., S. 158, Nr. 14.
96) Grundig (s. Anm. 36), Bd. 1, S. 335.

100

Reinhold Schütte

# Domänenpolitik und Domänenverwaltung im Oldenburger Land vom 16. Jahrhundert bis zur Gegenwart

## 1. Einleitung

Die Entwicklung der Domänenwirtschaft im Oldenburger Land hängt eng mit dem Oldenburger Herrschaftshaus zusammen und läßt sich unter wechselnden Aufgaben- und Zielvorstellungen bis in das 16. Jahrhundert zurückverfolgen. Einige Domänen, die heute noch der Verwaltung des Domänenamtes Oldenburg unterstellt sind, haben ihren Ursprung in dieser Zeit wie z.B. Maihausen, Roddens I, Rickelhausen, Marienhausen oder Inte.

Im Laufe der letzten Jahrhunderte bis in die unmittelbare Gegenwart erfolgten erhebliche Eingriffe in den domänenfiskalischen[1]) Grundbesitz im Oldenburger Land. Mit dem Staatsgrundgesetz für das Großherzogtum Oldenburg von 1849, der Verfassung des Freistaates Oldenburg und dem Reichssiedlungsgesetz von 1919 sowie der nationalsozialistischen Agrarpolitik zwischen 1933 und 1945 gingen umfangreiche Veränderungen im Gesamtbestand und in der Struktur des staatlichen landwirtschaftlichen Grundbesitzes einher. Nach dem 2. Weltkrieg wurden landeseigene Flächen zur Ansiedlung heimatvertriebener Landwirte verwendet. Gegenwärtig ist die Domänenverwaltung bemüht, sich der veränderten Zielsetzung und Aufgabenstellung anzupassen, indem beispielsweise zunehmend ökologische und naturschutzverträgliche Aspekte bei der Landbewirtschaftung beachtet werden.

Das Domänenamt Oldenburg verwaltet z. Zt. rd. 10.000 ha domänenfiskalischen Grundbesitz. 8.200 ha sind davon Stückland (Streubesitz), und 1.800 ha werden von 28 Domänen bzw. domänenfiskalischen Pachthöfen bewirtschaftet. Diese Betriebe verfügen über landwirtschaftliche Nutzflächen zwischen 30 und 100 ha. Sie liegen durchweg im Küstenraum der Landkreise Wesermarsch und Friesland und werden überwiegend als reine Grünlandbetriebe bewirtschaftet. Vom gesamten Streubesitz liegen rd. 4.000 ha im Außendeichsbereich im Nationalpark Niedersächsisches Wat-

---

1) Domänenfiskalisch: Rechtsverhältnisse des Staates (Fiskus = Staatskasse) hinsichtlich des landwirtschaftlich genutzten Vermögens, die nicht nach öffentlichem Recht sondern nach bürgerlichem Recht zu beurteilen sind.

---

Anschrift des Verfassers: Dr. agr. Reinhold Schütte, Domänenamt Oldenburg, Lindenallee 32, 26122 Oldenburg.

tenmeer einschließlich der Inseln Mellum und Wangerooge. Weiterer Streubesitz befindet sich hauptsächlich in den Landkreisen Ammerland und Oldenburg und hier wiederum zu einem guten Teil in Naturschutzgebieten als landwirtschaftlich genutzte Fläche oder als Ödland.

## 2. Der Beginn der Domänenwirtschaft

*2.1 Vom 16. Jahrhundert bis zum Tod des Grafen Anton Günther im Jahre 1667*

Die Bewirtschaftung und Verwaltung des heutigen domänenfiskalischen Grundbesitzes läßt sich bis ins 16. Jahrhundert zurückverfolgen und war am Beginn durch zwei wesentliche Merkmale gekennzeichnet: zunächst einmal hing der Beginn der Nutzung von Domänenland in der hiesigen Region eng mit der Eindeichung der Nordseeküste mit Schwerpunkt in Butjadingen und Stadland in der nördlichen Wesermarsch im 16./17. Jahrhundert zusammen. Das neu eingedeichte Land wurde Eigentum der Oldenburger Grafen. Graf Johann V. (1488-1529) deichte ca. 2.500 ha, sein Nachfolger Graf Anton I. (1526-1573) und Graf Johann VII. (1573-1603) nochmals jeweils 3.100 und 2.700 ha Land ein. Insbesondere Graf Anton I. schlug, anders als sein Vater, der die Masse des neuen Bodens an Bauern abgegeben hatte, fast die Hälfte des Neulands den gräflichen Vorwerken zu[2]. Bis zum Jahr 1603, dem Regierungsantritt Graf Anton Günthers, hatten seine Vorgänger das Marschgebiet um ca. 8.300 ha vergrößert.

Zum anderen wurde durch Graf Anton I. im Zuge der Reformation 1531 eine Reihe von Johannitergütern eingezogen und als gräfliches Vorwerkland genutzt (Abb. 1). Der Gewinn aus dem neugewonnenen Land und den eingezogenen Gütern des Ordens kam Graf Anton Günther zugute, dem es als Domänen-[3] und Allodialland[4] unterstellt war. Auch die Untertanen hatten indirekt einen Nutzen von der Landeserweiterung, da der weitaus größte Teil der Flächen den Bauern und Ansiedlern zum *Meierrecht*[5] verpachtet wurde. Die 35 gräflichen Vorwerke[6], davon 19 im Jeverland und in der Wesermarsch (Abb. 2), wurden zunächst von besoldeten gräflichen

---

2) Heinrich Schmidt, Grafschaft Oldenburg und oldenburgisches Friesland in Mittelalter und Reformationszeit (bis 1573), in: Albrecht Eckhardt, Heinrich Schmidt (Hrsg.), Geschichte des Landes Oldenburg, Oldenburg 1993[4], S. 97-171, hier 158.
3) Domäne: Staatsgut (vom mittellat. domanium = Herrschaft), Bezeichnung für land- oder forstwirtschaftlich genutzte Güter, welche dem Staat gehören. Domäne ehemals auch Vorwerk genannt. Ein Staatsgut von weniger als 50 ha Fläche wird gelegentlich auch Pachthof genannt.
4) Allodialland: im mittelalterlichen Recht zum persönlichen Besitz gehörende Ländereien.
5) Vgl. hierzu Meierrecht: grundherrschaftliches Untertänigkeitsverhältnis mit den Bauern gegenüber dem Grafen, z.B. Pflicht zur Abgabe von Naturalien, Pflicht zum Deichbau und zur Unterhaltung von Deichen und Sielen, Ableisten von Hofdiensten auf den Vorwerken. Friedrich-Wilhelm Schaer: Die Grafschaften Oldenburg und Delmenhorst vom späten 16. Jahrhundert bis zum Ende der Dänenzeit, in: Eckhardt/Schmidt (s. Anm. 2), S. 173-228, hier 192.
6) 35 Vorwerke: Upjever, Rickelhausen, Garms, Oestringfelde, Marienhausen, Neu-Oberahm, Inte, Roddens, Blexersand, Seefeld, (Neuester Hoben), Neuer Hoben, Alter Hoben, Ovelgönne, Hayenschloot, Hammelwarder Sand, Wittbeckersburg, Neuenfelde, Neuenburg (Wrockbulten), Jade, Neu-Jade, Oldenburg, Drielake, Mönnichhof, Rastede, Burgforde, Apen, Neuenhuntorf, Mansholt, Hahn, Feldhus, Holtgast, Hundsmühlen, Westerburg, Welsburg, Weyhausen.

# Domänenpolitik und Domänenverwaltung im Oldenburger Land — 103

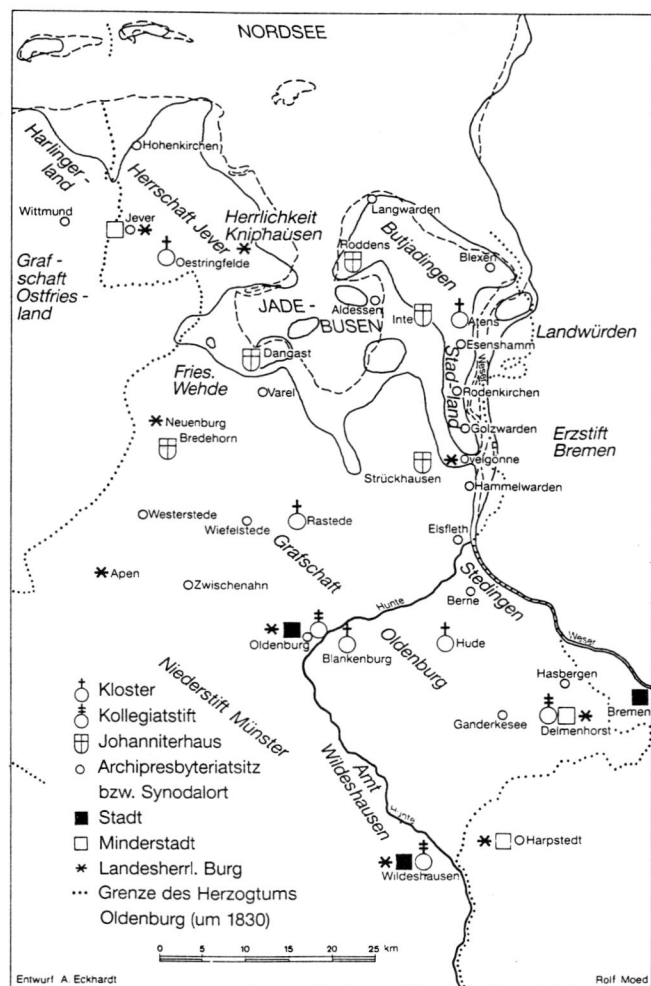

Abb. 1:
Von Graf Anton I. im Jahre 1531 eingezogene und in Vorwerke umgewandelte Johanniterhäuser (aus: Eckhardt/Schmidt, s. Anm. 2, S. 155).

Meiern in eigener Verantwortung bewirtschaftet, seit Ende der 30er Jahre des 17. Jahrhunderts dann vielfach verpachtet.

Über die Rentkammer in Oldenburg, der Vorläuferin des heutigen Domänenamtes, wurden diese Landflächen und gräflichen Vorwerke verwaltet. Die gräfliche Rentkammer bestimmte die Art der Bewirtschaftung. Sie schickte Hofmeister und Stallmeister zur Inspektion, ersterer für die Rindviehzucht und Naturalien, letzterer für die Pferdezucht. Die Hof- und Stallmeister besuchten der Reihe nach die Vorwerke, gaben aber auch schriftliche Anweisungen über die Art, wie Garten und Ackerland zu besäen seien. Es war das Ziel, die Versorgung der Herrschaftshäuser mit Vieh und Naturalien sicherzustellen. Der jeweilige Hofmeister forderte die Fruchtlieferungen für die Hofküche an, kaufte Vieh ein und erteilte den Vorwerksverwaltern

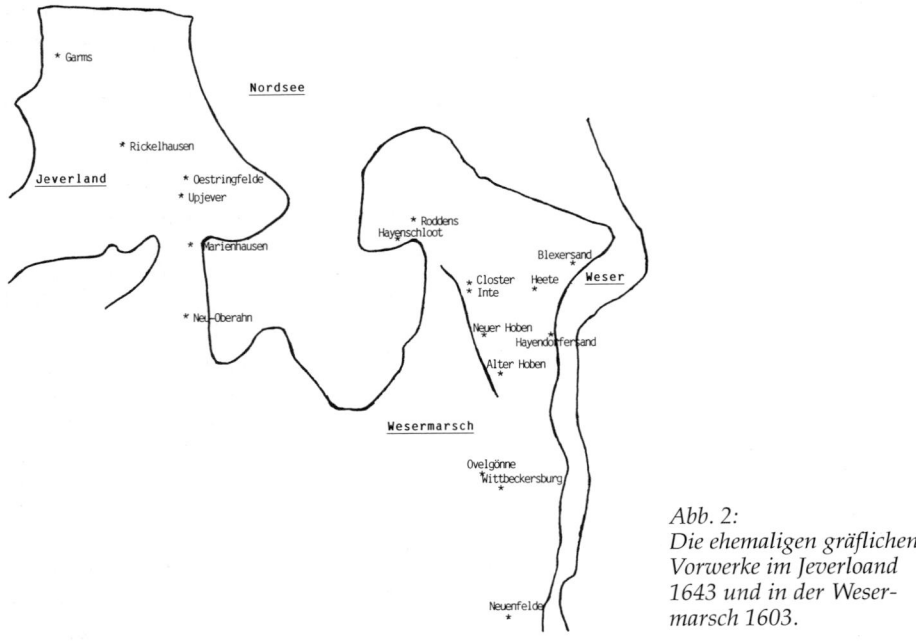

Abb. 2:
Die ehemaligen gräflichen Vorwerke im Jeverloand 1643 und in der Wesermarsch 1603.

Aufträge zum Verkauf. Die Vorwerksverwalter beaufsichtigten die einzelnen Vorwerke, leiteten An- und Verkäufe, führten aber auch über die Pachthöfe und Pachtschulden der Meier Buch.

Der Meier hatte die Anweisungen, die ihm gegeben wurden, zu erfüllen. Dazu trat die Last der gutsherrlichen bzw. landesherrlichen Dienste, die von den Bauern auf den Vorwerken wöchentlich zu leisten waren: Füttern des Viehs, Torf- und Mistfahren, Jagd- und Burghofdienste, Mühlen- sowie Deichhofdienste und die Gebäude in Ordnung zu halten. Dieser Deichhofdienst stellte eine große wirtschaftliche Belastung der Marschbauern dar. Daß der zahlenmäßige Anteil des Rindviehs von 1624 bis 1660 bei den Vorwerken nahezu konstant blieb, obwohl nach 1648 eine Reihe verpachtet oder verkauft worden war, läßt sich damit erklären, daß ein ganz erheblicher Teil des Viehs, vor allem die *Beester* auf den rings um die Vorwerke gelegenen Höfen, den sogenannten *Herrenbauen,* von den gräflichen Meiern gehalten wurde.

Kern der Reformpolitik des Grafen Anton Günther war sein Bemühen, die Dienste und Naturalabgaben seiner Bauern nach und nach durch entsprechende Steuern abzulösen. Der Graf hatte nach 1648 eine ganze Reihe von Vorwerken, vor allem auf der Geest, veräußert bzw. verpachtet. Er war an den Naturaldiensten nicht mehr so stark interessiert wie bisher. Andererseits war er mehr als früher auf regelmäßige Geldzahlungen seiner Untertanen angewiesen, da er für die landwirtschaftlichen Erzeugnisse nicht mehr so günstige Preise erzielte wie in den ersten Jahrzehnten des Jahrhunderts. Was war geschehen? Die Grafschaft Oldenburg, die von den Auswirkungen des Krieges relativ verschont blieb, konnte größere Mengen an agrarischen Produkten auf den deutschen und niederländischen Märkten zu hohen Preisen verkaufen. Mit dem Ende des 30jährigen Krieges in Deutschland 1648 erholte sich die Landwirtschaft in den heimgesuchten Regionen, und als Folge der Produktionssteigerung sanken nach und nach die Preise für die Erzeugnisse der Oldenburger Vorwerke[7]).

Pferdezucht und Pferdehandel spielten unter Graf Anton Günther eine bedeutende Rolle. Der Pferdehandel war von großer Bedeutung für die gräfliche Wirtschaft. Die Pferdezucht wurde auf den Höfen stark gefördert und hatte ihren Schwerpunkt auf der Geest. Bis heute wird der auf seinem legendären Kranich reitende Graf Anton Günther sehr gern mit den Anfängen der oldenburgischen Pferdezucht identifiziert. Seine Leistungen als Betreiber stattlicher Gestüte und als Züchter prächtiger Pferde wurde weithin anerkannt.

Die ebenfalls sehr ertragreiche Ochsenmast führte dazu, daß Oldenburg zum Zentrum der Rindermast im 16. und 17. Jahrhundert wurde. Ohne die üppigen gräflichen Weideflächen bei Garms, Kniphausen und bei den Vorwerken in der Wesermarsch wäre weder eine solch Ochsenmast noch eine solch ausgedehnte Pferdezucht möglich gewesen. Auf den einzelnen Vorwerken befanden sich große Gestüte wie in Garms, Oestringfelde, Neuenburg, Neu-Jade, Drielake und Westerburg.

Aus dem Jahr 1664 stammt eine Akte mit dem Verzeichnis aller Pferde und Fohlen, die sich bei den gräflichen Vorwerken befanden und geweidet wurden[8]): *Zu Gärmsse 172 Pferde; Zum Kilgroden 141 Pferde; Zum Neienfeld 156 Pferde; Zur Ovelgunne 211 Pferde; Zum Seehfelde 129 Pferde; Zu Kniphausen 93 Pferde. Zudem noch zu Kniphausen 8 Stueten undt zu Burchforde 27 Stueten, welche Daselbst über Winter sein gefüttert, aber nicht daselbst übersommern, sondern anderswo müssen geweidet werden. Summa 1109 Pferde.*

Auf den Domänen trieb man eine edle Pferdezucht zunächst jedoch aus Liebhaberei. Graf Anton Günther vergrößerte die Gestüte seines Vaters, besonders seit 1625. Infolge des im 30jährigen Krieg entstandenen Mangels an Pferden und der damit verbundenen größeren Nachfrage erhöhte sich der Gesamtbestand auf 2000 Pferde im Jahr. Graf Anton Günther hatte sich als Züchter damals in ganz Europa einen Namen gemacht. Der Hofhistoriker des Grafen, Johann Just Winkelmann, schrieb deshalb in seiner 1671 gedruckten Chronik hierzu: *Daß in diesen Graf- und Herrschaften eine stattliche Pferdezucht seye und unter andern auch hierinnen der Einwohner Nahrung mitbestehe, ist dergestalt bekannt, daß jährlich vieltausend Stück aus diesen Landen* (Oldenburg) *von den Ausländischen geholet und verführet werden*[9]).

---

7) Vgl. Gustav Rüthning, Oldenburgische Geschichte, 1, Bremen 1911, S. 516 f; Friedrich Wilhelm Schaer, Graf Anton Günther in seiner Bedeutung für die Geschichte, in: Oldenburger Jahrbuch 84, 1984, S. 51-84, hier 77.
8) Vgl. Helene Ramsauer, Zur Wirtschaftsgeschichte der Oldenburger Wesermarschen im Zeitalter des 30jährigen Krieges, in: Oldenburger Jahrbuch 35, 1931, S. 16-30, sowie Niedersächsisches Staatsarchiv in Oldenburg, Best. 90-8 Domänen.
9) Johann Just Winkelmann, Oldenburgische Friedens- und der benachbarten Örter Kriegshandlungen ..., Oldenburg 1671, S. 95 f.

*2.2 Kurzer Abriß über die Anfänge und Entwicklung einzelner Domänen in den heutigen Landkreisen Friesland und Wesermarsch sowie der Stadt Wilhelmshaven*[10])

Garmser Domänen (Gemeinde Wangerland)
In das alte Tief (Berdumer Tief), das ehemals zwischen Middoge und Berdum bei Garms floß, ergoß sich die Harle und die Kapte Balge, die eigentliche Grenze zwischen Ostfriesland und dem Jeverland. Da das Meer weit in das Land eintrat, als der alte Deich noch nicht gebaut war, lag Middoge z.B. oft wie eine Insel.
Der Deich beim Berder Siel über das Tief wurde 1570 gelegt, der Tettenser Altengroden wurde 1599 eingedeicht, der Garmser Groden 1637/58, der Sophiengroden 1698, der Friedrich-Augustengroden 1765, der Neu-Augustengroden 1806, 1808/10. 1658 wurde die Sietwendung nicht als Deich, sondern als neue Landesgrenze zwischen den von den Grafen von Oldenburg und Ostfriesland neu eingedeichten Groden gelegt. Auf dem Garmser Groden besaß Graf Anton Günther eine ansehnliche Stuterei. Die Großherzogliche Hausstiftung, die aus den Vorwerken Großengarms, Osterdeichshof, Südergarms und Nordergarms bestand, wurde durch Kauf im Jahre 1887 begründet (Abb. 3). Zwanzig Jahre nach der Bedeichung von Garms wurde 1658 der kleine Groden, in welchem die Vorwerke „Kleinengroden" und „Mittelgarms" liegen, mit einer Größe von 77,5 ha eingedeicht. Dies geschah auf Veranlassung Ostfrieslands, das eine Verbindung zu diesem Groden wünschte[11]).

Alt-Marienhausen (Gemeinde Sande)
Alt-Marienhausen war früher ein adeliges Gut. Das Haus wurde von Fräulein Maria von Jever 1568-1571 erbaut und war noch um 1800 mit einem Wall und einem Graben umgeben und mit einer Zugbrücke versehen. Das Gut fiel 1667 an den Grafen von Aldenburg und kam 1699 wieder an Jever zurück. Fürst Johann August ließ dem Turm eine Spitze aufsetzen. Ein zweiter Turm blieb unvollendet. Das Schloß, früher eines der schönsten im Jeverland, verfiel seit 1806 und mußte 1826 abgebrochen werden.

Blexersande I (Stadt Nordenham)
Der Blexer Sand wurde 1539 von Graf Anton I. eingedeicht. Einige hier angelegte Vorwerke erhielt 1667 Graf Anton von Aldenburg, an dessen Erben sie später fielen. 1825 waren drei adelige freie Hofstellen Gräflich Bentincksches Eigentum. Der übrige Teil wurde parzellenweise verpachtet. Mit der anderen Hälfte war 1825 ein gewisser Dr. Schröder in Hamburg belehnt.

Hayenschloot (Gemeinde Butjadingen)
1555 wurde das Land bei Eckwarden bis auf den Hayenschloot eingedeicht und ein gräfliches Vorwerk errichtet, welches bei der Eindeichung 631 Jück (1 Jück = ca. 0,45 ha) erhielt. Es war unter Graf Anton Günther eines der sechs Vorwerke in Stadland und Butjadingen.

---

10) Die kurzen, teilweise knappen Ausführungen beruhen auf Angaben diverser Akten im Domänenamt Oldenburg.
11) O. Tenge, Der Jeversche Deichband, Geschichte und Beschreibung der Deiche, Uferwerke und Siele im dritten Oldenburgischen Deichbande und im Königlich Preußischen westlichen Jadegebiet, Oldenburg 1898², S. 81.

Domänenpolitik und Domänenverwaltung im Oldenburger Land ——— 107

Infeld (Stadt Nordenham)
Das Gut Heete oder Groß-Infeld war ein Lehngut, welches 1647 an die Allodialerben der letzten Grafen von Delmenhorst kam. Nach manchem Wechsel fiel es der oldenburgischen Landes- und Lehnsherrschaft anheim.

Inte (Gemeinde Butjadingen)
In der 1. Hälfte des 18. Jahrhunderts fand man in Kloster (gegenüber von Inte) Reste von Mauern, Steine und alte Mönchsbücher. Hier hat höchstwahrscheinlich das Ordenshaus der Johanniterkommende Sangwick gestanden. Dieser Name erinnert an die Wisch, die Niederung von Atens-Abbehausen bis Eckwarden-Tossens. Er ist später von Inte (Indiek, eingedeicht) verdrängt worden. Nur der Ortsname Kloster blieb. Die alten Namen verschwanden hier vielfach infolge der vielen Überschwemmungen und der starken Ansiedlung in der Wisch. 1530 nahm Anton I. Inte an sich, 1548 wurde es als widerrechtlich eingezogen bezeichnet, aber auch dieses Johannitergut verblieb den Oldenburger Grafen. Die vier Kommenden Inte, Roddens, Strückhausen und Bredehorn sind wahrscheinlich gleichzeitig und zwar bereits

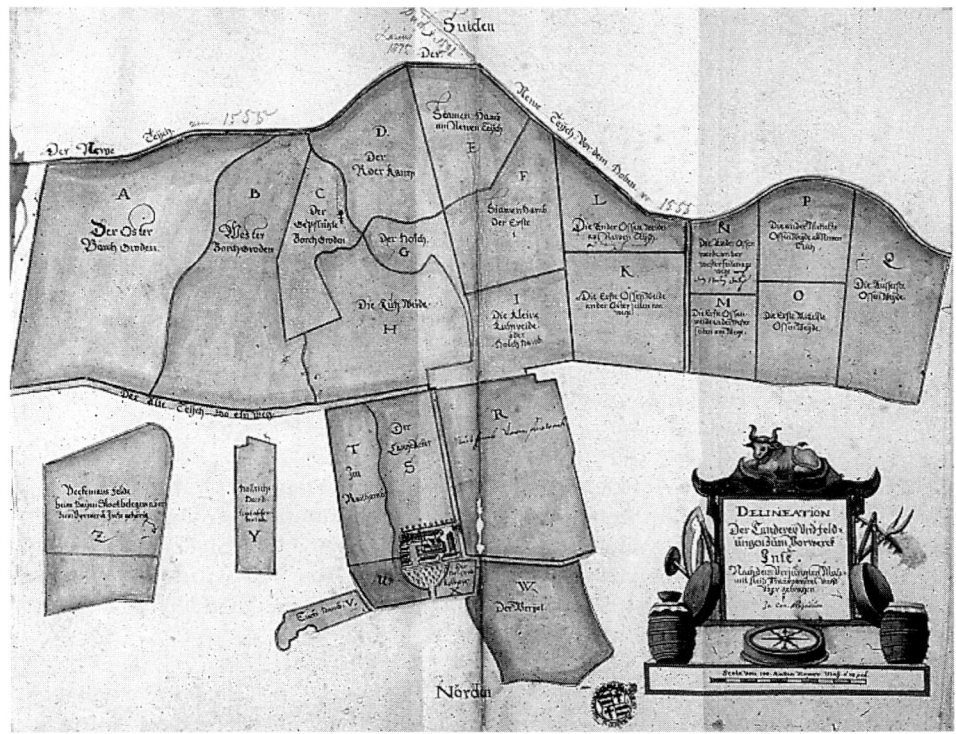

Abb. 3: „Delineation der Länderei und Feldungen zum Vorwerk Inte, von Johann Conrad Musculus" [1644] (Niedersächsisches Staatsarchiv in Oldenburg, Best. 298 Z Nr. 608; Foto: Staatsarchiv).

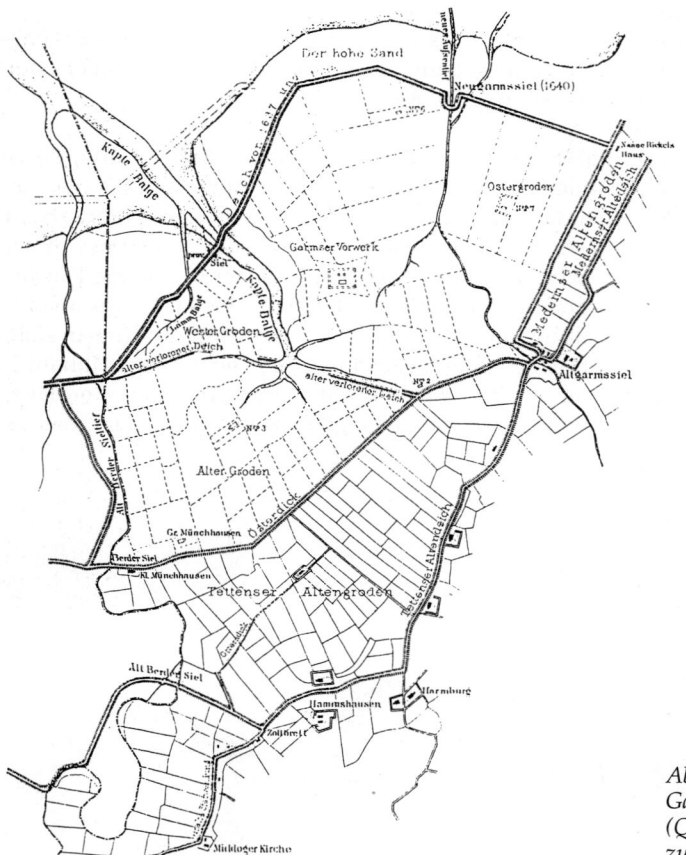

*Abb. 4: Die Bedeichung des Garmser Grodens 1637/38 (Quelle: O. Tenge, 18 Karten zum Jeverschen Deichband, Oldenburg 1884).*

1531 eingezogen worden. Im Delmenhorster Vergleich versprach Graf Anton I. 1572, dafür an den Komtur von Steinfurt und den Johanniterorden in Deutschland zusammen 5.200 Taler zu bezahlen. Die Summe ist aber erst 1593 von seinem Nachfolger (Johann VII. der Deichbauer) entrichtet worden. Aus Inte wurde ein Vorwerk gemacht, dem 451 Jück des 1555 eingedeichten Esenshammer Grodens hinzugelegt wurden.

Roddens (Gemeinde Butjadingen)

Roddens war eine Johanniterkommende, die 1531 von Graf Anton I. eingezogen und später zum gräflichen Vorwerk gemacht wurde. 1667 fiel sie an Graf Anton von Aldenburg. Das Gut wurde 1693 im Aldenburgischen Traktat Graf Anton II. von Aldenburg überlassen und gelangte durch dessen weibliche Nachkommenschaft in den Besitz der Grafen von Bentinck (s. auch Inte).

*Abb. 5: Domäne Maihausen, altes Backhaus, Foto 1996, Domänenamt Oldenburg.*

Rickelhausen (Gemeinde Wangerland)
Fräulein Maria ließ die verfallenen Gebäude dieses freien, adeligen, herrschaftlichen Gutes bis auf zwei Häuser abtragen. Hamelmann (lutherischer Superintendent und Geschichtsschreiber) zählte es zu den schönsten Gebäuden des Jeverlandes. Der Turm wurde 1793 abgebrochen.

Münchhausen (Gemeinde Wangerland)
Das Gut Münchhausen wurde als neueingedeichtes Land von Graf Anton Günther 1646 dem Philipp Adolf von Münchhausen als Geschenk angewiesen. Durch des Grafen Testament kam es nach seinem Tode unter die Hoheit Kniphausen. Es wurde aber 1736 bei der öffentlichen Versteigerung von Fürst Johann August von Anhalt-Zerbst angekauft und wieder mit dem Jeverland vereinigt.

Maihausen (Gemeinde Wangerland)
Um 1100 lag die heutige Domäne im Außendeichsbereich. Mit der Eindeichung 1542 entstanden zwei Landstellen mit 145 und 50 Gras (2,8 Gras = 1 ha). Um 1605 wird das Vorwerk Maihausen vermessen. Aus dieser Zeit stammt das alte noch vorhandene und unter Denkmalschutz stehende und renovierte Backhaus. Zwischen 1691 und 1880 befand sich Maihausen teilweise in Privatbesitz und wurde dann von der Krongutverwaltung Oldenburg zurückerworben (Abb. 4 und 5).

Seefelder Domänen (Gemeinde Stadland)
Das Lockfleth entstand 1362 in der großen Manntränke (Marcellusflut)[12]. Der Haupteinbruch geschah von der Jade aus. Das Außendeicher Moor bei Seefeld reichte damals viel weiter nach Norden und auch nach Osten und keilte erst am Stadland aus. Reitlanderzoll, in dessen Nähe sich die Seefelder Domänen befinden, bestand aus Moor. Die Flut von der Ahne wühlte das Moor auf und lief am Stadland entlang bis Hobensühne. Dort bog sie nach Süden ab und kam bei Frieschenmoor mit der Lockflethwelle zusammen. Das Moor im Westen wurde angehoben und als Darge weggeschwemmt. Dies dauerte ca. 150 Jahre. Das Moor verschwand. Marsch wurde abgelagert. An das Moor erinnert der Name der Domäne Moorgroden bei Seefeld. Die Bezeichnung Groden stammt aus der Zeit, als dort das Lockfleth war. Das Stadland biegt bei Butterberg nach Nordwesten um. Die Bucht hat Graf Anton I. 1555 eingedeicht. Der Deich verließ etwa bei der Oberdeicher Mühle den Stadlander Deich und folgte dem Lockfleth. Ahndeich heißt das letzte Ende des Deiches, wie der nördliche Teil des Lockfleths auch Ahne hieß (nicht die richtige Ahne). Er kreuzt die Chaussee Seefeld-Stollhamm südlich von Deichhof. Am Deich liegt die Domäne Norderseefeld. Auf den später auch eingedeichten Flächen entstanden die anderen Seefelder Domänen (Abb. 6).

Tidofeld (Stadt Wilhelmshaven)
Tidofeld war ein schönes, aus den Ruinen der abgebrochenen alten Burg Inhausen von Tido von Kniphausen errichtetes Vorwerk oder Grashaus mit beträchtlichen Ländereien. Zum Bau der Gebäude waren 1612 nur Sengwarder verpflichtet. Sie hatten das Baumaterial vom Hook- und Inhauser Siel zu holen. Was vom Kniphauser und Rüstringer Siel kam, mußten die anderen Kirchspiele herbeischaffen.

Strückhausen (Stadt Brake)
Zuerst am 4. Juli 1423 genannt. Größe: an Marschland 100 neue Jück. 1423 gehörten dazu 7 Bauen (Were), wohl zum Teil Meiergüter, die am 5. Juni 1521 vertauscht und arrondiert, nach der Konfiszierung aber vom Haupthof getrennt gehalten wurden. Wir haben es bei den 100 Jück nur mit unvermeiertem Lande zu tun und lassen die Meier, deren genaue Ermittlung noch aussteht, hier unberücksichtigt. Behausung und Kapelle sind 1423 bezeugt.

## 3. Exkurs: Die Anfänge der Kammerbehörde

„Langsam bildete sich unter Graf Johann die Keimzelle einer zentralen gräflichen Finanzverwaltung heraus. Seit 1591 ist die gräfliche Kammerrechnung nachweisbar jahrgangsweise vom jeweiligen Kammersekretär geführt worden, später von einem gräflichen Kämmerer. ... Das Sinken der Kornpreise seit 1635, die horrenden Ausgaben für eine standesgemäße Ausbildung und Ausstattung des Grafen Anton und

---

12) Vergleiche hierzu auch: O. Tenge, Der Butjadinger Deichband, Geschichte und Beschreibung der Deiche, Uferwerke und Siele im zweiten Oldenburgischen Deichband und im Königlich Preußischen östlichen Jadegebiet, Oldenburg 1912, S. 6 ff.

# Domänenpolitik und Domänenverwaltung im Oldenburger Land

*Abb. 6: Domäne Maihausen, Hofansicht, Foto 1996, Domänenamt Oldenburg.*

der Verlust einiger gräflicher Hilfsquellen" machten eine „Neuordnung des Kammerwesens" dringlich. Der Erlös aus dem Verkauf zahlreicher gräflicher Vorwerke in der Geest reichte nicht aus, um eine grundlegende Sanierung der Finanzen zu erreichen ... Nach braunschweigischem Vorbild wurde im Februar 1650 eine Kammerordnung entworfen, welche die Einrichtung einer eigenen Kammerbehörde verfügte ...
Trotz der Nachrichten über die Reform von 1650 liegt die Geschichte der gräflichen Kammer von 1591 bis 1667 noch ziemlich im dunkeln. Aus verschiedenen Rechnungen und Bestallungen geht hervor, daß seit etwa 1650 zwischen einer Rentkammer und einer Kontributionskammer unterschieden wurde. Während die Rentkammer die Einnahmen aus verschiedenen grund- und gutsherrlichen Gefällen, Pachten usw. des Grafen bezog, scheint letztere die Aufgabe gehabt zu haben, die im Dreißigjährigen Krieg (1623 und 1628) eingeführte Steuer ... zu heben, um davon die angeworbenen Söldnertrupps, die Lasten der Einquartierung fremder Regimenter und die zur Befreiung davon bestimmten Lösegelder bezahlen zu können[13]).

---

13) Schaer, Die Grafschaften (s. Anm. 5), S. 188 f., 193.

## 4. Der Domanialbesitz nach 1667

Der umfangreiche Domanialbesitz Graf Anton Günthers wurde nach seinem Tode 1667 in drei Teile aufgelöst. Die dänische Herrschaft über die Grafschaften Oldenburg und Delmenhorst ab 1667 wurde durch die Herzöge von Holstein-Gottorp 1773 beendet. Somit fielen die unter dänischer Verwaltung stehenden Domänen wieder zurück an Oldenburg. Nach dem Tode des Grafen Anton I. von Aldenburg, Graf Anton Günthers unehelichem Sohn, kamen 1680 die Vorwerke zunächst in den Besitz seines Sohnes Anton II. von Aldenburg. Nach dessen Tod 1738 erbte seine Tochter Charlotte Sophie von Aldenburg den Besitz. Diese heiratete den holländischen Grafen Wilhelm (William) Bentinck. Somit wurden die ehemals aldenburgischen Güter zum Besitz der Grafen von Bentinck. Durch Ankauf 1854 fielen die Fideikommißgüter[14]) Kniphausen und Varel einschließlich der Vorwerke in Butjadingen und Stadland wieder zurück an das Herzogtum Oldenburg.

Als Friedrich August, Fürst von Anhalt-Zerbst, 1793 kinderlos starb, fielen das Jeverland und mit ihm die Domänen an seine Schwester Sophie, die spätere Kaiserin Katharina II. (genannt die Große) von Rußland. 1806 wurde das Jeverland holländisch, 1810 französisch, 1813 wieder russisch und schließlich 1818 ein Landesteil des Herzogtums Oldenburgs, das den domänenfiskalischen Besitz verwaltete.

Ab 1773 wurde ein Teil der durch die dänische Verwaltung veräußerten Güter wieder zurückgekauft. Herzog Peter Friedrich Ludwig (Administrator 1785-1823, dann bis 1829 reg. Herzog) unterstellte das gesamte Domanialvermögen einer sorgfältigen Aufsicht, so daß eine deutliche Wertsteigerung erzielt werden konnte. So stiegen die Domäneneinkünfte von 1773 bis 1819 von 40.585 auf 128.956 Taler[15]).

## 5. Staatsgut 1849/1919

Im Staatsgrundgesetz (von 1849)[16], der ersten Oldenburger Verfassung, wurde das Domanialvermögen in Staatsgut und Krongut geteilt. Auf einer Zivilliste (Privateinkommen) (Anlage 1) erhielt die regierende Familie des Großherzogs Paul Friedrich August aus dem Domanialvermögen ein Krongut von 85.000 Talern Pachtwert. Dieses wurde unter Verantwortung des Staatsministeriums durch die Staatsfinanzbehörde (Unterabteilung Großherzogliche Domänen-Inspektion) verwaltet. Alle übrigen Domänen wurden Staatsgüter und unter dieselbe Verwaltungsaufsicht gestellt. Die Zivilliste hatte zusätzlich noch einen beweglichen Teil, der beim Regierungsantritt eines neuen Großherzogs von neuem vereinbart wurde.

Mit dem Rücktritt des Großherzogs am 11. November 1918 war der Übergang zu einem parlamentarischen Regierungssystem geschaffen worden. Durch die Verfas-

---

14) Fideikommiß: hist. unveräußerliches und unteilbares Vermögen einer Familie.
15) Vgl. Friedrich-Wilhelm Schaer/Albrecht Eckhardt, Herzogtum und Großherzogtum Oldenburg im Zeitalter des aufgeklärten Absolutismus (1773-1847), in: Eckhardt/Schmidt (s. Anm. 5), S. 271-331, hier 301.
16) Staatsgrundgesetz für das Großherzogtum Oldenburg vom 18. Februar 1849, in: Oldenburgische Gesetzessammlung 1813-1903, Oldenburg 1905, S. 120 ff.

# Domänenpolitik und Domänenverwaltung im Oldenburger Land — 113

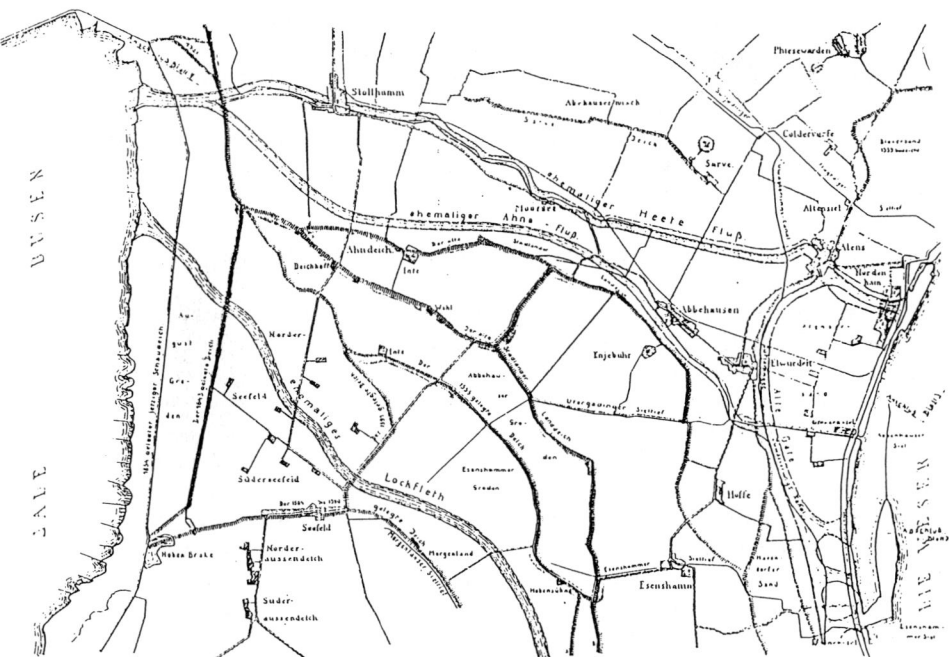

*Abb. 7: Die Bedeichung des späteren Domänenbesitzes in der Wesermarsch im 16./17. Jahrhundert (Quelle: O. Tenge, 25 Karten zum Butjadinger Deichband, Oldenburg 1912, vgl. Anm. 12).*

sung[17]) des neu entstandenen Freistaates Oldenburg vom 17. Juni 1919 wurde im neunten Abschnitt §§ 76 bis 83 das *gesamte vorhandene Staatsgut ... eine im Eigentum des ungeteilten Freistaates stehende Gesamtmasse* ... In § 79 der Verfassung wird ausdrücklich darauf hingewiesen, daß das Staatsgut *in seinen wesentlichen Bestandteilen zu erhalten und auf eine den dauernden Ertrag sichernde Weise zu benutzen ist, Abweichungen von diesem Grundsatz, Veräußerungen und Beschwerungen mit Schulden und anderen Lasten sind nur zulässig, wenn der Landtag damit einverstanden ist.*
Die mit dem Thronverzicht des Großherzogs zusammenhängenden neuen Einkommens- und Besitzverhältnisse wurden 1920[18]) gesetzmäßig geregelt. Danach *kommt die Sustentation*[19]), *die ihm als regierenden Landesherrn zustand und sich aus dem Genuß des Kronguts und einer Zivilliste von 400 000 M zusammensetzte, in Wegfall.* Hinsichtlich des Grundbesitzes wurde festgelegt, daß *die das Krongut bildenden Grundstücke, Kapitalien und sonstigen Rechte in unbeschränktem Eigentum des Staats stehen.* In diesem Ge-

---

17) Verfassung des Freistaates Oldenburg vom 17. Juni 1919, in: Sammlung der im Landesteil Oldenburg geltenden Gesetze, Verordnungen und Bekanntmachungen aus den Jahren 1813 bis einschließlich 1926, II. Band, Oldenburg 1927, S. 1263 f.
18) Gesetz für den Freistaat Oldenburg, betreffend die mit dem Thronverzicht des Großherzogs zusammenhängenden Rechtsverhältnisse vom 15. März 1920, in: Sammlung (s. Anm. 17), S. 1328.
19) Sustentation: veraltet für Unterstützung, Versorgung.

setz wurde auch abschließend geregelt, welche *Stücke* im uneingeschränkten Eigentum des Großherzoglichen Hauses verbleiben.

Nach der Abdankung des Großherzogs wurden die meisten der von der ehemaligen großherzoglichen Domäneninspektion an den Wirtschafts- oder Wohngebäuden der Domänen angebrachten Wappen entfernt. Nur wenige Wappen wie das auf der Domäne Südergarms blieben erhalten (Abb. 7).

## 6. Reichssiedlungsgesetz von 1919

Am 11. August 1919 wurde im Reichstag das sogenannte Reichssiedlungsgesetz verabschiedet. Es hatte zum Ziel, die ländliche Besiedlung zu fördern[20]. Auf der Grundlage des Reichssiedlungsgesetzes erließ das Oldenburgische Staatsministerium am 18. Juni 1921 eine Verordnung, die das Siedlungsamt ermächtigte, u.a. Staatsgut zu Siedlungszwecken zu veräußern[21]. Damit begann für die Oldenburger Domänen ein Prozeß der Verkleinerung der domänenfiskalischen Betriebe zum Zweck der Be- und Ansiedlung neuer Siedler. In mehreren Schüben fand das Siedlungsverfahren statt und erst im Jahre 1925 seinen vorläufigen Abschluß.

In einem Untersuchungsbericht der damaligen oldenburgischen Staatsregierung[22], der auf Ersuchen des Landtages des Freistaates Oldenburg im Mai 1923 vorgelegt wurde, konnten bereits zahlreiche Siedlungsvorhaben als abgeschlossen vorgestellt werden. Höfe mit zum Teil über 100 ha Landfläche wurden bis zur Hälfte verkleinert (Anlage 2).

Das gesamte Domanium umfaßte vor Beginn der Siedlungsmaßnahmen im Jahre 1918 folgende Flächen:

I. Herdstellen:
  1. binnendeichs        2669 ha
  2. außendeichs          604 ha
                         3273 ha
II. Stückländereien:
  1. binnendeichs        2267 ha
  2. außendeichs         4404 ha
                         6671 ha
III. Kommende Bokelesch:
  1. Herdstellen          585 ha
  2. Stückland            131 ha
                          716 ha
              insgesamt 10.660 ha.

---

20) Das Reichssiedlungsgesetz vom Jahre 1919 hatte bestimmt, daß in denjenigen Gebieten, deren landwirtschaftliche Nutzfläche zu mehr als 10 v.H. auf die Güter von 100 ha und mehr entfiel, Landlieferungsverbände der Großgrundbesitzer gebildet würden, die auf Verlangen der gemeinnützigen Siedlungsunternehmungen für Siedlungszwecke geeignetes Land zur Verfügung stellen sollten.

21) Verordnung für den Landesteil Oldenburg, betreffend allgemeine Ermächtigung des Siedlungsamtes zum Erwerb und zur Veräußerung von Grundstücken, in: Gesetzblatt für den Freistaat Oldenburg von den Jahren 1921 und 1922 (Oldenburgische Gesetzsammlung Bd. 41), S. 205.

22) Verhandlungen der 8. Versammlung des 2. Landtages des Freistaats Oldenburg, 1923, Anlage 64, S. 1.

## Domänenpolitik und Domänenverwaltung im Oldenburger Land — 115

In dem Untersuchungsbericht war vorgesehen, daß von den binnendeichs belegenen Herdstellen (ohne das Neuenburger Schloß, die sogenannte Höltings Erbpachtstelle in Lutten und ohne die Stellen der Kommende Bokelesch) mit einer gesamten Fläche von 2627 ha für Industriezwecke 146 ha bereitgestellt und zurückgehalten wurden. Davon betroffen waren die Herdstellen der Vorwerke Blexersande (63 ha), die Herdstelle Syubkelhausen (37 ha) und die Herdstelle Barschlüte (46 ha).
Von der verbleibenden Fläche der Herdstellen waren 1923 noch weitere 417 ha zur Abgabe für Siedlungszwecke vom Landtag genehmigt worden, so daß noch 2064 ha als Herdstellen des Domaniums verblieben. Von den binnendeichs belegenen Stückländereien (einschließlich Elisabethgroden nebst Kajedeich mit 647 ha, aber ausschließlich des Fedderwarder Baugrodens mit 153 ha) waren dem Bericht zufolge zur Abgabe für Siedlungszwecke 1851 ha oder rund 70 % genehmigt worden. Insgesamt waren von den angeführten binnendeichs belegenen Herdstellen und Stückländereien mit 2481 ha + 2667 ha = 5148 ha demnach 2268 ha mit Genehmigung des Landtags für Siedlungszwecke bestimmt worden, also insgesamt 44 %.
Aus diesen Berichtsangaben ergibt sich zahlenmäßig, welchen Einfluß die Siedlungstätigkeit des Staates auf das Domanium, das nach § 79 der oldenburgischen Verfassung in seinen wesentlichen Bestandteilen zu erhalten war, ausgeübt hat. Mit der Abgabe der staatlichen Grundstücke an Siedler als Eigentumssiedlung verlor der Freistaat das Eigentum am Grund und Boden. An seine Stelle trat die auf das Siedlungsgrundstück gelegte Naturalwertrente. Diese Rente bildet laut Untersuchungsbericht ein dauernd *ausreichendes Äquivalent für das aufgegebene Eigentum. Die Naturalwertrente ist dauernd unablösbar, ob sie dauernd unablösbar bleiben wird, kann nach dem Gang der geschichtlichen Entwicklung niemand mit Sicherheit sagen. Auch bei der Begründung der nach den Ablösungsgesetzen ablösbaren Grundstückslasten ist nicht damit gerechnet worden, daß eine spätere Gesetzgebung die Möglichkeit der Ablösung geben würde. Es wäre begreiflich, wenn es der Wunsch eines strebsamen Siedlers sein würde, freies Eigentum und Befreiung von der dauernden Rentenlast zu bekommen. Ob, inwieweit und evtl. in welcher Weise die spätere Gesetzgebung diesem Wunsche entsprechen wird, ist Zukunftssache.*
Diese vom Freistaat verfolgte und durchgeführte Siedlungspolitik stand nicht im Widerspruch zu der damaligen wissenschaftlichen Agrarpolitik. Das betonte auch Aereboe, der den staatlichen Domänenbesitz als nicht entbehrlich ansah, weil er als „öffentliches Versuchsfeld", als Finanzierungsquelle für langfristige Finanzierungen und als Reservoir von Siedlungsland Nutzen verspräche[23]).

---

23) Friedrich Aereboe, Agrarpolitik, 1928, S. 189 f.

## 7. Domänenpolitik zwischen 1933 und 1945

Die Domänenpolitik der Nationalsozialisten stand ganz im Zeichen der *Hergabe von größeren Flächen für Zwecke der Neubildung deutschen Bauerntums ... um ... unserem Volke die Ernährung zu sichern*[24]). Deshalb wurden einige größere Domänen, die dem Oldenburger Domänenamt unterstellt waren, zwischen 1934 und 1936 in zwei Bauernstellen aufgeteilt. Mit der in den zwanziger und dreißiger Jahren durchgeführten Siedlungspolitik war ein erheblicher Anstieg der Hofstellen verbunden. Waren im Jahre 1918 noch 82 Betriebe vom Domänenamt zu verwalten, so waren es 1936 bereits 107 Höfe.

In der vorläufigen Dienstanweisung für die Preußische Staatsdomänenverwaltung von 1938/39 werden die Aufgaben der Staatsdomänenverwaltung umrissen. Danach hat die Nutzung der Staatsdomänen nach der *nationalsozialistischen Staats- und Wirtschaftsführung zu erfolgen*. Die Staatsdomänen haben den Reichsnährstand bei der Erfüllung seiner Aufgaben zu unterstützen. Insbesondere wurden durch planmäßige Abgabe von Staatsdomänen und Streugrundstücken nach § 2 des Reichssiedlungsgesetzes vom 11. August 1919 neue Erbhöfe und Anliegersiedlungen geschaffen. Der zu staatspolitischen Zwecken zur Verfügung gestellte Grund und Boden diente vor allem *für Zwecke der Wehrmacht und zum Aufbau der Nationalwirtschaft*. In diesem Rahmen wurden z.B. durch den Reichsarbeitsdienst schon 1934 auf der Weserinsel Strohauser Plate eine bestehende Domäne verkleinert und sechs weitere Pachthöfe mit einer Größe von jeweils 25 ha angelegt.

Besonderes Augenmerk wurde während der nationalsozialistischen Zeit auf die *Gefolgstreue der Domänenpächter gegenüber dem Staat und der Partei* gelegt. *Bewerberfamilien sollen nur zum Zuge kommen, wenn sie aus gut geleiteten Wirtschaften stammen, in der Lage sind, einen Hof selbständig gut zu entwickeln und in geordneten finanziellen Verhältnissen leben. Dazu fordert man von den Bewerbern Beweise für Einsatzbereitschaft für Volk und Staat, wie sie durch längeren Frontdienst, Bewährung im Freikorps oder in der Kampfzeit der NSDAP zu erbringen sind. Weiterhin muß die Familie des Bewerbers blutsmäßig und im Familienstand den Bestrebungen des Reichserbhofgesetzes entsprechen*[25]).

## 8. Domänenpolitik und -verwaltung nach 1945

Das Jahr 1945 brachte den Zusammenbruch und den Zerfall Deutschlands und damit den Verlust der ost- und mitteldeutschen Domänen. Die westdeutschen Domänen gingen in den Besitz der Bundesländer über, die neue Domänenverwaltungen einrichteten.

War bis zum Jahre 1945 die intensive Wirtschaftsform aus Kriegsgründen im Zuge

---

24) Zitiert nach: Vorläufige Dienstanweisung für die Preußische Staatsdomänenverwaltung 1938/39 (nähere Quellenangabe nicht bekannt).
25) Vortrag über die Aufgaben der Reichs- und Staatsdomänen während des Krieges von Ministerialdirektor Kummer anläßlich einer Regierungsdirektorenkonferenz am 24./25. Oktober 1941 (nähere Quellenangabe nicht bekannt).

# Domänenpolitik und Domänenverwaltung im Oldenburger Land — 117

der *Erzeugungsschlachten* eine zwingende Notwendigkeit gewesen, so ergab sich nach dem 2. Weltkrieg aufgrund der starken Bevölkerungszunahme in Westdeutschland und der damit verbundenen Nahrungsmittelknappheit der gleiche Zwang zur Steigerung der landwirtschaftlichen Produktion und Errichtung neuer landwirtschaftlicher Betriebe. Mit der Eingliederung des Oldenburger Landes in das neugegründete Bundesland Niedersachsen entstand 1946 der Verwaltungsbezirk Oldenburg mit Sitz in der Stadt Oldenburg.

Der Anteil des domänenfiskalischen Besitzes an der gesamten landwirtschaftlichen Nutzfläche schwankte nach Kriegsende in den einzelnen Bezirken Niedersachsens sehr stark. Er war am größten in den Bezirken Hildesheim, Aurich und Braunschweig mit rund 3,5 % der landwirtschaftlichen Nutzfläche. Im Verwaltungsbezirk Oldenburg befanden sich damals 8.855 ha oder 2,3 % der landwirtschaftlichen Nutzfläche im Eigentum des Landes Niedersachsen. Die Zahl der Domänen in Niedersachsen betrug im Jahre 1945[26]):

| Bezirk | Anzahl Betriebe | Ø landwirtschaftliche Nutzfläche, ha |
|---|---|---|
| Lüneburg | 1 | 134 |
| Stade | 28 | 78 |
| Hannover | 20 | 218 |
| Oldenburg | 114 | 31 |
| Osnabrück | 13 | 14 |
| Hildesheim | 25 | 252 |
| Aurich | 71 | 63 |
| Braunschweig | 24 | 260 |
| | 296 | |

Die großen Domänen lagen in den Bezirken Braunschweig, Hildesheim und Hannover, die kleinen Domänenhöfe in Osnabrück und Oldenburg.

*8.1 Absiedlung und Verkauf domänenfiskalischer Flächen bis 1965*

Im Zuge der Ansiedlung von aus Ostdeutschland geflüchteten Landwirten wurden domänenfiskalische Flächen auch im Oldenburger Land für Siedlungszwecke verwandt bzw. geschlossene Höfe verkauft. Unter der Federführung des Niedersächsischen Landwirtschaftsministers Alfred Kubel wurden von 1959 bis 1965 41 Domänen bzw. Pachthöfe mit einer Gesamtfläche von 1450 ha in privates Eigentum überführt. Die Verkaufserlöse betrugen ca. DM/ha 5.500.

---

26) Hugo Berger, Domänenverwaltung und Domänenpolitik, Hrsg.: Niedersächsisches Ministerium für Ernährung, Landwirtschaft und Forsten, Hannover 1951.

Abgegebene Domänen und Pachthöfe im Zeitraum von 1959 bis 1965:

| Domäne/Pachthof | Anzahl | Fläche/ha |
|---|---|---|
| Bokelesch | 22 | 617 |
| Colmar | 9 | 170 |
| Westergarms | 1 | 55 |
| Jader Vorwerk | 1 | 55 |
| Kampen | 1 | 54 |
| Niens | 1 | 55 |
| Hammelwarder Sand Nord | 1 | 113 |
| Reiseburg | 1 | 18 |
| Swarteck | 1 | 37 |
| Hobenhausen | 1 | 42 |
| Roddens IV | 1 | 40 |
| Barschlüte | 1 | 49 |
|  | 41 | 1305 |
| zusätzlich hinzugelegtes Stückland |  | 145 |
| Gesamtfläche |  | 1450 |

Das Umwandlungsverfahren für drei weitere Domänen/Pachthöfe mit einer Gesamtfläche von 102 ha (Hobendeich, Norderahn, Oberstoppelgroden I) war zum Sachstandszeitpunkt August 1965 geplant und wurde erst zu einem späteren Zeitpunkt abgeschlossen.

Das Domänenamt Oldenburg verwaltete im Jahr 1965 einen domänenfiskalischen Grundbesitz von insgesamt 8.085 ha. Diese Fläche gliederte sich auf in 5.497 ha Streubesitz und 2.588 ha, die von 10 Domänen und 60 Pachthöfen bewirtschaftet wurden. Von diesen 70 Betrieben lagen im Landkreis Friesland 5 Domänen und 14 Pachthöfe, im Landkreis Wesermarsch 5 Domänen und 46 Pachthöfe. Von den 51 Höfen in der Wesermarsch lagen 31 Betriebe mit 1.065 ha im Vordeichsbereich der Weser (nur durch Sommerdeiche geschützt), und von diesen 31 Betrieben waren 25 Höfe reine Inselbetriebe.

Vom Domänenstreubesitz (5.497 ha) waren 1965 als landwirtschaftliche Nutzfläche 4.241 ha (= 81 %) verpachtet; der Rest waren Wasserflächen (531 ha), u.a. das Zwischenahner Meer, und nicht nutzbares Gelände (725 ha). Von dem verpachteten Streubesitz lagen 645 ha binnendeichs und 3.596 ha (= 85 %) außendeichs. Die Anzahl der Stücklandpächter betrug 3.506 (vornehmlich Klein- und Nebenerwerbsbetriebe). 15 ha waren als Kleingartenland verpachtet. Vom Streubesitz wurden von 1959 bis 1965 rd. 465 ha für Zwecke der Aufstockung, Nebenerwerbssiedlung, des sozialen Wohnungsbaus und sonstige Zwecke abgegeben.

In Niedersachsen lagen bei der Übernahme der Landesteile Braunschweig und Oldenburg deren Domänenpachten unter dem Niveau der ehemals preußischen Domänen. Nach der Währungsreform 1948 wurden die zu niedrigen Pachten im Verhandlungswege heraufgesetzt. Im Verwaltungsbezirk Oldenburg schwankte der Netto-Pachtzins 1965 bei den Domänen zwischen DM/ha 80 und 125, bei den Pachthöfen zwischen DM/ha 75 und 100. Daneben hatten die Pächter die Kosten der Bauunterhaltung, die Betriebssteuern und Abgaben und ggf. die Verzinsung von Baukosten für landeskulturelle Maßnahmen (damals 4 %) zu tragen. Der Brutto-Pachtzins (Abgaben und Lasten trägt der Verpächter) für die Streulandflächen betrug binnendeichs durchschnittlich DM/ha 165, außendeichs DM/ha 100. Nach Abschluß der Absiedlungs- und Siedlungsphase bestand die Hauptaufgabe der örtlichen Domänenverwaltung darin, die wirtschaftlichen Voraussetzungen für die noch erhalten gebliebenen domänenfiskalischen Höfe so zu gestalten, daß sie eine gesunde Existenzgrundlage für die Pächter bildeten. Besonderes Augenmerk legte die Domänenverwaltung nach der Sturmflutkatastrophe 1962 auf die Domänen und Pachthöfe auf den landeseigenen Weserinseln und -sänden. Die Sicherung der Höfe, Deichbau- und Uferschutzmaßnahmen standen bei der Betreuung der Betriebe im Vordergrund.

*8.2 Exkurs*

8.2.1 Ehemals staatliche domänenfiskalische Betriebe der früheren Kommende Bokelesch[27])

Die frühere Johanniterkommende Bokelesch liegt im nordwestlichen Teil des heutigen Oldenburger Münsterlandes zu beiden Seiten des Flusses Sagter-Ems im Landkreis Cloppenburg und umfaßt Bokelesch sowie die Güter (Vorwerke) Ubbehausen, Osterhausen und Roggenberg.
Bokelesch gehörte ursprünglich zum Besitztum der Grafen von Tecklenburg. Es wird angenommen, daß das Gebiet Bokelesch etwa um 1250 von Graf Otto von Tecklenburg als Stiftung an den Johanniterorden kam. Als Kommende wird Bokelesch (auch Bokeleske) erstmalig im Jahr 1319 (Groninger Vergleich) urkundlich erwähnt. Die Kommende unterstand seit ihrer Gründung der Ballei Steinfurt (Burgsteinfurt) bei Münster.
Urkundliche Beweise über eine vollständige klösterliche Einrichtung liegen nicht vor, wohl aber über Bokelesch als Niederlassung, deren Insassen die Besitzung - ein Gebiet von 1.000 ha ohne die Forstflächen - mit ihrer Hände Arbeit und mit zahlreichen Dienstboten selbst bewirtschafteten. Die Erträge aus der Eigenwirtschaft dienten in erster Linie der Erfüllung der Hauptaufgabe des Ordens: Armenhilfe und Krankenpflege. Während zur Zeit der Reformation manche kirchliche Güter in weltlichen Besitz übergingen, blieb Bokelesch als Kommende erhalten, da es im Hoheitsgebiet des Fürstbischofs von Münster lag.
Zu Beginn des 17. Jahrhunderts erfolgten die ersten Verpachtungen der Kommendegüter. Neben dem Hof bei der Kapelle (1600 an den Pächter Schulte) entstanden 21 weitere Pachthöfe. Nach der Säkularisation (1803) wurden die Pachtstellen und

---

27) Literaturangaben zu Bokelesch: W(ilhelm) Hayen, Die Johanniter im Oldenburgischen, in: Jahrbuch für die Geschichte des Herzogtum Oldenburg 4, 1895, S. 1-36, hier S. 13-16. H. Schulte, Aus der Geschichte der Johanniterkommende Bokelesch, in: Heimatblätter 17, Vechta 1935, S. 27, 61, 75 f., 86 f., 106 f., 142 f. Hermann Goens, Die Einziehung der Kirchengüter während der Reformationszeit in evangelischen Gebieten des Herzogtums Oldenburg, in: Oldenburger Jahrbuch 31, 1927, S. 7-116. Viktor Schraad, Bauen auf eigener Scholle, in: Volkstum und Landschaft 22, Cloppenburg 1961, S. 16 f.

Domänen dem Herzog von Oldenburg übereignet. Dieser überwies die Einkünfte dem Alexanderfonds für Einrichtungen der katholischen Kirche im Lande (Alexanderstift). 1909 übernahm die Großherzogliche Domäneninspektion die Verwaltung für Bokelesch.

Nach mehrfachen Bemühungen der Pächter um eine Änderung der Besitz- und Eigentumsverhältnisse erfolgte am 9. Oktober 1960 die Hofübergabe an die 21 bisherigen Pächter. Gleichzeitig wurden sechs Neusiedlerstellen errichtet und an heimatvertriebene Bauern abgegeben. Das ganze Gebiet Bokelesch erfuhr vorher eine grundlegende Verbesserung der Wasser-, Wege- und Bodenverhältnisse (Eindeichung der Sagter Ems und Soeste, Regulierung der Binnenentgewässer, Errichtung von weiteren Schöpfwerken, Befestigung der Wirtschaftswege, Bau neuer Straßen, Tiefpflügen und Übersandung). Bei acht der 21 Pachtbetriebe befanden sich die Gebäude bereits im Eigentum der Pächter.

### 8.2.2 Ehemals domänenfiskalischer Besitz Neustadt-Colmar

Der ehemals domänenfiskalische Besitz Neustadt-Colmar liegt in der Gemarkung Strückhausen, Gemeinde Ovelgönne, Landkreis Wesermarsch, und erstreckt sich auf 5 km Länge in West-Ost-Richtung von der Straße Rüdershausen-Metzhausen zur Straße Strückhausen-Colmar und 1 km darüber hinaus.

In einem Gutachten der Oberen Siedlungsbehörde beim Präsidenten des Niedersächsischen Verwaltungsbezirks Oldenburg vom 18. August 1960 wird festgestellt, daß das domänenfiskalische Gebiet Neustadt-Colmar für die Besiedlung geeignet ist. Es wird ausgeführt, daß es nicht möglich sei, das Siedlungsverfahren nach den Richtlinien über die Förderung der Umwandlung von Pacht in Eigentum und den sich nach diesen Richtlinien ergebenden Finanzierungsverfahren durchzuführen. Es werde vielmehr in den einzuleitenden Siedlungsverfahren erforderlich, in größerem Umfange landeskulturelle Maßnahmen wie Dränierungen und Wegebefestigungen durchzuführen sowie das gesamte Gebiet neu aufzuteilen, um auf diese Weise lebensfähige Betriebe zur Größe von etwa 24-25 ha auszulegen. Die vorhandenen Gebäude seien teilweise durch Um- und Erweiterungsbauten so zu ergänzen, daß sie für eine vergrößerte Betriebsfläche ausreichen.

Der domänenfiskalische Besitz Colmar wurde noch im selben Jahr dem Siedlungsamt Oldenburg mit dem Ziel übertragen, die Pachthöfe in Eigentumsbetriebe umzuwandeln. Bis 1966 wurden sechs Stellen im Rahmen eines Siedlungsverfahrens durch Landtausch arrondiert, durch Straßen erschlossen und katastermäßig vermessen. Die Gebäude wurden erweitert, die Flächen dräniert.

## 9. Verwaltungs- und Gebietsreform ab 1973

Mit der Neugliederung der Gemeinden im Raum Osterholz/Wesermünde auf der rechten Weserseite im Jahre 1973[28] wurde die Grenze zwischen der erweiterten Ge-

---

28) Gesetze zur Neugliederung der Gemeinden im Raum Osterholz/Wesermünde vom 13. Juni 1973 und 3. Juli 1973, in: Niedersächsisches Gesetz- und Verordnungsblatt 1973, 27. Jahrgang, S. 183 f., 210 f.

meinde Schwanewede, der Stadt Brake (Unterweser) und der Gemeinde Elsfleth in der Strommitte der Weser festgelegt. Ebenso wurde die Gemeinde Landwürden südlich Bremerhaven aus dem Landkreis Wesermarsch ausgegliedert und mit der Gemeinde Loxstedt auf dem rechten Weserufer zusammengeschlossen. Damit lagen die Domänen und Pachthöfe auf dem rechten Weserufer (Hammelwarder Sand, Harriersand, Tegeler Plate) nicht mehr im Zuständigkeitsbereich des Domänenamtes Oldenburg. Als Folge der Neugliederung der Gemeinden wurden daraufhin zum 1. März 1974 19 Domänen und Pachthöfe sowie Stückland und Resthöfe, die bisher vom Domänenamt Oldenburg verwaltet wurden, der Verwaltung des Domänenamtes Stade unterstellt (Anlage 3).

Nach dem Gesetz zur Verwaltungs- und Gebietsreform vom 28. Juni 1977[29]) wurde ab 1. August 1977 die Gemeinde Harpstedt in den Landkreis Oldenburg eingegliedert. Die Verwaltung des domänenfiskalischen Streubesitzes von 12,6 ha in der Gemarkung Harpstedt, Landkreis Hoya, der bis dahin vom Domänenrentamt Nienburg verwaltet wurde, fiel somit in den Aufgabenbereich des Domänenamtes Oldenburg.

Im Rahmen des Vollzuges der dritten Stufe der Bezirksreform wurde per Verfügung mit Wirkung vom 1. Juli 1980 die Verwaltung des landwirtschaftlichen Streubesitzes des Landes Niedersachsen einschließlich der Wasserflächen aus dem ehemaligen Regierungsbezirk Osnabrück auf das Domänenamt Oldenburg übertragen. Neben der Verwaltung von Fischereirechten an Hunte, Ems, Haase und Else wurde ein Restbestand von 13,6 ha domänenfiskalischer Flächen, hauptsächlich in der Stadt Osnabrück gelegen, dem Domänenamt Oldenburg zur Verwaltung übergeben.

Die seit der Auflösung des Siedlungsamtes Oldenburg (1973) zunächst vom Kulturamt Oldenburg und dann vom Amt für Agrarstruktur Oldenburg (AfA) verwalteten landeseigenen Grundstücke in der Gesamtgröße von rd. 4.700 ha (moor- und landwirtschaftlich genutzte Flächen) wurden per Erlaß des Niedersächsischen Ministeriums für Ernährung, Landwirtschaft und Forsten vom 30. November 1982 mit Wirkung vom 1. Januar 1983 der Staatlichen Moorverwaltung Emsland in Meppen und dem Domänenamt Oldenburg zugeordnet. Dabei übernahm die Staatliche Moorverwaltung Emsland alle in den Landkreisen Vechta und Cloppenburg belegenen Flächen (rd. 2.400 ha) und das Domänenamt Oldenburg alle übrigen (rd. 2.300 ha).

Das Vorhaben ging auf eine Anregung des Landesrechnungshofs in seiner Denkschrift für das Haushaltsjahr 1978 vom 23. Juni 1980 (Drucksache 9/1970) zurück. Maßgeblich waren Gründe der Verwaltungsvereinfachung und der besonderen Aufgabenstellung des AfA als Siedlungs- und Flurbereinigungsbehörde. Diese Aufgabenstellung sei hoheitlicher Art und lasse für eine fiskalische Grundbesitzverwaltung keinen Raum. Im Rahmen einer Kleinen Anfrage stellte der Landtagsabgeordnete Milde (SPD) am 9. November 1981 in Vorbereitung auf die beabsichtigte Maßnahme bereits ein Jahr vorher u.a. die Frage an die Landesregierung, ob sie im Zusammenhang mit der Aufgabenverlagerung verfassungsrechtliche Schwierigkeiten

---

29) Achtes Gesetz zur Verwaltungs- und Gebietsreform vom 28. 6. 1977, Niedersächsisches Gesetz- und Verordnungsblatt 1977, 31. Jahrgang, S. 233 ff.

im Hinblick auf Artikel 56[30]) der vorläufigen Niedersächsischen Verfassung[31]) sähe. Die Antwort lautete folgendermaßen[32]):
*Nein. Durch Art. I § 4 des Sechsten Gesetzes zur Verwaltungs- und Gebietsreform vom 09.04.1973 (Nieders. GVBl. S. 107) wurde das Siedlungsamt Oldenburg aufgelöst. Seine Aufgaben gingen auf das Kulturamt Oldenburg über. Nach § 5 a.a.O. führen die Kulturämter künftig die Bezeichnung „Amt für Agrarstruktur" (AfA). Um jeglichen verfassungsrechtlichen Bedenken nach Art. 56 der Vorläufigen Niedersächsischen Verfassung (VNV) gegenüber der Auflösung des Siedlungsamtes zu begegnen, wurde es nicht durch isolierten Organisationsakt, sondern durch das vorgenannte Gesetz aufgelöst (vgl. Begründung zu Art. 1 § 4 a.a.O.). Damit stellt sich die Frage des Fortbestehens einer evtl. heimatgebundenen Einrichtung nicht mehr.*

## 10. Historische Entwicklung der Organisation der Oldenburger Domänenverwaltung

Die Verwaltung des domänenfiskalischen Eigentums im Oldenburger Land läßt sich bis in die Anfänge des 17. Jahrhunderts zurückverfolgen. Bis in die heutige Zeit spielte die Domänenverwaltung immer eine bedeutende Rolle innerhalb des gräflichen, herzoglichen und großherzoglichen Hauses. Ihre relative Eigenständigkeit innerhalb der gesamten Verwaltung bewahrte die Domänenverwaltung bis zum Jahre 1918. Dann wurde die Domäneninspektion für ein Jahr zum Großherzoglichen Oldenburgischen Domänenamt und anschließend 1919 nach der Bildung des Freistaates Oldenburg zum Domänenamt Oldenburg. Das Domänenamt Oldenburg ist seit nunmehr 78 Jahren als eigenständige Behörde mit dieser Bezeichnung in der Stadt Oldenburg ansässig.

| Jahr | |
|---|---|
| 1603-1667 | Für das Domanialvermögen des Oldenburger Grafen Anton Günther war die gräfliche Rentkammer zuständig. |
| 1667-1773 | Dänenzeit: Kanzlei, Konsistorium und Kammer in einem bildeten die Regierung. Die Aufsicht über die ordnungsgemäße Bewirtschaftung der Domänen lag zunächst beim Rentmeister, später beim Kämmerer. |

---

30) Artikel 56 wurde wortgleich durch Artikel 72 der z.Zt. gültigen Niedersächsischen Verfassung von 1993 (vgl. Anm. 31) ersetzt:
*Besondere Belange und überkommene Einrichtungen der ehemaligen Länder*
*(1) Die kulturellen und historischen Belange der ehemaligen Länder Hannover, Oldenburg, Braunschweig und Schaumburg-Lippe sind durch Gesetzgebung und Verwaltung zu wahren und zu fördern.*
*(2) Die überkommenen heimatgebundenen Einrichtungen dieser Länder sind weiterhin dem heimatlichen Interesse dienstbar zu machen und zu erhalten, soweit ihre Änderung oder Aufhebung nicht in Verfolg organisatorischer Maßnahmen, die sich auf das gesamte Land Niedersachsen erstrecken, notwendig wird.*
31) Niedersächsische Verfassung, Niedersächsisches Gesetz- und Verordnungsblatt, 1993, 47. Jahrgang, S. 107 ff., hier S. 116 (Artikel 72).
32) Niedersächsischer Landtag - Neunte Wahlperiode, Drucksache 9/3059. Antwort auf Kleine Anfrage - Drucksache 9/2982.

# Domänenpolitik und Domänenverwaltung im Oldenburger Land — 123

1773-1805 Herzogliche Kammer, Unterabteilung war die Herzogliche Domäneninspektion.
1810/11-1813 Franzosenzeit in Oldenburg: Einrichtung der verschiedenen Departements innerhalb der Regierung.
1813-1868 Herzogliche Kammer (ab 1829 Großherzogliche Kammer und ab dieser Zeit auch entsprechend Großherzogliche Domäneninspektion).
1868-1918 Departement der Finanzen (ab 1909 Ministerium der Finanzen), Unterabteilung Großherzogliche Domäneninspektion.
1918-1919 Großherzogliches Oldenburgisches Domänenamt.
1919-1936 Umwandlung in Domänenamt, das weiterhin dem Ministerium der Finanzen unterstellt ist.
1936-1945 Domänenamt als nachgeordnete Behörde dem Ministerium des Inneren unterstellt.
1946-1978 Mit der Bildung des Landes Niedersachsen entsteht der Niedersächsische Verwaltungsbezirk Oldenburg. Das Oldenburger Domänenamt ist nachgeordnete Behörde der Abteilung Landwirtschaft und Forsten beim Verwaltungspräsidenten.
1978-1995 Mit der Bildung der Bezirksregierung Weser-Ems am 1. Februar 1978 hört der Niedersächsische Verwaltungsbezirk Oldenburg auf zu existieren. Das Domänenamt ist nachgeordnete Behörde der Abteilung 5 (Dezernat 501, Landwirtschaft) der Bezirksregierung Weser-Ems.
1995- Aufsichtsführende Stelle über das Domänenamt Oldenburg wird das Dezernat 601/602 (Landwirtschaft/Ernährungswirtschaft) der Bezirksregierung Weser-Ems.

## 11. Die Stellung der Domänenpächter

Die Domänenpächter haben innerhalb der Landwirtschaft immer eine besondere Rolle gespielt. Sowohl in fachlicher als auch in gesellschaftlicher Hinsicht standen sie an herausragender Stelle. Die Nähe zum oldenburgischen Herrschaftshaus, die regelmäßigen Inspektionen der Domänen durch die Domänenverwaltung und die besonderen Anforderungen, die an die Pächter bei Neueinstellungen gestellt wurden, haben mit Sicherheit dazu beigetragen, daß die Bewirtschaftung der Domänen und Pachthöfe immer vorbildlich war. Dies ist auch das Urteil bekannter Historiker, Ökonomen und Agrarwissenschaftler über die Domänen und Domänenpächter. In einem Artikel über die Bewirtschaftung der großen preußischen Domänengüter im 19. und 20. Jahrhundert wird auf den umfangreichen Sachverstand, die Erfahrung, das Organisationstalent, Kapital, selbständige Unternehmertum, Risiko und die Entscheidungsfreude hingewiesen. „Die Domänenpächter gehörten daher auch anerkanntermaßen zu den intelligentesten und erfolgreichsten Landwirten ... Sie waren eine notwendige Basis für die Landeskultur"[33]). Diese außerordentlich positive Be-

---

33) Hans-Heinrich Müller, Domänenpächter im 19. und frühen 20. Jahrhundert, in: 26. Jahresheft der Albrecht-Thaer-Gesellschaft, (Jahr und Seite unbekannt).

wertung der Pächter auf den wesentlich größeren ehemaligen preußischen Domänen im Osten Deutschlands kann sicherlich in eingeschränktem Maße auf die Pächter der wesentlich kleineren Domänen und Pachthöfe im Oldenburger Land übertragen werden. Auch heute noch genießen die Domänenpächter im Oldenburger Land den Ruf, bestens ausgebildet zu sein, daß sie die Domänen beispielgebend bewirtschaften und sich dem Land Niedersachsen als Verpächter eng verbunden fühlen.

## 12. Das Domänenamt Oldenburg heute

### 12.1 Zuständigkeit und Flächenstruktur

Die Verwaltung des domänenfiskalischen Grundbesitzes im Regierungsbezirk Weser-Ems wurde letztmalig am 20. Mai 1996 auf dem Erlaßwege[34]) bestimmt. *Für jegliche domänen- und moorfiskalischen Grundstücksgeschäfte einschließlich der von der Domänen- und Moorverwaltung betreuten Flächen der Naturschutzverwaltung sind im Regierungsbezirk Weser-Ems die Domänenämter Norden (für den früheren Regierungsbezirk Aurich) und Oldenburg (für den früheren Verwaltungsbezirk Oldenburg) sowie die Staatliche Moorverwaltung Weser-Ems in Meppen ... zuständig.*

Die Struktur der vom Domänenamt Oldenburg gegenwärtig zu verwaltenden landeseigenen Flächen stellt sich wie folgt dar (siehe auch Anlage 4):

| | Niedersachsen | davon Domänenamt Oldenburg |
|---|---|---|
| 1. Gesamtfläche, ha 49.000 9.818 | | |
| 2. davon Domänen/Pachthöfe, ha | 13.000 | 1.749 |
| 3. Anzahl Betriebe | 130 | 28 |
| 4. durchschn. Betriebsgröße, ha | 100 | 62 |
| 5. Streubesitz, ha | 36.000 | 8.067 |
| 6. davon landwirtschaftlich genutzt, ha | 23.000 | 3.360 |

Alles in allem ist der gesamte vom Domänenamt Oldenburg zu verwaltende landeseigene Flächenbesitz in den letzten Jahrzehnten in etwa konstant geblieben. Flächenreduzierungen durch Verkauf und Absiedlung bis in die 60er Jahre sowie die Abgabe der Liegenschaften auf der rechten Weserseite an das Domänenamt Stade wurden durch Zulegung von Flächen des ehemaligen Siedlungsamtes Oldenburg, teilweise auch durch Rückkauf ehemals abgesiedelter Flächen in arrondierter Lage zur Aufstockung von Domänen sowie durch die Übernahme der Grundstücksverwaltung der für Naturschutzzwecke erworbenen Flächen wieder ausgeglichen.

---

[34] Niedersächsisches Ministerialblatt, 46. (51.) Jahrgang, Gemeinsamer Runderlaß der Staatskanzlei und sämtlicher Ministerien vom 20. 5. 1996 - 201-11070 -.

Die geschlossenen Betriebe (Domänen/Pachthöfe), die in der Domänenverwaltung eine besondere Rolle spielen, haben in der Vergangenheit anzahlmäßig eine erhebliche Reduzierung erfahren. Von ehemals 107 zu betreuenden Höfen wird gegenwärtig noch ein Bestand von 26 Betrieben (Anlage 5), allerdings mit erheblich größerer Flächenausstattung, verwaltet. Allein in den letzten zehn Jahren wurden acht Domänen und Pachthöfe aus strukturellen und wirtschaftlichen Gründen aufgegeben, indem die Flächen nach Möglichkeit angrenzenden Domänen zugelegt und die Resthöfe (Gebäude mit Hoffläche) veräußert wurden. In der Regel werden alle Domänen und Pachthöfe heute als Familienbetriebe mit ein bis zwei Arbeitskräften bewirtschaftet. Zusätzlich zu den domänenfiskalischen Flächen werden von den Pächtern häufig noch eigene oder private Zupachtflächen mitbewirtschaftet, so daß die tatsächlich bewirtschaftete Fläche in vielen Fällen größer als die domänenfiskalische Fläche ist. Bei allen Betrieben handelt es sich um wirtschaftlich gesunde Vollerwerbsbetriebe mit guten Entwicklungsmöglichkeiten. Eine Ausnahme bilden die zwei Domänen auf der Strohauser Plate, die aufgrund ihrer Insellage im zukünftigen Naturschutzgebiet eine Sonderrolle spielen und so lange wie möglich aus naturschutzfachlichen Gründen erhalten bleiben sollen.

### 12.2 Ziele und Inhalte heutiger Domänenpolitik

Angesichts gegenwärtiger Produktionsüberschüsse auf dem Agrarmarkt, des biologisch-technischen Fortschritts in der Landwirtschaft und der Maßnahmen zur Umsetzung der Agrarreform der Europäischen Union steht die Domänenverwaltung, deren Auftrag die Verwaltung öffentlicher Flächen ist, vor besonderen Herausforderungen. Die ehemals alleinig auf oldenburgische Interessen ausgerichtete Domänenpolitik ist mit der Eingliederung des Landes Oldenburg in das Bundesland Niedersachsen in dessen landes- und agrarpolitische Zielsetzungen eingebunden.
In ihren Grundzügen beinhaltet die heutige Domänenpolitik wie auch in den vergangenen Jahrhunderten die Sicherung des landeseigenen Vermögens, d.h. die Nichtausbeutung und die pflegliche Bewirtschaftung und Nutzung des domänenfiskalischen Vermögens. Dabei ist der Begriff Vermögen im doppelten Sinne zu deuten. Einmal stellen Nutzflächen ein Vermögen im rein materiellen Sinne dar, das der Staat zur Erfüllung seiner vielfältigen Aufgaben langfristig als Flächenreserve vorhält. Diese Funktion staatlicher Flächen ist heute von zentraler Bedeutung. Im Hinblick auf das heutige Haushaltsvolumen und das Aufgabenspektrum eines modernen Leistungs- und Sozialstaates ist der Beitrag zu den Staatseinnahmen eher unbedeutend. Die Zeiten, in denen die Domänenverwaltung die Kriegskassen der Landesherren und den Unterhalt der Herrschaftsfamilien finanzieren mußte, gehören der Vergangenheit an. Der Vermögensbegriff ist zum anderen nicht nur im materiellen Sinne zu interpretieren. Der Domänenverwaltung ist auch ein umfangreiches Vermögen an kulturellen, geschichtlichen und an natürlichen Gütern (von hoch fruchtbaren Böden bis zu ökologisch wertvollen Außendeichsflächen) anvertraut. „Diese Vermögensgüter i.S. des Allgemeinwohls zu pflegen und zu behüten, ihr geschichtliches Zeugnis zu bewahren und ihre Leistungsfähigkeit i.S. eines intakten

*Abb. 8: Domäne Südergarms, Foto Domänenamt Oldenburg 1993.*

Naturhaushalts zu erhalten und zu fördern, ist eine vordringliche Aufgabe in der Domänenverwaltung"[35]).
Die Domänenverwaltung ist heute mit einer Vielzahl von Landwirten vertraglich verbunden und verhält sich in der Regel pächtertreu. Bei der Nutzung der landeseigenen Flächen und Betriebe ist es eine besondere Aufgabe für die Verwaltung, aber auch für die jeweiligen Bewirtschafter der Flächen, vorbildhaft zu wirken. Dies ist eine traditionelle Aufgabe, wobei sich die Inhalte in Abhängigkeit der Gegebenheiten ändern können. Beispielsweise stehen Produktionssteigerungen gegenwärtig nicht mehr im Vordergrund des Handelns, sondern naturschutzfachliche Aspekte erhalten zunehmende Bedeutung. Der große Anteil landeseigener Flächen in bestehenden und geplanten Naturschutzgebieten sowie der überwiegend im Landeseigentum stehende Nationalpark Niedersächsisches Wattenmeer erfordern wegen der zahlreichen extensivierenden Bewirtschaftungsauflagen eine enge Abstimmung mit den Naturschutzbehörden und der Nationalparkverwaltung. Es ist damit zu rechnen, daß diese Zusammenarbeit mit den Naturschutzbehörden künftig noch zunehmen wird.

[35] Lüthge, Niedersächsisches Ministerium für Ernährung, Landwirtschaft und Forsten, Agrarpolitik im Spannungsfeld und Umbruch - Konsequenzen für die Domänenverwaltung (Referat anläßlich der Tagung der Dezernenten und Wirtschaftsleiter selbstbewirtschafteter Landes- und Stiftungsbetriebe am 16./17. 5. 1988).

Ein beachtlicher Anteil landeseigener Flächen konnte in der Vergangenheit zur industriellen und gewerblichen Nutzung wie auch dem Wohnungsbau (z.B. in der Stadt Wilhelmshaven) zur Verfügung gestellt werden. Es hat sich auch als zweckmäßig erwiesen, daß landeseigene Flächen bei Bedarf für öffentliche Vorhaben (z.B. Deichbaumaßnahmen am Jadebusen) wie auch für Ausgleichs- und Ersatzmaßnahmen herangezogen werden konnten. Zur Erfüllung dieser zentralen Funktion könnte eine aktive Flächenbevorratung durch Ankauf größerer Parzellen in potentiellen Gebieten für Kompensationsmaßnahmen zu einer wichtigen Aufgabe der Landespolitik werden. Hingegen sind kleinere landeseigene Parzellen, die derartige Funktionen nicht übernehmen können, zu veräußern.

Abb. 9: Domäne Südergarms, erhaltenes großherzogliches Wappen, Foto Domänenamt Oldenburg 1993.

Die gelegentlich immer wieder von der Öffentlichkeit gestellte Frage, ob die im Eigentum des Landes Niedersachsen stehende Vielzahl von Domänen und Streuflächen aus haushaltsmäßigen und wirtschaftlichen Gründen nicht privatisiert werden sollte, verneinte die Landesregierung in der Antwort auf eine Kleine Anfrage folgendermaßen[36]): *In Zeiten steigender Flächenansprüche für nichtlandschaftliche Nutzungen bei gegebener Unvermehrbarkeit von Grund und Boden kommt dieser Aufgabe eine wachsende Bedeutung zu. Dies gelte nicht nur für den Einflußbereich von Verdichtungsräumen, sondern auch für ländliche Regionen. Dabei sind auch in zunehmendem Maße Vorhaben zu beachten, die der Stärkung des Naturhaushalts dienen ... Insoweit leisten die Domänenflächen durchaus einen wichtigen Beitrag zur Aufgabenerfüllung des Landes. Eine großflächige Privatisierung von domänenfiskalischen Flächen wäre aber auch ein Vertrauensmißbrauch gegenüber den Pächterfamilien und ihren Mitarbeitern, die in*

---

36) Niedersächsischer Landtag - Zwölfte Wahlperiode, Drucksache 12/4864, Antwort vom 05.05.1993 auf die Kleine Anfrage des Abgeordneten Jürgens (FDP) - Drucksache 12/4711.

*Abb. 10: Domäne Osterseefeld, entferntes großherzogliches Wappen, Foto Domänenamt Oldenburg 1997.*

*Kenntnis der Pächtertreue des Landes mit erheblichen Investitionen und Engagement zur Erhaltung und Entwicklung des domänenfiskalischen Vermögens beigetragen haben und für die Pachtbetriebe eine Existenzgrundlage darstellen. Dies gilt in gleichem Maße auch für Pächter von Streubesitzflächen, die zur Aufstockung und Existenzfestigung ihrer Betriebe auf die Zupacht der landeseigenen Flächen angewiesen sind. Die Landesregierung ist zu diesem Vertrauensmißbrauch bei ablaufenden Verträgen grundsätzlich nicht bereit. Bei entbehrlichen Flächen besteht jedoch die Bereitschaft, Flächen an die jeweiligen Pächter zu veräußern.*

Die derzeitige Diskussion über Ziele und Inhalte der Domänenpolitik wird wesentlich auf der Grundlage des gegenwärtig herrschenden Haushaltsdefizits des Landes Niedersachsen und der angeblich zu geringen Verzinsung des im landeseigenen Grund und Boden gebundenen Kapitals geführt. Im Rahmen der Beantwortung der o.a. Kleinen Landtagsanfrage vom 5. Mai 1993 wird speziell auf die Frage der Wirtschaftlichkeit des domänenfiskalischen Besitzes eingegangen und eine Verzinsung von 1,6 % des in Domänen, Einzelhöfen und Streuflächen gebundenen Vermögens genannt. Es wird angeführt, daß dieser relativ niedrige Zinssatz auch deswegen zustande komme, weil zahlreiche Pachtpreisermäßigungen als Gegenleistung für extensivierende Bewirtschaftungsauflagen in und um Naturschutzgebieten sowie im Deichvorland des Nationalparks Niedersächsisches Wattenmeer mit Landwirten und Nutzergemeinschaften vertraglich vereinbart wurden.

Bei der Betrachtung der langen geschichtlichen Entwicklung des domänenfiskalischen Grundbesitzes im Oldenburger Land wird deutlich, daß es immer wieder Phasen gab, in denen der Eigentumsanspruch des Staates auf Domänen und Streubesitz in Frage gestellt wurde. Im Laufe der Geschichte zeigte sich jedoch auch immer wieder, wie wichtig und bedeutsam das Vorhalten landeseigener Flächen zur Umsetzung langfristiger politischer Zielsetzungen ist. Die Erhaltung landwirtschaftlichen Grundbesitzes im Landeseigentum ist daher nicht Selbstzweck, sondern liegt aus dargelegten Gründen im öffentlichen Interesse. Der öffentliche Grundbesitz hatte früher und hat auch heute noch Aufgaben zu erfüllen, die ihm das Privatvermögen nicht abzunehmen vermag. Natürlich sollte bei Überlegungen über Veräußerung und Erwerb von landeseigenem Grund und Boden immer sorgfältig geprüft werden, ob in dem jeweiligen Einzelfall auf ein Grundstück verzichtet werden kann bzw. ein Flächenerwerb aus landespolitischem Interesse notwendig und langfristig sinnvoll ist.

**Anlage 1** (Zivilliste 1849)[37])

Verzeichnis der nach §. 2 der Anlage I. des Staatsgrundgesetzes zu Krongut ausgeschiedenen Grundstücke

| Ordn.=Nr. | Benennung der Domänen | Belegen im Kirchspiele |
|---|---|---|
| | **I. im Herzogtum Oldenburg:** | |
| 1. | Das Gut Hundsmühlen ausschließlich derjenigen Stücke, welche zur Vehnanstalt und zur Forstverwaltung verschiedentlich abgetreten sind, sowie mit Ausnahme des Blutegelteichs nebst Umgebung | Wardenburg |
| 2. | Die zum Oldenburger Vorwerk gehörig gewesene Blankenburger Wiese | Osternburg |
| 3. | Die Wiese, „blaue Rad" genannt, bei Blankenburg | Holle |
| 4. | Die zum Oldenburger Vorwerk gehörig gewesene Wiese, „Buschhagen" genannt | Osternburg |
| 5. | Das Vorwerk Neuenfelde nebst den dazu gehörigen 39 Hämmen Kleiland | Elsfleth |
| 6. | Das Tafelgut Mansholt ohne die Forstgründe | Wiefelstede |
| 7. | Das Jahder Vorwerk mit der Windmühle und den Kirchenstellen in der Jahder Kirche | Jahde |
| 8. | Das Gut Wittenheim, eigentlich die davon noch verbliebenen Ländereien und Kirchenstühle in der Westersteder Kirche | Westerstede |
| 9. | Das Vorwerk Burgforde, eigentlich die davon übrigen Ländereien | Westerstede |
| 10. | Neunundzwanzig Parzellen Bauland auf dem Hinteresch in Neuenburg nebst dem s. g. Pförtnereigarten | Zetel oder Bockhorn (streitig) |
| 11. | Die Baustätte, „Wrackbülte" genannt | Zetel |
| 12. | Die bei Bockhorn belegene s. g. Reithwiese | Bockhorn |
| 13. | Die Kälberweide | Zetel |
| 14. | Die s. g. 40 Jücken bei Zetel | Zetel |
| 15. | Die s. g. schmale Wiese | Bockhorn |
| 16. | Der große Reithamm | Zetel |
| 17. | Der kleine Reithamm | Zetel |
| 18. | Der Ueberschuß von den s. g. 100 Jücken | Zetel |
| 19. | Der kleine Seekenplacken | Zetel |
| 20. | Der große Seekenplacken | Zetel |
| 21. | Das s. g. Rondeel | Bockhorn |
| 22. | Die s. g. Töppen | Zetel |
| 23. | Der Rövershamm | Bockhorn |
| 24. | Das s. g. Heetenland | Zetel |
| 25. | Die große Wiese bei Driefel | Bockhorn |
| 26. | Die Hasenweider Wischen | Zetel |

37) Staatsgrundgesetz (s. Anm. 16), S. 157 ff.

| | |
|---|---|
| 27. Der Ober- und der Mittelstoppelgroden mit Einschluß der beiden Häuslingsgroden und des Carsten-Plackens | Zetel |
| 28. Der Kielgroden nebst dem Häuslings- oder Meyelgroden | Zetel |
| 29. Die Kolmar Bau mit dem hinter Neustadt belegenen Placken | Strückhausen |
| 30. Zwanzig Jücken vormals Schmettausches Land | Esenshamm |
| 31. Die zum Schweier Amthause gehörig gewesenen Ländereien | Schwei |
| 32. Das Gut Inte | Stollhamm |
| 33. Das Gut Heete oder Groß-Infeld | Abbehausen |
| 34. Die vom vormaligen Lehn-Gute Blexersande übriggebliebenen Ländereien | Blexen |
| 35. Das Vorwerk Hayenschloot | Eckwarden |
| 36. Die zu Süderbrock belegenen Heuländereien | Altenesch |
| 37. Das Vorwerk Welsburg | Dötlingen |
| 38. Der Anteil an der s. g. fetten Marsch | Wildeshausen |
| 39. Sechszehn Matten Land am Sillenstedter Fußwege | Jever |
| 40. Zehn Matten s. g. Rentmeisters-Dienstland am Hookswege | Jever |
| 41. Vierundzwanzig Matten Landes in der Wiedel | Jever |
| 42. Einunddreißig und 1/2 Matten Landes in der Kleiburg | Jever |
| 43. Sechs Matten Landes, Burg- und Leeghamm | Jever |
| 44. Elf Matten Landes beim Dünkagel | Jever |
| 45. Der herrschaftliche Garten, die „Terrasse" genannt | Jever |
| 46. Die früher bei dem Scharfrichter- und Kavillerdienste in der Herrschaft Jever benutzten Grundstücke | Jever |
| 47. Der große herrschaftliche Garten (im lebenslänglichen Gebrauche des Gärtners Meyer) | Jever |
| 48. Das Vorwerk Altmarienhausen | Sande resp. Schortens |
| 49. Das Vorwerk Neumarienhausen | Sande resp. Neuende |
| 50. Das Vorwerk Upjever | Schortens |
| 51. Das Vorwerk Großrickelhausen | Westrum |
| 52. Das Vorwerk Kleinrickelhausen | Westrum |
| 53. Sieben Matten Papenthuner Land | Schortens |
| 54. Der alte Mitteldeich | Sande |
| 55. Das Vorwerk Münchhausen | Middoge |
| 56. Das Vorwerk Maihausen | Pakens |
| 57. Siebenzehn Matten Rickelhauser Ländereien | Oldorf, Tettens, Waddewarden |
| 58. Der Neuwapeler Groden | Jahde u. Schweiburg |
| 59. Der Adelheids-Groden mit den Deichen nach N.O. (der Jade zu) und nach S.O. (dem Zeteler Außentief zu) | Bockhorn, vielleicht auch Sande |
| 60. Der Katharinen-Groden mit allen ihn umschließenden Deichen | Sande |
| 61. Der Jeversche oder Sander-Groden | Sande |
| 62. Der Cäcilien-Groden, früher Sander-Außengroden, mit dem Deiche, welcher ihn gegen den Neusanduner oder Tannenschen Groden begrenzt | Sande |
| 63. Der Friederikengroden | Hohenkirchen |
| 64. Der neue Groden vor dem Adelheidsgroden, genannt Petersgroden | Bockhorn |
| 65. Der Anwachs am Liener Kuhsande nebst dem kleinen vor demselben belegenen Aufwurf | Elsfleth |
| 66. Der Hammelwarder-Sand (nämlich sämtliche unter diesem Kollektivnamen vereinigte Weserinseln, jedoch ohne den großen Pater) | Hammelwarden |
| 67. Die Eidewarder Plate | Dedesdorf |
| 68. Die Loyer Windmühle mit Zubehör | Rastede |
| 69. Die Seebadeanstalt zu Wangerooge mit den sämtlichen von derselben oder für dieselbe bisher benutzten Baulichkeiten, Grundstücken und Anlagen oder ausgeübten Berechtigungen, sowie mit dem vorhandenen Inventare und dem von der Badewirtschaft gesammelten Betriebskapitale | Wangerooge |
| 70. Die drei Berge bei Elmendorf | Zwischenahn |

### II. im Fürstentum Lübeck:

71. Der Bau- und Beutiner-Hof im Amte Eutin, mit Ausschluß von 65 Tonnen 180 Ruth. zur Ausgleichung wegen auszugebender Instenparzellen abzutretenden Deichlandes
72. Der Hof Neumeierei daselbst
73. Der Adelshof daselbst
74. Der Hof Ovendorf im Amte Schwartau
75. Der Hof Redingsdorf im Amte Eutin
76. Die Scharbeutzer Hofländereien im Amte Schwartau
77. Die sämtlichen Seen im Amte Eutin, soweit sie nicht schon bei den Gütern unter Nr. 71, 72, 73, 75 begriffen sind

### III. im Fürstentum Birkenfeld:

78. Die Rostenwiese
79. Die Holzhauser Hofwiesen
80. Die kleine Rosenwiese
81. Die alte Schloßruine bei Oberstein


**Anlage 2**

**Veränderung der Größe der Herdstellen und Anteil des Ackerlandes (ab 1. Mai 1923)[38])**

| Herdstellen | Alte Größe, ha (1918) | Für Siedlung abgegeben, ha | Neue Größe, ha (1923) | Davon Acker ha |
|---|---|---|---|---|
| 1. Großengarms | 92 | 36 | 56 | 36 |
| 2. Ostergroden | 74 | — | 74 | 54 |
| 3. Nordergarms | 50 | 8 | 42 | 24 |
| 4. Kleinengroden | 51 | 6 | 45 | 34 |
| 5. Mittelgarms | 47 | — | 47 | 30 |
| 6. Westergarms | 55 | 1 | 54 | 38 |
| 7. Münchhausen | 44 | 5 | 39 | 26 |
| 8. Südergarms | 72 | 2 | 70 | 45 |
| 9. Oesterdeichshof | 54 | 5 | 49 | 36 |
| 10. Altgarmssiel | 65 | 14 | 51 | 28 |
| 11. Maihausen | 82 | 12 | 70 | 37 |
| 12. Rickelhausen | 85 | 21 | 64 | 27 |
| 13. Reiseburg | 33 | 14 | 19 | — |
| 14. Tidofeld | 71 | 23 | 48 | 12 |
| 15. Hohewerther Grashaus | 78 | — | 78 | 33 |
| 16. Altmarienhausen | 67 | 5 | 62 | 23 |
| 17. Neumarienhausen | 54 | 2 | 52 | 18 |
| 18. Kielgroden | 80 | 8 | 72 | 22 |
| 19. Oberstoppelgroden | 105 | 32 | 73 | 23 |
| 20. Jader-Vorwerk | 78 | 11 | 73 | 8 |
| 21. Neuenhoben | 64 | 13 | 51 | 11 |
| 22. Osterseefeld | 62 | 18 | 44 | 7 |
| 23. Süderseefeld | 66 | 14 | 46 | 16 |
| 24. Hobenhausen | 57 | 5 | 52 | 13 |
| 25. Moorgroden | 63 | — | 63 | 13 |

38) 2. Landtag des Freistaats Oldenburg. 8. Versammlung, 1923, Anlage 64.

| | | | | | |
|---|---|---|---|---|---|
| 26. Mittelseefeld | 67 | 22 | 45 | 11 |
| 27. Großehof | 79 | 47 | 45 | 5 |
| 28. Norderseefeld | 48 | 12 | 32 | 8 |
| 29. Norderahn | 62 | 23 | 43 | 8 |
| 30. Roddens I | 84 | 25 | 59 | 9 |
| 31. Roddens IV | 45 | 6 | 39 | 9 |
| 32. Roddens V | 72 | 19 | 53 | 7 |
| 33. Hayenschloot | 91 | 35 | 56 | 5 |
| 34. Inte | 52 | 20 | 41 | 7 |
| 35. Groß-Infeld | 69 | — | 69 | 15 |
| 36. Colmarbau I | 57 | 15 | 42 | — |

**Anlage 3**

Domänenfiskalischer Besitz am rechten Weserufer, der 1974 der Verwaltung des Domänenamtes Stade unterstellt wurde

| Domäne/Pachthof | Betriebsfläche, ha |
|---|---|
| Harriersand I | 81,9 |
| Hammelwarder Sand-Süd | 111,9 |
| Großer Pater I | 59,9 |
| Tegelerplate II | 29,9 |
| Wilhelmsplate I | 37,6 |
| Wilhelmsplate II | 41,5 |
| Harriersand II | 42,9 |
| Harriersand IV | 43,6 |
| Großer Pater II | 31,1 |
| Großer Pater III | 43,0 |
| Harriersand VI | 57,8 |
| Großer Pater V | 37,0 |
| Osterpater I | 31,7 |
| Westerpater II | 34,9 |
| Kleiner Pater | 53,6 |
| Nonneneck | 30,0 |
| Schlicksand | 17,8 |
| Fährplate I | 29,5 |
| Fährplate II (ab 1. Mai 1974 zu Fährplate I) | 20,5 |
| zusammen: | 836,1 |

**Stückland und Resthöfe am rechten Weserufer**

| Belegenheit | Gesamtfläche, ha |
|---|---|
| Gemarkung Landwürden | 543,0 |
| Harriersand/Hammelwarder Sand | 87,9 |
| zusammen: | 630,9 |

### Einzelgebäude (Resthöfe)

| Harriersand: | Fläche, ha |
|---|---|
| Großer Pater | 0,95 ha |
| Harriersand III | 0,41 ha |
| Harriersand V | 1,54 ha |
| Osterpater II | 1,08 ha |
| Westerpater I | 1,11 ha |

**Tegelerplate:**

| | |
|---|---|
| Tegelerplate I | 1,20 ha |
| zusammen: | 6,29 ha |

### Anlage 4

**Flächenübersicht des Domänenamtes Oldenburg (1996)**

#### I Streubesitz

| Landkreis kreisfreie Stadt (1) | Kapitel* (2) | Streubesitz (einschl. Anwachs) ha (3) | Anzahl Flurstücke (4) | gesamte verpachtete Fläche/ha (5) |
|---|---|---|---|---|
| Ammerland | 0930 | 1346,7 | 336 | 883,9 |
|  | 1520 | 118,8 |  |  |
| Friesland | 0930 | 2448,7 | 1086 | 874,9 |
|  | 1520 | 134,7 |  |  |
| OL-Stadt | 0930 | 35,0 | 18 | 26,0 |
|  | 1520 | 20,4 |  |  |
| OL-Land | 0930 | 440,1 | 406 | 161,8 |
|  | 1520 | 76,6 |  |  |
| OS-Stadt | 0930 | 6,2 | 5 | 6,2 |
| Wesermarsch | 0930 | 3196,4 | 1597 | 1085,8 |
|  | 1520 | 168,8 |  |  |
| WHV | 0930 | 76,9 | 40 | 61,2 |
| **Summe** | **0930** | **7550,0** | **3488** | **3099,8** |
|  | 1520 | 519,3 |  |  |

#### II Domänen und Pachthöfe

| | | | |
|---|---|---|---|
| Friesland | 0930 | 659,7 ha | (12 Betriebe) |
| Wesermarsch | 0930 | 1020,0 ha | (15 Betriebe) |
| Wilhelmshaven | 0930 | 69,3 ha | ( 1 Betrieb) |
| Summe | | 1749,0 ha | (28 Betriebe) |

#### III insgesamt

| | | |
|---|---|---|
| Streubesitz: | Kap. 0930 | 7550,0 ha |
|  | Kap. 1520 | 519,3 ha |
| Domänen: |  | 1749,0 ha |
|  |  | 9818,3 ha |

*) Kapitel 0930 (Domänenverwaltung)
  Kapitel 1520 (Naturschutzverwaltung)

**Anlage 5**

**Übersicht der Entwicklung Oldenburger Domänenbetriebe 1920-1997
(Betriebsgrößenveränderungen)**

| Lfd. Nr. | Domäne/Pachthof | Größe 1920 ha | Größe 1950 ha | Größe 1997 ha | Aufgabe |
|---|---|---|---|---|---|
| | **a) Landkreis Friesland und Stadtkreis Wilhelmshaven** | | | | |
| 1 | Nordergarms | 49,5 | 42,7 | — | 1941 |
| 2 | Westergarms | 55,0 | 54,4 | — | 1961 |
| 3 | Südergarms | 71,5 | 52,0 | 60,7 | |
| 4 | Ostergroden | 74,2 | 64,4 | 64,2 | |
| 5 | Rickelhausen | 85,2 | 51,7 | 51,7 | |
| 6 | Kielgroden | 80,1 | 61,1 | 65,6 | |
| 7 | Hohewerther Grashaus | 78,5 | 75,4 | 83,1 | |
| 8 | Kleinengroden | 50,9 | 44,3 | 60,5 | |
| 9 | Mittelgarms | 44,7 | 44,6 | — | 1990 |
| 10 | Münchhausen | 44,1 | 39,4 | 43,3 | |
| 11 | Großengarms | 92,4 | 32,6 | 75,3 | |
| 12 | Österdeichshof | 53,7 | 46,1 | 53,2 | |
| 13 | Altgarmssiel | 64,8 | 43,1 | 53,8 | |
| 14 | Maihausen I | — | 38,6 | 68,7 | |
| 15 | Maihausen II | 82,4 | 27,4 | — | 1983 |
| 16 | Reiseburg | 19,3 | 18,4 | — | 1963 |
| 17 | Tidofeld | 71,2 | 45,3 | — | 1983 |
| 18 | Steindamm | — | 32,8 | — | 1993 |
| 19 | Altmarienhausen | 66,9 | 43,7 | — | 1987 |
| 20 | Neumarienhausen | 54,0 | 37,4 | 86,3 | |
| 21 | Oberstoppelgroden I | 92,7 | 44,0 | — | 1965 |
| 22 | Oberstoppelgroden II | — | 20,0 | — | 1996 |
| | **b) Landkreis Wesermarsch (binnendeichs)** | | | | |
| 23 | Großehof | 78,8 | 45,2 | 67,8 | |
| 24 | Mittelseefeld | 50,0 | 42,5 | — | 1991 |
| 25 | Osterseefeld | 50,0 | 40,6 | 56,4 | |
| 26 | Norderseefeld | 44,8 | 31,9 | 69,2 | |
| 27 | Norderahn | 50,0 | 44,7 | — | 1964 |
| 28 | Hobendeich I | — | 9,9 | — | 1965 |
| 29 | Hobendeich II | — | 9,9 | — | 1968 |
| 30 | Süderseefeld | 60,0 | 44,3 | — | 1996 |
| 31 | Hobenhausen | 56,5 | 42,3 | — | 1963 |
| 32 | Moorgroden | 70,5 | 42,1 | 75,3 | |
| 33 | Neuenhoben | 64,4 | 40,6 | 66,3 | |
| 34 | Inte | 51,9 | 41,7 | 50,7 | |
| 35 | Jader Vorwerk | 78,0 | 54,9 | — | 1966 |
| 36 | Hayenschloot | 62,4 | 57,9 | 66,3 | |
| 37 | Kampen | — | 53,6 | — | 1963 |
| 38 | Niens | — | 54,8 | — | 1965 |
| 39 | Infeld | 68,9 | 52,5 | 73,2 | |
| 40 | Roddens I | 84,1 | 42,6 | 66,1 | |
| 41 | Roddens IV | 45,2 | 39,7 | — | 1964 |
| 42 | Roddens V | 72,3 | 39,1 | 30,8 | |

| | | | | | |
|---|---|---|---|---|---|
| 43 | Blexersande I | 51,6 | 31,1 | — | 1982 |
| 44 | Blexersande III | 63,8 | 13,8 | — | 1959 |
| 45 | Syubkelhausen | 20,6 | 22,1 | — | 1997 |
| 46 | Strückhausen-Altendorf | 30,4 | 28,6 | 27,7 | |
| 47 | Colmar-Hauptstelle | 57,1 | 38,1 | — | 1962 |
| 48 | Colmar V | 21,4 | 21,8 | — | 1962 |
| 49 | Colmar VII | 18,4 | 16,3 | — | 1962 |
| 50 | Colmar VIII | 8,1 | 12,2 | — | 1962 |
| 51 | Colmar IX | 12,2 | 13,3 | — | 1962 |
| 52 | Colmar X | 15,9 | 17,4 | — | 1962 |
| 53 | Colmar XI | 17,5 | 17,9 | — | 1962 |
| 54 | Colmar XII | 12,1 | 12,1 | — | 1962 |
| 55 | Colmar XIII | 14,4 | 15,0 | — | 1962 |
| 56 | Colmar XIV | 7,0 | 7,2 | — | 1962 |
| 57 | Barschlüte | 52,0 | 45,3 | — | 1961 |

**c) Landkreis Wesermarsch (außendeichs)**

| | | | | | |
|---|---|---|---|---|---|
| 58 | Strohauser Plate I | — | 32,7 | 115,4 | |
| 59 | Strohauser Plate II | — | 23,7 | — | 1997 |
| 60 | Strohauser Plate III | — | 24,6 | — | 1983 |
| 61 | Strohauser Plate IV | — | 24,4 | — | 1968 |
| 62 | Strohauser Plate V | 137,2 | 22,0 | — | 1986 |
| 63 | Strohauser Plate VI | — | 23,5 | 102,8 | |
| 64 | Strohauser Plate VII | — | 23,6 | — | 1975 |
| 65 | Elsflether Sand | 65,2 | 67,4 | 120,1 | |
| 66 | Kötersand I | 37,5 | 32,0 | — | 1974 |

**d) Landkreis Cloppenburg**

| | | | | | |
|---|---|---|---|---|---|
| 67 | Bokelesch I | 33,5 | 32,0 | — | 1959 |
| 68 | Bokelesch II | 31,7 | 30,4 | — | 1959 |
| 69 | Bokelesch IIIa | 54,8 | 31,0 | — | 1959 |
| 70 | Bokelesch IIIb | | 27,0 | — | 1959 |
| 71 | Bokelesch IV | — | 17,4 | — | 1959 |
| 72 | Bokelesch V | 23,5 | 23,6 | — | 1959 |
| 73 | Bokelesch VI | 41,2 | 40,1 | — | 1959 |
| 74 | Bokelesch VII | 48,4 | 45,1 | — | 1959 |
| 75 | Bokelesch VIII | 29,3 | 29,6 | — | 1959 |
| 76 | Bokelesch IX | 34,6 | 31,4 | — | 1959 |
| 77 | Bokelesch X | 37,3 | 33,8 | — | 1959 |
| 78 | Bokelesch XI | 39,8 | 36,7 | — | 1959 |
| 79 | Bokelesch XII | 20,8 | 21,4 | — | 1959 |
| 80 | Bokelesch XIII | 23,8 | 22,6 | — | 1959 |
| 81 | Bokelesch XIV | 23,4 | 20,2 | — | 1959 |
| 82 | Bokelesch XV | 32,3 | 30,9 | — | 1959 |
| 83 | Bokelesch XVII | 48,5 | 44,3 | — | 1959 |
| 84 | Bokelesch XVIII | 16,8 | 20,2 | — | 1959 |
| 85 | Bokelesch XIX | 24,7 | 24,8 | — | 1959 |
| 86 | Bokelesch XX | 23,2 | 23,2 | — | 1959 |
| 87 | Bokelesch XXI | 9,4 | 12,1 | — | 1959 |
| 88 | Bokelesch XXII | — | 22,1 | — | 1959 |

Christina Randig

# „Ein Mensch, der nicht lieset, sieht in der Welt nur sich."

Zum literarischen Wirken der
„Oldenburgischen Literarischen Gesellschaft"
in der Zeit von 1796 bis 1801

Im Jahre 1779 gründete Gerhard Anton v. Halem[1]) nach dem Vorbild der hamburgischen literarischen Gesellschaft von Klopstock und Büsch die „Oldenburgische Litterarische Gesellschaft"[2]). Sie setzte sich aus zwölf Angehörigen des Bürgertums mit unterschiedlichen Berufen zusammen[3]), die sich in ihren wöchentlichen Sitzungen mit Literatur im weitesten Sinne befaßten[4]). Der Umfang und die Art ihrer Beschäftigung mit Literatur sind heutigen Lesern weitestgehend fremd. Aus diesem Grund, aber auch vor dem Hintergrund nicht enden wollender Klagen über den Niedergang des Lesens scheint die Frage nach der Motivation, Konzeption und dem Selbstverständnis einer solchen Vereinigung angemessen. Angesichts der großen Materialfülle, die die Geschichte der OLG direkt dokumentiert[5]), können die folgenden Ausführungen diesbezüglich allerdings nur einen Anfang darstellen.

---

1) Im zu untersuchenden Material werden zwei Träger des Namens v. Halem erwähnt. Es handelt sich dabei um den Kanzleirat G. A. v. Halem (künftig: KR. v. Halem) sowie dessen Bruder, den Kabinettssekretär Ludwig Wilhelm v. Halem (künftig: Secr. v. Halem).
2) Gerhard Anton v. Halem's Selbstbiographie nebst einer Sammlung von Briefen an ihn, hrsg. v. C. F. Strackerjan, Oldenburg 1840, S. 88 f. - Im folgenden wird statt der offiziellen heutigen Bezeichnung „Oldenburgische Literarische Gesellschaft von 1779" die Abkürzung OLG verwendet.
3) Zu den in Oldenburg herrschenden Verhältnissen der Zeit vgl.: Friedrich-Wilhelm Schaer und Albrecht Eckhardt, Herzogtum und Großherzogtum Oldenburg im Zeitalter des aufgeklärten Absolutismus (1773-1847), in: Albrecht Eckhardt in Zusammenarbeit mit Heinrich Schmidt (Hrsg.), Geschichte des Landes Oldenburg. Ein Handbuch, Oldenburg 1993⁴, S. 271 ff. - Zur Zusammensetzung der Gesellschaft vgl. Harald Schieckel, Die Mitglieder der „Oldenburgischen Literarischen Gesellschaft von 1779" seit ihrer Gründung. Soziale Herkunft - Gesellschaftliche Stellung - Lebensdaten, in: Oldenburger Jahrbuch 78/79, 1978/79, S. 3.
4) Die unbefriedigende, weil vage Bezeichnung ließ sich im Kürze gebietenden Zusammenhang einleitender Gedanken nicht vermeiden. Die mit dem Begriff „Lesen" heute kaum noch assoziierten Beschäftigungen in dieser Vereinigung sollen im folgenden gezeigt werden.
5) Die Protokollbände der Gesellschaft sind ab 1811 vollständig erhalten. Daneben existieren einige wenige Protokolle aus dem Jahr 1791 sowie die Protokollauszüge aus der Zeit von 1797 bis 1801 (im folgenden: Prot. Ausz.) und die „Gesetze" der Gesellschaft. Die Materialien befinden sich als Depositum im Nds. Staatsarchiv in Oldenburg, Best. 279-6 Nr. B 1. Für die freundliche Genehmigung der Einsichtnahme danke ich dem Sekretarius der Gesellschaft, Herrn W. Kramer.

---

Anschrift der Verfasserin: Christina Randig, Accumer Str. 8, 26389 Wilhelmshaven, Tel./Fax: 04421/85121.

*„La lecture est un des devoirs d'un honnête homme"*[6])

Mit diesem Diktum der Königin Christine von Dänemark läßt Gerhard Anton v. Halem in seiner Selbstbiographie die auszugsweise Wiedergabe seines Vortrags anläßlich der Gründung der OLG beginnen. Er fährt fort: „Ein Mensch, der nicht lieset, sieht in der Welt nur sich."[7]) Der anschließenden Erläuterung ist zu entnehmen, daß das Lesen deshalb zur Aufgabe, gar Pflicht erhoben wird, weil es der Begrenztheit und Konzentration des Individuums auf sich selbst, wie sie beim Nichtleser anzutreffen sei, durch eine Horizonterweiterung entgegenwirke. Durch den Austausch über das Gelesene im „vertrauten Kreis", durch „den Genuß geselliger Freude"[8]) verbindet sich in v. Halems Ausführungen dem „prodesse" sodann das „delectare", wodurch vollends jener Wirkungszweck der Dichtung formuliert wird, den Horaz postuliert und den auch die Aufklärung als Programmatik aufgegriffen hatte[9]). Dem Redeanlaß entsprechend konzentriert v. Halem seine Überlegungen im folgenden besonders auf den Aspekt der Gemeinschaftlichkeit. Deren Vorzüge beruhen für ihn zunächst in der Wissenserweiterung, wie sie das Gespräch ermögliche, sofern man bestrebt sei, „sich in möglichster Gemeinschaft mit der laufenden Literatur des In- und Auslandes zu erhalten"[10]). Darüber hinaus bewahre es die Leser vor Einseitigkeit: „Das Wenige, was sie selbst lasen, [...] erhält, in Verbindung mit dem Gehörten, den ihn zukommenden Werth"[11]). Indem er die Mitteilung über die unterschiedlichen Leseerfahrungen als Bereicherung selbstgewonnener Erkenntnisse einstuft, geht v. Halem von einem Literaturverständnis aus, das unterschiedliche Rezeptionsmöglichkeiten einräumt und mithin die Individualität des Lesers als bedeutungsvoll im Hinblick auf das Leseergebnis erachtet. Ist daher der Text für ihn ein Sinnpotential mit Spielräumen, die dem Leser die Aufgabe des Entschlüsselns und Ergänzens stellen und ihm Entscheidungen abverlangen[12])?
Bei der Lektüre spezifischer Werke der Aufklärung dürften sich wegen der moralisierenden Darstellungsweise, des schematischen Aufbaus und der offenbaren Wir-

---

6) G. A. v. Halem's Selbstbiographie (s. Anm. 2), S. 88.
7) Ebd.
8) Ebd., S. 89 f.
9) Das Zitat ergänzt sich mit der folgenden Verszeile zu der Gesamtaussage: „aut prodesse volunt aut delectare poetae / aut simul et iucunda et idonea dicere vitae." Vgl. Horaz, Epistula ad Pisones (De arte poetica liber), V. 333, in: ders., Sämtliche Werke. Lateinisch und deutsch, hrsg. v. Hans Färber, München 1957.
10) Vgl. G. A. v. Halem's Selbstbiographie (s. Anm. 2), S. 88.
11) Ebd., S. 88 f.
12) Um neue literaturgeschichtliche Konzepte bemüht, geht die Literaturwissenschaft seit Ende der sechziger Jahre von einem dialogischen Verhältnis zwischen dem Werk und seinen Lesern aus. Vgl. beispielsweise Harald Weinrich, Für eine Literaturgeschichte des Lesers, in: ders., Literatur für Leser. Essays und Aufsätze zur Literaturwissenschaft (= Sprache und Literatur 68), Stuttgart 1971. - Als umfassende Rezeptionsästhetik, die die angesprochene Auffassung beinhaltet, muß hier vor allem genannt werden: Hans Robert Jauß, Ästhetische Erfahrung und literarische Hermeneutik, Frankfurt a.M. 1991. - Neben dem dialogischen Verhältnis werden ferner auch die bedingenden Einflüsse außerliterarischer Vermittlungsinstanzen analysiert wie sie Verlage, Bibliotheken, Literaturkritik und natürlich auch literarische Gesellschaften darstellen. Vgl. hierzu besonders Manfred Naumann und andere, Gesellschaft, Literatur, Lesen. Literaturrezeption in theoretischer Sicht, Berlin, Weimar 1973.

kungsintentionen diese Anforderungen vergleichsweise in Grenzen gehalten haben. Anders hingegen wären beispielsweise für die Lektüre des „Werther", jenes aufsehenerregenden Werkes, das zugunsten der thematisierten Subjektivität auf jeden Schematismus verzichtet und sich zumindest expliziter moralischer Kommentare enthält, die oben angesprochenen Aktivitäten des Lesers sicher erforderlich gewesen[13]. Zwar wurde dieser Roman Goethes, dessen vorgeschalteter Erzähler zu sympathetischem, identifikatorischem Lesen auffordert[14], von v. Halem selbst gelesen und wohl auch verteidigt[15]; doch ob er auch gemeinschaftlich behandelt wurde, geht aus dem vorliegenden Material nicht hervor. Namen von Autoren, Titel von Werken ebenso wie Hinweise auf mögliche Schwerpunktsetzungen, an denen sich die Textauswahl zu orientieren gehabt hätte, bleiben hier ungenannt. Ganz allgemein nur ist zu erfahren, daß v. Halem, ähnlich wie viele seiner Zeitgenossen, den rasant anwachsenden Buchmarkt als Quelle möglicher Gefahren einstuft. Um der Sucht nach Neuem vorzubeugen, empfiehlt er die Lektüre der antiken Literatur, die für ihn gleichsam eine Art Fixpunkt in den Fluten des Büchermeeres darstellt. Er ist davon überzeugt, daß unterschiedliche Erfahrungen, Fragestellungen, auch Zeitläufte zu erneutem Interesse an bereits Gelesenem, besonders der antiken Literatur, führen können, und verweist darauf, daß er diese Auffassung mit so erfahrenen Lesern wie Henry Bolingbroke und Michel de Montaigne teile. Stellt zumindest also der antike Text für v. Halem ein Sinnpotential dar, das unterschiedliche und unerschöpfliche Wirkungs- und Rezeptionsmöglichkeiten bereithält? v. Halem unterstreicht den Aspekt der Subjektivität[16], indem er Montaigne zitierend antwortet: „Ich lese [...] im Livius, was ein anderer nicht darin lieset."[17]

---

13) Jauß (s. Anm. 12) unterstreicht, daß die ästhetische Autonomie des Lesers „an der Schwelle zwischen französischer Aufklärung und deutschem Idealismus" durch die Freiheit, zu eigenem persönlichen Urteil zu gelangen, ergänzt wurde. Im folgenden legt er dar, wie unterschiedlich der „Werther" gelesen wurde und welche öffentlichen Reaktionen das Werk hervorrief (S. 632).
14) Vgl. hierzu: Johann Wolfgang von Goethe, Die Leiden des jungen Werther, Hamburger Ausgabe, Bd. 6, München 1981, S. 7. Dort heißt es: „Ihr könnt seinem Geist und seinem Charakter eure Bewunderung und Liebe, seinem Schicksale eure Tränen nicht versagen."
15) Dies geht aus einem Brief des „Musaget"-Herausgebers Hennings vom 15. Mai 1789 an v. Halem hervor: „Daß Sie mein Urtheil über Göthe so ernstlich nehmen würden, glaubte ich nicht. [...] Daß Göthe bey Werther keinen unsittlichen Zweck hatte, will ich gern glauben; sein Werk aber hat ihn." Vgl. G. A. v. Halem's Selbstbiographie (s. Anm. 2), S. 202, Brief 186.
16) Die Äußerung läßt an den von Perrault in die Auseinandersetzung zwischen „Anciens" und „Modernes" eingeführten Begriff des „beau relatif" denken. Er relativierte die Vorstellung von der Vollkommenheit der Antike, was auch für Perraults Genievorstellung wichtige Konsequenzen hatte. Vgl. hierzu Jochen Schmidt, Die Geschichte des Genie-Gedankens in der deutschen Literatur, Philosophie und Politik 1750-1945, Bd. 1, Von der Aufklärung bis zum Idealismus, Darmstadt 1985, S. 16 ff.
17) G. A. v. Halem's Selbstbiographie (s. Anm. 2), S. 89. Für die Vorbereitung auf den Gedankenaustausch rät v. Halem den Gesellschaftsmitgliedern mit Seneca: „Cum multa percurreris, unum excerpas, quod illo die concoquas." („Und hast du vieles durchblättert, so greife eines heraus, das du an diesem Tage ganz verarbeiten und verdauen solltest.") Senecas einige Sätze zuvor formulierte Empfehlungen, so scheint es, könnten ebenfalls für v. Halems Überlegungen von Bedeutung gewesen sein: „Lies also stets anerkannte Schriftsteller! Und treibt es dich wirklich einmal zu anderen, so kehre zu den bewährten zurück!" L. Annaeus Seneca, Ad Lucilium, Epistulae morales, Hrsg. Manfred Rosenbach, Darmstadt 1974, S. 8, Brief 2.

## Literarischer Betätigungsradius

Bereits die offizielle Bezeichnung als „Literarische Gesellschaft" - sie mag in Anlehnung an die Bezeichnung der literarischen Gesellschaft in Hamburg erfolgt sein - weist auf einen Unterschied zu vielen zeitgleich gegründeten Vereinigungen, die sich Lesegesellschaft nannten hin[18]). Die Festlegung auf das Lesen allein wurde hier vermieden und statt dessen mit der Charakterisierung „literarisch" Raum geschaffen für ein umfangreicheres Betätigungsfeld. Einen strukturierten Überblick über die konkreten Aktivitäten, die den zugehörigen Bezugsrahmen bilden, verschafft die Gliederungssystematik für den Großteil der Protokollauszüge aus dem Zeitraum vom 15. Dezember 1796 bis zum 30. Januar 1801[19]). Die Themen, die jeweils während eines Vierteljahres behandelt wurden, werden für die ersten drei Protokollauszüge insgesamt in vier Rubriken aufgeführt: 1. „Eigene Arbeiten"; 2. „Mitgetheilte Nachrichten aus privaten Briefen"; 3. „Vorgelesene Stellen aus älteren Schriften"; 4. „Neue Bücher, aus denen vorgelesen ist". Es ist gut vorstellbar, daß die gewählte Reihenfolge den Ablauf der Zusammenkünfte widerspiegelt.

## Annotationen und Berechnungen, Oden und Epigramme
### Eigene Arbeiten der Mitglieder

Die von den Mitgliedern selbst verfaßten Texte sind während des gesamten dokumentierten Zeitraumes ausgesprochen disparat und sehr zahlreich[20]). KR. v. Halem kann 1796, also im Anfangsjahr des dokumentierten Zeitraumes, bereits auf eine große Zahl von Veröffentlichungen zurückblicken, andere wurden vorbereitet[21]). Zudem betätigte er sich gemeinsam mit KR. Gramberg[22]) als Herausgeber der „Ol-

---

18) Marlies Prüsener registriert die Abweichung von der verbreiteteren Bezeichnung, ohne sie weiter zu untersuchen. Sie verweist darauf, daß auch G. A. v. Halem häufiger den Begriff der „Lesegesellschaft" verwendet habe. Vgl. Marlies Prüsener, Lesegesellschaften im 18. Jahrhundert. Ein Beitrag zur Lesergeschichte, in: Börsenblatt f. d. dt. Buchhandel (Frankfurter Ausgabe) Nr. 10, Febr. 1972, S. 189-301, hier: S. 265, Anm. 563.
19) Die o.a. Rubriken sind in dieser Reihenfolge in den ersten drei Protokollauszügen erhalten. Die folgenden Aufstellungen berücksichtigen in jedem Fall die eigenen Arbeiten, aber nicht durchgängig den Briefwechsel und das Gelesene.
20) Daß es sich hierbei um kein Einzelphänomen handelt, wird in der Literatur durch Karl von Moor unterstrichen, der in Sturm-und-Drang-Gesinnung die Zeit verächtlich als „tintenklecksendes saeculum" bezeichnet. Friedrich Schiller, Die Räuber, in: Schillers Werke, 2. Bd., hrsg. von den Nationalen Forschungs- und Gedenkstätten der klass. dt. Literatur in Weimar, Berlin und Weimar 1969, S. 24.
21) Viele seiner Gedichte waren in Boies „Deutschem Museum" und zuvor in den „Oldenburgischen Anzeigen" veröffentlicht worden. Ebenfalls im „Deutschen Museum" erschienen 1783 (Heft 7) sein Epos „Conradin" sowie 1784 (Heft 6) sein Gedicht „Adelheid von Burgund" und eine „Agamemnon-Uebersetzung" 1786 (Heft 7). Sein Schauspiel „Wallenstein" wurde 1786 veröffentlicht. Einen detaillierten Überblick über die literarische Tätigkeit G. A. v. Halems verschafft Günther Jansen. Hinsichtlich des Interesses an v. Halems Texten schreibt Jansen allerdings: „All diese Dichtungen [...] sind dem nüchternen Geschmack der gegenwärtigen Zeit, welche dem pathetischen Flügelschlag des Klopstockischen Hexameters nicht mehr mit solcher Ausdauer zu folgen vermag, kaum mehr zusagend und völlig vergessen." Günther Jansen, Aus vergangenen Tagen. Oldenburgs literarische und gesellschaftliche Zustände während des Zeitraums von 1773 bis 1811, Oldenburg 1877, S. 82.
22) Zum Wirken des Kanzleirats Gramberg vgl. Gabriele Crusius, Medizin und Kultur im Oldenburg der Spätaufklärung. Zur Gestalt des Gerhard Anton Gramberg (1744-1818), in: Oldenburger Jahrbuch 95, 1995, S. 49 ff.

denburger Blätter vermischten Inhalts", „einer periodischen Zeitschrift, die ein volles Jahrzehnt hindurch (1787-1797) für die Bewegung der litterarischen Interessen in Oldenburg den gegebenen Mittelpunkt gegeben hat"[23]). Das Themenspektrum aller Mitglieder umfaßte Gegenstände aus der unmittelbaren, umgebenden Realität neben solchen, die im Bereich des Fiktiven angesiedelt sind. Eine eigene Arbeit des Coll. König dürfte eine Art Plädoyer für die Aufgeschlossenheit auch gegenüber dem persönlich weniger Vertrauten beinhaltet haben, wie der Titel andeutet: „Ueber die Nothwendigkeit, außer seiner Hauptwissenschaft sich auch mit den übrigen zu beschäftigen"[24]). Das der Aufklärung eigentümliche Bestreben, gemeinnützige Kenntnisse aus dem Beruf und Betrachtungen des Alltags weiterzugeben, dominiert jedoch in zahlreichen von den Mitgliedern gehaltenen Vorträgen[25]). So referiert beispielsweise der Theologe Mutzenbecher über „Berechnungen über die Sterblichkeit der Prediger im hiesigen Herzogthum, nebst einigen daraus gezogenen Resultaten"[26]). Der Jurist Erdmann widmet sich einem ökonomischen Thema: „Bemerkungen über Steigen und Fallen des Zinsfußes und Mangel und Überfluß an baarem Gelde im Herzogthum Oldenburg; als Resultate einer Vergleichung der Oldenburgischen wöchentlichen Anzeigen von den Jahren 1776-1796"[27]). Der Pädagoge König stellt den Anfang eines „Rechenbuches für Stadt- und Landschulen" vor[28].

Parallel dazu ist ein andauerndes Interesse der Mitglieder an anderen klassischen Aufklärungsthemen zu verzeichnen, die architektonischer, historischer oder naturgeschichtlicher Art sind oder literaturgeschichtliche Realien betreffen, um nur einige Bereiche zu nennen. Zu verschiedenen Zeitpunkten werden den Entwicklungsverlauf widerspiegelnde Passagen aus Vortragsmanuskripten zur Diskussion gestellt: „Anfang einer Geschichte des Hochstifts Lübeck" (Secr. Erdmann)[29]); „Auf selbst angestellte Untersuchungen gegründete Bemerkungen über die Beschaffenheit und die verschiedenen Benutzungsarten der Torfmoore in Holland, Friesland und Drenthe" (KR. v. Halem)[30]); „Topographische Nachrichten von Eutin" (Secr. Erdmann)[31]); „Über des Dichters Caniz Leben und Gedichte" (KR. Gramberg)[32].

Das für die Aufklärung typische, facettenreiche Genre der Reisebeschreibung[33]) findet sich unter den angeführten Arbeiten mehrfach und bezeugt die Mobilität einiger Mitglieder sowie das Anliegen, gewonnene Eindrücke nachvollziehbar zu machen.

23) Vgl. hierzu: Allgemeine Deutsche Biographie, Leipzig 1875-1912, Bd. 10, S. 407.
24) Vgl. 2. Prot. Ausz. (= 16. März 1797 - 17. Aug. 1797).
25) Prüsener charakterisiert das Interesse der Lesegesellschaften im allgemeinen. Danach konzentrieren sie sich auf ein „pragmatisches, wirklichkeitsbezogenes Schrifttum, das zur historisch-politischen und auch zur philosophischen Bestimmung des eigenen Standorts dienen konnte, das aber auch den bürgerlichen Beruf, die Tätigkeit des Alltags einbezog." Prüsener (s. Anm. 18), S. 242.
26) Vgl. 1. Prot. Ausz., 1. Vorlesungen am Stiftungstage der Gesellschaft, am 15ten März 1797.
27) Vgl. 3. Prot. Ausz. (= 22. Aug. 1797 - 27. Febr. 1798).
28) Ebd.
29) Vgl. 1. Prot. Ausz. (= 15. Dez. 1796 - 15. März 1797).
30) Ebd.
31) Ebd.
32) Ebd.
33) Wolfgang Griep stellt bezüglich der Reiseliteratur fest, „daß diese Lektüre an vorderster Stelle in der Gunst der Leser stand", die das Angebot von Ausleihbüchern nutzten. Vgl. Griep, Reiseliteratur im späten 18. Jahrhundert, in: Rolf Grimminger (Hrsg.), Hansers Sozialgeschichte der deutschen Literatur, Bd. 3, Deutsche Aufklärung bis zur Französischen Revolution 1680-1789, München 1980, S. 739.

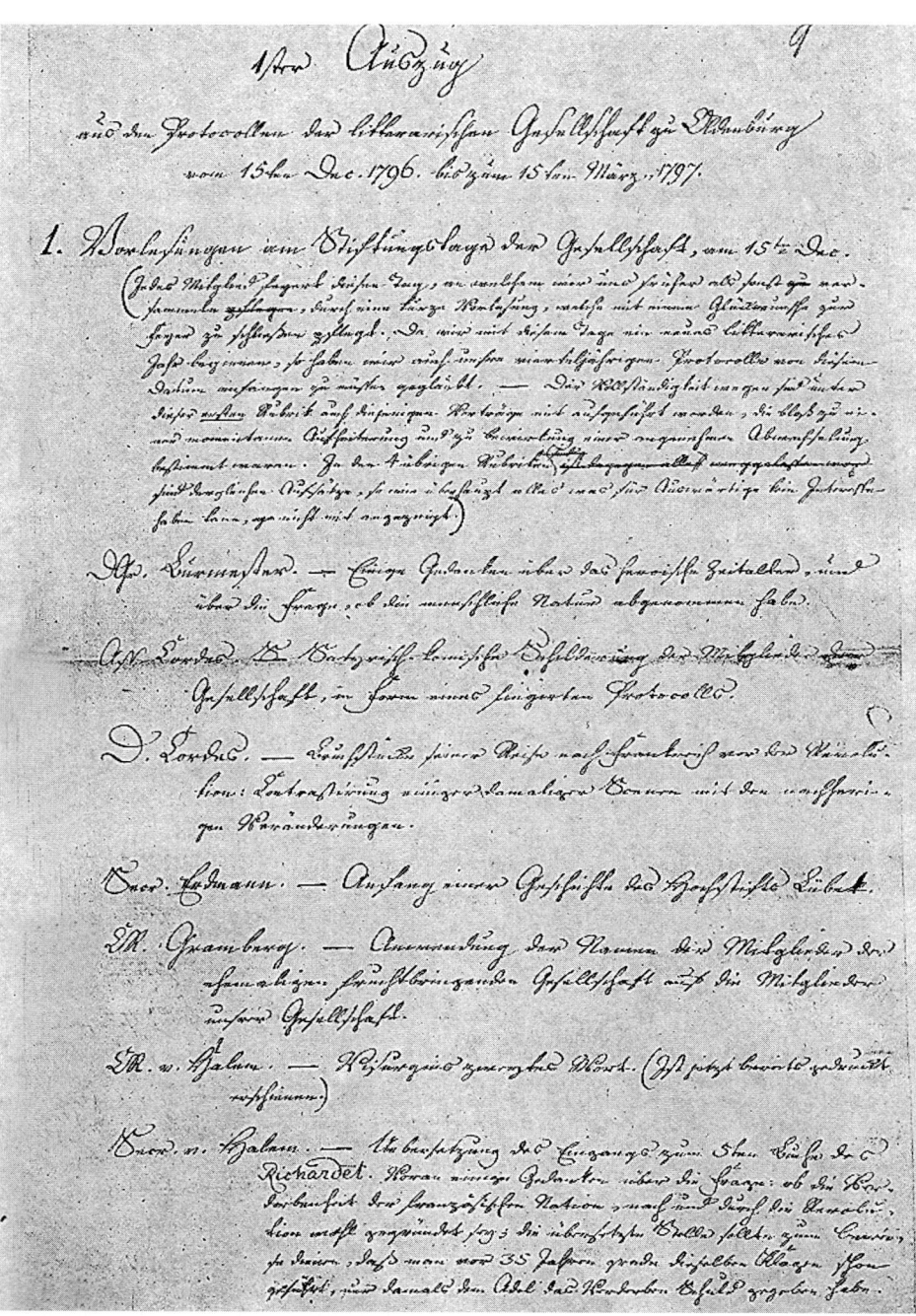

Abb. 1: 1. „Auszug aus den Protokollen der Literarischen Gesellschaft zu Oldenburg vom 15. Dez. 1796 bis zum 15. März 1797", S. 1 (StAO, Best. 279-6 Nr. B 1).

So berichten v. Halem und Erdmann über die gemeinsam mit Ass. Cordes unternommene Reise nach Frankreich[34]. KR. v. Halem stellte den Mitgliedern der OLG auch die Beschreibung seiner Reise in die Vereinigten Niederlande und in das ehemalige Brabant vor[35] sowie „Fragmente aus dem Tagebuch seiner Reise nach Pyrmont, Minden, Bückeburg und in die Grafschaft Lippe im Sommer 1798"[36].

Auch unbekannte und exotische Regionen wurden zur Sprache und damit zur Ansicht gebracht[37]. Hiervon zeugen beispielsweise Titel von Gedichten des KR. v. Halem wie „Der Traum; ein urugweiisches Sittengemälde"[38] oder „Selim und Saide; ein egyptisches Lied"[39].

Allerdings war es hierzu erforderlich, den Weg des fakten- und ergebnisorientierten Arbeitens zu verlassen und andere, im Bereich des Fiktionalen liegende Wege zu beschreiben. Indem man sich für bewährte Formen gebundener Rede entschied - eine Wahl, die in einer von Gräkomanie geprägten Zeit wenig überrascht -, führten diese Schritte jedoch nicht ins Ungewisse. Ode, Hymne und Epigramm wurden als sehr geeignet erachtet, Themen einzukleiden, die hinsichtlich ihrer Wirkungsrichtung eine erhebliche Bandbreite aufwiesen[40]. So stellte der KR. v. Halem den Mitgliedern der OLG noch nach der Jahrhundertwende eine von ihm verfaßte „Ode an Bonaparte" vor[41]. Besonders jedoch entstanden anläßlich herausragender, lebensstrukturierender Ereignisse zahlreiche Casualcarmina[42] wie zum Beispiel die folgenden: „Epigramm auf Stolbergs Bekehrung" (Ass. Cordes)[43]; „Einige lateinische Dystichen an den CR v. Halem zu dessen Hochzeitstage" (Coll. König)[44]; „An Hellwag zu seinem Geburtstage, nachdem er seiner Tochter und vielen anderen Kindern die Blattern eingeimpft hatte" (Prof. Ricklefs)[45].

---

34) Vgl. G. A. v. Halem, Blicke auf einen Theil Deutschlands, die Schweiz und Frankreichs bey einer Reise vom Jahre 1790, 2 Teile, Hamburg 1791. Diese Reise war zusammen mit einer späteren, die ebenfalls nach Frankreich führte, Gegenstand einer Ausstellung: Im Westen geht die Sonne auf. Justizrat Gerhard Anton v. Halem auf Reisen nach Paris 1790 und 1811, hrsg. v. Peter Reindl (Katalog des Landesmuseums Oldenburg, 2 Bde.), Oldenburg 1990.
35) Erstmals erwähnt wird diese Reise im 1. Prot. Ausz. (= 15. Dez. 1796 - 15. März 1797).
36) Vgl. 5. Prot. Ausz. (= 17. Juni 1798 - 31. Jan. 1799).
37) Griep kennzeichnet die Entwicklung der Reiseliteratur: „Die durch Empirie fundierte Erkenntnis bedeutet zugleich die Wendung gegen eine Art der Reisebeschreibung, die noch über den Jahrhundertbeginn hinaus Autoren und Leser fand: Die Schilderung unbekannter und exotischer Welten". Griep (s. Anm. 33), S. 745.
38) Vgl. 3. Prot. Ausz. (= 22. Aug. 1797 - 27. Febr. 1798).
39) Vgl. 7. Prot. Ausz. (= 16. Juni 1799 - 15. Okt. 1799).
40) Erich Trunz merkt hinsichtlich der Verbreitung von Ode und Epigramm an: „Das Epigramm als Gattung, witzig, pointiert, rational, knapp, entsprach dem Geiste des 18. Jahrhunderts. [...] Nachdem Klopstock als erster Dichter antike Maße für Epos und Ode im Deutschen angewandt hatte, war es nun eine fällige Aufgabe, auch deutsche Epigramme in antiken Maßen zu schaffen." E. Trunz (Hrsg.), J. W. von Goethe, Werke, Hamburger Ausgabe, Bd. 1, München, 1982, S. 620. Trunz erwähnt auch, daß Goethes Vorliebe für diese Form um 1800 endete.
41) Vgl. Verzeichniß (sic) der eignen Arbeiten der Oldenburgischen litterarischen Gesellschaft vom 23ten Febr. 1802 bis zum 6ten März 1803.
42) Über die Verbreitung dieser Form schreibt Wolfgang Promies: „Die gekonnte Verfertigung sogenannter Casualcarmina gehörte noch nach der Mitte des 18. Jahrhunderts zum guten Ton des studierten Bürgerlichen." Vgl. Promies, Lyrik II, in: Deutsche Aufklärung bis zur Französischen Revolution 1680-1789, R. Grimminger (Hrsg.), München 1980, S. 579.
43) Vgl. Verzeichnis der eigenen Arbeiten der Mitglieder der litt. Ges. zu Old. v. 1. Juli 1800 - 30. Jan. 1801.
44) Vgl. 5. Prot. Ausz. (= 17. Juni 1798 - 31. Jan. 1799).
45) Vgl. 4. Prot. Ausz. (= 17. März 1798 - 31. Mai 1798).

Die nicht an konkrete Adressaten gerichteten lyrischen Texte knüpfen oft an Texte anerkannter Autoren an. Zeitgenössische deutsche Autoren sind hier allerdings ausgesprochen rar. Die „Parodie eines in den hamburgischen Zeitungen abgedruckten Gedichts von Claudius" durch KR. v. Halem stellt eines der wenigen Beispiele dar[46]), und die bekannte Bewunderung Klopstocks hinterließ ihre expliziten Spuren in einem Gedicht KR. Grambergs: „Klopstocks Geburtstag"[47]). Bemerkenswert ist die Präsenz französischer Texte, denn im Zusammenhang mit der Diskussion um die Nachahmung fremder Vorbilder begegnete man andernorts der französischen Literatur äußerst skeptisch[48]). In Oldenburg verfaßte der KR. v. Halem eine „Nachbildung einiger alten französischen Chansons und Triolets"[49]). Die stärkste Hinwendung ist jedoch zu antiken Autoren und Themen zu verzeichnen, wie die folgenden Titel des KR. v. Halem andeuten mögen: „Daphnis und Chloe, Idylle nach Longus"[50]); „Hymne an Apoll"[51]).

Eine andere, ähnlich kreative Fähigkeiten erfordernde Tätigkeit stellte das Übersetzen dar[52]). Sie erfreute sich nicht nur in Oldenburg großer Beliebtheit, sondern ist als zeittypisch einzustufen. Welche Wertschätzung den Übersetzungen zuteil wurde, geht daraus hervor, daß Goethe und Schiller sie als ihren anderen Werken ebenbürtig erachteten[53]). Neue Übersetzungen wurden in den Rezensionsorganen vorgestellt und entsprechend auch in der OLG thematisiert: „Vergleichung von

---

46) Vgl. 6. Prot. Ausz. (= 17. Febr. 1799 - 15. Juni 1799). - Zu den Beziehungen zwischen Wandsbek und Oldenburg vgl. Paul Raabe, Wie Shakespeare durch Oldenburg reiste. Skizzen und Bilder aus der oldenburgischen Kulturgeschichte, Oldenburg 1986, S. 122-128: „Weshalb Oldenburg kein Wandsbeck wurde".
47) Zur Bewunderung Klopstocks durch KR. v. Halem vgl. dessen Selbstbiographie (s. Anm. 2), S. 12 f. Dort äußert er sich auch zum poetischen, sich an Gottsched orientierenden Geschmack in Oldenburg und den sich daraus ergebenden Schwierigkeiten, die „reimlosen Verse / Klopstocks/ schön zu finden, ja ihnen den entschiedenen Vorzug vor den gereimten Alexandrinern zu geben".
48) Jochen Schmidt bemerkt hierzu: „Obwohl das 18. Jahrhundert noch nicht den Nationalismus des 19. kannte und wesentlich kosmopolitisch, gesamteuropäisch orientiert war, läßt sich ein nationaler Affekt in der Abwehr des Französischen beobachten, und dieser Affekt entstand gerade in Reaktion auf den herrschenden französischen Einfluß." Schmidt (s. Anm. 16), S. 18 f.
49) Vgl. 6. Prot. Ausz. (= 17. Febr. 1799 - 15. Juni 1799).
50) Vgl. 7. Prot. Ausz. (= 16. Juni 1799 - 15. Okt. 1799).
51) Vgl. 2. Prot. Ausz. (= 16. März 1797 - 17. Aug. 1797).
52) Gert Ueding bemerkt hierzu: „... das letzte Drittel des 18. Jahrhunderts wurde die Zeit der großen Übersetzungen". Gert Ueding, Antikes und modernes Drama, in: Grimminger (s. Anm. 33), Bd. 4, Klassik und Romantik, S. 141. Als herausragende Beispiele nennt er Johann Heinrich Voß' „Odyssee" und Gottfried August Bürgers sowie Leopold Friedrich von Stolbergs Übersetzungen der „Ilias". Stolbergs Hexameterübersetzung habe bald als der „deutsche Homer" gegolten.
53) Vgl. hierzu Ueding (s. Anm. 52), S. 139 f. Goethe widmet beispielsweise dem Vergleichen übersetzerischer Methoden eine gesonderte Darlegung: „Übersetzungen". Vgl. hierzu Johann Wolfgang v. Goethe, Werke, Hamburger Ausgabe, Bd. 2, München 1982, S. 255 ff. - Zur Thematik des zwischen Verständnis, Übersetzung und Kreativität bestehenden Zusammenhanges schreibt aus heutiger Sicht Walter Killy: „Als ein Akt des Verstehens ist sie [die Aufgabe des Übersetzens] immer neu aufgegeben und möglich, und die scheinbar feste Größe des dichterischen Textes erweist sich auch hier als unerschöpflich." W. Killy, Schreibweisen - Leseweisen (darin: Über den deutschen Horaz), München 1982, S. 59. Killy bezieht sich dort auf Hans-Georg Gadamer, der zur Übersetzung schreibt, daß sie „keine bloße Wiedererweckung des ursprünglichen seelischen Vorgangs des Schreibens ist, sondern eine Nachbildung des Textes, die durch das Verständnis des in ihm Gesagten geführt wird. Hier kann niemand zweifeln, daß es sich um Auslegung handelt und nicht um bloßen Mitvollzug." Hans-Georg Gadamer, Wahrheit und Methode. Grundzüge einer philosophischen Hermeneutik, Tübingen 1972, S. 363.

„Ein Mensch, der nicht lieset, sieht in der Welt nur sich."

Schmidts, Ramlers /?/, und Vossens Uebersetzung der 16ten Ode des 2ten Buches des Horaz"[54]). In Oldenburg betätigten sich besonders Coll. König und Prof. Ricklefs als Übersetzer. Sie konzentrierten sich im wesentlichen auf römische Autoren, deren Schaffensperioden von der Klassischen in die Silberne Latinität reichten, somit den Gipfel römischer Kultur und dann deren Hinwendung zu kleineren epischen Formen und den Aufschwung der Rhetorik in der Poesie widerspiegelten. Coll. König übersetzte neben der „ars poetica" des Horaz auch die von Horaz beeinflußten Satiriker Persius und Juvenal sowie Petronius, den man für den Verfasser des „Satyricon" hält. Ein gemeinsamer Nenner der von ihm bevorzugten Autoren lag sicher in der kritischen Beobachtung der Gesellschaft ihrer Zeit und in ihrer Beredtsamkeit. Prof. Ricklefs übersetzte neben einem Brief des Plinius die Elegien des Properz - eine Arbeit, die den gesamten dokumentierten Zeitraum beanspruchte - sowie Longus' „Schäferroman". Longus' „Daphnis und Chloe" und den Gedichten des Properz, die auch Goethe inspirierten[55]), ist die Dominanz der Liebesthematik gemeinsam.

Zwar wurden Veröffentlichungen zu Fragestellungen der Prosodie verfolgt[56]), besprach man sogar einen im Teutschen Merkur erschienenen Aufsatz mit dem Titel „Der Kakodämon der Hexametromanie"[57]), doch blieb das bevorzugte Versmaß beider Übersetzer der Hexameter[58]). Besonders erwähnenswert sind schließlich mehrere Beiträge, die dokumentieren, daß die übersetzende Tätigkeit auch von theoretischen Diskussionen begleitet wurde: „Einige Gedanken über Uebersetzungen" (KR. v. Halem)[59]); „Einige Ideen über eine Uebersetzung des Rabelais, nebst einer Probe einer Uebersetzung einiger Capitel desselben" (Secr. v. Halem)[60]).

Neben dem bisher Genannten wurden auch Themen des Gegenwartsgeschehens literarisch bearbeitet. Dabei bediente man sich typisch aufklärerischer Darstellungsweisen, besonders solcher mit impliziter Anregung zur Reflexion: „Anwendung der Parabel vom Unkraut unter dem Weizen auf die neuesten politischen Verhältnisse" (KR. v. Halem)[61]); „Die Fahne. Allegorische Vergleichung der Freyheit der Neufranken mit der Freyheit des Geistes nach der der Weise strebt" (KR. v. Halem)[62]).

Insgesamt entsteht bei Durchsicht der Themen und Titel der eigenen Arbeiten der Eindruck polyhistorisch interessierter Autoren, die historische ebenso wie neue Aspekte der Realität registrierten und zur Sprache brachten, wobei sie gängige und neubelebte Formen verwendeten.

---

54) Vgl. Verzeichniß der eigenen Arbeiten der Oldenburgischen Litterarischen Gesellschaft vom 1ten Febr. bis zum 21ten Aug. 1801. - Auch hier spielten die französischen Autoren eine nicht unwichtige Rolle, wie folgendes Beispiel des Secr. v. Halem zeigt: „Fleischers Uebersetzung zweyer Trauerspiele des Corneille. Oldenburg, 1666." Vgl. 8. Prot. Ausz. (= 16. Okt. 1799 - 28. Febr. 1800).
55) Erich Trunz verweist im Anmerkungsteil der von ihm edierten Ausgabe auf die Bedeutung für das Entstehen der „Römischen Elegien". Vgl. J. W. von Goethe, Werke (s. Anm. 40), S. 578.
56) KR. Gramberg stellte der OLG beispielsweise „Herders Vertheydigung der Sylbenzählenden Prosodie" vor. Vgl. 3. Prot. Ausz. (= 22. Aug. 1797 - 27. Febr. 1798).
57) Vgl. 9. Prot. Ausz. (= 1. März 1800 - 30. Juni 1800).
58) Den reimlosen, von Gottsched und Klopstock eingeführten Hexameter hatten Voß in seiner Homer-Übersetzung und Goethe in „Reineke Fuchs" und „Hermann und Dorothea" verwendet.
59) Vgl. 8. Prot. Ausz. (= 16. Okt. 1799 - 28. Febr. 1800).
60) Vgl. 5. Prot. Ausz. (= 17. Juni 1798 - 31. Jan. 1799).
61) Vgl. 2. Prot. Ausz. (= 16. März 1797 - 17. Aug. 1797).
62) Vgl. 4. Prot. Ausz. (= 17. März 1798 - 31. Mai 1798).

## Ältere Schriften und Novitäten, aus denen vorgelesen ist

Einer als Randbemerkung formulierten Definition zufolge wurden „unter neuen Büchern [...] hier die von den letzten 3 Jahren verstanden"[63]). Die kurze Zeitspanne ist mit der großen Zahl rasch aufeinanderfolgender Neuerscheinungen in Zusammenhang zu bringen, die in der OLG besprochen werden sollten. Während Themen wie beispielsweise „Vie de Petrarque (!) par de Sade"[64], aber auch die „Idées républicaines d'un citoyen de Genève, par Voltaire"[65]) auch noch vom Standort heutiger Betrachtung aus einem etwas früheren Zeitraum zugeordnet werden, fällt dies schwer bei Texten, deren Erscheinen kurz vor der gesetzten Zäsur liegt. Da dies aber für einen großen Teil der aufgeführten Titel zutrifft, soll auf eine kategorische Unterscheidung zwischen älteren Büchern und Neuerscheinungen hier verzichtet werden.

Der Begriff „Literatur" wurde im 18. Jahrhundert zur Bezeichnung von „Schriften jeglicher Art"[66]) verwendet, ein Faktum, das auch in der vorliegenden Aufstellung widergespiegelt wird. Am häufigsten werden hier Zeitschriftentitel genannt[67]), was auf intensives, aufmerksames Interesse an den verschiedensten Themen der Gegenwart seitens der Mitglieder schließen läßt. Das Spektrum der gelesenen Zeitschriften entspricht dabei der Polyphonie des Zeitschriftenmarktes, der als Forum für die Verbreitung neuer Sachkenntnisse ebenso genutzt wurde wie für die Weitergabe revolutionärer Überzeugungen und der seine Leserschaft sowohl mit pädagogisch-moralischen Überlegungen als auch mit Rezensionen von Neuerscheinungen auf dem Buchmarkt bediente.

Letztere entnahmen die Mitglieder der OLG renommierten Rezensionsorganen. Neben der „Berlinischen Monatsschrift", die als wohl bedeutendstes Organ für die Verbreitung der Ideen Kants anzusehen ist[68]), wurde Nicolais „Allgemeine Deutsche Bibliothek" abonniert, die „vorwiegend älteren Antikantianern offenstand"[69]). Auch Wielands „Teutscher Merkur", der für ein breites Publikum eine Vielfalt kultureller Themen enthielt[70], wird rezensionshalber aufgeführt[71]).

---

63) Vgl. 2. Prot. Ausz. (= 16. März 1797 - 17. Aug. 1797).
64) Vgl. 4. Prot. Ausz. (= 17. März 1798 - 31. Mai 1798). - Es handelt sich hierbei um einen Beitrag des KR. v. Halem.
65) Vgl. 8. Prot. Ausz. (= 16. Okt. 1799 - 28. Febr. 1800). Der Beitrag stammte von Secr. v. Halem.
66) Prüsener (s. Anm. 18), S. 217.
67) Die Zeitschriften leisteten den wohl entscheidenden Beitrag zur Verbreitung aufklärerischen Gedankenguts. Vgl. hierzu Paul Hocks u. Peter Schmidt, Literarische und politische Zeitschriften 1789-1805. Von der politischen Revolution zur Literaturrevolution (= Realien zur Literatur), Stuttgart 1975, S. 1. Eine ähnliche Bedeutung wird den Zeitschriften zugemessen von Gerhard Sauder, Moralische Wochenschriften, in: Grimminger (s. Anm. 33), S. 267.
68) Hocks u. Schmidt stufen sie als Hauszeitung Kants ein, in der er auch seine Arbeit über die „Beantwortung der Frage: was ist Aufklärung?" veröffentlicht habe. Vgl. Hocks u. Schmidt (s. Anm. 67), S. 81.
69) Ebd., S. 14 u. 17.
70) Wieland schwebte vor, der „Merkur soll hauptsächlich unter den mittelmäßigen Lesern sein Glück machen" (zit. nach: Friedrich Sengle, Wieland, Stuttgart 1949, S. 407). Wenngleich die Leserschaft sich nach wie vor aus dem oberen Bürgertum zusammensetzte, so habe der „Merkur" doch zu einer Erweiterung des Lesepublikums geführt, heben Hocks u. Schmidt (s. Anm. 67), S. 14, hervor.
71) „Wielands Recension des Vossischen und Schillerschen Musen-Almanachs". Vgl. 2. Prot. Ausz. (= 16. März 1797 - 17. Aug. 1797).

*„Ein Mensch, der nicht lieset, sieht in der Welt nur sich."* ─────────── 147

Die „Göttingischen Gelehrten Anzeigen", die besonders medizinische und naturwissenschaftliche Neuerscheinungen berücksichtigten, werden mehrfach erwähnt. Auch wurden Periodika, die ausschließlich fachspezifisch ausgerichtet waren, abonniert: Hufelands „Journal der Arzneykunde", „Journal der Erfindungen in der Arzney [...]", „Schriften der Berlinischen Gesellschaft der naturforschenden Freunde"[72]).
Vom philosophischen Gedankengut Fichtes geprägt ist das von ihm und Niethammer herausgegebene „Philosophische Journal einer Gesellschaft Teutscher Gelehrten". Fichtes Auffassung, der ästhetischen Erziehung müsse die moralisch-gesellschaftliche vorangehen, steht im Gegensatz zu Schillers „Briefen über die ästhetische Erziehung"[73]). Es überrascht nicht, daß in dieser Zeitschrift häufig Werke, die die Französische Revolution thematisieren, rezensiert werden. Die Rezension demokratischer Beiträge, die Kritik an religiöser Orthodoxie sowie an einseitigen Darstellungen der Französischen Revolution waren das Anliegen des von Rebmann herausgegebenen „Neuen Grauen Ungeheuers"[74]). Auch Posselts „Europäische Annalen", die sich selbst als neutral definieren, lassen durchaus Interesse und Sympathie für die Französische Revolution erkennen[75]). Mit der ausschließlichen Lieferung von Materialien zur Französischen Revolution wähnt sich auch die „Humaniora" parteilos. Sie erachtet nach dem Sturz der Jakobinerherrschaft eine Rückkehr zu den Anfängen der Revolution als möglich und erstrebenswert[76]). Veränderungen auch in Deutschland hielt der „Genius der Zeit" für erforderlich, wobei er jedoch trotz erfolgter Kritik am Adel an der Monarchie als Staatsform festhielt[77]). Ähnlich in der Tendenz sind die „Annalen der leidenden Menschheit" einzustufen, in denen der Herausgeber Hennigs unter verschiedenen Pseudonymen in öffentlichen Ämtern erfolgten Mißbrauch offenlegt[78]).
Im Gegensatz zu den bisher angeführten Zeitschriften mit fortschrittlicher oder liberaler Tendenz steht die „Eudämonia, oder deutsches Volksglück, ein Journal für Freunde von Wahrheit und Recht" der Möglichkeit von politischen oder gesellschaftlichen Veränderungen ablehnend gegenüber. Ihr Lob gilt den bestehenden Regierungen, ihre Kritik den Intellektuellen, die für sie im Zusammenhang mit der Französischen Revolution stehen[79]).
Das Protokoll vermerkt, daß das Erscheinungsverbot der „Eudämonia" in Österreich ein Thema in der Literarischen Gesellschaft war[80]).
Außer den Vermerken über die Zeitschriften sind die Titel sonstiger Lektüre und Autorennamen aufschlußreich. Neben der großen Zahl jener, die in Vergessenheit

---

72) Alle drei werden erwähnt im 1. Prot. Ausz. (= 15. Dec. 1796 - 15. März 1797).
73) Vgl. hierzu wie auch zum folgenden Hocks u. Schmidt (s. Anm. 67), S. 107 f.
74) Vgl. ebd., S. 45 ff.
75) Vgl. ebd., S. 65 ff.
76) Vgl. ebd., S. 67 f.
77) Vgl. ebd., S. 62 ff. Der „Genius der Zeit" wurde von v. Halem auch zu Zwecken der Veröffentlichung genutzt.
78) Vgl. ebd., S. 70 ff.
79) Vgl. ebd., S. 43 f. Zu ihren Mitarbeitern gehört auch Friedrich Leopold Graf Stolberg, der bekanntlich über einen längeren Zeitraum freundschaftliche Beziehungen zu KR. v. Halem pflegte.
80) Vgl. 4. Prot. Ausz. (= 17. März 1798 - 31. Mai 1798).

geraten und nur schwer recherchierbar sind, kristallisieren sich andere heraus, deren literarische und literaturgeschichtliche Bedeutung herausragend und deren Rezeption und Rezeptionsgeschichte noch keineswegs abgeschlossen ist. In literarisch-ästhetischer Sicht, aber auch mit ihrer Bewertung des zentralen Ereignisses der Französischen Revolution wirkten sie weitreichend und nachhaltig. Zu nennen sind hier insbesondere Kant, Herder, Schiller und Goethe, Wieland, Fichte und natürlich Klopstock. Letzterer findet Erwähnung mit der neuen Ausgabe seiner Oden und der Neuausgabe seines Epos „Der Messias". Auch wenn die religiöse Thematik des Werkes in einem Zeitalter, in dem die Hinterfragung religiöser Normen im Vordergrund stand, nicht unproblematisch war, wirkte es innovativ: Mit der Absage an die streng rationalistisch organisierte Sprache des poeta doctus[81] wird hier eine poetische, das Gefühl stärker berücksichtigende Stilrichtung eingeführt. Einhergehend damit wandelt sich auch die Auffassung vom Dichten in Richtung auf freies, unabhängiges Schaffen, eine Sichtweise, die in der bewegten Geschichte des Geniebegriffs eine zentrale Rolle spielte. Ihr gab auch Kant entscheidende Impulse, beispielsweise mit seinen (auch in Oldenburg gelesenen?) Ausführungen zur „Kritik der Urteilskraft". Aus ihnen resultiert, daß die vom Genie einzuschlagenden Wege durch den Geschmack bestimmt und kontrolliert werden, der für Kant allerdings eine Synthese darstellte aus Subjektivität und verinnerlichten Kriterien allgemeiner Bildung (sensus communis)[82]. Im Rahmen ihrer Lektüre des „Versuch/s/ einer Darstellung des Einflusses der Philosophie"[83] könnte auch diese Thematik für die Mitglieder der OLG gewesen sein. Der zeitliche und der inhaltliche Kontext legen eine solche Vermutung nahe. Konkret angeführt wird die Tugendlehre Kants, die die Frage der Pflichten gegen sich und andere Menschen behandelt[84]. Zur Kant-Lektüre gehörte ferner auch dessen Schrift „Zum ewigen Frieden"[85], worin Grundsätze der Moralphilosophie auf die Politik angewendet werden und auch der Gedanke an den Völkerbund näher ausgeführt wird. Die Bewertung der Französischen Revolution durch die Mitglieder der OLG dürfte hiervon kaum unberührt geblieben sein. Eine weitere Nennung zeigt schließlich exemplarisch, daß sich die Aneignung philosophischer Gedanken nicht immer in der Lektüre und dem anschließenden Gedankenaustausch erschöpfte, sie vielmehr ihre Fortsetzung in einer Übersetzung finden konnte: So stellte Coll. König den Mitgliedern Proben seiner „lateinischen Uebersetzung des Kantischen Naturrechts" vor[86]. Die Benennung der Thematik legt eine Bezüglichkeit zu der Frage „Was ist Aufklärung?" nahe, verrät aber

---

[81] Zu Gottscheds Definition des poeta doctus schreibt Schmidt: „Unter „Kunst" versteht er [Gottsched] die Erlernung praktischer Fertigkeit durch fleißiges Üben: das Handwerkliche." Schmidt (s. Anm. 16), S. 37.
[82] Hierzu schreibt Schmidt: „Er [Kant] sieht in ihm [Geschmack] ein synthetisches Vermögen, das Individuell-Subjektives und Allgemein-Objektives, die Sphären also, die als isolierte antagonistisch bleiben, a priori in einer höheren Einheit aufhebt." Schmidt (s. Anm. 16), S. 358.
[83] Vgl. 3. Prot. Ausz. (= 22. Aug. 1797 - 27. Febr. 1798).
[84] Ebd. Bei der Auswahl des Passus herrschte offensichtlich das Interesse an Fragen des tätigen Lebens vor, denn man entschied sich für „eine Stelle über Kriecherey".
[85] Vgl. 1. Prot. Ausz. (= 15. Dez. 1796 - 15. März 1797). Es wird der in der zweiten Ausgabe hinzugekommene Paragraph erwähnt. Die Formulierung läßt die Kenntnis der ersten Ausgabe vermuten.
[86] Vgl. 3. Prot. Ausz. (= 22. Aug. 1797 - 27. Febr. 1798).

keine Einzelheiten über die Akzentsetzung. Aufgrund der Exklusivität dieser Gruppe von Lesenden sowie des Lateinischen als Zielsprache der Übersetzung Königs[87]) würde es zumindest nicht überraschen, wenn neben dem natürlichen Recht der Meinungsfreiheit auch dessen ebenfalls durch Kant erfolgte Relativierung hier eine Rolle gespielt hätte[88]). Auf die herausragende Wertschätzung Kants läßt ein Epigramm KR. v. Halems rückschließen, in dessen Titel der Königsberger Philosoph neben den antiken Mathematiker Archimedes gestellt wird[89]).
Von Kants Schüler Herder wurden die „Briefe zur Beförderung der Humanität" zur Kenntnis genommen. Der Protokollauszug hält als Inhalt des achten Teils die Ausführungen „Über den alten lateinischen Kirchenhymnus" fest. Bezogen auf den neunten Teil vermerkt er „Einige der dort gesammelten Stellen aus Lessings Schriften"[90]. Das erste Thema ist eingebettet in die bereits in der siebenten Sammlung aufgeworfene Frage nach „dem Unterschiede der alten und neuen Völker in der Poesie, als Werkzeug der Kultur und Humanität"[91]). Die anschließende Thematik steht im Zusammenhang mit Herders Erörterung der „Gallikomanie" der Deutschen, der Lessing entgegengewirkt habe, weshalb Herder ihn umfangreich mit eigenen Schriften vorstellt[92]). Zugleich mit der Forderung nach Abgrenzung gegen die französische Literatur richtete Herder seinen Blick auf die griechische Kunst, „die stumme Schule der Humanität"[93]). Der Verbreitung der Humanität hatten sich seiner Auffassung nach Kunst und Wissenschaft unterzuordnen.
In dieser Überzeugung zeigen sich deutliche Parallelen zur Auffassung Schillers, der ebenfalls aus der Betrachtung der griechischen Kunst, welche die Realität idealisiert und einhergehend damit fließende Übergänge zwischen Mensch und Gottheit geschaffen hatte, den Aufschwung des menschlichen Fortschritts erhoffte[94]). Dieses

---

87) Längst hatte es eine kritische Diskussion darüber gegeben, wie angemessen und zeitgemäß der Gebrauch der lateinischen Sprache sei. Bereits Thomasius hatte 1687 ein philosophisches Werk in deutscher Sprache verfaßt. Vgl. hierzu Schmidt (s. Anm. 16), S. 123. Schmidt geht dort auch detailliert auf die Sicht Herders ein, der ebenfalls in der OLG rezipiert wurde. Er habe das Lateinische als wesensfremd erachtet ebenso wie die Aneignung des Französischen.
88) Kant unterscheidet zwischen öffentlichem und privatem Vernunftgebrauch: „Ich verstehe aber unter öffentlichem Gebrauch seiner Vernunft denjenigen, den jemand als Gelehrter von ihr vor dem ganzen Publikum der Leserwelt macht. Den Privatgebrauch nenne ich denjenigen, den er in einem gewissen ihm anvertrauten Posten oder Amte von seiner Vernunft machen darf. [...] Hier ist nun freilich nicht erlaubt zu räsonnieren, sondern man muß gehorchen." Immanuel Kant, Beantwortung der Frage: Was ist Aufklärung?, in: ders., Werke, Bd. XI, Hrsg.: Wilhelm Weischedel, Frankfurt a.M. 1964, S. 55.
89) KR. v. Halem, Archimedes und Kant, Epigramm. Vgl. 2. Prot. Ausz. (= 16. März 1797 - 17. Aug. 1797).
90) Ebd.
91) Zitiert nach Kindlers Literatur Lexikon, Bd. 5, München 1974, S. 1641.
92) Ebd.
93) Ebd.
94) Vgl. hierzu Hans-Dietrich Dahnke, Die Debatte um die „Götter Griechenlands", in: Debatten und Kontroversen: literarische Auseinandersetzungen in Deutschland am Ende des 18. Jahrhunderts, Hrsg. Hans-Dietrich Dahnke u. Bernd Leistner (Nationale Forschungs- u. Gedenkstätten d. klass. dt. Literatur in Weimar, Inst. f. klass. dt. Literatur), 1. Aufl. Berlin, Weimar 1989, Bd. 1-2, S. 193-269. Für den vorliegenden Zusammenhang ist besonders aufschlußreich das einleitende Kapitel „Anlaß und Gegenstand der Debatte", S. 193-208. Darüber hinaus sind die Darlegungen über die vehemente Ablehnung der von Schiller in seiner Elegie entwickelten Vorstellungen durch den Grafen Stolberg bedeutsam (S. 215 ff.). Sie erschienen unter dem Titel „Gedanken über Herrn Schillers Gedicht: Die Götter Griechenlands" in Boies „Deutschem Museum". Zu den Auswirkungen dieser Kritik vgl. S. 15 und Anm. 105 dieser Arbeit.

Konzept führte zu umfangreichen Kontroversen in der literarischen Öffentlichkeit[95]). Schillers Gedicht „Die Ideale" wurde in der OLG mit dessen 1796 erschienenem Musenalmanach behandelt[96]). Schillers Bühnenstücke fordern den Betrachter auf, menschliches Verhalten von einer höheren Warte zu beurteilen, ihn so die Differenzen zwischen Ideal und Wirklichkeit entdecken zu lassen. Bei der Auseinandersetzung mit dem ebenfalls thematisierten „Wallenstein"[97]) dürfte die Problematik der unterschiedlichen, miteinander konkurrierenden Legitimationsformen politischer Herrschaft kaum außer Betracht geblieben sein[98]). Wie aus Schillers „Über die ästhetische Erziehung des Menschen in einer Reihe von Briefen", dem herausragendsten Stück der Horen, hervorgeht, erachtete Schiller die Kunst als Instrument, um den menschlichen Charakter zu verbessern und so auch die Gesellschaft zu ändern. Diese Auffassung, deren Ziel nicht die konkrete politische Parteinahme, sondern der innere Freiraum des Menschen ist, wurde auch von Karl Ludwig Woltmann vertreten, der von Anfang an zu den Beiträgern der Horen gehörte. Im ersten Band der Horen formuliert er im Rahmen seines „Beitrag/es/ zu einer Geschichte des französischen Nationalcharakters" folgendes Rezept für die Franzosen: „Ästhetische Erziehung ist die einzige welche für die Neufranken noch Nutzen haben kann: nur durch die Kunst können sie fähig gemacht werden, Republikaner zu seyn [...] Frankreich muß erst zum Garten der Schönheit werden, zuvor die Früchte der Freiheit in ihm reifen sollen."[99])

Erwartungsgemäß befaßte sich die OLG auch mit jenem Furore machenden Werk, das Schiller und Goethe gemeinsam geschaffen hatten, den „Xenien". In diesen Epigrammen und in der darüber hinaus im selben Musenalmanach erschienenen Gruppe von Distichen grenzen sich die beiden Dichter beispielsweise von der Strenge der Kantschen Tugendlehre (Xenion, Nr. 93; 94; 103; 104) sowie von der Französischen Revolution (107) ab. Sie preisen das Zusammenwirken von Vernunft und Schönheit (108; 109) und unterstreichen die Bedeutung der Wahrheit (129), was zeigt, daß hier wesentliche Elemente der allgemein als Klassik charakterisierten literarischen Denkrichtung Berücksichtigung fanden[100]).

Außer Reflexionen zu Themen der Zeit enthalten die Xenien jedoch auch in verschlüsselter, aber deutlicher Form Kritik an Zeitgenossen, die als Schriftsteller oder

---

95) Vgl. hierzu Regine Otto, Die Auseinandersetzung um Schillers „Horen", in: Dahnke u. Leistner (s. Anm. 94), S. 385 ff. Viele Kritiker warfen Schiller vor, nicht zu berücksichtigen, daß die Kunst die Griechen nicht von ihren Kriegen abgehalten habe.
96) Vgl. 3. Prot. Ausz. (= 22. Aug. 1797 - 27. Febr. 1798).
97) Vgl. 7. Prot. Ausz. (= 16. Juni 1799 - 15. Okt. 1799).
98) Resümierend schreibt hierzu Schmidt: „Schiller hat [...] die Legitimationskrise seiner Zeit in umfassender Weise gestaltet, indem er alle denkbaren Formen der Legitimation relativiert: die traditional-dynastische, die charismatische und selbst die ideelle [...] Diese umfassende Legitimationskrise, in welcher alle feste Ordnung verlorengeht, gestaltet Schiller im eigentlichen Sinn dramatisch durch die Aporie, in die Max Piccolomini gerät und an der er zugrunde geht. Denn sein Idealismus ist nichts anderes als die innerlich empfundene Notwendigkeit, vollkommen legitim zu handeln und zu entscheiden, ja, sich an einer wahrhaft legitimen Instanz zu orientieren." Schmidt (s. Anm. 16), S. 455 f.
99) Vgl. Die Horen, hrsg. v. Friedrich Schiller, 1795, 5. Stück, S. 39 f. Aus dem 7. Prot. Ausz. (= 16. Juni 1799 - 15. Okt. 1799) geht hervor, daß Hofrath Woltmann der Literarischen Gesellschaft seine auf persönlicher Kenntis beruhenden Erfahrungen in seinem Beitrag „Vergleichung zwischen Göthe und Schiller" vorgestellt hat.
100) Vgl. Trunz (s. Anm. 40), S. 638.

Kritiker mit Veröffentlichungen hervorgetreten waren. Verständlicherweise waren die Reaktionen, nicht nur der Betroffenen, sehr heftig und äußerten sich gar im Abfassen von Gegen-Xenien[101]). In der OLG stellte man sich nicht nur die Frage nach der „Verdauung der Xenien"[102]), sondern ergriff auch appellierend Partei. So wandte sich der KR. v. Halem schriftlich an „Nicolai in Petersburg", um „ihn zur Steuerung des Xenien-Unfugs und anderer Unordnungen auf dem deutschen Parnasse aufzurufen"[103]).

Zugleich formulierte Ass. Cordes eine „Parodie der 7ten Epode des Horaz [...] und der Langenschen Uebersetzung derselben, auf die Xenien angewandt"[104]). Das starke Engagement mag darauf zurückführbar sein, daß der Xenien-Streit zu einer der öffentlich ausgetragenen, großen Kontroversen der Zeit um die Jahrhundertwende gehörte. Auch mag dazu beigetragen haben, daß Friedrich Leopold Stolberg, der zum Umkreis der OLG gehörte, das Thema mehrerer Xenien war[105]). Der Anlaß hierfür dürfte die Stolbergsche Kritik an Schillers Gedicht „Die Götter Griechenlands" gewesen sein, dessen Darstellung des Christentums Stolberg zu einseitig war[106]). Andererseits war Stolbergs Plato-Übersetzung von Goethe mit einer beißenden Kritik belegt worden, da „Plato [...] zu der Ehre eines Mitgenossen der christlichen Offenbarung gelangt" und die sokratische Ironie nicht erkannt werde[107]).

Natürlich wurde auch die Lyrik Goethes in der OLG rezipiert. „Prometheus" und „Alexis und Dora", die in ihrer Unterschiedlichkeit für die Entwicklung ihres Verfassers kennzeichnend sind, belegen auch beispielhaft die Weite des literarischen Interesses in Oldenburg. Prometheus verkörpert den Typus des autonomen, selbstbewußten, von Gott sich unabhängig behauptenden Menschen, der mithin leicht mit dem Sturm und Drang und mit den Geniediskussionen in Zusammenhang gebracht wird. In „Alexis und Dora" hingegen steht die Individualität im Vordergrund, wenn das lyrische Ich sich erlebte Glücksmomente vergegenwärtigt[108]). Die wie die Prometheus-Hymne durchgängig als Monolog gestaltete Idylle entfaltet aus der Sicht des noch immer in seinen Gefühlen befangenen lyrischen Ich die Empfindungen, die sich von Glück zu Furcht wandeln[109]).

Goethe war aber auch mit dem Roman, der „weitaus jüngsten Kunstform, deren Entwicklung sich sozusagen noch unter den Augen der Gegenwart vollzogen hatte"[110]), vertreten. „Wilhelm Meisters Lehrjahre" konfrontierte die Mitglieder der

---

101) Vgl. ebd., S. 627.
102) Vgl. 2. Prot. Ausz. (= 16. März 1797 - 17. Aug. 1797).
103) Vgl. 1. Prot. Ausz. (= 15. Dez. 1796 - 15. März 1797).
104) Vgl. ebd.
105) Vgl. Trunz (s. Anm. 40), S. 632 f. - Unter dem Titel „Das Brüderpaar" werden Stolberg und sein Bruder im 32. Xenion wegen ihrer Entwicklung verspottet: „Als Kentauren gingen sie einst durch poetische Wälder, / Aber das wilde Geschlecht hat sich geschwinde bekehrt."
106) Vgl. hierzu zu Anm. 94 dieser Arbeit.
107) J. W. von Goethe, Werke, Hamburger Ausgabe, Bd. 12, Schriften zur Literatur, München 1981, S. 244 ff.
108) „Im letzten Drittel des Jahrhunderts wird neben den Satiren der Spätaufklärung die Idylle beliebt", heißt es bei Anselm Maler, Versepos, in: Grimminger (s. Anm. 33), S. 417.
109) Aus Schillers Musen-Almanach von 1798 werden ebenfalls „Einige Gedichte von Schiller und Göthe" als gelesen verzeichnet. Vgl. 3. Prot. Ausz. (= 22. Aug. 1797 - 27. Febr. 1798).
110) Gerhard Schulz, Die deutsche Literatur zwischen französischer Revolution und Restauration, in: Helmut de Boor u. Richard Newald (Begr.), Geschichte der deutschen Literatur von den Anfängen bis zur Gegenwart, Bd. 7, Teil 1, München 1983, S. 272.

OLG mit der Darstellung eines sehr bewegten, wechselhaften Lebensweges, der jenseits bürgerlicher Normen zeitweise gar in der Sphäre von Kunst und Theater verläuft[111]). Ähnlich wie in „Alexis und Dora" folgt auch hier auf die Erfüllung die Unruhe, eine Abfolge, die jedoch zum dialektischen Prinzip der Bildung Wilhelms erhoben wird, demzufolge es zu keiner Harmonie zwischen Innerem und Äußerem kommen kann. Die Standorte aller Lebensbereiche sind Durchgangsstationen, deren Gesamtheit keine Entwicklung auf ein bestimmtes Ziel hin ergibt, sondern die jeweils für sich Gestaltungsmöglichkeiten darstellen[112]). Trotz der Nähe Wilhelms zum Theater beinhaltet der Roman kein Plädoyer für die Realisierung kreativer Anlagen in einer künstlerischen Existenzform, vielmehr wirbt er für die Ausbildung der universellen Persönlichkeit durch verzahntes Handeln Gleichgesinnter.

Die Reaktionen auf „Wilhelm Meister" waren nicht nur bewundernd, sondern enthielten auch vernichtende Kritik. Man warf dem Autor beipielsweise vor, daß er moralische Kriterien zugunsten der Kunstwahrheit vernachlässige[113]). Auch der in Oldenburg gelesene „Musaget" reagierte mit einer Rezension des Herausgebers Henning ausgesprochen negativ[114]). Mit größter Skepsis verfolgte er die Loslösung vom Zwang der Regeln und Gesetze und plädierte nachhaltig für die Beibehaltung der Standespoesie[115]).

Doch wagten sich die Mitglieder der OLG mit der Lektüre der „Walpurgisnacht" sogar in die Untiefen der Hexenküche vor[116]), in der Mephisto als „der Herr vom Haus" die Regie führte[117]). Offen bleibt, wie sehr sie sich von „dem mit Flüchen und Zoten gepfefferten Theater des Grotesken und Absurden" befremdet fühlten.

Geradezu skandalerregend war das Erscheinen des durch „Wilhelm Meister" angeregten, wenn auch nicht in seiner unmittelbaren Nachfolge stehenden Romans „Lucinde" von Friedrich Schlegel[118]).

Hier werden ästhetische und gesellschaftliche Normen hintangestellt, denn er „feiert schon die Liebe als absoluten Wert und das Einswerden von Mann und Frau als die Wiedervereinigung der getrennten Natur, wobei Ehe und sexuelle Leidenschaft, geistige Liebe und erotische Sinnlichkeit im ganzheitlichen Lebensvollzug zusam-

---

111) G. Schulz hält fest, daß mit diesem Roman „wichtige Maßstäbe für alle künftige Romankunst entstanden". Er unterstreicht zugleich, daß „Wilhelm Meister" hauptsächlich ein Buch für Gebildete geblieben" sei. Schulz (s. Anm. 110), S. 303 f.
112) G. Ueding legt dar, daß Goethe in „Wilhelm Meister" die persona-Vorstellung Ciceros aufgegriffen habe, die er allerdings insofern modifiziert habe, als der Endpunkt als statisches Ideal nun dynamisiert wurde. Vgl. Ueding (s. Anm. 52), S. 441 f.
113) Vgl. Karl Krolop, Geteiltes Publikum, geteilte Publizität: „Wilhelm Meisters Aufnahme" im Vorfeld des „Athenaeums" (1795-1797), in: Debatten und Kontroversen (s. Anm. 94), S. 289 ff.
114) Mit einer tadelnden Kritik hatte Hennings zuvor auch „Werther" bedacht. Vgl. hierzu wie zur Reaktion v. Halems zu Anm. 15.
115) Vgl. hierzu Hocks u. Schmidt (s. Anm. 67), S. 64.
116) Vgl. 9. Prot. Ausz. (= 1. März 1800 - 30. Juni 1800). - Albrecht Schöne schreibt, daß die „Hexenküche" „wohl im Frühjahr 1788 in Rom" entstanden sei. „Ergänzende Passagen kamen gewiß erst kurz vor dem Erstdruck von 1790 hinzu, unter dem Eindruck der revolutionären Eindrücke in Frankreich". J. W. Goethe, Sämtliche Werke in vierzig Bänden, Bd. 7/II, Faust, Kommentare, hrsg. v. Albrecht Schöne, Frankfurt a.M. 1994, S. 281.
117) J. W. Goethe, Sämtliche Werke in vierzig Bänden, Bd. 7/I, Faust, Texte, hrsg. v. A. Schöne, Frankfurt a.M. 1994, S. 168, Vers 3866.
118) Vgl. 7. Prot. Ausz. (= 16. Juni 1799 - 15. Okt. 1799).

menfallen sollen"[119]). Durch den Einsatz verschiedenster Darstellungsformen entspricht Schlegel formal seinem Postulat nach der Wiedervereinigung der getrennten Gattungen durch die romantische Poesie.

Zeitgleich mit „Lucinde" und „Wilhelm Meister" werden in Oldenburg andere Romane rezipiert, deren Intentionalität jedoch noch von ganz anderer Art ist. Die unterschiedlichen literarischen Entwicklungen werden durch diese Romane deutlich. „Sebaldus Nothanker" steht in der Tradition des aufklärerischen Romans und spiegelt die ästhetische Konzeption seines Verfassers Friedrich Nicolai, der eine pragmatische Ausrichtung favorisierte[120]). Mit einem großen Identifikationsangebot sprach er ein breites Publikum am, das ihm eine entsprechende Rezeption bescherte. Mit Sebaldus durchreiste es Welt und Gesellschaft, um schließlich, nach zahlreichen Prüfungen reich an Kenntnissen und Erfahrungen, an ein glückliches Ende zu gelangen.

Eine Facette des zeitgenössischen Romans verkörpert schließlich Wielands „Agathodämon". Die Fragestellung ist grundsätzlicher Art und wird eingebettet in ein antikes Panorama behandelt. Der neupythagoräische Philosoph Apollonius von Tyana stellt dem Ich-Erzähler seine Einschätzung der Christianer und des Stifters, Christus, dar. In der OLG las man „Stellen aus der darin vorkommenden Geschichte Jesu"[121]).

## „Das freundschaftliche Gespräch in die Ferne"[122]) „Mitgetheilte Nachrichten aus Privatbriefen"

Das Gespräch als Medium der Verbindung und des Austausches beschränkte sich in der OLG nicht auf den Lektürevorgang und die sich anschließende Erörterung dabei gewonnener Erkenntnisse im Forum der Mitglieder. Vielmehr ermöglichte es in der Form des Briefwechsels die Pflege freundschaftlicher Beziehungen nach außen und die Erweiterung des Gedankenaustausches. Überwiegend aus dem nördlichen Deutschland, jedoch auch aus Frankreich, der Schweiz und Rußland erreichten die Mitglieder der OLG Briefe, deren Themen mit jenen Fragestellungen übereinstimmten oder zusammenhingen, denen sie selber schreibend oder rezipierend nachgingen. Einzelheiten über persönliche Entwicklungen wurden dabei nicht ausgeklammert[123]). Zwar waren die Empfänger dieser Briefe Einzelpersonen, doch vollzog sich die Lektüre in der von Goethe als typisch beschriebenen Weise: „Solche Korrespondenzen, besonders mit bedeutenden Personen, wurden sorgfältig gesammelt und

---

119) Ueding (s. Anm. 52), S. 508 f.
120) Vgl. hierzu wie auch zum Folgenden Regina Hartmann, Der Kampf der Berliner Aufklärer um die Leser, in: Horst u. Regina Hartmann (Hrsg.), Populäre Romane und Dramen im 18. Jahrhundert. Zur Entstehung einer massenwirksamen Literatur, Obertshausen 1991, S. 42 ff.
121) Vgl. 7. Prot. Ausz. (= 16. Juni 1799 - 15. Okt. 1799).
122) Mit diesen Worten umschreibt die Briefkontakte Walter Killy, Von Berlin bis Wandsbeck: zwölf Kapitel deutscher Bürgerkultur um 1800, München 1996, S. 10.
123) Ebd., S. 10. Killy charakterisiert die Zeit vor 1850 als das „brieffreudigste Zeitalter. Es liebte das freundschaftliche Gespräch in die Ferne, das die Möglichkeit eröffnete, in Rede und Widerrede sich selbst zu verdeutlichen und beim Empfänger wohlmeinendes, wiewohl kritisches Echo zu erlangen."

alsdann, bei freundschaftlichen Zusammenkünften, auszugsweise vorgelesen."[124]) Wegen des in der OLG sicher begrenzten Kreises der Kenntnisnehmenden weist diese Art der Briefstellerei einige Ähnlichkeit auf mit der Correspondance littéraire. Allerdings erfolgte diese - meistenteils von einer Adelsperson abonnierte Übermittlung von Nachrichten - auf der Basis einer extremen Diskretion[125]). Aus verschiedenen Gründen kann davon ausgegangen werden, daß die Korrespondenzen der OLG Informationen oder vertiefende Ergänzungen behandelter Themen darstellten: die Absender befaßten sich beruflich mit der behandelten Materie; sie weilten an dem zu beschreibenden Ort und hatten genaue Kenntnisse der Verhältnisse oder der der zu porträtierenden Persönlichkeiten. Ein großer Vorzug des Briefkontakts bestand darin, daß die Briefsteller auf das Interesse und mögliche zuvor erfolgte Anfragen der Adressaten eingehen konnten, ohne dabei mögliche öffentliche Reaktionen bedenken zu müssen. Auf dieser Grundlage war eine Informationsübermittlung möglich, die stark an die Tradition der Gelehrtenbriefe erinnert, die seit der Zeit des Humanismus in Europa einen umfangreichen Gedankenaustausch im Bereich der „res publica literaria" in Gang gesetzt hatten[126]).

Zum Inhalt der Briefe ist festzuhalten, daß es sich nicht selten um Texte handelte, die der Absender für die Veröffentlichung vorbereitete. Im Fall einer solchen Korrespondenz trat demnach ein Autor mit einem Leser in Verbindung, um Rezeption und Resonanz zu erkunden. Mit der Möglichkeit zu kritischer Reaktion vor der endgültigen Fertigstellung des Textes wurde diesem Leser wiederum die Möglichkeit der Einflußnahme eröffnet, eine Teilnahme, die heute im wesentlichen Lektoren vorbehalten ist.

Zu fragen ist, welche Bedeutung dem Bekanntschaftsgrad für diese Verbindungen zukamen, denn es ist nicht zu übersehen, daß viele der aufgeführten Absender aus dem Oldenburger Raum gebürtig waren oder persönliche Bekanntschaft sie mit einem Mitglied der OLG verband[127]).

## Räsonnierende Gesellschaft, empfindsame Gemeinschaft ...
## Zusammenfassung wichtiger Merkmale

Wie bereits die Interpunktion dieser Überschrift andeutet, stellen die dort figurierenden Begriffe nur Beispiele einer umfassenderen Aufzählung von Definitionen dar, deren Gesamtumfang die verschiedenen literarischen Ausprägungen und Schattierungen zu berücksichtigen hätte, die bereits vor dem letzten Drittel des 18.

---

124) J. W. von Goethe, Autobiographische Schriften, Hamburger Ausgabe, Band 9, München 1981, S. 558.
125) Jochen Schlobach nennt mehrere Beispiele für diese Form, u.a. die Verbindung zwischen Thiérot und Friedrich II. von Preußen. Schlobach, Literarische Korrespondenzen, in: Gerhard Sauder u. Jochen Schlobach (Hrsg.), Aufklärungen: Frankreich und Deutschland im 18. Jahrhundert, Heidelberg 1986, S. 221-234.
126) Schlobach weist auch auf die Verbindung zwischen Correspondance littéraire und Gelehrtenbriefen hin. Schlobach (s. Anm. 125), S. 224.
127) Die bekanntesten Absender in diesem Zeitraum waren: Hellwag (Eutin); Herbart (Jena, Bern); Wardenburg (Paris); Göckingk; Nicolai; Wolke (Dessau); Hennings (Plön); Giese (London); Woltmann (Göttingen); Ebeling (Hamburg).

"Ein Mensch, der nicht lieset, sieht in der Welt nur sich." 155

Jahrhunderts eingesetzt hatten und teilweise gleichzeitig verliefen[128]). Verdeutlicht man sich, daß nicht nur Aufklärung und Empfindsamkeit, sondern auch Klassik und schließlich auch Romantik einen gemeinsamen Beweggrund in der Suche nach der „Glückseligkeit" des Menschen nahmen, so erscheint das Bemühen um eine festlegende Entscheidung hier wenig sinnvoll. Ein solches Unterfangen erforderte zudem eine Kategorisierung des Materials in rigoros-holzschnittartiger Manier, wodurch aber die Vielfältigkeit, ein wesentliches Charakteristikum, in den Hintergrund geriete. Gerade sie aber gilt es an dieser Stelle hervorzuheben, da mit ihr eine der vorrangigsten Forderungen, die KR. v. Halem bei der Gesellschaftsgründung formulierte, eingelöst und die Offenheit der Mitglieder dokumentiert wurde.

Bereits das Spektrum der gelesenen Zeitschriften vermag zu zeigen, daß es Raum gab für verschiedenste Interessen, vor allem für unterschiedlichste Positionen und Bewertungen der herausragenden Ereignisse.

Trotz großer zu attestierender Bandbreite ist festzuhalten, daß nicht jegliche Art von Neuerscheinungen rezipiert wurde, denn aufgrund von Sozialisation, Bildungsgang und sozialer Einbindung herrschte besonderes Interesse an jener Literatur vor, die den gebildeten Leser erforderte. Aber das ausgewählte Literaturensemble wies keine Beschränkung auf die deutsche Literatur auf, wie sie andernorts zu verzeichnen war. Auch lassen bereits die Autorennamen und die Titel unterschiedliche Themen und Gestaltungen anklingen. So finden sich neben der historisch inspirierten Thematik die sensualistisch geprägte Aussage, die philosophisch-religiöse Fragestellung in Form der Abhandlung oder literarisch eingebettet, aber auch Romanliteratur, die Bildung neu definiert und die herrschenden Konventionen hinter sich läßt. Daneben mutet beispielsweise die Lektüre von Nicolais zwischen 1773-1776 erschienem „Sebaldus Nothanker", der das aufklärerisch-rationalistische Gedankengut seines Verfassers transportiert[129]), leicht rückwärts orientiert an. Neben dem Abonnement von Nicolais „Allgemeiner Deutscher Bibliothek" bestand auch ein brieflicher Kontakt zu Nicolai. Seine Auffassungen dürften für die Meinungsbildung in der OLG daher nicht unbedeutend gewesen sein.

Die Beschäftigung mit Themen, denen auch die literarische Öffentlichkeit langfristigeres Interesse zollte, wie zum Beispiel im Zusammenhang mit dem Erscheinen der „Xenien", war auch in der OLG eine dauerhaftere. Ein gleichsam permanentes Interesse allerdings wurde der antiken Literatur entgegengebracht. Die seit der Renaissance aufgeworfene Frage nach der Bedeutung der Antike für die Gegenwart und die damit einhergehende Diskussion um das in den antiken Poetiken formulierte imitatio-Prinzip wurde in der OLG sehr manifest beantwortet. Übersetzte Texte und in Anlehnung an sie entstandene eigene literarische Arbeiten, die auch für Gegenwartsthemen bevorzugten Genres sowie die Formen poetischer Arbeiten zeigen, in welch starkem Umfang die Vorbilder zumindest Fixpunkte der Orientierung waren. Neben den beredten Angaben der Protokollauszüge gibt es ein weiteres gewichtiges Indiz, das die Favorisierung dieser Ausrichtung bestätigt: „Meine Autor=Apologie"

---

[128] R. Hartmann erläutert, inwiefern die veränderten materiellen und ideellen Verhältnisse die Konzeption und Rezeption von Literatur beeinflußten. Hartmann (s. Anm. 120), S. 7 ff.

[129] R. Hartmann gibt einen detaillierten Einblick in Konzeption und Rezeption des Romans und behandelt die Wirkungintention Nicolais. Vgl. Hartmann (s. Anm. 120), S. 42 ff.

ist die Übersetzung eines Plinius-Briefes an Cornelius Fuscus überschrieben, die den letzten Text des dritten Buches von KR. v. Halems 1789 erschienener Sammlung „Poesie und Prosa" darstellt. Dieser in der Überschrift zum persönlichen Bekenntnis erhobene Brief Plinius' enthält umfassende, konkrete Hinweise für den in der Provinz lebenden, um seine Bildung besorgten Cornelius Fuscus. Plinius empfiehlt ihm die Übersetzung zur Verfeinerung der eigenen Darstellungsfähigkeit und natürlich zum besseren Textverständnis. Sie könne Anregung sein zur Anfertigung eigener, mit dem Original zu vergleichender Arbeiten.

Dabei schließt Plinius die Möglichkeit nicht aus, daß das spätere Werk das Original übertrifft. Er rät zur Vielseitigkeit bei der Wahl der Gegenstände und der Genres: „Nun ergreife irgendein Stück Geschichte, nun schreibe mit Sorgfalt einen Brief, nun einen Vers." Grundsätzlich tendiert er mehr zu den „geistvollen Kleinigkeiten" als zu den „fortlaufenden Gedichten". Die Summe dieser Ratschläge mutet wie ein theoretisches Fundament an, auf dem die schriftlichen Arbeiten der OLG fußten. Die Durchsicht der Angaben über die von den Mitgliedern verfaßten Arbeiten zeigt eine konstante Verbundenheit mit der antiken Literatur, was in der Wahl bestimmter Themen und tradierter Formen zum Ausdruck kam.

Daneben hat die Überzeugung von subjektiver Schöpferkraft, wie sie die seit 1750 lebendige Diskussion um den Geniegedanken propagierte, hier keine Spuren hinterlassen[130]). Vielmehr scheint es, als sei die Auffassung von der Weiterentwicklung durch Gelehrsamkeit und vom Nutzen der Orientierung, besonders an antiken Vorbildern, verbreitet gewesen. Letzteres ist bekanntlich auch ein Kerngedanke der Poetologie Boileaus, der „die Verwirklichung seines Bildungsideals" in der Antike sah[131]). Die Auseinandersetzung zwischen ihm und den Befürwortern der Emanzipation von der Antike ist zentraler Gegenstand der „Querelle des Anciens et des Modernes"[132]). In der Folge hat auch Gottsched in seiner „Critischen Dichtkunst" das Nachahmungsgebot an die oberste Stelle gestellt, und Winkelmanns Überzeugung, daß „Der eintzige Weg für uns, groß, ja, wenn es möglich ist, unnachahmlich zu werden, [...] die Nachahmung der Alten" sei[133]), setzt diese Tradition des Denkens, wenn hier auch auf Malerei und Bildhauerkunst bezogen, fort.

Vergleicht man die Protokollvermerke über Gelesenes und Geschriebenes in der OLG, so entsteht der Eindruck, daß die Autoren partiell auf die Leser rückführbar sind, daß aber andererseits - auch dies ein Ausdruck des literarischen Selbstverständnisses - nicht alle erworbenen literarischen Kenntnisse die Arbeiten der Mitglieder beeinflußten.

Besonderer Hervorhebung bedürfen schließlich Umfang und Verknüpfung der unter dem Begriff „literarisch" versammelten Tätigkeiten. Das ihnen innewohnende und sie verbindende Prinzip ist das der Kommunikation. Wie eingangs dargestellt, ging bereits der Gesellschaftsgründer von einer als kommunikativ zu charakterisie-

---

130) Grundlegendes zu der hier angesprochenen Relation zwischen ingenium und studium erläutert Gerhard Sauder, Geniekult im Sturm und Drang, in: Grimminger (s. Anm. 33), S. 327.
131) Vgl. dazu Schmidt (s. Anm. 16), S. 21.
132) Ebd., S. 13 ff.
133) Johann Joachim Winckelmann, Gedancken über die Nachahmung der Griechischen Wercke in der Mahlerey und Bildhauerkunst, in: Walther Rehm (Hrsg.), J. J. Winckelmann, Kleine Schriften - Vorreden - Entwürfe, Berlin 1968, S. 29 f.

renden Definition des Lesens aus. Die in der OLG ausgewählten Texte stellten vielfach hohe Anforderungen, sowohl im Hinblick auf den Grad der Verschlüsselung als auch hinsichtlich der vorausgesetzten Vorkenntnisse. Ein herausragendes Beispiel hierfür stellt die „Walpurgisnacht" im „Faust" dar. Über die Bedingungen der Rezeption schreibt der Herausgeber Albrecht Schöne: „daß diese ganze Dichtung entschieden nachdenkend, ja ‚anwendend' aufgenommen werden will: daß man hier nämlich - nach erklärter Absicht des Autors - Ergänzungen vorzunehmen, ‚an Übergängen zu supplieren' hat, zum Verständnis des Ganzen vielerlei Vor- und Rückverweise und ‚sich gleichsam abspiegelnde Gebilde' wahrnehmen muß und eigene Welt- und Lebenserfahrungen einzubringen, ja ‚über sich selber hinauszumuten' genötigt ist"[134]). Mit ihrem spezifischen Konzept der gemeinschaftlichen literarischen Betrachtung entsprachen die Mitglieder der OLG sodann auch jenen Empfehlungen, die der Verfasser selbst ein gutes Vierteljahrhundert später in einem Brief an Knebel formulierte: „Überhaupt ist jedes gemeinsame Anschauen von der größten Wirksamkeit; denn indem ein poetisches Werk für viele geschrieben ist, gehören auch mehrere dazu, um es zu empfangen; da es viele Seiten hat, sollte es auch jederzeit vielseitig angesehen werden."[135]) Im Forum der OLG wurden aber nicht nur Ergebnisse des Lesens zur Sprache gebracht, sondern auch eigene schriftliche Entwürfe zur kritischen Erörterung vorgestellt. Das so in Gang gesetzte Gespräch über Literatur transzendierte den Kreis der Mitglieder, da die gedankliche Verbindung auch zu anderen Schreibenden gesucht wurde. Dabei gab es im Gegensatz zu heute noch keine Trennung zwischen der Funktion des Schreibenden und der eines Kritikers, vielmehr wurden diese Rollen nach Interesse und Bedarf gewechselt. Gedankenaustausch während des Entstehungsprozesses beinhaltete letztlich auch die Möglichkeit der Einflußnahme durch den Leser. In der OLG bot sich die Gelegenheit hierzu sogar äußerst unmittelbar, nämlich dann, wenn die Verfasser den Zuhörern vorlesend ihr Manuskript vorstellten und auch die Reaktionen mündlich erfolgen konnten. Während die Mehrzahl der heutigen Leser mit einem abgeschlossenen Produkt konfrontiert wird, war in der OLG auch die Teilhabe an Entstehungsprozessen möglich.

So sind schließlich die feststellbaren Differenzen zum heute verbreiteten Umgang mit Literatur insgesamt als erheblich einzustufen. Eine Untersuchung der ferneren Entwicklung, die die literarischen Betätigungen in der OLG erfuhren, könnte ein Beitrag zur lesergeschichtlichen und damit literaturgeschichtlichen Differenzierung sein.

---

134) Schöne (s. Anm. 116), S. 24 f.
135) Goethe (s. Anm. 117), S. 820.

Roswitha Schweichel

# Von Sperlingen und Krammetsvögeln[1])

## Vogelschutz im Großherzogtum Oldenburg von 1869 bis 1920

Seit der Mitte des 19. Jahrhunderts führten zunehmende Industrialisierung und die Intensivierung der Landwirtschaft zu einem ständig steigenden Verbrauch bis dahin unberührter Natur. In ganz Deutschland entstanden zahlreiche, oft überregionale Vereine, die sich mit den Veränderungen der Umwelt auseinandersetzten. Dazu zählte auch der „Bund Heimatschutz", gegründet 1904, der häufig als *wichtigste Organisation für den deutschen Natur- und Heimatschutz* bezeichnet wird[2]). Zahlreiche Vereine zum Schutz der Vogelwelt wurden gegründet[3]). Einige davon schlossen sich 1899 zum Bund für Vogelschutz (BfV) zusammen.

Ziel der vorliegenden Arbeit war es herauszufinden, ob und wie sich „Naturschutzbemühungen" und damit kollektives Handeln auch in einem ländlichen, von wachsender Großindustrie noch weitgehend unbeeinflußten Raum entwickelten.

Das Großherzogtum Oldenburg bestand in diesem Zeitraum aus dem eigentlichen Herzogtum Oldenburg sowie zwei Exklaven, dem Fürstentum Lübeck mit Sitz in Eutin und dem Fürstentum Birkenfeld im Hunsrück. Gesetzliche Maßnahmen galten in der Regel für das gesamte Gebiet. Ausführungsbestimmungen konnten zum Teil von den Regierungen der Landesteile erlassen werden.

Das Herzogtum Oldenburg war ein überwiegend agrarisch genutztes Gebiet mit bäuerlicher Bevölkerung. Eine Industrialisierung fand nur zögernd statt. Die deutlichsten Veränderungen ihrer Umwelt erfuhren die Bewohner des Großherzogtums Oldenburg vermutlich durch die in der Mitte des 19. Jahrhunderts einsetzende Intensivierung der Landwirtschaft und die Kolonisierung der Moore und Heiden[4]).

---

1) Gekürzte Fassung einer Seminararbeit im Fach Geschichte an der Universität Oldenburg, Wintersemester 1995/96. Die vollständige Arbeit liegt im Niedersächsischen Staatsarchiv in Oldenburg vor.
2) Z. B. Ingo Baumgarten, Der ‚Bund Heimatschutz' im Deutschen Kaiserreich. Entstehung, Organisation, Ideologie, Tätigkeitsfelder 1904-1914, Hausarbeit im Prüfungsfach Geschichte, Universität Hamburg 1994.
3) Z. B. 1839 „Verein zum Schutze der Vögel" in Dresden, 1841 Vereine in Hamburg und Nürnberg, 1875 „Deutscher Verein zum Schutze der Vogelwelt" in Halle, 1898 „Schwäbischer Bund der Vogelfreunde".
4) Zur Entwicklung des Großherzogtums Oldenburg vgl. Albrecht Eckhardt/Heinrich Schmidt (Hrsg.), Geschichte des Landes Oldenburg, Oldenburg 1993$^4$.

---

Anschrift der Verfasserin: Roswitha Schweichel, Studentin im Magisterstudiengang Geographie/Geschichte/Politikwiss. an der Carl von Ossietzky Universität Oldenburg, Sandkrugsweg 26, 26345 Bockhorn.

Die Akten des Bestandes 134 Nr. 4420 bis 4426 des Niedersächsischen Staatsarchivs in Oldenburg geben Auskunft über Denkmalschutz sowie Denkmal- und Heimatpflege im Großherzogtum Oldenburg während des Kaiserreiches. Anhand der Quellen war nicht festzustellen, ob im Großherzogtum dem „Bund Heimatschutz" nahestehende oder angeschlossene Vereine existierten, noch war ein Interesse der Bevölkerung an den staatlichen Schutzmaßnahmen zu erkennen.

Die Akten des Bestandes 136 Nr. 8630-8631, 8652 und 8654 betreffen den Vogelschutz. Sie umfassen den Zeitraum von 1869 bis 1926. In diesen Akten lassen sich Wechselwirkungen zwischen staatlichem Handeln und Bevölkerungsinteressen erkennen und die Entstehung von Interessengruppen nachweisen.

Die Bemühungen um den Vogelschutz vollzogen sich im Großherzogtum Oldenburg in mehreren Phasen, die von jeweils unterschiedlichen ideologischen Standpunkten und unterschiedlichen Gruppeninteressen bestimmt waren.

Eine erste Phase umfaßt den Zeitraum von 1869 bis zur Verabschiedung des „Gesetzes betr. den Schutz nützlicher Vögel" im Jahre 1873. Während dieses Zeitraumes war der Vogelschutz ausschließlich von staatlichem Handeln geprägt. Eine Abnahme der Vogelpopulation wurde bemerkt, und es wurde versucht, diesem Phänomen zu begegnen. Ein Interesse aus der Bevölkerung wurde nicht erkennbar.

Eine zweite Phase läßt sich von 1882 bis 1893 feststellen. Hier ging es nicht eigentlich um den Schutz der Vögel. Auseinandersetzungen um „Schaden oder Nutzen" bestimmter Vogelarten bestimmten das Bild. Bevölkerungsgruppen mit gleichen kommerziellen bzw. ökonomischen Interessen waren in der Lage, das staatliche Vorgehen zu bestimmen und Gesetzesänderungen nach ihren Wünschen herbeizuführen.

Die Einsicht, daß der Rückgang der Vogelpopulation etwas mit den Eingriffen in den Naturhaushalt zu tun hatte, entwickelte sich nur langsam. Sie deutete sich erst in einer dritten Phase von 1893 bis 1914 an. Von staatlicher Seite kam es zu Maßnahmen, die über gesetzliche Verpflichtungen hinausgingen. In der Bevölkerung entstanden Gruppen, die sich selbständig für den Vogelschutz einsetzten.

Im gesamten Zeitraum prägt utilitaristisches Denken die Handlungsweise.

## Die Entstehung des „Gesetzes betr. den Schutz nützlicher Vögel" (1869-1873)

Der Anstoß für die Schaffung eines Vogelschutzgesetzes im Großherzogtum Oldenburg kam vom Provinzialrat des Fürstentums Lübeck. Er berichtete im Dezember 1869 an das Großherzogliche Ministerium, Departement des Innern: *Es ist allgemein bekannt, daß die meisten Vögel zur Vertilgung der Insekten wesentlich beitragen, die Singvögel aber den Menschen durch ihren heiteren Gesang erfreuen. In der Umgegend von Schwartau wird das Einfangen von Singvögeln besonders der Nachtigallen, Stieglitzen etc. stark betrieben und werden dieselben nach Lübeck versandt; die Nester der für die Landwirtschaft besonders nützlichen Möwen werden zerstört.*

Der Gemeinderat der Gemeinde Rensefeld habe sich durch ein Gemeindestatut *gegen dies Unwesen* schützen wollen, sei aber von der Großherzoglichen Regierung damit zurückgewiesen worden, weil *demselben nicht durch ein Gemeindestatut*, sondern durch ein Gesetz abgeholfen werden müsse. Man bat, da der Schutz der Vögel im Interesse der Landwirtschaft sei, die Großherzogliche Regierung, zu veranlassen, *daß dem Provinzialrat recht bald ein Gesetz vorgelegt werde zum Schutz der nützlichen Vögel*[5]).

Im Januar 1870 erhielt die Regierung des Fürstentums Lübeck aus Oldenburg eine Antwort. Man sei *unter den einberichteten Umständen* bereit, diesem Antrag zu entsprechen, nehme jedoch auch für die übrigen Teile des Großherzogtums einen Gesetzentwurf zum Schutz nützlicher Vögel *in Aussicht* und lasse dazu *das Material sammeln*.

Das Staatsministerium begann, *Erkundigungen über die Lage der bezüglichen Gesetzgebung in anderen Norddeutschen Staaten* und in Österreich einzuziehen. Bereits im Juni 1870 war die Materialsammlung abgeschlossen. Das Staatsministerium hatte herausgefunden, daß in vielen Landtagen seit langem über die Frage des Vogelschutzes debattiert wurde und auch schon einige Gesetzentwürfe ausgearbeitet waren. Abgesehen von örtlichen Polizeiverordnungen war die Frage aber noch nirgends prinzipiell von der staatlichen Gesetzgebung erfaßt worden.

Im oldenburgischen Staatsministerium setzten nun zwei unterschiedliche Überlegungen ein, zuerst die pragmatische Frage nach dem Handlungsbedarf: *Zunächst wird sich fragen, ob es zweckmäßig ist, daß Oldenburg im norddeutschen Bunde mit einer solchen Gesetzgebung vorgeht oder abwartet, was Preußen in dieser Hinsicht tut. Mir scheint das letztere deshalb besser, weil wir doch, wenn in Preußen der Schutz nützlicher Vögel gesetzlich geregelt ist, dieser Gesetzgebung uns am zweckmäßigsten anschließen würden, da das Großherzogtum sowohl wie die Fürstentümer ganz von preußischem Gebiete umschlossen sind. Nur in dem Falle wenn sich in Preußen die Gesetzgebung verzögern sollte, möchte es besser und unbedenklich sein, hier vorzugehen*[6]).

Wie sich zeigen sollte, verzögerte sich in Preußen die Gesetzgebung, und Oldenburg sah sich genötigt *vorzugehen*, was sich für den Bestand des Gesetzes durchaus nicht als unbedenklich erwies.

Vorerst war aber für das Innenministerium eine andere Frage, nämlich welche Vögel nicht geschützt werden sollten, viel schwieriger zu klären: *M.E. ist das Material jetzt Herr Inspektor des Museums Wiepken*[7]) *mitzuteilen, da hinsichtlich der Nützlichkeit und Schädlichkeit der Vögel verschiedene Auffassungen vorkommen*[8]).

Aber nicht nur die Kapazitäten auf dem Gebiete der Vogelkunde waren sich uneins, sondern es wollten auch die Forstleute andere Vögel für schädlich erklärt haben als die Landwirte. Ein Gesetzentwurf, mit dem Anhang einer Liste schädlicher Vögel, erstellt von Inspektor Wiepken, wurde im Juli 1870 vorgelegt. In seinem Bericht zeigte sich bereits die Schwierigkeit der kommenden Debatten: *Was die verschiedenen Ansichten über den Nutzen gewisser Vögel betrifft, so sind die in der Natur der Sache be-*

---

5) Niedersächsisches Staatsarchiv in Oldenburg (künftig: StAO), Best. 136 Nr. 8630, Verhandlungen des Provinzialrates des Fürstentums Lübeck vom 23. Dez. 1869.
6) Ebd., Bericht d. Regierungsrates Hofmeister vom 10. Juni 1870.
7) Carl Friedrich Wiepken (1815-1897), 1837 bis 1867 Kustos am neugegründeten Naturhistorischen Museum, danach dort Inspektor und von 1879 bis 1895 dessen Direktor. Vgl. Hans Friedl, in: Hans Friedl / Wolfgang Günther / Hilke Günther-Arndt / Heinrich Schmidt (Hrsg.), Biographisches Handbuch zur Geschichte des Landes Oldenburg. Oldenburg 1992, S. 794 f.
8) StAO, Best. 136 Nr. 8630, Randnotiz am Bericht d. Regierungsrates Hofmeister vom 10. Juni 1870.

*gründet. Ein Vogel kann in einer Gegend weit mehr nützlich als schädlich sein, während das Verhältnis mit demselben Vogel an einer anderen Örtlichkeit gerade ein umgekehrtes ist*[9]).
Die Verhandlungen, welcher Kategorie ein Vogel zuzuordnen sei, zogen sich hin. Für die Forstleute und die Liebhaber der Singvögel war ein Vogel dann schädlich, wenn er die kleinen Vögel oder ihre Bruten auffraß, für die Landwirte und Gartenbesitzer dann - egal ob er *lieblich* sang oder nicht -, wenn er sich über ihre Produkte hermachte.
Unermüdlich wurden weitere Listen von nützlichen und schädlichen Vögeln erarbeitet, welche abermals von den landwirtschaftlichen Vereinen des Großherzogtums und den Forstbehörden erörtert wurden. Langsam fühlte sich zumindest die Regierung des Fürstentums Lübeck ratlos: *Wenn nach der einen jener gutachtlichen Erklärungen die Sperlinge nicht zu den nützlichen und auf der anderen die Dohlen nicht zu den schädlichen Vögeln gerechnet werden sollen, so sind das Spezialfragen, welche die Regierung nicht mit Sicherheit zu beantworten vermag, da es ihr an dem hierzu nötigen Material fehlt (...)*[10])
Abschließend wurde in Oldenburg Inspektor Wiepken die Entscheidung überlassen, zumindest über die Liste der schädlichen Vögel, die als Anlage A dem Gesetz beigefügt werden sollte. Er ist nicht leichtfertig vorgegangen, wie sein vorerst letzter Brief an den Regierungsrat Hofmeister zeigte[11]): *Ebenfalls habe ich den Storch nicht mit unter dieselben aufgenommen, obgleich er noch viel schädlicher ist, indem er jung sogar junge Hasen u. Honigbienen in Unzahl vertilgt; er ist nur dann nützlich, wenn, wie in diesem Jahre die Mäuse in so großer Anzahl vorhanden, und er bei seiner Gefräßigkeit eine große Anzahl vertilgt. Aber trotz seiner überwiegenden Schädlichkeit möchte ich den Storch nicht der Vertilgung anheim geben, weil er eine Zierde der Landschaft ist.*
*Ich rate sehr davon ab, den Sperling in Anlage A aufzunehmen, weil er bei weitem mehr nützt als schadet. Allein um die Obstkultur macht sich der Sperling so verdient, daß er dadurch reichlich ersetzt, was er seiner Zeit an Feldfrüchten ruiniert. Die Regierungen von Neu-Holland u. Nord-Amerika haben es sich viel Geld kosten lassen, um den Sperling dort einzuführen u. schrieb mir vor einigen Jahren Herr Kaufm. G. Kirchhof (ein Oldenburger) in New-York, daß man dort, soweit der Sperling in Amerika verbreitet wäre, jetzt mit Erfolg Obst ziehen könne.*
Die Regierung des Königreichs Preußen hatte sich bis dahin nicht zu einem Gesetz entschließen können, vor allem weil der Ministerpräsident und zugleich Reichskanzler, Otto von Bismarck, darauf bestanden hatte, zuerst internationale Vereinbarungen zum Schutze der Vögel abzuschließen. Er war der Meinung, der dramatische Rückgang der Singvögel sei darauf zurückzuführen, daß sie in den südeuropäischen Ländern massenweise aufgegessen würden. Der Reichstag hatte sich dieser Meinung angeschlossen.
Der Landtag des Großherzogtums Oldenburg verabschiedete deshalb, ohne länger auf Preußen oder ein Reichsgesetz zu warten, ein „Gesetz betr. den Schutz nützlicher Vögel", das am 11. Januar 1873 in Kraft trat[12]).

---

  9) Ebd., Schreiben vom 1. Juli 1870.
10) Ebd., Schreiben vom 18. Sept. 1872.
11) Ebd., Schreiben vom 1. Okt. 1872.
12) Gesetzblatt f. d. Herzogtum Oldenburg, 22. Band, Nr. 99.

Am Anfang dieser Phase stand der Wunsch aus dem Fürstentum Lübeck, die Singvögel zu schützen, nicht nur wegen ihrer Nützlichkeit, sondern auch wegen ihres lieblichen Gesanges. Der Rückgang der Vogelpopulation wurde wahrgenommen und als Verlust empfunden. Die Ursachen wurden im direkten „Fehlverhalten" einzelner Personen gesehen.

Davon ausgehend entwickelte sich eine Debatte, die fast ausschließlich von Experten, Verwaltungsbeamten und Funktionären ökonomischer Interessenverbände geführt wurde. Die Schutzwürdigkeit einzelner Arten wurde fast ausnahmslos nach ihrem Nutzen für die Wirtschaft bemessen, gesamtökologische Zusammenhänge wurden nicht wahrgenommen.

Das verabschiedete Gesetz regelte daher auch in erster Linie das Verhalten von Einzelpersonen. Ökonomischen Interessengruppen war (durch Art. 3 § 2) von vornherein die Möglichkeit gegeben, Veränderungen herbeizuführen.

Die Reaktionen der Bewohner des Großherzogtums Oldenburg bis zur Aufhebung des Gesetzes im Jahre 1920 lassen sich in mehreren voneinander getrennten Intervallen und Schwerpunkten zusammenfassen.

## „und äußert Unterzeichneter die unterthänigste Bitte ..."
### Individuelle Wünsche (1873-1876)

Bis 1876 sind nur Wünsche von Einzelpersonen nachzuweisen, und auch die staatliche Kontrolle zielte auf das Individualverhalten ab.

Inspektor Wiepken beantragte sofort nach Inkrafttreten des Gesetzes die Ausnahmegenehmigung, auch weiter Vögel für wissenschaftliche Zwecke fangen und präparieren zu dürfen, welche er auch erhielt.

Anders erging es dem Vogelhändler Christian Wagner aus Oldenburg. Der fand, daß durch das Gesetz sein *Geschäft vollends gelegt sein* würde, und beantragte die Genehmigung, weiter mit lebenden Vögeln handeln zu dürfen. Obwohl er geltend machte, daß er insbesondere an botanische Gärten und Museen liefere und ausschließlich von *Auswärts* beziehe, erhielt er die erwünschte Ausnahmegenehmigung nicht[13].

Abgelehnt wurde auch das Ersuchen eines Lehrers aus Wardenburg, der darum bat, *in der Gemeinde Wardenburg mit der Flinte zu gehen und Vögel - und zwar von jeder Art nur 1 Männchen und 1 Weibchen - schießen zu dürfen. Für die gnädige Genehmigung seiner Bitte dürfte folgender Grund sprechen:*

*Er stopft die Vögel selbst aus und bewahrt sie zu einer Sammlung auf, welche er für die Schule und zu keinem materiellen Zweck gebrauchen will*[14].

Daß diese drei Eingaben nun alles gewesen sein sollten, muß das Innendepartement mit Erstaunen erfüllt haben. Eine Anfrage beim Oberstaatsanwalt hatte zudem ergeben, daß es im ganzen Großherzogtum nur in zwei Fällen wegen Übertretung des Gesetzes zu Verurteilungen gekommen war. Eine derart ausgeprägte Gesetzestreue

---

13) StAO, Best. 136 Nr. 8630, Eingabe vom 25. Feb. 1873.
14) Ebd., Eingabe vom 21. März 1876.

der Untertanen war nicht glaubwürdig, sondern der Anlaß zu einem Rundbrief an *die sämtlichen Großherzoglichen Verwaltungsämter und die Stadtmagistrate der Städte 1. Classe.* Das Innendepartement teilte mit, daß sich dieser Umstand *nur dadurch erklären läßt, daß die Polizeibeamten nicht die erforderliche Aufmerksamkeit auf die Übertretung des Gesetzes gerichtet oder dieselben nicht zur Anzeige gebracht haben.*
Alle Verwaltungsämter und Stadtmagistrate wurden daher nochmals beauftragt, *die Polizeibeamten auf die Bestimmungen des Gesetzes aufmerksam zu machen und dieselben zu einer sorgfältigen Überwachung und sofortigen Anzeige anzuhalten (...)*[15])
Die Wirkung dieses Rundschreibens läßt sich den Akten des Staatsarchivs Oldenburg leider nicht entnehmen. Mehrere Jahre blieb es relativ ruhig um das Gesetz.

## Gemeinsamkeit macht stark. Bestrebungen, das Gesetz zu ändern (1882-1893)

Von August 1882 bis Mai 1884 kam es zu einer Welle von Einsprüchen gegen das Gesetz. Die Auseinandersetzung war eindeutig von den Interessen der organisierten Landwirte[16]) und ihrer Naturwahrnehmung bestimmt.
Schon 1878/79 war über die Zunahme bestimmter Vogelarten geklagt worden. Es wurde darum ersucht, Häher, Saatkrähen oder Sperlinge in die Liste der schädlichen Vögel aufzunehmen. Dies hatte jedoch zu keinen Reaktionen von seiten des Innendepartements geführt.
Im August 1882 brach dann, scheinbar aus heiterem Himmel, eine Flut von Anträgen und Eingaben über das Departement herein.

### Gegen Spatzen ...

Anlaß dafür war ein Antrag der Landgemeinde Oldenburg, den das Amt Oldenburg am 27. Juli an das Innendepartement weitergeleitet hatte. Die Landgemeinde bat darum, den Schutz für den Sperling bis zum 15. Februar 1883 auszusetzen, was nach Art. 3 § 2 des Gesetzes möglich war. Das Departement hatte den Antrag dem Zentralvorstand der Oldenburgischen Landwirtschaftsgesellschaft zur Begutachtung vorgelegt. Dieser hatte umgehend geantwortet: *Die Sperlinge haben sich seit einigen Jahren so stark vermehrt, daß sie in Feldern und Gärten einen sehr großen Schaden anrichten, der sich nach Tausenden rechnet*[17]).

---

15) Ebd., Schreiben vom 11. Aug. 1874.
16) Die Oldenburgische Landwirtschaftgesellschaft war 1818 (als administrative Maßnahme) gegründet worden. Die Resonanz war zunächst gering. Gegen Ende des Jahrhunderts hatten sich die Bauern dann aber in mehr als 70 Vereinen im Herzogtum Oldenburg organisiert. Vgl. Klaus L a m p e , Wirtschaft und Verkehr im Landesteil Oldenburg von 1800 bis 1945, in: E c k h a r d t / S c h m i d t (s. Anm. 4), S. 709-762, hier 717-719.
17) StAO, Best. 136 Nr. 8630, Schreiben vom 4. Aug. 1882. Im Zentralvorstand der Landwirtschaftsgesellschaft saß Oberregierungsrat Hofmeister. Aus den Briefen des Inspektors Wiepken kann man ableiten, daß sich Hofmeister vermutlich schon bei der Entstehung des Gesetzes für die Aufnahme des Sperlings und der Saatkrähe in die Liste der schädlichen Vögel ausgesprochen hatte.

Bereits am 5. August gab das Departement bekannt, daß in der Landgemeinde Oldenburg das *Fangen und Töten* der Sperlinge bis zum 15. Februar 1883 erlaubt sei.
Die Reaktion darauf war überwältigend. Innerhalb von zwei Monaten stellten fast alle Gemeinden des Großherzogtums an ihre Ämter den gleichen Antrag. Die Ämter leiteten die Anträge weiter, und das Departement des Innern hatte alle Hände voll zu tun, die entsprechenden Ausnahmegenehmigungen zu erteilen. Einige Ämter gingen mit ihren Anträgen weiter. Sie forderten die Aufnahme des Sperlings in die Liste der schädlichen Vögel, und da man schon dabei war, Anträge zu stellen, sollte auch gleich die Saatkrähe mit auf die Liste gesetzt werden.
Der Sturm, der 1882 über den Sperling hereinbrach, ist heute kaum nachvollziehbar. Dem Leiter des Amtes Varel, Amtshauptmann von Buschmann[18]), war das auch damals schon nicht ganz verständlich: *Auch die Gemeinde Bockhorn zählt zu den Bezirken, die durch das Überhandnehmen der Sperlinge sich so stark beschädigt hält, daß sie deren Vertilgung für den rubrizierten Zeitraum anstreben zu müssen meint. Das Amt glaubt nun zwar nicht, daß nach beschaffter Ernte dem Vogel erheblicher Abbruch geschehen wird (...) Daß [der Schaden] aber größer sein soll als in anderen Jahren würde das Amt nur dann glauben können, wenn die Annahme richtig wäre, daß in Folge eines fast frostlosen Winters, eines sehr milden Frühjahrs und überaus fruchtbaren Sommers auch die Vermehrung der Sperlinge eine außergewöhnliche gewesen sei*[19]).
Kurze Zeit später war v. Buschmann gezwungen, einen weiteren Brief an das Innendepartement zu richten: *Auch der Jader Gemeinderat hat beschlossen, das Großherzogliche Staatsministerium zu ersuchen, den Sperling bis zum Febr. k(ommenden) J(ahres) vogelfrei zu erklären, um der angeblich allzugroßen Vermehrung entgegenzuwirken (...) Wenn [das Amt] somit der Bitte sein Fürwort nicht versagt, so muß es um so entschiedener das fernere Gesuch des Gemeinderats zu Jade, ‚das Vogelschutzgesetz insoweit zu ändern, daß der Sperling aus der Liste der nützlichen Vögel gestrichen werde', verurteilen. Auch Friedrich der Große hatte nach der Sage allen Grund, seine gegen jene Vögel angeordneten Vernichtungs-Maßnahmen später bitter zu bereuen, und ebenso dürfte es Allen ergehen, welche den zur Zeit überall beliebten Krieg gegen die Sperlinge auch über den Februar k. J. fortsetzen wollten*[20]).
Herr v. Buschmann wußte vermutlich nicht, daß der „Krieg" gegen die Spatzen gut organisiert war. Auch beim Lesen der Akten wird das zunächst nicht deutlich. Es erscheint nur höchst verwunderlich, daß sogar aus den Ämtern der Wesermarsch, in denen überwiegend Weidewirtschaft betrieben wurde, und aus den Stadtgemeinden Wünsche nach „Ausrottung" zu hören waren. Dort, wo keine Getreidewirtschaft betrieben wurde, wo also die Sperlinge an den „Feldfrüchten" nicht allzuviel Schaden anrichten konnten, bezichtigte man sie, *die an den Gartenzäunen zum Trocknen aufgehängten Erbsen und Bohnen* vollständig zu vernichten.
Daß hinter dieser Kampagne der Vorstand der Oldenburgischen Landwirtschaftsgesellschaft steckte, wird erst aus einem Schreiben des Amtes Jever deutlich: *Auf*

---

18) Peter Friedrich Carl von Buschmann (1831-1894), Geheimer Regierungsrat. Vgl. Harald Schieckel, Ein russischer Staatsrat aus Tossens. Gerhard von Buschmann und seine Nachkommen, in: Der Oldenburgische Hauskalender ... 166, 1992, S. 46-50, hier 48.
19) StAO, Best. 136 Nr. 8630, Schreiben vom 21. August 1882.
20) Ebd., Schreiben vom 4. Sept. 1882.

*Grund einer Zuschrift des Central-Vorstandes der oldenb. Landw. Gesellschaft vom 15. v(origen) M(onats), betr. auf dem Felde und in den Gärten durch Sperlinge verursachte Schäden, ist in der Sitzung des Gemeinderates am 21. v. M. konstatiert worden, daß über Schäden, welche durch die übergroße Zahl von Sperlingen verursacht, auch in hiesiger Gemeinde allseitig Klagen laut geworden seien*[21]).
Es ist anzunehmen, daß der Zentralvorstand alle Gemeinden aufgefordert hatte, dem Innendepartement über „Spatzenschäden" zu berichten. Die Gründe für dieses Verhalten lassen sich nicht erklären. Es erscheint wenig einleuchtend, daß sich nur auf dem Gebiet des Herzogtums Oldenburg die Sperlinge derartig vermehrt haben sollten. Denn nur von hier kamen die Beschwerden. Die Regierung des Fürstentums Birkenfeld teilte jedenfalls Gegenteiliges mit: *(...) daß nach gutachtlicher Äußerung der Direction des landwirtschaftlichen Vereins hieselbst hier ein Bedürfnis zu einer derartigen Maßnahme nicht hervorgetreten ist und die Saatkrähe und der Sperling als nützliche Vögel auch ferner gesetzlich geschützt sein möchten*[22]).
Der Spatz verfügte offenbar über eine große Zahl von Freunden, die sich dem Wunsche der Bauern und Gemeinderäte im Oldenburgischen nicht anschließen mochten. Und so genoß er, zumindest vorübergehend, weiterhin von Mitte Februar bis zum 1. Juli den Schutz des Gesetzes.

### ... und Krähen

Anders erging es der Saatkrähe. Über diesen Vogel hatte auch der Provinzialrat des Fürstentums Lübeck befunden, daß er in die Liste der schädlichen Vögel aufzunehmen sei. Der Zentralvorstand der Landwirtschaftsgesellschaft hatte hier auch zu anderen Mitteln gegriffen. Er hatte *eingehende Erhebungen gepflogen ob und wie weit die Saatkrähe im Gebiete des Herzogtums als schädlicher Vogel zu bezeichnen sei (...) Es sind Gutachten von den Abteilungen Elsfleth und Strückhausen eingezogen worden, in deren Gebiet die Saatkrähe bekanntlich in sehr großer Anzahl sich vorfindet.
(...) Der Bericht der beiden Abteilungen fällt übereinstimmend sehr zum Nachteile der Saatkrähe aus. Sie wird nicht allein beschuldigt im Frühjahr und Herbste arge Verwüstung am ausgesäten Getreide, sowie den ausgepflanzten Kartoffeln und Bohnen anzurichten, sondern ganz besonders fühlbar mache sich ihre Gefräßigkeit geltend an den reifen Feldfrüchten, vorzüglich wenn selbe, in sog. Hocken aufgestellt, wegen Ungunst der Witterung längere Zeit auf dem Felde verblieben.
(...) Nach den genannten Berichten befinden sich in Oldenbrock, Strückhausen, Colmar etc. in den die Gehöfte umgebenden Gehölzen in manchen Fällen die Nester von 2000-3000 Saatkrähen, dadurch litten die Bäume, meistens Eichen, so sehr, daß vielfach die Hälfte und noch mehr von ihnen bereits abgestorben sei*[23]).
Gleichzeitig veröffentlichte der Zentralvorstand seine Klagen und seine Forderungen im Landwirtschaftsblatt[24]). Aus diesem Artikel war der Eindruck zu gewinnen,

---

21) Ebd., Schreiben vom 9. Sept. 1882.
22) Ebd., Schreiben vom 14. Juli 1883.
23) Ebd., Schreiben vom 22. März 1883.
24) Landwirtschaftsblatt Nr. 4 von 1883, als Anlage dem Schreiben vom 22. März beigefügt.

daß die Landwirtschaft sowie große Teile des Baumbestandes des Herzogtums der vollständigen Vernichtung anheimzufallen drohten, wenn nicht die Saatkrähen verschwänden: *Die Saatkartoffel holt die Krähe ungemein gern heraus, frißt sie an und läßt sie oben auf liegen, so daß manchmal 2-5 % dadurch verdorben werden; vor einigen Jahren wurden dem Unterzeichneten sogar 2 mit Kartoffeln bestellte Äcker von 50 ar durch die Krähen total ruiniert. Über diese Äcker war das Feuer gelaufen, wodurch die Kartoffeln etwas Bratgeschmack angenommen haben mögen. Tags darauf saßen tausende von Krähen auf den Äckern, holten die Kartoffeln aus der Erde und verzehrten sie (...) Wir wünschen nicht nur die Streichung der Saatkrähe aus dem Verzeichnisse der nützlichen Vögel, sondern eine Vertilgung derselben (...) Eine bloße Ausnahme-Verfügung, wie bei den Sperlingen, genügt hier nicht, - die Saatkrähe muß zum mindesten mit in das Verzeichnis der schädlichen Vögel aufgenommen werden, wozu es selbstredend einer Abänderung des Gesetzes vom 11. Januar 1873 bedarf.*

Damit war das Schicksal der Saatkrähe besiegelt. Das Gesetz wurde mit Wirkung ab 17. September 1883 zum ersten Mal geändert, und die Saatkrähe war von nun an im gesamten Großherzogtum ein „schädlicher" Vogel. Die Einschätzung des Zentralvorstandes der Landwirtschaftsgesellschaft: *Eine Dezimierung oder gar Vertilgung ist hierbei gar nicht zu befürchten,* war augenscheinlich falsch.

Im August 1898 bat der Reichskanzler[25] darum, *der neubegründeten biologischen Abteilung des Kaiserlichen Gesundheitsamtes* mitzuteilen, wie viele Kolonien von Saatkrähen sich im Großherzogtum Oldenburg befänden. Der Leiter der Abteilung sollte *ein zutreffendes Bild der Verbreitung dieser land- und forstwirtschaftlich wichtigen Krähe in Deutschland* gewinnen.

Das Großherzogliche Staatsministerium teilte mit, daß lediglich eine „kleine" Kolonie in einem Privatwald nahe Strückhausen vorhanden sei[26]. Von der schier übermächtigen Bedrohung war nichts mehr übriggeblieben.

## ... und nochmals Spatzen

So, als hätte der Zentralvorstand der Landwirtschaftsgesellschaft mit dem Vorgehen gegen die Saatkrähe den Widerstand nur geprobt, wurden nach der erfolgten Änderung des Gesetzes die Rufe nach einer „Ausrottung" des Sperlings immer lauter und nahmen teilweise so groteske Formen an, daß die Frage von nützlich oder schädlich auf den Kopf gestellt wurde: *Amtsvorstand (...) erlaubt sich nur darauf hinzuweisen, daß dem von den Gesetzen und wissenschaftlichen Kapazitäten empfohlenen Schutze, die Wünsche des großen Teiles des mit ihm in Berührung kommenden Volkes direkt entgegenstehen, indem letzteres auf die großen dem Auge überall sichtbaren Schäden hinweist, die der Sperling als Körnerfresser verursacht. Die Gelehrten und daher tiefer blickenden Kenner des Sperlings weisen dagegen auf seine zeitweilige Vertilgung schädlicher Raupen und da trotz der Sperlinge selbst bei ihrer Überzahl der Raupenfraß an Kohl und Bäumen sich alljährlich wiederholt, so weisen sie darauf hin, daß er als Gourmand zwar die ge-*

---

25) Chlodwig zu Hohenlohe-Schillingsfürst (1819-1901).
26) StAO, Best. 136 Nr. 8654.

*wöhnlichen Raupen verschmähe dafür aber die Blütenraupen vertilge und für den Obstgarten großen Nutzen schaffe. Dieser letztere Nutzen soll nun durchaus nicht bestritten werden, allein, es entsteht die Frage, ob denn es sich empfehlen läßt, daß man um einen Sack Äpfel mehr zu ernten ein Hafer- oder Gerstenfeld vernichten läßt.*
*Zunächst mag darauf hingewiesen werden, daß auch die Blütenraupe ihren Platz im Haushalt der Natur hat. Der blühende Obstbaum hat eine solche Menge von Blüten, daß wenn nur der zehnte Teil zur Entwicklung kommt, die Zahl der Früchte so groß ist, daß der Stamm sie nicht zu nähren vermag und die Ernte nur verkümmerte kleine Früchte aufweist. Die Blütenraupe ist daher ein wirtschaftlich wohltätiges Tier, indem sie bemüht ist den Blütenbestand auf ein Minimum zu reduzieren*[27]).

Aus einem Brief des Amtshauptmannes des Amtes Varel, v. Buschmann[28]), gewinnt man allerdings den Eindruck, daß sich die Stimmung beim „Landmann" inzwischen ziemlich aufgeheizt hatte: *Das Amt hat noch immer nicht die Überzeugung gewinnen können, daß der Spatz solche Untaten begeht, daß sein Verschwinden von dieser Erde notwendig sei. Es verkennt aber keineswegs, daß seine Begehrlichkeit nach dem besten Obst und dem edelsten Getreide sowie seine Frechheit hin und wieder die Würdigung seiner guten Eigenschaften in den Hintergrund treten lassen, und daß zuweilen eine ernstliche Züchtigung notwendig wird. Diese dürfte ihm aber in sehr reichlichem Maße zu Teil werden, wenn seine Vertilgung vom 1. Juli bis zum 1. November gestattet wird, d.h. also für die Zeit während welcher er wirklich ernstlichen Schaden tut und den Haß und die Verachtung des Landwirts in so hohem Maße erregt, daß auch der duldsamste gelegentlich zur Flinte greift, und wenigstens versucht, den frechen Räuber zu beseitigen. Wenn daher die vorgenannten Gemeinde-Vertretungen in diesem Sinne beschieden würden, so dürften sie sich nach dem Erachten des Amtes beruhigen, da der Termin zur Eröffnung des Kampfes ja nicht mehr weit entfernt ist.*

Die erhoffte „Beruhigung" trat dann auch ein, nämlich als bekannt wurde, daß mit Wirkung ab 29. April 1884 das Gesetz ein weiteres Mal geändert und nun auch der Sperling in die Liste der schädlichen Vögel aufgenommen worden war. Von diesem Zeitpunkt an herrschte vorläufige „Akten"-Ruhe von seiten der Landwirtschaftsvereine und der Gemeinderäte.

Diejenigen, die sich für eine Erhaltung der Artenvielfalt (soweit man zum damaligen Zeitpunkt davon sprechen kann) eingesetzt hatten, waren ins Hintertreffen geraten. Die wirtschaftlichen Interessen der Landwirte und ihre Sicht der „Nützlichkeit" hatten sich als stärker erwiesen.

Allerdings war dem Vernichtungsfeldzug gegen die Spatzen wohl weniger Erfolg beschieden als dem Kampf gegen die Saatkrähen. Am 3. Oktober 1904 (!) meldete das Amt Elsfleth wiederholte *Klagen über das Überhandnehmen der Sperlinge* aus den Gemeinden Berne, Warfleth, Bardewisch und Neuenhuntorf und bat darum, diesen Gemeinden das *Fangen und Töten der Sperlinge in der Zeit vom 1. Juli bis zum 1. November* zu gestatten. Die Gemeindevertretungen des Amtes Elsfleth, 1883 und 1884 vehemente Verfechter der Saatkrähen- und Sperlingsausrottung, hatten in der Hitze des Gefechtes anscheinend den Sieg verschlafen.

---

27) StAO, Best. 136 Nr. 8630, Schreiben des Amtsvorstandes des Amtes Friesoythe vom 17. Okt. 1883.
28) Ebd., Schreiben vom 8. Mai 1884.

Erwägungen über Nutzen oder Schaden bestimmter Vögel führten 1897 zu einer weiteren Gesetzesänderung. Auf Betreiben der Forstverwaltung wurden Eichel- und Tannenhäher und auf das Gesuch der Fischzüchter des Fürstentums Lübeck Wasserhühner und Haubentaucher in die Liste der schädlichen Vögel aufgenommen. Dazu hatte es keiner großen Auseinandersetzung mehr bedurft.

## Die Krammetsvögel

Im „Gesetz betr. den Schutz nützlicher Vögel" war schon von Anfang an durch die Artikel 4 und 5 das Fangen und der Handel mit Drosseln geregelt. Welche Art Drossel denn der Krammetsvogel[29]) sei, darüber gingen die Meinungen auseinander. Es stand nur fest, daß die im Herzogtum brütenden Drosselarten damit nicht gemeint waren. Weil diese Zugvögel bereits im September das Herzogtum verließen, war der „Dohnenstieg" erst vom 1. Oktober an gestattet. Später durchziehende *Ausländer* dagegen sollten eingefangen und aufgegessen werden dürfen.

So, als hätte es bisher mit dieser Passage des Gesetzes niemals Schwierigkeiten gegeben, begann erst im Dezember 1890 eine Auseinandersetzung. Inzwischen hatte der Reichstag am 22. März 1888 ebenfalls ein „Gesetz betr. den Schutz von Vögeln" verabschiedet. In diesem Gesetz war der Drosselfang vom 21. September bis zum 31. Dezember erlaubt worden. Der Reichstag hatte es aber den Ländern überlassen, bestehende Bestimmungen aufrechtzuerhalten, wenn sie diesen Zeitraum weiter einschränkten.

Im Dezember 1890 entdeckten dann Magistrat und Rat der Stadtgemeinde Cloppenburg, daß durch die Bestimmungen des oldenburgischen Vogelschutzgesetzes *die finanziellen Interessen sehr vieler Einwohner stark geschädigt werden*[30]). Die Stadtgemeinde richtete eine Petition direkt an den Landtag des Großherzogtums Oldenburg mit *der ganz ergebenen Bitte, baldtunlichst Vorkehrungen zu treffen, gemäß welchen der Art. 4 § 1 des Gesetzes vom 11. Jan. 1873 geändert werde und fortan das Aufstellen von Dohnenfängen vom 1sten oder doch spätestens 15ten September an erlaubt ist.*

Nach dieser Petition entdeckte ziemlich plötzlich eine ganze Reihe von Ämtern die „internationale" Dimension dieser Frage und außerdem ihre Fürsorgepflicht für die „kleinen" Leute: *Diese Schädigung wird um so fühlbarer, da gerade Bezirke davon betroffen werden, deren Eingesessene keineswegs in günstigen Verhältnissen leben und denen dieser kleine Nebenverdienst wohl vergönnt sein mag.*

*Es kommt hinzu, daß diese Bezirke zum größten Teil an der Landesgrenze belegen sind. Unsere Landleute werden nicht verstehen, warum sie noch nicht fangen sollen, während ihre Preußischen Nachbarn schon längst ganz ungestört ihre Dohnen aufstellen*[31]).

Das oldenburgische Departement des Innern ließ daraufhin Erkundigungen einziehen, wie denn der Drosselfang in den anderen Ländern gehandhabt würde, und erhielt eine Vielzahl der unterschiedlichsten Informationen. Im Großherzogtum Ol-

---

29) Als „Krammetsvogel" wird im allgemeinen die Wacholderdrossel, Turdus pularis, bezeichnet.
30) StAO, Best. 136 Nr. 8630, Schreiben vom 5. Dez. 1890.
31) Ebd., Schreiben des Amtes Wildeshausen vom 21. März 1891.

denburg gingen die Meinungen ebenfalls auseinander. Zunehmend tauchte auch die Forderung nach einem gänzlichen Verbot des Dohnenstieges auf, weil sich in den Fallen nicht nur Drosseln fingen, sondern auch eine große Zahl anderer Vögel ihr Leben lassen mußte.

Es halfen weder die Hinweise der Vogelliebhaber auf die zu *tausenden gemordeten* Singvögel noch die Einsprüche derjenigen, welche eine *Verrohung des Charakters der Schuljugend* durch deren Beteiligung am Dohnenstieg befürchteten.

Vorerst zählte der Wunsch, sich dem umgebenden Preußen gegenüber wirtschaftliche Vorteile zu verschaffen, zumindest aber Nachteile zu verhindern. 30 Genossen der Gemeinde Markhausen brachten das in ihrem Brief an den Petitionsausschuß nochmals auf den Punkt: *(...) die Vögel, welche hier geschont werden, werden dort* [in Preußen] *weggefangen. Es kann somit von einem Schonen hier keine Rede sein, wohl aber von einem Schonen für unsere Landes-Nachbarn, welche ganz den Nutzen davon haben*[32]).

Sie hätten es gern gesehen, wenn sie die Drosseln bereits vor ihren Landesnachbarn, nämlich ab 15. September, hätten fangen dürfen. So weit ging der Landtag nicht. Ein Erfolg war der Kampagne trotzdem beschieden. Mit Wirkung vom 10. April 1894 durften die Dohnensteller zeitgleich mit ihren preußischen Nachbarn den Vögeln nachstellen. Das Gesetz war ein weiteres Mal geändert worden.

Verglichen mit dem Kampf gegen Sperlinge und Saatkrähen war es diesmal nicht um die Argumente „nützlich" oder „schädlich" gegangen, auch eine berufsständische Organisation hatte keine Rolle gespielt. Einzelne hatten sich zusammengeschlossen und sich für ihre ökonomischen Interessen stark gemacht.

## „und ersuchen wir, zur Schaffung eines größeren Schutzes ..."
## Bemühungen um eine Verbesserung des Vogelschutzes (1893-1914)

Bis zum Jahre 1893 schien es, als sei die Abnahme der Vogelpopulation und die Erkenntnis, daß diesem Phänomen gegengesteuert werden müsse, ausschließlich von den Beamten und Funktionsträgern des oldenburgischen Staates wahrgenommen worden. Wenn es Gesuche aus der Bevölkerung gegeben hatte, so waren das immer Wünsche nach einer Lockerung des Gesetzes gewesen.

Nur langsam deutete sich eine Änderung an. 1893 ließ sich zum ersten Mal der Wunsch nach dem verstärkten Schutz einer Vogelart feststellen. Am 6. November wandte sich der Vorstand des „Verbandes Oldenburgischer Geflügelzüchter" an das Großherzogliche Staatsministerium. Seine Bitte war es, *den Kiebitz unter das Vogelschutz-Gesetz zu stellen und ein Verbot zu erlassen, daß die Eier des Kiebitz nach dem 3ten April nicht gesucht werden dürfen.*

Der Kiebitz sei *einer der nützlichsten* Vögel und durch die Nachstellungen vom Aussterben bedroht. Daß er nicht in der Liste der „schädlichen Vögel" aufgeführt war und dennoch nur mangelhaften Schutz genoß, lag daran, daß er im Großherzogtum Oldenburg als „jagdbarer" Vogel galt. Somit war er nach Art. 1 vom Vogelschutzge-

---

[32]) Ebd., Petition vom 28. Aug. 1893.

setz ausgenommen. Das „Gesetz betreffend die Ausübung der Jagd"[33]) erlaubte die Erlegung des Kiebitz vom 1. April bis 30. Juni und das Ausnehmen der Kiebitzeier nach dem 30. April. Der Verband der Geflügelzüchter forderte somit gleich die Änderung zweier Gesetze.

Neu war auch die Zusammensetzung des Verbandes. Das Gesuch war einstimmig von den „Vereinen für Geflügelzucht und Vogelschutz" aus Bant, Jever und Westerstede, von den „Vereinen für Thierschutz und Geflügelzucht" aus Westerstede und Oldenburg und dem „Verein der Geflügelfreunde" aus Oldenburg auf einer Verbandsversammlung verabschiedet worden[34]). Diese Vereine vertraten auch zunächst die Belange des Vogelschutzes im Herzogtum Oldenburg.

Bei ihrem Wunsch, den Kiebitz unter Schutz zu stellen, trafen die Vereine weder bei den Forstbehörden noch bei den Bauern auf gegenteilige Wünsche. Das Innendepartement erhielt auf eine Anfrage beim Oberforstmeister die Auskunft, daß der Kiebitz zwar als wohlschmeckend gelte, aber nicht gejagt werde. Er führte die Gefährdung ebenfalls auf das Ausnehmen der Eier zurück: *Es würde hier also in Frage kommen, ob der Nutzen, welche die ganz augenscheinlich durch Brutstörung in Abnahme begriffenen Kiebitze, der Landwirtschaft gewähren, höher zu veranschlagen sein wird, als der Nutzen, welchen die Kinder und Erwachsenen durch das Sammeln der Eier erreichen resp. als die Befriedigung der Leckermäuler durch den Genuß der Kiebitzeier*[35])

Hätte man nun den Kiebitz nur von der Liste der jagdbaren Tiere gestrichen, wäre nach der Gesetzgebung des Großherzogtums das Sammeln seiner Eier gänzlich verboten worden. Das wiederum stieß auf juristische Schwierigkeiten, denn das Reichsgesetz zum Schutze der Vögel sah für das Einsammeln der Kiebitzeier überhaupt keine zeitliche Beschränkung vor. Man hätte sich in der gleichen Klemme befunden wie im Falle des Krammetsvogelfanges. Ein bißchen Nesterausnehmen sollte erlaubt bleiben; zählte doch auch der Reichskanzler von Bismarck zu den *Leckermäulern* und schickten ihm doch die Honoratioren der Stadt Jever jährlich ein Paket Kiebitzeier. Auch sollte dem „wirtschaftlichen Nachteil" (den preußischen Nachbarn gegenüber) begegnet werden, der die oldenburgischen Landeskinder ein weiteres Mal getroffen hätte. Die Verhandlungen zogen sich hin.

Der Verband der Geflügelzüchter wiederholte seine Petitionen an das Staatsministerium mehrfach. Auch der „Centralvorstand der Oldenburgischen Landwirtschaftsgesellschaft" betonte den Nutzen durch den Kiebitz.

1896 ließ sich zum ersten Mal feststellen, daß auch andere Ursachen für den Vogelrückgang wahrgenommen wurden: *Trotzdem der Central-Vorstand der Ansicht ist, daß der Hauptgrund der Verminderung des Kiebitzes - wenigstens betreff unserer Landesteile - nicht allein in dem Ausnehmen der Eier zu suchen ist, sondern auch - oft zum größeren Teile - in anderen Momenten z.B. in der besseren Entwässerung des Landes und in der größeren Intensität der Bodenkultur, hat er doch die Meinung, daß eine gesetzliche Einschränkung des Eiersuchens in beträchtlichem Umfange stattgeben* [stattfinden d. V.] *muß (...)*[36])

---

33) Gesetz vom 31. März 1870. Gesetzblatt für das Herzogtum Oldenburg, 21. Band, Nr. 31.
34) StAO, Best. 136 Nr. 8630, Schreiben vom 6. Nov. 1893.
35) Ebd., Schreiben vom 27. Nov. 1893.
36) Ebd., Schreiben vom 31. Aug. 1896.

Ab 1906 forderte der Verband der Geflügelzuchtvereine immer dringender ein gänzliches Verbot des Kiebitzeiersuchens und nun auch ein totales Verbot des Krammetsvogelfanges[37].

Erst mit Wirkung ab 5. Mai 1914 wurden Jagd- und Vogelschutzgesetz geändert. Der Kiebitz war von nun an kein jagdbares Wild mehr, sondern ein nützlicher Vogel. Das Ausnehmen der Eier war jedoch nach dem geänderten Gesetz bis zum 10. April erlaubt. Im Vogelschutzgesetz wurde der Handel und Fang von Krammetsvögeln mit dieser Änderung ganz verboten. Dafür galten jetzt alle Drosseln als jagdbare Tiere[38].

Was den weiteren Schutz des Kiebitzes betraf, so bekamen die „Vogelschützer" unerwartet Hilfe von den Landwirten. Kaum waren die Gesetze geändert worden, richtete am 13. Mai die Landwirtschaftskammer[39] einen Antrag an das Großherzogliche Ministerium des Innern, das Suchen von Kiebitzeiern total zu verbieten. Die Landwirte hatten einen zunehmenden Befall ihrer Rinder und Schafe mit Leberegeln bemerkt: *Besonders leiden solche Tiere an der Seuche, welche auf niederen Weiden mit hohem Grundwasserstand geweidet sind. Auf solchen Weiden gerade hält sich der Kiebitz auf und vernichtet alljährlich eine große Anzahl von Larven des Leberegels. Nach Ansicht Sachverständiger dürfte als eine der Hauptbekämpfungsmaßnahmen der Leberegelseuche der Schutz der Sumpfvögel, insbesondere des Kiebitzes, anzusehen sein. Schon aus diesem Gesichtspunkt heraus müßte der Kiebitz sich eines weiteren Schutzes erfreuen*[40].

Die Art der Bodenbewirtschaftung wurde nicht in Frage gestellt, sondern es wurden die Eiersammler für den Rückgang verantwortlich gemacht. Einzelne Gemeinden versuchten sogar mit eigenen Verordnungen das Ausnehmen der Nester und den Handel mit Kiebitzeiern zu verbieten[41], was aber auch nicht zum Erfolg führte.

Das Gesetz betreffend den Schutz nützlicher Vögel wurde nicht mehr geändert, es wurde am 13. März 1920 aufgehoben. Im Gebiet des Großherzogtums Oldenburg, nunmehr Freistaat Oldenburg, galt von diesem Zeitpunkt an das Reichsvogelschutzgesetz vom 30. Mai 1908. Landesrechtliche Bestimmungen wurden von da an durch Polizeiverordnungen geregelt[42].

## Staatliche Maßnahmen außerhalb des gesetzlichen Rahmens. Das Experiment mit den von-Berlepschschen Nistkästen (1899-1908)

Auch außerhalb gesetzlicher Maßnahmen gab es Versuche, den Schutz der Vögel zu verbessern.

Zunächst sollten die Bürger des Herzogtums Oldenburg belehrt werden, in welche Kategorie die Vögel gehörten. Zu diesem Zweck schaffte das Staatsministerium, De-

---

37) Ebd., Schreiben vom 6. Nov. 1906.
38) Gesetzbl. für das Herzogtum Oldenburg, 31. Bd., Nr. 39 u. 40.
39) Die Oldenburgische Landwirtschaftsgesellschaft wurde im Januar 1900 in eine Landwirtschaftskammer übergeführt.
40) StAO, Best. 136 Nr. 8630, Schreiben vom 13. Mai 1914.
41) Ebd., Schreiben des Amtes Elsfleth vom 24. Apr. 1915.
42) Gesetzblatt für den Freistaat Oldenburg, 40. Bd., Nr. 73.

partement des Innern, schon in den Jahren 1892 bis 1894 das Werk „Deutschlands nützliche und schädliche Vögel" an. Aus Gründen der Sparsamkeit wurden nur drei Exemplare gekauft, von denen je eines an die Forstverwaltung und an die Landwirtschaftsschulen in Varel und Cloppenburg abgegeben wurde. Über Verwendung und Nutzen des Werkes ist nichts bekannt.

Im Jahre 1899 kam die ganze Angelegenheit etwas mehr in Schwung. Es begann damit, daß der „Deutsche Verein zum Schutze der Vogelwelt"[43]) durch seinen Vorstand sich erlaubte, *ein Exemplar des unserem Verein vom Verfasser überlassenen Werkes „Der gesamte Vogelschutz, seine Begründung und Durchführung von Hans Freiherr v. Berlepsch" (...) zur geneigten Einsichtnahme vorzulegen*[44]).

Die seit 1873 erfolgte Änderung der Naturwahrnehmung, und damit der Argumentation, kam in den gleich mitgesandten Besprechungen dieses Buches zum Ausdruck: *Die durch den Menschen verdorbene Natur muß durch den Menschen wieder korrigiert werden, und zwar kann den richtigen Weg hierzu nur die auf Beobachtung der lebendigen Natur beruhende Beobachtung zeigen. Nun können wir freilich unmöglich der Vögel halber die Erde rekonstruieren wollen; aber wir sind imstande, Ersatz für das zu schaffen, was die fortschreitende Kultur der Vogelwelt immer mehr raubt.*

Die Schrift des Freiherrn von Berlepsch[45]) muß das Denken und die Wahrnehmung vieler Menschen erstaunlich gut dargestellt haben. Jedenfalls traf sie bei den Beamten des oldenburgischen Staatsministeriums auf offene Ohren. Umgehend wurde ein „Versuch" mit den von-Berlepschschen Nistkästen gestartet. Aus den Mitteln des Landeskulturfonds[46]) wurde Geld zur Verfügung gestellt. Im Mai wurden 15 Exemplare der Broschüre ‚Der gesamte Vogelschutz', 75 Berlepschsche Nistkästen Größe A, 25 Nistkästen Größe B, 250 Nägel und 5 Schraubenschlüssel zum Befestigen der Kästen bestellt.

Die Verwaltung richtete sich nach den Vorgaben von Berlepschs. Sie plante sehr genau, wer die Schrift und die Nistkästen erhalten sollte. Die Schrift sollte über die Presse, durch Diskussion in Vereinssitzungen und durch Ausleihen verbreitet werden. Die Nistkästen sollten in *größeren Obstplantagen* und öffentlichen Anlagen angebracht werden, damit so *das Interesse des Publikums, insbesondere der Landwirte und Gartenbesitzer auf diese Art der Ausübung des Vogelschutzes gelenkt und die Anregung zu weiterer Anschaffung resp. Verfertigung von Nistkästen gegeben wird, eine Aufgabe, welche um so wichtiger erachtet werden muß, nachdem alte Bäume und dichte Gebüsche, die natürlichen Schlupfwinkel der nützlichen Insektenvertilger durch fortschreitende Kultur immer mehr beseitigt werden*[47]).

Es sollte Breitenwirkung erreicht werden. Der Landesobstgärtner Immel wurde mit

---

43) 1875 in Halle gegründet.
44) StAO, Best. 136 Nr. 8652, Schreiben vom 16. Apr. 1899.
45) Dr. phil. h.c. Hans Hermann Freiherr von Berlepsch (1843-1926), 1890-1896 preußischer Minister für Handel und Gewerbe und bedeutender Sozialreformer, betrieb seit 1876 auf seinen Besitzungen bei der Burg Seebach/Langensalza in Thüringen eine „Versuchs- und Musterstation für Vogelschutz". Er stand dem 1875 in Halle gegründeten „Deutschen Verein zum Schutze der Vogelwelt" nahe.
46) Der Landeskulturfonds war 1876 geschaffen worden. Seine hauptsächlichen Aufgaben waren die Förderung des Landesausbaues und die Ödlandkultivierung. Vgl. Lampe (wie Anm. 16), S. 730 u. 750.
47) StAO, Best. 136 Nr. 8652, Rundschreiben vom 26. Mai 1899.

der Verteilung der Kästen beauftragt. Im September 1899 wurden 100 Berlepschsche Nistkästen über das ganze Herzogtum verteilt. Die Empfänger erhielten genaue Anweisungen, wie die Kästen aufzuhängen seien, und wurden aufgefordert, über den Erfolg zu berichten.

Die meisten von ihnen bedankten sich für die Zusendung, vergaßen dann aber den Bericht. Nachdem im November 1901 nur Immel der Verpflichtung nachgekommen war[48]), wollte es die Verwaltung genauer wissen. Sie forderte von allen Empfängern der Nistkästen (...) *eine gefällige Benachrichtigung über die dortseits gemachten Erfahrungen mit den s.Z. übersandten von Berlepsch'schen Vogelnistkästen. Insbesondere sind Mitteilungen drüber erwünscht, welche Art der Vögel die Kästen bezogen haben, ob eine Änderung an der Konstruktion des Flugloches erforderlich erscheint und ob die Anbringung der Kästen bereits Nachahmung in der dortigen Gegend gefunden habe*[49]).

Die eingehenden Antworten zeugten von der Dienstbeflissenheit gegenüber der Behörde, machten aber auch viele Eigeninitiativen deutlich und schilderten Naturbeobachtungen.

Obwohl alle sich große Mühe gegeben hatten, konnte doch nicht verhehlt werden, daß die ganze Aktion mit den teuren von-Berlepschschen Nistkästen kein Erfolg gewesen war.

Man hatte die Größe der Fluglöcher, *da für Meisen zu groß, für Stare zu klein*, geändert; die vorgeschlagene Anbringungshöhe und die empfohlene Füllhöhe der Kästen mit Sägemehl waren variiert worden. Dennoch waren fast überall nur Spatzen in die Kästen eingezogen. Zudem waren die Kästen zu teuer. Und so neu war der Gedanke wohl auch nicht, denn immer wieder wurde berichtet, daß die Menschen wahrscheinlich schon vor der Aktion des Landeskulturfonds Nistkästen aufgehängt hatten. Dennoch glaubten alle, einen sinnvollen Versuch unternommen zu haben.

Die Verwaltung des Landeskulturfonds war ernüchtert. Sie gab eine Veröffentlichung „Über Erfahrungen mit den von Berlepschen Vogelnistkästen" heraus, die im Herzogtum verteilt wurde. In dieser Veröffentlichung fanden sich nun wunderbarerweise Erfolge für die Nistkastenaktion, was darauf schließen läßt, daß die „Autoritäten", welche die Kästen empfohlen hatten, nicht gekränkt werden sollten: *Seit einigen Jahren werden nun von vielen Seiten, besonders von Autoritäten, die Berlepschen Vogelnistkästen empfohlen. In ihrer Ausführung gleichen diese völlig einer Spechthöhle, wie solche von dieser Vogelart in der Natur selbst angefertigt werden, insbesondere besitzen sie äußerlich ein sehr natürliches von der Umgebung kaum zu unterscheidendes Aussehen, welches wohl hauptsächlich dazu beiträgt, daß diese künstlichen Nistgelegenheiten von vielen Vögeln gern und lieber angenommen werden, als die sonst gebräuchlichen teilweise in allen möglichen Gestalten und Farben hergestellten Nistkästen.*

Aber auch die Enttäuschung über den fehlgeschlagenen Versuch und die Kritik an den von Autoritäten so gelobten Kästen kam zum Ausdruck: *Über eine Verringerung der Insekten in den Gärten und im Bereiche der angebrachten Kästen liegen Beobachtungen nicht vor, wenigstens lassen die eingesandten Berichte hierüber nichts verlautbaren.*

Die Überlegung, daß die äußerst sparsam und nach dem Gießkannenprinzip über

---

48) Ebd., Bericht vom 19. Nov. 1901.
49) Ebd., Schreiben vom 27. Nov. 1901.

das gesamte Herzogtum verteilten einhundert Kästen das gewünschte Ergebnis, zudem nach nur zwei Brutperioden, gar nicht bringen konnten, wurde nicht angestellt.

Auch dem „Verein zum Schutze der Vogelwelt", von dem der Anstoß für die Aktion gekommen war, wurden mehrere Exemplare der Veröffentlichung geschickt. Man möge bitte *dieselben dem Erfinder u. dem Fabrikanten dieser Nistkästen ebenfalls zugänglich machen.* Der „Erfinder" dankte für die Information und schickte ein Vorabexemplar der Neuauflage seines Werkes zurück nach Oldenburg[50]). Der Landeskulturfonds bedankte sich nun seinerseits und teilte Herrn von Berlepsch mit, daß man mit Interesse seine neuen Vorschläge zur Kenntnis genommen habe: *Die in dem Werke angeführten Hinweise auf die Ausführung eines praktischen Vogelschutzes u. dgl. werden dem Vorstand d. L. K. Fonds Veranlassung geben, weitere Versuche und Beobachtungen in dieser Hinsicht durch ihre dazu berufenen Organe anzustellen und etwaige Erfolge und Erfahrungen Ew. Hochwohlgeboren zu gegebener Zeit zukommen zu lassen*[51]).

Allerdings unterblieben vorläufig die weiteren Versuche mit den Nistkästen. Auf weitere Anregungen, wie die, Vogelschutzgehölze anzulegen oder noch bestehende Hecken miteinander zu vernetzen, wurde gar nicht eingegangen.

Im Juli 1904 sandte der Reichskanzler eine „Anleitung zur Ausübung des Schutzes der heimischen Vogelwelt", ganz nach von-Berlepschschem Muster, an das Großherzoglich Oldenburgische Staatsministerium. Er wies alle *in Betracht kommenden Behörden und Institute* an, *ihren Einfluß zu Gunsten des Vogelschutzes geltend zu machen und in diesem Sinne auf die unterstellten Beamten und die sonst beteiligten Kreise einzuwirken (...)*[52])

Das Departement des Innern schickte die Schrift pflichtschuldigst an alle Ämter und Stadtmagistrate und ließ es dabei bewenden. Am 16. November 1905 mahnte der Reichskanzler eine Stellungnahme an. Es wurde ihm mitgeteilt, daß seine Anordnung und die Schrift weitergegeben worden seien[53]).

Erst 1907 trat der Landeskulturfonds wieder auf den Plan. Inspektor Glaß[54]), zuständig für Besiedlung und Kultivierung der im Staatsbesitz befindlichen Moore und Heiden, schaltete sich ein, nachdem Herr von Berlepsch Oldenburg einen Besuch abgestattet hatte: *Unter Bezugnahme auf den kürzlichen Vortrag des H. v. Berlepsch über Vogelschutz in Oldenburg möchte die Verteilung von Nisthöhlen vom Jahre 1900 wieder aufzunehmen sein (...) Abweichend jedoch von früher, wo die 75 Stück Meisenkästen über das Gesamte Herzogtum, von Blexen bis Damme verteilt und vereinzelt worden sind, schlage ich konzentrierte Stellen vor, u. zwar solche, wo wir selbst andauernd hinkommen u. Kontrolle ausüben können, auch müssen die Höhlen von uns selbst aufgestellt werden. Die Höhlen müssen sich Kolonat an Kolonat, vielleicht 2-3 Stück je nach der Größe der Bäume od. Gesamtanlagen, aneinanderreihen, um die Sache wertbarer zu machen (...) Die Beschaf-*

---

50) Ebd., Brief vom 9. Feb. 1903.
51) Ebd., Brief vom 19. März 1903.
52) Ebd., Schreiben vom 9. Juli 1904.
53) Ebd., Schreiben vom 27. Dez. 1905.
54) Robert Johannes Glaß (1867-1944), ab 1908 Oberinspektor und ab 1916 Landesökonomierat. Vgl. Bernd Mütter, in: Friedl/Günther/Günther-Arndt/Schmidt (wie Anm. 7), S. 238 f.

*fung soll dann sofort erfolgen u. möchte später nach Ermittlung günstiger Ergebnisse alljährlich fortzusetzen sein*[55]).

Glaß beantragte für diesen Zweck die Verfügung von Mitteln aus dem Landeskulturfonds. Die Gelder wurden bewilligt, und noch im gleichen Jahr wurden 170, ein Jahr später weitere 200 Nisthöhlen für Meisen in den staatlichen Kolonien *aufgestellt*. Auf die Mithilfe der Bevölkerung wurde diesmal verzichtet, was die Kosten ungemein steigerte[56]), weil auch die Abholung von den Bahnhöfen durch Fuhrunternehmer und der Tagelohn für die Anbringung der Kästen gezahlt werden mußten. Der Landeskulturfonds nahm die Angelegenheit sehr ernst. Eine Kontrolliste für die Aufhängung der Kästen wurde vorbereitet, die bis zum Jahre 1920 reichte. Eine *Ermittlung günstiger Ergebnisse* fand allerdings nicht mehr statt, und nach 1908 wurden staatlicherseits auch keine Nisthöhlen mehr aufgehängt.

Der Landeskulturfonds war auch diesmal wieder den leichteren Weg gegangen. Statt die weitergehenden Vorschläge v. Berlepschs aufzunehmen und bei der Kultivierung des Landes kleinere Gehölze stehenzulassen oder Einfriedungen mit lebenden Zäunen vorzunehmen, hatte man sich auf das Anbringen von Nistkästen beschränkt.

## Die Bürger übernehmen den Vogelschutz (1907-1911)

Der Besuch des Freiherrn von Berlepsch in Oldenburg hatte aber noch einen anderen Erfolg: *Ende März d.J. hat sich aus gewählten Vertretern mehrerer Vereine hier eine „Zentralstelle zur Förderung des Vogelschutzes im Herzogtum Oldenburg" gebildet, die sich zur Aufgabe stellt, zunächst in der Umgebung der Stadt, dann aber auch im ganzen Herzogtum Vogelschutzanlagen nach von Berlepsch-schem Muster selbst einzurichten und Gemeinden, Vereine und Grundbesitzer zu ihrer Anlage anzuregen. Mit beidem ist bereits der Anfang gemacht worden. Das erste Vogelschutzgehölz plant die Zentralstelle bei der Bodenburg in Eversten, wo schon fünfzig Nisthöhlen untergebracht sind*[57]).

Die Zentralstelle zur Förderung des Vogelschutzes im Herzogtum Oldenburg bat mit diesem Brief sowohl das Staatsministerium, Departement des Innern, als auch den Landeskulturfonds um finanzielle Unterstützung seiner Vorhaben.

Es läßt sich nicht feststellen, welche Vereine an der Gründung beteiligt waren. Weil Beiträge zunächst vom „Landesverein für Naturkunde", vom „Verein für Geflügelzucht und Vogelschutz", vom „Tierschutzverein Oldenburg", vom „Bienenwirtschaftlichen Zentralverein" und vom „Obst- und Gartenbauverein Oldenburg" kamen, kann man annehmen, daß sich die Zentralstelle aus Vertretern dieser Vereine zusammensetzte.

Zuschüsse flossen in den ersten zwei Jahren auch von der Landwirtschaftskammer, vom Amtsverband des Amts Oldenburg und von der Spar- und Leihbank in Oldenburg.

---

55) StAO, Best. 136 Nr. 8652, Schreiben vom 4. März 1907.
56) Die Kästen kosteten 55 Pf. pro Stück, die zusätzlichen Kosten beliefen sich auf ca. 30 Pf. pro Kasten.
57) StAO, Best. 136 Nr. 8652, Gesuch vom 21. Mai 1907.

Aus den Mitteln des Landeskulturfonds bewilligte das Departement des Innern im Jahre 1907, als auch eigene Maßnahmen durchgeführt wurden, einmalig 150 Mark. Einer Bitte des Vorstandes der Zentralstelle aus dem Jahre 1908, eine *jährliche laufende Beihilfe von mindestens 100 M zu gewähren*[58]), kamen die Behörden nicht nach. Die Unterstützungen von seiten des Landeskulturfonds wurden nur nach vorherigem Antrag und genauer Abrechnung bewilligt. Sie beliefen sich von 1909 bis 1911 auf je 60 Mark. Verglichen mit den Kosten, die der Landeskulturfonds für die Anbringung der Nistkästen aufgewendet hatte, war der Zuschuß gering. Der Landeskulturfonds stellte, ganz im Gegenteil, seine eigenen Vogelschutzmaßnahmen ein und überließ nicht nur die finanzielle Seite der Maßnahmen weitgehend der Zentralstelle.

Diese hängte nicht nur Nistkästen auf. Sie versuchte Schutzgehölze anzupflanzen, Futterplätze für den Winter einzurichten, schaffte Broschüren und Lichtbilder an und sorgte dafür, daß Vorträge gehalten wurden. Es gelang ihr allerdings nicht, ihren Einfluß über den engeren Raum Oldenburgs auszudehnen, was nach ihrer Meinung an den finanziellen Rahmenbedingungen lag.

Leider stellten auch die Vereine ihre Beitragszahlungen ziemlich bald ein. 1910 zahlte nur der „Naturwissenschaftliche Verein" in Oldenburg 50 Mark und bis zum Juni 1911 der „Verein für Geflügelzucht und Vogelschutz" 30 Mark. 1910 erhielt die Zentralstelle zusätzlich zu den 60 aus dem Landeskulturfonds nur noch von der Amtsverbandskasse des Amtes Oldenburg 100 Mark. Die Mittel schienen tatsächlich knapp: *Unsere beschränkten Mittel haben uns nicht gestattet, eine zweite Vogelschutzanlage in Angriff zu nehmen. Doch ist es unserem Vorstandsmitgliede Lehrer Becker in Varel gelungen, dort Mittel für die Anbringung von Nisthöhlen in und bei der Stadt flüssig zu machen*[59]).

Damit sie auch künftig in der Lage sei, *die Anlagen planmäßig weiter zu führen und, wenn irgend möglich, neue zu schaffen,* bat die Zentralstelle auch 1911 wieder um einen Zuschuß bei der Verwaltung des Landeskulturfonds.

Wie sie ihre weitere Arbeit gestaltete, ist den Akten nicht mehr zu entnehmen, auch nicht, ob sie mit dem „Deutschen Verein zum Schutze der Vogelwelt"[60]) enger verbunden war.

1909 richtete dieser Verein noch einmal ein Schreiben an das Großherzoglich Oldenburgische Innenministerium. Er wurde mit einer Bitte vorstellig: *Auch in Oldenburg besteht eine unbewohnte Insel, die sich zur Anlegung einer Vogelkolonie besonders eignen dürfte. Es ist dies das Mellum-Eiland, auf dem nach den Feststellungen der Herren Schütte*[61]) *und Sartorius eine größere Anzahl Vogelarten brüten. Es ist uns wohl bekannt, daß das Großherzogliche Ministerium bereits Schritte getan hat, um einen ausgiebigen Schutz der auf dem Mellum-Eiland brütenden Vögel zu erreichen. Gleichwohl geschieht es nach den Mitteilungen des Herrn Schütte noch alljährlich, daß zu Pfingsten die Horumer-*

---

58) Ebd., Antrag vom 10. Nov. 1908.
59) Ebd., Antrag vom 31. Mai 1911.
60) Der 1899 geschaffene „Deutsche Bund für Vogelschutz" ist im Großherzogtum Oldenburg bis 1911 vermutlich ohne größeren Einfluß geblieben. Der „Deutsche Verein zum Schutze der Vogelwelt" hingegen hat sich bis 1909 mehrfach an das Großherzogliche Innenministerium gewandt.
61) Gemeint ist evtl. Lehrer Schütte aus Oldenburg, der Vorsitzende der „Zentralstelle".

*sieler Boots-Ausflügler das Mellum-Eiland besuchen und dort dem leidigen, gewohnheitsmäßigen Eiersammeln obliegen (...) das Ministerium möge das Mellum-Eiland als Vogelfreistätte erklären und das Betreten nur gegen von Fall zu Fall zu erteilende Erlaubnisscheine gestatten*[62]).

Nach diesem Zeitpunkt trat der Verein im Herzogtum Oldenburg nicht mehr in Erscheinung.

Seit 1909 existierte in Oldenburg eine Ortsgruppe des „Bundes für Vogelschutz (BfV)" mit 18 Mitgliedern. In Varel bestand ab 1912 ebenfalls eine Ortsgruppe mit 14 Mitgliedern. Leiter dieser Gruppe war der bereits oben erwähnte Lehrer Becker[63]).

1921 trat zum ersten Mal der „Bund für Vogelschutz, Landesgruppe Oldenburg" auf. Die Landesgruppe beantragte *einen einmaligen Beitrag von 1000 Mk oder alljährlich einen Betrag von 500 Mk* beim Ministerium des Innern als *Beihülfe für Vogelschutzbestrebungen*:

*Zur Erfüllung dieser Aufgaben ist bereits im Jahre 1907 die Vogelschutz-Zentrale für das Herzogtum Oldenburg gegründet worden, aus der vor 2 Jahren die Landesgruppe des über ganz Deutschland verbreiteten und heute 41.800 Mitglieder zählenden ‚Bundes für Vogelschutz' hervorgegangen ist.*

*An praktischer Arbeit ist bisher von der Zentrale bezw. der Landesgruppe geleistet worden:*

*1) Anpflanzungen eines Vogelschutzgehölzes für Freibrüter auf den Gründen der Bodenburg b/Eversten im Jahre 1908;*

*2) Beschaffung von etwa 500 Nisthöhlen, die teils an öffentlichen Plätzen, in Anlagen usw. aufgehängt, teils zum Selbstkostenpreis an Mitglieder abgegeben worden sind;*

*3) Drucklegung von 75 Fragelisten zur Erforschung der heimatlichen Vogelwelt mit kolorierten Federzeichnungen von selteneren Vögeln mit einem Kostenaufwand von über 600 M;*

*4) Gewährung von Prämien für Eulenbruten im ganzen Lande;*

*5) Erhaltung und Überwachung der Vogelbrutstätte Mellum in Verbindung mit der Ortsgruppe Kiel des Bundes für Vogelschutz.*

In den Akten des Staatsarchivs Oldenburg lassen sich von 1911 bis 1921 keine Aktivitäten der „Zentralstelle" nachweisen. Dennoch dürfte eine kontinuierliche Arbeit stattgefunden haben. Der Vorsitzende der Landesgruppe des BfV, Lehrer H. Schütte aus Oldenburg, und der Kassierer, Herr Fr. Oldewage aus Eversten, hatten diese Ämter auch schon, von Beginn an, in der „Zentralstelle" ausgeübt.

## Für Vaterland und Vogelschutz (1914-1918) - ein Nachtrag

Die Auseinandersetzungen über den Vogelschutz waren überwiegend von Vorstellungen des „Nutzens" der Vögel bestimmt. Ästhetische Vorstellungen waren bei Änderungen des Gesetzes nicht maßgeblich. Ökologische Zusammenhänge wurden erst spät wahrgenommen und traten immer zurück, wenn ökonomische Forderun-

---

62) StAO, Best. 136 Nr. 8652, Schreiben vom 25./26. August 1909.

63) Zu Becker: ebd., Antrag und Abrechnung vom 31. Mai 1911, bzgl. d. Ortsgruppen: Horst Hanemann/Jürgen Simon, Bund für Vogelschutz. Die Chronik eines Naturschutzverbandes von 1899-1984 (Schriftenreihe Verbände der BRD, Bd. 25), Wiesbaden 1987, S. 155-201.

gen als stärker erachtet wurden. Selbst die Vereine, die sich um den Schutz der „heimischen Vogelwelt" bemüht hatten, unterlagen weitgehend diesem Denken.
Deutlich wurde das besonders während des 1. Weltkrieges: *Seit Jahren haben sich die Vogelschutzvereine der Seevögel angenommen und Vogelfreistätten gegründet, wo die Vögel ungestört brüten können. (...) Andere Zeiten erfordern andere Maßnahmen! In der schweren Zeit, wo jedermann bestrebt ist, sein möglichstes zur Streckung der vorhandenen Nahrungsmittelvorräte beizutragen, hat sich der genannte Verein entschlossen, die große Kolonie Langeoog mit ungefähr 12000 Paaren in den Dienst des Vaterlandes zu stellen. Von sachkundiger Hand werden den Silbermöwen einige Eier weggenommen. Eine Schädigung des Vogelbestandes ist nicht zu befürchten (...)*[64])
Im Großherzogtum Oldenburg wies 1916 der Verband der Obst- und Gartenbauvereine auf die Schäden durch Stare und Schwarzdrosseln hin. Dieser Verband[65]) hatte sich rege an den Bemühungen um den Schutz der Singvögel beteiligt. Wegen der *großen Bedeutung der heimischen Obst- und Beerenfrüchte in der augenblicklichen Kriegszeit für die Volksernährung* forderte er nun die *energische Bekämpfung* der Vögel. Daraufhin wurde die Genehmigung zum Abschuß der Schwarzdrosseln ganzjährig erteilt[66]), während den Staren der „größere" Nutzen zugute gehalten wurde.
Auf Grund einer Verordnung des Staatssekretärs des Kriegsernährungsamtes wurde in den Jahren 1916 bis 1918 der Drosselfang mit Dohnen in der Zeit vom 21. September bis zum 31. Dezember auch im Großherzogtum Oldenburg wieder erlaubt[67]).
Die patriotische Haltung der Vereine drückte sich darin aus, daß „Vogelfreistätten" *in den Dienst des Vaterlandes* gestellt und neue Bedingungen zur Verbesserung der Volksernährung widerspruchslos akzeptiert wurden. Daß damit der Sinn langjähriger Anstrengungen für den Schutz der Vögel fragwürdig wurde, erkannte man nicht. Gleichzeitig wurde aber versucht, den Vogelschutzgedanken nicht gänzlich aus den Augen zu verlieren.
Gemeinsam wandten sich der „Tierschutz-Verein Bremen", der „Verein für niedersächsisches Volkstum, e.V., Bremen" und die „Gesellschaft zum Schutze einheimischer Vögel" an das Großherzogliche Ministerium des Innern[68]). Sie baten, *dafür Sorge zu tragen, daß diejenigen Gebiete, welche jetzt von Kriegsgefangenen meliorisiert werden, nicht wie leider üblich nur mit Stacheldraht, sondern mit lebenden Hecken umpflanzt werden (...) Solche lebenden Hecken geben nicht nur der Landschaft ein schöneres frischeres und abwechslungsreicheres Aussehen, sondern sie haben auch den großen Vorzug, daß unsere Singvögel dort Nistgelegenheiten finden. Diese wiederum sind nicht nur für die Belebung unseres Vaterlandes, sondern was uns noch wichtiger erscheint, als Mitarbeiter der Landwirte durch Vertilgung von Raupen, Käfern und anderem Ungeziefer überaus wertvoll*

---

64) „Weitere Hilfstätigkeit. Sorge des Internationalen Bundes für Vogelschutz für unsere Feldgrauen.", in: Norddeutsche Allgemeine Zeitung vom 14.5.1915, Staatsarchiv Hamburg, Zeitungsausschnittsammlung A838, Vogelschutz.
65) Vorsitzender des Verbandes war der Landesobstgärtner Immel.
66) StAO, Bestand 136 Nr. 8631, Verfügung des Ministeriums des Innern vom 29. Mai 1916.
67) Ebd., Verordnung vom 30. Juli 1916.
68) Ebd., Antrag vom Sommer 1916.

*(...) Solange wir Kriegsgefangene haben*[69]*), sind die Arbeitskräfte für diesen Zweck zu außerordentlich billigem Preise zu haben, so daß eine Unterstützung aus den Hilfsmitteln des Staats vielleicht nirgend vonnöten ist.*
Die Akte gibt keine Auskunft darüber, ob der Bitte entsprochen wurde.

## Schlußbemerkung

Ob der „Bund Heimatschutz" zu Recht generell als „die erste Umweltschutzbewegung in der deutschen Geschichte"[70]) bezeichnet werden kann, erscheint fraglich. Zumindest im Großherzogtum Oldenburg, einem wirtschaftlich und industriell „rückständigen" Gebiet, entstanden bereits früher erste Umweltschutzversuche im Zusammenhang mit den Bemühungen um den Schutz der Vögel. Hierfür wurden schon vor 1904 Vereine gegründet, und es fand eine überregionale Zusammenarbeit statt.

---

69) Ab 1915 entstanden im Oldenburgischen Kriegsgefangenenlager, in denen mehrere Tausend Kriegsgefangene untergebracht waren. Sie wurden vom Landeskulturfonds überwiegend zu Torfgewinnungs- und Kultivierungsarbeiten eingesetzt. Vgl. Albrecht Eckhardt, Der konstitutionelle Staat (1848-1918), in: Eckhardt/Schmidt (wie Anm. 4), S. 333-402, hier 381.
70) Baumgarten (s. Anm. 2), S. 1.

Udo Schulze

# Johannes Wien und Herbert Goltzen - zwei Ostpfarrer in Oldenburg

Am Fest Christi Himmelfahrt, dem 30. Mai 1946, wurden die beiden Pastoren Johannes Arthur Wien (1882-1966) und Herbert Julius Arthur Goltzen (1904-1979) durch Bischof Dr. Wilhelm Stählin (1883-1975) als Pfarrer der Kirchengemeinde Oldenburg in der Lambertikirche eingeführt[1]). Nach Gerhard Päschke (1897-1996), der bereits am 18. November 1945 in Varel eingeführt worden war[2]), waren Wien und Goltzen die beiden ersten Ostpfarrer, die fest von der Evangelisch-Lutherischen Kirche in Oldenburg übernommen wurden. Beide kamen aus der Evangelischen Kirche der Altpreußischen Union, beide hatten schon vor 1945 in ihrer Heimatkirche an verantwortlicher Stelle gestanden, beide sollten nach 1946 für die Kirchengemeinde Oldenburg bedeutsam werden. Deshalb ist es lohnenswert, ihren Lebensweg noch einmal nachzuzeichnen.

## 1. Johannes Arthur Wien in Ostpreußen bis 1945

Johannes Wien wurde am 5. Mai 1882 in Königsberg als Sohn eines wissenschaftlichen Lehrers geboren[3]). Dort bestand er im Jahr 1900 das Abitur und studierte an der Albrechts-Universität von 1900-1903 evangelische Theologie. Die Erste theologische Prüfung bestand er am 2. Oktober 1903. Im Anschluß an die Kandidatenzeit und die Zweite theologische Prüfung, die er am 26. September 1905 ablegte, leistete er als Einjährig-Freiwilliger seinen Militärdienst. Am 7. Oktober 1906 wurde er ordiniert. Anschließend war er von 1906-1909 Hilfsprediger in Allenstein. In dieser Zeit heiratete er am 13. Mai 1907 Anna-Luise Passenheim (1882-1953).
Zum 1. November 1909 wurde er als Hilfsprediger an die Altstädtische Kirchenge-

---

1) Gesetz- und Verordnungsblatt für die evangelisch-lutherische Kirche in Oldenburg, Teil I (zukünftig: GVBl) 13. Bd. 1945-51, S. 43. - Der Verfasser dieses Aufsatzes hat beide gut gekannt. Er war Konfirmand, Kindergottesdiensthelfer und Mitglied im Schülerbibelkreis bei Johannes Wien. Herbert Goltzen war er durch die Mitgliedschaft in der Evangelischen Michaelsbruderschaft verbunden.
2) GVBl, 13. Bd., S. 16.
3) Archiv des Ev.-luth. Oberkirchenrats Oldenburg (zukünftig: A. OKR Ol) B XXIXa-489, Anlage zu Nr. 29.

---

Anschrift des Verfassers: Dr. theol. Udo Schulze, Pfarrer, Karl-Jaspers-Str. 1, 26655 Westerstede.

meinde in Königsberg versetzt und dort am 22. Juli 1911 als 3. Pfarrer eingeführt[4]). Im Jahr 1925 wurde der 3. Pfarrbezirk von der Altstädtischen Kirche abgetrennt und als Kreuzkirchengemeinde selbständig[5]). Johannes Wien wurde einziger Pfarrer dieser Gemeinde, zu der 10000 Gemeindeglieder gehörten[6]). Zur Seite stand ihm allerdings von Anfang an als Gemeindehelferin Ottilie Weske (geb. 1900). In den kommenden Jahren *voll Schwierigkeiten und manchen Enttäuschungen* konnte zunächst noch nicht mit dem Kirchbau begonnen werden. Er erfolgte in den Jahren 1930-1933. Am 7. Mai 1933 wurde die neue Kirche geweiht[7]). Der Name der Kirche war schon von weitem kenntlich durch ein großes weißes Kreuz in der doppeltürmigen Eingangsfassade[8]).

Johannes Wien war nach vielen Berichten in diesen Jahren ein äußerst fleißiger und beliebter Gemeindepfarrer. Seine Predigten, die streng biblisch ausgerichtet waren, wurden gern gehört. Mit Hausbesuchen - besonders bei älteren Gemeindegliedern - war er unermüdlich und als Seelsorger geschätzt[9]). Kindergottesdienst und Konfirmandenunterricht waren für ihn wesentliche Aufgaben seiner pastoralen Tätigkeit. Immer sammelte er auch einen Jungen- und einen Mädchenkreis aus ehemaligen Konfirmanden, die den Schüler- bzw. Mädchenbibelkreisen angeschlossen waren. Durch diese Arbeit kam Wien in Berührung mit der Singbewegung, die nach 1920 in der evangelischen Jugendbewegung entstanden war[10]). Das damals wiederentdeckte Kirchenlied der Reformationszeit wurde auch von Wien geschätzt und gepflegt. Doch für ihn bedeutete das keinen Bruch mit dem geistlichen Volkslied des

---

4) Das evangelische Deutschland, 9. Jg., Leipzig 1913, Sp. 396.
5) Iselin Gundermann, Bilder ostpreußischer Kirchen (Walther Hubatsch, Geschichte der evangelischen Kirche Ostpreußens, Bd. 2), Göttingen 1968, S. 48.
6) Die ostpreußischen evangelischen Kirchenbehörden und Pfarrgemeinden nach dem Stand vom 1. Juni 1926 (Nachdruck in: Walther Hubatsch, Geschichte der evangelischen Kirche Ostpreußens, Bd. 3, Göttingen 1968), S. 461. Ähnliche Gemeindegrößen gab es auch sonst in Königsberg: Die Luisengemeinde hatte 1925 bei drei Pfarrern 30000 Gemeindeglieder. Sie wuchs bis 1936 noch auf 48000, so daß 1938 eine 4. Pfarrstelle errichtet wurde. Haberberg hatte bei 3 Pfarrern 34000, Altroßgarten bei 3 Pfarrern 30100, Friedenskirche und Maraunenhof bei jeweils einem Pfarrer 12000 Gemeindeglieder (vgl. auch: Deutsches Kirchliches Adreßbuch, Berlin 1937³, Sp. 6 f.).
7) Gundermann (s. Anm. 5), S. 48. Johannes Wien, Die Kirche der Heimat, in: Oldenburger Sonntagsblatt 1950, Nr. 31.
8) Gundermann (s. Anm. 5), Abb. 123. Ein Abendmahlskelch aus der Kreuzkirche, der vom Jungmädchenkreis der Kreuzkirchengemeinde gestiftet war, wurde 1974 dem ev.-luth. Gemeindezentrum Rostrup, Kirchengemeinde Zwischenahn, geschenkt und ist dort in Gebrauch (Wolfgang Runge, Kirchen im Oldenburger Land, Bd. 2, Oldenburg 1985, S. 162).
9) Hugo Linck, Der Kirchenkampf in Ostpreußen, München 1968, S. 80.
10) Die Schülerbibelkreise (anfangs „Bibelkränzchen") waren 1883 entstanden und öffneten sich nach dem 1. Weltkrieg der evangelischen Jugendbewegung, in deren Mitte die kirchliche Singbewegung entstand, die vor allem auf das Liedgut der Reformationszeit zurückgriff (Wilhelm Loew, Bibelarbeit, in: Die Religion in Geschichte und Gegenwart, 3. A., 1. Bd., Tübingen 1957, Sp. 1155; Andreas Meier, Hermann Ehlers, Bonn 1991, S. 2). Die Leitung der Bibelkreise in Königsberg hatte damals der Pfarrer an der reformierten Burgkirche Karl Weder, der später zusammen mit Wien ins Konsistorium berufen wurde. Es gab in den Bibelkreisen um 1925 eine Diskussion um den Namen, bei der auch Unterschiede in Theologie und Frömmigkeit wichtig waren. Auf einen Vorschlag aus Marburg, sich „Neuprotestantischer Kreis" zu nennen, findet sich in der Reaktion eines Königsberger Jungen der Satz: *Was das Schlimmste bei allem ist, es ist wahrscheinlich der Ausfluß dieser koddrigen neuprotestantischen Ideen, wie sie Marburg beherrschen.* Dieser Einspruch gegen den theologischen Liberalismus hätte - mit etwas kultivierterer Sprache - auch von Wien kommen können (Dokumente Evangelischer Jugendbünde, hrsg. von Udo Smidt, Stuttgart 1975, S. 23).

19. Jahrhunderts, wie er etwa mit dem Hinweis auf das Lied *Harre, meine Seele* noch in den Oldenburger Jahren betonen konnte. Besonderen Kontakt hielt er zu der im 19. Jahrhundert entstandenen und in Ostpreußen recht einflußreichen Gemeinschaftsbewegung[11]. Mit dieser hatte er über die Evangelische Allianz auch Verbindung zu den verschiedenen evangelischen Freikirchen wie Baptisten, die in Königsberg recht zahlreich waren[12], Methodisten und Heilsarmee.

Auch in Ostpreußen begann 1933 die Auseinandersetzung mit den Deutschen Christen - immerhin war der spätere Reichsbischof Ludwig Müller (1883-1945) von 1926 bis 1933 Wehrkreispfarrer in Königsberg gewesen. Aber es ging vieles *langsamer als im „Reich"*[13]. Am 24. Juni 1933 wurde kurz vor seiner ordnungsgemäßen Pensionierung der Generalsuperintendent Paul Gennrich (1865-1946) durch einen Dreierausschuß, der im Zuge der deutschchristlichen Umgestaltung der Ev. Kirche der Altpreußischen Union für Ostpreußen gebildet worden war, plötzlich abgesetzt[14]. An seiner Stelle wurde Fritz Kessel zum Bischof ernannt[15]. Kessel war engagierter Deutscher Christ, der versuchte, sich theologisch und kirchenpolitisch durchzusetzen. Nach ersten Auseinandersetzungen mit ihm und vor allem nach einigen Amtsenthebungen kommt es im November 1933 zur Bildung eines Pfarrernotbundes Ostpreußen, der aber nicht die Verpflichtungserklärung des von Berlin aus gegründeten Pfarrernotbundes übernimmt und deshalb von diesem nicht als regionale Gruppe aufgenommen wird[16]. So gibt sich der ostpreußische Bund zunächst den Namen „Kirchliche Arbeitsgemeinschaft Ostpreußen"[17].

1933/34 kommt es zu mehreren Willkürmaßnahmen des Bischofs. Dazu gehören im Einvernehmen mit der Leitung der Reichskirche die Umwandlung des Predigerseminars in Klein Neuhof bei Rastenburg zum „Reichsbischöflichen Versuchsseminar" und vor allem im Februar 1934 die Neubesetzung der Königsberger Stadtsuperintendentur mit Martin Friczewski (1897-1975), einem überzeugten Deutschen Christen[18]. Auch die theologischen Äußerungen des Bischofs stoßen immer stärker auf Widerspruch in Gemeinden und Pfarrerschaft. Wien hat noch später in Oldenburg wiederholt von seinen persönlichen Auseinandersetzungen mit Kessel gesprochen, die sich auf dessen schriftwidrige Äußerungen und Maßnahmen bezogen.

In dieser Situation ruft die Kirchliche Arbeitsgemeinschaft für den 13. September 1934 zu einer Kundgebung auf, die im großen Saal des Hauses der Christlichen Gemeinschaft „Bethlehem" stattfindet[19]. Johannes Wien, der zu diesem Zeitpunkt

---

11) Zur Gemeinschaftsbewegung in Ostpreußen s. Walther Hubatsch, Geschichte der Evangelischen Kirche Ostpreußens, Bd. 1, Göttingen 1968, S. 306-314.
12) Ebd., S. 303.
13) Manfred Koschorke, Geschichte der Bekennenden Kirche in Ostpreußen 1933-1945, Göttingen 1976, S. 93 u. 98.
14) Linck (s. Anm. 9), S. 31 f.
15) Wilhelm Lenkitsch, Die Vorgeschichte des Kirchenkampfes in Ostpreußen, in: Koschorke (s. Anm. 13), S. 53. Kessel wurde 1887 in Oberschlesien geboren. Sein Todesjahr konnte nicht festgestellt werden. In der Literatur finden sich für den Namen die Schreibweisen Keßel (Hubatsch; Koschorke) und Kessel (Linck; Meier; Scholder; Junge Kirche; Otto Fischer, Ev. Pfarrbuch für die Mark Brandenburg, Berlin 1941).
16) Linck (s. Anm. 9), S. 52-56. Koschorke (s. Anm. 13), S. 105 f.
17) Koschorke (s. Anm. 13), S. 106.
18) Linck (s. Anm. 9), S. 63-68. Koschorke (s. Anm. 13), S. 119-121.
19) Linck (s. Anm. 9), S. 78. Koschorke (s. Anm. 13), S. 129-131.

einer der führenden Repräsentanten der sich bildenden Bekennenden Kirche in Königsberg ist, hält die Predigt über Psalm 77,14-16. Die Versammlung findet wenige Monate nach der 1. Bekenntnissynode der Deutschen Evangelischen Kirche in Barmen (29.-31. Mai 1934) statt. Doch in ihren Entschließungen nimmt sie überhaupt keinen Bezug auf die Theologische Erklärung von Barmen. Man dankt vielmehr (anwesenden?) *Vertretern der Ev.-Luth. Kirche in Bayern und Württemberg* und *weiß sich im Glauben verbunden mit der Bekenntnisgemeinschaft der Lutheraner Hannovers*[20]). Nicht erwähnt werden die bekennenden Gemeinden Altpreußens. Hier zeigt sich eine gemäßigte Linie der Bekennenden Kirche, die loyal zum Staat stehen möchte. Das klingt auch an in Sätzen aus Wiens Predigt, in der er Beziehungen herstellt von der Erlösungstat Gottes am Volk Israel zum Jahr 1933. Weiter kann er sagen: *Ein schlechter Christ, der nicht freudig dem Ruf unseres Führers folgte, alles einzusetzen für sein Volk.* Ziel ist allerdings: *Erweckung und Revolution vieler zum lebendigen Christusglauben ..., aber dazu sind die Nurkritiker ebenso wenig zu brauchen wie Saboteure am Werk unseres Führers*[21]). Mit solchen Äußerungen steht Wien in der werdenden Bekennenden Kirche nicht allein. Die Hoffnung auf einen - vielleicht gar christlichen - Neuanfang war recht verbreitet. Die Demokratie der Weimarer Republik hatte unter den Theologieprofessoren und in der Pfarrerschaft nur wenige Anhänger.

Aber trotzdem ist die Kritik an der *Verwüstung* des gegenwärtigen *kirchlichen Lebens* und an der *rechtswidrig* gebildeten Nationalsynode unüberhörbar und das entscheidende Ergebnis der Versammlung[22]). Damit verbindet sich die Aussage, *daß Kirche nur durch das Wort gebaut wird.* Es handelt sich vor allem um Kritik an Bischof Kessel sowie an seiner im Sinne der Versammelten zerstörerischen Tätigkeit, (noch) nicht Kritik an der Führung des Staates. Dabei muß man wohl fragen, ob in Königsberg das Einwirken Hitlers und der Politik auf die Bildung der Nationalsynode nicht bekannt war. Zwei Tage vor der Wahl zu dieser Synode hatte am 21. Juli 1933 Adolf Hitler in einer Rundfunkrede eindeutig für die Deutschen Christen Partei ergriffen[23]). Im Anschluß an die Versammlung wird ein vorläufiger Arbeitsring der Kirchlichen Arbeitsgemeinschaft gebildet. Ihm gehört Johannes Wien an[24]).

Schneller als im September erwartet kommt es in Ostpreußen zu härteren Auseinandersetzungen zwischen der Kirchlichen Arbeitsgemeinschaft einerseits und dem Bischof und dem Konsistorium andererseits. Im Oktober 1934 beginnt das Konsistorium mit Gehaltskürzungen für einzelne Pfarrer, Entbindungen vom Superintendentenamt und weiteren disziplinarischen Maßnahmen[25]). Die evangelische Kirche in Ostpreußen wird zur „zerstörten Kirche". Es werden jetzt auch zwei Vertreter zur 2. Bekenntnissynode der Deutschen Evangelischen Kirche (DEK) vom 19. bis 20. Oktober 1934 nach Berlin-Dahlem entsandt. Eine unmittelbare Folge dieser Synode ist die Umwandlung der Kirchlichen Arbeitsgemeinschaft in eine *Freie Evangelische Bekenntnissynode* am 29. Oktober [26]). Pfarrer Theodor Kuessner (1896-1984) aus Lötzen

---

20) Koschorke (s. Anm. 13), S. 133.
21) Ebd.
22) Linck (s. Anm. 9), S. 79.
23) Klaus Scholder, Die Kirchen und das Dritte Reich, Bd. 1, Frankfurt/Berlin/Wien 1980, S. 560-562.
24) Kurt Meier, Der evangelische Kirchenkampf, Bd. 1, Halle 1976, S. 290.
25) Koschorke (s. Anm. 13), S. 136.
26) Ebd., S. 138.

wird ihr Präses[27]). Die Bekenntnissynode bildet einen *Bruderrat*, in dem Johannes Wien von Anfang an mitarbeitet[28]).
In der Kreuzkirche, die tausend Plätze umfaßt, versammelt sich von nun an regelmäßig eine große *Bekenntnisgemeinde*[29]). Zu ihr halten sich auch die überwiegend zur Bekennenden Kirche gehörenden Studenten der Theologie, die Wien als Prediger schätzen[30]). Als zerstörte Kirche im Sinne der Dahlemer Synode nimmt der Bruderrat auch die Prüfungen der Theologen in eigene Hände. Neben anderen wird Wien zum Mitglied der Prüfungskommission berufen[31]).
Vom 26. bis 28. November 1934 veranstaltet die Bekennende Kirche Ostpreußens in Königsberg einen großen Kirchentag, für den durch den Oberpräsidenten und Gauleiter Erich Koch (1896-1986), der damals Präses der ostpreußischen Provinzialsynode ist - unter NS-Gauleitern wohl einzigartig -, die Benutzung der Stadthalle genehmigt wird. Die Referenten und Arbeitsgruppenleiter kommen aus vielen Teilen des Deutschen Reiches. Aber unter den wenigen verantwortlichen Mitarbeitern aus Ostpreußen selbst befindet sich Johannes Wien. Er ist beteiligt an der Leitung der Arbeitsgruppe für Volksmission und Gemeindeaufbau[32]). Damit kann er im Rahmen der Bekennenden Kirche sein volksmissionarisches Engagement, das ihn auch sonst in seiner Pfarramtsführung bestimmt hat, einbringen.
Der Reichsregierung lag seit dem Jahr 1935 daran, die Situation in der evangelischen Kirche zu *befrieden*. Deshalb erläßt der neuberufene Reichskirchenminister Hanns Kerrl (1887-1941) am 3. Oktober 1935 eine Verordnung zur *Sicherung der Deutschen Evangelischen Kirche*[33]). Die Verordnung sieht die Errichtung eines Reichskirchenausschusses, eines preußischen Landeskirchenausschusses und von Provinzialkirchenausschüssen vor. Diesen Ausschüssen wird staatlicherseits die Kirchenleitung übertragen. Damit werden zwar die DC-Kirchenleitungen entmachtet, aber auch die Bruderräte sollen ausgeschaltet werden. Die Bekennende Kirche reagiert auf die Bildung der Ausschüsse unterschiedlich. Die Stellungnahmen des Reichsbruderrates und des altpreußischen Landesbruderrates lehnen die Mitarbeit ab[34]).
Es gibt in der Bekennenden Kirche jedoch auch Vertreter, die sich einer Mitarbeit in den Kirchenausschüssen nicht verschließen wollen. Zu ihnen gehört der Ostpreuße Theodor Kuessner, Präses der ostpreußischen Bekenntnissynode, Mitglied des Reichsbruderrats und des Altpreußischen Bruderrats[35]). Er akzeptiert die Entscheidung des Staates als *vorübergehende Notmaßnahme* und nimmt die Berufung in den

---

27) Ebd., S. 140.
28) Ebd.
29) Wien (s. Anm. 7).
30) Auskunft von Helmut Kiausch (1912-1989). Der Ostpreuße Kiausch studierte 1934/35 in Königsberg. Seine 1. Prüfung legte er in Königsberg vor der Prüfungskommission der Bekennenden Kirche ab. Nach dem 2. Weltkrieg war er zunächst ab Dez. 1945 Ostpfarrer mit Beschäftigungsauftrag, ab Jan. 1948 Pfarrer in Burhave, später in Westerstede und nebenamtliches Mitglied des Oberkirchenrats in Oldenburg (Hans Warntjen, Die Prediger des Herzogtums Oldenburg, Oldenburg 1980, S. 21 f. u. 112).
31) Linck (s. Anm. 9), S. 113.
32) Theodor Kuessner, Erinnerungen an den Kirchenkampf, in: Koschorke (s. Anm. 13), S. 423.
33) Veröffentlicht u.a. in: Kirchliches Jahrbuch 1933-1944, 2. A., Gütersloh 1948 (zukünftig: KJ), S. 106.
34) Meier (s. Anm. 24), Bd. 2, Göttingen 1976, S. 82-85.
35) Meier (s. Anm. 34), S. 83 f.

Reichskirchenausschuß und in den Landeskirchenausschuß an[36]. Im Dezember 1935 bildet er zusammen mit zwei Mitgliedern des Konsistoriums den Provinzialkirchenauschuß[37].
Diese Entscheidungen Kuessners stoßen bei einer Reihe ostpreußischer Pfarrer und Gemeinden auf Widerspruch. Deshalb beschließt der ostpreußische Bruderrat am 5. November 1935, *an Stelle des Präses einen Dreierrat einzusetzen*[38]. Wien wird in diesen Dreierat berufen.
In den folgenden Wochen leistet der Provinzialkirchenausschuß teilweise recht erfolgreiche Arbeit. Dazu gehören vor allem die Beurlaubung des Bischofs, die Neubesetzung von Superintendenturen und die Umbildung des Konsistoriums[39]. Im Zuge dieser Umbildung wird Wien zum 1. März 1936 zum Konsistorialrat im Hauptamt ernannt. Er muß damit allerdings aus dem Dreierrat der Bekenntnissynode ausscheiden. Trotzdem spricht der Bruderrat ihm und dem gleichfalls aus der Bekennenden Kirche stammenden Karl Weder (1900-1943), der zum Konsistorialrat im Nebenamt ernannt worden war, das Vertrauen aus. Die beiden neuen Konsistorialräte erkennen ihrerseits *die geistliche Leitung* durch den Bruderrat an[40]. Es kommt anschließend zu einem Abkommen zwischen dem Provinzialkirchenausschuß und dem Bruderrat über die theologischen Prüfungen und die Ordination. Danach erkennt der Kirchenausschuß die von der Bekennenden Kirche durchgeführten Prüfungen und Ordinationen an. Mit der Ordination sollen die beiden bisher vom Bruderrat betrauten Geistlichen jetzt durch den Provinzialkirchenausschuß beauftragt werden. Einer der beiden ist Wien[41]. Doch der Plan scheitert schließlich an der Frage, wer das Siegel unter die Zeugnisse setzen soll.
Es gibt in den Folgejahren neben harten Übergriffen des Staates, die auch immer wieder zu Verhaftungen in der Pfarrerschaft führen, recht positive Entwicklungen, bei denen es durchaus zu einem *Zusammenwirken von Behördenkirche und Bekennender Kirche* kommt. Da ist wohl besonders die Errichtung der „Ostpreußischen Bibel-

---

36) Koschorke (s. Anm. 13), S. 214.
37) Kuessner (s. Anm. 32), S. 437. In Oldenburg kommt es damals nicht zu einer vergleichbaren Zuspitzung. Der vorgesehene Landeskirchenausschuß wird nicht gebildet (das kirchenleitende Gremium, das sich seit 1933 „Landeskirchenausschuß" nannte, hatte mit den jetzt zu bildenden Ausschüssen nur den Namen gemeinsam). Es gibt allerdings Verhandlungen, auch hier die Kirche im Sinne des Reichskirchenministers zu befrieden. In der BK Oldenburg ist die Meinung geteilt. Kloppenburg ist auf der „radikalen" Dahlemer Linie, während andere wie Pastor Hans Rühe (1886-1975) und Oberlandesgerichtsrat i.R. Albrecht Hoyer (1867-1958) wie Kuessner, der zu Verhandlungen nach Oldenburg gekommen war, einer vermittelnden Position zuneigen. Es kommt aber zu keinem Ergebnis, an dessen Ende ein neuer Landeskirchenausschuß gebildet worden wäre (Reinhard Rittner, Intakte oder zerstörte Kirche - Oldenburg in der Zeit des Reichskirchenausschusses 1935-1937, in: Jahrbuch der Gesellschaft für niedersächsische Kirchengeschichte (JGNKG) 91, 1992, S. 164-179, jetzt auch in: Beiträge zur oldenburgischen Kirchengeschichte, in Zusammenarbeit mit Inge Mager und Rolf Schäfer hrsg. von Reinhard Rittner, Oldenburg 1993).
38) Linck (s. Anm. 9), S. 126 f.
39) Ebd., S. 128.
40) Koschorke (s. Anm. 13), S. 227. Meier (s. Anm. 24, Bd. 3, Göttingen 1984, S. 266) und Linck (s. Anm. 9, S. 275) schreiben ohne weitere Angabe, daß Wien bald wieder aus dem Konsistorium ausschied. Das geschah zum 30. September 1939 (A. OKR Ol B XXIXa-489, Nr. 1). Am 1. Oktober übernimmt er wieder das Pfarramt an der Kreuzkirche, das zwischenzeitlich vakant war, aber durch ihn verwaltet wurde.
41) Linck (s. Anm. 9), S. 130.

schule", einer Ausbildungsstätte für Gemeindehelferinnen, im Herbst 1937 zu nennen. Rechtlich wird sie durch das Konsistorium errichtet, getragen wird *die Arbeit von Kräften der Bekennenden Kirche*[42]. Johannes Wien, der in den Lehrkörper berufen wird, verbindet in seiner Person beides: er ist Konsistorialrat und Vertreter der Bekennenden Kirche.

Doch die Zusammenarbeit im Konsistorium wird schwieriger. Seit 1937 kommt es wiederholt zu Verhaftungen von Pfarrern und zur Beschlagnahme von Kollekten, die an die BK abgeführt werden sollten. Weder und Wien, die im Konsistorium versuchen, die Belange der BK zu vertreten, wird das immer mehr unmöglich gemacht. Schließlich wird Wien kurz nach Kriegsbeginn als „untragbarer Konsistorialrat" ausgeschaltet[43], Weder beantragt im September 1942 seine Entlassung aus dem Konsistorium[44].

Die nun unzureichende Besetzung des Konsistoriums führt dazu, daß es kaum in der Lage ist, seine Aufgaben zu erfüllen. Deshalb schreitet man im November 1942 zu einer Erweiterung, von der Linck schreibt, daß es nicht möglich gewesen sei, aufzuhellen, wie es dazu gekommen sei[45]. Auf jeden Fall wird Wien erneut ins Konsistorium berufen, allerdings jetzt nur im Nebenamt[46].

In den Kriegsjahren (ab 1942) wird das Fest Christi Himmelfahrt als staatlicher Feiertag abgeschafft und auf den folgenden Sonntag verlegt. Es ist sogar verboten, am Festtag selbst Abendgottesdienste zu halten[47]. Zuwiderhandlungen sollen bestraft werden. Doch für viele in Ostpreußen ist Himmelfahrt einer der höchsten christlichen Feiertage. Deshalb versucht man an manchen Orten, das Verbot zu umgehen. Wien hat später berichtet, daß in der Kreuzkirche während der ganzen Woche abends Gebetsandachten gehalten wurden. Es handelt sich ja um die Woche nach dem Sonntag Rogate, dem Sonntag mit dem Thema Gebet, wo an den folgenden Tagen Gebetsandachten auch sonst schon gehalten wurden. Die Andacht am Donnerstag wurde besonders festlich gestaltet; auf die Weise feierte die Gemeinde ihren Himmelfahrtsgottesdienst[48].

Während des Krieges wird die Zersplitterung in der Deutschen Evangelischen Kirche immer stärker als Not empfunden. Deshalb ruft Landesbischof Wurm (1868-

---

42) Ebd., S. 217.
43) A. OKR Ol B XXIXa-489, Nr. 12.
44) L i n c k (s. Anm. 9), S. 288.
45) Ebd., S. 275 f.
46) Das geht aus seinen Gehaltsbescheinigungen hervor. Danach bezieht Wien 1944 Gehalt und Aufwandsentschädigung von der Kirchenkassen-Verwaltung der Kreuzkirchengemeinde und Konsistorialzulage von der Konsistorialkasse (A. OKR Ol B XXIXa-489, Nr. 3 und Anlagen).
47) L i n c k (s. Anm. 9), S. 250 f.
48) Hier soll noch auf eine besondere Praxis in der Gemeinde Zinten (Kreis Heiligenbeil) hingewiesen werden. Der letzte Küster der Gemeinde, August Thomas (1894-1990), der seine letzten Lebensjahre in Westerstede verbracht hat, berichtete mir: In Zinten sei jeweils am Donnerstag Bibelstunde gewesen. Anstelle der Bibelstunde hätten sie am Himmelfahrtstag Gottesdienst in der Kirche gehalten. Am folgenden Tag sei der Gendarm zum Pfarrhaus gekommen, um den Pfarrer zu verhören. Thomas habe ihn vor der Haustür abgefangen. Er erklärte dem Gendarmen, an jedem Donnerstag sei in Zinten Bibelstunde. Auf den Hinweis des Polizisten, sie seien aber nicht wie üblich im Gemeindesaal, sondern in der Kirche zusammengekommen, habe er erwidert: Es seien zu viele Menschen anwesend gewesen, und der Gemeindesaal sei dafür zu klein. Auf diese Weise habe Thomas verhindert, daß der Gendarm den Pastor verhörte, der wahrscheinlich die Wahrheit gesagt hätte.

1953) aus Stuttgart im Jahr 1943 zu einem Kirchlichen Einigungswerk auf, für das um Unterschriften gebeten wird[49]). In Ostpreußen findet es besonders große Resonanz. Dort kommt es im Mai 1943 zu Gesprächen zwischen Vertretern des Bruderrats, der „milden" BK, zu der Johannes Wien gerechnet wird, und weiteren Pfarrern, die allerdings zu keinem Abschluß führen[50]).

Am 9. April 1945 kapituliert Königsberg. Johannes Wien war mit anderen Pfarrern schon Anfang März aus der Stadt ausgewiesen worden. Das hat er noch später als eine bewußt antikirchliche Entscheidung der Nationalsozialisten empfunden, die den Menschen die Flucht vor der Eroberung untersagten, aber ihnen zugleich den geistlichen Beistand entziehen wollten - in einem Augenblick, wo er besonders nötig gewesen wäre. Vom 5. März 1945 ist Wiens Entbindung von seiner Amtstätigkeit in Ostpreußen datiert, verbunden mit der Verpflichtung, sich beim Landeskirchenamt in Oldenburg zu melden *zwecks Verwendung in einem anderen geistlichen Amt*[51]).

## 2. Herbert Julius Arthur Goltzen in Brandenburg bis 1945

Herbert Goltzen wurde am 5. September 1904 in Berlin als Sohn eines Justizrats und Notars geboren[52]). Daß seine Eltern ihn am 8. Januar 1905 nicht in einer Kirche, sondern im Saal einer Sparkasse taufen ließen, konnte noch später bei dem Verfechter eines bewußten liturgischen Handelns - ganz besonders auch bei der Taufe - Mißbilligung hervorrufen. In Berlin bestand Goltzen 1922 das Abitur. Wegen einer Hüftknochen-Tbc konnte er noch nicht sofort mit dem Studium beginnen. Diese Krankheit ist nie vollständig ausgeheilt worden und hat bis in sein Alter immer wieder zu Beeinträchtigungen geführt. Doch von 1923-1928 studierte Goltzen evangelische Theologie in Tübingen, Marburg und Göttingen. Entscheidend waren nach seinem eigenen Urteil vor allem die drei Marburger Semester. In seinen Lebensläufen erwähnt er besonders die Professoren Rudolf Bultmann (1884-1976) und Theodor Siegfried (1894-1971). In Marburg legte er 1928 das Fakultätsexamen ab.

Als Student schloß er sich der Schwarzburgverbindung Nicaria und dem Bund deutscher Jugendvereine (BDJ) - einer Gruppierung innerhalb der evangelischen Jugendbewegung - an[53]). Die Prägung durch die Jugendbewegung war ihm noch bis in die letzten Lebensjahre anzumerken. Im BDJ begegnete er Karl Bernhard Ritter (1890-1968) und Wilhelm Stählin, dem späteren Bischof in Oldenburg. Durch sie gewinnt er Anschluß an die Berneuchener Bewegung, die ihn dann bis an das Ende seines Lebens bestimmt. Er hat von Anfang an den Wunsch, sein Engagement in der

---

49) Meier (s. Anm. 40), S. 162-180.
50) Ebd., S. 269. Koschorke (s. Anm. 13), S. 367 f.
51) A. OKR Ol B XXIXa-489.
52) Warntjen (s. Anm. 30), S. 85.
53) Vgl. zum BDJ, der 1909 entstanden ist: Hans Carl von Haebler, Geschichte der Evangelischen Michaelsbruderschaft, Marburg 1975, S. 5-7, sowie Udo Smidt (Hrsg.), Dokumente Evangelischer Jugendbünde, Stuttgart 1975, S. 140-176. Zum BDJ gehörte damals auch Heinz Kloppenburg (Smidt, S. 157 u. 176).

Jugendarbeit mit seinem geistlichen Amt zu verbinden. Deshalb bewirbt er sich um eine Stelle als Vikar und Jugendleiter des BDJ in Solingen, die er am 1. Januar 1929 antritt. Es folgen weitere Vikariatsstellen im Rheinland sowie die Ausbildung im Predigerseminar Soest. Am 17. Mai 1931 wird er in Düsseldorf ordiniert. Dort schließt er eine bis ins Alter immer wieder aufgefrischte Freundschaft mit dem späteren Professor für Neues Testament Ernst Käsemann (geb. 1906). Am 2. November 1931 heiratet er Magdalene Dorothea Jepsen (1906-1986) aus Ahrensburg (Holstein), die er im BDJ kennengelernt hatte. Nach kurzer Zeit als Hilfsprediger im Rheinland bewirbt Goltzen sich um die Pfarrstelle einer kleinen Landgemeinde in der brandenburgischen Niederlausitz. Es handelt sich um Kohlo (Kirchenkreis Forst), wo er am 1. Mai 1932 eingeführt wird. In dieser Gemeinde mit 840 Gemeindegliedern[54] entdeckt Goltzen seine Liebe zur Arbeit in einem ländlichen Gebiet, woran er 1954 in Cappeln wieder anknüpfen konnte.

In Kohlo erlebt Goltzen 1933 die nationalsozialistische „Machtergreifung" vom 30. Januar und auf eine neue Weise den 1. Mai. Für diesen Tag waren das Pflanzen einer Eiche und Gottesdienst in der Kirche angesetzt worden. Goltzen erklärt sich bereit, sowohl bei der Pflanzung der Eiche zu sprechen als auch den Gottesdienst zu halten. Die Kirche ist überfüllt mit SA-Männern. Gesungen wird im Freien außer dem Deutschland- und dem Horst-Wessel-Lied auch noch „Geh aus mein Herz und suche Freud". In der Kirche folgt ein Gottesdienst nach der üblichen altpreußischen Ordnung. Doch am Tage darauf bekommt Goltzen Besuch eines Lehrers. Dieser erklärt, daß *der Gottesdienst durchaus nicht den Erwartungen entsprochen habe, die die nationale Erhebung der Kirche entgegengebracht habe, die doch für die Errettung vom Bolschewismus dankbar zu sein habe. Der Pastor dürfe sich nicht wundern, wenn die Einsatzbereitschaft zum geschlossenen Kirchgang dadurch geschwunden sei*[55].

Der Kirchenkampf in Kohlo - und nicht nur in Kohlo, sondern im Kirchenkreis Forst - hatte an diesem 1. Mai begonnen. Die Deutschen Christen - unter ihnen der Superintendent des Kirchenkreises Forst - versuchen, die Pfarrer auf ihre Linie einzuschwören. Doch als Antwort auf solche Tendenzen, die vielerorts in Deutschland auftreten, gründen Walter Künneth (geb. 1901) und Hanns Lilje (1899-1977) am 9. Mai 1933 in Berlin die „Jungreformatorische Bewegung"[56]. Ihr schließen sich auch die drei Pfarrer Herbert Goltzen, Günter Jacob (1906-1993) und Eugen Weschke (1901-1981) aus dem Kirchenkreis Forst an[57]. Doch dieser Zusammenschluß reicht den drei Pfarrern aus der Niederlausitz nicht. Die Bewegung ist ihnen nicht eindeutig genug. Goltzen äußert sich dazu in einem Brief an Wilhelm Stählin

---

54) Das Evangelische Deutschland, 11. Aufl., Leipzig 1929/30, Sp. 152.
55) Herbert Goltzen, Du hat unser Haupt unter Menschen gebeugt, aber Du hast uns ausgeführt ins Weite, hrsg. v. Karl Stechbart, Lohne 1987 (masch.), S. 20 f.
56) Scholder (s. Anm. 23), S. 407.
57) Karl Kupisch, Zur Genesis des Pfarrernotbundes (in: Theologische Literaturzeitung, 91. Jg., 1966), Sp. 725-728. Jacob war von 1946-1972 Generalsuperintendent der Neumark und der Niederlausitz mit dem Sitz in Cottbus. Nach dem Bau der Berliner Mauer war er zugleich von 1963-1966 Verwalter des Bischofsamtes für die Region Ost der Evangelischen Kirche von Berlin-Brandenburg. Weschke wurde zum Jugendpfarrer der Bekennenden Kirche von Berlin-Brandenburg berufen. 1945 wurde er Superintendent von Storkow. Er bleibt der Jugendarbeit verbunden, gründet 1958 als eine geistliche Gemeinschaft von jüngeren Frauen und Männern die Gabriels-Gilde und 1962 in Berlin ein „Haus der Stille".

vom 12. Juni 1933: Hier werde eine Erneuerung der Kirche angestrebt *zusammen mit Trümmern von „Positiven" und Liberalen, Schulter an Schulter mit den alten Kirchenbehörden, die nicht einmal einen Heldentod gestorben seien*[58]).

Die Niederlausitzer planen, *eine Pfarrerbruderschaft zu bilden, die im Widerstand gegen das deutsch-christliche Kirchenregiment zu sammeln sei*. Es geht ihnen *um eine geistliche Erneuerung der Kirche und ihrer Pfarrerschaft*. Gemeinschaft im Gebet, schrift- und bekenntnisgebundene Predigt, Konfirmandenunterricht, Jugendarbeit und Gemeindeverfassung sollten Arbeitsthemen sein. Eine geistliche Vertiefung des Pfarrerstandes ist das Ziel. In diese Zeit der Überlegungen fällt die Tagung der preußischen Generalsynode vom 4. bis 6. September. Auf ihr wird die Anwendung des Arierparagraphen für die Kirche beschlossen.

Die drei Niederlausitzer nehmen Verbindung zu Gerhard Jacobi (1891-1971), dem späteren Oldenburger Bischof, und Martin Niemöller (1892-1984) in Berlin auf[59]). Sie können beide von ihren Plänen überzeugen. Günter Jacob verfaßt darauf am 11. September im Café Trumpf am Kurfürstendamm die „Verpflichtung", die am 21. September durch Niemöller in einem Rundschreiben an alle Pfarrer geschickt wird[60]). Von Niemöller stammt die Bezeichnung „Notbund" anstelle von „Bruderschaft"[61]). Goltzen wird Vertrauensmann des Pfarrernotbundes in der Niederlausitz und später nach der 2. Bekenntnissynode der DEK in Berlin-Dahlem Kreispfarrer der Bekennenden Kirche im Kirchenkreis Forst[62]).

Die Kirche von Berlin-Brandenburg war besonders stark vom Kirchenkampf betroffen. Schließlich lag in ihrem Bereich die Reichshauptstadt, der Sitz des Reichsbischofs, was zur konsequenteren Durchführung kirchenpolitischer Maßnahmen führte, als es in anderen Teilen des Reiches der Fall war. Seit 1933 hatten die Deutschen Christen wesentliche Positionen im Konsistorium und anderen kirchlichen

---

58) Wilhelm Stählin, Via vitae, Kassel 1968, S. 330. Alle drei stehen der konsistorialen Kirche kritisch gegenüber. Das verbindet sie mit vielen Jüngeren in der BK. Teilweise sind ihnen die Deutschen Christen sympathischer als die Konsistorialräte. So kann Jacob im Herbst 1932 DC für den Gemeindekirchenrat empfehlen, wenn auch nur, „um den Rauschebärten und Weihnachtsmännern im Konsistorium Feuer unter den Hintern zu machen" (von Haebler, s. Anm. 53, S. 43). Eine ähnliche Einstellung hatte Heinz Kloppenburg (1903-1986), der 1933 zunächst Mitglied der NSDAP und der DC gewesen war (Heinrich Höpken/Reinhard Rittner, Kloppenburg, Heinrich Ferdinand Otto, in: Biographisches Handbuch zur Geschichte des Landes Oldenburg, hrsg. v. Hans Friedl, Wolfgang Günther, Hilke Günther-Arndt und Heinrich Schmidt, Oldenburg 1992, S. 376).
59) Im Hause Jacobi traf sich eine kleine Gruppe von Pfarrern schon seit März 1933 wöchentlich, um sich über die „Lage" der Kirche und ihre „Neuordnung" auszutauschen (Herbert Goltzen, Gerhard Jacobi in der Rückschau, in: Oldenburger Sonntagsblatt 1971, Nr. 29, S. 6).
60) Veröffentlicht u.a. in KJ (s. Anm. 33), S. 35.
61) Das ist nicht nur eine andere Bezeichnung, sondern auch eine Akzentverschiebung in der Zielsetzung. Die Bruderschaft verstand sich vornehmlich geistlich, der Notbund kirchenpolitisch. Den Niederlausitzern lag an der geistlichen Bruderschaft. Am deutlichsten war es bei Goltzen, der sich 1934 der Evangelischen Michaelsbruderschaft anschloß, in deren Konvent er 1935 aufgenommen wurde. Auch Weschke ging später diesen Weg und wurde 1951 in die Michaelsbruderschaft aufgenommen. Jacob tat diesen Schritt nicht. Doch nach der Bildung des Bundes der Evangelischen Kirchen in der DDR wurde er zum Kurator und Visitator der Ostkonvente der Michaelsbruderschaft berufen, zu der auch er eine innere Verbindung gefunden hatte.
62) Goltzen (s. Anm. 55), S. 22. Kreispfarrer berief die Bekennende Kirche in Kirchenkreisen, in denen die Superintendenten nicht zur BK gehörten.

Behörden eingenommen. Dagegen konstituiert sich am 7. März 1934 die Bekenntnissynode von Berlin-Brandenburg, die Gerhard Jacobi zu ihrem Vorsitzenden wählt[63]). Diese Synode bildet einen Bruderrat, in den auch Herbert Goltzen berufen wird[64]). Goltzen äußert sich zu den Vorgängen in der DEK in der Jungen Kirche vom 2. Juni 1934[65]). Kritisch nimmt er hier Stellung zur bisherigen altpreußischen Kirchenverfassung, die die evangelisch gut begründete Absicht hatte, Gemeinde, Kirchenregiment und geistliches Amt als *Wesensgegebenheiten einer evangelischen Kirche aneinander zu binden*. Doch Goltzen sieht schon in der „alten Kirche" - wie er die konsistoriale Kirche vor 1933 bezeichnet - die lebendige Beziehung zwischen den drei Gliedern als gestört an. Aber seit dem Sommer 1933 habe die *Zerstörung des synodalen Aufbaus, des Kirchenregiments und des kirchlichen Amtes um sich gegriffen. Damit hat die Geschichte der Evangelischen Kirche der altpreußischen Union ein Ende, sie ist als ein geschlossener Kirchenkörper zerstört*. Ähnliches gelte für die Reichskirche. Goltzen wünscht *den Neubau der Kirche des Evangeliums*. In ihr würden Lehre, Kultus, Kirchenordnung und Liebestat aus einem Geiste hervorgehen. In einer neuen Ordnung der Kirche (nicht „Kirchenverfassung") würde *die gliedhafte Verbundenheit und Aufgabenverteilung zwischen Gemeinde, Amt und Kirchenregiment zu erarbeiten* sein.

Eine altpreußische Bekenntnissynode tritt erstmals im Mai 1934 in Barmen zusammen, einen Tag vor der 1. Bekenntnissynode der DEK[66]). Nachdem auf der 2. Bekenntnissynode der DEK in Dahlem im Oktober 1934 *das kirchliche Notrecht* verkündet worden ist, wird in Berlin und Brandenburg das Notkirchenregiment endgültig eingeführt. Wie in Ostpreußen und Oldenburg werden Prüfungskommissionen des Bruderrats für die theologischen Prüfungen gebildet und Kandidaten geprüft[67]).

Am 4. und 5. März 1935 tagt die 2. altpreußische Bekenntnissynode in Berlin-Dahlem[68]). Auf ihr hält Hermann Ehlers (1904-1954), der spätere oldenburgische Oberkirchenrat, ein Referat, in dem er allen kirchlichen Behörden, die die Lehre der DC unterstützen, das Recht auf die Leitung der Kirche abspricht[69]). Ein Wort an die Gemeinden wird beschlossen *gegen den Totalitätsanspruch des Staates, der die Gewissen bindet*. Es sollte am Sonntag Reminiszere, dem staatlichen „Heldengedenktag", an dem Hitler die allgemeine Wehrpflicht verkünden wollte, von den Kanzeln verlesen werden. Die Verlesung wird durch den Reichsinnenminister verhindert. Die verdächtigen Pastoren werden am frühen Sonntagmorgen inhaftiert. Zu den sechs Pfarrern aus dem Kirchenkreis Forst, die zusammen im Gefängnis sitzen, gehört Herbert Goltzen. Am Dienstag nach Reminiszere lesen sie gemeinsam die Tageslesung nach der Ordnung des Kirchenjahres aus Apostelgeschichte 5, die Befreiung der Apostel Petrus und Johannes durch einen Engel. Eine halbe Stunde später werden sie entlassen. Die Kanzelabkündigung verlesen sie am folgenden Sonntag[70]). - Eine zweite

---

63) Meier (s. Anm. 24), S. 281.
64) Junge Kirche. Halbmonatsschrift für reformatorisches Christentum, hrsg. v. Hanns Lilje u. Fritz Söhlmann (zukünftig: JK), 2. Jg., 1934, S. 479
65) Herbert Goltzen, Die Selbstauflösung der Evangelischen Kirche, in: JK 2, 1934, S. 446-457.
66) Meier (s. Anm. 24), S. 274.
67) Ebd., S. 282 f.
68) Ebd., S. 276.
69) Goltzen (s. Anm. 55), S. 21.
70) Ebd., S. 22-24.

Gefängnishaft Goltzens zusammen mit Jacob und Weschke folgt 1937 wegen der Abführung von Kollekten an die Bekennende Kirche[71]).

Die politische und kirchliche Struktur von Berlin und Brandenburg erweist sich wegen ihrer Unterschiedlichkeit zunehmend als schwierig für eine gemeinsame Arbeit in der Bekennenden Kirche. Das gilt wohl besonders nach der Einrichtung der Kirchenausschüsse durch das Reichskirchenministerium, deren Mitarbeit sich die BK in Berlin und Brandenburg verweigert[72]). Deshalb beschließt die BK-Synode am 4. Dezember 1935, daß für Berlin und Brandenburg jeweils eine eigene Synode und ein eigener Bruderrat gebildet werden solle[73]). Goltzen wird Mitglied des Brandenburger Bruderrats[74]).

Vorher - am 16. November 1935 - hat er sich noch in einem Aufsatz in der Jungen Kirche geäußert[75]). Hier beruft er sich auf die 2. Bekenntnissynode der DEK, in der das kirchliche Notrecht proklamiert worden ist. Alleinige Richtschnur des Glaubens ist die Heilige Schrift, die diese Gültigkeit jedoch nur für die Glieder der Kirche gewinne, da sie für die Ungläubigen *bestenfalls ein Stück Literatur* sei. Sie ist Grundlage der Predigt, die in der Kirche geschieht und gehört wird. Doch die Kirche hat ihr Wort zugleich nach draußen vor Volk und Staat auszurichten. Hier geht es um das reformatorische „Allein" als rechte Auslegung des ersten Gebots für die Welt. Mit diesem Allein ist vor dem *Volk eine unverrückbare Autorität aufgerichtet, über die für die christliche Kirche keine Diskussion mehr möglich ist. Damit kehrt die Kirche zurück aus ihrer Pflichtvergessenheit der Angleichung an die Welt - wie im 19. Jahrhundert geschehen - und besinnt sich auf ihre eigene Autorität,* die ihr verliehen ist. Das meinte Dahlem mit der Aussage, daß in Sachen *ihrer Lehre und Ordnung die Kirche allein zu urteilen und zu entscheiden* habe.

Neben seiner Gemeindearbeit ist Goltzen in diesen Jahren immer wieder für die BK tätig - bis hin zu starker gesundheitlicher Belastung, bedingt auch durch seine zwar verkapselte Knochentuberkulose. Sein deutsch-christlicher Superintendent, der zwar eine Kur befürwortet, bezeichnet ihn in einem Schreiben vom 31. Dezember 1938 als einen der *schärfsten BK-Leute* des Kirchenkreises Forst, *vielleicht überhaupt der gesamten Kirchenprovinz*[76]).

Sein Wirken im Rahmen der BK führt Goltzen 1936 erstmals nach Oldenburg. Auf einer theologischen Freizeit, zu der das Präsidium der Oldenburgischen Bekenntnissynode nach Birkenheide bei Ganderkesee einlädt, wirkt er mit als Referent für *Liturgische Fragen*[77]).

---

71) von Haebler (s. Anm. 53), S. 50.
72) Brief des Provinzialbruderrates von Berlin-Brandenburg an Generalsuperintendent D. Zoellner vom 3. Dezember 1935 (in: Kurt Dietrich Schmidt, Die Bekenntnisse und grundsätzlichen Äußerungen zur Kirchenfrage, Bd. 3: Das Jahr 1935, Göttingen 1936, S. 319-322). Beschluß der Bekenntnissynode von Berlin-Brandenburg (ebd., S. 322).
73) Meier (s. Anm. 34), S. 182.
74) Ebd., S. 420, Anm. 337.
75) Herbert Goltzen, Die Autorität der Kirche, in: JK 3, 1935, S. 1051-1067.
76) A. OKR Ol B XXIXa-487.
77) JK 4, 1936, S. 874. An der Spitze des Präsidiums in Oldenburg stand damals der Rüstringer Pastor und spätere Oberkirchenrat Heinz Kloppenburg. Die Bekanntschaft zwischen Goltzen und Kloppenburg war wohl über den Pfarrernotbund geschehen, vielleicht aber auch schon vorher über den BDJ, dem beide angehört haben. Auf jeden Fall gehören beide zu den Unterzeichnern eines Rundbriefs des Pfarrernotbundes vom 30. Juli 1935. Dieser Rundbrief ist geschrieben nach der 3. Bekenntnissynode der

Johannes Wien und Herbert Goltzen - zwei Ostpfarrer in Oldenburg

In den Jahren des 2. Weltkriegs tritt auch in Berlin-Brandenburg ein gewisser Stillstand im Kirchenkampf ein. Deshalb wird eine Berufung Goltzens an die Evangelische Kirchenmusikschule in Berlin-Spandau möglich als Dozent-Vertreter für Hymnologie und Liturgik. Er übt diese Tätigkeit aus von März 1943 bis Januar 1945.
Nach einem Jahr in der Probezeit wird Herbert Goltzen 1935 im Ratzeburger Dom in die Evangelische Michaelsbruderschaft aufgenommen. Es handelt sich dabei um eine Gemeinschaft von Männern aus dem Berneuchener Kreis, die sich 1931 zu einer Bruderschaft zusammengeschlossen haben, um gemeinsam an der inneren Erneuerung der Kirche zu wirken. Dabei geht es nicht nur um die äußere Ordnung des Gottesdienstes, sondern vor allem um bewußtes Christsein, das in Gebet und Hl. Schrift wurzelt, die Bedeutung der Seelsorge aneinander erkennt und auf dieser Grundlage Kirche - und damit auch Gottesdienst - gestaltet. Bei den Gottesdiensten bemüht sich die Bruderschaft um Ordnungen für ein „Gebet der Tageszeiten" und für den vollständigen Gottesdienst, der Wortverkündigung und hl. Abendmahl einschließt, d.h. um die Deutsche Messe. Die Brüder waren geprägt von der Jugendbewegung und von der aus ihr erwachsenen Singbewegung. Bekannt wurden von den Stiftern der Bruderschaft vor allem Karl Bernhard Ritter und Wilhelm Stählin[78]). Die Einstellung der Michaelsbrüder im Kirchenkampf war unterschiedlich. Neben Verfechtern der strengen Linie von Dahlem wie Ritter und Goltzen standen solche, die sich den Kirchenausschüssen anschlossen wie Stählin[79]). Es gab auch einzelne, die zu den Deutschen Christen neigten. Die Besonderheit der Bruderschaft war, daß man über alle kirchenpolitischen Grenzen hinweg an der geistlichen Gemeinschaft, die sich vor allem in der gemeinsamen Feier des Abendmahls ausdrückt, festhielt[80]). Goltzen verstand es, Bekennende Kirche und Michaelsbruderschaft zu verbinden und für die Gemeindearbeit fruchtbar zu machen. Der Versuch, den Pfarrernotbund als geistliche Bruderschaft zu gestalten, gehört hierher. Der bereits genannte Aufsatz[81]) in der Jungen Kirche von 1935 läßt Einflüsse seiner Zugehörigkeit zur Michaelsbruderschaft erkennen. Er weist dort auf die *Arbeitskreise und Bruderschaften* hin und wünscht *das sonntägliche Herrenmahl* als rechtmäßigen *vom Herrn gestifteten Gottesdienst der Gemeinde*[82]). In einem weiteren Aufsatz geht es ihm um die Erneuerung des Bischofsamtes. Ähnliche Gedanken gab es auch sonst in der Bekennenden Kirche. Doch auf Grund der 1933/34 ernannten deutschchristlichen Bischöfe und des damit verbundenen Mißbrauchs dieses altkirchlichen Amtes hielt man sich hier zurück[83]). Goltzen wünscht ein Bischofsamt, dessen wesentliche Aufgabe die Visita-

---

DEK in Augsburg und weist die Bekennende Kirche noch einmal an die Beschlüsse von Dahlem mit dem Hinweis auf das reformatorische allein *aus dem Wort, allein aus der Gnade, allein aus dem Glauben* (Schmidt, s. Anm. 72, S. 177 f.). Der Brief hat insgesamt 49 Unterzeichner. Aus Oldenburg stammen neben Kloppenburg noch Edo Osterloh (1909-1964) und Wilhelm Wilkens (1902-1980), beide wie Kloppenburg damals in Rüstringen.
78) von Haebler (s. Anm. 53), bes. S. 16.
79) Udo Schulze, Stählin, Ernst Wilhelm, in: Biographisches Handbuch (s. Anm. 58), S. 683.
80) Es gab allerdings Ausnahmen. Zu ihnen gehörte der Kirchenmusiker Konrad Ameln (1899-1994), der 1935 wegen seiner Zugehörigkeit zur SS aus der Bruderschaft ausschied (von Haebler, s. Anm. 53, S. 159).
81) S. Anm. 75.
82) Goltzen (s. Anm. 75), S. 1062.
83) Linck (s. Anm. 9), S. 162.

tion ist. Zugleich betont er den ökumenischen Aspekt; denn das bischöfliche Amt wäre *ein Zeugnis der Eingliederung der lutherischen Kirche Deutschlands in die Gesamtkirche*[84]).

Goltzen ist von Beginn seiner Zeit in der Michaelsbruderschaft an ein geschätzter Fachmann in liturgischen Fragen gewesen. An allen entscheidenden Neuordnungen hat er mitgearbeitet, sich auch schriftlich geäußert. Das ist gewiß auch der Grund gewesen, ihn zu der theologischen Freizeit nach Oldenburg einzuladen. Wichtiger ist ihm die Umsetzung der Erkenntnisse in der eigenen Gemeinde. So feiert er in Kohlo seit 1932 die Deutsche Messe, im Jahr 1944 zum ersten Mal den Gottesdienst zur Osternacht. Vor allem die wöchentliche Feier des Abendmahls ist ihm dabei wichtig, worüber sich die Menschen in Kohlo wohl *oft gewundert* haben, wie er in einem Brief vom 9. Juni 1946 schreibt[85]).

Am Aschermittwoch (3. Februar) 1945 ergeht in Kohlo der Räumungsbefehl[86]). Der größte Teil der Bevölkerung kommt diesem Befehl nach. Goltzen bleibt mit einem kleinen Häuflein zurück. Er erlebt die Verwüstung des Ortes und die Plünderung der Kirche durch die Sowjettruppen sowie anschließend die Vertreibung nach Schlesien. Im Freien und in Gasthäusern hält er Gottesdienste. Zu Pfingsten (20. Mai) 1945 ist er wieder in Kohlo und hält Gottesdienst auf einem Hof[87]). Im Juni folgt die endgültige Vertreibung durch die Polen, die das Land östlich der Neiße in Besitz nehmen[88]).

Vom 20. Juli bis zum 15. Dezember 1945 ist Goltzen Stiftspfarrer am Diakonissenmutterhaus Lehnin. Da ihm der Frömmigkeitsstil der Schwestern nicht liegt, bittet er den Bischof Otto Dibelius (1880-1967), ihn von diesem Amt zu entbinden. Da erreicht ihn ein Brief von Wilhelm Stählin aus Oldenburg, der ihn bittet, *als Mitarbeiter* nach dort zu kommen[89]).

## 3. Ostpfarrer 1945-46

Am Ostermontag, dem 2. April 1945, predigt Johannes Wien zum ersten Mal in der Auferstehungskirche. Er war bei seinem Bruder Alfred untergekommen, der in Oldenburg als Schriftsteller und Feuilletonjournalist lebte. Am 5. April meldet er sich beim Evangelisch- lutherischen Oberkirchenrat. Er wird mit der vertretungsweisen Verwaltung eines Pfarramts in der Kirchengemeinde Oldenburg beauftragt. Es handelt sich zunächst um den Pfarrbezirk Bürgerfelde, dessen Pfarrer Johannes Hinrichs (1904-1971) zur Wehrmacht eingezogen ist[90]). In der Gemeindekirchenratssitzung vom folgenden Tag, dem 6. April wird dann mitgeteilt, daß Konsistorialrat Wien durch den *Oberkirchenrat zur Vertretung von Pastor Hinrichs für die Kriegsdauer*

---

84) Herbert Goltzen, Notrecht und Rechtshilfe bei Luther, in: JK 4, 1936, S. 939 f.
85) Goltzen (s. Anm. 55), S. 39.
86) Ebd., S. 33.
87) Ebd., S. 38.
88) Ebd., S. 37.
89) Ebd., S. 39.
90) A. OKR Ol B XXIXa-489, Nr. 1-3.

beauftragt ist[91]). Bei seiner ersten Teilnahme an einer Kirchenratssitzung am 15. Juni 1945 ist der Krieg allerdings schon zu Ende[92]).

Nach Kriegsende ergibt sich die Notwendigkeit, die Rechtsstellung der zahlreichen Pfarrer aus den deutschen Ostgebieten zu klären. Eine Regelung wird in Oldenburg zum 1. August 1945 eingeführt. Danach erhalten Ostpfarrer *einen monatlichen Vorschuß auf die Dienstbezüge* in Höhe von 150,- Reichsmark, *zuzüglich 50,- Reichsmark für die Ehefrau und für jedes kinderzuschlagsberechtigte Kind*[93]). Die Kirche in Oldenburg hat in der Zeit nach 1945 viele Ostpfarrer übernommen, die z.T. für mehrere Jahre (bis zu zwölf) unter diesen recht ungünstigen Verhältnissen leben mußten. Insgesamt blieben auf Dauer 49 Ostpfarrer in Oldenburg und übernahmen Pfarrstellen; dazu kommen weitere, die nur vorübergehend in Oldenburg blieben und nach kürzerer Zeit in eine andere Landeskirche wechselten[94]). Eine Reihe von ihnen wird in den neuentstehenden Kapellengemeinden Südoldenburgs eingesetzt, die ja auch erst auf Grund der einströmenden Flüchtlinge und Heimatvertriebenen gebildet wurden. Insgesamt machten die Pfarrer aus dem Osten einen hohen Prozentsatz unter den oldenburgischen Pastoren aus: im Jahr 1945 hatte die Landeskirche 106 Gemeindepfarrstellen, 1957 waren es 151[95]). Kirchenpolitisch befinden sich unter ihnen

---

91) Protokollbuch des Kirchenrats Oldenburg 1939-1947, S. 94.
92) Ebd., S. 98.
93) A. OKR Ol B XXIXa-489, Nr. 4. Danach bekommt Johannes Wien für sich und seine Frau insgesamt monatlich 200,- RM. Seine Bezüge in Königsberg (einschl. Konsistorialzulage) betrugen 1944 monatlich 932,66 RM. Gegen Jahresende 1945 werden die Bezüge durch Zulagen allerdings etwas aufgebessert.
94) Folgende Ostpfarrer wurden nach einiger Zeit übernommen und bekamen eine eigene Pfarrstelle: 1945 Gerhard Päschke in Varel; 1946 Herbert Goltzen und Johannes Wien in Oldenburg, Werner Meinicke und Johannes Mutschler in Bant, Horst Dinglinger in Wangerooge, Peter Bultmann in Zwischenahn; 1947 Detlef Garduhn in Elsfleth, Karl Ketelhut in Neuenhuntorf, Lic. Armin Fligge und Günther Michalke in Cloppenburg, Lothar Ahne in Fedderwardergroden, Edmund Daugs in Voslapp, Alfred Jancke und Friedrich Gehrmann in Brake, Kurt Kleinhans in Dedesdorf, Johannes Wolter in Ohmstede, Hans Abel in Altenesch, Joachim Ewald und Werner Lindenberg in Blexen, Eugen Hoffmann in Altenhuntorf; 1948 Albert Röhling in Jever, Helmut Kiausch in Burhave, Alfred Wilke in Seefeld, Gerhard Hage in Hude, Helmut Pollack in Apen, Bernhard Schultz in Löningen, Karl Stechbart in Lohne, Arno Kiel in Essen, Martin Reinke in Edewecht, Felix Arndt in Esenshamm; 1949 Fritz Konukiewitz und Benno Krause in Delmenhorst, Curt Vangerow in Neuende, Heino Muther in Wilhelmshaven, Johannes Waschek in Hatten (Sandkrug), Alfred Dreilich in Ohmstede (Ofenerdiek); 1950 Martin Krummheuer in Hasbergen, Johannes Albrecht in Hohenkirchen, Joachim Graf von Finckenstein am Elisabethstift, Hans Georg Berg in Damme, Erich Heydemann in Steinfeld; 1951 Arthur Welke in Waddewarden, Lothar Rudnick in Ovelgönne; 1952 Heinz-Günther Nowak in Cappeln; 1953 Erich Maib in Ganderkesee (Bookholzberg); 1955 Hermann Michalke in Visbek; 1957 Otto Urbschat in Neuenhuntorf, Eugen Bauer in Delmenhorst (GVBl, 13. u. 14. Bd.). Von ihnen kamen aus 17 Pommern (Bultmann, Daugs, Gehrmann, Graf von Finckenstein, Berg, Garduhn, Hage, Heydemann, Jancke, Ketelhut, Kiausch, Krummheuer, Lindenberg, Reinke, Rudnick, Wilke, Wolter), 10 aus Ostpreußen (Ahne, Albrecht, Arndt, Bauer, Fligge, Kiel, Kleinhans, Schultz, Urbschat, Wien), 11 aus Schlesien (Abel, Dreilich, Ewald, Krause, Michalke, Muther, Nowak, Pawelke, Pollack, Vangerow, Waschek), 3 aus Ostbrandenburg (Goltzen, Röhling, Stechbart), 2 aus der Grenzmark Posen-Westpreußen (Dinglinger, Meinicke), 4 aus Posen-Pomerellen (Konukiewitz, Mutschler, Päschke, Welke), 2 aus der Evang.-Augsburgischen Kirche in (Kongreß-)Polen (Hoffmann, Maib) (s. auch Warntjen, s. Anm. 30).
95) Außer den Ostpfarrern hatte die oldenburgische Kirche weitere 20 Pastoren aus Berlin (4), Brandenburg (4), Sachsen (1), Mecklenburg (1), Thüringen (1), Westfalen (1), dem Rheinland (1), Hessen (1), Bayern (1) und der Militärseelsorge (5) übernommen. Damit wird der Anteil der Nichtoldenburger in der Pfarrerschaft noch höher. Von 139 Pfarrern im Frühjahr 1952 waren 59 bis 1944 in Oldenburg ordiniert worden. Dazu kamen neun weitere, die nach 1945 ordiniert worden waren. Auch von ihnen stammten zwei aus dem Osten (Joachim Asmus und Udo Behrens).

alle Gruppen: Anhänger der strengen BK, z.T. mit illegal durchgeführten Ordinationen und Prüfungen, Vertreter der „milden" BK, auch wohl Deutsche Christen.
Johannes Wien übernimmt den flächenmäßig größten der damals fünf Pfarrbezirke in der Kirchengemeinde Oldenburg, zu dem außer dem eigentlichen Bürgerfelde auch noch Dietrichsfeld und Haarentor gehörten. Wie weithin in der fast unzerstörten Stadt finden auch in diesem Bezirk, der damals zwar teilweise noch eine recht lockere Bebauung aufweist, zahlreiche Flüchtlinge und Heimatvertriebene notdürftig Unterkunft[96]). Durch viele Besuche, Predigten, Bibelstunden, Konfirmandenunterricht und den Aufbau des Kindergottesdienstes in der Auferstehungskirche faßt Wien schnell in der Gemeinde Fuß. Dabei sind es sicherlich vornehmlich, aber von Anfang an nicht ausschließlich ostpreußische Flüchtlinge, die ihn als Prediger schätzen. Gepredigt wurde damals (noch bis zur Einweihung der Christuskirche im Jahr 1954) von den Oldenburger Pastoren in einem regelmäßgen Wechsel zwischen den drei Kirchen der Gemeinde (Lamberti-, Garnison- und Auferstehungskirche). Teilweise wanderten die jeweiligen Anhänger mit ihrem Pastor in die betreffende Kirche. Neben seinen Aufgaben im Pfarrbezirk und den Gottesdiensten übernimmt Wien wohl schon ab Dezember 1945 die Leitung des Ortsausschusses des Evangelischen Hilfswerks[97]). In der Kirchengemeinde Oldenburg fallen hier auf Grund der vielen Flüchtlinge erhebliche Betreuungsdienste an. Die damals in der Kirchengemeinde angestellten Gemeindehelferinnen sind weithin unter der Leitung von Wien mit dieser Aufgabe befaßt.
Schon im September 1945 wurde der Wunsch geäußert, Wien in Oldenburg zu halten - auch über die Zeit der Vertretung von Pastor Hinrichs hinaus, der im Februar 1946 aus der Kriegsgefangenschaft zurückkehren konnte. Doch der Nordwestbezirk ist vakant, da der Stelleninhaber Pastor Dr. Lic. Adolf Heger (1906-1945) kurz vor Kriegsende gefallen war[98]). So bittet der Kirchenrat am 3. September 1945, den *Oberkirchenrat, Konsistorialrat Wien zum Pfarrer in Oldenburg zu ernennen*[99]). Gleichzeitig beschließt er, *auf die Ausübung des Wahlrechts gemäß § 53,2 der Kirchenverfassung zu verzichten*. Auch mehrere Gemeindeglieder äußern sich in Schreiben an den Oberkirchenrat in gleicher Weise; dabei wird besonders auf Wiens Predigten und Bibelstunden sowie die persönliche Seelsorge verwiesen[100]). Doch der Oberkirchenrat sieht im November 1945 noch keine Möglichkeit, Wien in ein Pfarramt zu berufen.
Herbert Goltzen tritt seinen Dienst in Oldenburg als Ostpfarrer am 14. Januar 1946 an. Er wird zunächst mit der Vertretung von Pastor Carl Töpken (1899-1970) beauftragt, der zum 1. Januar vom Dienst beurlaubt worden war[101]). Damit übernimmt er den damaligen Südwestbezirk. So gern Goltzen dem Ruf in die oldenburgische Kir-

---

96) Die Stadt Oldenburg war von 79000 Einwohnern im Jahr 1939 auf 107000 im Jahr 1946 gewachsen.
97) Das Hilfswerk der Ev. Kirche in Deutschland wurde im August 1945 gegründet, um die Nachkriegsnot in Deutschland zu lindern. In jeder Landeskirche wurde ein Hauptbüro gebildet. In größeren Gemeinden wie in Oldenburg entstanden Ortsausschüsse.
98) Gerhart Orth, Heger, Adolf Hinrich Martin, in: Biographisches Handbuch (s. Anm. 58), S. 292.
99) Protokollbuch des Kirchenrats Oldenburg 1939-1947, S. 106.
100) A. OKR Ol B XXIXa-489, Nr. 6, 10, 13. Das bestätigt auch ein persönliches Schreiben von Bischof Stählin an Wien (ebd., Nr. 8).
101) GVBl, 13. Bd., S. 15.

che gefolgt war, liegt ihm von Anfang an daran, nicht in der Stadt Oldenburg selbst ein Pfarramt zu übernehmen. Bischof und Oberkirchenrat legen vor allem auf Goltzens Mitarbeit bei landeskirchlichen Aufgaben, besonders bei den liturgischen Reformen, wert. Deshalb wird auch dort sein Einsatz in der Stadt zunächst nur als vorläufig angesehen. Die Überlegungen gehen in Richtung Krankenhausseelsorge oder ein Landpfarramt (evtl. Bardenfleth), wobei Goltzen *für allgemeine Aufgaben der Landeskirche weiter zur Verfügung stehen würde*[102]). Er selbst schreibt an die aus Kohlo vertriebenen Gemeindeglieder am 9. Juni 1946, wie dankbar er sei, in einer lutherischen Landeskirche zu arbeiten, in der er manche seiner liturgischen Vorstellungen verwirklichen kann. Doch eine Landgemeinde wäre ihm lieber. In Oldenburg *ist nicht bloß unmäßig viel Arbeit, sondern dadurch manches städtisch oberflächlich*[103]).

Ob man im Oberkirchenrat allerdings ernsthaft in Erwägung gezogen hat, Goltzen auf eine andere als auf eine städtische Pfarrstelle zu berufen, erscheint zweifelhaft. Denn am 28. Januar war zwischen dem Oberkirchenrat und der Kirchengemeinde Oldenburg eine Übereinkunft getroffen worden, dem Oberkirchenrat *die Garnisonkirche für den von ihm beabsichtigten Zweck zu überlassen*[104]). Gemeint waren damit die Einführung der Evangelischen Messe an zwei Sonntagen im Monat, besondere Andachten in der Karwoche sowie die Feier des Stundengebets in Morgenandachten und zum Wochenschluß. Für diese Aufgabe war Goltzen von Bischof Stählin und Oberkirchenrat Kloppenburg als Mitarbeiter vorgesehen. Er hat auch von Anfang an daran mitgewirkt, wie er in dem genannten Brief vom 9. Juni schreibt. Diese Mitwirkung bezieht sich schon 1946 nicht nur auf die Gottesdienste in der Garnisonkirche, sondern auch auf die Feier der Osternacht in der Osternburger Dreifaltigkeitskirche.

Aber die Überlegungen um einen Einsatz Goltzens an einem anderen Ort gehen nicht an der Gemeinde vorbei. Deshalb werden wie für Wien auch für Goltzen (schon nach nur dreimonatigem Wirken) Eingaben aus der Gemeinde an Oberkirchenrat Kloppenburg geschickt, die um seinen Verbleib in der Stadt Oldenburg bitten[105]). Erwähnt wird im Brief eines Gemeindegliedes, daß er nicht nur *als Prediger und vorzüglicher Liturg geschätzt wird, sondern daß es ihm in besonderer Weise geschenkt ist, die Herzen auch einfacher Gemeindeglieder ganz von innen her für die Dinge der kirchlichen Erneuerung zu gewinnen.*

Der Oberkirchenrat beruft beide Pastoren zum 1. Mai 1946 auf Pfarrstellen in der Kirchengemeinde Oldenburg. Die gemeinsame Einführung findet am Himmelfahrtstag, dem 30. Mai, in der Lamberti-Kirche statt[106]). Für Wien muß der Termin bei seiner Hochschätzung des Himmelfahrtsfestes besonders beglückend gewesen sein.

---

102) A. OKR Ol B XXIXa-487, Nr. 9.
103) Goltzen (s. Anm. 55), S. 39 f. Ähnlich äußert er sich im Bericht für die Visitation im Februar 1949 (A. OKR Ol A XXXIII 120-1, Nr. 4). Entsetzt kann er feststellen, daß nicht einmal in allen Häusern seiner Konfirmanden eine Bibel vorhanden ist. Für das liberale Christentum in der Stadt Oldenburg hat er kein Verständnis aufbringen können.
104) Protokollbuch des Kirchenrats Oldenburg 1939-1947, S. 120. Dieser Beschluß wird am 5. November 1947 noch einmal bestätigt (Protokollbuch 1947-1972, S. 9).
105) A. OKR Ol B XXIXa-487, Nr. 10-12.
106) GVBl, 13. Bd., S. 43.

## 4. Die gemeinsamen Jahre in der Kirchengemeinde Oldenburg (1946-1954)

Für die beiden Pastoren beginnen nun Jahre, die äußerlich - wie für die meisten Menschen in der Nachkriegszeit - sehr schwierig gewesen sind, im Gemeindeleben jedoch teilweise so beglückend, wie es vermutlich nur sehr selten in der Geschichte der evangelischen Kirche gewesen ist. Gut besuchte Gottesdienste sind die Regel; das gilt für Pastoren aller noch so unterschiedlichen Richtungen. Ein positives Echo wird ihnen von vielen Menschen entgegengebracht. Dazu kommt bei beiden die Herkunft aus dem Osten Deutschlands, was gerade auch bei den vielen Flüchtlingen in der Stadt positiv aufgenommen worden ist - wahrscheinlich bei Wien noch stärker als bei Goltzen.

Die Pfarrbezirke sind groß. Die Kirchengemeinde, in der man 1922 eine 5. Pfarrstelle errichtet hatte, war von 28 401 Gemeindegliedern im Jahr 1925 auf 48 532 im Jahr 1950 gewachsen[107]). Entsprechend groß ist die Zahl der Amtshandlungen, besonders der Beerdigungen, die auf den einzelnen Pastor entfallen. Auch die Konfirmandenzahlen steigen in diesen Jahren. Goltzen empfindet das stärker als Wien als eine Belastung, was auch auf seine alte, immer wieder Beschwerden bereitende Krankheit zurückzuführen ist. Schon im September 1946 bittet er um die Versetzung in eine kleinere Landgemeinde, weil er die Verbindung von städtischem Pfarramt und landeskirchlichen Aufgaben meint nicht leisten zu können[108]). Er weist darauf hin, daß in der Stadt eine weitere Pfarrstelle errichtet sowie ein zusätzlicher Hilfsprediger eingesetzt werden sollte. Der Oberkirchenrat lehnt eine Versetzung ab. Es kommt allerdings 1947 zur Errichtung einer 6. Pfarrstelle (für den von Bürgerfelde abgetrennten Haarentorbezirk), auch ein Hilfsprediger, d.h. zunächst ein Ostpfarrer mit Beschäftigungsauftrag, wird der Kirchengemeinde zugewiesen - vor allem für die Jugendarbeit. Es handelt sich um Joachim Graf von Finckenstein. Beides entlastet im Grunde weder Goltzen noch Wien[109]).

---

107) Udo Schulze, Die großen Kirchengemeinden der Oldenburger Geest von der Mitte des 19. bis zur Mitte des 20. Jahrhunderts, in: JGNKG 83, 1985, S. 172. Im Jahr 1946 mögen es noch etwas weniger gewesen sein, denn die Einwohnerzahl der Stadt wuchs von 1946 bis 1950 noch einmal um 16000 Menschen (von 107000 auf 123000). 1994 - nach der Abwanderung vieler Einwohner aus dem Stadtzentrum - hat die Kirchengemeinde Oldenburg nur noch 22279 Gemeindeglieder und neun Pfarrstellen (GVBl, Teil II, Nr. 17, 1996, S. 50).
108) A. OKR Ol B XXIXa-487, Nr. 18.
109) Hier ist wohl der Ort, etwas zur Numerierung der Pfarrstellen in der Kirchengemeinde Oldenburg zu sagen. Die erste Übersicht nach dem 2. Weltkrieg vom 15. Januar 1946 enthält in Oldenburg im Unterschied zu allen anderen Kirchengemeinden mit mehreren Pfarrstellen keine Nummern (GVBl, 13. Bd., S. 15). Es gibt Nummern von der nächsten Übersicht an, die den Stand vom 1. Oktober 1947 (d.h. nach der Errichtung der 6. Pfarrstelle) festhält (ebd., S. 89): Oldenburg I (Rühe), Oldenburg II (Wien), Oldenburg III (Goltzen), Oldenburg IV (Riemer), Oldenburg V (Hinrichs), Oldenburg VI (Nehm). Identisch ist das mit der Übersicht vom 1. Januar 1950 (ebd., S. 131). Dasselbe gilt für die Übersicht vom 1. Januar 1952, wobei jetzt neu die noch nicht besetzte Pfarrstelle Oldenburg VII erscheint (GVBl, Teil II, Nr. 6, 1952, S. 6). Die Pfarrbezirksbezeichnungen sind: I = Ostbezirk, II = Nordwestbezirk, III = Südwestbezirk, IV = Nordbezirk, V = Bürgerfelde, VI = Haarentor. Nach der Besetzung der 7. Pfarrstelle mit Paul Reinhardt wird der Ostbezirk in einen Nordost- und einen Südostbezirk geteilt, wobei Reinhardt den Nordostbezirk übernimmt. Unübersichtlich wird die Numerierung nach der Errichtung einer 8. Pfarrstelle (1953) und der Fertigstellung der Christuskirche im Jahr 1954. Jetzt werden jeweils zwei Pfarrer den vier Kirchen zugeordnet. Etwas später verläßt Goltzen die Kir-

## Johannes Wien und Herbert Goltzen - zwei Ostpfarrer in Oldenburg

Wien hat eine für sein Alter bemerkenswerte Energie und Schaffenskraft. Er leistet im Nordwestbezirk das, was man heute „Gemeindeaufbau" nennen würde. Außer der Einzelseesorge - besonders durch Hausbesuche - gehört dazu vor allem Gruppenarbeit. Dabei geschieht das in einer Weise, die man später im Bund der Evangelischen Kirche in der DDR „Gesamtkatechumenat" genannt hat. Wien widmet sich der geistlichen Betreuung der Kindergärten, 1951 hält er zum ersten Mal in der Garnisonkirche am Oldenburgischen Erntedankfest, das bis 1969 am Freitag vor dem 21. Oktober stattfand[110]), einen Kindergartengottesdienst - bis dahin waren nur Schulgottesdienste üblich gewesen. Er baut den Kindergottesdienst in der Auferstehungskirche auf. In dem für Oldenburg neuen zweijährigen[111]) Konfirmandenunterricht setzt er sich sehr ein. Wie in Königsberg sammelt er aus seinen ehemaligen Konfirmanden einen Schüler- und einen Mädchenbibelkreis. In gleicher Weise wie die Pfarrer der übrigen Bezirke hält er wöchentlich Bibelstunde und monatlich Frauenhilfe.

Im Kindergottesdienst, der sonntags um 11.30 Uhr stattfindet, sammelt sich eine große Schar von Kindern. Zur Blütezeit im Jahr 1949 sind es jede Woche etwa 400 Mädchen und Jungen, die das Kirchenschiff der Auferstehungskirche bis auf den letzten Platz füllen[112]). Wien hat für diesen Gottesdienst eine eigene Liturgie zusammengestellt, die jedesmal mit einem Gebot und seiner Erklärung aus Luthers Kleinem Katechismus beginnt. Im übrigen enthält sie nach dem Kirchenjahr wechselnd gesprochene und gesungene Stücke. Dabei kommen überhaupt keine Lieder vor, die man als Kinderlieder bezeichnen würde[113]). Weithin begegnet man in diesen Ordnungen dem Liedgut, das vor allem seit der Singbewegung in evangelischen Jugendgruppen gepflegt wurde. Ein Höhepunkt des Jahres ist die Weihnachtsfeier des Kindergottesdienstes, die am 2. Weihnachtstag oder am Sonntag nach Weihnachten

chengemeinde Oldenburg. Bei der Berufung der neuen Pastoren werden die Pfarrstellennummern eigenartig vergeben - eine Kontinuität mit den vorhergehenden ist nicht mehr feststellbar. Warntjen (s. Anm. 30) ist aber auch für die Zeit von 1954 mit den Stellennummern nicht klargekommen und hat von den Unterlagen her falsche Zuordnungen vorgenommen. Entgangen ist ihm die Berufung von Rühe auf die 1. Pfarrstelle zum 1. Mai 1946. Im übrigen finden sich bei ihm unsinnige Angaben: Errichtung von II (Haarentor) 1947, von III (Bürgerfelde-West) 1955, von V (Bürgerfelde-Ost) 1903, von VII (Garnison-Nord) 1953, von VIII (Garnison-Süd) 1922. Auch die Zuordnung der Pfarrer zu den Stellen bei Warntjen ist in vielen Fällen nicht nachvollziehbar. Bis zur Einweihung der Christuskirche (1954) fanden noch folgende Neubesetzungen statt: Gerhard Riemer (1910-1992) für den Nordbezirk und Erich Nehm (1889-1966) für Haarentor zum 15. September 1947 (GVBl, 13. Bd., S. 90), Paul Reinhardt (geb. 1914) zum 1. April 1953. Riemer war schon ab März 1946 vertretungsweise in der Kirchengemeinde Oldenburg eingesetzt (ebd., S. 37). Außerdem waren als Hilfsprediger tätig: der Ostpfarrer Joachim Graf von Finckenstein (1907-1994) vom 1. Juli 1946 bis zum 10. Mai 1949 und Joachim Asmus (1902-1993) vom 10. Mai 1949 bis zum 15. Oktober 1950.

110) Udo Schulze, Bußtage - Ernte- und Saatfest in Oldenburg, in: JGNKG 73, 1975, S. 106 f.
111) Goltzen (s. Anm. 55), S. 40.
112) Im Frühjahr 1950 gibt es einen Rückgang. Der Grund ist die Einrichtung eines Kindergottesdienstes in der Garnisonkirche. Dort war er vorher nicht möglich gewesen, weil die britische Besatzungsmacht die Kirche sonntags im Anschluß an den deutschen Gottesdienst für ihren Militärgottesdienst nutzte. - Wie fast überall gab es im Kindergottesdienst eine von Helfern geleitete Gruppenbesprechung, eingeteilt nach Geschlecht und Alter. Die räumliche Aufteilung der Gruppen war in der Auferstehungskirche schwierig. Alle Möglichkeiten wurden genutzt - auch der Vorraum der Leichenkammern. Dort standen die etwa 25 bis 30 Kinder während der Gruppenbesprechung. Einzige Methode war Erzählen mit unterbrechenden Fragen.
113) Eine Ausnahme bilden zwei Lieder in der Weihnachtsfeier, die aber nur von den kleineren Kindern gesungen werden.

stattfindet und für die gründlich schon in der Adventszeit geübt wird. Aber auch am Himmelfahrtsfest, dem Tag der Königsherrschaft Christi, findet Kindergottesdienst statt - die Auferstehungskirche ist in dieser Zeit wohl eine der ganz wenigen Kirchen in Deutschland, in der an diesem Tag der Kindergottesdienst nicht ausfällt. Wien versäumt es bei der Vorbereitung nie, auf seine Erfahrungen in Königsberg während des 2. Weltkriegs hinzuweisen. Für den Kindergottesdienst sammelt er einen Helferkreis, der zum größeren Teil aus Erwachsenen, aber auch aus einigen Jugendlichen besteht.

Konfirmandenunterricht erfolgt in allen Bezirken der Stadt Oldenburg nach Mädchen und Jungen getrennt. Eine weitere Aufteilung der Gruppen gibt es bei Wien nicht, auch als er nach 1952 manchmal in einem einzelnen Jahrgang bis zu 200 Kinder zu unterrichten hat. Immerhin hat er trotzdem wöchentlich sechs Konfirmandenstunden, denn im zweiten Jahr ist zweimal in der Woche Unterricht. Der Unterricht wird frontal erteilt. Es gibt nicht einmal Tische, die Konfirmanden sitzen in Stuhlreihen hintereinander. Auswendig zu lernen ist viel - der ganze Kleine Katechismus, Bibelsprüche, Lieder aus dem Gesangbuch. Aber der Unterricht ist auch inhaltsreich. Er ist biblisch-heilsgeschichtlich ausgerichtet, ohne daß während der Stunden aus der Bibel gelesen wird. Eine umfassende Glaubenslehre wird erteilt. Auch wesentliche Gestalten der Kirchengeschichte werden behandelt - Augustin (354-430), Luther (1483-1546), August Hermann Francke (1663-1727), Hans Egede (1668-1758), Nikolaus Ludwig Graf von Zinzendorf (1700-1760), Theodor Fliedner (1800-1860), Johann Hinrich Wichern (1808-1881), Friedrich von Bodelschwingh (1831-1910), Fritz von Bodelschwingh (1877-1946). Der Kirchenkampf spielt im Unterricht immer wieder eine große Rolle. Der Nationalsozialismus wird nicht nur, aber auch als ein teuflisches Werk interpretiert. Vor allem aber ist der Unterricht durchdrungen von der lutherischen Rechtfertigungsbotschaft. Wer Wiens Konfirmandenstunden innerlich aufgenommen hat, hat begriffen, was es heißt, daß der Mensch gerechtfertigt ist allein aus Gnade und allein durch den Glauben[114]).

Es ist auch um 1950 in der Stadt Oldenburg nicht selbstverständlich, daß jeder Gemeindepfarrer eigene Jugendkreise hat[115]). Wien sammelt jede Woche um sich eine

---

114) Es gab hier allerdings eine gefährliche Zuspitzung in den Aussagen Wiens. Er konnte sagen, daß im Grunde Juden, römische Katholiken und Nationalsozialisten denselben Irrtum vertreten, nämlich die Werkgerechtigkeit. Damals mochte man das noch entschuldigen. Doch die Gespräche zwischen Christen und Juden sowie zwischen evangelischen und katholischen Theologen in den letzten Jahren lassen eine solche vereinfachende Aussage nicht mehr zu. Bei Wien blieben übrigens die Juden das von Gott auserwählte Volk. Er zitierte gern das Wort des Generals Hans Joachim von Ziethen (1699-1786) an Friedrich II. von Preußen (1712-1786), nach dem die Existenz des jüdischen Volkes ein Beweis für Gott und die Wahrheit der Bibel sei.

115) Die Jungenarbeit geschah im Bezirk Bürgerfelde als CVJM. Der Bezirkspfarrer Johannes Hinrichs leitete damals den Verein in der Stadt. In den übrigen Bezirken wurden die Jungen gesammelt in der Evangelischen Jungenschaft, die mit dem Reichsverband der Schülerbibelkreise in Verbindung stand. Verantwortlich waren als „Stadtjugendpfarrer" von 1946 bis 1950 die Pastoren Graf von Finckenstein und Asmus, anschließend Vikare, als erster der spätere Landesjugendpfarrer und Pfarrer im Bezirk Haarentor Gerhart Orth (geb. 1923). Wichtige Mitarbeiter waren der Leiter des Schülerheims an der Ofener Straße, Siegfried Weissinger, und der Redakteur des Oldenburger Sonntagsblattes, Karl-Heinz Meyer, die beide wie auch der Oberkirchenrat Hermann Ehlers aus den Schülerbibelkreisen kamen. - Die Mädchenarbeit lag vor allem in den Händen der Gemeindehelferinnen. Die Gruppen waren teilweise dem Ev. Mädchenwerk Burckhardthaus, teilweise den Mädchenbibelkreisen (MBK) angeschlossen.

## Johannes Wien und Herbert Goltzen - zwei Ostpfarrer in Oldenburg

Gruppe von konfirmierten Jungen und eine von konfirmierten Mädchen. Die meisten von ihnen lädt er persönlich ein. Von den 90 Minuten, die ein Jugendabend dauert, beansprucht die Bibelarbeit meistens etwa 60 Minuten. Anschließend wird noch etwas vorgelesen. Da biblische Bücher in der Regel fortlaufend besprochen werden, vermittelt diese Form von Jugendarbeit gute bibelkundliche Kenntnisse, zugleich bedeutet sie eine Festigung in einem biblisch gegründeten Glauben. Wie in allen Jugendkreisen (außer im CVJM) wird aus den von Otto Riethmüller (1889-1938) im Jahr 1932 herausgegebenen Jugendliederbüchern „Ein neues Lied" und „Der helle Ton" gesungen; diese Bücher sind der Singbewegung verpflichtet. Drei Pfarrer der oldenburgischen Kirche sind aus Wiens Schülerbibelkreis hervorgegangen[116]).

In der Bibelstunde sammelt jeder Pastor seine Kerngemeinde. Zu Wien kommen außerdem die Mitglieder der Landeskirchlichen Gemeinschaft[117]). Sie hatten ursprünglich - wie auch gegenwärtig wieder - eine eigene Bibelstunde, die auf einen kleinen Kreis zusammengeschmolzen war. Außerdem hatten sie in den Nachkriegsjahren keinen eigenen Prediger. Deshalb entschließen sie sich, zu der Bibelstunde von Wien zu gehen, dem sie sich auch innerlich verbunden fühlen. Wie in Königsberg nimmt Wien über diesen Kreis auch die Verbindung zu den Freikirchen (Baptisten und Methodisten) auf und arbeitet mit ihnen in der Evangelischen Allianz zusammen bei der jährlichen Gebetswoche im Januar und bei der Vorbereitung und Leitung einer großen Zeltmission auf dem Oldenburger Pferdemarkt im Sommer 1951.

Die Frauenhilfe, die Wien zusammen mit seiner Gemeindehelferin Ottilie Weske leitet - sie war ihm von Königsberg nach Oldenburg gefolgt -, ist zugleich die Gruppe, aus der er Mitarbeiterinnen für die Arbeit des Hilfswerks gewinnt. Als Bezirksfrauen und Sammlerinnen kommen sie regelmäßig in alle Häuser der Gemeinde. - Als Leiter des Ortsausschusses des Ev. Hilfswerks wird Wien schon bald nach seiner Einführung vom Kirchenrat am 24. Juni 1946 in den Verwaltungsausschuß der Evangelischen Krankenhauses gewählt[118]). Bei der Aufteilung der städtischen Krankenhäuser auf die Gemeindpfarrer im Oktober 1947 wird ihm das DRK- Krankenhaus an der Blumenstraße übertragen[119]).

Goltzen hat ebenfalls Konfirmandengruppen, Frauenhilfe und Bibelstunde. Auch er wird im Oktober 1947 in die Krankenhausseelsorge eingebunden und dem Peter-Friedrich-Ludwigs-Hospital zugeordnet. Mit den Konfirmanden liest er fortlaufend

---

116) Erwin Brade (geb. 1929), Manfred Geerken (geb. 1929), Udo Schulze (geb. 1933). Alle drei blieben bis in ihr Studium in Wiens Schülerbibelkreis. Gleichzeitig hielten sie sich - wie auch andere Mitglieder seines Bibelkreises - zu den Gottesdiensten von Bischof Stählin, was Wien zeitweise betrübt hat.
117) Diese Angaben stammen von dem früheren Oldenburger Kirchenältesten Gerd Knefel, einem Mitglied der Landeskirchlichen Gemeinschaft, der Wien sehr verbunden war, u.a. als Mitarbeiter im Kindergottesdienst. Zur Landeskirchlichen Gemeinschaft s. die ungedruckte Examensarbeit von Susanne Folkers, Die Anfänge der Landeskirchlichen Gemeinschaft in der Stadt Oldenburg, 1955 (A. OKR Ol). - Stählin nennt die Bibelstunde in seinem Visitationsbericht 1949 das *Herzstück der Gemeindearbeit von Konsistorialrat Wien* und weist auf die sorgfältige, genaue und auf den Urtext bezogene Auslegung hin (A. OKR Ol A XXXIII 120-1, Nr. 52, S. 6). Etwa 100 Personen nahmen regelmäßig teil, bei andern Pastoren waren es z.T. nur 40.
118) Protokollbuch des Kirchenrats Oldenburg 1939-1947, S. 130.
119) A. OKR Ol A XXXIII 120-1, Nr. 42, S. 3.

aus erzählenden biblischen Büchern, so daß sein bibelorientierter Unterricht von den Geschichten her gestaltet wird. Daneben ist ihm die gottesdienstliche Ausrichtung und das Einüben liturgischer Stücke wichtig. Die Konfirmanden sind eine wichtige Gruppe in der Gemeinde, mit denen er an der Erneuerung des Gottesdienstes in der Garnisonkirche arbeitet. Dem dienen auch die Konfirmandenfreizeiten, die er schon 1947 im Blockhaus Ahlhorn durchführt[120]. Die Bibelstunde ist wie für Wien ebenso für Goltzen gewissermaßen der Kern in der Gemeinde. Es gehört zu seinem Arbeitsstil, das er für diesen Kreis schon 1947 eine Freizeit in Ahlhorn anbietet. Dabei geht es ihm auch hier um eine Einführung in die Ordnung des Gottesdienstes und in das Verständnis des Abendmahls.

Neben seinen gerngehörten Predigten liegt ihm die Liturgie am Herzen. Das war ja ein wichtiger Grund für den Oberkirchenrat, ihn nach Oldenburg zu berufen. Zusammen mit Bischof Stählin und Pastor Riemer führt er in der Garnisonkirche die Evangelische Messe ein. Wichtig ist dabei vor allem die Verbindung von Wortverkündigung mit Predigt und Abendmahl in einem Gottesdienst. Seit Beginn des 19. Jahrhunderts war es nämlich in Oldenburg wie in weiten Teilen des deutschen Protestantismus üblich geworden, das Abendmahl im Anschluß an den Predigtgottesdienst zu feiern. Hier war in manchen Kreisen, u.a. in der Evangelischen Michaelsbruderschaft, zu der Goltzen und Stählin gehören, aber auch in der Oldenburgischen Bekennenden Kirche schon vor dem 2. Weltkrieg ein Umdenken erfolgt, das man nun auch für die Gemeinden fruchtbar machen will. Aber nicht nur die Verbindung von Predigt und Abendmahl in einem Gottesdienst ist für Oldenburg neu, sondern auch manche liturgische Melodien aus der Reformationszeit, die die in Oldenburg gewohnten aus dem 19. Jahrhundert ersetzen sollen[121]. Dabei singen teilweise Pastor und Gemeinde im Wechsel. Schließlich wird der Abendmahlsteil um Gebete erweitert, die vor allem bei einigen Theologen auf Widerstand stoßen. Dieses alles führt zum Vorwurf „katholisierender Neigungen". Darüber hinaus bemühen sich Stählin und Goltzen um eine Vermehrung der Gottesdienste über den Sonntag

---

120) Goltzen (s. Anm. 55), S. 44. Die Einrichtung von Konfirmandenfreizeiten gehörte schon zum Programm des Berneuchener Buches aus dem Jahr 1926, wo es heißt: *Wir fangen an, einzusehen, daß ein mehrwöchentliches Zusammenleben von Konfirmanden abseits von der gewohnten Umgebung in Elternhaus und Schule der allein wirklich sinnvolle Konfirmandenunterricht wäre* (Das Berneuchener Buch, Hamburg 1926, Nachdruck Darmstadt 1978, S. 130).

121) In der Oldenburgischen Kirche war 1859 im Unterschied zu den lutherischen und unierten Kirchen Norddeutschlands eine sehr einfache Liturgie eingeführt worden, die auf die „Oberdeutsche Form", wie sie in Baden und Württemberg üblich war, zurückging (Wilhelm Hayen, Oldenburgisches Kirchenrecht, Oldenburg 1888, S. 221-223). 1901 wird eine Erweiterung der Gottesdienstordnung genehmigt (GVBl, 6. Bd., S. 140 f.). Diese Erweiterung wird in der Kirchengemeinde Oldenburg eingeführt. In ihr werden für die Liturgie Melodien verwandt, die damals in der Kirche Altpreußens in Gebrauch waren. Sie gehen überwiegend zurück auf den Komponisten Dimitrij Bortnjanskij. Schon in Gottesdiensten der Bekennenden Kirche vor 1939 hatte man vereinzelt Anregungen der liturgischen Bewegung aus den Jahren nach dem 1. Weltkrieg aufgegriffen, z.B. in Delmenhorst (Reinhard Rittner, Pastor Paul Schipper - Kirchenkampf in Delmenhorst, in: Delmenhorster Kirchengeschichte, hrsg. von Rolf Schäfer und Reinhard Rittner, Delmenhorst 1991, S. 230 Abb.). Die Melodien, die bei der Neuordnung des Gottesdienstes nach 1945 in vielen Landeskirchen, darunter Oldenburg, übernommen wurden, stammen aus Liturgien der Reformationszeit, vor allem aus dem Straßburger Kirchenamt von 1525, und sind vermutlich großenteils von Matthäus Greiter (1490-1550) geschaffen (Otto Brodde, Evangelische Choralkunde, in: Leiturgia, hrsg. von Karl Ferdinand Müller und Walter Blankenburg, 4. Bd., Kassel 1961, S. 381 u. 394 f.).

hinaus. Die Wochenschlußandacht in der Form des alten kirchlichen Nachtgebets ist dafür wichtig.

Im Unterschied zu Stählin setzt Goltzen sich auch über Vereinbarungen hinweg. Was er als richtig erkannt hat, möchte er auch schnell umsetzen. So hält er im Oktober 1946 einen Gottesdienst mit der Frauenhilfe in der Form der Evangelischen Messe. Stählin mißbilligt ein solches übereiltes Vorgehen, auch wenn es sachlich berechtigt sei, und macht einen Vermerk in der Personalakte[122]).

Kindergottesdienst gibt es zunächst in der Garnisonkirche nicht, da das britische Militär die Kirche nach dem deutschen Gemeindegottesdienst, der dort auch schon um 9 Uhr stattfinden muß, für einen englischen Gottesdienst benötigt. Doch mit Beginn des Jahres 1950 geben die Briten ihren eigenen Gottesdienst auf. Der deutsche Gottesdienst kann wie in den anderen Kirchen auf 10 Uhr verlegt werden. Außerdem bietet sich die Möglichkeit, in der Garnisonkirche einen Kindergottesdienst einzurichten. Er findet erstmals am 8. Januar 1950 statt[123]). Die beiden Pastoren Goltzen und Riemer halten ihn abwechselnd. Als Ordnung wird eine Liturgie eingeführt, die als Grundstock das kirchliche Morgengebet enthält. Diese Ordnung wird dann im Evangelischen Kirchengesangbuch, Ausgabe Niedersachsen/Oldenburg, das zum 1. Advent 1951 eingeführt wird, als oldenburgische Kindergottesdienstordnung veröffentlicht.

Im Gemeindekirchenrat gibt es mehrfach eine teilweise heftig geführte Aussprache über die Liturgie. Goltzen selbst wird zu einem Vortrag darüber am 2. Dezember 1946 gebeten[124]). Scharfe Auseinandersetzungen gibt es, als die Garnisonkirche wieder ganz der Gemeinde zur Nutzung überlassen wird. Am 15. Februar 1950 bringen die Pastoren Wien, Nehm und Hinrichs im Gemeindekirchenrat einen Antrag ein, in dem es heißt: Die Gottesdienste in der Garnisonkirche sollen gehalten werden, wie es *in der Lamberti- und Auferstehungskirche üblich* sei; die Evangelische Messe solle *auf eine andere Tageszeit verlegt* werden[125]). Der beschlossene Antrag, der den Vertrag mit dem Oberkirchenrat vom 28. Januar 1946 und vom 5. November 1947 bricht, findet heftigen Widerspruch. Er wird besonders laut auf der Gemeindeversammlung am 27. Februar in der Garnisonkirche. In einer mehrstündigen Aussprache wird von vielen Teilnehmern dargelegt, *daß sich die bisherigen Besucher der Evangelischen Messe durch diesen Beschluß zurückgesetzt fühlten und daß es insbesondere die Jugend sei, die in der Evangelischen Messe ihre Heimat gefunden habe*[126]). Der Gemeindekirchenrat bleibt trotz der Einsprüche bei seinem Beschluß vom 15. Februar und konkretisiert ihn in seiner Sitzung vom 26. April dahingehend, daß die Evangelische Messe auf 8.30 Uhr verlegt wird; daran ändert auch eine vierstündige Aussprache am 22. Mai nichts mehr[127]).

Die Auseinandersetzungen um die Liturgie zeigen Differenzen in der Oldenburger Pfarrerschaft und in der Gemeinde, die, wie wir noch sehen werden, auch noch in

---

122) A. OKR Ol B XXIXa-487, Nr. 20.
123) Oldenburger Sonntagsblatt 1950, Nr. 1.
124) Protokollbuch des Kirchenrats Oldenburg 1939-1947, S. 138.
125) Protokollbuch des Kirchenrats Oldenburg 1947-1972, S. 73.
126) Oldenburger Sonntagsblatt 1950, Nr. 10.
127) Protokollbuch des Kirchenrats Oldenburg 1947-1972, S. 78 u. 82 f.

einem anderen Bereich zum Ausdruck kommen werden. Unter den Pastoren stehen auf der einen Seite Goltzen und Riemer, auf der anderen Hinrichs[128]), Nehm und Wien, während Rühe wohl eine vermittelnde Position einnimmt mit einer größeren Nähe zu Goltzen und Riemer als zu den drei anderen. Im Rückblick ist es schmerzlich, das so zu sehen. Denn der Unterschied etwa zwischen Goltzen und Wien war letztlich nicht so groß, wie es zu sein schien. Beide kamen aus der Bekennenden Kirche, hatten sich allerdings schon in der Ära der Kirchenausschüsse verschieden orientiert[129]). Das lag aber auch an den andersartigen Gegebenheiten in Brandenburg und in Ostpreußen. Beide hatten eine biblisch gegründete Theologie und Verkündigung, verbunden mit der lutherischen Rechtfertigungsbotschaft[130]). Beide standen kritisch zur liberalen Theologie[131]). Beide schätzten das Abendmahl hoch[132]). Auch Wien wollte nicht auf Liturgie verzichten. Die einfache Ordnung, die in manchen Oldenburger Landgemeinden in Gebrauch war und ist, schätzte er nicht. Er hing allerdings stärker als Goltzen an der Tradition der altpreußischen Kirche, in der er aufgewachsen war und in der er fast vierzig Jahre lang Pastor gewesen war. Dort sang man die seit 1901 auch in Oldenburg gebräuchlichen Melodien von Dimitrij Bortnjanskij (1751-1825). Wien erinnerte auch an das Heimatgefühl vieler Vertriebe-

---

128) Mit dem vor 1945 den DC angehörigen Hinrichs verband Goltzen übrigens die gemeinsame Zugehörigkeit zur studentischen Schwarzburgbundverbindung Nicaria.
129) Beide hatten allerdings zur BK auch kein ungebrochenes Verhältnis mehr. Wien, der sich in Oldenburg dem *Arbeitsausschuß für Kirchensachen* unter Tilemann anschloß, konnte gelegentlich äußern: Die Deutschen Christen in Oldenburg seien mit den Deutschen Christen in Ostpreußen nicht zu vergleichen; in Oldenburg fänden sich unter den DC sehr fromme Christen. Wahrscheinlich hängt eine solche Äußerung damit zusammen, daß auch im Arbeitsausschuß Leute aus der BK, den DC (z.B. Johannes Hinrichs) und Vermittelnde zusammenarbeiteten. Der Arbeitsausschuß selbst beurteilte die DC in Oldenburg und die durch sie gebildete Kirchenführung als gemäßigt, der man keine *Verkehrung der kirchlichen Ordnung vorwerfen* könne (Rechenschaftsbericht des Arbeitsausschusses für Kirchensachen in Oldenburg 1947-1956, Oldenburg 1957, S. 4). Das änderte für Wien allerdings nichts daran, seine Auseinandersetzung mit den DC in Ostpreußen, besonders mit Bischof Kessel, immer wieder hervorzuheben. Goltzen sah im Rückblick die Bindung innerhalb der BK vor allem dadurch begründet, daß man einen gemeinsamen Gegner hatte, während keine gemeinsame geistliche Basis vorhanden war. Deshalb war ihm das Auseinanderbrechen der BK nach dem Darmstädter Wort von 1947 nicht verwunderlich.
130) Hier standen Wien und Goltzen einander näher als Goltzen und Stählin. Stählin, der stärker von der liberalen Theologie geprägt war, hielt die Frage nach einem gnädigen Gott für eine Frage, die dem modernen Menschen nicht mehr viel bedeute. Im 20. Jahrhundert sei an diese Stelle die Frage nach der Existenz Gottes getreten. Kritisch zu Stählin meinte Goltzen, dies sei nur eine oberflächliche Vorfrage, der die tiefergehende nach dem gnädigen Gott folgen müßte. Wien hätte kaum anders reden können.
131) Das zeigt sich etwa an der Stellung zur Jungfrauengeburt und zur leiblichen Auferstehung Jesu Christi. Wien konnte zwar einräumen, daß noch nicht jeder so weit im Glauben sei, die Jungfrauengeburt Jesu zu bekennen, doch gewiß sei es das Ziel, dorthin zu gelangen. Für Goltzen war jede psychologische Beschäftigung mit Jesus undenkbar, weil der *Gottmensch* auf solche Weise nicht zu begreifen sei. Das Ostergeschehen schloß für Goltzen selbstverständlich die leibhafte Auferstehung ein. Für Wien ist der Zweifel an der Auferstehung nicht modern, sondern entspricht der ersten Reaktion der Jünger auf die Erscheinung des Auferstandenen, wie sie vor allem in Luk. 24,37-43 zum Ausdruck kommt, wo die Jünger Jesus für einen Geist halten. Der Zweifel an der Verfasserschaft des Apostels Paulus an manchen unter seinem Namen überlieferten Briefen war für Wien und Goltzen abwegig.
132) Für Goltzen war das Abendmahlsverständnis Luthers selbstverständlich. Wien konnte aus der unierten Tradition hier Konzessionen machen. Der Streit um das *est* zwischen Luther und Zwingli (1529) war für ihn nicht mehr so wesentlich, da das vermutlich ursprüngliche Jesuswort in aramäischer Sprache diese Copula gar nicht kannte.

ner und Flüchtlinge, die in Oldenburg im Unterschied zu manchen anderen westdeutschen Landeskirchen den von zu Hause gewohnten Gottesdienst vorfanden. Außerdem schien ihm in den Diskussionen der Jahre nach 1945 das Thema Liturgie einen unangemessen breiten Raum einzunehmen. Dadurch ging - nach seiner Meinung - Zeit für wichtigere Dinge verloren. Beide hatten - zwar unterschiedliche - Prägungen durch die Jugend- und die Singbewegung empfangen. Allerdings waren es bei Wien die mehr durch die Erweckung des 19. Jahrhunderts geprägten Schülerbibelkreise, bei Goltzen der „freiere" BDJ, der auch schon nach dem 1. Weltkrieg gemischte Gruppen von Mädchen und Jungen hatte[133]). - Die gemeinsame Stellung in der Frage des Nachfolgers von Bischof Stählin einte 1952 alle sechs Pfarrer der Kirchengemeinde Oldenburg. Mit der Mehrheit der Synode, aber anders als die meisten Pastoren der Landeskirche sprachen sie sich für Wilhelm Hahn als Bischof aus. Als 1950 mit der Gründung des Bundesgrenzschutzes die Wiederbewaffnung der Bundesrepublik Deutschland begann, die zum Rücktritt des damaligen Bundesinnenministers und späteren Bundespräsidenten Gustav Heinemann (1899-1976) führte, waren Wien und Goltzen gegen die Aufrüstung[134]). Bei allen Gegensätzen zwischen den beiden Männern scheint doch das Gemeinsame zu überwiegen, was aber nicht immer so empfunden wurde.

## 5. Wien und Goltzen in übergemeindlichen Aufgaben

Goltzen war 1946 mit der Absicht nach Oldenburg gerufen worden, daß er seine liturgischen Kenntnisse und Fähigkeiten für die ganze Kirche fruchtbar machen sollte. Vor allem sollte er Bischof Stählin bei seiner gottesdienstlichen Erneuerung zur Seite stehen. Dazu gehörte von Anfang an die Mitarbeit an den „Handreichungen zur liturgischen Ordnung", die der Oberkirchenrat ein Jahr lang als Beilage zum Gesetz- und Verordnungsblatt veröffentlichte[135]). Wichtiger noch ist die Freizeitarbeit, die in einem Haus am Quellenweg in Oldenburg, das der Oberkirchenrat damals gemietet hatte, durchgeführt wird. Hier wirkt Goltzen mit an Kursen für Pfarrer, Lehrer, Gemeindehelfer, Pfarrfrauen und Studenten. Bibelarbeit und Einüben in die Liturgie sind seine Arbeitsbereiche[136]).
Bald nach 1945 beruft der Oberkirchenrat *Kammern* als Gremien von Fachleuten, die dem Oberkirchenrat beratend zur Seite stehen sollen. Dazu gehören eine theologi-

---

133) Doch konnte sich auch darin ein stärkerer Gegensatz zeigen, als er uns heute noch verständlich ist. So schreibt Hermann Ehlers 1946 in einem Brief an Martin Niemöller: Er begegnete Stählin zunächst *aufgrund des alten inneren Abstandes von Bibelkreisen und BDJ mit nicht geringer Zurückhaltung* (Andreas Meier, Hermann Ehlers, S. 138). Nur zwischen Stählin und Ehlers hat dann dieser Abstand keine Rolle mehr gespielt.
134) Wien argumentierte bei Diskussionen im Schülerbibelkreis ähnlich wie Niemöller, daß Gott dem deutschen Volk 1945 die Waffen aus der Hand geschlagen habe. Goltzen meinte etwas scherzhaft, es gebe verschiedene unsympathische Dinge; auf einige könne man nicht verzichten wie Zahnarzt und Feuerwehr, andere seien überflüssig wie Militär.
135) Udo Schulze, Einleitung, in: Wilhelm Stählin, Oldenburger Nachkriegspredigten, hrsg. v. Udo Schulze (Niedersächsische Bibliothek Geistlicher Texte, Bd. 3), Hannover 1994, S. 16.
136) Goltzen (s. Anm. 55), S. 44.

sche und eine liturgische Kammer. Goltzen wird in beide berufen. In diesen Kammern geschieht außer in den Ausschüssen der Synode die Hauptarbeit für die gottesdienstlichen Reformen. Dabei gibt es auch unterschiedliche Ansätze bei Goltzen und Stählin. Dieser sieht den Gottesdienst stärker als ein ganzheitliches Geschehen, für den der Bezug zur Tradition der Kirche und zur Weltchristenheit gewiß wichtig ist. Goltzen denkt stärker liturgiehistorisch und achtet deshalb auf die Korrektheit der einzelnen gottesdienstlichen Teile. Beide ergänzen sich jedoch immer wieder. Stählin sieht die Entwicklungen in Kirche und Michaelsbruderschaft auch im Rückblick noch kritisch: Im Vergleich zu den Jahren vor dem 2. Weltkrieg *war alles viel korrekter, aber darum nicht richtiger geworden*[137]).

Auch Wien beschränkt seit 1948 seine Tätigkeit nicht auf das Gemeindepfarramt. Er wird in die kirchenordnunggebende Landessynode gewählt[138]). Nach den Erfahrungen in Königsberg hätte er sich gern lediglich der Gemeindearbeit gewidmet. Doch er läßt sich drängen, für die Synode zu kandidieren und die Wahl anzunehmen. Vor allem ist es wohl der *Arbeitsausschuß für Kirchensachen*, der ihm die Kandidatur nahegelegt hat. Dieser Arbeitsausschuß hatte sich 1947 um den früheren Oberkirchenratspräsidenten Heinrich Tilemann (1877-1956) gebildet, nachdem Hermann Ehlers Ende 1946 den Entwurf für eine neue Kirchenordnung vorgelegt hatte[139]). Er richtete sich gegen bestimmte Tendenzen dieses Entwurfs, z.B. Einrichtung einer sogenannten Kerngemeinde, Einschränkung des Rechtes der Pfarrerwahl durch die Gemeinde, Einführung des Propstamtes in den Kirchenkreisen und zu starke Machtbefugnisse des Bischofs. Außerdem stand er Stählins liturgischen Reformen kritisch gegenüber. Tilemann vertrat die Position des Arbeitsausschusses außer in Schriften auch in öffentlichen Vorträgen in den Städten Oldenburg und Delmenhorst[140]). Angefochten wurde von Tilemann in der Kirchengemeinde Oldenburg auch die in den Jahren 1946 und 1947 erfolgte Neubesetzung von Pfarrstellen mit Wien, Goltzen, Nehm und Riemer. Darüber kam es zwischen ihm und Rühe zu einer harten Auseinandersetzung auf der Gemeindeversammlung vom 23. Februar 1948 in Oldenburg[141]). Da Wien in dem Arbeitsausschuß mitarbeitete, wurde er als einer ihrer Vertreter in der Synode angesehen. Manche Vorschläge aus dem Arbeitsausschuß haben dann in den Erörterungen der Synode und des Verfassungsausschusses eine Rolle gespielt und Einfluß auf die 1950 verabschiedete Kirchenordnung gehabt. Die Amtszeit der kirchenordnunggebenden Synode endet 1951. Wien wird auch noch die nachfolgende 34. Synode (1951-1954) gewählt[142]).

Er scheint die Mitarbeit in der Synode als Last empfunden zu haben. Über engagierte Pastoren in der Synode urteilt er, daß sie zu viel Zeit in Beratungen über Verfassungsfragen und liturgische Ordnungen stecken. *Das sind nicht die vordringlichen*

---

137) Stählin (s. Anm. 58), S. 573 f.; vgl. auch dens., Um was geht es bei der liturgischen Erneuerung?, Kassel 1950.
138) GVBl, 13. Bd., S. 99.
139) Peter Zocher, Die Neuordnung der ev.-luth. Landeskirche in Oldenburg in der Nachkriegszeit (Oldenburger Studien, Bd. 37), Oldenburg 1995, S. 74.
140) Ebd., S. 74 f. u. 118.
141) Oldenburger Sonntagsblatt 1948, Nr. 8.
142) GVBl, 13. Bd., S. 185.

*Dinge*. Wichtiger ist, daß die Pastoren mehr Zeit haben, um *Besuche machen zu können*[143]). Aber zugleich beklagt er die sich verzögernde Herausgabe des neuen Gesangbuches, weil *ein großer Teil unserer Jugend, vor allem die Konfirmanden des Jahres 1950, ohne Gesangbuch gewesen sind, da auch das alte nicht mehr zu haben war.* Er wünscht jedoch, daß das Gesangbuch keinen Anhang mit Gottesdienstordnungen enthalten solle.

Goltzen ist in diesen Jahren verstärkt auch in außeroldenburgischen Gremien tätig. Hierher gehört vor allem die Mitgliedschaft in der Lutherischen Liturgischen Konferenz Deutschlands. Er hat hier an fast allen liturgischen Ordnungen in deutschen lutherischen Kirchen in der Zeit von 1950 bis zu seinem Tode mitgewirkt. Als anerkannter Fachmann wird er auch in den Mitarbeiterkreis des umfangreichen Werks *Leiturgia* berufen. Dort erscheint seine Arbeit über den Tagzeitengottesdienst[144]). Es ist bis heute die grundlegende Arbeit über dieses Gebiet im Bereich der evangelischen Christenheit. Die Evangelische Michaelsbruderschaft beruft Goltzen in diesen Jahren in ihren theologischen und in ihren liturgischen Arbeitskreis.

Nach dem Rücktritt von Wilhelm Stählin als Bischof in Oldenburg zum 30. April 1952 übernimmt Goltzen auch gottesdienstliche Aufgaben, die Stählin bisher durchgeführt hat. Dazu gehören vor allem die beiden Nachtgottesdienste zu Ostern und Weihnachten in der Osternburger Dreifaltigkeitskirche. Bisher hatte er in diesen Gottesdiensten nur als Diakon und Assistent mitgewirkt. Die Trauermetten, die Stählin in der Dreifaltigkeitskirche gehalten hatte, verlegt Goltzen 1953 in die Garnisonkirche.

Am 3. März 1954 wird Gerhard Jacobi zum Bischof von Oldenburg gewählt[145]). Nach seinem Besuch des Osternachtsgottesdienstes 1954 kommt es zu ersten Auseinandersetzungen über liturgische Fragen zwischen ihm einerseits, Goltzen und Riemer andererseits. Das gute Verhältnis zwischen Goltzen und Jacobi aus dem Kirchenkampf in Berlin-Brandenburg wird dadurch getrübt. Doch bleiben beide in einem Verhältnis gegenseitiger kritischer Anerkennung.

## 6. Johannes Wien als Pfarrer und Ruheständler in Oldenburg von 1954 bis 1966

Am 28. März 1954 wird die Christuskirche an der Harlinger Straße eingeweiht[146]). Diese vierte Kirche in der Kirchengemeinde Oldenburg und die am 15. April 1953 errichtete 8. Pfarrstelle)[147], die nun besetzt wird, führen zu einer Neuaufteilung der Pfarrbezirke. Jeder Kirche werden jetzt zwei Bezirke zugeordnet. Das „Karussellpredigen" wird aufgegeben.

---

143) Schreibmaschinenniederschrift über die 5. Tagung der kirchenordnunggebenden Landessynode. 1. Sitzung am Donnerstag, dem 23. November 1950, S. 15.
144) Herbert Goltzen, Der tägliche Gottesdienst. Die Geschichte des Tagzeitengebets, seine Ordnung und seine Erneuerung in der Gegenwart, in: Leiturgia (s. Anm. 121), 3. Bd., Kassel 1956, S. 99-296.
145) Warntjen (s. Anm. 30), S. 139.
146) Wolfgang Runge, Kirchen im Oldenburger Land, Bd. III, Oldenburg 1988, S. 145.
147) GVBl, 14. Bd., S. 30.

Wien wechselt den Pfarrbezirk und übernimmt an Stelle des bisherigen Nordwestbezirks, der drei Pfarrbezirken zugeteilt wird (Garnisonkirche-Nord, Garnisonkirche-Süd und Bürgerfelde-West), den aus dem Bezirk Nordost und Teilen des Bezirks Südwest gebildeten Pfarrbezirk Lambertikirche-Ost. Zu diesem Bezirk gehören vor allem die Innenstadt innerhalb des Walls, das Stau- und das Bahnhofsviertel. Damit wird Wien Pfarrer an der Lambertikirche. Dort übernimmt er auch (im Alter von 72 Jahren) die Leitung des Kindergottesdienstes[148]).

Am 7. Oktober 1956 kann Wien sein fünfzigjähriges Ordinationsjubiläum feiern - ein seltenes Ereignis für einen Pfarrer im aktiven Dienst. Doch schon seit April 1956 laufen die Bemühungen des Oberkirchenrats, ihn in den Ruhestand zu versetzen. Wien gelingt es, den Termin noch bis zum 31. März 1957 hinauszuschieben. Seinem Wunsch, noch wenigstens ein Jahr länger im aktiven Dienst zu bleiben, der auch durch mehrere Eingaben von Gemeindegliedern unterstützt wird, kommt der Oberkirchenrat nicht nach[149]).

Wien kann über die Versetzung in den Ruhestand hinaus noch weiter tätig bleiben. Da der Pfarrbezirk Ehnern an der Christuskirche zunächst nicht besetzt ist, wird er für die Zeit bis zum 30. November 1957 mit der Verwaltung dieses Bezirks beauftragt[150]).

Schon zum 6. Dezember kann Wien eine neue Aufgabe übernehmen. Im Stadtteil Dietrichsfeld, der nach der Neugliederung der Kirchengemeinde von 1954 überwiegend dem Bezirk Bürgerfelde-West zugeordnet worden war, waren große Neubaugebiete entstanden. Deshalb braucht der zuständige Pfarrer Walter Dannemann (geb. 1923) Entlastung. Der Oberkirchenrat beauftragt Wien am 6. Dezember *ab sofort mit der Versorgung des Gemeindeteils Dietrichsfeld*[151]).

Hier beginnt Wien, der nun - wie er gern erzählte - in den Teil der Kirchengemeinde zurückgekehrt ist, in dem er 1945 einmal angefangen hatte, noch einmal mit Gemeindeaufbau. In der Schule Dietrichsfeld wird Gottesdienst und Kindergottesdienst eingerichtet. Doch Wien wird gesundheitlich schwächer. Mehrere Unfälle führen zu längeren Krankenhausaufenthalten und zu Unterbrechungen der Arbeit. Im Jahr 1960 wird deshalb die Beauftragung endgültig aufgehoben. Aber Wien hat den Grund gelegt für die Errichtung eines eigenen Pfarrbezirks Dietrichsfeld, der am 1. Mai 1961 mit Johannes Volkers (geb. 1926) besetzt wird[152]). In der hier am 19. August 1962 eingeweihten Martin-Luther-Kirche[153]) hat er weiterhin Vertretungsdienste geleistet. Darüber hinaus steht er für Vertretungen im Oldenburger Land zur Verfügung.

Am Sonntag, dem 2. Januar 1966, hält Wien seinen letzten Kindergottesdienst. Der

---

148) Der Kindergottesdienst an der Lambertikirche lag bis 1954 in der Hand der Hilfsprediger Joachim Graf von Finckenstein (1946-49), Joachim Asmus (1949-50) sowie der Vikare Gerhart Orth (1950-52), Hermann Nelle (1952-53), Anton-Günter Gerdes (1953-54).
149) A. OKR Ol B XXIXa-489, Nr. 31-46.
150) Ebd., Nr. 48. Der Pfarrbezirk Ehnern umfaßt den Hauptteil des bis 1954 bestehenden Nordbezirks. Bis zum 30. April 1957 war hier Pastor Riemer tätig, der zum 1. Mai an die Lambertikirche wechselt.
151) A. OKR Ol B XXIXa-489. Die Angabe von Warntjen (s. Anm. 30), S. 81, die den 1. Juli 1958 nennt, bezieht sich auf eine Verlängerung des Auftrags.
152) Warntjen (s. Anm. 30), S. 86.
153) Runge (s. Anm. 146), S. 170.

Text ist Lukas 2,25-40, die Darstellung Jesu im Tempel zu Jerusalem. In diesem Text steht der Lobgesang des greisen Simeon mit den Worten: „Herr, nun lässest du deinen Diener in Frieden fahren, denn meine Augen haben deinen Heiland gesehen." Wien stirbt einen Tag später am 3. Januar. Am 7. Januar findet die Trauerandacht in der Auferstehungskirche statt, in der Pastor Orth den Lobgesang des Simeon auslegt. Anschließend wird Konsistorialrat Johannes Wien neben seiner 1953 verstorbenen Frau auf dem Gertrudenfriedhof bestattet.

## 7. Herbert Goltzen als Pfarrer in Cappeln (1954-1969) und als Ruheständler in Bayern (1969-1979)

Schon seit 1946 strebte Goltzen ein Landpfarramt an. Nach dem Rücktritt von Stählin bemüht er sich erneut darum. So gelingt es ihm schließlich, in die Diasporagemeinde Emstek-Cappeln zu wechseln. Zum 1. November 1954 wird er zum Pfarrer dieser Gemeinde mit dem Sitz in Cappeln berufen und dort am 10. November eingeführt[154]).

In dieser kleinen Diasporagemeinde kann Goltzen weithin verwirklichen, was ihm gottesdienstlich richtig zu sein scheint. Er hält sonntäglich die Evangelische Messe mit Predigt und Abendmahl. Wochenschlußandachten, festliche Gottesdienste zur Christnacht und zur Osternacht, die Gestaltung der Karwoche mit täglichen Andachten erweitern das Angebot. Eigene Kindergottesdienste hält er nicht. Die wenigen Kinder der Gemeinde sind zum Gottesdienst der Erwachsenen eingeladen. Da auch die Zahl der Konfirmanden klein ist, faßt er beide Jahrgänge in einer gemeinsamen Gruppe zusammen. Sie erhält einen an der Bibel und am Gottesdienst orientierten Unterricht. In Anerkennung seiner *Wirksamkeit für die Evangelisch-Lutherische Kirche in Oldenburg ernennt* der Oberkirchenrat Goltzen am 10. Februar 1965 *zum Kirchenrat*[155]).

Am 10. Juni 1966 tritt das Pastorinnengesetz der Evangelisch-Lutherischen Kirche in Oldenburg in Kraft[156]). Dieses Gesetz bedeutet die weitgehende Gleichstellung von Pastorinnen mit den Pfarrern. Im Vorfeld hatte es auch in Oldenburg zum Teil scharfe Auseinandersetzungen gegeben. Zu den schärfsten Gegnern des Gesetzes gehört Herbert Goltzen, der in Vorträgen unterstreicht, daß dieses Gesetz gegen Grundaussagen des Neuen Testaments und des lutherischen Bekenntnisses verstoße[157]).

Zum 31. Oktober 1969 tritt Goltzen in den Ruhestand[158]). Er zieht nach Weißensee bei Füssen im Allgäu, wo er sich mit seiner Frau ein Haus gebaut hatte. Es wird ein tätiger, zeitweise rastloser Ruhestand, den Goltzen angetreten hat. Weiterhin bleibt

---

154) GVBl, 14. Bd., S. 81.
155) A. OKR Ol B XXIXa-487, vgl. GVBl, 16. Bd., S. 46.
156) GVBl, 16. Bd., S. 96 f.
157) Wien war im Grunde auch Gegner des Pastorinnenamtes, hat sich aber bei den Auseinandersetzungen zu dieser Frage nicht mehr öffentlich geäußert. Bei Inkrafttreten des Gesetzes war er nicht mehr am Leben.
158) A. OKR Ol B XXIXa-487.

er liturgisch tätig, vor allem als Mitglied der Lutherischen Liturgischen Konferenz. An der Neuordnung der gottesdienstlichen Lesungen und der Predigttextreihen, die mit dem 1. Advent 1978 in Kraft treten, ist er maßgeblich beteiligt. Im Einkehrhaus der Evangelischen Michaelsbruderschaft *Kloster Kirchberg* hält er regelmäßig Freizeiten. Beim Deutschen Evangelischen Kirchentag wirkt er regelmäßig mit im Seelsorgeteam. An den Vorbereitungen des Kirchentags in Nürnberg 1979 war er noch beteiligt, bis der Tod ihn aus dieser Aufgabe herausriß.

Auch konkrete Gemeindearbeit leistet Goltzen immer wieder bis zuletzt. Seinen Nachfolger in Cappeln vertritt er regelmäßig während dessen Sommerurlaub. Häufig geht er als Kurseelsorger nach Südtirol und Oberitalien. In den Gemeinden des Allgäu ist er immer für Vertretungen bereit.

Ganz besonders liegt ihm an einer guten deutschen Bibelübersetzung, vor allem aber an der Bewahrung der sprachlichen Kraft des Luthertextes. Für seine eigenen täglichen Andachten benutzt er eine Lutherbibel aus der Zeit vor der Revision von 1912. Zornig reagiert er auf das Luther-NT 1975[159]. Er weist nach, daß es weder vom griechischen Urtext noch von der deutschen Sprachgestalt her annehmbar sei. Daß diese „Übersetzung" von Kirche und Bibelwerk zurückgezogen und 1984 durch eine neue Revision ersetzt worden ist, hat er nicht mehr erlebt.

Am 27. Juni 1979 ist der Kirchenrat Herbert Goltzen nach einem Verkehrsunfall und auf Grund eines inneren Leidens in Kaufbeuren verstorben. Am 30. Juni findet das Begräbnis in Weißensee statt. Bei der anschließenden Gedächtnismesse predigt sein langjähriger Freund aus der Niederlausitz und Michaelsbruder Karl Stechbart aus Lohne über den Text aus der Offenbarung 3,19-22.

## 8. Abschließende Gedanken

In den letzten Jahren sind manche Veröffentlichungen zur oldenburgischen Kirchengeschichte erschienen, so daß sich empfindliche Lücken allmählich schließen[160]. Dazu hat auch die Jahrestagung der Gesellschaft für niedersächsische Kirchengeschichte beigetragen, die im Juni 1992 in Oldenburg stattgefunden hat[161]. Fast alle Untersuchungen wenden sich dabei der eigenen oldenburgischen Tradition zu[162]. Dabei gerät manchmal aus dem Blick, daß in den Jahren nach 1945 ein bis dahin in dem Ausmaß nie vorgekommener Zustrom von Menschen nach Oldenburg stattge-

---

159) Herbert Goltzen, NT 75 - Lutherbibel oder Attrappe, in: Wissenschaft und Praxis in Kirche und Gesellschaft, hrsg. von Günter Brakelmann und Peter Stolt, 67, 1978, S. 378-397. Es gibt übrigens zu dieser Revision einen ebenso scharfen Rundfunkvortrag von Walter Jens.
160) Hier ist vor allem zu nennen: Rolf Schäfer, Kirchen und Schulen im Landesteil Oldenburg im 19. und 20. Jahrhundert, in: Albrecht Eckhardt und Heinrich Schmidt (Hrsg.), Geschichte des Landes Oldenburg, 1987, 4. A. 1993, S. 791-841.
161) Die Vorträge sind veröffentlicht in: Beiträge zur oldenburgischen Kirchengeschichte (s. Anm. 37). Darin besonders: Egbert Koolman u. Udo Schulze, Bibliographie zur oldenburgischen Kirchengeschichte, S. 235-288.
162) Ausnahme: Harald Schieckel, Pfarrer aus Schlesien in der Evangelisch-lutherischen Landeskirche von Oldenburg, in: Jahrbuch der Schlesischen Friedrich-Wilhelms-Universität zu Breslau 32, 1991, S. 273-279.

funden hat, wodurch sich das Bild vieler Gemeinden verändert hat, im Oldenburger Münsterland auch zahlreiche neue Gemeinden entstanden sind. Nicht ganz im selben Maß sind in den Jahren seit 1989 wieder viele Menschen aus den Nachfolgestaaten der Sowjetunion nach Oldenburg gekommen. Die Flüchtlinge und Heimatvertriebenen der Jahre 1945 und 1946 bildeten häufig den sichtbaren Kern der Gemeinden. Es war zwar auch bei den eingesessenen Oldenburgern 1945 zu einer stärkeren Beteiligung am kirchlichen Leben gekommen. Aber das flaute schon bald nach der Währungsreform ab. So konnte Kirchenrat Rühe in seinem Visitationsbericht 1949 schreiben, daß der größere Teil der Gottesdienstbesucher Flüchtlinge seien. Das galt sogar bei einem von den Altoldenburgern in seinem Pfarrbezirk sehr geschätzten Pfarrer wie Johannes Hinrichs[163]). Die Flüchtlings- und Vertriebenenwelle nach 1945 brachte - im Unterschied zu der nach 1989 - auch eine Reihe von Pastoren ins Oldenburger Land. Sie alle haben an der Gestalt der Kirche in ihrer heutigen Form Anteil. Ohne sie wäre mancherorts wohl auch die geistliche Versorgung der Gemeindeglieder zusammengebrochen. Zwei von ihnen sollten hier vorgestellt werden.

Goltzen und Wien haben sich mit ihren Gaben in die oldenburgische Kirche eingebracht. Im Unterschied zu vielleicht manch einem anderen Ostpfarrer haben beide das Ende des 2. Weltkriegs als eine Folge deutscher Schuld gesehen, so sehr sie auch den Verlust ihrer jeweiligen Heimat bedauert haben. Goltzen schreibt, daß es keine Flucht in die Unkenntnis geben kann. Sie klinge als Entschuldigung gegenüber den *Greueln des Nazizeitalters wenig glaubhaft*[164]). Daneben steht die Befürchtung, daß alte Frömmigkeitsformen, die in den östlichen Provinzen vorhanden waren, verlorengehen. Doch Wien und Goltzen haben sich wie die meisten übrigen Ostpfarrer der Herausforderung im Westen gestellt und neu Verantwortung übernommen. Ohne sie wäre wohl manches Blatt in der oldenburgischen Kirchengeschichte anders geschrieben worden.

---

163) A. OKR Ol A XXXIII 120-1, Nr. 42 u. 57.
164) Goltzen (s. Anm. 55), S. 45 f.

# Bücherschau*)

*Bertelsmann Lexikon Geschichte.* Hrsg. vom Lexikon-Institut Bertelsmann, bearb. von Wolf-Eckhard G u d e m a n n u.a. Gütersloh: Bertelsmann Lexikon Verlag GmbH 1996, ISBN 3-577-10584-4, 832 S., ca. 1800, zumeist farb., Abb., 100 Schautafeln, DM 69,-.

Das Lexikon-Institut des Bertelsmann-Verlags hat ein kompaktes Nachschlagewerk vorgelegt, welches dem Nutzer fundiertes Wissen zur Weltgeschichte in einem Band bietet. Historisches Faktenwissen von der Altsteinzeit bis in die allerjüngste Vergangenheit wird in über 12000 Stichwörtern vermittelt, die größtenteils von 42 akademischen Mitarbeiterinnen bzw. Mitarbeitern, darunter zahlreiche Professoren, verfaßt sind. Ein Redaktionsteam hat den Band abschließend bearbeitet, reichhaltig mit historischen Karten, Abbildungen, Graphiken, Stammtafeln, Wappen, Chronologien und Tabellen versehen und 50 Artikel als Schwerpunktthemen ausgewählt, die jeweils auf einer Doppelseite besonders dargestellt und illustriert sind. Über die getroffene Auswahl ließe sich streiten, aber die Methode, mit Schwerpunktthemen die strenge alphabetische Ordnung aufzulockern, ist sicherlich für Lexika interessant. Eine Einführung in die Benutzung des Lexikons (Reihenfolge, Sprachgebrauch, Verweise etc.), dazu ein Abkürzungsverzeichnis und das Verzeichnis der Mitarbeiter sind den Lexikonartikeln vorangestellt; am Schluß des Bandes sind die Abbildungsnachweise aufgelistet. Der geschichtlich interessierte Leser der Weser-Ems-Region findet in diesem Lexikon zwar nur wenige Begriffe seiner Heimat, dafür wird er ohnehin über die wichtigste regionalgeschichtliche Literatur verfügen; bei entsprechender Lektüre kann er aber unbekannte Sach- und Ortsbegriffe und Personen nachschlagen, die für die Geschichte wichtig waren oder auch noch bis heute fortwirken. Ebenso kann er sich in einer Zeit weltweiter Veränderungen und gesellschaftlicher Umbrüche durch das Bertelsmann Lexikon Geschichte rasch orientieren; da die Artikel verständlich geschrieben und inhaltlich umfassend informativ sind, eignet sich das Lexikon auch für Schüler und Studienanfänger. Matthias Nistal

---

*) Bearbeiter/innen: Prof. Dr. W. Barton/Oldenburg, Prof. Dr. H.-J. Behr/Münster, Dr. F. Both/Oldenburg, Dr. J. Deuter/Lauda-Königshofen, Dr. des. H. Düselder/Oldenburg, Prof. Dr. A. Eckhardt/Oldenburg, S. Famulla-Lietz/Oldenburg, J. Halbfaß/Oldenburg, Prof. Dr. A. Hanschmidt/Vechta, Dr. St. Hartmann/Berlin, Prof. Dr. R. Holbach/Oldenburg, Prof. Dr. K. Lampe/Dortmund, Dr. H.-J. Mews/Wilhelmshaven, Dr. Ch. Moßig/Hannover, Prof. Dr. B. Mütter/Oldenburg, Dr. M. Nistal/Oldenburg, Dr. B. Parisius/Aurich, Dr. M. Reinbold/Oldenburg, Dr. Ch. Reinders-Düselder/Cloppenburg, Prof. Dr. W. G. Rödel/Mainz, Dr. D. Rüdebusch/Lüneburg, Dr. A. Sander-Berke/Jever, Prof. Dr. R. Schäfer/Oldenburg, Dr. F.-W. Schaer/Oldenburg, Dr. H. Schieckel/Oldenburg, M. Schimek/Oldenburg, Dr. U. Schneider/Georgsmarienhütte, Prof. Dr. B. Schneidmüller/Bamberg, J. Schrape/Oldenburg, Prof. Dr. K.-L. Sommer/Lilienthal, H.-G. Vosgerau/Hatten, R. Wyrsch/Oldenburg.

*Die Weltgeschichte · Bd. 1: Anfänge der Menschheit und frühe Hochkulturen.* Hrsg. von der Brockhaus Redaktion. Leipzig · Mannheim: Brockhaus 1997, ISBN 3-7653-7401-6, 698 S., zahlr., zumeist farb., Abb. (= Brockhaus. Die Bibliothek), DM 208,-/228,-.
Mit der „Bibliothek" geht der altehrwürdige und renommierte Verlag neue Wege. Geplant sind fünf Reihen mit je sechs Bänden, in denen jeweils das Wissen „systematisch aufbereitet" und „ausgewählte Themen großer Wissensgebiete im Zusammenhang" behandelt werden.
Die hier anzuzeigende Weltgeschichte will „sowohl über die Entwicklung der Menschheit in den einzelnen geographischen Räumen der Erde als auch über die Beziehungen, die jeweils zwischen diesen Räumen bestanden", und speziell „über das politische Geschehen, die soziale Ordnung, das Wirtschaftsleben und den Alltag der Menschen" berichten. Das Gesamtwerk ist folgendermaßen gegliedert: Bd. 1: Anfänge der Menschheit und frühe Hochkulturen, Bd. 2: Antike Welten (bis 600 n.Chr.), Bd. 3: Um Glaube und Herrschaft (von 600 bis 1650), Bd. 4: Wege in die Moderne (von 1650 bis 1850), Bd. 5: Aufbruch der Massen, Schrecken der Kriege (von 1850 bis 1945), Bd. 6: Eine Welt und doch geteilt (seit 1945).
Bd. 1 hat folgende Hauptabschnitte: I „Woher kommt der Mensch?". Dort findet man, m.E. recht unpassend plaziert, eine sechsseitige Betrachtung „Was ist Geschichte?", in der Egon Boshof einen Überblick über europäische, d.h. eigentlich nur antike und deutsche, Geschichtsschreibung von Herodot und Thukydides bis zu den Göttinger Historikern Hermann Heimpel, Alfred Heuß und Reinhard Wittram bietet. Hauptsächlich auf Europa und den Vorderen Orient konzentriert sich Hauptabschnitt II „Die Zeit der Steine". Immerhin wird in Kapitel 3 „Steinzeit heute?" ausführlich auf die heutigen Naturvölker eingegangen (S. 90-102). Der - relativ kurze - Hauptabschnitt III „Metalle verändern die Welt - Bronze- und Eisenzeit" (S. 104-129) hätte unschwer mit dem vorhergehenden zusammengefaßt werden können, zumal auch er sich weitgehend auf Europa beschränkt. Der mit Abstand umfangreichste, fast die Hälfte des Bandes ausmachende Teil IV (S. 130-475) beschäftigt sich mit den frühen Hochkulturen im Vorderen Orient bis um 330 v.Chr., d.h. mit Ägypten, Mesopotamien und Kleinasien, mit der Brücke zwischen Orient und Okzident (Kreta, Phrygien, Lydien, Phöniker, Israel und Juda) und dem Perserreich. Es folgen als V und VI die frühen Hochkulturen in Südasien (Indien) und Fernost (China) sowie als VII ein relativ kurzer Abschnitt über die Skythen und andere Reitervölker. Eingefügt ist hier, sozusagen als Füllsel und Schlußbetrachtung, ein Diskurs über den Begriff Hochkultur (S. 674-677). Den Schluß bilden ein Bildquellenverzeichnis, Literaturhinweise und ein Namenregister (das historische Personen, mythologische Figuren und Götter, leider aber keine Orte aufführt).
Wenn sie auch eigentlich bei einem Werk dieser Art schon fast selbstverständlich ist, so soll doch die ausgezeichnete äußere Aufmachung mit einer riesigen Zahl von Farbabbildungen und vielen Karten besonders hervorgehoben werden. Übrigens ist der Band bereits in der neuen Orthographie gedruckt, was kaum auffällt.

Albrecht Eckhardt

Joachim Döring, Mamoun Fansa, Claus Feveile, Alexander Jager, Stig Jensen, Evert Kramer (Hrsg.): *Friesen, Sachsen und Dänen. Kulturen an der Nordsee, 400 bis 1000 n. Chr.* Katalog zur internationalen Wanderausstellung. Franeker: Van Wijnen [Oldenburg: Isensee] 1996, ISBN 3-89598-344-6, 112 S., 140, z.T. farb., Abb., DM 49,-.

Hans-Jürgen Häßler: *Die Altsachsen. Ein Streifzug durch die Frühgeschichte in Niedersachsen.* Oldenburg: Isensee 1996, ISBN 3-89598-331-4, 48 S., 47, großenteils farb., Abb. (= Begleithefte zu Ausstellungen der Abteilung Urgeschichte des Niedersächsischen Landesmuseums Hannover Heft 6), DM 14,-.

Der Katalog dokumentiert eine interessante, durch Zusammenarbeit zwischen dem Fries Museum in Leeuwarden, Den Antikvariske Samling in Ribe und dem Staatlichen Museum für Naturkunde und Vorgeschichte in Oldenburg ermöglichte Ausstellung. Sie suchte über neue Bodenfunde und systematische archäologische Forschung anstelle getrennter Betrachtung vor allem die Zusammenhänge zwischen den drei Nordseevölkern in den Vordergrund zu rücken. In einleitenden Artikeln werden diese in knappen Überblicken in ihrer Entwicklung jeweils von 400 bis 1000 n. Chr. behandelt, die Friesen von Evert Kramer/Ernst Taayke (S. 9-23), die Sachsen von Joachim Döring/Mamoun Fansa (S. 24-62) und die Dänen von Claus Feveile (S. 46-63). Es folgen, verfaßt von Alexander Jager unter Mitarbeit weiterer Autoren, thematische Einleitungen und Objektbeschreibungen, die in neun Themenbereiche gegliedert sind und von den materiellen Grundlagen bis zu religiös-magischen Vorstellungen reichen. Ungeachtet zwangsläufiger Überschneidungen entsteht auf solche Weise ein facettenreiches Bild, das - ist auch das einleitende Wort von einer Art frühem „Hanse-Bündnis" der Küstenvölker etwas gewagt - deren zahlreiche Gemeinsamkeiten und engeren Kontakte durchaus deutlich macht. - Das von Hans-Jürgen Häßler verfaßte, preiswerte Begleitheft zur Ausstellung in Hannover „Die Altsachsen" bietet für diesen Stamm einen gut lesbaren, informativen Überblick, der die verschiedensten Bereiche von der Besiedlung, den politischen Verhältnissen und der Wirtschaft bis zu Alltagsleben, Religion und Kult umfaßt.

Rudolf Holbach

Willi Wegewitz: *Das Abenteuer der Archäologie. Erlebte Vorgeschichte. Archäologische Untersuchungen und Funde im Gebiet der Niederelbe vom 18. Jahrhundert bis zur Gegenwart.* Oldenburg: Isensee 1994, ISBN 3-89442-230-0, 376 S., 408, z.T. farbige, Abb., (= Veröffentlichungen der urgeschichtlichen Sammlung des Landesmuseums zu Hannover, Band 45), DM 80,-.

Der Autor W. Wegewitz hat sein jüngstes und leider auch sein letztes Buch im Alter von 95 (!) Jahren publiziert. Es wird eine Forschungsgeschichte präsentiert, die bis in das 18. Jh. zurückverfolgt wird.

Schon der Titel „Erlebte Vorgeschichte" zeigt an, daß der Autor die Archäologie in den abgehandelten Landkreisen Stade und Harburg durch seine Tätigkeiten entscheidend geprägt hat, und somit bietet die Publikation auch einen Lebensbericht und eine Zusammenstellung der zahlreichen Ausgrabungen, die W. Wegewitz durchgeführt hat.

Die Veröffentlichung ist mit hervorragendem Abbildungsmaterial versehen, flüssig und gut lesbar geschrieben und darüber hinaus wissenschaftlich korrekt. Es wird

Archäologie in erzählender Form geboten; dabei zeichnet der Autor sein eigenes Leben nach, das unter anderem der Archäologie gewidmet war. Ihm war auch die Öffentlichkeitsarbeit stets ein besonderes Anliegen. Das wird deutlich durch die Gründung des Freilichtmuseums Kiekebusch; auch Rekonstruktionen wie der Klappstuhl aus Daensen oder etwa das Totenhaus von Marmstorf zeigen sein Bestreben, Archäologie nachvollziehbar darzustellen.

In der Einleitung werden Probleme der Denkmalpflege behandelt. Über die Beschreibung der Zerstörung archäologischer Denkmale z. B. durch Steinsammler kommt er zur Erläuterung der ersten gesetzlichen Maßnahmen und der Gründung der „Vereine für Geschichte und Alterthümer" der Herzogtümer Bremen und Verden und des Landes Hadeln in Stade. Bemerkenswerte Zufallsfunde, die bei den Zerstörungen ans Tageslicht kamen, finden eingehende Erwähnung.

Danach folgt eine Beschreibung von vier Urnenfriedhöfen, die durch Acker- bzw. Straßenbau oder Kultivierungsmaßnahmen bereits zum Teil zerstört wurden. Dennoch konnte durch die Tätigkeit der Geschichtsvereine noch einiges an Fundmaterial gerettet werden. In diese Darstellung der „alten Ausgrabungen" hat Wegewitz eine globale Forschungsgeschichte eingebunden. So erhält beispielsweise auch die Erstellung des Dreiperiodensystems durch die „Vorväter der Vorgeschichtsforschung" eine Würdigung.

Es folgt regional und zeitlich unterteilt eine Abhandlung der Ausgrabungen und Funde im östlichen Hannover, im Regierungsbezirk Stade und schließlich der Denkmalpflege im Landkreis Harburg zur Zeit der Tätigkeit des Autors. Die einzelnen Berichte enthalten inhaltlich gegliedert die Fundgeschichte, Angaben zu den beteiligten Personen und eine Fund-/Befundbeschreibung; dabei wirft das „Insiderwissen" des Autors immer wieder Schlaglichter auf besondere Umstände und die beteiligten Personen.

Wegewitz vollzieht seine eigene Tätigkeit und Entwicklung, die 1924 im Kreis Stade begann, nach. Der 1927 ausgegrabene kleine langobardische Friedhof von Bliedersdorf im Niederelbegebiet erfährt in dieser Publikation sogar eine erste zusammenfassende Darstellung.

Das Buch ist nicht nur für den interessierten Laien, sondern auch für Fachkollegen ein wichtiges Nachschlagewerk. Die Publikation bietet einen zusammenfassenden schnellen Überblick über die zahlreichen Ausgrabungen, die der Autor in den Landkreisen Stade und Harburg durchgeführt und in zahlreichen Einzelveröffentlichungen vorgelegt hat. Die Funde und Fundstellen und daraus gezogene Erkenntnisse haben auch überregional eine herausragende Bedeutung erlangt.

Frank Both

Hans Heinrich S e e d o r f und Hans-Heinrich M e y e r : *Landeskunde Niedersachsen. Natur- und Kulturgeschichte eines Bundeslandes. Bd. II: Niedersachsen als Wirtschafts- und Kulturraum.* Bevölkerung, Siedlungen, Wirtschaft, Verkehr und kulturelles Leben. Neumünster: Wachholtz 1996, ISBN 3-529-05113-6, 896 S., 300 (davon 1 farb.) Abb., 60 Fotos im Text, 24 Farbtaf., DM 98,-.

Vier Jahre nach Bd. I dieser umfassenden modernen Landeskunde (vgl. die Besprechung im Oldenburger Jahrbuch 93, 1993, S. 173 f.) ist der abschließende Bd. II, finanziell gefördert vor allem vom Niedersächsischen Landtag (dessen Präsident

Horst Milde ein Geleitwort geschrieben hat), herausgekommen. Neben den Hauptautoren haben weitere 17 Wissenschaftler/innen einzelne Beiträge geliefert. Wie in Bd. I wurde auch hier „nicht nach dem historischen, sondern nach dem *landeskundlichen Prinzip* verfahren: Erdgeschichtliche und historische Abläufe werden unter dem Gegenwartsaspekt gesehen", d.h. „nur in den Teilen berücksichtigt, die für die Gegenwart von Bedeutung sind" (S. 7). Der Bd. gliedert sich in acht thematische Hauptabschnitte: A. Einführung, B. Bevölkerung, C. Siedlungen, D. Wirtschaft, E. Verkehr, F. Energieversorgung, G. Kulturelles Leben, H. Die Entwicklung von Raumordnung, Landes- und Regionalplanung in Niedersachsen. Den Schluß bilden ein Rückblick (I.), ein Literaturverzeichnis (J.), ein Verzeichnis der insgesamt 157 Tabellen (K.; das Abbildungsverzeichnis findet sich dagegen vorne bei der Inhaltsübersicht) und ein Stichwortregister (L.).

Dieses wissenschaftlich gut fundierte und hervorragend aufgemachte Werk (wobei man sich über die Farbtafeln hinaus noch mehr Farbabbildungen zum Text gewünscht hätte, was aber wohl nicht finanzierbar war) ist leichtverständlich geschrieben und liest sich ausgesprochen gut, bietet dabei eine riesige Fülle nützlicher Informationen bis hin z.B. zu den in Niedersachsen verbreiteten Hörfunk- und Fernsehprogrammen oder den Heilbädern und Kurorten des Landes.

Bei dem beachtlichen Umfang sind einzelne Versehen und Fehler natürlich nicht ganz vermeidbar. In Hinblick auf eine zweite Auflage seien wenigstens einige auf diese Region bezügliche Korrigenda angeführt. Auf S. 87 (Abb. 44/Tab. 11) ist ein Großteil der Städtenummern durcheinandergeraten, in Abb. 98 (S. 156) Hude mit Blankenburg verwechselt. Die Charakterisierung Wildeshausens als „Kaufmannssiedlung, die ihr Stadtrecht jedoch wieder verlor" (S. 155, vgl. auch die irrige Signatur auf Abb. 95c S. 153), ist zumindest mißverständlich. Das Oldenburger Jahrbuch wird vom Oldenburger Landesverein allein und nicht zusammen mit der Oldenburgischen Landschaft (als deren Entstehungsdatum besser 1975 als 1974 angegeben werden sollte, S. 792) herausgegeben, die Stadt Oldenburg hat 150000, nicht nur 140000 Einwohner (S. 201, vgl. auch S. 175), usw. Insgesamt sind dies nur Kleinigkeiten, die den sehr soliden Eindruck dieses Werkes in keinerlei Weise beeinträchtigen. Es kann jedenfalls uneingeschränkt zur Lektüre oder auch nur zum gezielten Nachschlagen empfohlen werden.

Albrecht Eckhardt

Joachim K u r o p k a / Hermann v o n L a e r: *Woher kommt und was haben wir an Niedersachsen?* Cloppenburg: Runge 1996, ISBN 3-926720-23-9, 386 S., einige, z.T. farb., Abb. (= Vechtaer Universitätsschriften Bd. 16).

Der 50. Jahrestag der Gründung Niedersachsens als politische und territoriale Einheit, als Bundesland der Bundesrepublik Deutschland, gab verschiedentlich und wiederholt Anlaß, über die *terra Saxoniae* als Raumkategorie, über nahezu fünf Jahrhunderte abgrenzbare Landesgeschichte und fünf Jahrzehnte Zeitgeschichte in Niedersachsen zu reflektieren und zu publizieren. Der hier anzuzeigende Band ist aus einer Ringvorlesung an der Universität Vechta - deren Existenz bereits eine niedersächsische Spezialität ist - im Sommersemester 1995 hervorgegangen. Er vereint zwölf Beiträge, wovon vier der ersten Hälfte des Titels verpflichtet sind (*Woher kommt Niedersachsen?*). Der Germanist Kürschner erläutert sprachwissenschaftlich

Herkunft und Bedeutungswandel des Begriffs *Niedersachsen*, erfreulicherweise ohne Verwendung von Spezialtermini, in flüssiger, teilweise launiger Diktion. Seinen Fachkollegen Papp beschäftigt das Bild der (Nieder-)Sachsen in der deutschen Literatur, und er zeichnet mit einer beeindruckenden Fülle von Belegen den Wandel in der Perzeption vom kriegerischen, gemütskalten, biersaufenden nordischen Haudegen zum gemüthaften, heimatverbundenen, praktisch-vernünftigen Menschenschlag unserer Tage. Die Historiker Hucker und Hanschmidt widmen sich der Landesgeschichte im engeren Sinne: jenen interessiert Niedersachsen als Raumkategorie im Mittelalter, dieser zeichnet unter dem polemischen Titel „Hannovers Griff nach Westen" die allenthalben bekannten Etappen niedersächsischer Landesgeschichte seit 1500 nach. Beide betonen spezifische Identitäten, Bewußtseinshorizonte und Beharrungskräfte in (Süd-)Oldenburg („Oldenburgs Gegenwehr"). Hanschmidts Ausführungen zur eigentlichen Gründungsgeschichte Niedersachsens bleiben leider oberflächlich. *Was haben wir an Niedersachsen?* Der Politologe Waas stellt Besonderheiten der nds. Landesverfassung vor, die von 1951 bis 1993 eine „vorläufige" war, und er beschäftigt sich vor allem mit der Frage der Ausgestaltung der Volkssouveränität. Die Beiträge von Peithmann über die Geschichte der Raumplanung (zwischen wissenschaftlicher Begründung, staatlicher Dominanz und kommunaler Eigenständigkeit) und Ehrnsberger über Naturschutz (ehrenamtliche Naturschutzarbeit contra traktorgerechte Gestaltung der Nutzflächen) bieten interessante Einblicke, die üblicherweise nicht behandelt werden. Gleiches gilt für die Ausführungen der einzigen Autorin, Annabel Nierman, die sich mit der Instrumentalisierung nds. Kultfiguren in der NS-Zeit beschäftigt (Widukind, Stedinger, Eulenspiegel, Löns). Interessant zu lesen auch die Ausführungen des Politikwissenschaftlers Kießling über den privaten Hörfunk in Niedersachsen, der Zusammenhang bzw. der Bezug zum Thema bleibt gleichwohl verborgen. Inhaltlich schlecht aufeinander abgestimmt sind die Beiträge von Kuropka und Morawietz. Dieser handelt über *den* Dauerbrenner niedersächsischer Landespolitik schlechthin: die Schulpolitik (Kontinuität oder Zickzackkurs), die im Grunde auch Gegenstand von Kuropkas Arbeit ist, wobei er aber Reflexionen über die Katholiken als Minderheit in Niedersachsen vorausschickt und in streng katholischer Perspektive die Kerninstitutionen wie konfessionelle Lehrerbildung, die Bekenntnisschule, das Reichskonkordat und den Staatskirchenvertrag behandelt. Inhalte kommen dabei leider zu kurz. Wenngleich im Zuge der fortgeschrittenen Säkularisierung die Konfessionsfrage an früherer Brisanz (erfreulicherweise) verloren hat, bemüht Kuropka in der Einleitung einen für den Rez. nicht nachvollziehbaren Vergleich: Kroaten in Serbien, Katholiken in Niedersachsen. Was die Niedersachsen an Südoldenburg haben, erklärt uns der Mitherausgeber von Laer. Nach einer Philippika auf die Wirtschaftspolitik früherer und gegenwärtiger Landesregierungen (in Verbindung mit einer allgemein düsteren Prognose) widmet er sich der wirtschaftlichen Entwicklung des Oldenburger Münsterlandes (die fraglos bemerkenswert, aber auch ökonomisch nicht ohne Schattenseiten ist), und er stellt uns einen „wirtschaftlich unglaublich dynamischen Raum" vor, eine Region, die (angeblich) zu den reichsten der Republik gehört, und nennt sieben bedenkenswerte Gründe für den Erfolg; einer könnte tatsächlich die relativ kleine Zahl postmoderner Oberstudienräte in der Region sein.

Ullrich Schneider

Friedrich-Wilhelm S c h a e r : *Geschichte des Niedersächsischen Staatsarchivs in Oldenburg vom 17. bis zur Mitte des 20. Jahrhunderts.* Oldenburg: Holzberg 1996, ISBN 3-87359-393-9, 95 S., 16 Abb. (= Veröffentlichungen der Niedersächsischen Archivverwaltung. Inventare und kleinere Schriften des Staatsarchivs in Oldenburg Heft 41), DM 12,-.

Anlaß der Veröffentlichung ist die Verlegung des damaligen „Großherzoglichen Haus- und Zentralarchivs" in das erste „Zweckgebäude" am Äußeren Damm in Oldenburg vor 150 Jahren. Der Verf., der lange Jahre als Archivar im Staatsarchiv Oldenburg tätig gewesen ist, richtet zunächst seinen Blick auf das alte oldenburgische „Landesarchiv", dessen Errichtung mit der Bildung der oldenburgischen Zentralbehörden am Ende des 16. und Anfang des 17. Jahrhunderts in Verbindung steht. Große Bedeutung hatte das Wirken des 1604 zum Kanzler berufenen Dr. jur. Johann Prott, der die Ämter von Notarius Publicus und Kanzleisekretär trennte und letzterem die Kanzleiregistratur unterstellte. Mit dem 1684 zum Archivar bei der Oldenburger Regierungskanzlei ernannten Gerhard von Asseln wurde dieses Amt auf eine neue verwaltungsrechtliche Basis gestellt. In der Dänenzeit erwarb sich Johann Heinrich Schloifer bei der Rückführung des im Rathaus ausgelagerten Archivs in das Oldenburger Schloß Verdienste. Zu den herausragenden Oldenburger Archivaren gehörten Christian Ludwig Runde, der aus Mecklenburg stammende Adolf Friedrich Kohli und der ehemalige „Collaborator" am Eutiner Gymnasium Wilhelm Leverkus - sein Ziel war, alle älteren Urkunden aus den verschiedenen Fonds nach und nach zu erfassen -, wobei ihm allerdings das Provenienzprinzip noch nicht bekannt war.

Den Anstoß zur Entwicklung des „Großherzoglichen Haus- und Zentralarchivs" zur landesgeschichtlichen Forschungsstätte gab der 1889 aus Preußen berufene Georg Sello, dessen Arbeiten in Systematik und Darstellungsweise für die oldenburgische Landesgeschichte richtungweisend waren. Mit Hermann Oncken begründete er 1892 das „Jahrbuch für die Geschichte des Herzogthums Oldenburg". An diesem Kurs hielt der 1932 zum Archivleiter ernannte Hermann Lübbing fest, dessen Dienstzeit bis 1945 von den unruhigen Jahren der nationalsozialistischen Herrschaft geprägt war. Nach Kriegsende konnte er seine Fähigkeiten im Spannungsbereich zwischen hannoverschem Zentralismus und oldenburgischem Partikularismus unter Beweis stellen. Abschließend werden die räumliche und personelle Erweiterung des Staatsarchivs unter Eberhard Crusius mit dem großen Um- und Erweiterungsbau zwischen 1959 und 1964 behandelt. Ein Überblick über die Ordnung und Gliederung der Archivbestände in der „Ära" Crusius rundet den informativen Band sinnvoll ab.

Stefan Hartmann

*Aus der Arbeit des Geheimen Staatsarchivs Preußischer Kulturbesitz,* hrsg. von Jürgen K l o o s t e r h u i s . Berlin: Selbstverlag des Geheimen Staatsarchivs PK 1996, 347 S., einige Abb. (= Veröffentlichungen aus den Archiven Preußischer Kulturbesitz. Arbeitsberichte 1), DM 20,-.

Kein anderes deutsches Staatsarchiv hat nach dem Zweiten Weltkrieg so sehr unter der Teilung des Landes in zwei Staaten gelitten wie das Geheime Staatsarchiv in Berlin-Dahlem. Kein anderes deutsches Staatsarchiv hat folgerichtig nach der Niederlegung des Eisernen Vorhangs einen fast völligen Neuanfang erfahren wie eben dieses Geheime Staatsarchiv. Die seit den 1950er Jahren in Merseburg verwahrten Dahlemer Bestände sind inzwischen längst nach Berlin zurückgekehrt.

Um die Zusammenfügung der einst voneinander getrennt gewesenen Aktenmassen sowie die Integration des aus Merseburg übernommenen Personals hat sich der frühere Leiter des Geheimen Staatsarchivs Werner Vogel besonders verdient gemacht. Als Vogel 1995 in den Ruhestand trat, nahm dies Jürgen Kloosterhuis zum Anlaß, zusammen mit seinen Mitarbeitern einen ersten Arbeitsbericht zu veröffentlichen und diesen seinem Vorgänger zu widmen.

Der Inhalt des lesenswerten Buches kann hier nicht einmal stichwortartig referiert werden. Der erste Teil bezieht sich in fünf Beiträgen auf die „Verfassung und Verwaltungsgeschichte Brandenburg-Preußens". Der zweite Teil behandelt „Das Geheime Staatsarchiv Preußischer Kulturbesitz und seine Bestände". Von dessen acht Artikeln kann der Rez. leider nur zwei herausgreifen. Johann Lehmann (†) hat die z.T. abenteuerlich anmutende Geschichte der 1944 nach Staßfurt und Schönebeck ausgelagerten Bestände bis zu ihrer Unterbringung in Merseburg (1949) lebendig beschrieben. W. Elstner gibt einen ersten Überblick über die beiden ersten Hauptabteilungen des Geheimen Staatsarchivs, die den historischen Kern des Archivs bilden. Solange es keine moderne Beständeübersicht des Dahlemer Archivs gibt, wird man gern auf diese lange Liste der alten X „Reposituren" aus der Zeit vor 1945 zurückgreifen.

Friedrich-Wilhelm Schaer

*Bremisches Jahrbuch.* In Verbindung mit der Historischen Gesellschaft Bremen hrsg. vom Staatsarchiv Bremen. *Band 74/75, 1995/96.* Bremen: Selbstverlag des Staatsarchivs Bremen [1996], ISSN 0341-9622, 376 S., einige Abb., DM 38,-.

Das Bremische Jahrbuch 1995/96 steht im Zeichen des Linzer Diploms, mit dem Kaiser Ferdinand III. 1646 Bremen zur reichsunmittelbaren Stadt erhob und das „seit 350 Jahren die rechtliche Grundlage für die staatliche Selbständigkeit" Bremens ist. Hartmut Müller geht dabei insbesondere den Anstrengungen und den mannigfaltigen Zahlungen nach, die noch nötig waren, ehe Bremen nach der Ausstellung tatsächlich in den Besitz des Diploms gelangte.

In einem kunstgeschichtlichen Aufsatz untersucht Silvia Schlegel das „Bronzetaufbecken im Bremer St.-Petri-Dom". Andreas Röpcke behandelt Entstehung und Geschichte der schon 1524 abgebrochenen vorstädtischen Kirche St. Michael und ihrer Gemeinde und gibt nebenbei und gekonnt Einblicke in Strukturen und Rechtshandlungen des Mittelalters. Marianne Schwebel beschäftigt sich mit zwei Linien von Trägern des Namens Stein des 16. und 17. Jahrhunderts. Das Bremer Gesellschaftstheater des Freiherrn Knigge 1791/92 stellt Michael Rüppel vor. Klaus Schwarz kommt in der Studie über den „Weserlachs und die bremischen Dienstboten" zu dem Ergebnis, daß - anders als oft behauptet - Lachs stets ein teures „Herrenessen" gewesen sei. Den eigentlichen Beginn und die frühe Entwicklung des Schulbaus unter dem bremischen Baudirektor der Jahre 1846 bis 1875 beschreibt Rolf Gramatzki. Gert Gröning und Uwe Schneider machen aufmerksam auf das Werk des Bremer Gartenarchitekten Christian Roselius (1871-1945), dessen gewaltiger Nachlaß (etwa 1700 Pläne) im Staatsarchiv aufbewahrt wird.

Der besonders lesenswerte Aufsatz von Herbert Schwarzwälder über die zeitgeschichtliche Seite eines Militärjustizverfahrens gegen eine junge Bremerin wegen „Wehrkraftzersetzung" und der anschließenden Strafverbüßung behandelt vor allem die menschliche Seite. Alle Quellen, auch der Urteilstext und sogar unzensierte Briefe aus dem Zuchthaus, sind dem Autor von der Betroffenen zur Verfügung gestellt worden; sie selbst konnte im Gespräch Ergänzungen geben.
Der Band schließt mit einem Beitrag von Karl Heinz Brandt im Rahmen der archäologischen Landesaufnahme zu Denkmälern und Funden in der Gemarkung Arbergen.

Christian Moßig

*Delmenhorster Heimatjahrbuch 1996.* Delmenhorst: Rieck 1996, ISBN 3-920794-54-0, 89 S., mehrere Abb.
Auf der Mitgliederversammlung des Delmenhorster Heimatvereins im November 1995 wurde beschlossen, das von 1929-1936 erschienene Heimatjahrbuch wieder neu aufzulegen. Erscheinen sollte es zum 625jährigen Stadtjubiläum 1996. Das Heimatjahrbuch soll das Schrifttum über die Geschichte der Stadt vervollständigen und allen Delmenhorstern eine Hilfe dabei sein, die Stadt- und Grafschaftsgeschichte nachzuvollziehen und zu verstehen. Der Einstieg in das neue Heimatjahrbuch beginnt mit einem kritischen Rückblick auf die Geschichte der Heimatbewegungen in Niedersachsen, im Deutschen Reich und später in der Bundesrepublik. Eingegangen wird auf das Wirken der Heimatdichter Hermann Allmers und Hermann Löns. Geschildert wird die konservative bis reaktionäre Ausprägung der Heimatvereine bis zum Ende des Zweiten Weltkrieges. Der Einwanderung der für die Industrie so notwendigen ausländischen Arbeiter und Arbeiterinnen, vornehmlich aus dem Osten Europas, begegneten die Heimatvereine mit offenem Fremdenhaß, besonders gegen die Menschen slawischer Abstammung. Dem Rückblick auf die Geschichte der Heimatbewegungen folgt der Nachdruck eines Aufsatzes von August Freudenthal aus dem Jahre 1895 über die Geschichte der Burg und der Grafen von Delmenhorst. Dem schließt sich eine Abhandlung über die Baugeschichte der Burg im Kontext der Weserrenaissance und über das Schicksal des Delmenhorster Musikers August Kühnel an. Den Abschluß bildet der Jahresbericht 1995 des Delmenhorster Heimatvereins. Das neue Delmenhorster Heimatjahrbuch ist mit großer Sicherheit eine Bereicherung für alle, die stadt- und regionalgeschichtlich interessiert sind.

Jürgen Halbfaß

Kirstin C a s e m i r und Uwe O h a i n s k i: *Niedersächsische Orte bis zum Ende des ersten Jahrtausends in schriftlichen Quellen.* Hannover: Hahn 1995, ISBN 3-7752-5843-6, 167 S., 1 Karte im Anhang (= Veröffentlichungen der Historischen Kommission für Niedersachsen und Bremen II: Studien und Vorarbeiten zum Historischen Atlas Niedersachsens Bd. 34), DM 42,-.
Fast 20 Jahre nach dem von Detlev Hellfaier und Martin Last erstellten Verzeichnis „Historisch bezeugte Orte in Niedersachsen bis zur Jahrtausendwende" (Hildesheim 1976) wird eine grundlegende Neubearbeitung vorgelegt, die bei der Identifizierung der Ortsnamen gegenüber dem Vorgängerwerk nicht nur die neuen Verwal-

tungszugehörigkeiten nach der niedersächsischen Gebietsreform nennt. Vielmehr sind zahlreiche quellenkundliche und ortsnamengeschichtliche Forschungen berücksichtigt, die nicht zuletzt von der Publikation von 1976 angeregt wurden. Freilich waren es nicht allein bloße Korrekturen oder die Berücksichtigung verbesserter Quelleneditionen, die das ursprüngliche Verzeichnis von 565 auf jetzt immerhin 955 belegte Orte anwachsen ließen, sondern vor allem die Aufnahme neuer Quellen aus der Zeit der Jahrtausendwende bzw. kurz danach (z.B. die Chronik Thietmars von Merseburg), die Zeugnis von der anwachsenden Schriftlichkeit ablegen. So können gegenüber dem Vorgängerwerk im Landkreis Oldenburg nicht nur neue Belege verzeichnet, sondern zusätzlich noch die Orte Ahlhorn, Glane, Großenkneten, Iserloy, Kleinenkneten, Pestrup und Spasche, im Landkreis Vechta Bakum, Bergfeine (?), Bonrechtern, Craesheim, Deindrup, Einen, Erlte, Grapperhausen, Hagstedt, Harme, Hinnenkamp, Hogenbögen, Holte (?), Holzhausen, Hörsten, Lahr, Lüsche, Märschendorf, Norddöllen, Siedenbögen und Wenstrup für das erste Jahrtausend reklamiert werden.

Die methodischen Probleme eines solchen Verzeichnisses liegen auf der Hand, insbesondere wenn man die Kartierung schriftlich belegter Ortsnamen mit den archäologischen Befunden vergleicht, dabei erhebliche Diskrepanzen feststellt und diese aus den Bedingungen der lateinischen Schriftkultur und den Zufällen der Überlieferung erklären muß; konsequent ist beispielsweise Braunschweig, erstmals 1031 in einer Urkunde und eben nicht wenige Jahre zuvor von Thietmar erwähnt, trotz der eindrucksvollen stadtarchäologischen Befunde seit dem 9. Jh. ausgeschieden. Die Schwierigkeiten der sicheren Identifizierung von vielfach nur einmal bezeugten Ortsnamen mit heutigen Kommunen treten in den vorzüglichen geschichtlichen Ortsverzeichnissen für einzelne Gebiete mit ihren Belegen über die Jahrhunderte deutlicher zutage und konnten in den von Casemir und Ohainski vorgelegten Listen ebensowenig erörtert werden wie einzelne speziellere Datierungsprobleme. Gleichwohl wird vor allem der ortsgeschichtlich interessierte Benutzer dankbar dieses Verzeichnis zur Hand nehmen, auch wenn sich die magische „Begrenzungszahl" 1000 nicht aus der Geschichte Sachsens, sondern aus arbeitsökonomischen Gründen und vielleicht aus der Faszination von Jahrtausendwenden erklären läßt.

Bernd Schneidmüller

Jürgen R u n d : *Geschichtliches Ortsverzeichnis des Landkreises Gifhorn.* Hannover: Hahn 1996, ISSN 0933-3320, 307 S., 1 Karte im Anhang (= Veröffentlichungen der Historischen Kommission für Niedersachsen und Bremen XXX, Bd. 5), DM 58,-.
Annette v o n B o e t t i c h e r : *Geschichtliches Ortsverzeichnis des Landkreises Peine.* Hannover: Hahn 1996, ISSN 0933-3320, 334 S., 1 Karte im Anhang (= Veröffentlichungen der Historischen Kommission für Niedersachsen und Bremen XXX, Bd. 6), DM 58,-.
Im Jahre 1996 konnte die Reihe „Geschichtliches Ortsverzeichnis von Niedersachsen" nach dem 1989 und 1993 (in zwei Teilen) zuletzt vorgelegten Band 4 über die Grafschaften Hoya und Diepholz, besprochen im Oldenburger Jahrbuch 1994 S. 229f., gleich um zwei Bände erweitert werden. Zweckmäßigerweise ist nunmehr von der Bearbeitung oft größerer historischer Räume (Bände 1 bis 3: Land Bremen,

Fürstbistum Osnabrück, Land Braunschweig), die heute als Verwaltungseinheiten zum Teil nicht mehr bestehen, abgegangen worden; Bearbeitungseinheiten sind vielmehr heutige Landkreise. Beide „Kreis"-Bände konnten in erstaunlich kurzer Zeit (Peine während eines auf fünf Jahre befristeten Werkvertrags und Gifhorn sogar in weniger als drei Jahren) abgeschlossen werden.

Offensichtlich in beide Ortsverzeichnisse aufgenommen sind: alle bestehenden Siedlungen und die Wüstungen aus historischer Zeit; die unteren weltlichen und geistlichen Verwaltungsbezirke; „Namensformen von größeren Naturgebilden" (also etwa von Gewässern, Mooren sowie Landschafts- und Naturschutzgebieten). Für einzelne Orte beider Kreise, die ehemals zum Land Braunschweig gehört hatten, lagen in Band 2 bereits Ausarbeitungen vor, die teilweise unverändert übernommen wurden. Diese Überschneidungen betreffen nur wenige Wohnplätze des Kreises Gifhorn und etwa ein Viertel des Kreises Peine. Vor allem gedruckte Quellen und die Literatur dienten als Bearbeitungsgrundlage. Archivalien wurden - auch angesichts der drängenden Bearbeitungszeit - insbesondere beim Band Gifhorn nur ausnahmsweise herangezogen. Dagegen erstaunt, in welcher Breite für den Band Peine Archivarbeit geleistet wurde, und es ist zu begrüßen, daß die Bearbeiterin regelmäßig die topographische Karte nennt, die den jeweils behandelten Ort wiedergibt. Das Ortsverzeichnis des Kreises Gifhorn zeichnet sich durch die Vollständigkeit aus, mit der unterschiedliche Namensformen und Quellenschreibweisen mit Hilfe von Verweisen erfaßt sind. Um eine Vermeidung von nicht erforderlichen Verweisen und um ein Weglassen der oft nur schwer als solche erkennbaren unbedeutenderen Flurnamen hätte sich der Bearbeiter doch stärker bemühen sollen.

Mit dem Band über das Land Braunschweig und den ebenfalls sehr gelungenen Bänden über die Landkreise Gifhorn und Peine steht der historischen Forschung in dem für diesen Raum - wie es leider nur scheint - lückenlos erarbeiteten Geschichtlichen Ortsverzeichnis ein wertvolles Hilfsmittel zur Verfügung. Ärgerlicherweise gibt es aber inmitten dieses Gebiets bisher nicht bearbeitete „Inseln"; es handelt sich um ehemals nicht zum Land Braunschweig und jetzt nicht zu den Kreisen Gifhorn oder Peine gehörende Gebietsteile der heutigen kreisfreien Städte Wolfsburg und Braunschweig und des heutigen Kreises Helmstedt. Es ist zu hoffen, daß diese tückischen - weil unerwarteten und leicht zu übersehenden - Lücken bald geschlossen werden können. Und es ist sehr zu wünschen, daß das Geschichtliche Ortsverzeichnis von Niedersachsen auf dem jetzt eingeschlagenen Weg über die Bearbeitung von Landkreisen - freilich unter Vermeidung von Lücken - nun zügig wächst.

Christian Moßig

Gerhart L o h s e : *Geschichte der Ortsnamen im östlichen Friesland zwischen Weser und Ems*. Ein Beitrag zur historischen Landeskunde der deutschen Nordseeküste. 2., ergänzte Auflage. Wilhelmshaven: Brune 1996, ISBN 3-930510-64-2, 230 S., 4 Karten (= Oldenburger Forschungen Heft 5), DM 29,80.

Die erweiterte Neuauflage dieses richtungweisenden Werkes verdient höchste Anerkennung. Weckt schon die Einleitung mit ihrer klaren Auskunft über „Aufgabe und Anlage" das Interesse des Lesers, so zeigen die weiteren Ausführungen - zur Entstehung der Landschaft, zur Bevölkerung, zur Entwicklung des Siedlungsbildes,

zur politischen Geschichte, zur Entwicklung der Sprache bis hin zum grammatischen Bau der Ortsnamen - eine sorgfältige und genau belegte Zusammenschau der Forschungsergebnisse zu den genannten Teilaspekten des Untersuchungsgebietes.
Um der Flut der Ortsnamen Herr zu werden, nimmt Gerhart Lohse zum einen eine Gliederung in fünf Gruppen nach sachlichen Gesichtspunkten, zum anderen eine Einteilung in zwölf Teilräume vor, die sich vor allem an siedlungsgeographischen und natürlichen geographischen Gegebenheiten orientiert. Innerhalb der Gruppen steht am Anfang Grundsätzliches zur Endung bzw. zum Grundwort, dem folgt eine nach Teilgebieten geordnete Liste der Namen; Aussagen zur zeitlichen Einreihung beschließen jeweils den Artikel. Zwar wird die Etymologie (bei den Bestimmungswörtern) nicht vernachlässigt, doch wird die gerade hier notwendige Zurückhaltung gewahrt. Im III. Teil werden die Einzelergebnisse für den „Gesamtablauf der Ortsnamengebung im östlichen Friesland" mit der gebotenen Vorsicht, aber dennoch überzeugend klar unter Berücksichtigung aller wesentlichen Faktoren zusammengefaßt. Abgerundet wird dieses Werk durch ein umfassendes Quellen- und Literaturverzeichnis, dem eine ergänzende Bibliographie für die Zeit von 1940 bis 1996 angehängt ist.
Obwohl die Erstveröffentlichung etwa 60 Jahre zurückliegt, ist dieses Werk immer noch vorbildlich für die Namenforschung, beschränkt sich doch Gerhart Lohse nicht allein auf eine umfassende und gründliche Quellenauswertung, sondern gewährt dem Leser Einsichten und Erkenntnisse über den engeren Untersuchungsgegenstand hinaus.

Hans-Joachim Mews

Achim B o n k (Bearb.): *Urkundenbuch des Klosters Barsinghausen.* Hannover: Hahn 1996, ISBN 3-7752-5892-2, XXIV, 429 S. (= Veröffentlichungen der Historischen Kommission für Niedersachsen und Bremen XXXVII, Bd. 21), DM 88,-.
Vor rund 140 Jahren publizierte Wilhelm von Hodenberg die Urkunden des Klosters Barsinghausen im Calenberger Urkundenbuch (Bd. 1). Dieses erste Barsinghauser Urkundenbuch enthielt aber nur knapp die Hälfte der in den verschiedenen Beständen des Hauptstaatsarchivs und der Landesbibliothek überlieferten Urkunden Barsinghauser Provenienz, dazu viele nicht als Volltext, oft auch nur als Kurzregest. Von daher war eine Neuedition wünschenswert, die möglichst alle Urkunden als Volltext umfassen sollte. Dabei sind die bei v. Hodenberg publizierten Urkunden, seien es Voll- oder Teiltexte oder Regesten, nun in Volltextform mit aufgenommen worden. Aus Platzgründen wurde aber auf v. Hodenbergs umfangreiche genealogische Anmerkungen sowie auf Querverweise auf andere Urkundenbestände bedauerlicherweise verzichtet.
Der nun vorliegende Band enthält nach einer knappen Darstellung der mittelalterlichen Geschichte des Klosters eine Auflistung und Kurzbeschreibung der herangezogenen Quellen im Kloster selbst (heute evang. Damenstift), im Hauptstaatsarchiv und in der Landesbibliothek Hannover, Hinweise zur Bearbeitung der Urkunden und Konkordanzen zum Urkundenbestand Cal. Or. 100 Kloster Barsinghausen im Hauptstaatsarchiv und zum Calenberger Urkundenbuch Bd. 1 (einschließlich des Nachtrags von Th. Schramm). Den 564 vollständigen Urkundenabschriften sind jeweils ein Kurzregest und nähere Quellen- und Druckhinweise sowie Angaben über

den Erhaltungszustand und Siegelnennung vorangestellt. Textkritische Anmerkungen finden sich in der Regel am Schluß eines Volltextes. Der Band wird durch einen ausführlichen und zuverlässig gearbeiteten Index der Personen- und Ortsnamen erschlossen. Ein zweiter Index über ausgewählte Sachbegriffe erweist sich als Fundgrube für in den Urkunden verwendete Rechtstermini und andere Sachbegriffe. Leider wurden die Urkunden aus der Zeit nach 1543, als im Kloster Barsinghausen die Reformation eingeführt wurde, hier nicht mehr aufgenommen, ihr Druck wird wohl noch lange ein Desiderat bleiben. Dennoch ist das Urkundenbuch zweifellos für die Landes- und Regionalgeschichte eine solide Bereicherung.

Matthias Nistal

Roland Rölker und Werner Delbanco (Bearb.): *Urkundenbuch des Stifts Börstel*. Osnabrück: Selbstverlag des Vereins für Geschichte und Landeskunde von Osnabrück 1996, ISBN 3-9803412-5-9, 635 S. (= Veröffentlichungen des Vereins ..., Osnabrücker Urkundenbuch Bd. 7), DM 38,-.

Börstel in der Gemeinde Berge, Landkreis Osnabrück, hat zur Geschichte unseres Raumes eine ganz besondere Beziehung. Das Kloster wurde nämlich wohl 1244 von den Grafen Otto I. und Johann I. von Oldenburg in Menslage gegründet und wenige Jahre später wegen der Territorialauseinandersetzungen der Oldenburger mit dem Bischof von Osnabrück nach Börstel verlegt. Im 16. Jahrhundert in ein Damenstift umgewandelt, überdauerte es die Reformation. Als Folge des Westfälischen Friedens bestimmte man 1650, daß von den zehn Konventualinnen acht (einschließlich der Äbtissin) evangelisch und zwei katholisch sein sollten. Das gilt (mit einer Unterbrechung während der Franzosenzeit 1811-1813) bis zum heutigen Tag.

Die Edition der von 1988 bis 1994 im Staatsarchiv Osnabrück deponierten und dann wieder an das Stift zurückgegebenen Urkunden erfolgt nach einem erweiterten Fondsprinzip, d.h. der im Stiftsarchiv überlieferte Urkundenbestand wurde „um nachweislich entfremdete, an anderer Stelle oder in anderer Form, meist abschriftlich in Kopiaren überlieferte Urkunden" ergänzt. Die Bearbeitungsgrundsätze folgen im großen und ganzen denjenigen der Bände 5 und 6 des Osnabrücker Urkundenbuchs und sind auf S. 10 ff. erläutert. Sie stimmen im wesentlichen mit den von der Historischen Kommission für Niedersachsen und Bremen seit 1979 angewandten Prinzipien überein, wie ja auch die neueren Osnabrücker Urkundenbücher im äußeren Erscheinungsbild, Format und sogar im Umschlag den Kommissionspublikationen stark ähneln (und gut in die dortige Reihe gepaßt hätten). Allerdings verwenden die Osnabrücker das bessere Papier und haben den Niedersachsen meist auch die Siegelbeschreibungen voraus.

Insgesamt werden 470 Texte von 1246 bis 1806 (!) im vollen Wortlaut und jeweils mit einem kurzen Kopfregest abgedruckt. In zumindest drei Fällen (Nr. 65, 202 und 265) ist das Datum falsch aufgelöst worden. Es folgen am Schluß Angaben über „Signatur, Entstehungsstufe, Kanzleivermerke, Rückvermerke, Besiegelung" sowie ältere Abdrucke. Sehr gründlich und hilfreich sind die genauen Siegelbeschreibungen. Der Orts- und Personenindex (S. 551-618), der Sachindex (S. 619-632) und der Siglerindex (S. 633-635) machen einen soliden Eindruck. Bei den Orten wäre eine Angabe zur Lokalisierung nützlich gewesen. Auch hätten ein paar Abbildungen (z.B. von Klostersiegeln) nicht geschadet. Insgesamt bieten die Texte wertvolles Material vor allem zur Regional-, Wirtschafts- und Sozial-, aber auch z.B. zur Kirchengeschichte der unmittelbaren Umgebung, teilweise auch etwas weiter entfernter Nachbargebiete. Erfreulich niedrig ist der Verkaufspreis dieser wichtigen Neuerscheinung.

Albrecht Eckhardt

Dieter B r o s i u s (Bearb.): *Urkundenbuch der Stadt Celle* (Lüneburger Urkundenbuch, 17. Abtl.). Hannover: Hahn 1996, ISBN 3-7752-5899-X, XVI, 567 S. (= Veröffentlichungen der Historischen Kommission für Niedersachsen und Bremen XXXVII, Bd. 20), DM 60,-.

Das Urkundenbuch der Stadt Celle war bereits in dem Plan Wilhelm von Hodenbergs enthalten, die gesamte urkundliche Überlieferung des ehemaligen Fürstentums Lüneburg zu publizieren. Dazu kam es jedoch nicht, ebenso konnten auch frühere Absichten aus verschiedenen Gründen letztlich nicht umgesetzt werden. Es ist das Verdienst des Bearbeiters, sich vor rund 15 Jahren der weiteren Fortschreibung des Lüneburger Urkundenbuches zu widmen und durch eigene Urkundenbücher dabei mitzuwirken. Der nun vorliegende Band enthält nach einer sehr knappen Darstellung der mittelalterlichen Geschichte der Stadt Celle eine Auflistung und Kurzbeschreibung der herangezogenen Quellen im Stadtarchiv Celle, im Hauptstaatsarchiv Hannover und im Vatikanischen Archiv, Hinweisen zur Bearbeitung der Urkunden und einem Abkürzungsverzeichnis 543 Urkundenabschriften, denen jeweils ein Kurzregest vorangestellt ist. Ein zuverlässig gearbeiteter Index der Personen- und Ortsnamen sowie ein zweiter Index über ausgewählte Sachbegriffe runden die Edition ab und machen sie leicht benutzbar. Die Bearbeitung von Urkundenbüchern ist nicht nur eine entsagungsvolle, sondern auch eine mühselige Arbeit, je unbefriedigender der Erhaltungszustand der Textvorlagen ist. Deshalb sollten kleinere Versehen, vgl. z. B die Rentenkäufe in Nr. 374 und 375, die als Quittungen im Kurzregest erscheinen, oder die Verlesung von 24 in 420 rh. Gulden in Nr. 378, nicht ins Gewicht fallen, kann doch ein Nutzer auf einwandfreie Volltexte zurückgreifen, die er ohnehin selbst interpretieren muß. Das Celler Urkundenbuch ist nicht nur ein Baustein des sog. Lüneburger Urkundenbuches, sondern auch eine Bereicherung für die niedersächsische Landes- und Regionalgeschichte.

Matthias Nistal

Bernhard S c h i m m e l p f e n n i g : *Könige und Fürsten, Kaiser und Papst nach dem Wormser Konkordat.* München: Oldenbourg 1996, ISBN 3-486-55033-0, XI , 157 S. (= Enzyklopädie deutscher Geschichte Bd. 37), DM 29,80.

Der anzuzeigende Band erweist eindrucksvoll Chancen und Begrenzungen der inzwischen gut eingeführten und erfreulich rasch anwachsenden Reihe, die einen knappen historischen Überblick mit etwa ebenso umfangreichen analytischen Passagen zu Gang, Ergebnissen wie Desideraten der Forschung und einer Auswahlbibliographie (hier 335 Titel) verbinden will. Freilich kann selbst ein brillanter Historiker die Vielfalt der deutschen Geschichte zwischen dem Wormser Konkordat (1122) oder dem Ende der Salier (1125) und dem Tod Kaiser Heinrichs VI. (1197) im Spannungsfeld von Reichs-, mittelalterlicher „Welt"- und Landesgeschichte kaum angemessen auf 65 Druckseiten bändigen, und auch der Forschungsbericht von 50

Druckseiten muß vor allem auswählen und weglassen. Gleichwohl ist die doppelte Selektion hier gelungen, was Schimmelpfennig im ersten Teil vor allem durch die Konzentration auf das Verhältnis der Herrscher zu Päpsten und Fürsten, im zweiten Teil durch die stärkere Berücksichtigung der neueren Literatur bewerkstelligte. Im Forschungsüberblick sind die großen Adelsverbände und die entstehenden „Landesherrschaften" deutlicher gewürdigt als im historischen Abriß, der den viel genannten „Umbau der Reichsverfassung" in staufischer Zeit nicht deutlich genug thematisiert und wegen der Vorgaben in holzschnittartiger Verkürzung Diskussionspunkte eröffnet (z.B. das sächsische Herzogtum Heinrichs des Stolzen von 1126, so Petke; die Stellung Welfs VI. in Italien vor 1152, so Schwarzmaier). Die reiche Literatur im Umkreis des 800. Todestags Heinrichs des Löwen 1995 konnte nicht mehr berücksichtigt werden und dürfte in einer 2. Aufl. manche Ergänzung oder Präzisierung bringen. Der Band gewinnt seinen Wert als kundige Hinführung zur modernen Forschung, also als unentbehrliches Arbeitsinstrument vor allem für Studierende.

Bernd Schneidmüller

Hans-Joachim B e h r : *Franz von Waldeck, Fürstbischof zu Münster und Osnabrück, Administrator zu Minden (1491-1553). Sein Leben in seiner Zeit. Teil 1: Darstellung.* Münster: Aschendorff 1996, ISBN 3-402-06764-1, 526 S., dazu 12 S. Abb. (davon 1 farb., 1 Karte) (= Veröffentlichungen der Historischen Kommission für Westfalen XVIII, Westfälische Biographien Bd. 9), DM 89,-.

Franz von Waldeck hat vor allem als Bischof von Münster (1532-1553) für die Geschichte des Niederstifts Münster (und damit auch des heutigen Oldenburger Münsterlandes) und auch der Grafschaften Oldenburg und Delmenhorst eine wichtige Rolle gespielt. Das Buch des inzwischen pensionierten Chefs des Nordrhein-Westfälischen Staatsarchivs Münster wird näher besprochen werden, sobald der zweite Band mit einer „Sammlung ausgewählter Quellen" und dem Index für beide Bände vorliegt.

Albrecht Eckhardt

Udo G i t t e l : *Die Aktivitäten des Niedersächsischen Reichskreises in den Sektoren „Friedenssicherung" und „Policey" (1555-1582).* Hannover: Hahn 1996, ISBN 3-7752-5847-7, 350 S. (= Veröffentlichungen der Historischen Kommission für Niedersachsen und Bremen XXXV, Bd. 14), DM 78,-.

Als einer von zehn Reichskreisen wurde 1512 der Niedersächsische Kreis aus der Taufe gehoben, jener politische Zusammenschluß von Territorien, dessen geographische Überschneidungen mit dem heutigen Bundesland Niedersachsen freilich nur die östlich der Weser gelegenen Herrschaftsräume betreffen. Das „Niedersachsen" der frühen Neuzeit griff dagegen weit über die Elbe nach Holstein, Mecklenburg und Sachsen-Anhalt über. Die Wirksamkeit der frühneuzeitlichen Kreisverfassung wurde bis in die jüngere Zeit immer wieder bezweifelt, und so unternimmt der Autor der anzuzeigenden Dissertation (Universität Hamburg 1993, bei R. Wohlfeil) denn den Versuch, das „erfolgreiche Funktionieren" dieser Verfassung am Beispiel Niedersachsens zu überprüfen. Gittel stellt zu Recht die Frage nach dem Dualismus von interterritorialer Zusammenarbeit und territorialen Eigeninteressen und setzt dementsprechend seine Schwerpunkte in den (vom Bedeutungsursprung her eigentlich identischen) Bereichen „Friedenssicherung" und „Policey". Ein drittes, sehr wichtiges Kreisanliegen, nämlich die gemeinsame Münzpolitik, wird wegen „Komplexität des Themas" freilich nur knapp skizziert (S. 301-311). Gerade in der Polizeigesetzgebung werden die in erster Linie von Eigeninteressen getragenen Überlegungen der Kreisstände deutlich: Es kommt letztlich zu keiner einheitlichen Polizeiordnung. Statt dessen werden die hoheitlich-administrativen Maßnahmen zur Aufrechterhaltung der öffentlichen Ordnung weitgehend den einzelnen Reichsständen überlassen. Und wie sieht es mit der „Friedenssicherung" aus? In der zweiten Hälfte des Untersuchungszeitraumes, spätestens aber nach dem Ende des Dreißigjährigen Krieges, waren die Interessengegensätze innerhalb der Kreisstände zu groß geworden, um hier noch erfolgreich wirken zu können. Der Autor belegt dies sehr eindrucksvoll am Beispiel des „Falles Höxter", dem Streit der Herzöge von Braunschweig-Wolfenbüttel mit dem Abt von Corvey um die Konfessionszugehörigkeit der Einwohner (1652-1671). Der Konflikt war nicht regional zu begrenzen, geriet in die „internationale Politik" und wurde letztlich von Frankreich entschieden.

Die lesenswerte Arbeit von U. Gittel beruht auf intensivem Quellenstudium. Es wurden vielfach ungedruckte Bestände aus den (Haupt-) Staatsarchiven Hannover, Wolfenbüttel, Stade und Sachsen-Anhalt (Zweigst. Wernigerode) verwendet. Schwer verständlich ist allerdings, daß Literatur nur bis 1991 (!) berücksichtigt wurde (vgl. S. 241, Anm. 1). Rez. vermißt aber auch einen Hinweis auf Bd. 1 der unverzichtbaren, 1983 erschienenen „Deutschen Verwaltungsgeschichte", hg. von Jeserich, Pohl und v. Unruh. Namentlich die konzisen Ausführungen v. Unruhs zu „Polizei, Polizeiwissenschaft und Kameralistik" (S. 388-427) hätten Gittels entsprechende Ausführungen (S. 241-246) sinnvoll ergänzt.

Michael Reinbold

Michael Reinbold: *„Der Unterthanen liebster Vater". Herrscherpropaganda und Selbstdarstellung in den Bildnissen des Grafen Anton Günther von Oldenburg (1583-1667).* Oldenburg: Isensee 1997, ISBN 3-89598-365-9, 104 S., zahlr., z.T. farb., Abb., DM 20,-.

Die Untersuchung versteht sich als Beitrag zum fürstlichen Selbstverständnis, zur Staatspropaganda und zur Bildniskunst in Norddeutschland in der Epoche des Frühabsolutismus. Ein biographischer Abriß mit Würdigung der Bedeutung für Baukunst, Politik und Wirtschaft charakterisiert den Grafen als Typ des patriarchalischen Landesherrn. Für das Herrscherporträt des 16. und 17. Jahrhunderts wird eine Typologie vorgestellt, wonach diese Bildnisse als Staats-, Standes-, Feldherrn-, Reiter-, Privat-, Ereignis-, Familien- und Totenporträts klassifiziert werden können. Der Hauptteil über die Porträts des Grafen beschreibt jeweils in chronologischer Abfolge die Porträts nach ihrer Ausführungsart als Druckgraphik, Gemälde, Bildhauerarbeiten, Miniaturen, Münzen und kunsthandwerkliche Arbeiten mit Mitteilungen über die Künstler. Der Bildinhalt wird interpretiert und in die Typologie eingeordnet, auf die auch im Schlußabschnitt eingegangen wird. Als wesentliche Zäsur im Selbstverständnis des Grafen wird die Tatsache hervorgehoben, daß er seit der Mitte des 17. Jahrhunderts nach dem Tod seines Neffen in Delmenhorst nicht mehr mit legitimen Erben rechnen konnte und sich daher in seinen Bildern als letzter oldenburgischer Herrscher und als guter Hausvater dargestellt sehen wollte. Der Katalog führt alle bekannten Bilder mit den Namen der Künstler, Format, Aufbewahrungsort und Literatur sowie zwei postume Porträts des 18. Jahrhunderts an. Von fast allen Bildern werden gutgelungene Abbildungen beigegeben. Zu dem Maler Hauer kann ergänzt werden, daß sich im Staatsarchiv in Oldenburg eine Stammbucheintragung aus Wittenberg von 1639 befindet, wo er 1638 mit Herkunftsangabe Wittenberg immatrikuliert wurde. Der braunschweigische Hofmaler Gaertner stammte aus dem thüringischen Arnstadt, wo die mit Graf Anton Günther verwandten Grafen von Schwarzburg residierten. Nützlich wäre ein Personenindex, zumindest für die zahlreichen genannten Künstler, gewesen. Eine Zusammenstellung von Quellen und Literatur sowie Anmerkungen beschließen die gründliche und neue Erkenntnisse vermittelnde Abhandlung.

Harald Schieckel

Claus S c h a r f : *Katharina II., Deutschland und die Deutschen*. Mainz: von Zabern 1996, ISBN 3-8053-1596-1 (bzw. mit 40, davon 24 farb., Abb.: ... -1820-0), XVI, 569 S., 4 Stammtafeln im Anhang (dazu Abb. in der bebilderten Ausg.) (= Veröffentlichungen des Instituts für Europäische Geschichte Mainz, Abt. Universalgeschichte, Bd. 153), DM 88,- bzw. (mit Abb.) 98,-.
Die vorliegende Untersuchung beleuchtet die Zarin Katharina II. - warum vermeidet der Verf. die Bezeichnung „die Große"? - im Spektrum ihrer vielschichtigen Beziehungen zu Deutschland und den Deutschen. Behandelt werden u.a. Katharinas Deutschlandbild, ihre Erinnerungen an Deutschland, Deutsche im Russischen Reich, Katharinas dynastische Beziehungen zu deutschen Höfen und ihre Deutschlandpolitik vom Siebenjährigen Krieg bis zur Französischen Revolution. Im Gegensatz zum Verf. vertritt der Rezensent den Standpunkt, daß auch schon vor dem Dreißigjährigen Krieg die deutsche Geschichte von der europäischen kaum zu trennen ist. Bedenklich erscheint auch die Gleichsetzung des Heiligen Römischen Reiches mit Deutschland, das es damals als staats- und völkerrechtlichen Begriff noch nicht gab. Überdies gehörten zum Heiligen Römischen Reich die weitgehend von Slawen bewohnten Territorien Böhmen, Mähren und das Herzogtum Krain sowie das italienisch besiedelte Bistum Trient. Abgesehen von diesen Einschränkungen besticht die Publikation jedoch durch ihre Informationsfülle, die nicht nur die durch den Regierungsstil des „aufgeklärten Absolutismus" bewirkten engen Bindungen der Zarin an ihre fürstlichen Standesgenossen - Friedrich den Großen und Joseph II. - deutlich macht, sondern auch den großen Nutzen deutscher Kultur, Bildung und Erziehung für das Zarenreich erkennen läßt. Leider bleibt das Wirken deutscher Kolonisten, die die Kaiserin in ihr Reich geholt hatte, weitgehend ausgespart. Die Bedeutung der Ostseeprovinzen als Reservoir tüchtiger Menschen wird dagegen mit Recht hervorgehoben. Ein russisches Finnland gab es allerdings erst seit 1809 (!). Von Interesse ist, daß im Rahmen der dynastischen Beziehungen zu deutschen Höfen auch die zu Holstein-Oldenburg behandelt werden. Katharinas „Deutschlandpolitik" ist im wesentlichen ihre Politik gegenüber den Großmächten Preußen und Österreich gewesen. Das zeigt sich auch in ihrer Behandlung der nordischen und der polnischen Frage, die dem Ausbau der russischen Hegemonialstellung im Vorfeld des Zarenreichs diente und die Interessen des politisch ohnmächtigen Heiligen Römischen Reiches außer acht ließ.

Stefan Hartmann

Michael H u n d t : *Die mindermächtigen deutschen Staaten auf dem Wiener Kongreß.* Mainz: von Zabern 1996, ISBN 3-8053-1720-4, X, 406 S., 6 Karten im Text, 3 farb. Karten im Anhang (= Veröffentlichungen des Instituts für Europäische Geschichte Mainz, Bd. 164), DM 88,-.

Michael H u n d t (Hrsg.): *Quellen zur kleinstaatlichen Verfassungspolitik auf dem Wiener Kongreß.* Die mindermächtigen deutschen Staaten und die Entstehung des Deutschen Bundes 1813-1815. Hamburg: Krämer 1996, ISBN 3-89622-003-9, L, 671 S. (= Beiträge zur deutschen und europäischen Geschichte Bd. 15), DM 128,-.

Bald nach Zusammentritt des Wiener Kongresses bildeten 32 mindermächtige deutsche Staaten einen Zusammenschluß, um bei den Verhandlungen ihre Interessen sowohl gegenüber den beiden deutschen Großmächten Österreich und Preußen als auch gegenüber den Königreichen Bayern, Hannover und Württemberg, die zusammen das Deutsche Komitee bildeten, zu wahren. Dabei ging es einerseits um die territorialen Veränderungen auf dem Boden des 1806 untergegangenen Alten Reiches, andererseits um eine neue Verfassungsordnung in dessen Nachfolge. Der größte Erfolg der gemeinsamen, aber keineswegs immer einheitlichen Einwirkungen der Mindermächtigen auf den Gang der Verhandlungen bestand darin, daß sie in der Bundesakte vom 8. Juni 1815 die Rechtsgleichheit aller Bundesglieder unabhängig von deren politischem, wirtschaftlichem und militärischem Gewicht erreichen konnten.

Die Bestrebungen und Erfolge der Mindermächtigen hat Michael Hundt in seiner Untersuchung erstmals umfassend und auf breiter archivalischer Quellengrundlage behandelt. Die Darstellung zeichnet sich durch Detailgenauigkeit, sichere Urteilskraft und sprachliche Gefälligkeit aus. Zusammen mit dem ebenfalls von Hundt herausgegebenen Quellenband, in dem 143 Dokumente zur Verfassungsfrage teils im Volltext, teils in Auszügen versammelt sind, liegt hier ein Standardwerk zur Kongreßpolitik dieser zahlenmäßig größten, wenn auch politisch leichtgewichtigen Gruppe deutscher Staaten vor.

Auch das Herzogtum Holstein-Oldenburg zählte zu den mindermächtigen Staaten. Das Herzogtum, an dessen Spitze als Regent Herzog Peter Friedrich Ludwig stand und dessen Kongreßgesandter Albert Freiherr von Maltzahn (1754-1825) war, stützte sich bei der Wahrnehmung seiner Interessen stark auf den russischen Zaren als Verwandten des regierenden Hauses. In der Verfassungsfrage stand Oldenburg der Bildung von Landständen in den Einzelstaaten (Artikel 13 der Bundesakte) ablehnend gegenüber, seine territorialen Wunschziele Ostfriesland und Meppen konnte es nicht erreichen. Es gehörte zu den Zögerern, als es um die Unterzeichnung und Ratifizierung der Kongreßvereinbarungen ging. Hundt hat diese Politik des Herzogtums deutlich herausgearbeitet. Deshalb ist sein Buch auch für die oldenburgische Geschichte von Wichtigkeit. In seine Quellensammlung hat er die beiden Instruktionen Herzog Peters für Maltzahn vom 23. April und 8. September 1814 aufgenommen.

Neben den umfangreichen Quellen- und Literaturverzeichnissen und Personen- und Ortsregistern (in beiden Bänden) ist der Darstellungsband bereichert um einen Anhang mit bevölkerungsstatistischen Daten und Personalangaben zur Dynastie und Kongreßvertretung der mindermächtigen Staaten und um sechs Karten im Text und drei farbige Karten als Beilage, die die damals rasch wechselnde territoriale Gliederung Deutschlands in den Jahren 1812, 1814 und 1820 zeigen.

Alwin Hanschmidt

Walter O r d e m a n n : *Preußen und Oldenburg 1852-1854*. Geheimverträge über das Jadegebiet und Kniphausen. Oldenburg: Kayser 1996, 163 S., zahlr. Abb., DM 26,-.
Die vorliegende, gutlesbare Veröffentlichung behandelt den Erwerb des Jadegebiets durch Preußen und die Übernahme der Herrschaft Kniphausen durch Oldenburg, die beide eng miteinander verknüpft sind. Auch für die Vorgeschichte Wilhelmshavens, das am 17. Juni 1994 den 125. Jahrestag seiner Namensgebung und der Hafeneinweihung gefeiert hat, sind diese Ereignisse von zentraler Bedeutung. Auf der Grundlage von Archivalien im Geheimen Staatsarchiv Preußischer Kulturbesitz zu Berlin und im Staatsarchiv Oldenburg zeichnet der Verf. den teilweise schwierigen Weg der Verhandlungen nach, die vom Bestreben Preußens, einen eigenen Kriegshafen an der Nordsee zu errichten, bestimmt waren. Dieser Plan wurde 1852 - unmittelbar nach dem endgültigen Scheitern des Projekts einer deutschen Reichsflotte - vom Prinzen Adalbert von Preußen, dem die Oldenburger Denkschriften zur Anlegung eines Kriegshafens an der Jade bekannt waren, aufgenommen und durch persönliche Kontakte des preußischen Königs Friedrich Wilhelm IV. mit dem Oldenburger Großherzog Paul Friedrich August intensiviert. Der Jadevertrag konnte allerdings erst am 20. Juli 1853 ratifiziert werden und am 1. Januar 1854 in Kraft treten, weil zuvor eine Einigung zwischen dem Zoll- und dem Steuerverein herbeigeführt werden mußte. Über die eigentliche Vertragsentwicklung hinaus findet der Leser wichtige Informationen über preußische Landankäufe in und um Heppens, über den Erwerb der Herrlichkeit Kniphausen, den Oldenburg nur durch hohe Entschädigungszahlungen an die Reichsgrafen Bentinck realisieren konnte - eine an Preußen gestellte Nachforderung blieb ergebnislos -, und über die Folgen des Jadevertrags für die Außenpolitik des Großherzogtums, das sich dadurch Berlin stärker annäherte, was ihm im Krieg von 1866 das Schicksal Hannovers ersparte. Ein Abdruck der wichtigsten Vertragstexte rundet den Band ab.

Stefan Hartmann

Wilhelm Heinz S c h r ö d e r : *Sozialdemokratische Parlamentarier in den deutschen Reichs- und Landtagen 1867-1933*. Biographien - Chronik, Wahldokumentation. Ein Handbuch. Düsseldorf: Droste 1995, ISBN 3-7700-5192-0, 1098 S., 4 (bzw. 5) Abb. (= Handbücher zur Geschichte des Parlamentarismus und der politischen Parteien Bd. 7), DM 248,-.
Als Schröder 1986 sein Werk „Sozialdemokratische Reichstagsabgeordnete und Reichstagskandidaten 1898-1918" (BIOKAND) im Druck vorlegte (vgl. die Rezension im Oldenburger Jahrbuch 88, 1988, S. 105 f.), ging er noch davon aus, daß das von der Deutschen Forschungsgemeinschaft geförderte „Biographische Handbuch der sozialdemokratischen Parlamentarier in den deutschen Reichs- und Landtagen 1867-1933" (BIOSOP) im selben Jahr abgeschlossen werden könnte. Es waren dann aber doch noch viele Jahre der intensiven Forschung und Bearbeitung nötig, bis das seit 1988 beim Zentrum für Historische Sozialforschung am Zentralarchiv für Empirische Sozialforschung der Universität Köln angesiedelte Unternehmen beendet

war. Herausgekommen ist ein Monumentalwerk von über 1000 Seiten, in dem Kurzbiographien zu 2420 sozialdemokratischen Parlamentariern (darunter 177 = 7 % Frauen) im Reichstag und in den Landtagen vom Februar 1867 bis zum Juni 1933 (für Danzig bis zum Januar 1938) vorgestellt werden.

Einleitend befaßt sich Sch. sehr ausführlich mit den Quellen und Methoden und den Lebensläufen der Parlamentarier. In einem Hauptteil A (S. 97-340) wird eine „biographisch-statistische Chronik" in der Chronologie der Reichstags- und Landtagswahlen (jeweils gegliedert nach Ländern) geboten, d.h. „unter dem jeweiligen Wahldatum finden sich alle Informationen zu der jeweiligen Wahl und zu der ihr folgenden Mandatsperiode". Hier wird eine statistische Auswertung der Biographien der Mandatsträger dieser Wahlperiode ausgebreitet. Da dies zu jedem Wahltermin in aller Ausführlichkeit neu geschieht, ergeben sich doch erhebliche Wiederholungen und Überschneidungen. Hauptteil B (S. 341-821) enthält die Kurzbiographien der Parlamentarier. Für das Großherzogtum bzw. den Freistaat Oldenburg sind dies 51 Landtagsmitglieder. Ob außer Paul Hug (1919) noch jemand im Reichstag gesessen hat, läßt sich nur mit mühseligen Recherchen feststellen, da der Wahlkreis Weser-Ems unter PHA = „Preußen: Hannover" zu suchen ist. In Hauptteil C findet man eine Dokumentation mit Wahlstatistik und Wahlrecht (S. 825-889, darunter S. 859 f. Oldenburg). Unter D. folgt eine Auswahlbibliographie (S. 891-948). Den Schluß (E) bilden einige Indizes bzw. Register, die die riesige Materialfülle unter verschiedenen Fragestellugnen erschließen. Insgesamt handelt es sich um ein wichtiges und weiterführendes Werk, zu dem man den Autor und seine zahlreichen Mitarbeiter/innen nur beglückwünschen kann.

Albrecht Eckhardt

Martin S c h u m a c h e r (Hrsg.): *M.d.L. Das Ende der Parlamente und die Abgeordneten der Landtage und Bürgerschaften der Weimarer Republik in der Zeit des Nationalsozialismus*. Politische Verfolgung, Emigration und Ausbürgerung 1933-1945. Ein biographischer Index. Düsseldorf: Droste 1995, ISBN 3-7700-5189-0, 84* und 212 S., mehrere Abb., 1 farb. Karte vorne und hinten (= Veröffentlichung der Kommission für Geschichte des Parlamentarismus und der politischen Parteien in Bonn, ohne Nr. ), DM 48,-.

In Ergänzung zu dem 1991 erstmals und 1994 in erheblich erweiterter dritter Auflage erschienenen Werk über die vom Naziregime verfolgten bzw. die emigrierten Reichstagsabgeordneten der Weimarer Republik (vgl. Oldenburger Jahrbuch 91, 1991, S. 143, und 95, 1995, S. 213 f.) wird nunmehr ein entsprechender biographischer Index für die Landtags- und Bürgerschaftsabgeordneten vorgelegt, der insgesamt 1465 Kurzbiographien enthält. Vorangestellt ist ein Forschungsbericht, dessen Teil IV „‚Gleichschaltung' und Verfolgung" das „Schicksal der Institutionen und Abgeordneten" in alphabetischer Reihenfolge der Länderparlamente, von Anhalt bis Württemberg, schildert (S. 16*-57*, darunter S. 35*-37* Oldenburg). Der „Bildanhang" (S. 60*-75*) enthält neben einigen Porträtfotos vor allem Faksimiles von Dokumenten. Den Hauptteil (S. 1-182) macht naturgemäß der biographische Index mit sehr unterschiedlich umfangreichen (5-40 Zeilen einer Spalte, nur ausnahmsweise erheblich mehr wie etwa die 70 Zeilen zu Fritz Elsas), im allgemeinen aber doch recht knappen Angaben über die Abgeordneten (darunter 128 Frauen). Mindestens

92 von ihnen, darunter zwei Oldenburger, sind in den Konzentrationslagern umgekommen. Landtagsabgeordnete, die auch Mitglied des Reichstags waren, werden mit Hinweis auf das entsprechende Handbuch über den Reichstag nur kurz abgehandelt, z.B. Theodor Tantzen. Von den 55 Oldenburger Abgeordneten müßte man den bekannten Reichsminister Erich Koch-Weser eigentlich wieder abziehen, da er bereits vor der Weimarer Zeit, nämlich von 1902 bis 1909, MdL in Oldenburg war. Den Abschluß dieses nützlichen Bandes bilden ein Länderindex, ein Personenindex sowie Verzeichnisse der Geburts- und Familiennamen verheirateter weiblicher Abgeordneter und der Decknamen und Pseudonyme.

Albrecht Eckhardt

Dietmar von Reeken: *Heimatbewegung, Kulturpolitik und Nationalsozialismus. Die Geschichte der „Ostfriesischen Landschaft" 1918-1949.* Aurich: Ostfriesische Landschaft 1995, ISBN 3-925365-93-1, 325 S., einige Abb. (= Abhandlungen und Vorträge zur Geschichte Ostfrieslands Bd. 75), DM 56,-.

Dietmar von Reekens zugleich quellengesättigte und straff problemorientierte, gut lesbare und insgesamt vorbildliche Untersuchung läßt schon im Obertitel die Schwerpunkte erkennen, die er seiner Geschichte der „Ostfriesischen Landschaft" zugrundelegt. Dabei wählt er den doppelten Zugriff von Verfassungsgeschichte und Analyse der Kulturpolitik, wodurch sich die Darstellung von älteren Bearbeitungen des Themas grundlegend unterscheidet. Nach einer kompetenten Skizzierung der Forschungslage und einer überzeugenden Problemstellung in interregional vergleichendem Rahmen (S. 15-23) behandelt er im „Prolog" (A, S. 25-53) die Entwicklung der „Landschaft" vom 18. Jahrhundert bis 1914, ihre verschiedenen Funktionswandel von einer ständischen Vertretung zur Kulturinstitution eines preußischen Regierungsbezirks, die sich ihrer regionalen Identität erst nach Verlust ihrer staatlichen Eigenständigkeit bewußt wird und sie - am nordwestlichen Rande des 1871 gegründeten Reiches und seiner vielschichtigen Modernisierungsprozesse - zwischen Nationalbewußtsein und aufkommender Heimatbewegung zu verorten sucht. Der „Hauptteil" (B) der Arbeit behandelt in zwei großen Kapiteln die Geschichte der Landschaft in der Zeit der Weimarer Republik und des Nationalsozialismus. In den Weimarer Jahren (S. 54-98) gelang der Landschaft keine überzeugende Integration in den neuen demokratischen Staat, dazu war sie zu eng mit der konservativ-reaktionären Heimatbewegung und der politischen Rechten verbunden. Unter dem Nationalsozialismus (S. 99-261) kann man geradezu von der „Selbstnazifizierung einer Institution der Heimatbwegung" (S. 257) sprechen. Eben deshalb vermochte sie sich dem Gleichschaltungsdruck zu widersetzen, ihre Selbständigkeit zu behaupten und den Entwicklungsprozeß hin zu einer modernen regionalen Kulturinstitution fortzusetzen. Im „Epilog" (C, S. 262-293) beschreibt und analysiert von Reeken unter den Gesichtspunkten von Kontinuität und Diskontinuität den Wiederbeginn und Neuanfang der Landschaftsarbeit ohne „Vergangenheitsbewältigung" seit 1945. Auf dem Hintergrund des Erfolgmodells „Bundesrepublik" kam es schließlich auch zur Artikulation einer „offenen" regionalen Identität im Rahmen des demokratischen Systems, womit sich „Zusammenfassung und Ausblick" (S. 294-297) beschäftigen. So gelang schließlich durch Modernisierung und Funktionswandel die Selbstbehauptung einer an sich überholten Institution durch „Verzicht auf einen politisch wirksamen zugunsten eines kulturellen Regionalismus" (S. 295) und erfolgte gleichzeitig die Anbahnung eines „für eine humane, demokratische Gesellschaft wünschenswerten modernen Heimatverständnisses" (S. 297).

Bernd Mütter

Günther H e u z e r o t h bzw. ( ab IV/2) Günther H e u z e r o t h / Peter S z y n - k a : *Unter der Gewaltherrschaft des Nationalsozialismus. Dargestellt an den Ereignissen in Weser-Ems 1939-1945. Bd IV/1-IV/5: Die im Dreck lebten.* Ausländische Zwangsarbeiter und Zwangsarbeiterinnen, Kriegsgefangene und die Lager in der Stadt Oldenburg (= IV/1) bzw.: Ausländische ZwangsarbeiterInnen und Kriegsgefangene in Wilhelmshaven, Delmenhorst, Bremen und Bremerhaven (= IV/2) bzw.: Ausländische Zwangsarbeiterinnen und Zwangsarbeiter, Kriegsgefangene und die Lager in den Landkreisen Ammerland, Wesermarsch und Friesland (= IV/3) bzw.: Ausländische ZwangsarbeiterInnen, Kriegsgefangene und die Lager in Ostfriesland, in den Landkreisen Wittmund, Aurich und Leer sowie der kreisfreien Stadt Emden (= IV/4) bzw.: (wie IV/3) in den Landkreisen Oldenburg, Cloppenburg und Vechta (= IV/5). Oldenburg: Druck und Verlagscooperative, Osnabrück 1993-1996, 476, 381, 350, 240, 261 S., DM 49,-, 36,-, 36,-, 26,-, 36,-.

Im nationalsozialistischen Deutschland wurden seit Kriegsbeginn Millionen von ausländischen Arbeitskräften in der Rüstungsindustrie, in zahlreichen Handwerks- und Gewerbebetrieben, im Straßenbau und in der Landwirtschaft eingesetzt, um den durch die Abwesenheit der deutschen Soldaten entstandenen Arbeitskräftebedarf zu decken. Anfangs noch regulär in den von deutschen Truppen besetzten Ländern angeworben, wurden im weiteren Verlauf des Krieges, vor allem seit dem Überfall auf die Sowjetunion, in zunehmendem Maße ausländische Arbeitskräfte zwangsweise nach Deutschland verschleppt, um hier unter mehr oder weniger schlechten Lebensbedingungen zu arbeiten. Rassenideologische Motive führten zu einer besonders rücksichtslosen Behandlung der sog. „Ostarbeiter", der Zwangsarbeiter aus Polen und der Sowjetunion. Zeitzeugen aus der Kriegs- und unmittelbaren Nachkriegszeit erinnern sich an „ihren" Polen auf dem Hof oder den russischen Kriegsgefangenen, der in ihrem Betrieb arbeitete, häufig ohne die Gründe für den Arbeitseinsatz und das Unrecht, das diese Menschen erfahren haben, zu realisieren. Günther Heuzeroth und Peter Szynka haben sich auf die Spuren der ausländischen Zwangsarbeiter und Zwangsarbeiterinnen in den Städten und Landkreisen der Region Weser-Ems begeben, haben vor Ort Zeitzeugen befragt, in den Archiven nach schriftlichen Nachweisen für den Einsatz der ausländischen Arbeitskräfte gesucht, Schilderungen der Ereignisse von deutschen und ausländischen Augenzeugen gesammelt und auf insgesamt 174 Friedhöfen nach den Gräbern der ausländischen Menschen, die im Zuge der nationalsozialistischen Herrschaft ums Leben kamen, gesucht. Herausgekommen ist dabei eine umfangreiche Materialsammlung in immerhin fünf Teilbänden zu den oben genannten Städten und Landkreisen. Die Fülle von Dokumenten, Auszügen aus Briefen und Interviews, Zahlen und Fakten zeugt von einem arbeitsintensiven Unternehmen, das einen ersten Einstieg in ein wichtiges, bislang kaum bearbeitetes Kapitel der Regionalgeschichte liefert. Den Autoren ging es vor allem um die „Spurensuche", sie wollten aufmerksam machen auf ein Stück Geschichte, das lange Zeit verdrängt worden ist, den Leser mit Dokumenten konfrontieren, die noch weitgehend unbekannt sind, die ihn zum Nachdenken und eigenen Fragen bewegen. Diesem Anspruch werden die vorliegenden Bände allemal gerecht, und man tut gut daran, sie *nicht* nach professionellen wissenschaftlichen Maßstäben zu beurteilen. Die Kritik aus dieser Perspektive soll dennoch nicht verschwiegen werden, mag sie die Autoren vielleicht dazu anregen, bei zukünftigen Vorhaben auf eine sorgfältigere Recherche und Aufbereitung zu achten, um die editorischen und methodischen Mängel dieser Publikation aus dem Weg zu räumen. Hierzu gehört nicht nur der korrekte Umgang mit Quellen, deren Kritik und vor allem deren Nachweisen, sondern auch eine in Sprachduktus und Gestaltung einigermaßen ansprechend und angemessene Darstellung ohne moralisierende Zwischentöne.

Heike Düselder

Ingo H a r m s : *„Wat mööt wi hier smachten ..." Hungertod und „Euthanasie" in der Heil- und Pflegeanstalt Wehnen im „Dritten Reich"*. Oldenburg/Osnabrück: Druck- & Verlagscooperative 1996, ISBN 3-925713-25-5, (XII), 227 S., mehrere Abb., DM 29,80.

Auch in Oldenburg wurden im Rahmen des nationalsozialistischen Euthanasieprogramms in Heil- und Pflegeanstalten Kranke ermordet - das ist die zentrale These der Oldenburger Dissertation von Ingo Harms. Mehr noch: In Oldenburg habe dies früher als in den meisten anderen Ländern begonnen, es seien hier anteilsmäßig mehr Patienten umgebracht worden, und nach dem Ende des Zweiten Weltkriegs sei es den Haupttätern nicht nur gelungen, straffrei auszugehen, sondern sogar noch die langlebige Legende zu stricken, daß sie die Durchführung des Euthanasieprogramms in Oldenburg verhindert hätten. Harms schätzt die Zahl der während des Zweiten Weltkriegs in Wehnen ermordeten Patienten auf 1500.

Der Nachweis fällt ihm allerdings schwer, weil Wehner Patienten nicht im Rahmen des nationalsozialistischen Euthanasieprogramms in zentrale Vernichtungsanstalten verlegt wurden. Man habe sie in Wehnen verhungern lassen und bei vielen den Hungertod noch durch Verabreichung entsprechender Medikamente beschleunigt. Gefunden hat er in Wehnen eine Reihe ausgefüllter Meldebögen aus dem nach der Adresse der Zentrale in der Tiergartenstraße 4 in Berlin „Aktion T 4" genannten Euthanasieprogramm und festgestellt, daß die Patienten, meist kurz nachdem sie im Meldebogen erfaßt worden waren, verstorben sind. In der Zeit dieses „halb-offiziellen" Euthanasieprogramms, das mit dem Beginn des Zweiten Weltkrieges einsetzte und nicht zuletzt aufgrund der mutigen Proteste des Bischofs von Galen im August 1941 beendet wurde, seien in Wehnen weniger Patienten umgebracht worden als in der anschließenden Phase der „wilden" Euthanasie. Harms zeichnet auch das Schicksal besonders betroffener Gruppen nach, wie z.B. Ausländer, Juden und Zwangsarbeiter, sowie einige ausgewählte Einzelfälle.

So erschütternd die Befunde auch sind, so bleiben doch viele Fragen offen, nicht zuletzt auch deshalb, weil Harms für die Zeit vom Ersten Weltkrieg bis 1939 und für die ersten Nachkriegsjahre ebenfalls eine sehr hohe Sterblichkeit feststellt und dafür ebenfalls ideologische Motive der verantwortlichen Mediziner nicht ausschließt. Bei dem ungeheuerlichen Geschehen hätte man gern mehr über die Opfer gewußt, vor allem auch über die Kriterien, nach denen über Leben und Tod entschieden wurde. Warum die Sterblichkeitsrate gerade 1942 enorm anstieg (von 14,8 auf 24 %) und warum 1943 die Zahl der Neuzugänge mehr als doppelt so hoch war wie in den Vorjahren, wüßte man ebenfalls gern. Auch wer warum in die Freiheit entlassen wurde, bleibt unklar. Kurzum: Man hätte sich bei diesem Thema eine umfassende statistische Auswertung der Krankenakten gewünscht. Sie hätte auch einen Maßstab abgeben können für die Beurteilung der Haupttäter, die ebenfalls viele Fragen offenläßt. Harms stützt sich hier - wie auch bei den Zahlenangaben - im wesentlichen auf eine Ermittlungsakte der Staatsanwaltschaft Hannover aus dem Jahre 1948, die zu keinem Gerichtsverfahren geführt hat. Er führt Belastendes an, läßt auch Entlastendes nicht aus, kommt aber immer zu überraschend eindeutigen „Verurteilungen". Das Buch wird sicherlich weitere Untersuchungen über ein wichtiges, aber in der oldenburgischen Geschichtsforschung wenig beachtetes Thema provozieren.

Bernhard Parisius

Uta R e i n h a r d t (Bearb.): *Lüneburger Testamente des Mittelalters 1323-1500*. Hannover: Hahn 1996, ISBN 3-7752-5 (...), XIV, 527 S. (= Veröffentlichungen der Historischen Kommission für Niedersachsen und Bremen XXXVII, Bd. 22), DM 112,-.
Testamente gehören zweifellos zu den wichtigsten Quellen für die Realienkunde und Sozialgeschichte des späten Mittelalters und der frühen Neuzeit. Sie haben sich zudem in den städtischen Archiven in beachtlicher Zahl erhalten. Dennoch gibt es bisher nur einige wenige Editionen, obwohl Veröffentlichungen aus Hamburg und Lübeck deren wissenschaftliche Bedeutung schon vor mehr als zwei Jahrzehnten überzeugend herausgestellt haben. Wenn jetzt die mittelalterlichen Testamente aus dem Archiv einer weiteren norddeutschen Hansestadt vorgelegt werden, so kann man nur hoffen, daß damit ein Anstoß zu intensiverer Beschäftigung mit dieser Quellengattung gegeben wird. Die verdienstvolle Arbeit der Lüneburger Stadtarchivarin bringt insgesamt 293 Testamente im Vollabdruck, bei denen allerdings Lese- bzw. Übertragungsfehler, vor allem in den lateinischen Texten, leider nicht gerade selten sind. Vorangestellt sind eine Einführung in die erbrechtlichen Bestimmungen des Stadtrechts und Erläuterungen zu Form und Inhalt sowie der archivischen Überlieferung der zumeist in mittelniederdeutscher Sprache abgefaßten Texte. Als Erblasser erscheinen Bürger und Einwohner, Adlige und Geistliche. Gegenstand der Testamente ist die ganze Vielfalt mittelalterlicher Sachkultur. Wohnstätten von der Bude bis zum Steinhaus, Möbel, Geschirr, Kleidung, Schmuck. Beziehungen zwischen Verwandten, zwischen Gläubiger und Schuldner, Herrschaft und Gesinde werden ebenso angesprochen wie das Wirken religiöser Bruderschaften und Stiftungen. Damit werden vielfältige Informationen über das Alltagsleben geliefert. Namenindex und ausgewählte Sacherläuterungen erleichtern die Auswertung für künftige Forschungen zur Geschichte im weitesten Sinne, zur Volkskunde und nicht zuletzt auch zur niederdeutschen Philologie.

Hans-Joachim Behr

Karl H. L. Welker: *Rechtsgeschichte als Rechtspolitik: Justus Möser als Jurist und Staatsmann.* Osnabrück: Verein für Geschichte und Landeskunde von Osnabrück 1996, ISBN 3-9803412-6-7, ISSN 0474-814 X, 2 Bde., XL S., S. 1-558 bzw. VI S., S. 569-1217, 2 Abb. (= Osnabrücker Geschichtsquellen und Forschungen XXXVIII), zusammen DM 98,-.

Die Untersuchung, teils auf einer juristischen, teils auf einer historischen Dissertation aufbauend, bietet die seit langem umfassendste Darstellung von Leben und Werk Justus Mösers. Ihre zentrale Frage ist die nach der Bedeutung historischer Erkenntnis für rechtspolitische Entscheidungen aus dem Geschichtsverständnis eines Juristen im Zeitalter der Aufklärung. Im ersten Teil widmet sie sich dem theoretisch-literarischen Überbau von Mösers Schaffen. Dabei steht weniger die alte Frage nach seiner Qualifikation als Theoretiker im Vordergrund als die nach der Verknüpfung von Schriften und amtlicher Wirksamkeit. Es wird gezeigt, daß Möser seit den 1740er Jahren Wege suchte, historische Erkenntnisse zu nutzen, um Gegenwartsprobleme zu beleuchten. Während in den frühen Schriften jedoch die Ablehnung bestimmter philosophischer Vorstellungen oder die Beschäftigung mit moralischer Kritik dominiert, ist es in den späteren die Analyse konkret aufgezeigter sozialer Ordnungen. Nach dem hier entworfenen Bild Mösers war es nicht so sehr das Festhalten am Bewährten, das ihn beschäftigte, als die Frage nach dem Zustandekommen politischer Entscheidungen, um Fehlentwicklungen zu vermeiden. Im zweiten Teil wird zunächst das überwiegend vom theoretischen Ertrag seiner Schriften geprägte Möserbild kritisch beleuchtet. Die fehlende Orientierung an seinem politischen Wirken zu korrigieren ist ein Hauptanliegen des Bandes. Die einzelnen Stufen von Mösers beruflichem Erfolg mit dem Höhepunkt im Siebenjährigen Krieg werden untersucht, an Fallbeispielen seine amtliche Wirksamkeit und sein Einfluß auf das Verfassungsleben im Fürstbistum Osnabrück vorgeführt. In seinen Schriften konnte Möser zwar das für die Rechtspolitik erforderliche Argumentationsmaterial ausbreiten. Als Berater sowohl der Regierung wie auch der Ritterschaft aber stand er im Spannungsverhältnis von Theorie und Praxis. Dabei zeigt sich, daß Mösers angebliche Verhaftung am Althergebrachten, sein Scheitern bei der Verwirklichung mancher seiner Ideen eben den Umständen anzurechnen ist, deren Veränderung er anstrebte. Es ist hier nicht möglich, die beachtliche wissenschaftliche Leistung des Verf. voll zu würdigen. Auf jeden Fall hat er die lange Zeit kaum beachtete amtliche Tätigkeit Mösers zum Gegenstand gründlicher Forschungen gemacht und dadurch das Bild dieser zentralen Gestalt der deutschen Aufklärung wesentlich korrigiert.

Hans-Joachim Behr

Bernhard Brockmann: *Die Christianisierung des Oldenburger Münsterlandes. Abt Gerbert-Castus in seiner Zeit.* Vechta: Plaggenborg 1996. ISBN 3-929358-51-4, 208 S., einige Abb. (= Quellen und Beiträge zur Kirchengeschichte des Oldenburger Landes Bd. 1), DM 32,-.

Mit diesem ansprechenden Band legt Verf. eine wichtige Darstellung zur frühen Kirchengeschichte des südlichen Oldenburg vor, hat doch Abt Gerbert-Castus, von ihm als „Apostel des Oldenburger Münsterlandes" bezeichnet, die Christianisierung dieses Raumes entscheidend beeinflußt. Wohl im Hinblick auf einen breiteren Leserkreis fügt B. seinem Buch u.a. auch Informationen über allgemeine Zusammenhänge wie „Land und Leute", Herrscherpersönlichkeiten bzw. über Urkundenlehre bei. Vor allem aber widmet er sich über von ihm umsichtig ausgewertete und durch Parallelzeugnisse erweiterte Quellenaussagen seinem Protagonisten und der Kirche von Visbek. Er stellt zum einen Gerberts vermutliche Herkunft aus der Sippe Widukinds, sein Umfeld und Wirken vom Schüler und Begleiter Luidgers über die Tätigkeit als Missionsleiter und Abt bis zu seinem Tode dar. Zum andern sucht er die Sonderrolle von Visbek herauszuarbeiten, das er als unabhängige Benediktinerabtei mit bischöflichen Rechten darstellt, deren Entwicklung zum Bistumssitz zugunsten von Corvey abgebrochen wurde. Die frühen Urkunden von Visbek (819, 855) werden ebenso wie die von 796 und einige weitere Quellen einer eingehenden Interpretation unterzogen sowie ediert und übersetzt (zu 819 Exkurse über Fälschungsfrage und Ausstellungsdatum). Ebenso werden Fragen der Missionierung, die Kirchenorganisation (Pfarrsystem) und anhand der Corveyer Heberegister des 11. Jh.s die Grundherrschaft behandelt (detaillierte Auflistung). Insgesamt gelangt Verf. so zu einem durchaus überzeugenden Gesamtbild.

Rudolf Holbach

Bernd Ulrich H u c k e r : *Stift Bassum.* Eine 1100jährige Frauengemeinschaft in der Geschichte. Mit Beiträgen von Barbara von W a l l e n b e r g - P a c h a l y , Axel Frh. v o n  C a m p e n h a u s e n , Axel F a h l - D r e g e r , Reinhard J o p p i c h , Peter v o n  M a g n u s , Hans Mahrenholtz, Renate Oldermann-Meier und Dorit S c h w a r z e . Bremen: Edition Temmen 1995, ISBN 3-86108-276-4, 326 S., 126 (und einige zusätzliche), z.T. farb., Abb. (= Schriften des Instituts für Geschichte und historische Landesforschung - Vechta Bd. 3), DM 39,90.

Mit diesem Band erhält das bis heute bestehende Damenstift endlich eine moderne Monographie. Sie beleuchtet verschiedenste Facetten seiner Geschichte, von bildlichen Darstellungen, einem Rundgang durch die Anlage (B. v. Wallenberg-Pachaly), speziellem Geschichtsbewußtsein und Historiographie, der Topographie und Namenkunde, der über den Vergleich von Backsteinformaten und Verbundformen mit neuer Methode untersuchten Baugeschichte (A. Fahl-Dreger), Musikhandschriften (Godehard [!] Joppich), der Sage und Bassumer Stiftsorden (P. v. Magnus) bis zu „Zeugen der Vergangenheit" in Form von verlorenen Kunstwerken, Wappen (H. Mahrenholtz), Grabsteinen/Epitaphen sowie Siegeln.

Beim chronologischen Durchgang durch die Stiftsgeschichte werden die wichtigsten Aspekte berührt, die in einer solchen Darstellung nicht fehlen sollten. Die Ereignisgeschichte des Mittelalters, der Reformationszeit (R. Oldermann-Meier) und folgenden Jahrhunderte, der napoleonischen Phase (D. Schwarze) und der Entwicklung bis zur Gegenwart wird verknüpft mit personen- und familienbezogenen Informationen, insbesondere zu den Äbtissinnen, die im Stift seit der vermutlichen Liudolfingerin Liutgard wirkten, ferner mit einer Behandlung der stiftischen Außenbeziehungen, vor allem zu den Landesherren. Ein auffälliger Befund ist der zweimalige Übergang von hoch- zu niederadeligen Äbtissinnen, der als bewußte Taktik zur Abwehr landesherrlicher Kontrolle gedeutet wird. Weitere behandelte Themen sind die Stiftsverfassung, das Stiftsleben in verschiedenen Phasen, die stiftische Wirtschaft und Herrschaft sowie geistig-religiöse Aspekte. Zusammenstellungen von Quellen, eine umfängliche Zeittafel, Personenlisten, ein alphabetisches Besitzverzeichnis sowie ein Orts- und Personenregister runden einen Band ab, der mit seiner Fülle von Nachrichten weit über die Geschichte der behandelten Institution hinaus von Belang ist.

Rudolf Holbach

Hans-Walter K r u m w i e d e : *Kirchengeschichte Niedersachsens. Bd. 2: Vom Deutschen Bund 1815 bis zur Gründung der Evangelischen Kirche in Deutschland 1948.* Göttingen: Vandenhoeck & Ruprecht 1996, ISBN 3-525-55432-X, S. I-XII, 273-633, Abb. 34-79, DM 48,-.

Nachdem der Göttinger Kirchenhistoriker Hans-Walter Krumwiede 1995 den ersten Band seiner „Kirchengeschichte Niedersachsens" (vgl. Oldenburger Jahrbuch 95, 1995, S. 188 f.) vorgelegt hat, folgt nun der zweite, der die Geschichte - nun hauptsächlich der evangelischen Kirche - vom Ende des alten Reiches bis zum Jahr 1948 darstellt. Man kann den Band auch als die zweite und abschließende Lieferung des einheitlich konzipierten Werkes ansehen, da die Seitenzählung weitergeführt wird. Auch findet sich am Schluß das kommentierte Quellen- und Literaturverzeichnis (585-619) sowie das Personenregister (622-632) für beide Bände.

Die anderthalb Jahrhunderte sind wiederum in drei Teile untergliedert. Der Band enthält im vierten Teil (nach der Gesamtzählung) den Zeitraum von den Befreiungskriegen bis zum Ersten Weltkrieg (273-402) mit der Neuordnung nach der napoleonischen Zeit, mit der Revolution 1848/49, mit Erweckung, Konfessionalismus und dem Einmünden in die Zeit des Bismarckreiches. Der fünfte Teil (403-448) setzt mit Ausbruch des Krieges ein und führt bis zum Ende der Weimarer Republik. „Hitler-Reich", Zweiter Weltkrieg und Nachkriegszeit werden im sechsten Teil besonders ausführlich beschrieben (449-584).

Innerhalb der einzelnen Teile und Unterabschnitte disponiert K. meist so, daß er mit den allgemeinen kirchengeschichtlichen Entwicklungen in Deutschland beginnt, dann ausführlich auf die hannoverschen Verhältnisse eingeht (lutherisch, reformiert), um dann die übrigen Landeskirchen - Braunschweig, Oldenburg, Schaumburg-Lippe und Bremen - in das Gesamtbild einzufügen. Im Falle Bremens überwiegt die Eigenständigkeit, während sonst die Wechselbeziehungen - gerade auch zwischen Hannover und Oldenburg - gut zur Geltung kommen. Freilich sind die Verläufe nicht synchron, so daß K. immer wieder Kompromisse zwischen sachlicher Reihenfolge und Chronologie schließen muß. Für Hannover ist es sachlich sinnvoll, die Erweckung nach 1848 einzuordnen (297 ff.). Daran wird dann die Erweckung in Oldenburg angehängt (314-316), obwohl sie ihren Höhepunkt schon vor 1800 erreicht hatte und eigentlich noch in den Zeitraum des ersten Bandes gehörte. Der oldenburgische Leser wird aber für die Unbequemlichkeit des Nachschlagens durch die Fülle des Materials und der Beziehungen reichlich entschädigt.

Je mehr sich das Buch der Gegenwart nähert, desto ausführlicher und detailfreudiger wird die Darstellung - nicht zuletzt auch deshalb, weil K. hier mit eigenen Forschungen einen Schwerpunkt setzen und in die offenen Kontroversen eingreifen kann. Vermutlich werden sich für den sechsten Teil des Werkes besonders viele Leser finden. Sie werden aber durch die Anlage des Gesamtwerkes darauf aufmerksam gemacht, daß die Geschichte des Kirchenkampfs nicht isoliert betrachtet werden darf, sondern aus der Zeit davor und danach ihre Beleuchtung erhält.

Rolf Schäfer

Heinrich W. Grosse · Hans Otte · Joachim Perels (Hrsg.): *Bewahren ohne Bekennen? Die hannoversche Landeskirche im Nationalsozialismus.* Hannover: Lutherisches Verlagshaus 1996, ISBN 3-7859-0733-8, 575 S., DM 68,-.

Der von den Herausgebern als „eine Art Zwischenbilanz der bisherigen Forschung" charakterisierte Sammelband vereinigt 16, in ihren zentralen Aussagen und Wertungen zum Teil deutlich voneinander abweichende Beiträge mit unterschiedlichen Fragestellungen, von denen neun bereits anderweitig veröffentlicht wurden und hier teils unverändert, teils in überarbeiteter Fassung abgedruckt sind. In einem umfangreichen Anhang wird außerdem die Diskussion um die Haltung von Landesbischof August Marahrens während der NS-Zeit, die sich in Zusammenhang mit der seit längerem vorbereiteten und Ende November 1995 erfolgten Beschlußfassung der 21. hannoverschen Landessynode zum Thema „Kirche und Judentum" entzündete, „in wesentlichen Teilen" dokumentiert und in zwei Beiträgen mit Blick auf den aktuellen Forschungsstand zur hannoverschen Kirchengeschichte in den Jahren der nationalsozialistischen Herrschaft kontrovers kommentiert. Ein zusammenfassendes Verzeichnis der in den Anmerkungen der Einzelbeiträge nachgewiesenen Literatur fehlt leider; angesichts des selbstgestellten Anspruchs dieses Bandes ein ärgerliches Manko.

Verglichen mit den bis dato als „Standardwerke" geltenden Arbeiten von Eberhard Klügel (Die lutherische Landeskirche Hannovers und ihr Bischof 1933 bis 1945, 2 Bde., Berlin/Hamburg 1964 f.) und Gerhard Besier („Selbstreinigung" unter britischer Besatzungsherrschaft. Die evangelisch-lutherische Landeskirche Hannovers und ihr Landesbischof Marahrens 1945-1947, Göttingen 1986) bedeutet dieser Band zweifellos einen wesentlichen Fortschritt, nicht nur wegen der differenzierteren, im Einzelfall ausgesprochen kritischen Auseinandersetzung mit Marahrens' Wirken, sondern vor allem aufgrund der Ausweitung des Forschungshorizonts über den amtskirchlichen Rahmen hinaus auf das Schicksal und Verhalten bestimmter Personen und Gruppen sowie auf die Vorgänge in einzelnen Kirchengemeinden. Allerdings folgen fast alle Beiträge einer ausgeprägt kirchenzentrierten Sichtweise, bei der innerkirchliche Konfliktlinien und die theologische Angemessenheit der von kirchlichen Amtsträgern in den Jahren der nationalsozialistischen Herrschaft vertretenen Positionen im Mittelpunkt des Interesses stehen. Die Ergebnisse der neueren zeitgeschichtlichen Forschung zu Struktur und Herrschaftspraxis des NS-Regimes bleiben dabei weitgehend unbeachtet; die Frage nach der politischen Dimension des „Kirchenkampfes" wird gar nicht erst gestellt.

Karl-Ludwig Sommer

Herbert Obenaus (Hg.): *Im Schatten des Holocaust. Jüdisches Leben in Niedersachsen nach 1945.* Hannover: Hahn 1997, ISBN 3-7752-5840-X, 283 S., 16 Abb. (= Veröffentlichungen der Historischen Kommission für Niedersachsen und Bremen XXXVIII Bd. 12), DM 42,-.

„She'erit Hapletah" - der „überlebende Rest" - dieser Begriff steht für ein Kapitel deutsch-jüdisch-israelischer Geschichte, das erst vor wenigen Jahren zu einem Thema für die Geschichtswissenschaft geworden ist. Zehntausende von Juden lebten nach dem Ende des Zweiten Weltkrieges in Deutschland: deutsche Juden, die den Holocaust überlebt hatten, aus den Konzentrationslagern befreite Juden, jüdische Zwangsarbeiter und Juden aus Osteuropa, die nach dem Kriegsende aus ihren Heimatländern in den Westen abgewandert waren. Die jüdischen Glaubensgenossen waren geprägt durch das ihnen kollektiv widerfahrene Leid, sie bildeten jedoch keineswegs eine homogene Gruppe, sondern unterschieden sich in ihrem sozialen Status, ihren religiösen und politischen Überzeugungen. Das in der Nähe des befreiten Konzentrationslagers Bergen-Belsen eingerichtete Lager für Displaced Persons (DPs) wurde zum organisatorischen, sozialen und politischen Zentrum der Juden in Niedersachsen.

Die Beiträge in dem Sammelband beleuchten die Bedingungen und Aspekte jüdischen Lebens „im Schatten des Holocaust" in differenzierter und überzeugender Weise. Die Einführung von Wolfgang Benz setzt sich mit der Situation der Juden während der NS-Verfolgung in Deutschland und der problematischen Entscheidung für oder gegen eine Auswanderung auseinander. Die Fallstudien zum Neuanfang jüdischer Gemeinden und Organisationen in Hannover und Hamburg von Anke Quast bzw. Ursula Büttner zeigen anschaulich, wie unterschiedlich die Situation vor Ort sein konnte. Juliane Wetzel stellt die Arbeit des Zentralkomitees der befreiten Juden in Bergen-Belsen vor, das einen zoneninternen Zusammenschluß der Juden und ihre Anerkennung als eigene Nationalität anstrebte. Der Zionismus wurde zum eigentlichen politischen und kulturellen Leitgedanken der jüdischen DPs. In diesem Kontext wird auch die Haltung der britischen Besatzungsmacht erörtert, die aufgrund der Position Großbritanniens als Mandatsmacht in Palästina in erster Linie die Repatriierung der jüdischen DPs in ihre Herkunftsländer verfolgte. Mit der „inneren Neuorientierung" befassen sich u. a. die Beiträge von Jaqueline Giere und Nicholas Yantian. Sie berichten sehr anschaulich über den Alltag der jüdischen DPs in den Lagern und ihrer „Inselsituation" mit eigenen sozialen und kulturellen Einrichtungen und einer eigenen Presse. Der letzte Themenkomplex behandelt die Entwicklung der jüdischen Gemeinden und der deutsch-jüdisch-israelischen Beziehungen bis in die Gegenwart. Insbesondere der Beitrag von Y. Michael Bodemann, der fragt, ob eine „jüdische Renaissance" in Deutschland möglich oder zu erwarten sei, verdient hier Beachtung. B. bemerkt, daß gerade die Beschäftigung mit der jüdischen Geschichte und Kultur, die derzeit noch vor allem von nicht-jüdischer Seite betrieben wird, eine „Chance für die Wiederkehr deutsch-jüdischer Traditionen" ist. Doch jeder, der in diesem Zusammenhang forscht, muß sich auch mit Marc Blochs Formulierung vom „freundlich angehefteten Davidstern" (zit. nach Obenaus) auseinandersetzen.

Leider konnten nicht alle Beiträge hier Erwähnung finden. Betont sei jedoch, daß den Autoren des Sammelbandes - dazu gehören ferner Antje Clara Naujoks, Hagit Lavsky und Frank Stern - ohne Ausnahme eine informative und aufschlußreiche Darstellung gelungen ist, die viele bislang unbekannte Aspekte jüdischen Lebens nach 1945 aufdeckt und ohne Zweifel zu weiteren Forschungen anregen wird.

Heike Düselder

Stefan Baumeier, Christoph Köck (Hrsg.): *Sauerland. Facetten einer Kulturregion*. Detmold: Landschaftsverband Westfalen-Lippe/Westfälisches Freilichtmuseum Detmold 1994, ISBN 3-930271-20-6, 192 S., zahlr. Abb. (= Schriften des Westfälischen Freilichtmuseums Detmold - Landesmuseum für Volkskunde - Bd. 12), DM 39,-.

Freilichtmuseen tragen bei der Vermittlung vergangener Lebenswelten aufgrund ihrer möglichst große Authentizität anstrebenden Darstellungsform eine besondere Verantwortung. Nur zu leicht können wissenschaftliche Rekonstruktionen mit der tatsächlich gelebten Vergangenheit verwechselt werden. Die hier zu besprechende Veröffentlichung zeigt eindrucksvoll, wie intensiv und aufwendig sich die wissenschaftlichen Vorarbeiten zur Einrichtung einer neuen Baugruppe in einem modernen Freilichtmuseum gestalten. Seit 1985 führt das Westfälische Freilichtmuseum Detmold ein interdisziplinäres Forschungsprojekt durch, in welchem der Aufbau eines „Sauerlanddorfes" vorbereitet und begleitet wird. Der vorliegende Band dokumentiert in sieben Aufsätzen einen Teil dieser Vorarbeiten. Zeitlich konzentrieren sich die Beiträge auf die Jahre von ca. 1850 bis 1930 mit einem Schwerpunkt auf den 1920er Jahren, räumlich auf das sogenannte kurkölnische Sauerland, d.h. den katholisch geprägten östlichen Teil der südwestfälischen Mittelgebirgslandschaft. Fast alle Beiträge gehen ihr Thema allerdings exemplarisch auf Grundlage bestimmter Dörfer an.

Einleitend legt Köck den Charakter der als typisch sauerländisch empfundenen Zuschreibungen als zeitabhängige Konstrukte offen. J. Kleinmanns beschreibt anhand einiger Beispiele den Gebäudebestand im kurkölnischen Sauerland vom 17. bis zum Ende des 19. Jahrhunderts. Den erst seit den 1920er Jahren verstärkt zum Tragen kommenden Einfluß des Heimatschutzgedankens auf den Sauerländischen Gebirgsverein (SGV) untersucht S. Falk. R. Kirsch-Stracke zeigt, wie stark dörfliche Freiraumkultur (Gestaltung von Plätzen, Höfen usw.) durch wirtschaftliche und soziale Vorgaben bestimmt wurde. Die heute für das Sauerland so typischen Nadelhochwälder sind laut B. Plenter Ergebnis einer seit den 1850er Jahren einsetzenden und erst in den 1920er Jahren weitestgehend durchgesetzten Zurückdrängung der Forstnebennutzungen (Waldweide, Köhlerei usw.). H.-D. Joosten liefert einen Einblick in das um 1930 gebräuchliche Mobiliar, und Chr. Aka beschäftigt sich mit der im katholischen Sauerland gelebten Religiosität und Frömmigkeit.

Zahlreiche Abbildungen illustrieren die Aufsätze, wobei das Fehlen einer die Zuordnung zu Textpassagen ermöglichenden Numerierung negativ auffällt. Zudem sind die Bilder teilweise so „schön", daß sie eine idyllisierende Sicht des Sauerlands provozieren. Insgesamt stellt der Band einen wichtigen Beitrag zur regionalen Kulturgeschichtsschreibung des Sauerlands seit der Mitte des letzten Jahrhunderts dar. Letztlich muß jedoch unterstrichen werden, daß tatsächlich nur Facetten geliefert werden: wichtige Themen - z.B. die wirtschaftlichen und politischen Verhältnisse - werden nur gestreift, das evangelische, (proto-)industriell geprägte märkische Sauerland bleibt bewußt ausgespart. Unklar bleibt auch, wie die vorgestellten Forschungsergebnisse beim Aufbau des Sauerlanddorfes konkret umgesetzt wurden und werden.

Michael Schimek

Heinrich M e h l (Hrsg.): *Acker-, Markt- und Reisewagen*. Unterwegs in Schleswig-Holsteins Vergangenheit. Heide: Westholsteinische Verlagsanstalt Boyens & Co. 1996, ISBN 3-8042-0787-1, 182 S., zahlr., z. T. farb., Abb. (= Schleswig-Holsteinisches Landesmuseum, Volkskundliche Sammlungen, Bd. 1), DM 39,80.

Die deutsche Sprache ist reich an Redewendungen aus der Zeit von Pferd und Wagen, die Kenntnis über die verschiedenen Fuhrwerke ist im Zeitalter des Automobils und der rasch fortschreitenden technischen Entwicklung weitgehend auf der Strecke geblieben. Der Herausgeber des vorliegenden Bandes und seine Mitautoren haben die im Schleswig-Holsteinischen Landesmuseum aufbewahrten Acker-, Markt- und Reisewagen zum Anlaß genommen, diese in technikgeschichtlicher und sach-volkskundlicher Entwicklung zu erfassen und zu beschreiben und die Sammlung durch reichhaltiges Bildmaterial und technische Zeichnungen aus ganz Norddeutschland zu ergänzen, ohne dabei den Anspruch zu erheben, alle historischen Landfahrzeuge berücksichtigen zu wollen. Da die Fahrzeuge des Adels und des Großbürgertums bislang in der Literatur gut dokumentiert sind, haben die Autoren mehr die Bauern- und Marktfuhrwerke in den Vordergrund gestellt, aber auch Hunde- und Badekarren, Carriolen und Kürwagen, Feuerspritzen-, Treck- und Leichenwagen berücksichtigt. Gewiß sind die Informationen über die verschiedensten Wagen auch für das Oldenburger Land sehr aufschlußreich, und von daher ist der reich illustrierte und übersichtlich gestaltete Band zu empfehlen. Schade ist nur, daß es für die Abbildungen und Zeichnungen keinen Bildnachweis mit genauer Quellenangabe gibt.

Matthias Nistal

Peter S c h m e r e n b e c k (Hrsg.): *Puppen, Bären, Magische Laternen*. Spielzeug des 19. und 20. Jahrhunderts. Mit Beiträgen von Saskia F r a n k, Britta S c h u m a n n, Kirsten V i n c e n z. Oldenburg: Isensee 1995, ISBN 3-89598-305-5, 50 S., 42, z.T. farb., Abb. (= Kataloge und Schriften des Schloßmuseums Jever, H. 13), DM 14,80.

Ausgangspunkt für die Entstehung der o.g. Ausstellung im Schloßmuseum Jever und des vorliegenden gleichnamigen Begleitheftes war das Vorhaben, Praktikanten/innen und Studierende in die museologische Arbeit und deren Problemfelder einzuführen. Als Grundlage diente der eigene kleine Spielzeugbestand, der durch private Leihgaben, Schenkungen und gezielte Ankäufe abgerundet und systematisch und chronologisch zusammengestellt wurde. Die Palette der Ausstellungsstücke reicht von historischen Puppen und deren Zubehör über alte Baukastensysteme, Steck- und Schraubspielzeug, über frühes Blechspielzeug bis zur Laterna magica und zu deren Bildeinsätzen und dem zauberhaften Schreiberschen Papiertheater. Die verschiedenen Exponate werden im Katalog fotografisch hervorragend dargestellt und sind mit informativen Begleittexten versehen. Das Heft beinhaltet außerdem acht verschiedene Textbeiträge, die durch Anzeigen aus früheren Ausgaben des Jeverschen Wochenblattes aufgelockert werden. Die Beiträge sind leicht verständlich, geben aber dennoch einen interessanten und informierenden ausschnittartigen Überblick über die Geschichte des Spielzeugs und dessen Herstellung in den letzten zwei Jahrhunderten. Allein schon das Durchblättern dieses faszinierenden Katalogs läßt nicht nur jedes Sammler-, sondern auch jedes Erwachsenenherz höher schlagen.

Susanne Famulla-Lietz

Ulrike Möllney: *Norddeutsche Presse um 1800.* Zeitschriften und Zeitungen in Flensburg, Braunschweig, Hannover und Schaumburg-Lippe im Zeitalter der Französischen Revolution. Bielefeld: Verlag für Regionalgeschichte 1996, ISBN 3-89534-176-2, 330 S., mehrere Abb. (= Studien zur Regionalgeschichte Bd. 8), DM 58,-.

Eine Bremer Dissertation, die sich mit der „norddeutschen Presse" befaßt, muß sich eigentlich der Frage stellen, warum nicht die Zeitungen der Freien Hansestadt Bremen und der Nachbarstaaten Hannover und Oldenburg berücksichtigt wurden als Kernbereich Nordwestdeutschlands. Statt derer wurden gewählt Flensburg wegen der dänischen Pressehoheit, Braunschweig wegen des außenpolitischen Drucks auf seine liberale Pressepolitik und Schaumburg-Lippe wegen der besonderen Quellenlage. Bleibt Hannover wegen seiner staatlich gelenkten Meinungsbildung; alles Kriterien, die sich in der einen oder anderen Form vielleicht auch in Oldenburg hätten finden lassen. Allerdings erschien hier in der fraglichen Zeit neben den „Oldenburgischen wöchentlichen Anzeigen" nur ein kurzlebiges Wochenblatt „Der Volksfreund", aufbewahrt in der Landesbibliothek.

Ein paar Steine also nur zum Mosaik Norddeutschland, allerdings vorzüglich geschliffen und aufbereitet, mit beeindruckendem Anmerkungsapparat und 34 Seiten Literaturnachweis versehen. Oldenburg wird zwar nur am Rande gestreift, doch kann das Kapitel „Das Publikum der norddeutschen Presse am Ende des 18. Jahrhunderts" (S. 210-254) durchaus auch verallgemeinert werden, was z.B. Lesebedürfnis, Presseversorgung und Gemeinschaftslektüre in Lesegesellschaften angeht.

Was von Frankreich aus hier einging, war weniger der revolutionäre Gedanke als der Fortschrittsglaube. „Reform statt Revolution", behutsam angestrebten Wandel vertraten die untersuchten Periodika durch pädagogisch gehaltene Unterhaltung, die durch Ratschläge für Land- und Hauswirtschaft, durch praktische Lebenshilfen in medizinischen und ökonomischen Fragen und zur Schadensvorbeugung, kurz durch behutsame Aufklärung der bisherigen politischen Disziplinierung der Bevölkerung entgegenwirkten. Ein gescheites, ein nützliches und lesenswertes Buch.

Walter Barton

*Phantasie und Illusion.* Städte, Räume, Ruinen in Bildern des Barock. Hrsg. von der Stadt Paderborn. Ausstellungskonzeption und Katalog: Andrea Wandschneider. Paderborn: Bonifatius [1996], 236 S., 96, z. T. farb., Abb., DM 28,-.

Mit dieser Ausstellung, die auch im Landesmuseum Oldenburg zu sehen war, haben die Organisatoren ein so bis dahin hier nicht gebotenes Niveau, was die Qualität der Exponate angeht, als ein Exempel dafür gesetzt, was möglich ist. Der Katalog vereinigt Interieurbilder, Veduten, Bühnenbilder, Architekturphantasien, ja selbst architektonische Entwürfe. Er umgreift zwei so unterschiedliche Epochen wie das niederländische 17. Jahrhundert und das franco-römische Spätbarock, wobei die Autoren den Begriff „Barock" sehr weit fassen. Es werden Arbeiten von Desprez, Lipper, den Quaglios gezeigt, die unbestritten zum Klassizismus gehören. Schwieriger ist die Epochenzuordnung bei Piranesi, von dem Michael Brötje (S. 71) postuliert, daß seine „Veduten und Carceri keineswegs die künstlerischen Ausdrucks- und Gestaltungsdimensionen des Barock durchbrechen." Piranesis direkter Einfluß auf den gerade in Rom entstehenden Frühklassizismus, sein Austausch mit den Stilbegründern Le Lorrain und Legeay und seine (indirekt gegen Winckelmann gerichtete) Apologie auf Etrurien weisen ihn, zumindest als Theoretiker, eindeutig als Protoklassizisten aus.

Andrea Wandschneider, die Ausstellung und Katalog konzipiert hat, unternimmt den Versuch, den Großkomplex der Vedute formal und inhaltlich zu differenzieren, wobei sie neue Topoi wie etwa die „Kompositlandschaft" einführt.

Insgesamt sind Katalog und Ausstellung ein sehr gelungener Schritt in Richtung auf eine Zusammenschau der Geschichte des Architekturbildes, die bisher stark gattungsspezifisch oder epochengeschichtlich gesehen wurde.

Jörg Deuter

*Historische Gärten in Schleswig-Holstein.* Hrsg. von Adrian von Buttlar und Margita Marion Meyer unter Mitarbeit von Birgit Alberts, Jörg Matthies und Thomas Messerschmidt. Heide: Boyens 1996, ISBN 3-8042-0790-1, 748 S., 494, z.T. farb., Abb., DM 148,-.

Mit diesem Kompendium setzt sich Schleswig-Holstein, das lange eher ein Stiefkind der Erforschung historischer Gärten war, an die Spitze derartiger Bestrebungen. Das Werk ist in fünfjähriger Forschungsarbeit an der Christian-Albrechts-Universität in Kiel um Professor Adrian von Buttlar in Zusammenarbeit mit dem Schleswig-Holsteinischen Landesamt für Denkmalpflege entstanden, wo Margita Marion Meyer die Dezernentenstelle für Garten-Denkmalpflege innehat.

Nahezu 35 Forscher und einige hochqualifizierte Photographen arbeiteten den archivalischen Bestand auf, untersuchten die Gärten in situ und rekonstruierten verlorene Gartenkunstwerke anhand historischer Ansichten. Der Band besticht durch die Fülle bisher unbekannter historischer Bilddokumente (etwa zwei Drittel der Abbildungen waren bisher nie publiziert worden) wie auch durch brillante photographische Parkansichten und Luftaufnahmen, die Veränderungen und Verluste besonders deutlich machen und zum Vergleich mit den historischen Gartenplänen herausfordern.

Die Geschichte der schleswig-holsteinischen Gartenkunst hält Superlative bereit, so die Gottorfer Kaskade im Neuwerk-Garten als höchstwahrscheinliches Vorbild des Kasseler Herkules oder das Haus des „Gettorfer Globus", das hier erstmals rekonstruiert wird, als architekturgeschichtliches Unikat oder die holsteinischen Landschaftsansichten des Ludewig Schreiber von Cronstern, einem echten, bisher völlig unbekannten Romantiker. Sie werden von Adrian von Buttlar im einleitenden Text entfaltet. Hans-Helmut Poppendieck untersucht die historischen Zierpflanzen („Stintzenpflanzen") und ihre Ausbreitungsgeschichte, Margita Marion Meyer gibt einen Überblick über die Gartendenkmalpflege im Land.

Der Band beeindruckt auch durch ein allen Beiträgen gemeinsames hohes Niveau, das stets kunsthistorische und geistesgeschichtliche Einflüsse mitberücksichtigt und den Stoff immer auch stilistisch meistert. Terminologie und qualitative Einschätzung der einzelnen Gärten sind sorgfältig aufeinander abgestimmt. Literarische und philosophische Einflüsse spielen die ihnen zukommende zentrale Rolle, wobei auch hier, selbst für Kenner der Region und der Epoche, Neues zutage tritt. Eine souveräne herausgeberische Sorgfalt spricht auch aus der Vermeidung jeder Form von

Überschneidungen, wie auch aus der Ermittlung aller denkbaren zu ermittelnden Lebensdaten im Namenregister.

Wenn man zudem bedenkt, daß sich das Werk durch seine alphabetische Gliederung und seine vorangestellten Kurzbeschreibungen auch als Garten-Reiseführer eignet, kann man nur hoffen, daß auch Niedersachsen eines Tages ein derartiges Standardwerk wie „den von Buttlar/Meyer" besitzen wird.

Jörg Deuter

Helga d e C u v e l a n d : *Schloß Ahrensburg und die Gartenkunst.* Neumünster: Wachholtz 1994, ISBN 3-529-07123-4, 56 S., 24 Abb., 1 farb. Plan im Anhang (= Stormarner Hefte Nr. 18), DM 20,-.

Schloß Ahrensburg (um dessen Garten allein es geht) und Dorf Woldenhorn waren die städtebauliche Lieblingsschöpfung des vom vorpommerschen „Effektenhändler" zum dänischen Finanzminister aufgestiegenen Heinrich Carl (Graf) Schimmelmann. Die Autorin untersucht, welche gartengestalterischen Maßnahmen dieser in der Umgebung des 1759 aus Rantzauschem Besitz erworbenen Schlosses vornahm. Hierzu zieht sie einen 1759 entstandenen großen Idealplan heran, den sie überzeugend Georg Greggenhofer zuschreibt. Dieser Plan zeigt auch eine geplante architektonische Einbindung des Ahrensburger Schlosses, die bereits deutlich auf den Greggenhofer- oder Holmer-Flügel des Oldenburger Schlosses vorausweist. Daneben stellt die Autorin mehrere seit 1765 entstehende Gartenpläne des Schimmelmannschen Familienbaumeisters Carl Gottlob Horn für Ahrensburg vor. Die Entwürfe zeigen Horn noch in den Anfängen seiner Tätigkeit als Gartenarchitekt um 1765, also noch ganz unter dem Eindruck der frühen Dresdner Bildungseindrücke (die er kopiert), und sie erweitern damit unsere Kenntnis des Gartenarchitekten von Wandsbek, Emkendorf und Knoop um dessen bisher unbekanntes frühestes Werk.

Über den Ahrensburger Schloßgarten haben wir damit Klarheit gewonnen, über die Umwandlung des Dorfes Woldenhorn in den Flecken Ahrensburg, die traditionell (wie dies auch die Autorin tut) dem Planurheber von Ludwigslust, Johann Joachim Busch, zugeschrieben wird, die der Rezensent aber eher dem Schimmelmann näherstehenden Georg Erdmann Rosenberg, dem Erbauer seines Kopenhagener Stadtpalais, zuschreiben möchte, wird weiterhin nachzudenken sein.

Jörg Deuter

*Gärten der Goethe-Zeit.* Hrsg von Harri G ü n t h e r , Fotografien von Volkmar H e r r e . Leipzig: Edition Leipzig 1993, ISBN 3-361-00343-1, 308 S., zahlr., z.T. farb., Abb., DM 98,-.

Der vorliegende, sehr repräsentative Bildband bietet zugleich zum ersten Mal einen von hochrangigen Gartenkennern geschriebenen Aufsatzband zu Gärten der Goethe-Zeit. Unter den Autoren seien so prominente Gartenhistoriker wie Adrian von Buttlar, Michael Niedermeier, Michael Seiler oder der Herausgeber genannt.

Aus der Nordwest-Region wird nur der Park von Lütetsburg bei Norden vorgestellt, den kein geringerer als Dieter Hennebo, emeritierter Lehrstuhlinhaber für Geschichte der Gartenkunst in Hannover, kommentiert. Ergänzend hierzu sei die 1994 erstellte ungedruckte Kieler Magisterarbeit von Birgit Alberts genannt, die weiteres Material zur Lütetsburger Gartengeschichte aufarbeitet (unter anderem auch das Manuskript des Rasteder Amtmannes Wilhelm Detlef Georg „Erinnerungen an den

Freundschaftstempel zu Lütetsburg", Staatsarchiv Aurich). Hennebo verweist auf die Abhängigkeit der Lütetsburger Anlage von den Wörlitzer Gärten, und er betont den bis heute weitgehend authentisch erhaltenen Baumbestand und Gesamtcharakter der gepflegten Anlage. Die Erwähnung der beiden oldenburgischen Urheber des Gartens, der Hofgärtner Carl Ferdinand und Julius Bosse, wirft die Frage auf, warum nicht auch der Oldenburger und der Eutiner Schloßgarten, beide Gärten der Goethe-Zeit, in den Kreis der etwa 35 dargestellten Anlagen einbezogen wurden.

Insgesamt ist die Gratwanderung zwischen dem Ziel, einen Bildband mit überwältigend schönen Fotos vorzulegen, und dem Anspruch, gartenhistorisch 417 fundierte Texte beizusteuern, geglückt.

Jörg Deuter

Wolfgang Kehn: *Christian Cay Lorenz Hirschfeld 1742-1792*. Eine Biographie. Worms: Wernersche Verlagsgesellschaft 1992, ISBN 3-88462-095-9, 205 S. Text, 52 Abb. auf nicht gezählten Tafeln am Schluß (= Grüne Reihe. Quellen und Forschungen zur Gartenkunst Bd. 15), DM 65,-.

Der aus Kirchnüchel bei Eutin stammende Hirschfeld dürfte der meistzitierte Gartentheoretiker des 18. Jh.s sein. Daß er als Informator und Sekretär die Bildungsreise der Gottorfer Prinzen in die Schweiz begleitete, macht ihn überdies zu einer Persönlichkeit von oldenburgischem Interesse. Hirschfeld fiel bei dem Prinzenerzieher Carl Friedrich von Staal 1767 in Ungnade und wurde in Bern entlassen, weil es ihm gelang, an diesem Vorgesetzten vorbei mit „großen Leuten" bekannt zu werden und er mit seinen Zöglingen als ein mit ihnen Gleichgestellter umging. Dennoch bewältigte es Hirschfeld, über diesen Tiefpunkt seines Lebens hinwegzukommen und sich seit 1769 als Professor der Ästhetik in Kiel zu etablieren und zur ersten Instanz in Fragen der Gartengestaltung in Deutschland zu werden. Ein Aufstieg, dessen Wurzeln auch Kehn nur durch Vermutungen begründen kann.

Für die Landesgeschichte ist Kehns Buch deshalb von großem Interesse, weil es die erzieherischen Maximen, nach denen Peter Friedrich Ludwig und sein Bruder ausgebildet wurden, deutlich hervortreten läßt und die bisher wenig greifbare Persönlichkeit Staals akzentuiert. Eine spätere Wiederannäherung Hirschfelds an Herzog Peter ist nicht auszuschließen, allerdings ist der Verfasser der „Theorie der Gartenkunst" (1775-82) als Gartenberater für den Oldenburger Hof oder auf oldenburgischem Terrain nie tätig geworden.

Hirschfelds umfassende Gartenkorrespondenz, sein Einfluß auf die Illustratoren und Mitarbeiter seiner Theorie sowie seine publizistische Tätigkeit werden ausführlich dargestellt.

Als Gründer der Obstbaumschule in Düsternbrook bei Kiel und als Schöpfer des Gartens in Bad Meinberg hat Hirschfeld sich auch praktisch mit Fragen der Gartengestaltung und Verbesserung der Pomologie beschäftigt.

Ein Verzeichnis der Reisen und der Veröffentlichungen sowie der bekannten Korrespondenz Hirschfelds ergänzt diese erste Biographie, die die nicht nur einflußreiche, sondern auch bis zur Unerträglichkeit selbstbewußte und, trotz des großen Erfolgs, bis ans Lebensende materiell darbende Existenz eines bis heute höchst einflußreichen Gelehrten des 18. Jh.s erstmals in allen Facetten greifbar werden läßt.

Jörg Deuter

*„Zurück zur Natur"*. Idee und Geschichte des Georgengartens in Hannover-Herrenhausen, hrsg. von der Wilhelm-Busch-Gesellschaft e.V. und dem Grünflächenamt der Landeshauptstadt Hannover. Göttingen: Wallstein 1997, ISBN 3-89244-250-9, 111 S., zahlr., z.T. farb., Abb., DM 29,80.

Johann Ludwig von Wallmoden, Gesandter Englands und Hannovers in Wien, ist vor allem als Bauherr des „Wallmodenschlößchens", des heutigen Wilhelm-Busch-Museums, und des dazugehörigen englischen Gartens („Georgengarten") im Bewußtsein der Hannoveraner lebendig. Er war ein Schüler des Hofrates Georg Brandes, dem Oldenburg den Kernbestand der Landesbibliothek verdankt, und wurde durch diesen mit Johann Joachim Winckelmann bekannt, den er 1764/65 in Rom auch persönlich erlebte.

Das Wallmodenpalais (1776/79), das Stefan Amt untersucht, zeigt Ansätze eines klassizistischen Bauwerks. Der Wallmodengarten, den Michael Rohde darstellt, kann als sehr frühe englische Gartenschöpfung in Deutschland gelten. Seine Entstehungsgeschichte (seit 1766) wird zu den anderen frühesten englischen Gärten in Deutschland, Schwöbber, Harbke und Marienwerder (sämtlich sechziger Jahre), von Rolf Kirsch in Beziehung gesetzt.

Neben der landschaftsgärtnerischen Schöpfung des Georgengartens ist Wallmodens Antikensammlung seine zweite große kulturelle Leistung (dargestellt von Christof Boehringer). Diese Sammlung ist großenteils erhalten und ruht als Depositum des Hauses Hannover im Magazin der Universität Göttingen. Anläßlich des Gartenjubiläums kehrten die Antiken in ihr angestammtes Domizil zurück. Die Frage, ob diese erste große Antikensammlung des Kurfürstentums Hannover nicht dauerhaft in der Landeshauptstadt gezeigt werden sollte, drängt sich auf.

Insgesamt für den Gartenhistoriker und den an der Antiken-Rezeption Interessierten eine wichtige Veröffentlichung, die Hubertus Fischers wortgewaltiges und witziges Plädoyer „Zum Wandel der Naturwahrnehmung" eindrucksvoll abrundet.

Jörg Deuter

Walter Janssen-Holldiek: *Renaissance- und Barock-Ofenkacheln aus Funden auf zwei Linteler Althöfen*. Gemeinde Hude 1976-1980. Zugleich eine kleine Kachelofenkunde. Oldenburg: Isensee 1996, ISBN 3-89598-356-X, 87 S., 62 Abb., davon 28 farb., DM 18,-.

Diese Arbeit stellt aus dem breiten Spektrum der archäologischen Funde, die der Verf. bei seinen Ausgrabungen in Lintel (Landkreis Oldenburg) machte, den Bereich der Ofenkacheln vor. Durch intensives Quellenstudium und Vergleiche mit Funden in Norddeutschland gelang eine gründliche Dokumentation. Ein besonderes Verdienst dieses Buches ist es, erste Schritte zur Erforschung dieses speziellen Gebietes der Keramik in unserer Region zu machen. Gleichzeitig werden die großen Wissenslücken deutlich, welche noch zu schließen sind. Gute Farbaufnahmen und verdeutlichende Zeichnungen sind für den Leser der Dokumentation sehr hilfreich. Die ergänzenden Ausführungen über Kachelöfen runden die Arbeit in gefälliger Form ab. Zu den heutigen Wissenslücken gehört der vermutlich arbeitsteilige Ablauf von Herstellung und Vertrieb eines Ofens. Wahrscheinlich gab es verschiedene Stationen beim Ofenbau: z.B. die Formenanfertigung durch einen Künstler (Holzschnitzer?)

und die Herstellung der Kachel und des Ofens durch den Töpfer. Der Handel mit Matrizen verwirrte das Bild noch weiter. Es ist sehr zu begrüßen, daß der Verf. sich der aufwendigen Arbeit unterzogen hat, Zusammenhänge und die Weitläufigkeit des Themas aufzuzeigen, wie er z.B. an Parallelfunden aus Schweden deutlich machen konnte.

Heinz-Günter Vosgerau

Ilse E b e r h a r d t : *Van des stades wegene utgegeven unde betalt. Städtischer Alltag im Spiegel der Stadtrechnungen von Osnabrück (1459-1519).* Osnabrück: Selbstverlag des Vereins für Geschichte und Landeskunde von Osnabrück 1996, ISBN 3-9803412-4-0, ISSN 0474-814-X, XII, 553 S., 13 Abb. (= Osnabrücker Geschichtsquellen und Forschungen XXXVII), DM 72,-.

Innerhalb der Geschichtswissenschaft blickt die Mediävistik auf eine besonders lange Tradition in der Behandlung kultur- und mentalitätsgeschichtlicher Fragestellungen zurück, was schon frühzeitig zu einer Beschäftigung mit alltagshistorischen Aspekten führte. Dem städtischen Alltag des spätmittelalterlichen Osnabrück nähert sich Ilse Eberhardt in ihrer Münsteraner Dissertation. Weniger aus theoretischen als aus Gründen der Überlieferung ergibt sich der Untersuchungszeitraum: Zwischen 1459 und 1519 liegen die Osnabrücker Stadtrechnungen fast lückenlos und in einer so homogenen Form vor, daß sich eine quantitative Analyse anbietet. Für besonders aussagekräftig in Hinsicht auf das städtische Alltagsleben hält E. die Ausgaben, weshalb sie die Einnahmeseite nur sporadisch in ihre Betrachtung einbezieht (S. 3). Folgerichtig liefert die Autorin in der zweiten Hälfte des Buches (S. 265-508) eine mediävistischen Standards gemäße Edition der sog. „Lohnrechnungen". Ein Orts- und Personenregister erschließt Auswertungstext und Edition. In 60 Tabellen (S. 206-263) werden die Ausgaben zudem für jedes überlieferte Rechnungsjahr standardisiert auf sieben Posten offengelegt. Diese Posten - Renten und Anleihen, Bewirtung, Baukosten, Verteidigung, städtische Eigenbetriebe, städtische Fürsorge, Verwaltungskosten - geben auch die Oberthemen des Auswertungstextes vor.

Vorab geht E. abrißartig auf den politischen und wirtschaftlichen Rahmen der städtischen Rechnungsführung ein. Dabei weist sie besonders auf deren enge Verquickung mit der zumeist kaufmännischen Führungsschicht hin, die nicht nur für die Rechnungslegung verantwortlich war, sondern auch den städtischen Haushalt als Kapitalgeber wesentlich stützte (S. 13 u. 50). Als Methodenkapitel dient eine solide Beschreibung der Quellen (S. 22-44); ihren Umgang mit diesen Quellen, ob und wie z.B. EDV-Datenbanken eingesetzt wurden, deckt die Autorin leider nur sehr unzureichend auf.

Wer von der Arbeit eine plastische Schilderung des Osnabrücker Alltagslebens an der Schwelle zur Neuzeit erwartet, wird eher enttäuscht. Das liegt nicht am Stil der Autorin. Der Text ist durchweg leicht verständlich, zahlreiche Tabellen und Diagramme erläutern die getroffenen Aussagen. Es ist vielmehr die „Sprödigkeit" der Quelle selbst, welche eine dichte Beschreibung des Alltags nicht zuläßt. Offensichtlich war die städtische Rechnungslegung nur in Ausnahmefällen an den genauen Umständen und Hintergründen der Kostenentstehung interessiert. E. kann daher ihren Untersuchungsgegenstand selbst unter Zuhilfenahme der stadtgeschichtlichen

Sekundärliteratur nur ansatzweise fassen. Entsprechend sorgfältig hat sie die Literatur ausgewertet. Dabei gelingt es ihr, der Osnabrücker Stadtgeschichte wichtige Detailerkenntnisse - besonders was Preise, Löhne, Münzwerte und Zahlungsmodalitäten anbelangt - hinzuzufügen und einige Irrtümer richtigzustellen (z.B. S. 85).
Insgesamt zeigt sich jedoch, daß die Beschränkung auf eine einzige Quellengattung eine adäquate Erforschung des Alltags nicht leisten kann. Wahrscheinlich würde der Leser nicht mit so hohen Erwartungen an die Arbeit herantreten, wenn die Autorin einleitend ihr Verständnis vom Alltag bestimmt hätte. Immerhin hat sich gerade die Historik intensiv mit dem Alltagsbegriff auseinandergesetzt - eine Diskussion, die hier anscheinend nicht rezipiert wurde. So bleibt der Arbeit vor allem das Verdienst, einen anschaulichen Einblick in das Rechnungswesen eines spätmittelalterlichen „Oberzentrums" zu liefern und gleichzeitig der Forschung eine wichtige stadtgeschichtliche Quelle zugänglich gemacht zu haben.

Michael Schimek

*Ansichten der Nordwolle 1884-1996.* Von der NWK 1884 zum Fabrikmuseum Nordwolle. Delmenhorst 1996. Hrsg. im Auftrag der Stadt Delmenhorst von Gerhard K a l d e w e i . Oldenburg: Isensee 1996, ISBN 3-89598-383-7, 108 S., zahlr. Abb., DM 22,-.

Das vorliegende Buch widmet sich der Industrialisierung der Stadt Delmenhorst am Beispiel der Nordwolle. Untergliedert ist es in vier Bereiche. Im ersten wird auf die Geschichte der Textilindustrie in Niedersachsen eingegangen. Die Nordwolle wird in den Kontext mit anderen „Wollwäschereien" in Niedersachsen gestellt. Berücksichtigt werden dabei insbesondere die Architektur, die Produktionsabläufe und die Ausstattung der jeweiligen Fabrik. Die Bereiche zwei und drei umfassen die Gebiete Industriearchäologie und -kultur sowie das Konzept des Fabrikmuseums Nordwolle in Delmenhorst. Dieses ist sozialgeschichtlich ausgerichtet, um den Menschen einen umfassenden Einblick in die Arbeitswelt der Textilindustrie zu geben. Die Beschreibung von mehreren Rundgängen durch das Fabrikmuseum erschließt den Besuchern Teilaspekte der Produktion. Der letzte Bereich gibt den Lesern einen kurzen, aber sehr guten Einblick in die Geschichte der Nordwolle und der Gründerfamilie Lahusen. Besonders eingegangen wird hier auf das Leben der Arbeiterinnen und Arbeiter, auf die Arbeitsbedingungen, Wohnverhältnisse, Löhne etc. Bis auf den Bereich drei sind alle Kapitel mit einem umfangreichen Anmerkungsapparat versehen. Den Abschluß des Buches bildet eine Fotodokumentation für die Zeit von 1884-1996. Die Fotos umfassen Darstellungen aus dem Privatleben der Lahusens sowie Bilder aus der Arbeitswelt und dem Freizeitleben der Betriebsangehörigen. Jedes Foto ist mit einer eingehenden Erläuterung versehen. Die Schrift bietet einen guten Einstieg in die Geschichte der NWK und stellt somit einen nützlichen Wegweiser durch das Industriemuseum Delmenhorst dar.

Jürgen Halbfaß

Dietmar von Reeken: *Lahusen. Eine Bremer Unternehmerdynastie 1816-1933*. Bremen: Edition Temmen 1996, ISBN 3-86108-273-X, 176 S., zahlr. Abb., DM 34,-.

Mehr noch als für die ohnehin umfangreichere bremische sind die Lahusens für die oldenburgische Unternehmergeschichte eine bedeutende Familie, haben sie doch viele Jahrzehnte Delmenhorst durch die von ihnen gegründete Nordwolle geprägt - durch die Gebäude bis heute. So ist es ein erfreuliches Unternehmen gewesen, sich der Geschichte dieser Kaufmanns- und Unternehmerdynastie zu nähern. D. von Reeken hat dies unter drei Blickwinkeln getan. Er beschäftigt sich eingangs mit der Familiengeschichte im engeren Sinn; dann wendet er sich den Lahusens als Unternehmern zu, um schließlich ein Spezifikum dieser Familie, deren deutlich religiöse Ausrichtung, zu reflektieren.

Die Lahusens, aus dem Westfälischen stammend, waren im oldenburgischen Berne während des 18. und zu Beginn des 19. Jahrhunderts zu einigem Geld und Ansehen gekommen, ehe ein Teil der Familie nach Bremen übersiedelte. Diese Entscheidung aus „geschäftlichen und familiären Beziehungen" (S. 35) bleibt leider - sicherlich auch wegen der Quellenlage - weitgehend im dunkeln. Dabei wäre es gerade auch familiengeschichtlich höchst interessant zu erfahren, was denn der genauere Beweggrund gewesen sein könnte. Die eingeschränkten wirtschaftlichen Möglichkeiten in Berne? Gute Geschäftsbeziehungen nach Bremen? In der Darstellung der wirtschaftlichen Aktivitäten spielt der spektakuläre Zusammenbruch des Nordwolle-Konzerns im Jahre 1931 nur eine untergeordnete Rolle; dennoch schwingt er als Endpunkt der Unternehmensgeschichte immer mit. Aus der historischen Distanz gesehen, lag, wie von Reeken feststellt, eine Ursache in dem „eklatanten Widerspruch zwischen den Anforderungen ökonomischer Modernität und den Lahusenschen Familientraditionen" (S. 148). Eingehend setzt sich von Reeken auch mit dem Einfluß konservativ protestantisch geprägten Denkens auf das unternehmerische Handeln der Lahusens auseinander. Die Mitglieder der Familie spielten eine wichtige Rolle in der Bremer Kirchenpolitik, und aus ihrem religiösen Denken speiste sich ihr soziales Engagement. Aber „im Zweifel waren (sie) eher ökonomisch kalkulierende Unternehmer als religiös motivierte Philanthropen" (S. 138). Die an den Anfang gestellte, relativ allgemein gehaltene Einführung in die bürgerliche Familienforschung einerseits und die Betrachtung der Bremer Verhältnisse in Wirtschaft und Kirche andererseits stehen etwas unverbunden zu den folgenden Ausführungen. Ganz besonders erwähnenswert ist das sorgfältig ausgewählte und mit knappen, informativen Legenden versehene Bildmaterial, das die insgesamt doch lesenswerte, nicht unkritische Darstellung treffend ergänzt.

Klaus Lampe

Horst van der Linde: *Gezeiten*. Hundert Jahre Planen und Bauen. Oldenburg: Isensee 1994, ISBN 3-89442-226-2, 212 S., zahlr. Abb., DM 29,80.

100 Jahre Bauunternehmung Ludwig Freytag aus Osternburg, das allein schon wäre es wert gewesen, dem Gründer und seinen Nachfolgern für ihre Schaffenskraft, für Mut und kaufmännisches Geschick mit einer ausführlichen Geschichte der Firma zu danken. Der Verf., der sich vom Tischlerlehrling bis in die Chefetage der Firma hochgekämpft hat, entschloß sich für eine viel lesenswertere Lösung: Er stellte die Menschen, die zum Teil Jahrzehnte für und mit der Firma Freytag schafften, in den

Mittelpunkt seines Buches. Dadurch wird dem Leser zwar auch die Entwicklung von einem einfachen Baugeschäft bis zu einem weit über Europa hinaus tätigen industriellen Bauunternehmen geschildert, aber was die Poliere, Schachtmeister, Bauleiter, Firmeninhaber und ihre Geschäftspartner an persönlichem Einsatz zum Gelingen der vielfältigen Werke im In- und Ausland einbrachten, das konnte uns der Verf. in beeindruckender Weise, manchmal auch herzerfrischend humorvoll, kaum treffender schildern. Eine Vielzahl vorzüglicher Fotos gibt dem Band noch einen besonderen Reiz. Das Buch legt man erst nach dem Lesen der letzten Seite aus der Hand.

Joachim Schrape

*Braunschweigisches Biographisches Lexikon 19. und 20. Jahrhundert.* Im Auftrag der Braunschweigischen Landschaft e.V. hrsg. von Horst-Rüdiger J a r c k und Günter S c h e e l. Hannover: Hahn 1996, ISBN 3-7752-5838-8, 704 S., zahlr. Abb., DM 64,-.

Nach den vor wenigen Jahren erschienenen biographischen Nachlagewerken einiger früher selbständiger Länder in Niedersachsen (Osnabrück, Oldenburg, Ostfriesland) kann nun auch für das ehemalige Land Braunschweig ein entsprechendes Lexikon vorgelegt werden. Allerdings ist der von 170 Autoren bearbeitete und 1600 Artikel enthaltende Band zeitlich begrenzt auf die zwischen 1800 und 1990 verstorbenen Personen, von denen etliche schon in der zweiten Hälfte des 18. Jahrhunderts gelebt haben. Das Bearbeitungsgebiet umfaßt das Territorium des vor und nach 1941 bestehenden Freistaates Braunschweig und schließt daher einige hannoversche Kreise sowie den ab 1945 zur SBZ und der DDR gehörenden Altkreis Blankenburg ein. Die behandelten Personen stammten aus diesem Bereich oder waren in ihm längere oder kürzere Zeit tätig. Manchmal war dieser Aufenthalt nur sehr kurz, und es bedurfte gelegentlich einer besonderen Begründung für die Aufnahme des Artikels. Nach dem Vorbild der NDB werden nach den Namen und Lebensdaten Beruf, Lebenslauf, Verzeichnis der Veröffentlichungen und Sekundärliteratur angeführt. Doch ist es bedauerlich, daß in einem Punkt nicht der hierin vorbildlichen NDB gefolgt wurde, weil die genealogischen Angaben über Eltern, Großeltern, Ehegatten und Kinder meist fehlen. Genannt sind lediglich, aber längst nicht in allen Fällen, die Väter und auch diese manchmal ohne Vornamen. Besonders zu begrüßen ist es, daß nicht nur Personen von Bedeutung erfaßt sind, sondern auch Angehörige von Unterschichten und Täter und Opfer der NS-Diktatur. Oldenburgische Bezüge finden sich in den Artikeln über Christian Ludwig Bosse, M. Bücking, Karl Dincklage, Jos. und Salomon Mendelssohn, Heinr. Sattler, Kurt Thiele, August Uhde und Max Witte. Das für die Landes-, Regional-, Orts- und Personengeschichte äußerst nützliche Werk ist mit zahlreichen Abbildungen ausgestattet.

Harald Schieckel

*Biographisches Lexikon für Ostfriesland.* Hrsg. im Auftrag der Ostfriesischen Landschaft von Martin T i e l k e. *Zweiter Bd.* Aurich: Ostfriesische Landschaft 1997, ISBN 3-932206-00-2, 425 S., DM 58,-.

Bei der Rezension zu dem 1993 erschienenen ersten Bd. (vgl. Oldenburger Jahrbuch 94, 1994, S. 270 f.) wurde dem „Unternehmen ein guter Fortgang" gewünscht. Sehr erfreulich ist es, daß nun der zweite von geplanten fünf Bden. vorliegt. Die

Anfangseuphorie und Hoffnung des verdienstvollen Herausgebers Martin Tielke, bis zur Jahrhundertwende das Werk abschließen zu können, scheint, so entnimmt man mit Bedauern, aber auch mit großem Verständnis dem - sogar Woody Allen bemühenden - Vorwort, inzwischen verflogen zu sein. Möge trotz der mannigfaltigen Probleme mit dem inzwischen auf 130 Personen angewachsenen Mitarbeiterstab, wovon 78 an Bd. 2 beteiligt waren, der Optimismus nie erlahmen!

Bd. 2 enthält Artikel zu zehn Familien, darunter die Cirksena und die v. Frydag in Gödens (deren Weg nach Daren bei Vechta leider unerwähnt bleibt), und 176 Einzelpersonen, unter ihnen zehn Frauen. Besonders häufig vertreten sind diesmal die Theologen und auch Mitglieder der ostfriesischen Grafen- und Fürstenfamilie. Hier sticht besonders der umfangreiche Beitrag über den ersten Reichsgrafen Ulrich Cirksena (ca. 1408-1466) hervor. Auch der letzte König von Hannover, Georg V., ist der Aufnahme gewürdigt worden, allerdings hauptsächlich als Besucher und Förderer des Nordseebades Norderney. Für Leser dieser Zeitschrift von besonderem Interesse sind diesmal der jüdische Gelehrte Samson Raphael Hirsch, der von 1830 bis 1841 als Landrabbiner in Oldenburg wirkte, und der Theologe und Astronom David Fabricius, der als Kartograph auch für die oldenburgische Geschichte wichtig ist (S. 106-114, darunter 2½ S. Werke und Literatur). Auch Benno Eide Siebs (1891-1977) ist in Oldenburg nicht unbekannt. Die Charakteristik, daß er kein bedeutender Wissenschaftler war und viele seiner Arbeiten in Tageszeitungen oder deren Beilagen erschienen, ließe sich wohl auch auf Hinrich Koch und Gerhard Dietrich Ohling übertragen. Bei diesen beiden nimmt man jedoch mit einigem Erstaunen die minutiöse Aufzählung auch kleinster Veröffentlichungen, die meist gerade in solchen Zeitungsbeilagen erschienen sind, zur Kenntnis: Bei Koch sind dies über fünf, bei Ohling immerhin vier Seiten, jeweils mit kleiner Type engbedruckt. Hier sollte der Herausgeber stärker eingreifen. Und auch bei der Heilpraktikerin Antje Gerdes (1885-1954) fragt man sich, ob sie wirklich über eine Seite verdient hat und damit umfangmäßig gut zu den drei ostfriesischen Grafen Enno I.-III. paßt. Ungewöhnlich ausführlich sind auch das Quellenverzeichnis zu dem in Avignon gestorbenen Maler Wilhelm Ernst Greve aus Emden (ca. 1580-1639) und der Artikel zu dem ebenfalls aus Emden gebürtigen Altphilologen Eduard Norden (1868-1941), einem gewiß bedeutenden Vertreter seines Fachs. Sollte man nicht manchen Autoren Kürzungen anempfehlen? Auf der anderen Seite hätte man über den berüchtigten Söldnerführer des Dreißigjährigen Krieges, Graf Ernst von Mansfeld, gerne etwas mehr erfahren. Abgewogen sind die Urteile zu einigen in der NS-Zeit belasteten Personen wie z.B. über Menne Feiken Helmers. Den Umschlag zieren (wie schon bei Bd. 1) die Porträts von 16 in diesem Bd. vorkommenden Personen, wobei die Frauen mit zwei Bildern prozentual erheblich besser repräsentiert sind als im Buch selbst. Alles in allem handelt es sich um eine sehr gelungene Publiklation, in der sich mit großem Gewinn lesen läßt. Auf die weiteren Bde. darf man gespannt sein.

Albrecht Eckhardt

Arend Mindermann: *Adel in der Stadt des Spätmittelalters: Göttingen und Stade 1300 bis 1600*. Bielefeld: Verlag für Regionalgeschichte 1996, ISBN 3-89534-124-X, X, 499 S., 16 Abb. (= Veröffentlichungen des Instituts für Historische Landesforschung der Universität Göttingen Bd. 35), DM 78,-.

Über die Beziehungen zwischen dem Adel und den Städten des Spätmittelalters ist bislang wenig bekannt. Abgesehen vom städtischen Wehrwesen ist die Präsenz des Adels in der Stadt kaum untersucht worden. Deshalb versucht der Autor am Beispiel der beiden Handels- und Hansestädte Göttingen und Stade dieses Thema näher zu beleuchten, und hat dabei vor allem die Präsenz des landsässigen Adels in der spätmittelalterlichen Stadt vor Augen. Der Vergleich zwischen Göttingen und Stade läßt sich rechtfertigen: Beide Orte sind erstmals im 10. Jahrhundert belegt, hatten also eine annähernd gleiche geschichtliche Vorlaufzeit, ähnelten sich in der Ratsverfassung. Auch waren in beiden Städten im ersten Drittel des 14. Jahrhunderts *consules* nachweisbar, und es gab mehrere Herrschaftszentren, darunter jeweils eine Burg des Stadtherrn, aus beiden Städten wurde etwa zeitgleich der Stadtherr verdrängt. Unterschiede gibt es hingegen nicht nur in der geographischen Lage (Küstenlandschaft - Mittelgebirge), sondern auch hinsichtlich des Stadtherrn, der für Stade ein geistlicher Fürst, nämlich der Erzbischof von Bremen, und für Göttingen ein weltlicher Fürst des Welfenhauses war; während in Göttingen noch agrarische Strukturen bestanden, ist in Stade schon seit dem frühen 11. Jahrhundert eine frühstädtische Hafenmarktsiedlung zu sehen. Dennoch stehen diese Unterschiede dem Vorhaben des Verf. nicht entgegen.

Er untersucht zunächst nach einem für beide Städte festgelegten Schema Göttingen und Stade unter den Themenschwerpunkten Adel und Stadtherr (besonders die Stadthöfe des Adels), Adel und Rat (adelige Zuwanderer, Ausbürger und Söldner), Adel und Kirche (Stiftungen und Bruderschaften) und Turniere. Daran schließen sich jeweils Analysen und Vergleiche an. Übereinstimmungen und Abweichungen werden bewertet und weitestgehend aus den Zusammenhängen und den geschichtlichen Quellen erklärt. Schließlich stellt M. noch für beide Städte spezifische Materialien und Dokumente zusammen. Drei Karten mit Einzeichnungen von Adelsbesitz innerhalb der beiden Städte, mehrere Abbildungen aus historischen Karten und Fotos, Verzeichnisse der Abkürzungen, der benutzten Quellen, der Literatur und der Orte und Personen beschließen den insgesamt sorgfältig recherchierten Band, der sicherlich über die niedersächsische Landesgeschichtsforschung hinaus Interesse finden wird.

Matthias Nistal

Christian Hoffmann: *Ritterschaftlicher Adel im geistlichen Fürstentum*. Die Familie von Bar und das Hochstift Osnabrück: Landständewesen, Kirche und Fürstenhof als Komponenten der adeligen Lebenswelt im Zeitalter der Reformation und Konfessionalisierung 1500-1651. Osnabrück: Verein für Geschichte und Landeskunde von Osnabrück 1996, ISBN 3-9803412-7-5, ISSN 0474-814 X, XII, 434 S., einige Abb. (= Osnabrücker Geschichtsquellen und Forschungen XXXIX), DM 45,-.

Die Arbeit aus der Schule von Anton Schindling bringt eine gelungene Synthese von institutionengeschichtlichem und prosopographischem Ansatz. Am Beispiel einer Familie, die vom frühen 13. Jh. bis weit über das Ende des Hochstifts hinaus eine hervorragende Rolle gespielt hat, wird der Osnabrücker Stiftsadel in seiner gesellschaftlichen Bedeutung untersucht. Ausgehend vom negativen Bild des 19. Jahrhunderts, das er an den Ergebnissen der neuen Ständeforschung mißt, kommt der Verf. zu einer völligen Neubewertung des Adels als Landstand und Führungsschicht. Er korrigiert nicht nur das Klischee von der landständischen Opposition, sondern macht auch deutlich, daß die Organisationsform der Ritterschaft im 15./16. Jh. bisher weit überschätzt wurde. Erst mit dem Abklingen der spätmittelalterlichen Agrardepression distanzierte sich der Adel von der städtischen Gesellschaft. Die Ritterschaft unterstützte auch nicht, wie bisher angenommen, den Reformationsversuch des Bischofs 1543, sondern stellte sich aus politischen Beweggründen auf die Seite der altkirchlichen Opposition. Erst später haben sich die meisten Adelsfamilien des Stifts der lutherischen Reformation zugewandt, während im Domkapitel eine katholische Konfessionalisierung stattfand. Wesentliche Impulse für ihre korporative Ausformung hat die Ritterschaft durch ihre Integration in das frühmoderne Herrschaftsgefüge erhalten, mit der das Rechtsprinzip des landtagsfähigen Gutes und das Erbdrostenamt schärfere Konturen bekamen. Neben den institutionellen werden die Bereiche des privaten Lebens, Organisation der Grundherrschaft, repräsentative Feierlichkeiten und kulturelle Interessen in mühevoller Kleinarbeit aus den Quellen erarbeitet. Dabei zeigt sich seit der zweiten Hälfte des 16. Jh.s eine ausgeprägt blühende Adelskultur, jedoch mit einer gewissen Spannung zwischen Drang zum Repräsentationszwang und ökonomischen Bedürfnissen. Die Untersuchung schließt mit der Neuordnung der Verhältnisse im Hochstift nach 1648, die ganz neue Optionen eröffnete und zu einer Anlehnung der Mehrheit der protestantischen Adelsfamilien des Stifts an das Haus Hannover führte. Wieder einmal wird die bei richtiger Fragestellung beeindruckende Dichte der Quellen im konfessionellen Mischgebiet deutlich. Sie hat den Verf. zu Erkenntnissen geführt, die über die Region hinaus für die historische Forschung von Bedeutung sind.

Hans-Joachim Behr

Thorsten Mack: „... *dessen sich keiner bey Vermeidung unser Ungnade zu verweigern ...*". Die Sozialstruktur in der Stadt und Hausvogtei Oldenburg nach der Steuererhebung von 1744. Oldenburg: Isensee 1996, ISBN 3-89598-317-9, 194 S., 22 Abb., 3 Karten im Anhang (= Veröffentlichungen des Stadtarchivs Oldenburg Bd. 2), DM 30,-.
Der Autor hat bereits im Team von Kersten Krüger 1988 an der Untersuchung „Die Grafschaften Oldenburg und Delmenhorst nach der Steuererhebung von 1744" mitgearbeitet (vgl. Rez. im Oldenburger Jahrbuch 89, 1989, S. 169 f.) und legt jetzt seine Dissertation zu einem Thema aus diesem Umfeld vor. Eingangs stellt der Verf. die Historische Finanzsoziologie vor, beschreibt den Forschungsstand und die von ihm herangezogenen Quellen und erläutert das methodische Vorgehen, bei dem die Berufe, wie bereits vorher erprobt, wiederum der „Hamburger Berufssystematik" zugeordnet werden. Rez. wagt dazu anzumerken, daß dies nicht immer als den Quellen gemäß anzusehen ist. So kann er z.B. nicht nachvollziehen, daß in der Obergruppe „Gesundheitswesen/Hygiene/Reinigung" neben Chirurgen, Apothekern, Ärzten und Hebammen auch ein Schornsteinfeger in Erscheinung tritt (S. 47).
In zwei großen Kapiteln wird die Sozialstruktur unter den Aspekten „Erwerb" und

„Wirtschaftliche Leistungsfähigkeit" ausführlich und mit hoher Sachkenntnis dargestellt, wobei die Unterschiede zwischen der Stadt selbst und der Hausvogtei plastisch herausgearbeitet werden. In manchen Fällen werden die Aussagen angesichts des Problems der zu kleinen Zahl unsicher, doch der Verf. folgt wacker dem mit Hilfe der EDV Machbaren. Der Vergleich der Erwerbsstruktur in den Jahren 1630, 1678 und 1744 bietet ein gutes Bild der Entwicklung zur durch Gewerbe und Handwerk stark geprägten Stadt, die einen immer wichtiger werdenden Dienstleistungssektor aufwies. Stadt und Hausvogtei ergänzten sich gegenseitig und befanden sich auf dem Weg zu einem wirtschaftlich geschlossenen Gesamtgebiet. Dem Verf. gebührt Dank dafür, daß er diese Zusammenhänge erschlossen hat.

Walter G. Rödel

Klaus J. B a d e, Hans-Bernd M e i e r und Bernhard P a r i s i u s (Hrsg.), unter Mitarbeit von Ulrike H i n d e r s m a n n, Susanne M e y e r und Johannes-Dieter S t e i n e r t: *Zeitzeugen im Interview. Flüchtlinge und Vertriebene im Raum Osnabrück nach 1945.* Osnabrück: Rasch 1997, ISBN 3-930595-63-X, 216 S., 74 Abb., DM 48,-.

Das vorliegende Buch zur Aufnahme, Betreuung und Eingliederung der Flüchtlinge und Heimatvertriebenen in Osnabrück und im Osnabrücker Land nach 1945 reiht sich ein in die neuere Flüchtlingsforschung, die mit dem Mythos von der raschen und lautlosen und im Zeichen des „Wirtschaftwunders" erfolgreich abgeschlossenen Integration aufzuräumen sucht und zu diesem Zweck auch nach den Erfahrungen und Wahrnehmungen der Betroffenen selbst fragt. Interviews, Mitte der achtziger Jahre geführt im Rahmen eines von Bade geleiteten Forschungsprojektes und ergänzt durch zwei 1995 geführte Interviews, in denen Zeitzeugen ihre Erinnerungen sprechen ließen, bilden die Grundlage der Darstellung. Die Einführung von Bade lenkt den Blick auf den aktuellen Bezug des Themas durch die Diskussion um die Aufnahme von Fremden in Deutschland und betont die Notwendigkeit, die Aufnahme derFlüchtlingsbevölkerung nicht ausschließlich aus der Perspektive einer integrationsfähigen und mehr oder weniger dazu bereiten Aufnahmegesellschaft zu betrachten, sondern der Eigeninitiative, Leistungs- und Anpassungsbereitschaft der Betroffenen breitere Aufmerksamkeit zu widmen. In diesem Tenor ist auch der von Parisius verfaßte Beitrag geschrieben, der einen auf breitem Quellenmaterial basierenden, komprimierten Überblick über die Rahmenbedingungen der Aufnahme und Eingliederung der Flüchtlinge und Heimatvertriebenen im Osnabrücker Land von der unmittelbaren Nachkriegszeit bis zum Beginn der fünfziger Jahre gibt. Sehr anschaulich wird hier, wie die nach außen hin beklagte „Flüchtlingslast" zumindest für die durch die Kriegseinwirkungen stark zerstörte Stadt Osnabrück trotz immer wieder betonter Zuzugsgrenzen tatsächlich einen willkommenen und gezielt gesteuerten Wirtschaftsfaktor im Hinblick auf den Wiederaufbau der Stadt bildete. Das dritte Kapitel des Bandes gibt Ausschnitte aus den 1985/86 geführten Interviews wieder und beleuchtet Stationen, Ereignisse und Erfahrungen in den alltäglichen Lebensbereichen der Flüchtlinge und Vertriebenen während der Nachkriegsjahre. Der im vierten Kapitel erfolgende vollständige Abdruck von zwei Zeitzeugeninterviews aus dem Jahr 1995 ist eine sinnvolle Ergänzung, zumal hier auch die Situation des Interviewers, der den Befragten zur Artikulation seiner Erinnerung, die ja subjektiv und häufig sehr assoziativ verläuft, verhilft, sehr schön deutlich wird. Man vermißt jedoch eine - zumindest kurze - Auseinandersetzung mit den methodischen Prämissen der Oral History, und ohne den Wert von Zeitzeugenbefragungen in Zweifel stellen zu wollen, ist zu fragen, ob nicht an mancher Stelle ein Kommentar aus historisch-analytischer Sicht angebracht gewesen wäre. Eine von Jochen Oltmer und Adolf Wennemann erstellte kommentierte Literaturauswahl rundet diesen insgesamt sehr ertragreichen und gelungenen Band ab.

Heike Düselder

*Leben im 16. Jahrhundert. Lebenslauf und Lieder des Hauptmanns Georg Niege.* Hrsg. und kommentiert von Brage B e i d e r W i e d e n. Berlin: Akademie Verlag 1996, ISBN 3-05-002665-0, 224 S. (= Selbstzeugnisse der Zeit: Quellen und Darstellungen zur Sozial- und Erfahrungsgeschichte Bd. 4), DM 124,-.
Daß ein Historiker sich literarischer Quellentexte zuwendet und diese für seine Fragestellungen mit großem Gewinn nutzen kann, zeigt das Buch von Brage Bei der Wieden in überzeugender Weise. Anhand einer Autobiographie, weltlicher und geistlicher Lieder führt der Herausgeber dem Leser ein Leben im 16. Jahrhundert in einer Art vor Augen, die nicht allein die zahlreichen Stationen in chronologischer Reihung nachzeichnet, sondern die auch Aspekte beleuchtet, die bislang nicht oder nur unzureichend in den Beschreibungen frühneuzeitlicher Lebenswelten Berücksichtigung fanden.
Gewährsmann und Protagonist des vorliegenden Werkes ist der Hauptmann Georg Niege. In autobiographischen, in Versform verfaßten Aufzeichnungen beschreibt Niege, der von 1523 bis 1588 eine unstete Existenz führte, den „Lauf" seines Lebens. Er blickt dabei zurück auf seine Kindheit seit 1525 (S. 31-39) im hessischen Allendorf, auf den frühen Tod seiner Mutter. Früh schon begann seine musikalische Erziehung in Kassel, seit 1539 besuchte er höhere Schulen in Lüneburg und Wittenberg und begann 1542 ein Studium in Marburg, das er mit dem Baccalaureat vorzeitig abbrach, um im darauffolgenden Jahr eine Karriere als Landsknecht im norddeutschen Raum zu durchleben - aus Armut, wie er behauptete, und er war gewiß nicht der einzige Student, der sich vom Krieg - dem Schmalkaldischen in diesem Fall - und dessen „Handwerk" Gewinn und Perspektiven erhoffte. Autobiographien freilich, die, wie die uns von Brage Bei der Wieden erschlossene, von Landsknechten versifiziert sind, gibt es nicht eben viele.
1552 führte Niege das Söldnerleben dann auch ins Oldenburgische, als er sich durch Graf Christoph anwerben ließ, hier aber bald zum gräflichen Sekretär aufstieg (S. 64-69). Wegen ihm vorgeworfener Unterschlagung geriet er 1553 in Bremen in Haft, um sich danach, 1555, in Stade niederzulassen. Zusammen mit seiner Ehefrau erwarb er hier das Bürgerrecht und bezog ein Haus neben der Klosterkirche. Fortan betätigte er sich in der Armenfürsorge und stieg zum bischöflichen Zolleinnehmer auf - doch geriet er mit dem nordischen siebenjährigen Krieg erneut in die Wirren der Zeit. Der niederländische Aufstand führte ihn 1567 nach Minden, wo er sich 1573 u.a. einer „Schatzbeschreibung" widmete. Im Jahr darauf gelangte er nach Oldenburg, war Hauptmann des Grafen Johann und sollte hier - falls es zu ernsten Auseinandersetzungen mit Ostfriesland im Zusammenhang mit den Streitigkeiten

um die Herrschaft Jever kommen sollte - Söldner und Truppen werben und diese gegen die Ostfriesen nach Jever führen.
Zwei Jahre später wurde Niege Finanzverwalter Hilmar von Quernheims, 1579 hielt er sich als Hauptmann des Landgrafen von Hessen in seinem Herkunftsland auf, klagte hier eindringlich über Not und Teuerung. Das unstete Leben führte ihn 1582 ins Osnabrückische, auf die Johanniterkommende Lage. 1587, ein Jahr vor seinem Tod, hinterließ er literarische Spuren am rintelnschen Hof und erlag schließlich 1588 einem Schlaganfall.
Brage Bei der Wieden kommentiert diese in der Tat ungewöhnliche Lebensbeschreibung nicht nur mit großer, umsichtiger Sorgfalt, sondern ausgesprochen kenntnisreich. Niege, nicht allein Soldat und Verwaltungsbeamter, sondern auch Lyriker, Komponist und Beobachter seiner Zeitumstände, die er anspruchsvoll zu beschreiben vermag, gerät in all diesen Facetten in den Blick.

Christoph Reinders-Düselder

Eilert Ta n t z e n : *700 Jahre Chronik der Familie Tantzen 1300-2000*, hrsg. vom Familienverband Hergen Tantzen. Oldenburg: Isensee 1997, ISBN 3-89598-425-6, 446 S., zahlr. Abb., DM 38,-.
Kaum eine Familie des Landes Oldenburg kann eine so lange Stammreihe aufweisen wie die Familie Tantzen. Sie wird zurückgeführt auf den um 1300 lebenden Edlen Dudde, von dessen Nachkommen sich in der 7. Generation die ebenfalls in der Wesermarsch weitverbreitete Familie Lübben abzweigte. Da für diese Familie eine eigene Familiengeschichte besteht, wird sie nicht in der vorliegenden Chronik erfaßt. Schon früh wurden Stammlisten der Familie Tantzen veröffentlicht, 1907 durch Hergen Tantzen, 1935 durch Richard Tantzen und 1971 durch Eilert Tantzen. Nun hat der letztgenannte, Vorsitzender des Familienverbandes und langjähriger Chronist, diese Liste auf den neuesten Stand gebracht. Hinzugefügt hat er als Wiederabdruck ältere familiengeschichtliche Arbeiten. Außer den bereits genannten ersten beiden Stammlisten handelt es sich um weitere Arbeiten von Richard Tantzen sowie u.a. von Karl Tantzen. Außerdem sind Familienbriefe von 1813 und 1847-1854, Aufzeichnungen von Anna Heddewig geb. Tantzen (1871-1958) und der Vortrag von Martina Neumann von 1997 über Theodor Tantzen in der Chronik enthalten. Zahlreiche kleinere Artikel, meist aus Zeitungen, gelten den bekannten Angehörigen der Familie wie Theodor Tantzen, Richard Tantzen, Karl Tantzen und Karl Jaspers, dessen Mutter die Schwester von Theodor Tantzen war. Auch über den 1921 gegründeten Familienverband Tantzen und den Verfasser, den 1929 geborenen Enkel von Theodor Tantzen, Forstoberamtsrat i.R. Eilert Tantzen, der als Politiker in der FDP und im Naturschutz hervorgetreten ist, sind Berichte und Pressestimmen wiedergegeben. Beeindruckend ist bis zur Gegenwart der Anteil von Landwirten in der Wesermarsch, die sich immer wieder mit anderen bekannten Bauerngeschlechtern versippten (z.B. Lübben, Töllner, Francksen, Becker, Achgelis). Hilfreich wäre die Beigabe eines Index der Familiennamen gewesen. Bei einer Neuauflage der inhaltreichen und nützlichen Veröffentlichung sollten einige Fehler (z.B. S. 342, 374, 430) berichtigt werden.

Harald Schieckel

Julius G r a w: *Arnoldsdorf/Kreis Neisse. Untersuchungen zur Sozialstruktur und Mentalität einer oberschlesischen Dorfgemeinschaft 1920-1950.* Cloppenburg: Runge 1996, ISBN 3-926720-24-7, 352 S., 33 Abb. (= Schriftenreihe des Instituts für Geschichte und Historische Landesforschung - Vechta Bd. 6), DM 41,50 + Porto (zu beziehen bei der Dorfgemeinschaft Arnoldsdorf, Heinrich-Tönjes-Str. 43, 26419 Heidmühle).

Arnoldsdorf war bis 1945 ein Dorf in Oberschlesien, nahe der Grenze zur Tschechoslowakei. Durch die Grenzlage und historisch bedingte Abgeschlossenheit des Dorfes über lange Zeiträume entwickelte die Dorfgemeinschaft nicht nur ein festes soziales Gefüge, sondern auch ein spezifisches Brauchtum und sogar ein eigenes Idiom, was den Verfasser der hier zu besprechenden Arbeit von einer „ortsspezifischen Mentalität", von „dem" Arnoldsdorfer schlechthin sprechen läßt. Das Besondere dieses Dorfes war die geschlossene und daher atypische Vertreibung der Bewohner von Arnoldsdorf im Zuge der Kriegsfolgen und ihre Aufnahme im Landkreis Friesland im Jahre 1946, wo die Dorfgemeinschaft bis zu Beginn der fünfziger Jahre zu einem großen Teil zusammenblieb. Mit der an der Hochschule Vechta angefertigten Dissertation wird insofern Neuland betreten, als der Verfasser nicht nur die Bedingungen der Ankunft und Eingliederung der Arnoldsdorfer im Jeverland in der Nachkriegszeit beleuchtet, sondern vor allem den letzten „Geschichtsabschnitt" der Dorfgemeinschaft vor dem Verlust der Heimat in den Blick nimmt, um auf diese Weise nach Kontinuitäten der Alltagsstrukturen dörflichen Lebens und Brauchtums über die Zäsur der Vertreibung hinweg zu fragen. Der Autor, selbst zur Erlebnisgeneration gehörend und mit einem engen persönlichen Bezug zu Arnoldsdorf, stützt sich überwiegend auf die mündlichen und schriftlichen Auskünfte von Zeitzeugen. Der ausführlichen Einleitung folgen Kapitel zur Erwerbs- und Sozialstruktur und zu den sozialen Beziehungen der Bevölkerung in Arnoldsdorf zwischen 1920 und 1945. In diesen Kapiteln wird - vom politischen Verhalten über Frömmigkeit und Kirche bis zum „Spitzname(n) als personale Standortbestimmung in der Dorfgemeinschaft" - eine Vielzahl von Aspekten angesprochen, die man sich besser strukturiert und damit gewiß klarer in Sprache und Inhalt vorstellen könnte. Überhaupt läßt der Verfasser im Umgang mit Begrifflichkeiten eine zuweilen irritierende Unentschlossenheit zutage treten, und ob eine als mentalitätsgeschichtliche Untersuchung deklarierte Arbeit den Begriff „Mentalität" nach dem Brockhaus (1971) definieren sollte, ist fraglich. Hervorzuheben ist, daß Graw auch die Erfahrungen der Bevölkerung mit dem Kriegsende thematisiert und etwa die Deportation der Häftlinge aus dem nahegelegenen KZ Auschwitz im Januar 1945 durch den Kreis Neisse, zu dem Arnoldsdorf zählte, ebenso wie die Besetzung des Dorfes, die Ankunft polnischer Neusiedler und den Beginn der Vertreibung der deutschen Bevölkerung eindringlich und mit angemessener Zurückhaltung schildert. Die Frage nach der Integration bzw. Assimilation der Arnoldsdorfer in Friesland verfolgt Graw bis in die Gegenwart hinein und stellt ein trotz der erfolgreichen Eingliederung ungebrochen starkes Herkunftsbewußtsein fest, das nicht zuletzt in den seit 1989 aufgebauten Kontakten zu den polnischen Bewohnern von Arnoldsdorf/Jarnoltowek seinen Ausdruck findet.

Heike Düselder

Hedwig Judeich: *Mutter wartet.* Oldenburg: Isensee 1997, ISBN 3-89598-362-4, 236 S., einige Abb., DM 18,-.
Die 1915 geborene Verfasserin schildert das Leben ihrer Mutter und ihren eigenen Lebensgang bis etwa 1949. Die Mutter Almut (eigentlich Alma) de Vries war 1886 geboren als Tochter des Glasermeisters und späteren Molkereibesitzers Wilhelm de Vries auf der Lambertistraße, auf den der Bau der Ackerstraße zurückgeht. Sie war einige Jahre Lehrerin in Langelsheim und Oldenburg, bis sie 1911 den Lehrer und Tischlermeistersohn Gerhard Schwarting aus einer ammerländischen Familie heiratete, den Bruder des Malers Friedrich Schwarting (1883-1918). Die Schwester ihrer Mutter heiratete den Glasermeister Lampe, der die Glaserei auf der Baumgartenstraße übernahm, während ihre Schwester den Lithographen Lambrecht ehelichte. Sie wuchs also in einem von Handwerkern geprägten Milieu auf und wohnte auf der Haareneschstraße, dann auf der Ackerstraße. In diesem nördlichen Stadtgebiet spielte sich ihr Leben ab. Der erste Teil des Buches behandelt zunächst ihre Kindheit und Jugend, die Berufs- und ersten Ehejahre. Danach läßt die Autorin ihre Mutter selbst zu Worte kommen, indem sie Auszüge aus den tagebuchartigen Eintragungen im Familienbuch von 1913-1920 mitteilt, die mit der Rückkehr des Mannes aus der Gefangenschaft enden. Im zweiten Teil folgen die eigenen Kindheits- und Jugenderinnerungen der Verfasserin mit dem Besuch der Helene-Lange-Schule und der Cäcilienschule, der Ausbildung als Fotografin im Lettehaus in Berlin und dem Studium der Zeitungswissenschaft in München. Diese Lebensbilder vermitteln ein anschauliches Bild vom Leben in Oldenburg zwischen 1890 und 1950, das durch zahlreiche Zeitungsauszüge, die schon ihre Mutter in ihre Aufzeichnungen einfügte, ergänzt wird. Die Ereignisse seit der Vorkriegszeit bis zum Ende der Nazizeit werden mit vielen Einzelheiten wiedergegeben und vom heutigen Standpunkt aus kommentiert. Auch die Probleme der Frauenemanzipation, die schon für ihre zu den Anhängerinnen von Helene Lange gehörende Mutter aktuell waren, spielen eine Rolle. Dazu kommen zahlreiche Fotos mit Familien-, Stadt- und Landschaftsszenen, die zum Teil von der Autorin angefertigt wurden und die lesenswerten Erinnerungen bereichern.

Harald Schieckel

*1371-1996. Zeitschnitte.* Ein Festbuch zum 625jährigen Stadtjubiläum von Delmenhorst. Bearb. von Werner Garbas in Verbindung mit Nils Aschenbeck und Paul Wilhelm Glöckner. Mit einer Delmenhorster Bibliographie von Liesel Wittenberg. Delmenhorst: Rieck 1996, ISBN 3-920794-52-4, 199 S., zahlr., z.T. farb., Abb., DM 85,50.
Gerhard Kaldewei (Hrsg.): *Es war einmal eine Burg ... Haus, Burg, Schloß und Festung Delmenhorst 1259-1712.* Oldenburg: Isensee 1996, ISBN 3-89598-352-7, 58 S., 51 Abb., DM 19,-.
Bernd Müller: *Schloß Delmenhorst.* Berlin: Homilius 1996, ISBN 3-931121-24-0, 24 S., 10 Abb. (= Der historische Ort Nr. 25), DM 5,-.
Aus Anlaß der Stadtrechtsverleihung vom 15. Juni 1371 erschienen mehrere Veröffentlichungen zur Delmenhorster Geschichte.
Bernd Müller zeichnet die Baugeschichte von Burg und Schloß Delmenhorst vom Mittelalter bis zum Abriß 1712 nach. Der Ausbau nach der Rückeroberung von

Bücherschau  261

Münster 1547 zu einem repräsentativen Herrschersitz zeigt in nachgewiesenen Stilelementen den Einfluß der Weserrenaissance.
Zur Burg- und Schloßgeschichte im Delmenhorster Stadtmuseum erschien als museumspädagogische Handreichung eine Broschüre von Susanne Matschiske, hrsg. von G. Kaldewei in den neuaufgelegten Schriften „Museen der Stadt Delmenhorst". Regional Bekanntes wird mit allgemein Historischem zur Burg- und Kulturgeschichte (Minnesang, Feste usw.) verknüpft. Fotos und Zeichnungen illustrieren Sachverhalte; ein Glossar erläutert burgenkundliche Begriffe; das etwas willkürliche Literaturverzeichnis gibt Lesehilfe.
Hervorzuheben ist das Festbuch „1371-1996. Zeitschnitte". Ein Autorenteam trug bisher weitgehend unbekanntes Quellenmaterial zur Delmenhorster Geschichte zusammen. Die „Zeitschnitte" schneiden für die Delmenhorster Entwicklung bedeutsame Daten (z.B. Stadtrechtsverleihung 1371, Eisenbahnbau 1867, Jahrhundertwende - eine Stadt im Umbruch 1900, Kriegsende 1945) heraus. Daneben stehen breiter angelegte Schnittpräparate zu wichtigen politischen, wirtschaftlichen, sozialen, kulturellen oder städtebaulichen Themen, die noch heute dem städtischen Gemeinwesen Prägung geben (1247 Burginsel; 1651 Handwerk; 1846 Turnen, Sport und Spiel; 1871 Industrialisierung). Mit farbigen Reklameabbildungen der Delmenhorster Industrieprodukte und Reproduktionen fabrikinterner Schreiben bereichert W. Garbas dieses stadtgeschichtlich wichtige Kapitel. Im Beitrag von P. W. Glöckner „1933 - Drittes Reich" belegen amtliche und private Dokumente die Verfolgung Delmenhorster Bürger. N. Aschenbeck widmet mehrere seiner 13 Beiträge dem Bauen in Delmenhorst, dem Stadtbild und der Stadtentwicklung. Mit Fotos und Gemälden Delmenhorster Maler fängt er thematische Impressionen ein. Ergänzt werden die Zeitschnitte durch eine Bibliographie von Liesel Wittenberg über Neuerschienenes zum Delmenhorster Schrifttum seit dem Stadtrechtsjubiläum von 1971.

Dieter Rüdebusch

*Geschichte der Stadt Oldenburg 1830-1995. Bd. 2.* Mit Beiträgen von Christoph R e i n - d e r s - D ü s e l d e r, Dietmar v o n R e e k e n, Matthias N i s t a l, Karl-Ludwig S o m m e r, Heike D ü s e l d e r, bebildert von Udo E l e r d. Oldenburg: Isensee 1996, ISBN 3-89598- 401-9, 752 S., 306, davon einige farb., Abb., DM 79,-.
Mit stolzen 752 Seiten ist der zweite Band der Geschichte der Stadt Oldenburg, der die Jahre 1830 bis 1995 umfaßt, ein imponierendes Werk. Ursprünglich auf nur einen Band ausgelegt, der zum 650jährigen Stadtjubiläum 1995 erscheinen sollte, hat sich bald herausgestellt, daß dank der eingeleiteten intensiven Forschungsarbeiten der ursprünglich geplante Umfang zu gering ausgelegt war. Es ist somit eine Stärke des neuzeitlichen Teiles der Stadtgeschichte, daß nicht nur der aktuelle Forschungsstand zusammengefaßt, sondern auch erstmals neue Quellen erschlossen wurden. Die Bearbeitung des Zeitraumes von 1830 bis 1995 wurde auf fünf Autoren verteilt. Abweichend von der Konzeption der neueren Stadtgeschichten vergleichbarer Städte, die in den letzten Jahren erschienen sind, wie z.B. Band 2 der Geschichte der Stadt Soest oder die Geschichte Münsters, wurde hier der klassischen zeitlichen Gliederung der Vorzug gegeben. Es wurde also darauf verzichtet, spezielle Themenkreise wie z.B. Kunst- oder Wirtschaftsgeschichte spezialisierten Autoren zu über-

tragen. Wie dieser zweite Band der Oldenburger Stadtgeschichte jedoch zeigt, spricht auch vieles dafür, einen Zeitschnitt von einem Autor in den Blick nehmen zu lassen, um ein umfassendes Bild für diesen Zeitraum zu erhalten.
Die Gliederung des Bandes folgt fünf Zeitschnitten, die geschickt gewählt wurden. Der Zeitraum von 1830 bis 1880 verfolgt den Weg Oldenburgs zur selbstverwalteten Stadt (Christoph Reinders-Düselder). Der profunden Quellenkenntnis des Autors ist es zu verdanken, daß insbesondere für die Bevölkerungsgeschichte der Stadt Oldenburg, für die bislang keine historisch-demographischen Untersuchungen vorlagen, erstmals Aussagen gemacht werden konnten. Der zweite Abschnitt umfaßt die Jahre bis zum Ende des 1. Weltkriegs (Dietmar von Reeken). In diesen vier Jahrzehnten kam es auch in Oldenburg zu einem „Durchbruch der Moderne". Verglichen mit anderen Städten ähnlicher Größenordnung von etwa 30.000 Menschen war der Modernisierungsschub in der Residenzstadt beachtlich. Insbesondere durch die Verbesserungen im Bereich der Verwaltung und Versorgung konnten gesundheitliche und hygienische Probleme in den Griff bekommen werden. Aufgrund dieser Modernisierungen verlief auch die Revolution von 1918/19 in Oldenburg relativ milde. Die Entwicklung Oldenburgs zur modernen Hauptstadt (1918-1932, Matthias Nistal) verlief in den ersten Jahren nach dem Ende des 1. Weltkriegs zunächst über eine breite Akzeptanz der neuen Republik in der Bevölkerung. Als jedoch die wirtschaftlichen und gesellschaftlichen Probleme immer größer wurden, machte man auch in Oldenburg die sogenannten Weimarer Parteien (SPD, DDP und Zentrum) für die Krise verantwortlich. Die bürgerlich-konservativen Parteien und Gruppierungen hielten zunächst im Stadtrat die Mehrheit. Erst nach den Stadtratwahlen von 1930 konnte die NSDAP zusammen mit der DNVP die Mehrheit gewinnen. Nistal arbeitet in diesem Zusammenhang besonders gut die positive und kompetente Rolle heraus, die der Oberbürgermeister Dr. Goerlitz in dieser Zeit, bis zu seiner zwangsweisen Versetzung in den Ruhestand zum 1. Juli 1933, gespielt hat. Die folgenden „braunen Jahre" Oldenburgs (Karl-Ludwig Sommer) begannen mit einer reibungslosen und unspektakulären Gleichschaltung des Rats und der Verwaltung Oldenburgs, welche sich auch in den Vereinen und Verbänden fortsetzte. Durch den im Alltagsleben gewährten Freiraum war die passive Loyalität breiter Bevölkerungskreise Oldenburgs mit den Nationalsozialisten sichergestellt.
Sommer arbeitet heraus, daß Oldenburg seinen Charakter als bürgerlich geprägtes Verwaltungs- und Dienstleistungszentrum auch während der „braunen Jahre" behaupten konnte und es gerade wegen dieses besonderen Charakters der Stadt auch während der Kriegsjahre, die von Mangel geprägt waren, nicht zu größeren Unmutsbezeugungen gekommen ist. Der große Wandel trat erst in den Nachkriegsjahren ein (Oldenburg nach 1945, Heike Düselder). Ausschlaggebend dafür war sicherlich der große Zustrom von Flüchtlingen und Vertriebenen, deren Integration gerade die Oldenburger Verwaltung und Bevölkerung vor große Probleme stellte und Oldenburgs Entwicklung zur Großstadt einleitete. Heike Düselder ist es in anschaulicher Weise gelungen, den Weg Oldenburgs in den siebziger und achtziger Jahren zum Oberzentrum der Region nachzuzeichnen.
Hervorzuheben ist die Bebilderung des Bandes mit vielen bislang unveröffentlichten Abbildungen vornehmlich aus dem Stadtmuseum Oldenburg, die von Udo Elerd vorgenommen wurde. Die zahlreichen neuen Forschungsergebnisse belegen,

daß Stadtgeschichten dieser Art immer ein Ansporn sein können, auch schwierige Quellenbestände zu erschließen, und den Anstoß sowie die Grundlage zu weiteren stadtgeschichtlichen Studien geben sollen.

Antje Sander-Berke

Günter W a c h t e n d o r f : *Oldenburger Häuserbuch*. Gebäude und Bewohner im inneren Bereich der Stadt Oldenburg. Oldenburg: Bültmann & Gerriets 1996, ISBN 3-9280796-07-8, 589 S., zahlr. Abb. (= Veröffentlichungen des Stadtarchivs Oldenburg Bd. 3), DM 49,80.

Der 3. Band der Veröffentlichungen des Stadtarchivs Oldenburg ist eine mit viel Fleiß zusammengestellte Datensammlung zu etwa 970 Gebäuden der Oldenburger Innenstadt in 44 Straßen oder Plätzen, die durch den Wallring begrenzt werden, einschließlich der Straßen, die aus dem Stadtkern herausführen (Damm, Gartenstraße, Ofener Straße mit Friedensplatz sowie Heiligengeiststraße mit 91er-Straße und Pferdemarkt). Im Anschluß an drei Übersichtspläne wird für die alphabetisch angeführten Straßen und Plätze zunächst deren geschichtliche Entwicklung ausführlich dargelegt, ehe für die einzelnen Häuser in übersichtlicher Form der betreffende Nachweis im Brandkassenregister erbracht und die (oftmals seit ungefähr 400 Jahren dauernde) Baugeschichte kurz skizziert und danach die früheren Eigentümer bzw. Bewohner bis zur jüngsten Vergangenheit sowie (im ca. zehnjährigen Abstand) die Adreßbuchauszüge von 1930 bis 1990 aufgelistet werden. Dafür hat W. zahlreiche Häuserverzeichnisse, Brandkassenregister, Erdbücher, Einwohner- und Rottregister, Bauakten, Adreßbücher, Stadtpläne, Bildersammlungen und Zeitungsartikel, d.h. also überwiegend Archivalien des Nds. Staatsarchivs in Oldenburg, des Stadtarchivs Oldenburg, des Stadtmuseums Oldenburg sowie des Bauordnungs- und des Stadtplanungsamtes Oldenburg, ausgewertet. Leider fehlt in der Einleitung der Hinweis, daß sich die in ihr genannten und nicht immer mit einer Jahreszahl versehenen Bestände im hiesigen Staatsarchiv befinden. Auf eine Quellenangabe innerhalb seiner Arbeit hat W. ausdrücklich verzichtet, um die Lesbarkeit nicht zu beeinträchtigen. Aufgelockert wird das Oldenburger Häuserbuch durch rund 140 (zumeist vom Stadtmuseum Oldenburg zur Verfügung gestellte) Abbildungen. Ein kombiniertes Straßen- und Personenregister erleichtert die Benutzung dieses überaus nützlichen Nachschlagewerkes, das sich als eine wahre Fundgrube für diejenigen erweist, die Näheres erfahren möchten über die Häuser des Oldenburger Stadtzentrums und über die Menschen, die einmal dort gelebt oder gearbeitet haben.

Rudolf Wyrsch

Horst D a n i e l, Reimund B e l l i n g, Gerd H o f f m a n n: *Verkehr und Wasser in Oldenburg*. Zur Geschichte der Verkehr und Wasser GmbH. Oldenburg: Isensee 1996, ISBN 3-89598-361-6, 152 S., zahlr., z. T. farb., Abb., DM 32,-.

Das 100jährige Jubiläum der Wasserversorgung in Oldenburg, das 10jährige Bestehen der VWG und die offizielle Übergabe des neuen Verkehrsbetriebshofes an der Felix-Wankel-Straße waren gewiß Anlaß genug, die Geschichte der Verkehr und Wasser GmbH und damit auch die Geschichte ihrer Aufgaben, nämlich Trinkwasserversorgung und Nahverkehr, zu untersuchen. H. Daniel und R. Belling haben die Geschichte des Oldenburger Nahverkehrs unter dem Titel „Von der Pferdebahn bis zum Niederflurbus" erarbeitet. Der Leser erlebt eine Zeitreise des Stadtverkehrs, angefangen von den Wagen, die von Pferden gezogen auf Schienen ab 1854 durch Oldenburgs Straßen fuhren, über die ersten Omnibusse der Bremer Vorortbahnen GmbH bis zur Übernahme des Linienverkehrs durch den Ingenieur Theodor Pekol 1933, der die Omnibusse selbst konstruierte, und den Einsatz der absolut leisen Oberleitungsbusse ab 1936. Mit der Abschaffung der Schranken am Pferdemarkt 1966 wurde der ohnehin schon gestiegene Individualverkehr weiter gefördert. Wirtschaftliche Überlegungen führten schließlich 1985 zur Gründung der Verkehr und Wasser Gesellschaft, an der sich die Stadt mit 74 % und die EWE mit 26 % beteiligten; das Stadtbusunternehmen Pekol ging in der VWG auf. In der historischen Darstellung ist erfreulicherweise auch Platz für neue Entwicklungen des Personennahverkehrs und für Zukunftsprojekte, die noch in der Gegenwart diskutiert werden.

G. Hoffmann beschreibt die Geschichte der Oldenburger Trinkwasserversorgung vom Mittelalter bis zur Mitte des 19. Jahrhunderts, als die Stadt 1852 eine Kommission einsetzte, die Möglichkeiten zur Schaffung einer Wasserleitung für Trinkwasser, aber auch zum Zwecke der Stadtreinigung und der Brandbekämpfung entwickeln sollte. Doch alle Vorschläge scheiterten. Erst die Angst vor einer Choleraepidemie, wie sie in Hamburg 1892 wütete, führte zum Bau einer aus der Hunte über Pumpen gespeiste Spülwasserleitung 1893. Ab November 1896 arbeitete die Trinkwasserförderanlage mit dem Wasserturm in Ohmstede, 1937 kam das Wasserwerk Alexandersfeld hinzu, und zur besseren Versorgung des südlichen Stadtgebiete wurde im November 1962 das dritte Wasserwerk in Sandkrug in Betrieb genommen. Deutlich wird, daß man sehr bemüht war und noch heute ist, die Wasserqualität und die geregelte Wasserversorgung aufrechtzuerhalten und zu verbessern.

Matthias Nistal

*Chronik zum 150jährigen Bestehen der Gaststätte „Zum Drögen Hasen".* Text Ingrid H a t t e n d o r f, Gestaltung und Zeichnung Claudia H a t t e n d o r f. Oldenburg: Isensee 1996, ISBN 3-89598-335-7, DM 10,-.

In den Außenbezirken Oldenburgs und seiner Randgemeinden gibt es leider nur wenige alte Ausflugslokale mit einer bewußt gepflegten Tradition. Zu diesen zählt die „Gaststätte zum Drögen Hasen" in Oldenburg-Wechloy. Die besondere Lage des Dorfkruges inmitten eines Landschaftsschutzgebietes mit der zur Haaren abfallenden Niederung sorgt für die anhaltende Beliebtheit dieses Naherholungsraumes. Mit dem exponierten Standort an einem alten durch die Haarenfurt nach Bloh(erfelde) führenden Wege dürfte der kuriose Name des Kruges zusammenhängen. Solange es weit und breit keine feste Brücke gab, werden die Wanderer öfters ihre nassen Strümpfe („dröge Hase") am Ofen der Gaststube getrocknet haben. Die gut lesbare Darstellung weist auf die enge Verknüpfung der Gaststätte mit ihrer bis in die jüngste Zeit ländlich gebliebenen Umgebung hin.

Friedrich-Wilhelm Schaer

Dirk F a ß : *Sager Heide.* Ein heimatliches Lesebuch. Bd. 2. Oldenburg: Isensee 1996, ISBN 3-89598-373-X, 139 S., zahlr. Abb., DM 35,-.

Das Buch ist die Fortsetzung des 1995 erschienenen Werkes (vgl. Oldenburger Jahrbuch 96, 1996, S. 205). Diesmal befaßt sich der Autor mit den Ortschaften Halenhorst, Hengstlage und Haschenbrok. Ausführlich wird die Entstehung dieser Orte geschildert, die anfänglichen Schwierigkeiten bei der Besiedlung, das Leben und die Arbeit auf dem Lande. Einen breiten Raum nehmen die Kindheitserinnerungen Heinrich Schmietenknops (1862-1937) ein, eines gebürtigen Malermeisters aus Halenhorst. Er beschreibt anschaulich das Familienleben auf dem Lande im vorigen Jahrhundert. Daneben gibt es weitere kleine Erzählungen ehemaliger Einwohner, in plattdeutscher Sprache gehalten. Den letzten Teil des Buches bilden eine Übersicht über alte Flurkarten aus den Jahren 1840/46 und eine Liste der Kultur-, Natur- und Baudenkmäler der Gegend. Reizvoll ist die Darstellung der Sitten und Gebräuche im Jahresablauf sowie bei Hochzeiten und Todesfällen. Ein Querschnitt aus der Berichterstattung der Wildeshauser Zeitung von 1860-1954 vermittelt dem Leser einen Eindruck über die „Sensationen" aus jenen Jahren. Zahlen zur Einwohnerentwicklung von 1970-1995 und eine Liste der Gemeindevertreter für den Großenkneter Gemeinderat von 1933 bis 1996 bilden den Abschluß des Buches. Für heimatgeschichtlich Interessierte ist die Lektüre eine Fundgrube an Fakten und Anekdoten.

Jürgen Halbfaß

Gerhard R a m s a u e r : *Kirche und Nationalsozialismus in Tossens.* Kirchenkampf 1933-1945 in einem Marschendorf des Oldenburger Landes. Oldenburg: Isensee 1997, ISBN 3-89598-437-X, 274 S., einige Abb. (= Oldenburger Studien Bd. 39), DM 39,-.
Gestützt auf reichhaltiges Quellenmaterial überwiegend aus kirchlichen Archiven und intime Orts- und Personenkenntnis gibt der Verfasser, der älteste Sohn des von 1933 bis 1945 in der Gemeinde Tossens amtierenden Pfarrers, auf knapp 200 Seiten eine ausführliche Darstellung der Entwicklung des kirchlichen Lebens in Tossens während der NS-Zeit, die eng mit familiengeschichtlichen Passagen (S. 43 ff., S. 195 ff.) verwoben ist. Sie wird eingerahmt von einer kurzen Skizze zur Situation der Kirchengemeinde Tossens in den zwanziger Jahren (S. 10 ff.), einem Überblick über das „ideologische Umfeld" (S. 16 ff.) und einem Abriß zur Entwicklung der parteipolitischen Kräftekonstellation in der Gemeinde Tossens von 1924 bis 1933 (S. 38 ff.) sowie einem längeren Anhang (S. 230 ff.), der u.a. eine Zeittafel, das Quellen- und Literaturverzeichnis und ein Personenregister enthält.
Leider kann der Verfasser den selbstgestellten Anspruch nicht einlösen, „aufzuzeigen, was sich während der NS-Zeit tatsächlich zutrug" und „den Nebel zu lichten, der immer noch über diesem Abschnitt der Dorfgeschichte liegt" (S. 7). Statt dessen entwirft er ein weitgehend eindimensionales Bild einer Konfrontation der Kirche mit dem Nationalsozialismus, in dem Gut und Böse klar geschieden sind und andere als weltanschauliche Motive für die Auseinandersetzungen zwischen dem Pfarrer und örtlichen Parteigrößen gar nicht erst in Betracht gezogen werden. Dies entspricht vielleicht der gegenwärtig in der oldenburgischen Kirchenleitung bevorzugten Sichtweise, bleibt jedoch weit hinter dem Forschungsstand der Zeitgeschichtsschreibung und auch neuerer kirchengeschichtlicher Arbeiten zum Verhältnis von Evangelischer Kirche und Nationalsozialismus zurück.

Karl-Ludwig Sommer

Jürgen Lange

# Wurten und Altdeiche als Kulturdenkmale

Die oldenburgisch-ostfriesische Küstenlandschaft wird noch gegenwärtig von einer Vielzahl von Wurten geprägt, die vor dem Bau der Seedeiche im Mittelalter angelegt worden sind, um wegen des Anstiegs von Meeres- und Sturmflutspiegel eine weitere Siedlungstätigkeit zu ermöglichen. In Anbetracht des knapper werdenden Baulandes stellt sich bei Bauwünschen nun die Frage, ob Wurten bebaubar sind oder ob es sich bei ihnen um Denkmale handelt und ihre Bebauung gegen die Erhaltungspflicht von Kulturdenkmalen verstößt, die durch § 6 des Niedersächsischen Denkmalschutzgesetzes - NDSchG - vom 30. Mai 1978 (Nieders. GVBl. S. 517), zuletzt geändert durch Gesetz vom 28. Mai 1996 (Nieders. GVBl. S. 242), angeordnet worden ist. Dies ist in den vergangenen Jahren wiederholt Gegenstand verwaltungsgerichtlicher Entscheidungen gewesen, die im Ergebnis die Erhaltungspflicht der Wurten bestätigten. Darüber und über die ähnliche Problematik bei historischen Deichen wird im folgenden berichtet, wobei sich die Darstellung nicht in erster Linie an den Juristen, sondern an den interessierten Laien wendet.

## I.

In dem ersten der entschiedenen Streitfälle begehrte ein Landwirt erfolglos die Baugenehmigung für die Errichtung eines Stalles auf der Wurt Berghamm, die etwa 50 m breit ist und verhältnismäßig wenig über der vorhandenen Geländeoberfläche hervorragt. Sie liegt in unmittelbarer Nähe der Dorfwurt Utters im Außenbereich von Wilhelmshaven und ist eine der beiden heute noch vorhandenen sog. Ausbau- oder Tochterwurten (Abb. 1). Diese waren angelegt worden, um weichenden Söhnen eine Siedlungsstätte auf der väterlichen Flur zu schaffen. Außerdem ist noch ein Teil des mittelalterlichen Wegenetzes vorhanden, das diese Wurten und ihre Flur miteinander verband.
Das Verwaltungsgericht Oldenburg (Urteil vom 10. Juli 1985 - 4 VG A 143/84 - nicht veröffentlicht) sah die Wurt Berghamm jedenfalls als Teil des Ensembles von Dorf-, Ausbauwurt und altem Wegenetz und damit als ein Kulturdenkmal an, wozu auch Baudenkmale zählen (§ 3 Abs. 1 NDSchG). Ein Baudenkmal ist eine bauliche Anlage - hier die künstlichen, von Menschenhand aufgeworfenen Erdhügel - an deren Erhaltung u.a. wegen ihrer geschichtlichen oder wissenschaftlichen Bedeu-

---

Anschrift des Verfassers: Jürgen Lange, Vorsitzender Richter am Verwaltungsgericht, August-Macke-Str. 26, 26133 Oldenburg.

tung ein öffentliches Interesse besteht (§ 3 Abs. 2 NDSchG). Auch eine Gruppe baulicher Anlagen, ein sog. Ensemble, kann wegen einer solchen Bedeutung erhaltenswert sein, wie dies z.B. für eine Moorkolonie bei Worpswede und für ein wendländisches Rundlingsdorf anerkannt worden ist, und zwar unabhängig davon, ob die einzelnen baulichen Anlagen für sich Baudenkmale sind (§ 3 Abs. 3 NDSchG). Das Verwaltungsgericht mochte sich offensichtlich nicht festlegen, ob bereits allein die - verhältnismäßig unscheinbare - Wurt Berghamm ein Baudenkmal ist. Es brauchte dies auch nicht zu entscheiden, wenn es diese Ausbauwurt als Teil des Ensembles von Dorf- und Ausbauwurten ansah. Diese Frage bejahte es, obwohl die einzelnen Teile des Ensembles nicht unmittelbar aneinander grenzen und sogar noch durch eine Straße getrennt werden. Als entscheidend sah es an, daß sie „zusammen gehören", womit es den historischen funktionalen Zusammenhang meinte.

Dem Ensemble von Dorf- und Ausbauwurten erkannte das Verwaltungsgericht auch die für die Bejahung der Denkmaleigenschaft erforderliche besondere geschichtliche Bedeutung zu. Die ist nämlich gegeben, wenn ein Baudenkmal in irgendeiner Weise historische Ereignisse oder Entwicklungen heute und für künftige Generationen anschaulich macht. Das Gericht sah die Wurt Berghamm als ein exemplarisches Beispiel für eine frühgeschichtliche Ansiedlung im späteren Wilhelmshavener Stadtgebiet an. Sie sei eine der letzten noch angelegten Wurten, die bald darauf durch die Anlage der ältesten Deiche überflüssig geworden sei. Etwa Ende des 12. Jh. sei sie geschaffen worden, als jüngere Söhne der Hofbauern von der Dorfwurt Utters aussiedeln mußten. Diese anschaulichen Siedlungsvorgänge im Zusammenhang von Dorf- und Ausbauwurt begründeten also ihre archäologische Bedeutung.

Bei dieser Einschätzung ließ das Verwaltungsgericht sich von den Ausführungen des (inzwischen verstorbenen) Bezirksarchäologen Dr. Dieter Zoller vom Niedersächsischen Landesverwaltungsamt - Institut für Denkmalpflege - leiten, dessen Darlegungen es für überzeugend hielt. Das Institut für Denkmalpflege ist übrigens nach der ständigen Rechtsprechung der niedersächsischen Verwaltungsgerichte in besonderem Maße - wenn nicht sogar in erster Linie - dazu berufen, sachkundige Stellungnahmen zur Schutzwürdigkeit von Baudenkmalen abzugeben.

Aus dem Protokoll über die Ortsbesichtigung des Gerichts geht noch hervor, daß Dr. Zoller zuvor den Bodenaushub untersucht hatte, der in Maulwurfshügeln zutage gefördert worden war. Er hatte darin Keramikscherben aus dem 12. Jh. gefunden, woraus er auf eine Bebauung der Ausbauwurt in dieser Zeit schloß. Das Gericht ist darauf in seiner Entscheidung nicht eingegangen, obwohl dieser Fund beispielhaft zeigt, daß Wurten wichtige Archive für eine interdisziplinäre Erforschung der bäuerlichen Siedlungs- und Wirtschaftsweise sind.

Nun genügt es nicht, daß sonach die Wurt bzw. Wurtenanlage als Kulturdenkmal festgestellt war, damit der Landwirt sie nicht bebauen durfte und unverändert erhalten mußte. Vielmehr ist weiter erforderlich, daß an der unveränderten Erhaltung ein öffentliches Interesse besteht (§ 3 Abs. 2 NDSchG). Bei diesem gesetzlichen Merkmal fragen die Verwaltungsgerichte, ob und mit welcher Nachhaltigkeit die Erhaltungsbedürftigkeit eines Denkmals einem aufgeschlossenen Betrachter einsichtig ist. Dies bejahte das Verwaltungsgericht hier, da die gut erhaltene Anlage frühe

Siedlungsvorgänge gerade im Zusammenhang von Dorf- und Ausbauwurt in charakteristischer Weise anschaulich mache.

Allerdings muß dennoch ein geplanter Eingriff in ein Kulturdenkmal genehmigt werden, wenn seine unveränderte Erhaltung den Bauwerber wirtschaftlich unzumutbar belasten würde (§ 7 Abs. 2 Nr. 3 NDSchG). Das behauptete der Landwirt im vorliegenden Falle auch, der die wirtschaftlich unzumutbare Belastung nicht in der Erhaltung der Wurt sah, was ja nicht mit Aufwendungen verbunden war, sondern vielmehr in der Tatsache, daß er die Wurt nicht bebauen durfte. Dem folgte das Verwaltungsgericht aber nicht, weil er weder aus zwingenden betriebswirtschaftlichen noch aus anderen Gründen darauf angewiesen war, den geplanten Stall gerade auf dem Kulturdenkmal, das die Wurt darstellt, zu errichten, zumal es für ihn Standortalternativen gab.

Der danach unterlegene Landwirt legte Berufung zum Oberverwaltungsgericht in Lüneburg ein, die jedoch ebenfalls erfolglos blieb (Urteil vom 6. September 1989 - 6 OVG A 162/85 - Veröffentlichung unbekannt). Aus dem Berufungsurteil ist erwähnenswert, daß es nicht - wie das Verwaltungsgericht - die Anlage der Dorf- und Ausbauwurten als Ganzes, also das Ensemble, sondern bereits allein die Ausbauwurt als Kulturdenkmal ansprach.

## II.

Von dem voranstehenden unterscheidet sich der Sachverhalt des zweiten entschiedenen Streitfalles u.a. durch die Lage von zwei zu bebauenden Wurten im Stadtgebiet von Brake. Die Bauwerberin konnte nämlich darauf hinweisen, daß die Wurten im räumlichen Geltungsbereich eines rechtsverbindlichen Bebauungsplanes lagen, der hier ein zweigeschossig bebaubares allgemeines Wohngebiet festsetzte. Das Niedersächsische Landesverwaltungsamt - Institut für Denkmalpflege - stellte nach vier Erdbohrungen fest:

> *"... Die Bodenprofile zeigen das typische Bild von künstlich aufgeschütteten Wurten. Zwischen beiden Wurten war ursprünglich ein tiefer Graben vorhanden, dessen Sohle etwa bei 2,50 m unter heutigem Straßenniveau lag. Die Grabenfüllung war bis unten durchsetzt mit siedlungsanzeigenden Relikten. Die vorhandenen Keramikstückchen sind typisch für die Machart des hohen Mittelalters (11./13. Jh). Es ist sehr wahrscheinlich, daß beide Wurten im Hochmittelalter oder sogar früher entstanden sind..."*

Die Stadt Brake lehnte daraufhin eine Bebauung der beiden Wurten wegen ihres Charakters als Kulturdenkmal ab und fügte hinzu, daß eine dementsprechende Änderung des Bebauungsplanes beabsichtigt sei.

Die Klage der Bauwerberin blieb in beiden Rechtszügen erfolglos (1. Instanz: Verwaltungsgericht Oldenburg, Urteil vom 23. November 1993 - 1 A 1754/92 - nicht veröffentlicht; 2. Instanz: Nieders. Oberverwaltungsgericht, Urteil vom 13. Mai 1996 - 6 L 2301/94 - Veröffentlichung unbekannt). Der Bauwunsch der Bauwerberin widersprach dem öffentlichen Baurecht, obwohl die betreffenden Bauplätze durch den Bebauungsplan als Baugelände festgesetzt waren. Denn eine Bebauungsmöglichkeit ist nicht ausnutzbar, soweit das Denkmalschutzrecht entgegensteht. Beide Gerichte wiederholten zunächst, daß Wurten schutzwürdige und zu erhaltende Kulturdenkmale seien. Sie setzten sich sodann mit der Ansicht der Bauwerberin auseinander, daß es in der Wesermarsch tausende von erhöhten Siedlungsstellen aus den Zeiten vor den Eindeichungen gebe, die doch nicht alle als Denkmale eingestuft werden könnten, zumal die beiden Wurten auf ihrem Grundstück durch die Witterung in ihrer Höhe abgetragen und die umgebende Geländeoberfläche durch natürliche und künstliche Auftragungen erhöht worden sei; es müsse der Seltenheitswert eines Kulturdenkmals berücksichtigt werden. Die Ansicht der Bauwerberin lief im Kern also darauf hinaus, letztlich nur Objekten von besonderer Seltenheit oder mit herausragendem Zeugniswert die Denkmaleigenschaft zuzuerkennen.

Dem hielten beide Gerichte übereinstimmend entgegen, daß das Denkmalschutzrecht nicht allein auf die Erhaltung lauter „letzter Exemplare" beschränkt sei. Im zweitinstanzlichen Urteil heißt es:

> „.... Die siedlungsgeschichtliche Bedeutung der umstrittenen beiden Wurten wird nicht dadurch geschmälert, daß es im Landkreis Wesermarsch hunderte ähnlicher Anlagen gibt. Maßgeblich für den Denkmalwert ist nicht nur das äußere Erscheinungsbild einer solchen mittelalterlichen Anlage, sondern auch der Quellenwert für die archäologische Siedlungsforschung. Gerade die unteren Schichten einer Wurt können von besonderer wissenschaftlicher Bedeutung sein. Nach dem Ergebnis der hier vorgenommenen Probebohrungen kommen die in den beiden Wurten zu erwartenden Funde als besondere Quelle für die Erforschung der wirtschaftlichen und sozialen Verhaltensweisen und der kulturellen Ausdrucksweisen mittelalterlicher Marschbauern in Betracht. Deshalb kommt es nicht darauf an, ob die streitigen Wurten noch in der ursprünglichen Höhe über ihre Umgebung hinausragen. Das öffentliche Interesse an ihrer Erhaltung wird auch nicht dadurch in Frage gestellt, daß noch auffälligere Wurten in der Nähe vorhanden sind. ... Denn jede Wurt hat ihre individuelle Entwicklung genommen, und keine ist ohne weiteres mit einer anderen vergleichbar. Auch ... steht im Vordergrund, daß die Möglichkeit systematischer Bodenforschungen nicht durch eine Bebauung eingeschränkt werden soll. Demgegenüber ist der äußere Erhaltungszustand einer solchen mittelalterlichen Anlage von zweitrangiger Bedeutung."

## III.

Nicht nur die unveränderte Erhaltung von Wurten, sondern auch von historischen Deichen kann unbequem und lästig sein und Abtragungswünsche hervorrufen. Durch die ehemalige Domäne Dammspolder in der Gemarkung Westerbur (Landkreis Aurich) verläuft ein noch etwa 1 km langes und 5 m hohes Reststück des Polderdeiches, bei dem es sich um den von Dr. Hajo Damm im Bereich des Accumer Heller zwischen 1764 und 1771 errichteten ehemaligen Hauptdeich handelt (Abb. 2). Dieser Polderdeich ist anläßlich der Errichtung des neuen, weiter nördlich angelegten Hauptdeiches in den Jahren 1964/65 etwa zur Hälfte seiner Länge abgetragen worden. Es erschreckt heute, daß derartige Abtragungen durch die regionalen Verwaltungsbehörden noch Mitte der '60er Jahre zugelassen wurden, zeigt es doch, wie langsam sich die Notwendigkeit von Schutz, Pflege und wissenschaftlicher Erfor-

schung von Kulturdenkmalen im öffentlichen Bewußtsein durchsetzten. Südlich des Polderdeiches ist noch der 1616 angelegte Deich erhalten. Innerhalb des Polders ist 1849 das gegenwärtig ebenfalls noch vorhandene Domänengebäude als Gulfhaus errichtet worden. Da das landwirtschaftlich genutzte Gelände unmittelbar am Polderdeich stets gesondert bearbeitet werden muß und dies eine Wirtschaftserschwernis darstellt, beantragte der Landwirt die denkmalschutzrechtliche Genehmigung zur Abtragung des Polderdeiches. Sein Antrag wurde abgelehnt. Seine Klage vor dem Verwaltungsgericht Oldenburg blieb im wesentlichen aus folgenden Gründen erfolglos (Urteil vom 10. Juni 1986 - 4 VG A 17/85 - nicht veröffentlicht):
Der Polderdeich sei ein Kulturdenkmal. Er stelle eine bauliche Anlage dar, an deren Erhaltung wegen ihrer geschichtlichen Bedeutung ein öffentliches Interesse bestehe. Der von Dr. Hajo Damm angelegte Polderdeich lege nicht nur Zeugnis ab für den landesgeschichtlichen Vorgang der Küstensicherung durch den Bau von Schutzdeichen, der neben der Moorkolonisation die zweite große Kulturleistung der Bevölkerung des ostfriesischen Raumes sei. Er stelle vielmehr auch ein besonders eindrucksvolles Beispiel für die in der zweiten Hälfte des 18. Jh. beginnenden Poldereindeichungen entlang der ostfriesischen Küste dar und dokumentiere den Vorgang des stückweisen Vordeichens zum Zwecke der landwirtschaftlichen Erschließung dieser dem Meer abgewonnenen Flächen. Damit erweise er sich zugleich als ein Zeuge des historischen Küstenverlaufs.
Das öffentliche Interesse an der Erhaltung dieses Kulturdenkmals begründete das Gericht weiter mit dem noch vorhandenen Domänengebäude von 1849, womit der funktionale Zusammenhang von Küstensicherung und Landgewinnung sowie landwirtschaftlicher Nutzung der so gewonnenen Flächen verdeutlicht werde. Nicht zuletzt wies es darauf hin, daß sich in den drei im Bereich des Dammspolders noch vorhandenen Deichlinien - von 1616, 1764/71 und 1964/65 - die Entwicklungsgeschichte des Deichbaues (Deichprofile, Zubehör, Baumaterialien) über einen Zeitraum von mehr als 350 Jahren eindrucksvoll zeige.
Demgegenüber mußten die wirtschaftlichen Interessen des Landwirts nach einer eingehenden Prüfung der konkreten Verhältnisse zurücktreten, da die betriebliche Erschwernis keine wirtschaftlich unzumutbare Belastung bedeutete.

## IV.

Allerdings kann ein Kulturdenkmal seine Schutzwürdigkeit verlieren und darf abgetragen werden, wenn es abgängig ist oder wenn die Eingriffe in die Substanz bereits so erheblich sind, daß der Kernbestand angegriffen ist. Dann geht das an der Erhaltung des Denkmals ursprünglich bestehende öffentliche Interesse unter. Die Frage, ob das der Fall ist, stellte sich bei einem etwa 200 m langen Teilstück des früher den Ernst-August-Polder eindämmenden Seedeiches, eines heutigen sog. Schlafdeiches, in der Gemarkung Neuwesteel (Stadt Norden). Dieser 1846 angelegte Deich, dessen Name die politische Zugehörigkeit Ostfrieslands zum Königreich Hannover von 1815 bis 1866 dokumentiert, ist die bedeutendste Eindeichungsmaßnahme des 19. Jh. im Bereich der Leybucht. Da in das 200 m lange Teilstück auch bereits auf 30 m Länge in den Deichfuß eingegriffen worden war, verneinte das Verwaltungsgericht Oldenburg (Urteil vom 21. August 1986 - 4 VG A 384/85 - nicht veröffentlicht) wegen dieser erheblichen Substanzverluste ein öffentliches Interesse an seiner Erhaltung, zumal in Sichtweite noch zwei weitere und wesentlich längere Teilstücke des Schlafdeiches vorhanden seien, die die dem Deich zukommende geschichtliche Bedeutung eher dokumentieren könnten.

Dem widersprach das Oberverwaltungsgericht in Lüneburg als Berufungsinstanz (Urteil vom 21. Mai 1987 - 6 OVG A 208/86 - Niedersächsische Rechtspflege 1988 S. 37). Es folgte vielmehr der Ansicht der Denkmalschutzbehörden, daß gerade das aus drei Deichreststücken bestehende landschaftsprägende Gesamtbild es verbiete, auch nur eines dieser Teilstücke für eine Beseitigung freizugeben; denn es sei wegen der durch ihn - insbesondere bei einem Blick vom Deich auf die (früher) eingedeichten Flächen - vermittelbaren kulturhistorischen Gemeinschaftsleistung als erhaltenswert anzuerkennen. Diese Erkenntnis untermauerte es mit der Erwägung, daß es kaum noch völlig erhalten gebliebene „ruhende" Deichanlagen im ostfriesischen Bereich gebe. Wären die heute noch verbliebenen Teilstücke allein wegen ihres „Restcharakters" nicht mehr schützenswert, dann würde dies langfristig zur völligen Beseitigung aller Schlafdeiche führen. Dieser Denkansatz - so das Oberverwaltungsgericht - widerspreche aber dem Gedanken des Denkmalschutzes. Daher muß auch das nur 200 m lange Teilstück des Schlafdeiches unverändert erhalten werden.

## V.

Weitere Streitfälle über die Bebauung von Wurten und die Abtragung von Deichen im oldenburgisch-ostfriesischen Küstenbereich waren und sind gegenwärtig nicht anhängig.

Allen dargestellten Fällen ist gemeinsam der Konflikt zwischen privatnützigen und gemeinnützigen Interessen, nämlich den individuellen Interessen der Grundeigentümer an einer optimalen Ausnutzung ihres Grundeigentums und den Interessen der Allgemeinheit an der Erhaltung von Kulturdenkmalen. Das Niedersächsische Denkmalschutzgesetz löst diesen Konflikt unter Beachtung der Eigentumsgarantie des Grundgesetzes (Art. 14 Abs. 1), indem es - wie oben unter I dargelegt - darauf abstellt, ob die Erhaltungspflicht den Eigentümer „wirtschaftlich unzumutbar belastet". Erst wenn im Einzelfall diese Schwelle überschritten ist, muß seinen Bau- bzw. Abtragungswünschen entsprochen werden. Soweit dies - wie in den hier dargestellten Streitfällen - nicht der Fall war, entspricht es der ebenfalls grundgesetzlich verankerten Sozialbindung des Eigentums (Art. 14 Abs. 2), das überkommene Kulturerbe, zu dem auch Wurten und Deiche gehören, für die gegenwärtig lebenden Menschen und die folgenden Generationen zu erhalten.

# Wurten und Altdeiche als Kulturdenkmale

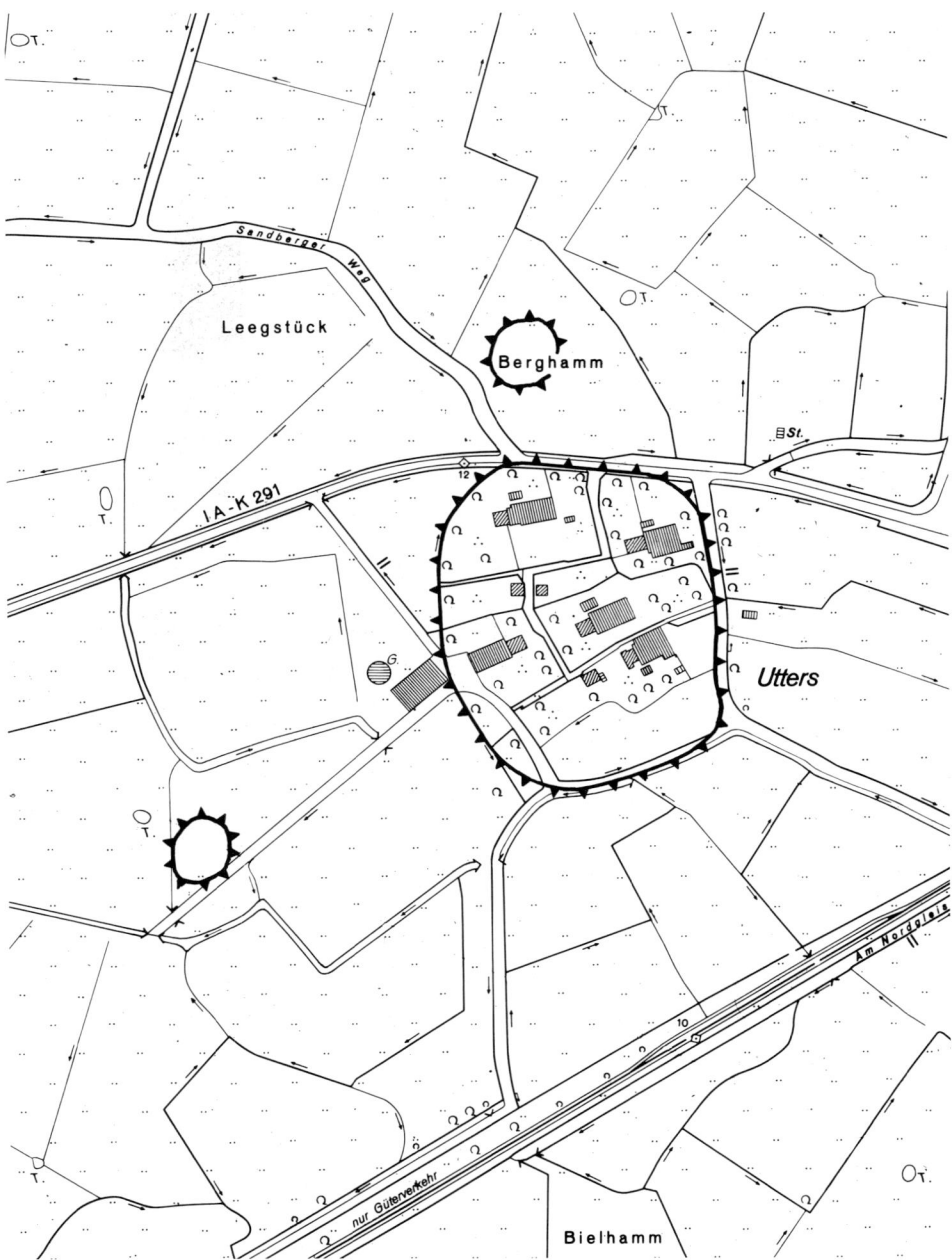

Abb. 1: Dorfwurt Utters mit den beiden Ausbauwurten.

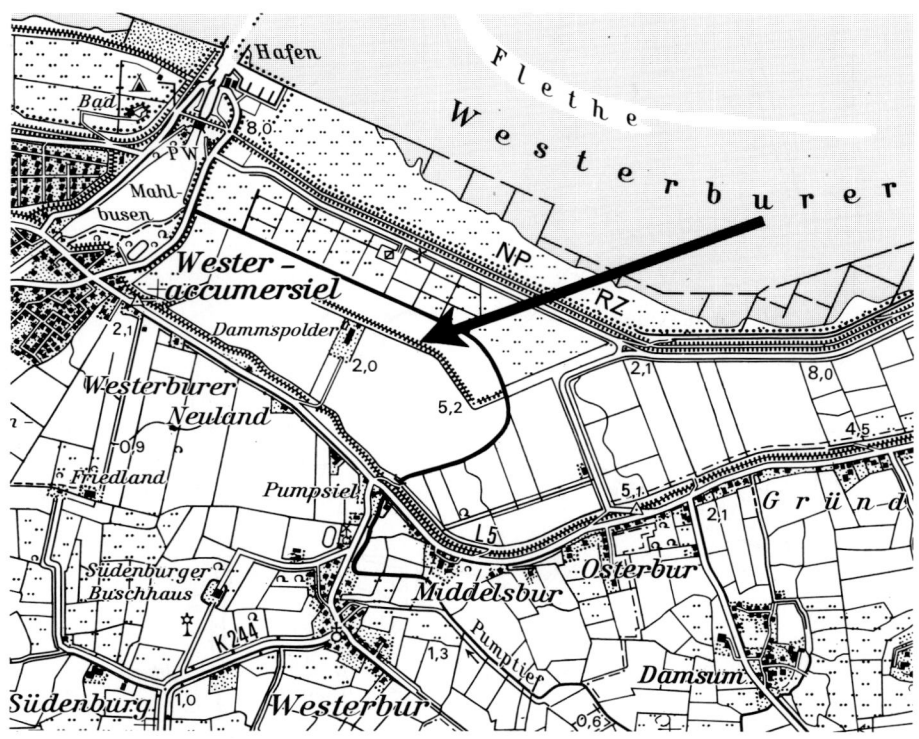

*Abb. 2: Reststück des Deiches von 1764/71 im Dammspolder (Maßstab ca. 1 : 40.000; auf der Grundlage der Topographischen Karte L 2310 Esens und mit Erlaubnis des Niedersächsischen Landesverwaltungsamtes - Landesvermessung -).*

Frank Both

## Das „Beterlein" von Köterende
### Sakrale anthropomorphe Kleinplastiken aus Nordwestdeutschland

Das sogenannte „Beterlein" von Köterende gehört zu einer Gruppe kleiner Keramikfiguren aus dem späten Mittelalter des 13./14. Jh.s. Diese wurden bei verschiedenen Ausgrabungen häufig und in jeweils unterschiedlichen Fundmengen geborgen. Die vorherrschenden Motive sind Ritter mit ihren Schlachtrössern, Frauen, aber auch Tierplastiken des bäuerlichen Lebens und Fabelwesen.

Eine Sonderstellung unter den Motiven nehmen dabei die Figuren mit sakralem Ausdruck ein. Mir sind lediglich vier dieser Exemplare bekannt. Da sie bisher weitgehend unbeachtet blieben, scheint mir eine eingehendere Betrachtung sowie ein Vergleich mit jüngeren Kleinplastiken sakralen Charakters angebracht zu sein.

 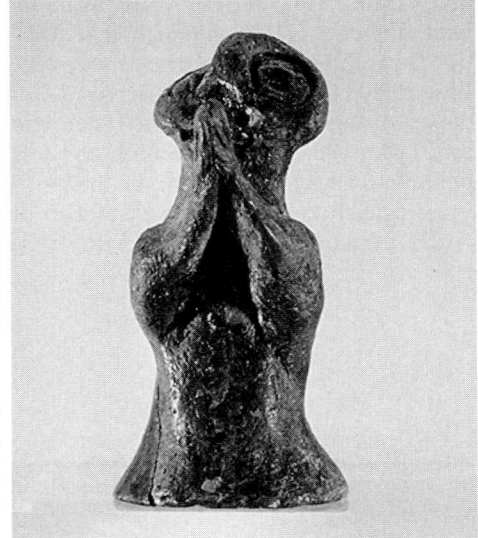

*Abb. 1: Mönchsfigur aus Köterende, Ldkr. Wesermarsch. Vorder- und Seitenansicht (Foto: W. Knust).*

Anschrift des Verfassers: Dr. Frank Both, Staatliches Museum für Naturkunde und Vorgeschichte Oldenburg, Damm 40-44, 26135 Oldenburg.

Im Jahre 1956 bekam das Staatliche Museum für Naturkunde und Vorgeschichte Oldenburg spätmittelalterliche und frühneuzeitliche Funde aus Köterende, Gmkg. Neuenhuntorf, Ldkr. Wesermarsch. Sie wurden beim Pflügen bzw. beim Absammeln einer bekannten Fundstelle auf dem Grundbesitz des Bauern Wenke aufgelesen, an einer Stelle, die die Bezeichnung „Wurten" trägt. Auch in späteren Jahren kamen an dieser Stelle immer wieder Fundobjekte an das Tageslicht, die auf einen mittelalterlichen Siedlungsplatz hinweisen (KRÄMER 1991, 28-31).

Darunter war auch ein kleines Tonfigürchen[1] mit beschädigtem Standfuß (Abb. 1). Die kleine, lediglich 5,5 cm große Figur besteht aus oxidierend braun gebrannter Irdenware. Sie trägt einen Kapuzenmantel und die Hände sind zum Gebet erhoben. Die Gesichtspartie ist sehr grob ausgeführt, mit einer unproportional großen Nase. Die Augenpartie wurde mit einem kreisförmigen Stempel eingebracht und die Augen selbst schwarz eingefärbt.

Befundzusammenhänge, die eine nähere zeitliche Eingrenzung des Figürchens ermöglichen könnten fehlen zwar, jedoch spricht das keramische Material für eine Datierung in das ausgehende 12. und 13. Jh. n. Chr. Zweifellos handelt es sich um die Darstellung eines betenden Mönches.

Eine zweite nahezu identische Mönchsfigur des 13./14. Jh.s (Abb. 2) wurde 1991 im Garten der ehemaligen Stiftsschule des Benediktinerinnenklosters Stift Bassum gefunden (HUCKER 1995, 108, Abb. 60).

Die handgeformte Kleinplastik ist 5,1 cm groß. Sie besteht aus rötlichbraunem Faststeinzeug und wurde mit einer dunkelgrünen Bleiglasur überzogen. Die Proportionen stimmen mit der Figur aus Köterende, von minimalen Abweichungen abgesehen, überein. Unterschiedlich sind die Augen und die Mundpartie; sie wurden durch punktförmige Eindrücke angedeutet.

Eine dritte Kleinplastik dieser Art (Abb. 3) konnte bei Unterwassergrabungen an einem Anlegesteg des wüsten Zisterzienserinnenklosters Marienwerder bei Seehausen, Ldkr. Uckermark geborgen werden. Zu den zahlreichen keramischen Funden gehören auch viele Figuren, die in das 13. - 16. Jh. datiert werden (SCHULZ 1995, 31). Im Vergleich zu den anderen Stücken dieses Fundortes wirkt der Betende grotesk. Auch hier sind die Augen und die Nasenpartie übertrieben groß herausgearbeitet.

Abb. 2:
Mönchsfigur aus dem Stift Bassum. Nach HUCKER 1995, 108 Abb. 60, M. 1:1.

Das „Beterlein" von Köterende

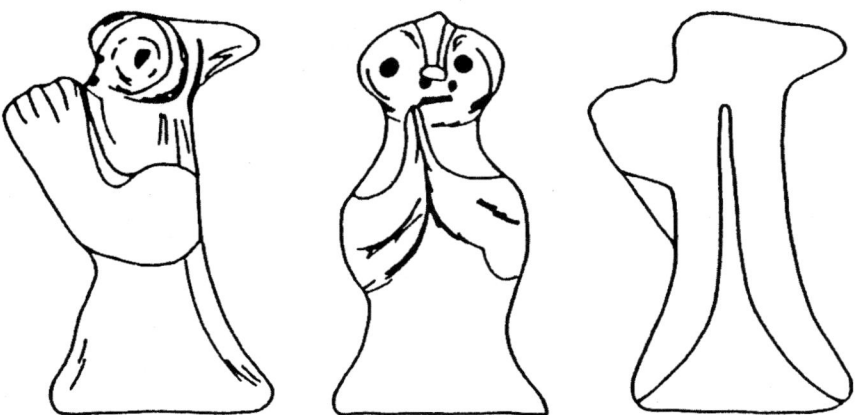

*Abb. 3: Mönchsfigur aus Marienwerder, Ldkr. Uckermark. Nach SCHULZ 1995, Nr. 1101, M. 1:1.*

Die 5,6 cm große Gestalt ist - wie auch das Bassumer Exemplar - mit einer dunkelgrünen Glasur überzogen.

Das letzte mir bekannte Figürchen stammt aus Ribe in Dänemark. Allerdings ist der Kopf nicht erhalten (Abb. 4). Es handelt sich um Pfeifenton, der mit einer dunklen Bleiglasur überzogen wurde. Die Datierung, die Herkunft und die Funktion der Keramik sind unklar. Aufgrund der Horizontalstratigraphie vermutet der Bearbeiter eine Datierung in das 12. bis 15. Jh. (MADSEN 1991, 427). Er nimmt eine Herkunft aus dem Rheinland, Belgien oder auch Nordfrankreich an (MADSEN 1991, 434).

Läßt sich die Datierung der Mönchsfigürchen wegen der mangelnden Befundverhältnisse nur auf Umwegen erschließen, so sind auch ihre Produktionsorte nicht eindeutig festzulegen. Die Funde von Tonfiguren aus Abwurfhalden von Töpfereien bzw. aus dem Umfeld von Töpfereizentren des späten Mittelalters besonders in Westfalen und Niedersachsen belegen jedoch, daß derartige handgeformte Tonpüppchen als Nebenprodukt in nicht unbeträchtlicher Anzahl hergestellt wurden.

*Abb. 4: Figur mit zum Gebet erhobenen Händen. Nach MADSEN 1991, Abb. 2.20, M. 1:1.*

Aus der Abwurfhalde einer Töpferei im Habichtswald, Ldkr. Tecklenburg, in der seit dem 13. Jh. produziert wurde, stammen etliche Fehlbrände von Rittern und Pferdchen, die eine ähnlich grobe Ausführung aufweisen, wie die hier besprochenen Mönchsfiguren (FINKE 1981, 221). Auch aus einer Töpferei in Einbeck, in der von ca. 1140 bis 1230 vor allem Keramikgefäße produziert wurden, stammen vereinzelte Pferde und Reiter, sowie Bauernhoftiere (HEEGE 1993, 50 Abb. 44). Aus dem südniedersächsischen Coppengrave ist ebenfalls eine größere Menge handgeformter, aus Faststeinzeug hergestellter Miniaturen bekannt, die vor die Mitte des 14. Jh.s datiert werden. Es handelt sich überwiegend um Ritterdarstellungen mit den Streitrossen. Vereinzelt sind auch Hirsche, Hunde oder Fabelwesen vertreten (STEPHAN 1981, 42 - 44). Oberflächenfunde aus Bengerode, einem ebenfalls im südlichen Niedersachsen gelegenen Töpferort, vervollständigen das Bild. Sie werden ca. dem 14. Jh. zugeordnet (GROTE 1976, 268, 290, 297 f.).

Die kleinen Figürchen sind sicherlich mit der in den Töpfereien produzierten Haushaltsware auf den Märkten angeboten und verkauft worden. Der Umsatz dürfte dabei nicht gering gewesen sein, da sie bei sehr vielen Ausgrabungen in spätmittelalterlichen Horizonten immer wieder gefunden wurden. Eindrucksvoll ist beispielsweise die Zusammenstellung von Figürchen aus Konstanz, bei denen nicht nur die Turnierreiter vertreten sind, sondern auch - wie die Autorin vermutet - die weiblichen Zuschauerinnen, so daß eine ganze Turnierszene nachgespielt werden konnte (OEXLE 1992, 392 - 395).

Für die hier besprochenen Mönchsplastiken von Interesse ist ein Fund, der in Göttingen, Johannisstraße 21 - 25, ausgegraben wurde und in das 13. Jh. datiert wird (SCHÜTTE 1979, 57). Es handelt sich um den Kopf eines Ritters mit Helm, aus rötlich gebranntem Ton und gelber Glasur. Die grobe Ausführung der Gesichtszüge und besonders die Nasenpartie erinnern sehr stark an die Mönchsfigürchen (Abb. 5).

Schwierigkeiten bereitet nach wie vor die funktionale Ansprache der Figuren mit sakralem Charakter. Die Deutung reicht von Votiv- oder Weihegaben bis hin zu einer Verwendung bei der Nachgestaltung biblischer Szenen (SCHULZ 1995, 126). Da zwei der Mönchsfigürchen im Umfeld eines Frauenstiftes bzw. eines Zisterzienserinnenkonventes gefunden worden sind, könnte diese Deutung durchaus zutreffend sein. Andererseits belegen Text- und Bildzeugnisse, daß Kinder zu allen Zeiten gespielt haben. Eine der ältesten historischen Quellen für Tonspielzeug ist durch die Legende der Heiligen Elisabeth von Thüringen für das 13. Jh. belegt. Von einem Besuch in Eisenach bringt sie den Kindern Spielzeug aus Ton und Glas mit (GRÖBER, METZGER 1965, 47). Das Spiel unterlag einer alters- und geschlechtsspezifischen Trennung, wie die mittelalterlichen und frühneuzeitlichen Bodenfunde, d.h. Reiterfiguren mit Bewaffnung oder kleine Küchengeräte zeigen (ARNOLD 1989, 440 f.). Die

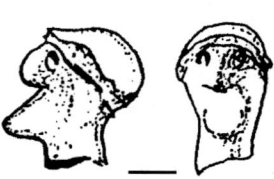

*Abb. 5:*
*Kopf einer Ritterfigur aus Göttingen, Innenstadt.*
*Nach SCHÜTTE 1979, Abb. 3, M. 1:1.*

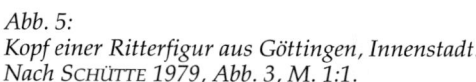

historischen Quellen sind nur auf bestimmte Spielzeugtypen beschränkt. Auch die archäologischen Funde spiegeln nicht die historische Realität wieder, da Holzspielzeug oder Metall nur unter günstigen Bedingungen erhalten geblieben ist und dementsprechend bisher nur selten gefunden wurde. So muß die Funktion von sakralen Kleinplastiken unklar bleiben. Denkbar wäre, wie das Beispiel aus Konstanz zeigt und auch HOFFMANN (1996, 132 u. Anm. 37) darlegt, daß einzelne Spielzeuge in einen größeren Spielkontext eingebunden sind. Zum Ritter gehören das Ritterfräulein und andere Turnierzuschauer, vielleicht sogar der betende Mönch? Anhand eines Beispiels aus der Wallfahrtskirche St. Corona in Niederbayern (RITZ 1954, 123), wo 1929 in einem vermauerten Hohlraum zwischen Kanzel und östlichem Langfenster ein Votivfund entdeckt wurde, zu dem u.a. auch zwei Pferdeplastiken gehören, legt HOFFMANN (1996, 136) dar, daß Votiv und Spielzeug sich lediglich in der veränderten Funktion unterscheiden. Dem Archäologen erschließen sich klare funktionale Zuweisungen jedoch nur in glücklichen Ausnahmefällen. So sollte im Falle der mittelalterlichen Mönchsfigürchen der Gliederung des Spielzeuges von HOFFMANN (1996, 133) gefolgt werden, die Tonfigürchen mit sakralem Charakter wertneutral als Spielzeug für Fiktionsspiele einordnet:

*„Hier werden Handlungen und Verhaltensweisen anderer nachgeahmt. ... Fiktionsspiele sind jedoch nicht nur „Kinderspiele". Theateraufführungen, Passionsspiele und ähnliches gehören auch in diesen Bereich und zeigen, daß auch Erwachsene Fiktionsspiele machen. Den größten Teil der Spielzeuge bilden solche Fiktionsspiele."*

Mit den handgeformten, im Nebenerwerb produzierten Figürchen des späten Mittelalters wenig gemein, haben Pfeifentonfiguren, die in größeren Serien im 15./16. Jh. am Verlauf des Rheins (STEPHAN 1981, 42; WATERSTRADT 1987, 149) bzw. auch in Sachsen (HOFFMANN 1996, 162-163) angefertigt wurden. Ihre Produktion führten spezialisierte Handwerker durch, die Bilderbäcker, wobei die Figuren häufig in zweiteiligen Modeln geformt wurden.

Den größten Anteil im Spektrum haben nun, im Gegensatz zum Spätmittelalter, sakrale Kleinplastiken, aber auch Ritter und Tierdarstellungen sind noch zu finden. Die Figuren sind sehr kunstvoll und detailgetreu in der Ausführung.

Eine solche Figur[2] wurde 1966 bei Ausschachtungsarbeiten in Rastede, Eichenstraße 2, zusammen mit spätmittelalterlichen und frühneuzeitlichen Scherben gefunden (Abb. 6). Die Plastik aus Pfeifenton ist 9,4 cm groß. Sie hat im Sockel eine 1 cm durchmessende Lochung, die ca. zur Hälfte in die Figur hineinreicht. Dargestellt ist ein Heiliger, der auf einem Podest steht. Er hat einen langen Vollbart und trägt die zeitgenössische Tracht der Renaissance. In der rechten Hand hält er einen vermutlich stabdornbeschlagenen Wanderstab[3], in der linken ein pokalartiges Gefäß. Zu seinen Füßen sitzt ein kleines Tier, das sich mit einem Hinterlauf hinter dem Ohr kratzt. Möglicherweise handelt es sich dabei um ein Schwein. Deutlich sind an den Schmalseiten der Figur noch die überarbeiteten, beschnittenen Gußnähte zu erkennen[4]. Das kunsthandwerkliche Produkt kann dem sogenannten „ausgehenden Weichen Stil" zugeordnet werden, d.h. der Zeit von 1420 - 1440 n. Chr. Sehr wahrscheinlich stellt die Kleinplastik den Heiligen Antonius Eremita dar. Die Attribute, wie z.B. der Wanderstab und vor allem das kleine Schwein zu seinen Füßen, erinnern an das Privileg der Antoniter, als Entgelt für ihre Krankendienste ihre Schweine frei

*Abb. 6: Der Heilige Antonius Eremita, Fundort Rastede. Vorder- und Rückansicht (Foto: W. Knust).*

herumlaufen lassen zu dürfen, dessen Fleisch später unter den Armen verteilt wurde (RÖBER, FINGERLIN u.a. 1996, 86-87). Die Krankenfürsorge und die Armenbetreuung gehörten zu den Hauptaufgaben des 1095 in Frankreich gegründeten Ordens.

Daß der Heilige Antonius durchaus beliebt war, zeigt sich darin, daß sein Motiv in unterschiedlicher Form bis in das 18. Jh. hinein immer wieder auftrat (SCHOLTEN-NEES; JÜTTNER 1971, 177, 689 Nr. 1061; HUPKA 1988, 377-378, Abb. 5,6; NEU-KOCK 1993, 53).

Im Falle des Rasteder Fundstückes bietet es sich an, die bekanntgewordenen Produktionsstätten nach unmittelbaren Vergleichsobjekten durchzusehen, da die anzunehmende Serienproduktion diesbezüglich Erfolg verspricht und die Herkunftsfrage geklärt werden könnte.

Die Pfeifentonfigürchen sind nachweislich in größerer Anzahl in Köln (KRUEGER 1981; NEU-KOCK 1988, 1993), in Worms (GRILL 1922), in Utrecht (LEEUWENBERG 1965), in Konstanz (RÖBER, FINGERLIN 1996), möglicherweise auch in Zwickau (HOFFMANN 1996, 162 f.) produziert worden. Ein Pedant zu dem Rasteder Exemplar konnte allerdings unter den publizierten Kleinplastiken bisher nicht entdeckt werden. Jedoch sprechen einzelne Merkmale am ehesten für eine Produktionstätte in Köln oder Worms.

Im mittel- und norddeutschen Raum sind bisher nur wenige derartige Objekte gefunden worden, so daß von Handelsgut ausgegangen werden kann, das aus den bekannten Produktionsorten am Rheinverlauf stammt. Den Handel belegt z.B. eine Bilddarstellung auf einer Hintergrundtafel eines Marienaltars des Konrad Witz (ca. 1440-1445/46). Zu sehen ist hier u.a. ein städtisches Haus mit einem heruntergeklappten Laden eines Figurenverkäufers, auf dem zwei Figuren wohl zum Verkauf angeboten wurden (BOOKMANN 1987, 110).

Bei Betrachtung des Motivspektrums der Pfeifentonfigürchen des 15./16. Jh.s fällt auf, daß der größte Teil der sakralen Kleinplastik zuzurechnen ist: Bischöfe im Ornat, Christusfiguren, Madonnendarstellungen, Christkinder, Apostel- und Heiligenfiguren sind weitaus häufiger vertreten als Ritter- und Pferdeplastiken oder Liebespaare.

Folgt man der anfangs zitierten Gliederung von Spielzeug nach HOFFMANN (1996, 133), so müssen auch die Pfeifentonfiguren als Spielzeug für Fiktionsspiele angesprochen werden. Diese Definition ist für die sakralen Kleinplastiken des späten Mittelalters, wie dem „Beterlein" von Köterende, m.E. zufriedenstellend. Für die Plastiken des 15./16. Jh.s scheint mir jedoch eine differenzierte Betrachtung im Einzelfall möglich zu sein. Neben einer Nutzung z.B. bei Passionsspielen belegen Bildzeugnisse und historische Quellen, daß sie als Devotionalien (BOOKMANN 1987, 103), als Glückwunschgaben für das Neue Jahr, Altaraufsätze in Kirchen (CHRISTL 1988, 221) oder bei der Hausandacht in Hausaltären (Abb. 7) usw. verwendet wurden.

---

1) Staatliches Museum für Naturkunde und Vorgeschichte Oldenburg, Inv. Nr. 6748
2) Staatliches Museum für Naturkunde und Vorgeschichte Oldenburg, Inv. Nr. 7893
3) Zu stabdornbeschlagenen Wanderstäben E. GROCHOWSKA, R. SACHS, 1980
4) Über die Herstellungstechniken informieren jüngst veröffentlichte Funde aus Konstanz, wo nicht nur tönerne Statuetten, sondern auch die zur Herstellung notwendigen Hohlformen und Model ausgegraben wurden (RÖBER, R. (Hrsg.) 1996, 60 - 69).

*Abb. 7: Ausschnitt aus dem Tafelbild „Die Hl. Barbara am Kamin", 1438, Meister von Flémalle. Museo del Prado, Madrid. Aus* RÖBER, FINGERLIN *1996, 91.*

## Literatur

ARNOLD, K. (1989): Familie, Kindheit, Jugend. - In: Die Hanse. Lebenswirklichkeit und Mythos Bd. 1. Ausstellungskatalog des Museums für Hamburgische Geschichte. Hamburg: 440-441.
BOOKMANN, H. ($^2$1987): Die Stadt im späten Mittelalter. - München.
CHRISTL, A. (1988): Mittelalterliche anthropomorphe Kleinplastiken aus dem Bezirk Cottbus. - Veröffentlichungen des Museums für Ur- und Frühgeschichte Potsdam 22: 221-223.
FINKE, W. (1981): Töpfereien im Tecklenburger Land. - In: Führer zu vor- und frühgeschichtlichen Denkmälern Bd. 46. Mainz: 212-222.
GRILL, E. (1922): Weiße Tonfigürchen des 15. und 16. Jahrhunderts im Paulusmuseum. - Veröffentlichungen der Städtischen Sammlungen Worms 1. Worms: 8-12.
GROCHOWSKA, E; SACHS, R. (1980): Vom „Lanzenschuh" zum „Stabdorn". Bemerkungen zur Geschichte einer Theorie. - Zeitschrift für Archäologie des Mittelalters 8: 57-63.
GRÖBER, K.; METZGER, J. ($^2$1965): Kinderspielzeug aus alter Zeit. - Hamburg.
GROTE, K. (1976): Bengerode, ein spätmittelalterlicher Töpfereiort bei Fredelsloh im südlichen Niedersachsen. - Nachrichten aus Niedersachsens Urgeschichte 45: 245-304.
HEEGE, A. (1993): Die Töpferei am Negenborner Weg. Einbecks ältester Gewerbebetrieb. - Kleine Schriften des Städtischen Museums Einbeck 1. Oldenburg.
HOFFMANN, V. (1996): Allerlay Kurtzweil - Mittelalterliche und frühneuzeitliche Spielzeugfunde aus Sachsen. - Arbeits- und Forschungsberichte zur sächsischen Bodendenkmalpflege 38: 127-200.
HUCKER, B.U. (1995): Stift Bassum. Eine 1100 jährige Frauengemeinschaft in der Geschichte. - Schriften des Instituts für Geschichte und Historische Landesforschung, Vechta; Bd. 3. Bremen.
HUPKA, D. (1988): Die Heiligendarstellungen im Keramikbestand des alten Neusser Museums. - In: J. Naumann (Hrsg.), Keramik vom Niederrhein. Die Irdenware der Düppen- und Pottbäcker zwischen Köln und Kleve. Köln: 373-382.
KRÄMER, R. (1991): Die Bedeutung der archäologischen Denkmalpflege für die Kulturlandschaftsentwicklung der Wesermarsch. - Archäologische Mitteilungen aus Nordwestdeutschland, Beiheft 5. Oldenburg: 9-32.
KRUEGER, J. (1981): Figürchen aus „Pfeifenton". - Das Rheinische Landesmuseum Bonn, Heft 3/81: 39-42.
LEEUWENBERG, J. (1965): Die Ausstrahlung Utrechter Tonplastik. - In: Studien zur Geschichte der Europäischen Plastik. Festschrift für T. Müller. München: 151-166.
MADSEN, P.K. (1991): Mittelalterliche bleiglasierte Miniaturgefäße aus Ribe. - In Töpfereiforschung - archäologisch, ethnologisch, volkskundlich: Beiträge des internationalen Kolloquiums 1987 in Schleswig. H. LÜDTKE, R. VOSSEN (Hrsg.) Bonn: 427-440.
NEU-KOCK, R. (1988): Irdene Kleinplastik im Spätmittelalter. - In: J. Naumann (Hrsg.), Keramik vom Niederrhein. Die Irdenware der Düppen- und Pottbäcker zwischen Köln und Kleve. Köln: 179-186.
NEU-KOCK, R. (1993): Eine „Bilderbäcker"-Werkstatt des Spätmittelalters an der Goldgasse in Köln. - Zeitschrift für Archäologie des Mittelalters 21: 3-70.
OEXLE, J. (1992): Minne en miniature - Kinderspiel im mittelalterlichen Konstanz. - In: Stadtluft, Hirsebrei und Bettelmönch - Die Stadt um 1300. Ausstellungskatalog. Stuttgart: 392-395.
RITZ, G. (1954): Der Votivfund von St. Corona - Altenkirchen. - Bayerisches Jahrbuch für Volkskunde: 123-136.
RÖBER, R. (Hrsg.); FINGERLIN, I. (1996): Glaube, Kunst und Spiel. - ALManach 1. Stuttgart.
SCHOLTEN-NEESS, M.; JÜTTNER, W. (1971): Niederrheinische Bauerntöpferei. 17.-19. Jahrhundert. - Düsseldorf.
SCHULZ, M. (1995): Mittelalterliche Keramik aus dem Zisterzienserinnenkonvent Marienwerder bei Seehausen, Landkreis Uckermark. - Veröffentlichungen des Brandenburgischen Landesmuseums für Ur- und Frühgeschichte Potsdam 29: 29-160.
SCHÜTTE, S. (1979): Spielzeug aus Göttinger Bodenfunden. - Göttinger Jahrbuch 27: 55-62.
STEPHAN, H.-G. (1981): Coppengrave. Studien zur Töpferei des 13. - 19. Jahrhunderts in Nordwestdeutschland. - Materialhefte zur Ur- und Frühgeschichte Niedersachsens Heft 17. Hildesheim.
WATERSTRADT, E. (1987): Kinderspielzeug im Mittelalter. - In: Ausgrabungen in Minden. Bürgerliche Stadtkultur des Mittelalters und der Neuzeit. B.TRIER (Hrsg.) Münster: 147-154.

Jörg Eckert

# Bericht der Archäologischen Denkmalpflege 1996
# Niedersächsisches Landesverwaltungsamt
# Institut für Denkmalpflege, Außenstelle Weser-Ems

## Ausgrabungen und Funde

Die vorgestellten Ausgrabungen stellen eine Auswahl der archäologischen Geländetätigkeit der Außenstelle Weser-Ems des Instituts für Denkmalpflege dar. Die zahlreichen kleineren Notbergungen, Befunderhebungen, Baustellenkontrollen und Vermessungsarbeiten finden nur in besonderen Fällen Erwähnung.

Ebenfalls nur in einer Auswahl präsentiert werden Funde, die im Jahre 1996 ausgegraben oder gemeldet wurden.

1. Westerstede FStNr. 130, Gde. Westerstede, Ldkr. Ammerland
Die seit Sommer 1995 bis zum Jahresende stattgefundenen Ausgrabungen in der nach 1124 gegründeten St. Petri-Kirche in Westerstede, die die älteste Baugeschichte und spätere Aus- und Umbauten des Gebäudes klären konnten, wurden im Januar 1996 weitergeführt. Dabei wurde erstmals festgestellt, daß auf dem Kirchenstandort ältere Siedlungsspuren mit mehrfachen Überschneidungen vorhanden waren. Es muß hier eine profane mittelalterliche Siedlung von bisher unbekannter Ausdehnung vorhanden gewesen sein, die dem Kirchenbau weichen mußte. Der Baugrund, der den Quellen nach eine Schenkung der ammerländischen Adelsfamilie von Fikensholt an die Kirche war, war also keineswegs unbebautes Neuland. Weitere Grabungsbefunde ergaben Aufschluß über die Innenraumgliederung und -nutzung der romanischen Kirche. So konnte z.B. der ursprüngliche Standort des romanischen Taufbeckens im mittleren Kirchenschiff lokalisiert werden.

2. Wiefelstede FStNr. 106/3, Gde. Wiefelstede, Ldkr. Ammerland
In der Nachbarschaft eines neuen Baugebietes in der Ortschaft Borbeck wurden bei der Anlage von großen Regenrückhaltebecken archäologische Befunde entdeckt. Die anschließende zweimonatige Ausgrabung ergab, daß hier am Rande einer Bach-

---

Anschrift des Verfassers: Dr. Jörg Eckert, Bezirksarchäologie, Nds. Landesverwaltungsamt/Institut für Denkmalpflege, Außenstelle Weser-Ems, Heiligengeiststr. 26, 26121 Oldenburg.

Abb. 1:
Wiefelstede
FStNr. 106/3,
Gde. Wiefelstede,
Ldkr. Ammerland
Grundriß eines Gebäudes
der römischen Kaiserzeit

niederung eine Siedlung der älteren römischen Kaiserzeit vorhanden gewesen war. Es wurden der fast vollständige Grundriß eines einschiffigen Gebäudes (Abb. 1), Grundrisse von drei 4- und 6-Pfostenspeichern, Gräben, Gruben und ein besonderer Brunnen mit Treppenzugang freigelegt (Abb. 2). Dieser Brunnen bestand aus langen Eichenbohlen und -halbstämmen, die einen konischen Brunnenschacht von ca. 2 m Durchmesser bildeten, bei einer Tiefe von 3,50 m. An einer Seite war dieser Holzschacht offen für einen treppenartigen Zugang, bestehend aus 4 guterhaltenen Holzstufen. Unter der obersten Stufe fanden sich Teile von zwei verzierten Gefäßen von ungewöhnlich feiner Machart. Dendrochronologisch konnten die Hölzer in die Jahre um 100 n. Chr. datiert werden (Fa. Delag, Göttingen).

Bericht der Archäologischen Denkmalpflege ——————————————— 287

*Abb. 2: Brunnen der älteren römischen Kaiserzeit*

3. Wiefelstede FStNr. 106/1-2, 4-5, Gde. Wiefelstede, Ldkr. Ammerland
In einem neuen Baugebiet in Borbeck, Gde. Wiefelstede, wurden bei der archäologischen Untersuchung mehrerer Baugruben neben spätmittelalterlichen Wölbacker- und Eschgrabensystemen Spuren einer Siedlung der älteren vorrömischen Eisenzeit mit Pfosten und mehreren z.T. sehr fundreichen Abfallgruben freigelegt, von denen eine Reste von ca. 30 Gefäßen enthielt (Abb. 3 u. 4).

4. Wiefelstede FStNr. 105, Gde. Wiefelstede, Ldkr. Ammerland
Im Bereich eines geplanten Sandabbaues auf einem sehr fundstellenreichen Geestrücken östlich von Borbeck, wo seit dem vergangenen Jahrhundert bis in jüngere Zeiten Funde aus allen Epochen von der Steinzeit bis zum Mittelalter zutage gekommen waren, wurden drei Baggertestschnitte von 82 m, 115 m und 130 m Länge über das Gelände gezogen (Abb. 5). Neben spätmittelalterlichen Eschgräben wurden mehrere Befunde mit Keramik der römischen Kaiserzeit, darunter auch ein Brunnen, auf dem Areal festgestellt. Da somit genügend Anhaltspunkte für ausgedehnte Siedlungen dieser Epoche vorlagen, wurde die Sandabbauplanung zurückgezogen.

5. Edewecht FStNr. 105, Gde. Edewecht, Ldkr. Ammerland.
Bei der Feldarbeit wurde von H. Schröder im Ortsteil Osterscheps ein Fragment

Abb. 3:
Wiefelstede FStNr. 106/1
Abfallgrube der älteren vorrömischen Eisenzeit

Abb. 5:
Wiefelstede FStNr. 105
Arbeiten an einem Baggertestschnitt

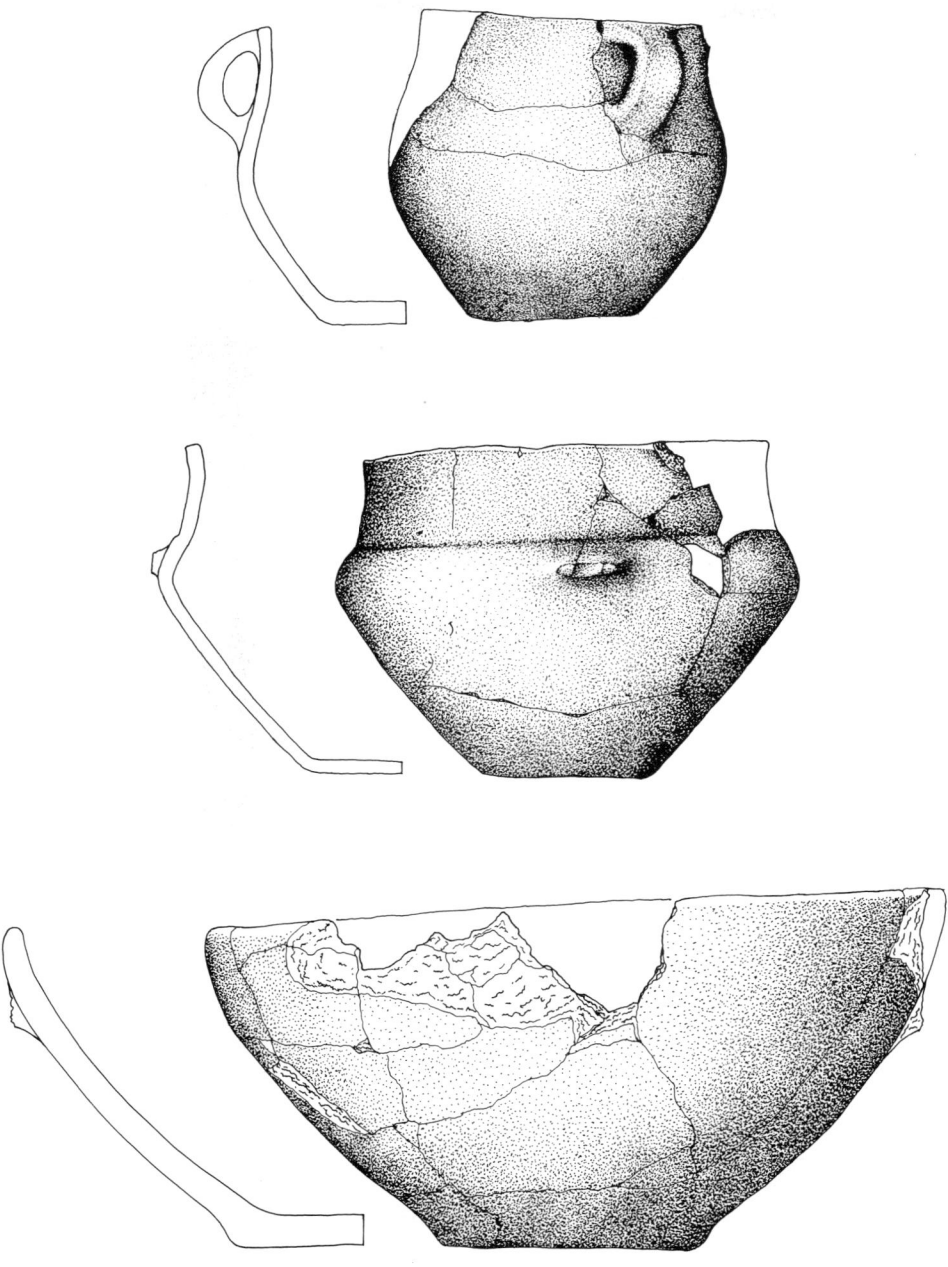

*Abb. 4: Keramik aus der Grube der vorrömischen Eisenzeit. M 1 : 3*

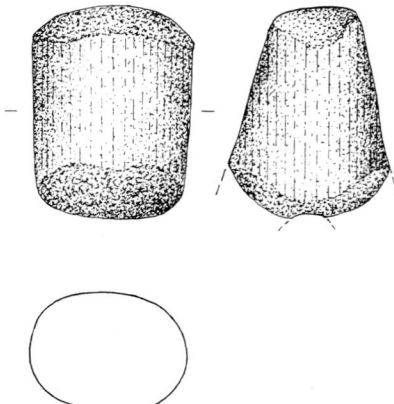

*Abb. 6: Edewecht FStNr. 105, Gde. Edewecht, Ldkr. Ammerland
Bruchstück einer jütländischen Streitaxt. M 1 : 2*

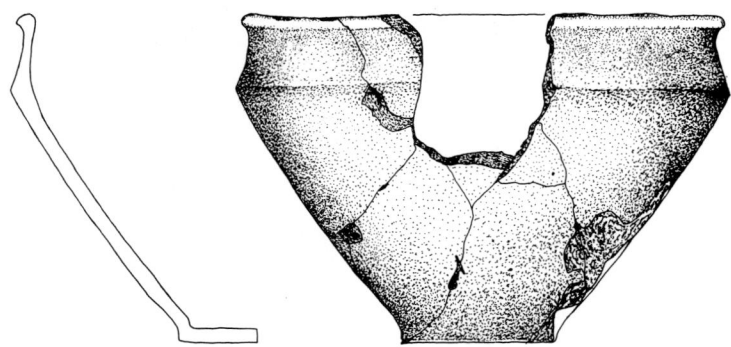

*Abb. 7: Edewecht FStNr. 114, Gde. Edewecht, Ldkr. Ammerland
Gefäß der römischen Kaiserzeit. M 1 : 3*

einer spätneolithischen sog. jütländischen Streitaxt aus einem feinkörnigen, grauen Felsgestein aufgelesen. Die Axt war vermutlich im Schaftloch gebrochen. Der Nackenteil wurde als Reibstein weiterverwendet und zeigt an beiden Seiten entsprechende Abnutzungsflächen (Abb. 6).
Fundmeldung: G. Brumund, Osterscheps.

6. Edewecht FStNr. 114, Gde. Edewecht, Ldkr. Ammerland
In einem neuen Baugebiet in Edewecht wurden von der Außenstelle Weser-Ems zunächst die Erschließungsflächen, sodann einzelne Bauplätze untersucht. Neben Befunden der älteren Eisenzeit und aufschlußreichen Spuren der mittelalterlichen

Bericht der Archäologischen Denkmalpflege

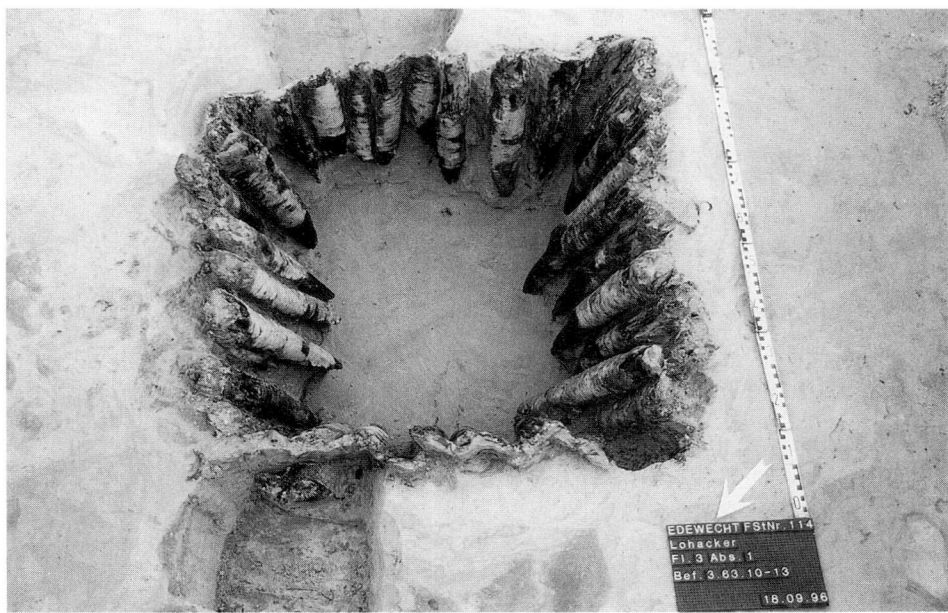

Abb. 8: Edewecht FStNr. 114, Gde. Edewecht, Ldkr. Ammerland
Brunnen der römischen Kaiserzeit

Parzellierung mit einer Abfolge von Wölbäckern, Eschgräben und Eschauftrag wurde eine Besiedlung der römischen Kaiserzeit (Abb. 7) mit Pfostengruben, Zäunen, Abfallgruben und Brunnen festgestellt. Einer der Brunnen war in seinem unteren Bereich, der nur durch eine Grundwasserabsenkung zugänglich wurde, noch gut erhalten und bestand aus einem quadratischen Brunnenschacht, der aus zugespitzten, etwas schräg eingeschlagenen ungeschälten Birkenstämmchen gebildet wurde (Abb. 8).

7. Berne FStNr. 94, Gde. Berne, Ldkr. Wesermarsch
Der Abriß eines alten Gebäudes und die Planung für einen Neubau auf einer kleinen Hofwurt bei Berne-Glüsing waren Anlaß für eine archäologische Untersuchung. Es zeigte sich in einem Querprofil unerwartet ein dreiphasiger Aufbau dieser nur ca. 30 m im Durchmesser betragenden Wurt. Scherbenfunde aus den untersten Schichten zeigen, daß die Wurt im hohen Mittelalter entstanden sein muß.

8. Oldenburg FStNr. 100, krfr. Stadt Oldenburg
An der Stadtmauer am Pulverturm, dem einzigen noch vorhandenen Befestigungsbauwerk der Oldenburger Altstadt, wurden im Zusammenhang mit Restaurierungen eines Teiles der Stadtmauer ergänzende Ausgrabungen notwendig, die neue Hinweise auf die Aus- und Umbauten der Festungsanlagen zur Zeit der Dänenherr-

*Abb. 9: Oldenburg FStNr. 102, krfr. Stadt Oldenburg
Hölzerner Faßbrunnen der frühen Neuzeit*

schaft im 17./18. Jh. ergaben. Die neuen Grabungsergebnisse konnten bei den Restaurierungen berücksichtigt werden, die von der Stadt Oldenburg finanziert und im Zusammenwirken mit der Außenstelle Weser-Ems des Instituts für Denkmalpflege durchgeführt wurden.

9. Oldenburg FStNr. 102, krfr. Stadt Oldenburg
Nach dem Abbruch eines Geschäftshauses in der Altstadt, Haarenstraße 45, wurde unter dem Boden ein verfüllter hölzerner Faßbrunnen entdeckt, dessen Dauben mit zahlreichen Holzreifen zusammengehalten wurden (Abb. 9). Unter diesem Faß befand sich ein weiteres. Beide Fässer ergaben zusammen eine 2 m tiefe Brunnenröhre. Eine dendrochronologische Datierung der Eichenholzdauben war wegen der zu geringen Anzahl von Jahresringen leider nicht möglich. Die Funde aus der Verfüllung weisen in die frühe Neuzeit.

10. Oldenburg FStNr. 103, krfr. Stadt Oldenburg
Eine Baumaßnahme in der Oldenburger Altstadt, Staustraße 20, machte mehrmalige Kontrollen und Befunderhebungen notwendig. Dabei wurde ein aus trapezförmigen Brunnenziegeln gemauerter frühneuzeitlicher Brunnen teilweise freigelegt und dokumentiert. Der oval angelegte Brunnen hatte äußere Maße von 1,65 x 1,35 m. Die obere Verfüllung enthielt kein Fundmaterial. Die Ziegelmaße datieren den Brunnen aber in die frühe Neuzeit, wozu auch die sonstigen Funde dieser Parzelle passen.

*Abb. 10: Wardenburg FStNr. 37, Gde. Wardenburg, Ldkr. Oldenburg
Sechspfostengrubenhaus des Frühmittelalters*

11. Wardenburg FStNr. 33-37, Gde. Wardenburg, Ldkr. Oldenburg
In einem großen Baugebiet auf dem Wardenburger Esch am nördlichen Rand der Ortschaft wurden seit April 1995 bei einzelnen Baumaßnahmen Befunde einer frühmittelalterlichen Siedlung festgestellt. 1996 wurden auf diesem Gelände durch die Außenstelle Weser-Ems 15 Grabungseinsätze geleistet. Dabei kamen neben zahlreichen spätmittelalterlichen und frühneuzeitlichen Wölbacker- und Eschgrabensystemen, mittelalterlichen und neuzeitlichen Abfallgruben vor allem frühmittelalterliche Siedlungsbefunde zu Tage, wie Grubenhäuser (Abb. 10), der Grundriß eines Langhauses, Gruben, Pfosten etc.

12. Dötlingen FStNr. 346, Gde. Dötlingen, Ldkr. Oldenburg
Bei systematischen Feldbegehungen wurden von D. Bargen, Wardenburg, auf einem bereits bekannten Fundplatz große Mengen an Fundmaterial aufgelesen. Im Einzelnen wurden an Feuersteinartefakten gefunden: 200 unmodifizierte Abschläge, 5 klingenförmige Abschläge, 75 gebrannte Flinte, 97 Kernsteine, 8 Artefakte mit partieller Kantenretusche, 1 Dreiecksmikrolith, 24 Schaber und das geschliffene Nackenbruchstück eines spitznackigen Flintbeiles. Die keramischen Funde bestehen aus etwa 40 meist kleinen unverzierten mittelalterlichen Wandscherben und 6 Rändern hochmittelalterlicher Gefäße. Damit trägt dieser interessante Fundplatz die Spuren mehrerer Epochen von der mittleren Steinzeit bis zum Mittelalter. Vor allem aber dürfte es sich um ein Siedlungsareal der jüngeren Steinzeit handeln.

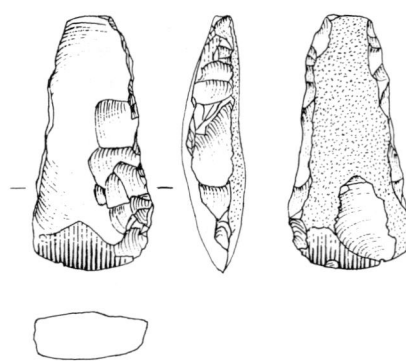

*Abb. 11: Wildeshausen FStNr. 992, Gde. Wildeshausen, Ldkr. Oldenburg Flintrechteckbeil der Jungsteinzeit. M 1 : 2*

13. Wildeshausen FStNr. 992, Gde. Wildeshausen, Ldkr. Oldenburg
Bei einer systematischen Feldbegehung in der Nähe der Ortschaft Bargloy wurden von D. Bargen, Wardenburg, insgesamt 41 Feuersteinartefakte aufgelesen. Neben 38 unmodifizierten Abschlägen, davon 15 gebrannt, fanden sich 1 Abschlag mit partieller Kantenretusche, 1 Klingenkratzer mit retuschierter Kappe, der aus einem geschliffenen Beil gefertigt wurde und ein kleines aus einem Abschlag gefertigtes Flint-Rechteckbeilchen von 6,9 cm Länge, das nur im Schneidenbereich sorgfältigen Schliff zeigt (Abb. 11). Die Funde weisen dieses Gelände als einen Siedlungsplatz der jüngeren Steinzeit aus.

14. Wildeshausen FStNr. 988, Gde. Wildeshausen, Ldkr. Oldenburg
Bei Arbeiten zur Sanierung und Neugestaltung der Westerstraße, Wildeshausens Hauptstraße, wurden am südwestlichen Ausgang der Altstadt Mauerreste entdeckt, die zu dem ehemaligen Westertor, einer großen, im Mittelalter entstandenen und bis zum Abriß 1808 mehrfach umgebauten Toranlage gehörten (Abb. 12). Die Außenstelle Weser-Ems legte alle noch vorhandenen Befunde auf ca. 15 m Länge auf der Südseite frei (Abb. 13). Mauerreste der Torgasse wurden auch auf der nördlichen Seite, hier allerdings durch ältere Baumaßnahmen stark gestört, festgestellt. Eine Anbindung der Mauern an die einstige mittelalterliche Stadtmauer konnte nicht mehr festgestellt werden. Das mehrphasige Mauerwerk des Westertores entstand im späten Mittelalter (13. Jh.), wurde bei späteren Umbauten aber weiter genutzt. Quer zur Straßenachse wurde ein Graben angeschnitten. Bohrungen ergaben, daß eine Breite von ca. 9,5 m und eine Tiefe von ca. 3 m anzunehmen ist. Es dürfte sich dabei um den ältesten Stadtgraben handeln, der später verfüllt und von einem Neubau des Westertores überbaut worden war.

15. Wildeshausen FStNr. 928, Gde. Wildeshausen, Ldkr. Oldenburg
Im Nov./Dez. 1995 wurde durch D. Bargen, Wardenburg, bei systematischen Feld-

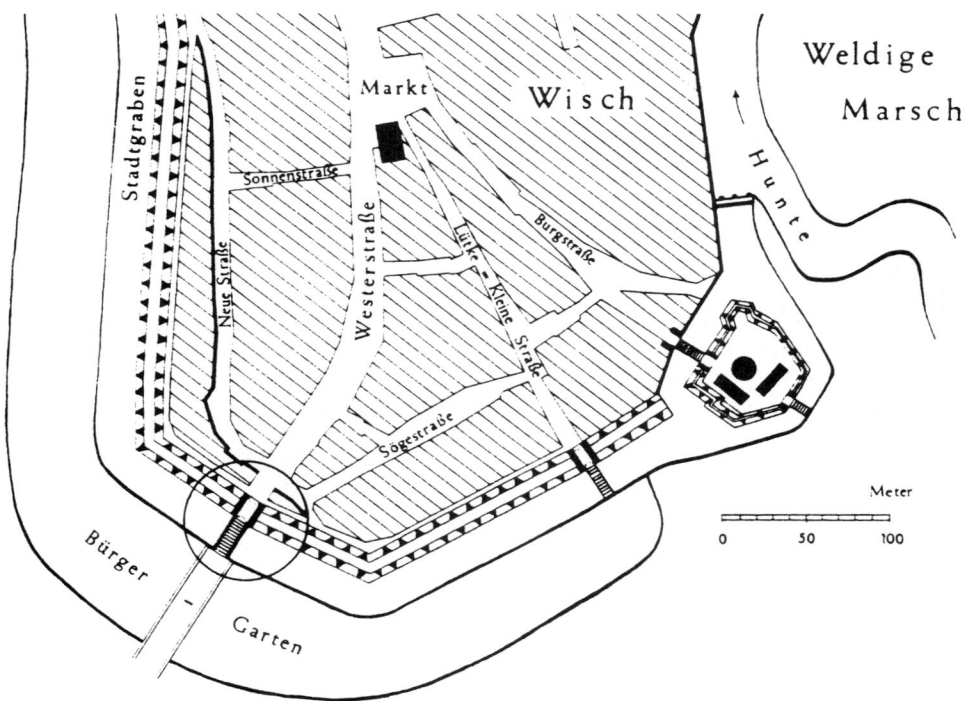

*Abb. 12: Wildeshausen FStNr. 998, Gde. Wildeshausen, Ldkr. Oldenburg
Ausschnitt aus einer Rekonstruktion des mittelalterlichen Stadtgrundrisses von Wildeshausen.
Im Kreis das Westertor. Aus Lübbing, H. und Jäkel W.: Geschichte der Stadt Wildeshausen.
Oldenburg 1970*

begehungen auf einem Ackergelände östlich der Holzhauser Bäke umfangreiches, vorwiegend lithisches Fundmaterial aufgelesen: 890 unmodifizierte Abschläge, 370 gebrannte Flinte, 490 Kernsteine, 10 Artefakte mit partieller Kantenretusche, 79 Schaber, 5 Abschläge von geschliffenen Flintbeilen, 1 Abschlag von einem geschliffenen Lyditbeil, 4 querschneidige Pfeilspitzen, 1 Fragment einer flächenretuschierten Pfeilspitze, 4 spitze Flintgeräte, sowie das Griffstück eines lanzettförmigen Flintdolches (Abb. 14). Die keramischen Funde bestehen aus mehreren unverzierten Wandscherben, 3 Bodenscherben, 3 unverzierten Randscherben, 3 Randscherben mit plastischem Wulst unterhalb des Randes, 2 Scherben mit Tiefstichverzierung, dem Rand einer Tonscheibe und einer weiteren Scherbe, die ebenfalls zu einer Tonscheibe gehört. Damit ist dieser Fundplatz als neolithisch charakterisiert mit deutlicher trichterbecherzeitlicher Komponente.

16. Osterwald FStNr. 1, Gde. Osterwald, Ldkr. Grafschaft Bentheim
Für eine ca. 27 km lange Gasleitungstrasse wurde zwischen der Fa. BEB und dem Bezirksarchäologen Weser-Ems eine ständige archäologische Begleitung vereinbart.

Abb. 13: Wildeshausen FStNr. 998, Gde. Wildeshausen, Ldkr. Oldenburg
Reste des mittelalterlichen Westertors während der Freilegung

Es wurde ein Archäologe eingestellt, der die Erdarbeiten vom Beginn im November 1995 bis zu ihrem Ende im Mai 1996 beaufsichtigte. Die erwarteten Fundbereiche waren durch großflächiges Tiefpflügen vollständig zerstört. Es wurden auf der Trasse vor allem Tiefpflugbereiche kartiert und die Ausdehnung von mittelalterlichen und frühneuzeitlichen Eschen festgestellt. In einem Fall wurde eine neuzeitliche Fundstelle mit viel Keramik entdeckt.

17. Laar FStNr. 7 , Gde. Laar, Ldkr. Grafschaft Bentheim
Auf einem Bebauungsgebiet in der Gde. Laar nahe dem Fluß Vechte wurde in Zusammenarbeit mit der Kreisbeauftragten für archäologische Denkmalpflege eine Siedlungsstelle untersucht, die Keramik der älteren und der jüngeren vorrömischen Eisenzeit ergab. Es wurden mehrere Verfärbungen (Pfostengruben u.a.) dokumentiert und ein Grubenhaus von ca. 3 x 2 m Fläche und noch 0,45 m Tiefe, sowie zwei Firstpfosten ausgegraben, deren Fundmaterial sich in den Übergang Eisenzeit/römische Kaiserzeit einordnen läßt.

Zeichnungen: J. Gebken, R. Görlich

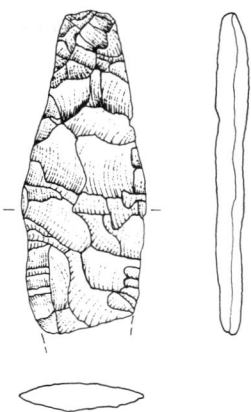

*Abb. 14: Wildeshausen FStNr. 928, Gde. Wildeshausen, Ldkr. Oldenburg Griffstück eines lanzettförmigen Flintdolches der Jungsteinzeit. M 1 : 1*

## Veröffentlichungen

ECKERT, J.: Arbeitsgemeinschaft - Archäologische Denkmalpflege.
    In: Kulturland Oldenburg. Jahresber. 1995, S. 20-21.

ECKERT, J.: Ausgrabungen in der St.-Petri-Kirche in Westerstede, Ldkr. Ammerland.
    Ber. z. Denkmalpflege in Niedersachsen 2/96, S. 68-69.

ECKERT, J.: Urgeschichtliche Momentaufnahmen - Besonderheiten bei Bestattungen der Stein- und Bronzezeit im Oldenburger Land.
    Old. Hauskalender für 1997, S. 50-52.

ECKERT, J.: 20 Jahre Arbeitsgemeinschaft - Archäologische Denkmalpflege.
    Mitteilungsblatt der Old. Landschaft Nr. 92, 1996, S. 23- 25.

ECKERT, J.: Ausgrabungen des Inst. f. Denkmalpflege, Außenstelle Weser-Ems.
    Nachrichten des Marschenrates 33, 1996, S. 27-29.

ECKERT, J.: Fundchronik 1994.
    In: NNU 64 (2) 1995, 1996.

ECKERT, J.: Bericht der Archäologischen Denkmalpflege 1995.
    Oldenb. Jahrb. 1996, Bd. 96, S. 224- 249.

Klaus Taux

# Farnpflanzen an alten Kirchen und Friedhofsmauern im Oldenburger Land

*Abb. 1: An der 190jährigen Friedhofsmauer in Wardenburg wachsen zahlreiche Flechten, Moose, Blütenpflanzen und über 1000 Ex. der Mauerraute. Fotos: Taux.*

Anschrift des Verfassers: Dr. Klaus Taux, Diplom-Biologe, Thomas-Mann-Str. 19, 26133 Oldenburg.

## Inhalt
1. Einleitung

2. Untersuchungsergebnisse
2.1 Verbreitung und Häufigkeit der Farne
2.1.1 Mauerraute *Asplenium ruta-muraria*
2.1.2 Braunstieliger Streifenfarn *Asplenium trichomanes*
2.1.3 Milzfarn *Ceterach officinarum*
2.1.4 Hirschzunge *Phyllites scolopendrium*
2.1.5 Tüpfelfarn *Polypodium vulgare*
2.1.6 Dornfarn *Dryopteris carthusiana*
2.2 Farne in Gesellschaft anderer Pflanzen
2.2.1 Flechten
2.2.2 Gesteinsmoose
2.2.3 Blütenpflanzen

3. Gefährdung der Farne
3.1 Renovierungsarbeiten an alten Mauern
3.2 Beeinträchtigung durch konkurrierende Pflanzen
3.3 Beseitigung alter Mauern
3.4 Einwirkung von Gas- und Staubemissionen

4. Schutz der alten Kirchhofs- und Friedhofsmauern

5. Literatur

## 1. Einleitung

Die meisten bei uns vorkommenden Farne sind feuchtigkeitsliebende Halbschatten- und Schattenpflanzen (s. ELLENBERG 1974) und deshalb vorzugsweise auf frischen bis feuchten und humusreichen, mehr oder weniger sauren Waldböden anzutreffen.
Einige Arten haben ihre Verbreitungsschwerpunkte jedoch an Felswänden und zwischen Gesteinsformationen. Wo Felswände und geeignetes Naturgestein fehlen, werden als Sekundärstandorte und Ersatzhabitate auch Fugen und Ritzen in alten Mauern von Kirchen, Schlössern und Burgen, in Friedhofs-, Kirchhofs-, Stadt- und Gartenmauern, Schornsteinen, Gebäuden, Brücken und Brunnen besiedelt.
Die von Natur aus kleinen oder hier kleinbleibenden Arten sind kalkliebend oder kalktolerant und nehmen mit der oft geringen Menge an Nährstoffen und Feuchtigkeit vorlieb, die ihnen der Standort in den Mauerfugen bietet. An ihren exponierten Wuchsorten sind die Farne oft starken Temperaturschwankungen im Tages- und Jahreslauf ausgesetzt.
In den Jahren 1995 bis 1997 wurden alle alten Kirchen, Kapellen (s. DEHIO 1928, MÜLLER 1983, RUNGE 1983 ff) sowie Friedhofs- und Kirchhofsmauern im Oldenburger Land abgesucht, um zu einem aktuellen Überblick über den derzeitigen Be-

stand an Arten und Individuen an solchen bei uns für Farne bedeutungsvollen Besiedlungssubstraten zu kommen.

Das Oldenburger Land setzt sich aus den sechs Landkreisen Ammerland, Cloppenburg, Friesland, Oldenburg, Vechta und Wesermarsch, sowie aus den drei kreisfreien Städten Delmenhorst, Oldenburg und Wilhelmshaven zusammen. Klimatisch ist es atlantisch von vorherrschenden Westwinden und einem durchschnittlichen Jahresniederschlag um 750 mm geprägt.

## 2. Untersuchungsergebnisse

### 2.1 Verbreitung und Häufigkeit der Farne

2.1.1 Mauerraute *Asplenium ruta-muraria*
Die Mauerraute ist ein wintergrüner Farn mit kleinen, meist mehrmals geteilten und fast lederartigen Blättern. Von einer kurzen Grundachse gehen dunkelgrüne, kaum 10 cm lange und 2-3fach gefiederte Wedel aus. Die Fiedern sind vielgestaltig, meist halbmondförmig oder länglich-verkehrt-eiförmig.

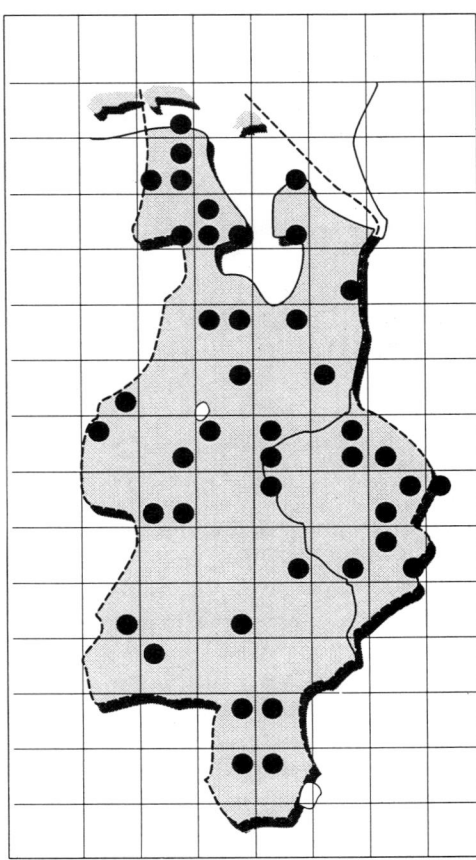

Abb. 2:
Verbreitung der Mauerraute
an Kirchen und Friedhofsmauern
im Oldenburger Land,
kartiert nach Meßtischblatt-Quadranten.

Abb. 3:
In Eckwarden wächst die Mauerraute an der Westseite bis in die Spitze der Kirche.

In ihrem ökologischen Verhalten zeigt *Asplenium ruta-muraria* in der Regel eine Präferenz für voll belichtete, mäßig trockene, kalkreiche aber nährstoffarme Standorte. Die Mauerraute ist in Niedersachsen die häufigste *Asplenium*-Art. Über 70 % aller Wuchsorte im niedersächsischen Tiefland liegen heute an Kirchen, Kirchhofs- und Friedhofsmauern (GARVE 1994). In seiner Flora von Oldenburg und Bremen schreibt BUCHENAU (1919), daß die Art „zerstreut in Mauerritzen, namentlich an alten Dorfkirchen" vorkommt. MEYER (1949) nennt die Mauerraute in seinem Pflanzenbestimmungsbuch für die Landschaften Oldenburg und Ostfriesland „im südlichen Hügel- und Berglande sehr häufig, nach Norden immer zerstreuter".
Ihre ursprünglichen Vorkommen sind Felsspalten an Kalkfelsen.

Farnpflanzen an alten Kirchen und Friedhofsmauern im Oldenburger Land — 303

*Abb. 4: Die Mauerraute an der Friedhofsmauer in Wardenburg. Das Mauerwerk wird hier vorbildlich mit Kalkmörtel ausgebessert und abschnittweise saniert.*

Im Oldenburger Land tritt die Mauerraute jetzt fast gleichmäßig verbreitet in allen Landkreisen und kreisfreien Städten auf (s. Abb. 1 und Tab. 1). Sie konnte 25 mal an Kirchen, Kirchtürmen und Glockentürmen, 20 mal an Kirchhofs- und Friedhofsmauern und 4 mal an alten Grabeinfassungen (Sarkophagen) festgestellt werden. Die individuenreichsten Vorkommen an Friedhofsmauern gibt es in Wardenburg mit ca. 1000 Exemplaren = Ex. (s. auch TAUX 1997), Berne (500 Ex.), Holdorf (380 Ex.), Lohne (300 Ex.), Lindern (300 Ex.), Wiarden (300 Ex.) und Edewecht (200 Ex.). Kirchen mit größerer Besiedlung stehen in Eckwarden (200 Ex.), Schortens (200 Ex.), Neuenbrok (140 Ex.), Schönemoor (80 Ex.), Dinklage und Hasbergen (je 50 Ex.). In der Seemarsch in Minsen, an der nördlichsten Kirche des Oldenburger Landes, wächst die Mauerraute mit ca. 40 Ex. an der Kirchen-Westwand in 15 m Höhe. In Sengwarden, der höchsten Kirche im Bereich der Küste, erreicht die Mauerraute an der Westwand Ansiedlungshöhen um 20 m.

An den Kirchen und Friedhofsmauern im Oldenburger Land wächst die Mauerraute in verschiedenen Himmelsrichtungen, wobei die Westexposition jedoch besonders an den Kirchen deutlich überwiegt. In stärker beschatteten Mauernischen bildet die Pflanze mitunter Formen mit längeren Wedeln und stark zerschlitzten, schmalen Fiederblättern.

*Tab. 1: Fundorte der Mauerraute im Oldenburger Land*

| Ort/Kirche | Landkreis/Stadt | MTB/Quadrant | Zahl Mauerraute | Vorkommen an |
|---|---|---|---|---|
| Apen | Ammerland | 2712/4 | 100 | Friedhofsmauer |
| Bad Zwischenahn | Ammerland | 2814/1 | 100 | Friedhofsmauer, Glockenturm |
| Edewecht | Ammerland | 2813/4 | 200 | Friedhofsmauer, Kirche |
| Wiefelstede | Ammerland | 2714/2 | 20 | Friedhofsmauer |
| Altenoythe | Cloppenburg | 2913/3 | 3 | Friedhofsmauer |
| Barßel | Cloppenburg | 2812/1 | 1 | Kirchhofsmauer |
| Bösel | Cloppenburg | 2913/4 | 15 | Kirchturm |
| Cappeln | Cloppenburg | 3114/4 | 130 | Friedhofsmauer |
| Lastrup | Cloppenburg | 3213/1 | 8 | Kirche, Kirchturm |
| Lindern | Cloppenburg | 3112/4 | 300 | Kirchhofsmauer |
| Accum | Friesland | 2414/3 | 40 | Kirche |
| Bockhorn | Friesland | 2614/1 | 40 | Kirche |
| Minsen | Friesland | 2213/4 | 40 | Kirche |
| Schortens | Friesland | 2413/4 | 200 | Kirche |
| St. Joost | Friesland | 2313/2 | 6 | Kirche/Sarkophag |
| Tettens | Friesland | 2313/3 | 10 | Sarkophag, Kirchenstützwand aus Klinker |
| Varel | Friesland | 2614/2 | 25 | Kirchhofsmauer |
| Waddewarden | Friesland | 2313/4 | 15 | Kirche, Kirchhofsmauer |
| Wiarden | Friesland | 2313/2 | 300 | Friedhofsmauer |
| Ganderkesee | Oldenburg | 2917/3 | 10 | Kirchturm |
| Großenkneten | Oldenburg | 3015/4 | 50 | Friedhofsmauer |
| Harpstedt | Oldenburg | 3017/4 | 150 | Kirchhofsmauer |
| Hude | Oldenburg | 2816/4 | 85 | Friedhofsmauer, Klosterruine |
| Schönemoor | Oldenburg | 2917/2 | 80 | Kirchturm |
| Wardenburg | Oldenburg | 2915/1 | 1000 | Friedhofsmauer |
| Wildeshausen | Oldenburg | 3016/4 | 5 | Mauer, Kirchturm |
| Damme | Vechta | 3415/3 | 10 | Kirchturm |
| Dinklage | Vechta | 3314/2 | 50 | Abtei-Mauer, Benediktiner-Kapelle |
| Holdorf | Vechta | 3414/2 | 380 | Friedhofsmauer |
| Lohne | Vechta | 3315/1 | 300 | Friedhofsmauer |
| Bardewisch | Wesermarsch | 2817/3 | 10 | Kirche, Friedhofsmauer |
| Berne | Wesermarsch | 2816/2 | 500 | Friedhofsmauer |
| Eckwarden | Wesermarsch | 2415/4 | 250 | Kirche, Sarkophag |
| Langwarden | Wesermarsch | 2315/4 | 10 | Kirche |
| Rodenkirchen | Wesermarsch | 2516/4 | 2 | Sarkophag |
| Schweiburg | Wesermarsch | 2615/2 | 20 | Kirchturm |
| Neuenbrok | Wesermarsch | 2716/1 | 140 | Kirche |
| Hasbergen | DEL-Stadt | 2918/1 | 50 | Kirche |
| Gertrudenkapelle | OL-Stadt | 2815/1 | 3 | Friedhofsmauer |
| Dreifaltigkeitskirche | OL-Stadt | 2815/3 | 100 | Friedhofsmauer, Denkmalsmauer, Kirchturm |
| Heppens | WHV-Stadt | 2414/4 | 5 | Kirchturm |
| Sengwarden | Wilhelmshaven | 2414/1 | 30 | Kirche |

# Farnpflanzen an alten Kirchen und Friedhofsmauern im Oldenburger Land

*Abb. 5: Der Braunstielige Streifenfarn wurde am häufigsten an den Kirchhofsmauern in Cappeln und Lindern festgestellt.*

*Abb. 6: An der 135 Jahre alten Kirchhofsmauer in Lindern wachsen 4 Farnarten.*

### 2.1.2 Braunstieliger Streifenfarn *Asplenium trichomanes*

Der Braunstielige Streifenfarn trägt über einer kurzen Grundachse einen dichten Rasen wintergrüner Wedel. Diese sind kurz gestielt, 10 - 20 cm lang und einfach gefiedert. Wedelstiel und Spindel sind glänzend braun. Sie erinnern an Pferdehaar. Daher wurde die Art früher auch Haar-Streifenfarn genannt.

*Asplenium trichomanes* besiedelt gern halbschattige, nicht über einen längeren Zeitraum dem vollen Licht ausgesetzte, frische, kalkarme bis kalkreiche Standorte mit geringer bis mäßiger Stickstoffanreicherung.

In Niedersachsen ist der Braunstielige Streifenfarn nach GARVE (1994) „überall viel seltener als *Asplenium ruta-muraria*". BUCHENAU (1919) bezeichnet ihn als „sehr selten" und beschreibt Vorkommen „an der Kirchhofsmauer zu Ganderkesee sowie am Kirchhofstor zu Oldenbrok". „Recht selten" fand ihn 30 Jahre später auch MEYER (1949) „an alten, nie ausgeputzten Mauern in Bockhorn, Cappeln, Ihorst, Oldenbrok, Schwei und Schweiburg".

Bei den Untersuchungen 1995/1996 konnte *Asplenium trichomanes* nur noch an vier Stellen festgestellt werden:
- Kirchhofsmauer zu Cappeln (Landkreis Cloppenburg, MTB 3114/4) am ältesten, 30 m langen und ca. 150 Jahre alten Teil der Ziegelsteinmauer ca. 220 Exemplare.
- Kirchhofsmauer zu Lindern (Landkreis Cloppenburg, MTB 3112/4) an insgesamt 105 m langer und 135 Jahre alter Ziegelsteinmauer verteilt auf 40 m Länge ca. 200 Exemplare.
- Sandsteinen der Brückenmauer über dem Ringgraben vor der Burgkapelle in Ihorst (Landkreis Vechta, MTB 3314/4) ca. 20 Exemplare.
- Kirchhof von Schwei (Landkreis Wesermarsch, MTB 2515/3) in Mauerfugen von großen und sehr alten Grabeinfassungen ca. 20 Exemplare.

Der Halbschatten liebende Farn wächst in Cappeln und Ihorst nur an der Mauer-Nordseite. In Lindern steht die große Kirche südlich der Mauer, so daß die Mittagssonne nicht auf den Standort einwirken kann.

Die Ostseite der Grabeinfassung und nahestehende Friedhofsgehölze sorgen am Wuchsort des Farns auf dem Friedhof in Schwei für leichte Beschattung.

### 2.1.3 Milzfarn *Ceterach officinarum*

Der wintergrüne Milzfarn hat fiederteilige Blätter, die unterseits dicht mit braunen Spreuschuppen besetzt sind. Bei Sonnendürre dreht der Farn die Fieder nach oben, so daß die Sonnenwirkung von den Schuppen gemildert wird.

Primärstandorte der Art sind sonnenexponierte, trockenwarme Kalkfelsen. Natürliche Vorkommen in Deutschland befinden sich in nennenswerter Zahl am Mittel- und Oberrhein mit seinen Nebenflüssen (s. HAEUPLER und SCHÖNFELDER 1989).

In Niedersachsen gibt es nach GARVE (1994) derzeit noch drei Vorkommen mit zusammen 12 Exemplaren „an Sekundärstandorten in Mauerritzen alter, mit Kalkmörtel gefugter Gebäude-, Kirchhofs- und Gutsmauern".

Im Jahr 1931 entdeckte Hillen nach MEYER (1949) 22 Pflanzen an der Kirchhofsmauer in Lindern (MTB 3112/4). Im Jahr 1948 waren dort noch 13 Pflanzen. Bei den Untersuchungen 1995 bis 1997 fand ich den Bestand auf 3 Ex. zusammengeschrumpft. MEYER vermutete, daß die Art in das Oldenburger Land „vielleicht durch Sporen an Sandsteinstücken vom nächsten Standort bei Andernach eingeschleppt" wurde.

Die drei in Lindern noch vorhandenen Pflanzen sind kräftig und vital. Sie stehen nahe beieinander im oberen Bereich an der Nordseite der etwa 2 m hohen und 135 Jahre alten Ziegelsteinmauer.

2.1.4 Hirschzunge *Phyllitis scolopendrium*

Die Hirschzunge hat kurzgestielte, 20 - 50 cm lange, lederartige, dunkelgrüne und zungenförmige Wedel.

Luftfeuchte und kalkreiche Schlucht- und Hangwälder, Felsspalten und Blockschutthalden sind die ursprünglichen Standorte der Art. In Niedersachsen kommt sie natürlich nur im südlichen Hügel- und Bergland vor.

Als Sekundärstandorte werden im Flachland (Tiefland) u. a. Steinfugen alter Brunnenschächte und feuchtschattige Mauern nach Auskeimung weggeflogener Sporen besiedelt.

BUCHENAU (1919) war für das Oldenburger Land ein Vorkommen „an einer alten Mauer im Schloßgarten zu Oldenburg bekannt". Auch MEYER (1949) fand die Art noch im Schloßgarten von Oldenburg; ferner an einer Mauer in Lindern sowie an der Kirchhofsmauer zu Großenkneten. Um 1890 soll sie auch in hohlen Bäumen im Neuenburger Urwald gestanden haben.

Bei den Untersuchungen 1995 bis 1997 wurde die Hirschzunge nur an einem Ort festgestellt. An der Nordseite einer ca. 120-jährigen und 45 m langen Ziegelsteinmauer am Pfarrgarten bei der Kirche in Blexen (MTB 2417/3) befand sich ein recht klein gebliebenes, in Kümmerform wachsendes Exemplar.

2.1.5 Tüpfelfarn *Polypodium vulgare*

Der Tüpfelfarn hat 10 - 40 cm lange, länglich-lanzettliche, tief fiederteilige und zugespitzte Wedel. Diese sind wintergrün und lederartig; ihr Stiel ist meist kürzer als die Blattspreite.

*Polypodium vulgare* liebt Halbschatten und wächst in lichten Eichen- und Kiefernwäldern, an Wällen, Mauern, Felsen, auf Dünen, bemoosten Baumwurzeln und alten Bäumen.

In Niedersachsen ist der Tüpfelfarn nach HAEUPLER und SCHÖNFELDER (1989) fast durchgehend verbreitet. Schon BUCHENAU (1919) bezeichnete ihn für Bremen und Oldenburg als „häufig". MEYER (1949) fand ihn für Oldenburg und Ostfriesland „ausgenommen Marschboden überall sehr häufig".

Alte Kirchen- und Friedhofsmauern im Oldenburger Land gehören aber nicht zu den bevorzugten Standorten des Tüpfelfarns. 1995 bis 1997 wurde die Pflanze nur an der Kirchhofsmauer in Lindern (MTB 3112/4) festgestellt. An der insgesamt 105 m langen und 135 Jahre alten Ziegelsteinmauer wachsen insgesamt etwa sechzig 10 - 15 cm lange Farnwedel. Die Sonne kann nur in den Morgenstunden auf die Farnpflanzen einwirken, da östlich der Mauer Gebäudekomplexe und im Süden die Lindner Kirche stehen. In Großenkneten (MTB 3015/4) steht der Farn mit ca. 70 Wedeln auf einem alten Wall aus Findlingen, der im Osten die Kirche und den Friedhof umgibt.

*Abb. 7: In Schwei wächst der Braunstielige Streifenfarn am Rande einer großen Grabeinfassung.*

Farnpflanzen an alten Kirchen und Friedhofsmauern im Oldenburger Land — 309

Abb. 8: Der Milzfarn wächst derzeit noch mit 3 Ex. an der Kirchofsmauer in Lindern. 1931 wurden hier 22 Pflanzen entdeckt.

Abb. 9: Tüpfelfarn neben Mauerraute an der 135 Jahre alten Kirchhofsmauer in Lindern.

## 2.1.6 Dornfarn *Dryopteris carthusiana*

Der Dornfarn hat 40 - 80 cm hohe, hellgrüne und steif aufrecht wachsende, doppelt gefiederte Wedel. Die Fiederchen weisen nach vorn gerichtete, stachelspitzige Zähne auf.

Der relativ anspruchslose, bisweilen grün überwinternde Farn wächst vorwiegend in Laub- und Nadelwäldern auf schwach sauren, frischen, humusreichen Böden.

*Dryopteris carthusiana* ist in Niedersachsen fast lückenlos verbreitet. Sogar auf allen Inseln kommt er nach HAEUPLER und SCHÖNFELDER (1989) vor. Schon BUCHENAU (1919) fand ihn „in Gehölzen und Gebüschen, an Gräben und Dämmen häufig". MEYER (1949) beschreibt ihn als „fast überall der häufigste Großfarn". Friedhofs- und Kirchhofsmauern gehören für den Dornfarn zu den nur ausnahmsweise besiedelten Substraten. Die Besiedlung erfolgt offenbar nur, wenn die Fugen der alten Mauern stark porös oder aufgerissen sind, und wenn sich in den Mörtelfugen wenigstens ein geringer Vorrat an Nährstoffen und Humus angesammelt hat.

*Tab. 2: Verbreitung des Dornfarns; Untersuchungen 1995 - 1997.*

| Ort/Kirche | Landkreis/Stadt | MTB/Quadr. | Zahl Dornfarn | Vorkommen an |
|---|---|---|---|---|
| Altenoythe | Cloppenburg | 2913/3 | 1 | Friedhofsmauer |
| Berne | Wesermarsch | 2816/2 | 1 | Friedhofsmauer |
| Blexen | Wesermarsch | 2417/3 | 2 | Mauer am Pfarrgarten |
| Cappeln | Cloppenburg | 3114/4 | 1 | Friedhofsmauer |
| Großenkneten | Oldenburg | 3015/4 | 1 | Friedhofsmauer |
| Lohne | Vechta | 3315/1 | 3 | Friedhofsmauer |

Der Farn steht an diesen Mauern fast nur an der Nordseite. Er wächst meist in Zwergform und erreicht nur eine Wedellänge von durchschnittlich 20 cm.

### 2.2 Farne in Gesellschaft anderer Pflanzen

Die Farnpflanzen stehen nur selten ganz allein an den alten Kirchen und Friedhofsmauern. Meist wachsen sie in der Gesellschaft oder in der Nachbarschaft weiterer epipetrischer oder epilithischer Pflanzen. Besonders verbreitet oder auffallend sind im Oldenburger Land folgende Mauerbesiedler:

#### 2.2.1 Flechten

Flechten, deren Thallus von krustiger oder blättriger Struktur ist, kommen an den meisten der untersuchten alten Mauern in teils geringer, teils hoher Besiedlungsdichte vor.

Neben grauen und fast schwarzen Arten der Gattungen *Lecanora*, *Phaeophyscia* und *Physcia* sind die Gelbflechten der Gattung *Xanthoria* besonders auffallend.

Die Flechtengesellschaft bildet oft dichte, geschlossene Überzüge, wobei die Thalli einiger Arten an manchen Mauern Durchmesser von 15 - 20 cm aufweisen.

## 2.2.2 Gesteinsmoose

Die auf vielen Mauern wachsenden Moose gehören meist der Polsterkissenmoos-Mauerdrehzahnmoos-Gesellschaft (*Grimmia pulvinata-Tortula muralis*-Assoziation) an. Diese oft Sporenkapseln tragenden, gipfelfrüchtigen Laubmoose mit den häufigen Begleitmoosen Silber-Birnmoos *Bryum argenteum*, Purpurstieliges Hornzahnmoos *Ceratodon purpureus* und Glashaariges Goldhaarmoos *Orthotrichum diaphanum* bevorzugen nach KOPERSKI (1993) und WOESNER (1989) gut belichtetes Substrat mit neutraler bis alkalischer Reaktion wie Ziegelmauern mit Mörtelfugen und Mauerkronen. Sie treten in dicht bebauten Siedlungsgebieten besonders zahlreich auf.

*Abb. 10: Ca. 120 Jahre alte Mauer neben der Kirche in Bardenfleth mit vielen Flechten und Moosen auf der Bischofshaube.*

*Abb. 11: Wilder Wein zieht an der Kirche von Wiefelstede (Ammerland) bis in die Turmspitze. Ein Gitter schützt den Stamm vor Beschädigungen.*

# Farnpflanzen an alten Kirchen und Friedhofsmauern im Oldenburger Land

*Abb. 12: Das Zymbelkraut neben Wildem Wein an der ca. 120-jährigen Mauer am Denkmal „Sieben Eichen" neben der Kirche in Oldenburg-Osternburg.*

*Abb. 13: Etwa 120 Jahre alte Mauer am Denkmal „Sieben Eichen" neben der Kirche in Oldenburg-Osternburg mit Wildem Wein, Zymbelkraut, vielen Gelbflechten und zahlreichen Exemplaren der Mauerraute.*

### 2.2.3 Blütenpflanzen

An zahlreichen Mauern haben sich auch Blütenpflanzen angesiedelt. Sind solche an Kirchen, Kapellen und Glockentürmen vorhanden, ist die Zahl der Arten jedoch stets gering. Größere Artenzahlen sind nur an wenigen alten, lange Zeit nicht ausgeputzten oder restaurierten Friedhofs- oder Kirchhofsmauern festzustellen.

So haben von der Wardenburger Friedhofsmauer etwa 35, von den Friedhofsmauern in Altenoythe, Apen, Bardewisch, Berne, Cappeln, Lindern und Lohne jeweils 10 - 20 Blütenpflanzen-Arten Besitz ergriffen. Zu den besonders auffälligen und an mehreren Orten in größerer Zahl oder Dichte auftretenden Arten gehören:

#### Großes Schöllkraut *Chelidonium majus*

Das Große Schöllkraut ist eine stickstoffliebende Halblichtpflanze, die an den Friedhofsmauern in Apen, Cappeln, Ganderkesee, Lohne und Wardenburg, sowie an der Mauer am Pfarrgarten in Blexen wächst.
Die Pflanze gilt wegen ihres orangeroten Milchsaftes als Heilkraut gegen Warzen, Krätze und Sommersprossen.

#### Zymbelkraut *Cymbalaria muralis*

Diese kalkliebende Halblichtpflanze fällt mit ihren violetten, gelbgaumigen Blüten auf. Sie tritt an der Friedhofsmauer in Wiefelstede, an der Mauer neben dem Denkmal „Sieben Eichen" bei der Dreifaltigkeitskirche in Oldenburg und am Mauerwerk von Sarkophagen und Grabeinfassungen auf den Friedhöfen um die Kirchen in Blexen, Burhave und Sengwarden auf.

#### Mauerpfeffer *Sedum acre*

Der trockene und sonnige Standorte bevorzugende Mauerpfeffer wächst in großer Zahl und Dichte auf der Krone der Friedhofsmauer von Holdorf, zerstreut auf der Spitzhaube der Wardenburger Friedhofsmauer und selten auf der Bischofshaube (s. Kap. 4) der Friedhofsmauer in Wiarden.

#### Stengelumfassende Taubnessel *Lamium amplexicaule*

Es ist eine kalk- und stickstoffliebende Halblichtpflanze mit purpurnen Blüten und stengelumfassenden Blättern, die an den Friedhofsmauern in Edewecht und Wardenburg sowie noch 1995 an der Mauer bei der Alexanderkirche in Wildeshausen festgestellt wurde.

#### Wilder Wein *Parthenocissus* spec

Der Wilde Wein ist als Zierpflanze an den Fundorten wahrscheinlich angepflanzt worden. Er überzieht als Kletterpflanze große Teile des Kirchturms und der Kirchen-Südseite in Ganderkesee, der Mauer neben dem Denkmal „Sieben Eichen" bei der Dreifaltigkeitskirche in Oldenburg und der Friedhofsmauer in Emstek.
In Wiefelstede und Sengwarden gibt es alte, bis 15 cm Durchmesser aufweisende Stämme. Dort zieht er an den Kirchen-Westseiten bis in die Kirchenspitze.

#### Efeu *Hedera helix*

Keine andere Blütenpflanze wurde an diesen menschengeprägten Lebensräumen so

Farnpflanzen an alten Kirchen und Friedhofsmauern im Oldenburger Land — 315

häufig angetroffen wie der Efeu. Er ist wahrscheinlich überwiegend angepflanzt worden und überzieht weitgehend die solitär stehenden Glockentürme in Apen, Atens, Bad Zwischenahn, Bardewisch, Eckwarden, Golzwarden, Oldenbrok, Rastede, Sillenstede und Waddewarden. Er bewächst auch große Teile der Kirchengemäuer in Bad Zwischenahn, Eckwarden, Kirchhammelwarden, Oldenbrok, Oldenburg-Osternburg, Warfleth und Wildeshausen, sowie streckenweise die Friedhofs- und Kirchhofsmauern in Apen, Bad Zwischenahn, Cappeln, Großenkneten, Holdorf, Lindern, Lohne, Steinfeld, Wardenburg, Westerstede und Vörden. In Großenmeer werden Kirche und Turm fast ganz von sehr altem, mit bis zu 0,5 m von der Wand abstehendem Efeu bedeckt. Auch in Hohenkirchen bedeckt uralter Efeu die gesamte Westwand der im 12. Jahrhundert erbauten Granitquader-Kirche. Seine an der Wand hochsteigenden Stämme sind hier völlig hinter dem ineinander verwobenen, bis 1,5 m breiten Ast- und Strauchwerk verschwunden.

*Abb. 14: Uralter Efeu an der im 13. Jahrhundert erbauten Kapelle in Bokelesch.*

Der Efeu mit seinen immergrünen, formschönen Blättern gilt als Sinnbild der Treue und Unsterblichkeit. An der Wetterseite schützt er die Mauern vor Schlagregen und Frost. Er kann kräftige Stämme ausbilden und mit bis zu 1000 Jahren ein sehr hohes Alter erreichen. An mehreren der festgestellten Wuchsorte weist der Efeu Stammdurchmesser von 20 - 25 cm auf und ist dort sicher schon viele hundert Jahre alt. Der stärkste Stamm mit 35 cm Durchmesser wurde an der Kapelle Bokelesch festgestellt. Vermutlich haben Johanniter den Efeu an der Westseite der Kapelle vor über einem halben Jahrtausend angepflanzt!

*Abb. 15: Von der Hirschzunge wurde nur ein kümmerlich wachsendes Ex. an der ca. 120 Jahre alten Mauer des Pfarrgartens neben der Kirche in Blexen festgestellt.*

## 3. Gefährdung der Farne

Dornfarn und Tüpfelfarn sind im Oldenburger Land allgemein verbreitet und häufig.
Vier der an alten Kirchen und Mauern festgestellten Farnpflanzen-Arten stehen jedoch auf der „Roten Liste der gefährdeten Farn- und Blütenpflanzen in Niedersachsen und Bremen" (s. GARVE 1993):
- Mauerraute *Asplenium ruta-muraria*
    Gefährdungskategorie 3, „Gefährdet".
- Braunstieliger Streifenfarn *Asplenium trichomanes*
    Gefährdungskategorie 2, „Stark gefährdet".
- Milzfarn *Ceterach officinarum*
    Gefährdungskategorie 1, „Vom Aussterben bedroht".
- Hirschzunge *Phyllitis scolopendrium*
    Gefährdungskategorie 1, „Vom Aussterben bedroht".

Milzfarn und Hirschzunge sind durch die Bundesartenschutzverordnung vom 19. 12. 1986 „besonders geschützt".

Der **Milzfarn** war sicher stets eine selten auftretende Art in Niedersachsen. Es ist zu befürchten, daß sie auch bald aus dem Oldenburger Land wieder verschwinden wird, denn die Zahl der Individuen an der Kirchhofsmauer in Lindern ist von 22 im Jahr 1931 auf nunmehr 3 zurückgegangen. Auch die von MEYER (1949) geäußerte „dringende Bitte, sie dort zu behüten", nachdem er im Jahr 1948 nur noch 13 Ex. vorfand, hat den weiteren Schwund dieser Pflanze nicht verhindern können.

Die **Hirschzunge** ist in den letzten 20 Jahren von Zweidrittel einst bekannter Wuchsorte in Nordwest-Niedersachsen wieder verschwunden (s. HAEUPLER und SCHÖNFELDER 1989). Dort, wo sie heute im Flachland noch vorkommt, tritt sie überall nur in sehr geringer Zahl auf.

Der **Braunstielige Streifenfarn**, aber auch die noch verbreitete **Mauerraute** sind, wie GARVE (1994) betont, „durch fortschreitende Renovierung in ständigem Bestandsrückgang".

## 3.1 Renovierungsarbeiten an alten Mauern

Speziell die Mauerraute, die von allen Farnen von Mauerfugen den stärksten Besitz ergriffen hat, ist auch im Oldenburger Land durch Renovierungsarbeiten an mehreren Standorten beseitigt oder stark an Zahl zurückgedrängt worden. So sind die alten Kirchhofs- oder Friedhofsmauern in Abbehausen, Bardenfleth, Eckwarden, Minsen, Ramsloh, Rastede und Westerstede in den letzten 2 - 4 Jahrzehnten ganz oder teilweise wieder aufgesetzt, gereinigt oder frisch verfugt worden. Hier ist *Asplenium ruta-muraria* jetzt verschwunden wie an der 4 m hohen Mauer bei der Alexanderkirche in Wildeshausen, die gegen Ende 1996 restauriert wurde. Zuvor wurden an dieser Mauer ca. 15 Blütenpflanzen-Arten und 160 Ex. der Mauerraute gezählt. An der gut 800 m langen Mauer um den Gertrudenfriedhof in der Stadt Oldenburg, der längsten Friedhofsmauer im Oldenburger Land, ist die Mauerraute von über 100 Ex. im Jahr 1975 nach anschließender Restaurierung auf 3 Ex. zurückgegangen.

Von den derzeit vorhandenen 38 alten Kirchhofs- oder Friedhofsmauern im Oldenburger Land waren 23 Mauern (= 60 %) von der Mauerraute und z. T. von anderen Farnarten besiedelt. Die Individuenzahl der Mauerraute betrug zusammen etwa 3500 Ex.

Von den vorhandenen 70 alten Kirchen, Kapellen und Glockentürmen waren 26 (= 37 %) von der Mauerraute besiedelt. Die Individuenzahl dieses Farns betrug hier zusammen ca. 950 Ex.

Bei den Kirchen, Kapellen und Glockentürmen, deren Erbauung bei den ältesten auf das 11. und 12. Jahrhundert zurückdatiert wird, achten die Verantwortlichen heute besonders auf ein ordentliches, sauberes und gepflegtes Erscheinungsbild. Die Gemäuer wurden daher bei zahlreichen Bauwerken in den letzten Jahrzehnten und z. T. noch bis in die jüngste Vergangenheit gründlicher Renovierung unterzogen, d. h. mit Sandstrahlgebläse gereinigt, alte Fugen ausgeschabt, Risse beseitigt, neu verfugt, mitunter auch verputzt und gestrichen. Unter solchen Bedingungen haben es Farnpflanzen schwer, sich für längere Zeit und in größerer Zahl an den Mauern zu behaupten.

Hinzu kommt, daß bei Ausbesserungs- und Erneuerungsarbeiten an den Mauern oft Putz- und Mauermörtel mit Zement als vorherrschendem Bindemittel verwendet wird. Dieser Mörtel reagiert mit Feuchtigkeit sauer. Die Neubesiedlung für calciphile Farne wird dadurch erschwert oder sogar auf Dauer verhindert. Der harte Zementmörtel stellt auch ein Problem für die Mauersteine dar, da bei Frost kein Druckausgleich erfolgen kann und die Steine leichter reißen. Besser ist die Verwendung von **Kalkmörtel**.

Ein sehr positives Beispiel gibt hier die Kirchengemeinde in Wardenburg. Ausbesserungs- und Sanierungsarbeiten an der 285 m langen Friedhofsmauer um die Marienkirche werden abschnittsweise durchgeführt. Die alten Ziegelsteine werden wiederverwertet. Dabei wird **Fugenmörtel** mit Sand bis 2 mm Körnung und **Muschelkalk** als Bindemittel verwendet. Dieser Mörtel („**Kalkmörtel**") reagiert auf Feuchtigkeit alkalisch. Das ist wichtig für kalkliebende und bei uns auf Mauerfugen angewiesene Arten wie die Mauerraute. Sie kommt an der Wardenburger Mauer in über 1000 Ex. vor und ist damit häufiger als an jedem anderen untersuchten Standort des Oldenburger Landes.

## 3.2 Beeinträchtigung durch konkurrierende Pflanzen

An zahlreichen Kirchen und Friedhofsmauern wächst der gern angepflanzte immergrüne Efeu *Hedera helix*. Er bildet an den Wänden oft dichte Bezüge und ist an mehreren Standorten schon einige hundert Jahre alt. Dort, wo Farnpflanzen neben Efeu an Mauern und Wänden wachsen, sind sie in großer Gefahr, von der raschwüchsigen Kletterpflanze überwachsen und erdrückt zu werden. Diese Konstellation ergibt sich an mehreren Orten, so z. B. an den Friedhofsmauern in Apen, Cappeln, Lindern und Wiefelstede sowie an der Kirche in Eckwarden und der Dreifaltigkeitskirche in der Stadt Oldenburg.

An der Kirche in Sengwarden und an der Mauer beim Denkmal „Sieben Eichen" neben der Dreifaltigkeitskirche in der Stadt Oldenburg rankt üppig Wilder Wein *Parthenocissus*, so daß die daneben vorkommenden Pflanzen der Mauerraute eingeengt, bedrängt und z. T. überwachsen werden.

Nachteilig für Farnpflanzen wirken sich auch die auf vielen Friedhöfen zu beobachtenden Anpflanzungen von Nadelgehölzen (Kiefern, Fichten, Lebensbaumhecken) oder Rhododendren und anderer Ziersträucher im Nahbereich von Kirchhofs- und Friedhofsmauern aus. Die Gehölze beschatten mit ihrem hohen, dichten Wuchs die Mauern und verdrängen damit lichtliebende Arten wie die Mauerraute oder sie verhindern deren Ansiedlung.

Durch benadelte Zweige und trockene Äste, die an die Mauern heranreichen, werden die Farnpflanzen mechanisch geschädigt. So sind Partien von Braunstieligem Streifenfarn und Mauerraute in Cappeln und Lindern durch mechanische Schädigung schon völlig abgestorben. An vielen anderen Friedhofsmauern oder Mauerwänden sind Farnpflanzen unter dem Einfluß der Gehölze ganz verschwunden.

## 3.3 Beseitigung alter Mauern

An einigen Orten sind alte Kirchhofs- oder Friedhofsmauern ganz oder teilweise beseitigt worden. So ist vor einigen Jahrzehnten in Cappeln der größte Teil der ca. 150-jährigen Kirchhofsmauer durch eine neue und niedrigere Ziegelsteinmauer ersetzt worden. Der Abriß des letzten 30 m langen alten Teilstücks mit reichem Vorkommen von Mauerraute und Braunstieligem Streifenfarn konnte im letzten Moment verhindert werden. Am neuen Teil der Mauer hat sich bisher aber noch keine Farnpflanze wieder angesiedelt.

Am Friedhof in Steinfeld ist vor 3 - 4 Jahren eine über 100jährige Mauer mit Vorkommen der Mauerraute ersatzlos abgerissen worden. An der Kirche in Vörden sind Teilstrecken der Bruchsandsteinmauer im Winter 1996 abgerissen und durch eine Buchenhecke ersetzt worden.

In Lohne sind gegenwärtig ca. 200 m der insgesamt ca. 600 m langen Friedhofsmauer wegen geplanter angrenzender Straßenverbreiterung vom Abriß bedroht. Im Oldenburger Münsterland (Landkreise Cloppenburg und Vechta) dürften beim Abbruch vieler alter Kirchen im 19. bis Anfang des 20. Jahrhunderts und beim folgenden Bau neuer Kirchen mit z. T. gewaltigem Ausmaß zahlreiche alte Kirchhofsmauern verschwunden sein.

Farnpflanzen an alten Kirchen und Friedhofsmauern im Oldenburger Land — 319

Abb. 16: Die ca. 120 Jahre alte Friedhofsmauer in Lohne mit reichem Vorkommen der Mauerraute ist in Gefahr, wegen geplanter Straßenverbreiterung abgerissen zu werden.

### 3.4 Einwirkung von Gas- und Staubemissionen

Viele der alten Kirchen und Friedhofsmauern stehen direkt an oder im Nahbereich von stark befahrenen Straßen. Von den vorbeifahrenden Fahrzeugen verursachte Ruß- und Staubemissionen und Abgase (Kohlenmonoxid, Stickoxide, Kohlenwasserstoffe, Schwefeldioxid), die sich auf die angrenzende Vegetation legen, dürften zumindest eine physiologische Beeinträchtigung für die Farnpflanzen bedeuten.

## 4. Schutz der alten Kirchhofs- und Friedhofsmauern

Durch die Untersuchungen konnte gezeigt werden, daß die alten Friedhofs- und Kirchhofsmauern als Besiedlungssubstrat für die Mauerraute sowie alle weiteren festgestellten Farnarten ganz besondere Bedeutung haben. Das genaue Alter der meist aus Ziegelstein (selten auch aus Findlingen, Backstein, Sandstein, Raseneisenstein oder Klinker) gebauten Mauern ist nur gelegentlich nach Inschrift oder Urkunde bekannt und wurde deshalb nach Bautechnik und Form der Steine (s. auch NEUMANN 1959, STRUCK 1996), Aussehen der Haube und Verwitterungsgrad geschätzt (s. Tabelle 2).

Tab. 3: Friedhofs- und Kirchhofsmauern im Oldenburger Land

| Nr. | Ort | Landkreis | MTB/ Quadrant | Baumaterial | Steinmaße (cm) | Alter (Jahre) Baujahr (B) | Länge (m) | Höhe Ø (m) | Haube | Farne Häufigkeit | Farne Artenzahl |
|---|---|---|---|---|---|---|---|---|---|---|---|
| 1 | Abbehausen | WES | 2516/2 | Ziegelstein | n. g. | 120 | 35 | 1,0 | B | - | - |
| 2 | Altenoythe | CLP | 2913/3 | Ziegelstein | 25x12x5,5 | 180 | 100 | 1,2 | B | s | 1 |
| 3 | Apen | AMM | 2712/4 | Ziegelstein | 26,5x12,5x5,5 | 180 | 110/150 | 1,0 | B + S | v | 1 |
| 4 | Bad Zw'ahn | AMM | 2814/1 | Ziegelstein | 27,5x12,5x5 | 180 | 12/115 | 1,0 | B | z | 1 |
| 5 | Bardenfleth | WES | 2716/3 | Ziegelstein | 23x11,5x5,5 | 120 | 100 | 1,0 | B | - | - |
| 6 | Bardewisch | WES | 2817/3 | Backstein | 28x13x8,5 | 400 | 85 | 1,0 | B | s | 1 |
| 7 | Barßel | CLP | 2812/1 | Klinker | 21,5x10,5x5 | 50 | 180 | 1,0 | F | s | 1 |
| 8 | Berne | WES | 2816/2 | Backstein | 28,5x13x9 | 400 | 255 | 1,0 | B | v | 1 |
| 9 | Blexen | WES | 2417/3 | Ziegelstein | n. g. | 120 | 45 | 1,5 | B | s | 2 |
| 10 | Cappeln | CLP | 3114/4 | Ziegelstein | 24,5x12x5,5 | 150 | 30/100 | 1,0 | RZ | v | 3 |
| 11 | Eckwarden | WES | 2415/4 | Ziegelstein | n. g. | 120 | 80 | 1,0 | B | - | - |
| 12 | Edewecht | AMM | 2813/4 | Ziegelstein | 26x12,5x5,5 | 180 | 55/135 | 0,9 | B | v | 1 |
| 13 | Emstek | CLP | 3114/4 | Ziegelstein | 23,5x11,5x5,5 | 100 | 25/150 | 1,75 | B | - | - |
| 14 | Ganderkesee | OL | 2917/3 | Findlinge | - | 250 | 290 | 1,0 | - | - | - |
| 15 | Großenkneten | OL | 3015/4 | Ziegelstein | 25x12x6,25 | 80 | 190 | 1,3 | F | z | 1 |
| 16 | Harpstedt | OL | 3017/4 | Findlinge | - | 200 | 280 | 1,2 | F | v | 1 |
| 17 | Holdorf | VEC | 3414/2 | Ziegelstein | 23x11x6 | 120 | 160 | 1,7 | F | v | 1 |
| 18 | Hude | OL | 2816/4 | Klinker | 22,5x10,5x5,25 | 80 | 25/300 | 0,4 | F | z | 1 |
| 19 | Lindern | CLP | 3112/4 | Ziegelstein | 25x12x5,5 | B: 1863 (u) | 105 | 1,5 | B | v | 4 |
| 20 | Lohne | VEC | 3315/1 | Ziegelstein | 22x11x5,5 | 120 | 600 | 1,6 | S | v | 2 |
| 21 | Löningen | CLP | 3212/4 | Raseneisenstein | - | 400 | 51 | 1,2 | S | - | - |
| 22 | Minsen | FRI | 2213/4 | Ziegelstein | 25,5x11,5x5 | 150 | 145 | 1,0 | S | - | - |
| 23 | Neuenbrok | WES | 2716/1 | Ziegelstein | 23,5x11,5x5,25 | B: 1871 (i) | 55 | 1,3 | F | - | - |
| 24 | OL-7-Eichen | OL-ST | 2815/3 | Ziegelstein | 23,5x11,5x5,5 | 120 | 54 | 2,0 | S | z | 1 |
| 25 | OL-Gertruden | OL-ST | 2815/1 | Ziegelstein | 23,5x11,5x5,5 | 130 | 800 | 1,8 | S | s | 1 |
| 26 | OL-Ostemburg | OL-ST | 2815/3 | Klinker | 22x10x5 | B: 1917 (u) | 225 | 1,7 | S | s | 1 |
| 27 | Ramsloh | CLP | 2812/3 | Ziegelstein | 25x12x5 | 180 | 100/210 | 0,9 | B | - | - |
| 28 | Rastede | AMM | 2715/3 | Ziegelstein | 23x11,5,5 | 150 | 135 | 1,0 | S | - | - |
| 29 | Sengwarden | WHV | 2414/1 | Ziegelstein | 27,5x13,5x6 | B: 1751 (i) | 38/85 | 1,0 | B | - | - |
| 30 | Steinfeld | VEC | 3415/1 | Ziegelstein | n. g. | 150 | 18 | 1,4 | B | - | - |
| 31 | Varel | FRI | 2614/2 | Ziegelstein | 23x11x5,25 | 120 | n. g. | 1,7 | S | z | 1 |
| 32 | Vörden | VEC | 3514/2 | Sandstein | - | 200 | 45/85 | 1,8 | - | - | - |
| 33 | Waddewarden | FRI | 2313/4 | Klinker | 21x10x5 | 50 | n. g. | 1,3 | F | s | 1 |
| 34 | Wardenburg | OL | 2915/1 | Ziegelstein | 26x16x6 | B: 1808 (i) | 285 | 1,3 | B + S | v | 2 |
| 35 | Westerstede | AMM | 2713/2 | Ziegelstein | 26x12x5 | 180 | 170 | 1,0 | B | - | - |
| 36 | Wiarden | FRI | 2313/2 | Ziegelstein | 24x11x5,5 | 150 | 150 | 1,2 | B | v | 1 |
| 37 | Wiefelstede | AMM | 2714/2 | Ziegelstein | 23x11x5,5 | 120 | 80 | 1,2 | F | v | 1 |
| 38 | Wildeshausen | OL | 3016/4 | Findlinge/ Backstein | 28,5x12,5x8,5 | 400 | 80 | 4,0 | F | - | - |

Erläuterungen zur Tabelle: **Landkreis**: AMM = Ammerland, CLP = Cloppenburg, FRI = Friesland, OL = Oldenburg, VEC = Vechta, WES = Wesermarsch, OL-ST = Stadt Oldenburg, WHV = Wilhelmshaven. **Steinmaße** nach Länge x Breite x Höhe in Zentimeter, n. g. = nicht gemessen. **Baujahr** (u) = urkundlich, (i) = inschriftlich. **Länge**: z. B bei 12/115 beziehen sich 12 m von insgesamt 115 m Mauerlänge auf die angegebenen Steinmaße und Alter. **Haube**: B = Bischofshaube, S = Spitzhaube, F = Flachhaube, RZ = Rundziegel. **Farne**: Zu Häufigkeit: s = unter 10 Ex., z = 10 - 100 Ex., v = > 100 Ex.

# Farnpflanzen an alten Kirchen und Friedhofsmauern im Oldenburger Land

Sehr alte Mauern mit mittelalterlichem Backstein stehen um die Friedhöfe in Berne und Bardewisch. In Wildeshausen sind im unteren Drittel der bis 4 m hohen Mauer Findlinge verarbeitet worden. Es folgen Backsteine im Klosterformat, während eine Erhöhung der Mauer in diesem Jahrhundert schließlich mit Ziegelsteinen vorgenommen wurde. Reine, bis 70 cm breite Findlingsmauern, die auch ein sehr hohes Alter aufweisen, wurden in Ganderkesee und Harpstedt errichtet. Eine Besonderheit ist auch die dreiviertelmeter breite Mauer neben der Kirche in Löningen, die aus Raseneisenstein des Hasetales gebaut wurde. In Vörden stehen noch Reste der 60 cm breiten Kirchhofsmauer aus Bruchsandstein. Die ältesten Friedhofsmauern mit Ziegelsteinen befinden sich in Sengwarden, Wardenburg, Altenoythe, Apen, Bad Zwischenahn, Edewecht, Ramsloh und Westerstede.

*Abb. 17: Die bis 4 m hohe Mauer an der Alexanderkirche in Wildeshausen. 1995 wuchsen hier noch ca. 15 Blütenpflanzen-Arten und 160 Ex. der Mauerraute. Ende 1996 wurde die Mauer an der Alexanderkirche in Wildeshausen restauriert. Alle Blütenpflanzen und Farne sind seither verschwunden.*

Bauwerklich und botanisch interessant sind auch die sogenannten Bischofsmützen oder Bischofshauben, die meist als Abschluß auf die Spitzen oder Kronen der Mauern gesetzt wurden. Sie treten in sehr unterschiedlichen Maßen und Formen auf, was auf die technischen Möglichkeiten der Ziegeleien, die Eigenschaften des Ziegelmaterials und die speziellen Wünsche der Kirchenverwaltungen als Auftraggeber und Bauherren zurückzuführen sein dürfte.

Die alten Mauern um Fried- und Kirchhöfe sollten möglichst durchgehend unter Denkmalschutz gestellt werden. Mit dem z. T. sehr hohen Alter, der oft eindrucksvollen Länge, den unterschiedlichen Bautechniken und Steinformaten, erinnern sie an den Kirchhofsmauerbau vergangener Jahrhunderte. Zahlreichen Flechten, Moosen und Blütenpflanzen sowie seltenen und in ihrem Vorkommen bei uns auf derartige Mauern spezialisierten Farnpflanzen bieten sie eine sehr bedeutende Besiedlungsfläche.

## 5. Literatur

BUCHENAU, F. (1919): Flora von Bremen und Oldenburg. Leipzig.
DEHIO, G. (1928): Handbuch der Deutschen Kunstdenkmäler. Band 5. Nordwestdeutschland. Berlin.
ELLENBERG, H. (1974): Zeigerwerte der Gefäßpflanzen Mitteleuropas. Scripta Geobotanica Bd. 9. Göttingen.
GARVE, E. (1993): Rote Liste der gefährdeten Farn- und Blütenpflanzen in Niedersachsen und Bremen. Informationsdienst Naturschutz Niedersachsen 1/93.
GARVE, E. (1994): Atlas der gefährdeten Farn- und Blütenpflanzen in Niedersachsen und Bremen. Naturschutz Landschaftspfl. Nieders. Heft 30/1-2: 1 - 895.
HAEUPLER, H. und P. SCHÖNFELDER (1989): Atlas der Farn- und Blütenpflanzen der Bundesrepublik Deutschland. Stuttgart.
KOPERSKI, M. (1993): Florenliste der Moose in Niedersachsen und Bremen. Informationsdienst Naturschutz Niedersachsen 3/93.
MEYER, W. (1949): Pflanzenbestimmungsbuch für die Landschaften Oldenburg und Ostfriesland sowie ihre Inseln. Oldenburg.
MÜLLER, G. (1983): Die alten Kirchen und Glockentürme des Oldenburger Landes. Kayser-Verlag. Oldenburg.
NEUMANN, E. G. (1959): Die Backsteintechnik in Niedersachsen während des Mittelalters. Lüneburger Blätter Heft 10: 21 - 44.
RUNGE, W. (1983): Kirchen im Oldenburger Land. Band 1. Kirchenkreise Butjadingen, Brake, Elsfleth. Holzberg-Verlag Oldenburg.
RUNGE, W. (1985): Kirchen im Oldenburger Land. Band 1. Kirchenkreis Ammerland. Holzberg-Verlag Oldenburg.
RUNGE, W. (1988): Kirchen im Oldenburger Land. Band 1. Kirchenkreise Oldenburg 1 und 2. Holzberg-Verlag Oldenburg.
STRUCK, M: (1996): In bunten Farben schillert der Backstein. Der Oldenb. Hauskalender 170 Jg.: 59 - 64.
TAUX, K. (1997): Die alte Kirchhofsmauer in Wardenburg und ihre Bedeutung für Geschichte und Botanik. Der Oldenburgische Hauskalender 171. Jg.: 68 - 69.
WOESNER, E. (1989): Die Verbreitung epilithischer Moose im inneren Stadtgebiet von Oldenburg. Drosera '89 (1/2): 91 - 94.

Fritz Runge

# Sukzessionsstudien an einigen Pflanzengesellschaften Wangerooges IV

Angeregt durch das wissenschaftliche, dennoch allgemein verständlich geschriebene, inzwischen vergriffene Buch „Wangeroog" von HARTUNG (1951) wurden seit 1964 auf der Insel Wangerooge die Änderungen der Flora in mehreren fest umgrenzten Flächen im Abstand von je zwei Jahren untersucht. Die Ergebnisse der bis 1988 bzw. 1990 durchgeführten Ermittlungen fanden bei RUNGE (1978, 1983, 1987, 1989, 1991) ihren Niederschlag. Diese Veröffentlichungen enthalten auch genauere Angaben über die Lage der Beobachtungsflächen und die Einrichtung von Dauerquadraten.
In den vergangenen Jahren mußten bis auf vier alle Untersuchungsobjekte aufgegeben werden, teils weil die Dauerquadrate durch Sturmfluten oder durch Menschen zerstört wurden, teils weil die Vegetationsentwicklung einen gewissen Endzustand erreicht hatte. Dagegen konnten die Beobachtungen und pflanzensoziologischen Aufnahmen der vier verbleibenden Flächen fortgesetzt werden. Sie erfolgen jeweils im Herbst zwischen dem 23. und dem 28. September.
In den nachfolgenden Tabellen bedeuten die Ziffern die prozentuale Bedeckung der betreffenden Art. In den Zusammenstellungen sind einige soziologische Aufnahmen früherer Jahre wiederholt.

### Sandseggen-Heide, Carici arenariae-Callunetum

Im Jahr 1973 wurde 30 m westlich des Friedhofs ein 4 m² großes Dauerquadrat in einer Zwergstrauchheide eingerichtet. Über die Sukzession der Vegetation während der Jahre 1978 bis 1990 wurde bereits bei RUNGE (1991) berichtet. Die Ergebnisse der früheren und der nachfolgenden Untersuchungen sind in Tab. 1 wiedergegeben. Aus ihr geht hervor, daß die Änderungen bezüglich der höheren Pflanzen seit 1978 verhältnismäßig gering waren. Die Abnahme der atlantischen Besenheide (*Calluna vulgaris*) von 1990 bis 1992 dürfte auf die Einwirkung der sibirischen Kälte bei fehlender, schützender Schneedecke im Winter 1990/91 zurückzuführen sein. In den folgenden Jahren erholte sich der Zwergstrauch wieder. Die Flechten (*Cladonia chlorophaea*, *Cladina arbuscula* und *Cl. portenstosa*) verschwanden vielleicht als Folge von

---

Anschrift des Verfassers: Dr. Fritz Runge, Diesterwegstraße 63, D-48159 Münster-Kinderhaus

Luftverschmutzungen. Auffallend ist der starke Rückgang des Rotstengelmooses (*Pleurozium schreberi*) und die entsprechende Vermehrung des Heide-Schlafmooses (*Hypnum jutlandicum*). Wie schon bei RUNGE (1991) erwähnt, stellt die Sandseggen-Heide auf Wangerooge, wohl sicher auch auf den anderen Ostfriesischen Inseln, das Endstadium der Vegetationsentwicklung bei der Alterung der tertiären Dünen dar.

Tab. 1: Sandseggen-Heide, Carici arenariae-Callunetum

| Jahr | 1978 | 1990 | 1992 | 1994 | 1996 |
|---|---|---|---|---|---|
| *Calluna vulgaris* | 70 | 80 | 60 | 70 | 80 |
| *Carex arenaria* | 10 | 20 | 10 | 10 | 5 |
| *Pleurozium schreberi* | 60 | 90 | 90 | 60 | 10 |
| *Hypnum jutlandicum* | 5 | 1 | 1 | | |
| *Dicranum scoparium* | 10 | 1 | 1 | | |
| *Cladina arbuscula* | 1 | | | | |
| *Cladina portentosa* | 1 | | | | |
| *Cladonia chlorophaea* | <1 | | | | |
| *Luzula campestris* agg. | <1 | <1 | | | |
| *Rumex acetosella* | | <1 | | | |
| *Marasmius androsaceus* | | <1 | | | <1 |

Spitzquecken-Rasen, Minuartio-Agropyretum acuti

Seit 1978 befand sich ein 4 m² großes Dauerquadrat in einem kniehohen Spitzquecken-Bestand auf einer Bodenwelle 1 km westlich des Bahnhofs Wangerooge. Da es nur etwa 50 cm über dem MHW (Mittelhochwasser)-Spiegel lag, tauchte es bei allen Sturmfluten unter.

Wie Tab. 2 ausweist, schwankte der Anteil der einzelnen Arten von Jahr zu Jahr. Von 1978 bis 1990, genauer von 1976 bis 1990, nahm die Bedeckung der Spitzquecke (*Agropyron acutum*) ab, später wieder zu. Umgekehrt vermehrte sich der Rotschwingel (*Festuca rubra*) von 1990 (genauer 1986) bis 1992 sehr stark. Später wurde er sicherlich von der Quecke verdrängt. Dieser Wechsel dürfte auf die Bodenaufhöhung bzw. ausbleibende Sand-Abtragung zurückzuführen sein. Wie Ausmessungen an den vier aus dem Boden ragenden, das Dauerquadrat begrenzenden Eckstäben ergaben, wurde der Boden etwa 1986 um 2 - 4 cm wohl durch Sturmfluten abgetragen, in den anderen Jahren um 2 - 5 cm aufgehöht.

Tab. 2: Spitzquecken-Rasen, Minuartio-Agropyretum acuti

| Jahr | 1978 | 1990 | 1992 | 1994 | 1996 |
|---|---|---|---|---|---|
| Agropyron acutum | 95 | 70 | 65 | 95 | 95 |
| Eurhynchium praelongum | 30 | 30 | 20 | 30 | 30 |
| andere Moose | 5 | | | | |
| Armeria maritima | 5 | | | | |
| Festuca rubra | 2 | 20 | 30 | | |
| Agrostis stolonifera | 5 | | | <1 | |
| Poa pratensis var. humilis | 1 | | | <1 | |
| Limonium vulgare | <1 | | | | <1 |
| Suaeda maritima | | 1 | | | |
| Atriplex hastata | | 5 | <1 | <1 | |
| Halimione portulacoides | | | <1 | <1 | <1 |

### Salden-Gesellschaft, Ruppietum maritimae

1974 wucherte in einem kreisrunden, etwa 11 m Durchmesser betragenden, auf dem Außengroden 1 km westnordwestlich des Dorfes gelegenen Bombentrichter ein üppiges Vorkommen der Salde (*Ruppia maritima*). Wie Tab. 3 ausweist, nahm der Bestand von 1975 (genauer 1978) bis 1986 ab, vermehrte sich dann vorübergehend um 20 %, um dann bis zum Verschwinden zurückzugehen. 1996 war der Tümpel weitgehend ausgetrocknet. An seinem Rande hatten sich auf einer Schlickdecke vereinzelte Exemplare des Quellers (*Salicornia europaea*) und der Strandsode (*Suaeda maritima*) angesiedelt. Der Tang „Meersalat" (*Ulva lactuca*) war eingeschwemmt. Auch in anderen Kleingewässern Wangerooges wurde 1996 keine Salde mehr gefunden. Die verhältnismäßig seltene Pflanze scheint auf der Insel ausgestorben zu sein.

Tab. 3: Saldengesellschaft, Ruppietum maritimae

| Jahr | 1974 | 1986 | 1988 | 1990 | 1992 | 1994 | 1996 |
|---|---|---|---|---|---|---|---|
| Ruppia maritima | 100 | 40 | 40 | 60 | 5 | <1 | |
| Ulva lactuca | | | | <1 | | | |
| grüne Algen | | | | | | | <1 |
| Suaeda maritima | | | | | | | <1 |
| Salicornia europaea | | | | | | | <1 |

## Die Vegetationsentwicklung in einem neu geschaffenen Tümpel

Im Zuge eines Deichbaues entstand etwa 1977 in den verheideten Dünen 1,5 km westlich des Dorfes und etwa 300 m südöstlich des Cafés „Saline" ein etwa 90 m² großer und ca. 50 cm tiefer Tümpel. Die Entwicklung der Vegetation im und am Wasser stand seit 1978 unter Beobachtung. Über die Sukzession der Pflanzen in den Jahren 1978 bis 1988 berichtet RUNGE (1989).

Im ersten Beobachtungsjahr tauchte nur das Weiße Straußgras (*Agrostis stolonifera*) auf. In den folgenden Jahren erschienen immer mehr Arten, und schon 1988 war der Tümpel fast vollkommen zugewachsen (Tab. 4). Die Besiedlung des Kleingewässers mit Sumpf- und Wasserpflanzen war also bereits nach 11 Jahren weitgehend abgeschlossen.

Tab. 4: Die Entfaltung der Pflanzenwelt in einem neu angelegten Kleingewässer

| Jahr | 1978 | 1988 | 1990 | 1992 | 1994 | 1996 |
|---|---|---|---|---|---|---|
| *Agrostis stolonifera* | <1 | <1 | 5 | 5 | 5 | 10 |
| *Juncus conglomeratus* |  | <1 | <1 | <1 |  |  |
| *Lemna minor* |  | <1 | <1 | <1 | <1 |  |
| *Juncus articulatus* |  | 1 | <1 | 40 | 30 | 30 |
| *Eleocharis palustris* |  | 5 | 5 | <1 | <1 | <1 |
| *Potamogeton natans* |  | 60 | 10 | 5 | 10 | 10 |
| grüne Algen |  | 5 | 10 | 5 | <1 | 10 |
| *Eleocharis uniglumis* |  | 20 | 20 | 1 | 5 | 20 |
| *Ranunculus flammula* |  | <1 | <1 | <1 | <1 | 1 |
| *Hydrocotyle vulgaris* |  | 3 | 10 | 10 | 10 | 20 |
| Wassermoose |  | 40 |  |  | <1 | <1 |
| *Epilobium palustre* |  |  | <1 |  |  | <1 |
| *Salix cinerea* |  |  | <1 | <1 | <1 | 1 |
| *Ranunculus aquatilis* |  |  |  | <1 |  |  |
| *Ranunculus baudotii* |  |  |  | 1 |  |  |
| *Ranunculus sceleratus* |  |  |  | <1 |  |  |
| *Callitriche palustris* |  |  |  | <1 |  |  |
| *Schoenoplectus tabernaemontani* |  |  | <1 |  |  |  |
| *Juncus bufonius* |  |  |  | 1 |  | 1 |
| *Gnaphalium uliginosum* |  |  |  | <1 |  | <1 |
| *Myosotis palustris* |  |  |  | 1 | <1 | <1 |
| *Bolboschoenus maritimus* |  |  | 1 | 5 | 1 |  |
| *Juncus effusus* |  |  |  |  |  | <1 |
| *Salix repens* Keimlinge |  |  |  |  |  | <1 |
| Pilze |  |  |  |  |  | <1 |

## Literatur

HARTUNG, W. (1951): Wangeroog, wie es wurde, war und ist. Oldenburg (Oldb.).

RUNGE, F. (1978): Sukzessionsstudien an einigen Pflanzengesellschaften Wangerooges. Oldenb. Jb. 75/76 (1975/76): 203 - 213.

RUNGE, F. (1983): Sukzessionsstudien an einigen Pflanzengesellschaften Wangerooges II. Oldenb. Jb. 83: 377 - 383.

RUNGE, F. (1987): Dauerquadratbeobachtungen an Küsten-Assoziationen. Tuexenia 7: 185 - 171, Göttingen.

RUNGE, F. (1989): Die Besiedlung eines auf Wangerooge neu geschaffenen Tümpels mit Sumpf- und Wasserpflanzen. Floristische Rundbriefe 23/1: 13 - 14. Bochum.

RUNGE, F. (1991): Sukzessionsstudien an einigen Pflanzengesellschaften Wangerooges III. Oldenb. Jb. 91: 247 - 255.

Carsten Ritzau

# Untersuchungen zur Pflanzenwespenfauna der Ostfriesischen Inseln (Hymenoptera: Symphyta)

*Abb. 1 u. 2: Die Pflanzenwespe* Dolerus madidus *(KLUG) (links) und ihre Larve (rechts).*
Foto: Haeseler, Ritzau

Durch die zunehmende Verinselung der Kulturlandschaft und den weltweit prognostizierten Artenrückgang erlangten die von Robert H. MAC ARTHUR und Edward O. WILSON begründete Inselbiogeographie und ihre Erkenntnisse in den letzten Jahren erneut zunehmendes Interesse. Besonders die in dem Modell von MAC ARTHUR & WILSON (1967) steckenden Raumbezüge wurden als für Planung und Naturschutz von zentraler Bedeutung erkannt. Allerdings bestehen noch immer sehr begrenzte Aussagemöglichkeiten vor allem im Hinblick auf Minimalareale, Minimalabstände und die strukturelle Minimalausstattung von Räumen. Dies ist im

---

Anschrift des Verfassers: Dr. Carsten Ritzau, Staatliches Museum für Naturkunde und Vorgeschichte, Damm 40-44, D-26135 Oldenburg.

wesentlichen darauf zurückzuführen, daß die meisten inselbiogeographischen Untersuchungen auf sehr stark isolierten Inseln und Archipelen durchgeführt wurden und zumeist auf der Analyse der Vögel basieren.
Insbesondere im Hinblick auf die Übertragbarkeit inselbiogeographischer Erkenntnisse auf Habitatinseln des Festlandes einerseits und unterschiedliche Tiergruppen andererseits können daher Untersuchungen auf küstennahen Inseln neue Erkenntnisse liefern. Daher stellt die faunistisch-ökologische Bearbeitung der in 3 bis 13 km parallel zur Festlandsküste gelegenen, also vergleichsweise gering isolierten Ostfriesischen Inseln bereits seit über 20 Jahren einen Forschungsschwerpunkt der Arbeitsgruppe Terrestrische Ökologie an der Universität Oldenburg dar. Inwieweit u. a. Stechimmen, Heuschrecken, Wanzen, Zikaden und Spinnen bis heute zur Besiedlung der Inseln in der Lage waren, wurde bereits untersucht (vgl. HAESELER 1985a, 1988, 1990, 1992, BRÖRING et al. 1989, BRÖRING 1991, NIEDRINGHAUS 1991, SCHULTZ 1995). Mit der Bearbeitung der Pflanzenwespenfauna (RITZAU 1995) konnte ein weiterer Beitrag vorgelegt werden.
Die Pflanzenwespen (vgl. Abb. 1) sind auf der Erde mit ca. 10000 rezenten Arten vertreten. Am artenreichsten ist die temperierte Zone der Nordhemisphäre. Für Europa ist von etwa 1300 Arten auszugehen, wobei die Artenzahl generell von Norden nach Süden abnimmt. Für diesen Trend, der allerdings durch die Alpen unterbrochen wird, ist vor allem die große Unterfamilie der Nematinae verantwortlich, deren Arten vorwiegend nordisch bzw. arktisch-alpin verbreitet sind (LISTON 1995).
Innerhalb des Systems der Hautflügler werden die Pflanzenwespen an der Basis angesiedelt. Diese Ursprünglichkeit kommt morphologisch vor allem dadurch zum Ausdruck, daß die Pflanzenwespen keine „Wespentaille" haben, sondern Thorax und Abdomen in breiter Front miteinander verwachsen sind. Ökologisch äußert sich die Ursprünglichkeit vor allem dadurch, daß die Larven phytophag sind, d. h. sich ausschließlich von Pflanzen ernähren. Während nur vergleichsweise wenige Arten ihre Larvalentwicklung im Inneren von Pflanzen vollziehen (Minierer, Gallenbildner), leben die Larven der meisten Arten als Blattfresser auf ihren Nahrungspflanzen. Polyphage, d. h. an Pflanzen unterschiedlicher Familien lebende Symphyten, sind weniger häufig. Dagegen bestehen bei vielen Arten enge Bindungen an bestimmte Futterpflanzen.
Die Kenntnisse über das Vorkommen von Pflanzenwespen sind für weite Bereiche des Norddeutschen Tieflandes relativ gut. Dies traf bislang für die Ostfriesischen Inseln nicht zu.

## Untersuchungsgebiet

Die Ostfriesischen Inseln (Abb. 3) sind Bestandteil eines Barrieresystems, das sich von Den Helder in den Niederlanden bis zum dänischen Blåvandshuk erstreckt. Die Inseln hatten, zumindest seit ihrer Entstehung, keine Festlandsverbindung. Ihre Genese vollzog sich auf einem pleistozänen Relief („Geest-Basis"). Durch angetriebenen Schwemmsand entstanden zunächst Sandplaten, die durch weitere Sandzufuhr über die mittlere Tidehochwasserlinie hinauswuchsen. Die dann folgende Besiedlung durch Pflanzen führte zu einer weiteren Festlegung von Sedimenten und da-

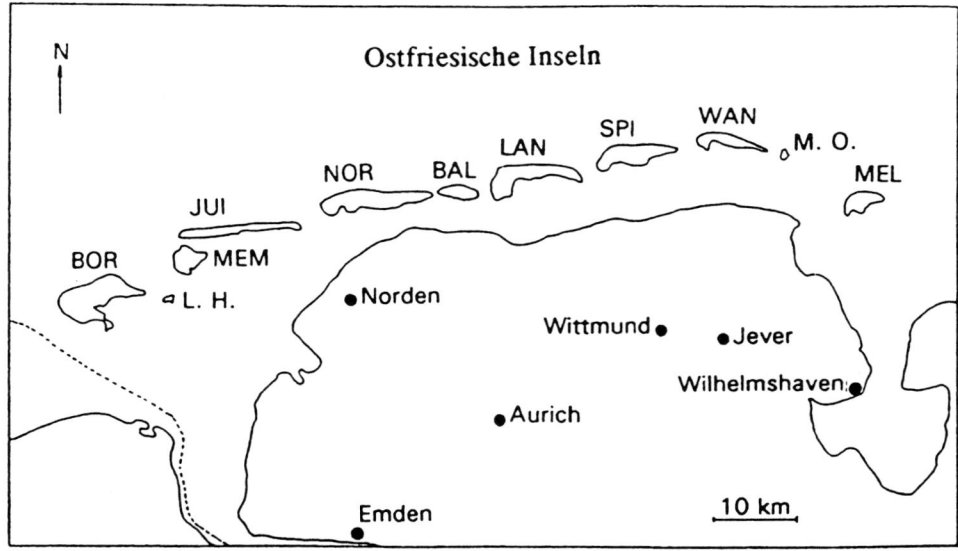

*Abb. 3: Die Ostfriesischen Inseln (BOR = Borkum, L.H. = Lütje Hörn, MEM = Memmert, JUI = Juist, NOR = Norderney, BAL = Baltrum, LAN = Langeoog, SPI = Spiekeroog, WAN = Wangerooge, M.O. = Minsener Oldeoog, MEL = Mellum).*

mit zu einer fortlaufenden Erhöhung der Dünen. Diese Prozesse setzten vermutlich vor etwa 2700 Jahren ein und führten zur Entstehung unterschiedlich großer Inselkörper, die seitdem z. T. starken Veränderungen unterworfen waren. Die der Entstehung der „alten" Ostfriesischen Inseln zugrundeliegenden Sedimentations- und Dünenbildungsprozesse sind bis in die Gegenwart festzustellen. So entstanden die Inseln Memmert und Mellum erst vor ca. 110 Jahren.

Seit 1985 ist der größte Teil der Ostfriesischen Inseln Bestandteil des Nationalparks „Niedersächsisches Wattenmeer". Ein wesentlicher Schutzzweck besteht gemäß der Nationalparkverordnung darin, daß „... die natürlichen Abläufe in diesen Lebensräumen mit ihren artenreichen Pflanzen- und Tierbeständen" fortbestehen sollen (NMELF 1985).

## Material und Methoden

Die Freilandarbeiten erfolgten während der Vegetationsperioden der Jahre 1984 bis 1986 im Rahmen einer Diplomarbeit, wobei der Schwerpunkt auf der Bearbeitung der Inseln Norderney, Memmert und Mellum lag. In den folgenden Jahren wurde die Erfassung für das Promotionsvorhaben auf die übrigen Inseln ausgedehnt und konnte 1992 beendet werden.

Die Erfassung der Symphyten erfolgte vor allem im Rahmen von Tagesfahrten mit mindestens sechsstündigen Inselaufenthalten an Tagen mit günstigen Witterungsbedingungen (wenig Wind, kein Regen). An den einzelnen Erfassungstagen wurden die unterschiedlichen Landschaftselemente der Inseln repräsentativ begangen und jeweils Sicht- und Streiffänge mit einem Insektennetz durchgeführt. Insgesamt wurde, bezogen auf den gesamten Erfassungszeitraum, jede Insel in den Monaten Mai bis August an jeweils sechs Tagen aufgesucht, so daß auf jede Insel wenigstens 24 Untersuchungstage entfallen.

## Ergebnisse und Diskussion

Auf den Ostfriesischen Inseln wurden insgesamt 183 Pflanzenwespenarten nachgewiesen, wobei für keine Art die Bodenständigkeit ausgeschlossen werden kann. Auf Borkum und Norderney waren mit 124 bzw. 115 Arten die meisten und auf Memmert und Mellum mit 27 bzw. 21 Arten die geringsten Artenspektren zu verzeichnen. Die Anzahlen der Pflanzenwespenarten der übrigen Inseln waren relativ ähnlich (vgl. Abb. 5).

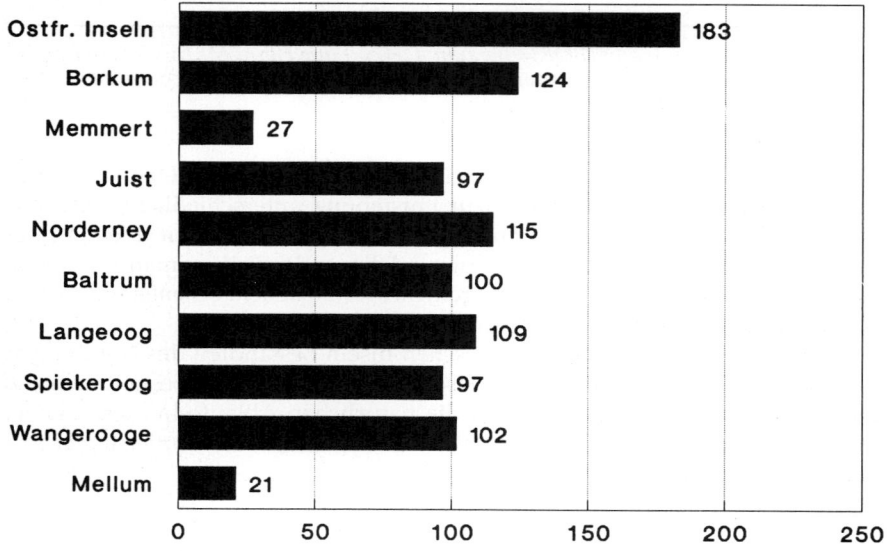

Abb. 4: *Anzahl der auf den Ostfriesischen Inseln nach 1970 festgestellten Pflanzenwespenarten.*

Viele Pflanzenwespen zeigen als Larven eine hohe Wirtsspezifität. So sind von den in Nordwestdeutschland bekannten Arten 271 Arten (57 %) monophag, d. h. sie beschränken sich auf Pflanzen einer einzigen Gattung. 83 Arten (17 %) sind oligophag, fressen also an Pflanzen aus einer Familie. Die Anzahl der Polyphagen, die sich von Wirtspflanzen verschiedener Familien ernähren, beträgt 82 Arten (17 %). Für 42 Arten (9 %) sind die Nahrungspflanzen noch unbekannt. Ein Vergleich der Wirtsspezifität der auf den Ostfriesischen Inseln nachgewiesenen Arten mit der Wirtsspezifität

*Abb. 5: Lebensraum der Pflanzenwespe* Dolerus madidus *im Innengroden von Norderney. Als Nahrungspflanze nutzt die Larve die Flatterbinse* Juncus effusus, *deren Bestände von blühendem Hahnenfuß (*Ranunculus *spec.) umgeben sind.*

der für das Norddeutsche Flachland bekannten Arten zeigt, daß der Anteil der Spezialisten auf den Inseln kleiner ist. Dagegen sind dort polyphage Arten stärker repräsentiert (vgl. Abb. 6). Der relativ hohe Anteil polyphager Arten auf den Inseln dürfte darauf zurückzuführen sein, daß sich euryöke Arten im allgemeinen auf Inseln früher ansiedeln können (vgl. z. B. PIELOU 1979: 174 f.) und für eine gewisse Zeit die Zusammensetzung des Artenspektrums stark beeinflussen.

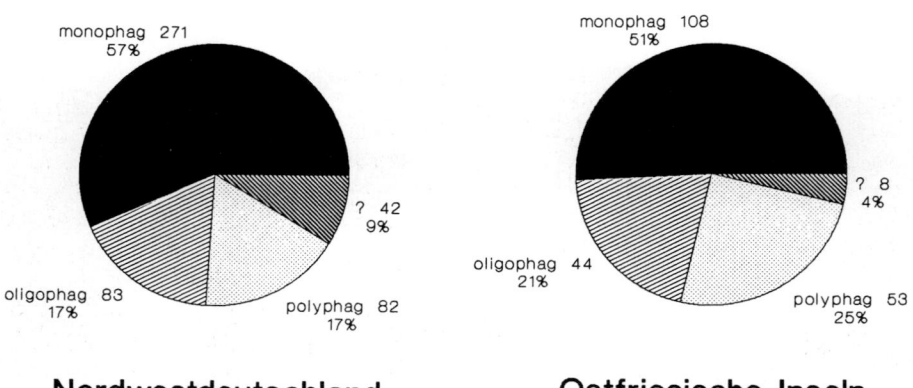

Abb. 6: *Nahrungsbreite der Pflanzenwespen Nordwestdeutschlands und der Ostfriesischen Inseln.*

Als Wirtspflanzen für Pflanzenwespenlarven sind auf den Ostfriesischen Inseln die Salicaceae und Betulaceae von großer Bedeutung. Die Betulaceae dürften sich vor allem aufgrund der geringen Anzahl konkurrierender Schmetterlingsarten zu ausgesprochenen „Blattwespenpflanzen" entwickelt haben. Die in der gesamten nördlichen Hemisphäre festzustellende deutliche Bevorzugung der Weidengewächse durch Symphyten ist dagegen besonders vor dem Hintergrund zu sehen, daß die Salicaceae aufgrund ihrer Eigenschaft als Pionierpflanzen nach der letzten großen Eiszeit weite Gebiete Europas besiedeln konnten. Dabei entstanden zudem neue Arten und Hybriden, so daß die Weiden heute häufig vorkommende Nahrungsquellen darstellen (vgl. PRICE & ROININEN 1993). Außerdem haben gerade Weiden und Pappeln hohe Gehalte verschiedener chemischer Substanzen wie Salicylsäurederivate (z. B. PALO 1984), die zwar einerseits die Anzahl phytophager Insekten reduzieren, aber andererseits solche Arten bevorteilen, die diesen Schutzmechanismus durch Anpassung überwinden können, zumal manche Abwehrsubstanzen der Pflanzen von Insekten für die eigene Verteidigung genutzt werden (vgl. BOEVÉ 1990).

Im Hinblick auf die räumliche Verteilung der Arten konnte auf den Inseln festgestellt werden, daß in die ökologisch extremen Bereiche, wie Primär- und Sekundärdünen sowie Salzwiesen nur wenige Pflanzenwespenarten vorgedrungen sind. Neben der vergleichsweise geringen Anzahl von Pflanzenarten, dürfte dies vor allem darauf zurückzuführen sein, daß sich dort Sandverwehungen und Seewassereinfluß besonders stark auswirken. Mit 100 Arten erwiesen sich die Dünenwäldchen und -gebüsche der Tertiärdünen als am artenreichsten.

Über 20 % der insgesamt nachgewiesenen Pflanzenwespenarten konnten ausschließlich in Sekundärbiotopen (Grünland, Ruderalflächen und Gehölzanpflanzungen) festgestellt werden, so daß die Kolonisation der Ostfriesischen Inseln zumindest für einen Teil der Arten ohne den Einfluß des Menschen unwahrscheinlich wäre. Insbesondere von diesen Symphyten wurden viele Arten nur in geringer Individuenzahl und/oder auf wenigen Inseln festgestellt. Dies dürfte darauf hindeuten, daß die Besiedlung dieser auf den Ostfriesischen Inseln zumeist erst seit wenigen Jahrzehnten in ihrer heutigen Ausdehnung existierenden Biotope noch nicht abgeschlossen ist. In besonderer Weise betrifft das sicherlich die Siedlungsbereiche, wo beispielsweise erst seit kurzer Zeit verstärkt Nutzgärten in Ziergärten umgewandelt werden. Im Zuge dieses Wandels erfolgt eine absichtliche Einführung zusätzlicher Pflanzenarten, die z. T. erst nach Einbringen von „Bodenverbesserern" gedeihen können. Mit dem Transport von Torf und Kompost dürften unbeabsichtigt weitere Pflanzenarten vom Festland auf die Ostfriesischen Inseln gelangen.

Fast die Hälfte der festgestellten Symphyten steht auf wenigstens einer der für Deutschland vorliegenden Roten Listen gefährdeter Arten. Wie für die Pflanzenwespen, sind auf den Ostfriesischen Inseln auch für die bislang bearbeiteten Heuschrecken, Wanzen, Zikaden und Stechimmen hohe Anteile seltener und in weiten Bereichen des Festlandes im Bestand gefährdeter Arten festgestellt worden (vgl. BRÖRING et al. 1989, BRÖRING 1991, NIEDRINGHAUS 1991, HAESELER 1990, 1992). Die Düneninseln können daher sicher für viele Tierarten als Rückzugsgebiete angesehen werden, wie HAESELER (1985b) am Beispiel der Aculeaten Hymenopteren darlegt. Da sich viele Arten auf den Ostfriesischen Inseln offensichtlich erst infolge anthropogener Maßnahmen etablieren und ausbreiten konnten, besteht allerdings langfristig die Gefahr, daß im Zuge fortschreitender Urbanisierung Überfremdungsprozesse eintreten und damit charakteristische Arten verdrängt werden können. Da eine derartige Entwicklung den Zielsetzungen der Nationalparkverordnung widersprechen würde, ist es erforderlich, die Erfassungstätigkeit wenigstens für einige der bislang auf den Ostfriesischen Inseln bearbeiteten Arthropodengruppen fortzusetzen. Dadurch ließen sich nicht nur Überfremdungsprozesse erkennen. Aufgrund der im Vergleich zu naturnahen Gebieten des Festlandes einfacheren Biotopstruktur könnten auf den Ostfriesischen Inseln auch Artenwechsel vergleichsweise leichter nachgewiesen werden, was u. a. im Zusammenhang mit möglichen Auswirkungen einer Klimaveränderung von Interesse wäre.

Um eventuelle Veränderungen der regionalen Fauna einschätzen zu können, wäre es allerdings wichtig, auch den rezenten Bestand der Arten im Norddeutschen Tiefland oder wenigstens für das Bundesland Niedersachsen zu erfassen. Da derartige Kartierungsprojekte aufgrund der derzeitigen Schwerpunktsetzung der Forschungsförderung zur Zeit allerdings fast ausschließlich auf private Initiative hin und ohne kontinuierliche finanzielle Förderung betrieben werden müssen (SCHMINKE 1994), wird ein Verzeichnis der für die Bundesrepublik bekannten Arten, wie es für die Laufkäfer bereits erstellt wurde (vgl. TRAUTNER & MÜLLER-

MOTZFELD 1995) für zahlreiche weitere Arthropodengruppen in absehbarer Zeit nicht vorgelegt werden können. Diese Situation ist umso unverständlicher, als nach dem Übereinkommen über die Biologische Vielfalt („Biodiversitäts-Konvention"), das auf der Konferenz über Umwelt und Entwicklung in Rio 1992 auch von der Bundesrepublik Deutschland unterzeichnet wurde, derartigen Projekten besondere Priorität eingeräumt werden müßte. Nach einer Mitteilung des zuständigen Bundesamtes für Naturschutz soll der Schwerpunkt bei der Umsetzung der Konvention allerdings auf Forschungsvorhaben deutscher Institutionen in „Entwicklungsländern" gelegt werden!

## Literatur

BOEVÉ, J.-L. (1990): Nematinenlarven (Hymenoptera, Tenthredinidae) in der Umgebung von Bayreuth und ihre Beziehung zu Wirtspflanzen. - Ber. Naturwiss. Ges. Bayreuth **21**: 235-254.
BRÖRING, U. (1991): Die Heteropteren der Ostfriesischen Inseln. - Drosera Suppl. **1**: 1-96.
BRÖRING, U., R. NIEDRINGHAUS & C. RITZAU (1989): Die Heuschrecken, Ohrwürmer und Schaben der Ostfriesischen Inseln (Insecta: Blattoidea, Saltatoria, Dermaptera). - Abh. Naturw. Ver. Bremen **41**(2): 87-96 (= 253-262).
HAESELER, V. (1985a): Zum Kolonisationserfolg der Grabwespen (Hymenoptera, Sphecidae) auf den Ostfriesischen Inseln. - Verh. Ges. Ökol. **13**: 569-578.
HAESELER, V. (1985b): Nord- und Ostfriesische Inseln als „Reservate" thermophiler Insekten am Beispiel der Hymenoptera Aculeata. - Mitt. dtsch. Ges. allg. angew. Ent. **4**: 447-452.
HAESELER, V. (1988): Kolonisationserfolg von Ameisen, Wespen und Bienen auf jungen Düneninseln der südlichen Nordsee (Hymenoptera: Aculeata). - Drosera **'88**: 207-236.
HAESELER, V. (1990): Wildbienen der ostfriesischen Insel Norderney (Hymenoptera: Apoidea). - Faun.-Ökol. Mitt. **6**: 125-146.
HAESELER, V. (1992): Coastal dunes of the southern North Sea as habitats of digger wasps. In: CARTER, R. W. G., T. G. F. CURTIS & M. J. SHEEHY-SKEFFINGTON (eds.): Coastal dunes. - Proc. 3. European Dune Congr. Galway/Ireland. Balkema, Rotterdam: 351-359.
LISTON, A. D. (1995): Compendium of Euroean sawflies. Chalastos Forestry, 190 pp., Gottfrieding.
MAC ARTHUR, R. H. & E. O. WILSON (1967): The theory of island biogeography. - Princeton Univ. Press, Princeton.
NIEDERSÄCHSISCHER MINISTER FÜR ERNÄHRUNG, LANDWIRTSCHAFT UND FORSTEN (NMELF) (ed.) (1985): Verordnung über den Nationalpark „Niedersächsisches Wattenmeer". - Niedersächs. Gesetz- u. Verordnungsblatt **39**: 533-542.
NIEDRINGHAUS, R. (1991): Analyse isolierter Artengemeinschaften am Beispiel der Zikadenfauna der ostfriesischen Düneninseln (Hemiptera: Auchenorrhyncha). - Dissertation Univ. Oldenburg, 153 pp.
PALO, R. T. (1984): Distribution of birch (*Betula* spp.), willow (*Salix* spp.), and poplar (*Populus* spp.) secondary metabolites and their potential role as chemical defense against herbivores. - J. Chem. Ecol. **10**: 499-520.
PIELOU, E. C. (1979): Biogeography. - John Wiley & Sons, Inc., New York, Chichester, Brisbane, Toronto.
PRICE, P. W. & H. ROININEN (1993): Adaptive radiation in gall induction. - In: WAGNER, M. & K. F. RAFFA (eds.): Sawfly life history adaptations to woody plants. Academic Press, Inc.: 228-257.
RITZAU, C. (1995): Pflanzenwespen (Hymenoptera: Symphyta) einer Küstenlandschaft untersucht am Beispiel der Ostfriesischen Inseln. Cuvillier Verlag, 149 pp., Göttingen.
SCHMINKE, H. K. (1994): Systematik - die vernachlässigte Grundlagenwissenschaft des Naturschutzes. - Natur u. Museum **124**: 37-45.
SCHULTZ, W. (1995): Verteilungsmuster der Spinnenfauna (Arthropoda, Arachnida, Araneida) am Beispiel der Insel Norderney und weiterer friesischer Inseln. - Dissertation Univ. Oldenburg, 230 pp.
TRAUTNER, J. & G. MÜLLER-MOTZFELD (1995): Faunistisch-ökologischer Bearbeitungsstand, Gefährdung und Checkliste der Laufkäfer. Eine Übersicht für die Bundesländer Deutschlands. - Natursch. u. Landschaftspl. **27**: 96-105.

Hans Rudolf Henneberg

# Der Schloßgarten in Oldenburg und seine Vogelwelt. Beobachtungen von 1890 und heute (1997)

*Abb. 1: Der Schloßteich lockt zahlreiche Lachmöwen und Entenvögel an. Von dem alten Baumbestand fast verdeckt: das Elisabeth-Anna-Palais, links die Lambertikirche, 1997.   Foto: Beichle*

Hofgärtner Heinrich OHRT (1890) berichtete über „die Großherzoglichen Gärten und Parkanlagen zu Oldenburg", über das Vorkommen der Singvögel (Brutvögel und Beobachtungen) im Schloßgarten.
Seit 30 Jahren beobachtete die Ornithologische Arbeitsgemeinschaft Oldenburg (OAO), im letzten Jahrzehnt registrierte ich die Anzahl der Brutpaare der dortigen Vögel.
Der Schloßgarten gilt als einer der schönsten historischen Gartenanlagen Nordwestdeutschlands, die im frühen 19. Jahrhundert begonnen wurden. Gefördert durch

---

Anschrift des Verfassers: Hans Rudolf Henneberg, Ahlkenweg 45, 26131 Oldenburg.

den damaligen Landesherren Herzog Peter Ludwig Friedrich von Oldenburg und ausgeführt von den gartenkünstlerischen Vorstellungen des Hofgärtners F.W. Bosse und späteren Nachfolger Hofgärtner Heinrich Ohrt. Letzterer hat die Aufstellung der Vogelarten vorgenommen (Tafel 1).

1947 kam der Schloßgarten zu Niedersachsen, 1952 wurde der südliche Teil des heutigen Gartens unterhalb der Einmündung der Hausbäke hinzugekauft und gestaltet. Wallanlage, die Straßenzüge „Gartenstraße", „Am Schloßgarten" sowie die entlang des Parkes fließende Hunte begrenzen den Schloßgarten. Inmitten liegt der einst großherzogliche Küchengarten. Dieser ist von einer hohen Steinmauer eingefaßt und umgeben von Rhododendronpflanzungen, hohen, alten und teils seltenen Bäumen und Sträuchern. Hieran grenzen Verwaltungsgebäude, Remisen und Schuppen. Die Husbäke zieht sich, manchmal breit ausladend in Windungen durch den Schloßgarten.

Der Schloßteich wird über einen Zulauf aus der Hunte gespeist. Der Ablauf wird über ein Wehr reguliert, das in die Husbäke ausmündet.

Über das Niedersächsische Denkmalschutzgesetz vom Jahre 1978 erhielt der Garten den Schutzstatus. Die Gemeinschaft der Freunde des Schloßgartens e.V. haben zusammen mit der Bezirksregierung Oldenburg die denkmalpflegerische Erhaltung übernommen und eine Regeneration zum ursprünglichen Gartenbild angestrebt.

Der Schloßgarten ist für Bürger und Gäste Oldenburgs in Innenstadtnähe äußerst günstig gelegen. Der alte Baumbestand, blühende Sträucher und vor allem die Frühjahrsblüher-Anlagen entzücken den noch begeisterungsbereiten Menschen. Viele Bürger interessieren sich für die seltenen Baumarten. Fachkundige Menschen besuchen diese Anlagen zu allen Jahreszeiten. Viel zu wenig erholungssuchende Menschen nutzen den Garten oder scheinen diese einzigartige Anlage zu kennen mit seinen vielseitigen Angeboten. Nur an sommerheißen Tagen quellen die Rasenflächen vor sonnenhungrigen Menschen über.

Auch wenn man seit Jahren zahlreiche Vogelführungen durch den Schloßgarten macht und sich speziell auf den Gesang, den Ruf der Vögel einstellt und versucht, anderen Menschen Interesse und etwas Kenntnis über das Verhalten unserer Vogelwelt nahe zu bringen, so ist man selbst immer wieder begeistert von dieser stilvollen, historischen Anlage mit seinen großartigen Baumbestand, der oft aus fernen Ländern stammt.

Um zu erfahren, wie die Bäume und Sträucher heißen, in denen sich unsere Vögel aufhalten, sollte man den „Gehölzführer Schloßgarten" PÜHL (1993) zur Hand nehmen.

Viele alte Baumrecken sind infolge von Stürmen und Orkantagen (1972) umgestürzt. Auch das Ulmensterben Ende der 80er Jahre raffte viele Bäume mit günstigen Bruthöhlen für spezielle, angepaßte Vogelarten weg.

Umgestürzte und abgestorbene Bäume werden wieder nachgepflanzt, sofern entsprechende Qualitäten noch zu beschaffen sind. Die Anlage wird großartig gepflegt, auch wenn diese Pflege nicht immer im Sinne der Brutplätze suchenden Vögel ist.

Schon mancher Baum mußte gefällt werden, dem der Laie sein Gefährdungspotential, das insbesondere bei Sturm zum Tragen kommt, nicht ansah. Einer Gefährdung von Erholungssuchenden durch herabfallende Äste oder umstürzende Bäume könnte ansonsten nur durch eine Sperrung der Anlage bei Sturm begegnet werden,

die m.E. durchaus angebracht wäre, denn viele natürliche Brutmöglichkeiten und Schlupfwinkel für die Vögel, Siebenschläfer, Eichhörnchen und für Fledermäuse gingen so verloren.
Spechte, Kleiber, Baumläufer, Meisen, Fliegenschnäpper waren auf Wohnungsuche zur Brutzeit. Auch im Winter suchen Vögel in Höhlungen Schutz.
Nun werden als Ersatz der natürlichen Brutstätten Nistkästen unterschiedlicher Größe und Bauweise aufgehängt. Privatleute stellen gutgemeint selbst Nistkästen her und hängen die „Angebote" oft viel zu dicht - als häßliches Mahnmal - auf. Die Menge macht es leider nicht und es gibt keine Garantie, daß entsprechende Vogelarten sie beziehen. Leider hat sich die Menschheit schon viel zu sehr an diesen Ersatz gewöhnt.
Die wenigen guten Höhlungen und Brutplatzangebote im echten Altholzbestand werden heute von Dohlen und Hohltaube, auch hin und wieder vom Waldkauz genutzt, nicht ohne vorherige Kämpfe um die Plätze.
Wunderschön sind im Park die Anlagen aus stark entwickelten Rhododendren, jedoch nur wenige unserer Singvögel legen darin ihre Nester an. Sie ziehen mehr dichtes Gebüsch oder Unterholz vor, um darin zu brüten. Der Vogelkundler ist daher etwas enttäuscht. Doch ist der Garten nicht als Vogelschutzanlage, sondern als Gartendenkmal zur Nutzung der Öffentlichkeit gedacht und ist damit historischen Gartenanlagen nachempfunden. Er bietet über das ganze Jahr mit Blumen und Sträuchern viel Freude und Abwechslung.
Störungen für die Vogelwelt gibt es durch den Menschen kaum. Hunde müssen angeleint werden. Bodenbrüter, wie Enten, Gänse und Teichhühner werden deshalb nicht übermäßig geängstigt. Vor ca. 20 Jahren holte ein Sportfischer einen fast 1m langen Hecht aus dem Schloßteich. Der Hecht hatte ständig Jungenten unter Wasser gezogen und verschluckt.
Rabenvögel wie Eichelhäher, Elster und Rabenkrähe plündern so manches andere Singvogelnest, um die eigene Brut zu füttern. Auch Eichhörnchen vernichten öfters Singvogelbruten. Früher sorgte der Stadtjäger für eine Regulierung dieser Bestände.
Im Feuchtbereich des Gartens - der von häufig als Liegewiese genutzten Rasenflächen umsäumt ist - sind heute viele wasserliebende Vogelarten zu finden. Auf Wasservögel gibt es im historischen Bericht von H. Ohrt noch keinen Hinweis. Lediglich der Eisvogel wird erwähnt, der zwar seinen Lebensraum am Gewässer findet, jedoch nicht als Wasservogel im engen Sinne anzusehen ist.
Im vergangenen Jahrzehnt nahm die Zufütterung von Wasservögeln durch die Bevölkerung gehörig zu. Die Tiere warten schon zeitig am Morgen auf den Spender. Gutmeinende Menschen lassen selbst im Sommer keine Gelegenheit aus, die Tiere zu füttern. Brotreste - oft minderer Qualität - sind den Tieren wenig zuträglich, denn ihr Organismus ist solcher Nahrung nicht angepaßt.
Vor etwa 30 Jahren hielten sich nur wenige Enten im Bereich der Hunte/Bäke und Schloßpark, damals waren dies noch echte Wildenten (Stockenten). In der Zwischenzeit kamen mehr und mehr fehlfarbene Enten, die aus Verbindungen mit verschiedenen Zuchtrassen stammten, zustande. Ihr Anteil liegt bei z.Zt. etwa 25%, erkennbar sind sie an ihren absonderlichen Farbnuancen.
Mit der Anzahl der nicht mehr reinrassigen Stockenten nahm auch die Anzahl der Brutpaare (z.Zt. etwa 45) zu. Diese Enten gewöhnten sich schnell an die Fütterun-

gen. Selbst zur Mauserzeit (Federwechsel) zogen sie nicht mehr in die Flußmündungen und Schilfbereiche, wo sie früher ihre Flugunfähigkeit im Schutze des Schilfbestandes überwinden konnten. Heute bleiben sie im Schloßteichbereich, es verfolgt sie ja keiner. Selbst im Winter fliegen sie nicht mehr in eisfreie Gebiete, sie bleiben hier, das Eis wird für sie aufgehackt und auch das Futter kommt.

Da sie auch im zeitigen Frühjahr keine Not leiden, beginnen die echte Paarung und der Legebeginn recht früh. Die Jungen kommen infolgedessen zeitiger als draußen im Lande. Da die Vegetation dann oft noch wenig entwickelt ist, kleine Insekten fehlen, hungern die „Eintagsküken", frieren und kommen um. Sie liegen tot am Ufer oder werden leicht eine Beute der streunenden Katzen und der Rabenkrähen. Nun heißt es: „die böse Rabenkrähe", doch diese hat sich letzten Endes nur der vom Menschen geschaffenen, für sie günstigen Situation angepaßt.

Es beginnen nicht alle Enten gleichzeitig mit der Brut. Die Männchen (Erpel) brüten nicht, sie halten sich auf den Gewässern. Sie verfolgen die nicht - oder noch nicht brütenden Weibchen und „vergewaltigen" sie, die einer Übermacht an Erpeln nicht immer entfliehen können.

Ursprünglich mußten bei der Anlage des Schloßgartens auf großherzoglichen Rat und Kenntnis der Garteninspektoren eine Unmenge Fuhrwerke mit Erdreich aus der Umgebung angefahren werden, um die moorigen, bzw. vom Hochwasser der Hunte und Bäke bedrohten Flächen aufzufüllen, um das Areal zu erhöhen.

Ohrt geht in seiner Aufstellung von 1890 auf die von ihm im Schloßgarten festgestellten Brutvögel oder auf die nur beobachteten Vogelarten nicht im einzelnen ein. Er erwähnt die Vielzahl der Arten und ihren Gesang, die Stimmen der Vögel, die schon damals die Besucher des Gartens erfreuten.Er nennt im Text seines Buches „Die Großherzoglichen Gärten und Parkanlagen zu Oldenburg" zwar den Höckerschwan und Wildenten auf dem Teich „ silberne Schwäne durchziehen den Teich; um das Entenhäuschen tummeln sich in lustiger Weise die gefiederten Bewohner derselben". In der nachfolgenden Aufstellung der damaligen Brut - bzw. beobachteten Vogelarten erwähnt er sie nicht.

In seiner Liste gibt Ohrt hin und wieder Vogelnamen an, die uns heute fast unbekannt sind. Auch einige der angegebenen wissenschaftlichen Namen entsprechen den heutigen nicht mehr . Doch finde ich es sehr erfreulich, daß man früher gebrauchte Namen wie z.B. „Müllerchen" für die Zaun- oder Klappergrasmücke (der Gesang erinnert an eine klappernde Mühle) oder „Bastardnachtigall" für unseren Gelbspötter lesen kann.

Die herrliche Blumenpracht im zeitigen Frühjahr ist verbunden mit dem lauten Vogelgesang der Amsel, der Singdrossel, des Buchfinken, des Zaunkönigs und der Heckenbraunelle. Hinzu gesellen sich die Balzrufe der Ringel- und Hohltaube. Von hohen Bäumen herab der Ruf des Großen Buntspechtes und des Kleibers. Man geht unter den alten, hohen Bäumen und wandert an besonders dichtem Gehölz von Rhododendren, von Eiben = Taxushecken entlang. Aus diesen dichten Bereichen kommen wenig Stimmen; hin und wieder im Sommer und auch im Winter der Gesang des Rotkehlchens. Im Rhododendron brütet kaum ein Vogel, denn unter der dichten Außenlaubfläche findet man nur sperrige Zweige ohne eine rechte Nistgelegenheit. In Taxus- und Eibengehölzen gehen bzw. brüten die Singvögel sehr viel lieber, da sie Schutz und Nistplätze bieten.

# Der Schloßgarten in Oldenburg und seine Vogelwelt

*Abb. 2: Die zahlreichen Rhododendren im Park - hier an den Wirtschaftsgebäuden - sind wegen ihrer sperrigen Zweige als Nistplätze ungeeignet.*              *Foto: Henneberg*

Der Schloßgarten ist groß genug, um den von mir angegebenen Brutvögeln anhand des Nahrungsangebotes wie Pflanzen, Beeren und Insekten ausreichend gerecht zu werden.

Abgesehen von der winterlichen Zufütterung an festen Plätzen für das Wassergeflügel und vor allem den im Garten verbliebenen Singvögeln, bieten im Jahresablauf Früchte oder Samen von Nadelhölzern, von Laubbäumen (Eckern und Eicheln), verschiedenen Sträuchern wie Mehlbeere, Eberesche, Kornus- und Efeubeeren, Pfaffenhütchen, Holunder, Traubenkirsche u. a. sowie das Fallobst oder hängengebliebene Äpfel im Küchengarten ein abwechslungsreiches Nahrungsangebot.

Will man im zeitigen Frühjahr den Gesang der Vögel hören oder die Arten feststellen, sollte man zeitig zwischen sechs und neun Uhr in den Schloßgarten gehen. Danach wird es stiller und während der Mittagszeit balzt hoch oben in den Eichen noch ein Hohltaubenpaar, in den Büschen singt besonders melodisch eine Mönchsgrasmücke... man wird dann manchmal jedoch ganz schnell aus der ausgeglichenen Stimmung durch besonders laute Streitereien der Höckergänse gerissen.

Man trifft morgens fast immer dieselben Menschen, die Jahr für Jahr die Atmosphäre des Parks auf sich wirken lassen, den Gesang der Vögel hören oder sich anleiten lassen wollen.

*Tab. 1: Historisches Verzeichnis der im Schloßgarten festgestellten Vogelarten. H. OHRT (1890).*

    1. Accipiter nisus *L.*, Sperber.
    2. Syrnium aluco *L.*, Waldkauz.
    3. Picus viridis *L.*, Grünspecht.
\*  4. Picus major *L.*, großer Buntspecht.
    5. Jynx torquilla *L.*, Wendehals.
    6. Cuculus canorus *L.*, Kukuk.
    7. Alcedo ispida *L.*, Eisvogel.
    8. Muscicapa atricapilla *L.*, schwarzrückiger Fliegenschnapper.
\*  9. Butalis grisola *L.*, grauer Fliegenschnapper.
\* 10. Lanius collurio *L.*, rothrückiger Würger.
  11. Regulus cristatus *Koch*, Goldhähnchen.
\* 12. Orites caudatus *L.*, Schwanzmeise.
\* 13. Parus major *L.*, Kohlmeise.
\* 14. Parus coeruleus *L.*, Blaumeise.
\* 15. Parus palustris *L.*, Sumpfmeise.
\* 16. Sitta europaea *L.*, Spechtmeise.
  17. Certhia familiaris *L.*, Baumläufer.
\* 18. Troglodytes parvulus *Koch*, Zaunkönig.
\* 19. Turdus merula *L.*, Schwarzdrossel.
\* 20. Turdus torquatus *L.*, Schildamsel.
\* 21. Turdus musicus *L.*, Singdrossel.
  22. Turdus iliacus *L.*, Weindrossel.
\* 23. Ruticilla phoenicurus *L.*, Gartenrothschwänzchen.
\* 24. Ruticilla tithys *Scop.*, Hausrothschwänzchen.
\* 25. Erythacus rubecula *L.*, Rothkehlchen.
  26. Lusciola luscinia *L.*, Nachtigall. \*)
\* 27. Accentor modularis *L.*, Braunelle.
\* 28. Sylvia hortensis *Lath.*, Gartengrasmücke.
\* 29. Sylvia atricapilla *L.*, Mönch.
\* 30. Sylvia curruca *L.*, Müllerchen.
  31. Phyllopneuste trochilus *L.*, Fitis=Laubsänger.
\* 32. Phyllopneuste rufa *Gm.*, Weidensänger.
\* 33. Ficedula hypolais *L.*, Bastardnachtigall.
\* 34. Calamoherpe arundinacea *Gm.*, Teichrohrsänger.
  35. Motacilla alba *L.*, weiße Bachstelze.
  36. Anthus arboreus *Bechst.*, Baumpieper.
  37. Emberiza citrinella *L.*, Goldammer.
  38. Chrysomitris spinus *Boie.*, Zeisig.
\* 39. Carduelis elegans *Steph.*, Stieglitz.
\* 40. Chlorospiza chloris *Bp.*, Grünfink.
\* 41. Fringilla coelebs *L.*, Buchfink.
  42. Passer domesticus *L.*, Haussperling.
  43. Passer montanus *L.*, Feldsperling.
\* 44. Coccothraustes vulgaris *Pall.*, Kirschkernbeißer.
  45. Sturnus vulgaris *L.*, gemeiner Staar.
  46. Oriolus galbula *L.*, Pirol.
\* 47. Corvus corone *L.*, Rabenkrähe.
  48. Corvus cornix *L.*, Nebelkrähe.
  49. Corvus monedula, Dohle.
\* 50. Pica caudata *Keys. & Bl.*, Elster.
  51. Garrulus glandarius *L.*; Eichelheher.
\* 52. Columba palumbus *L.*, Ringeltaube.
  53. Columba turtur *L*, Turteltaube.

Die mit einem \* bezeichneten Vögel sind als Brutvögel beobachtet.

_____

\*) Bei normaler Witterung pflegt die Nachtigall zwischen dem 15. und 25. April ihren Einzug bei uns zu halten.

## Die Vogelarten

**Höckergans:**

Die Art stammt von der nordasiatischen Schwanengans. In diesem Jahre waren nur noch 4 Exemplare auf dem Schloßteich; eine Brut fand nicht statt. In erregtem Zustand machen sie einen beachtlichen Lärm. Von Alt und Jung nehmen sie, zutraulich wie sie nun einmal sind, das angebotene Futter aus der Hand.

**Nonnengans** oder **Weißwangengans:**

Die Nonnengans, die normalerweise in Spitzbergen und weiter zum Nordosten brütet, ist schon seit über einem Jahrzehnt auf dem Schloßteich. Da sie nicht richtig fliegen kann, schwimmt sie die Bäke öfters im Winter hinauf zum Bläßhuhnteich usw.. Es ist ein Ganter, der im Frühling monatelang ruft - jedoch von keiner weiblichen Gans erhört wird.

**Brautente:**

Während der letzten Jahre hielt sich ein flugfähiges Paar auf Schloßteich und Bäke auf. Die aus Nordamerika eingeführte Entenart brütete nicht im Schloßgarten; sie war allerdings häufiger (als Höhlenbrüter) auf einigen Bäumen des Gartens auf Nistplatzsuche unterwegs (alte Blutbuche am Teich). Sogar auf Schornsteinen in der Nachbarschaft des Gartens war sie zu sehen.

**Mandarinente:**

Auch diese aus Ostasien eingeführte Entenart stellte sich in den letzten Jahren auf der Marschbäke im Schloßgarten ein, sie blieb jedoch ohne Nachwuchs.

**Stockente:**

Die Wildente gibt Ohrt in seinem Buch für den Schloßteich an. Hierzu ist anfangs schon einiges gesagt worden. Die von mir angegebenen Brutpaare verteilen sich auf die Feuchtbereiche des Parkes. Man stellt bei der Brut eine Kurzlebigkeit ( infolge Nahrungsmangels) fest. Vermutlich ist auch die Wasserqualität des Teiches, infolge des Kotens der vielen Enten jahrein - jahraus, nicht die Beste. Es ist kaum ratsam, die Zufütterung der Enten im Sommerhalbjahr zu unterbinden, die Menschen darauf aufmerksam zu machen. Die Menschen begreifen nicht, daß das alte oder neue Weißbrot nicht die rechte Kost ist - man wird sogar böse angesprochen.
Störungen: Durch „ nicht ausgelastete" Erpel. Fang der Jungen durch Rabenkrähen. Meist findet eine Neubrut statt. Die in den angrenzenden Stadtgärten brütenden Weibchen queren des öfteren mit ihrem frischen Nachwuchs die Fahrstraßen und verursachen Autounfälle. Vor einigen Jahren ist mir eine weibliche Ente durch die Windschutzscheibe ins Auto geflogen, sie war stark benommen, wir nahmen sie mit nach Hause, wo sie sich erholte; am anderen Morgen hatte sie im Stall ein Ei gelegt!

**Sperber:**

Zu Anfang der 90er Jahre wurde eine erfolgreiche Brut im Fichtenbestand ( an der Bäke) festgestellt (mündl. Mitteilung Dr. Blaszyk). Der männliche Altvogel schlug die auf den Rasenflächen nach Regenwürmern suchenden Amseln. Etliche Rupfungen im Gartenbereich. 1997 nicht festgestellt.

**Turmfalke:**

In den letzten Jahren kam keine Brut zustande, vermutlich durch Störungen der zugenommenen Rabenkrähenpaare. Früher brüteten sie in leeren Rabenkrähennestern hoch in den Eichen. Auf den Rasenflächen sind keine Mäuse zu finden. Bei Ohrt nicht erwähnt.

**Teichhuhn, Teichralle:**

Es sind zur Zeit sechs Brutpaare zu beobachten, die sich an den Rändern der Wasserflächen, Gräben eines festen Bereiches aufhalten. Hin und wieder sind noch ganz kleine Jungen da, die im Einklang mit den Jungen der ersten Brut betreut werden. Einige Rabenkrähen versuchten vor einigen Tagen ein noch sehr kleines Junges zu fangen, die Teichhuhnmutter verteidigte durch Auffliegen gegen die Krähen erfolgreich ihr Kind. Im Winterhalbjahr ließen sich bei aufgehackter Eisfläche 50 Teichhühner zufüttern, sie hatten keinerlei Verluste. 1890 nicht erwähnt.

**Bläßralle** oder **Bläßhuhn:**

Sie brütete in früheren Jahren im Teichbereich wie auch das Teichhuhn im Pflanzenbewuchs am Rande der Bäke. Die Jungen waren nicht wendig genug, um streunenden Hunden und Katzen zu entkommen. In der kalten Jahreszeit halten sich immer wieder einige Exemplare im Schloßteich auf. Bei Ohrt nicht erwähnt.

**Sturm-** und **Silbermöwen:**

Sie kommen hin und wieder zum Gartenteich, vor allem im Winter, und lassen sich zufüttern.
Bei Ohrt war die Art wohl noch nicht so verbreitet im Binnenland.

**Lachmöwen:**

Sie sind häufiger zu beobachten und kommen vom Hafen auf Futtersuche. Die Möwen sind bei Ohrt nicht erwähnt, da sie noch nicht so vermehrt auftraten.

**Hohltaube:**

Ohrt erwähnt diese Taubenart noch nicht. Heute sucht sie in alten Höhlungen der Pappeln, Eichen und Platanen ihre Nistplätze. Alle Jahre, gegenüber dem uralten Mammutbaum in der großen Platane, kann man den Kampf um einen Nistplatz beobachten. Schon zu Anfang März kann man ihren Balzruf vernehmen. Sie führt im Schloßgarten wenigstens 2 Bruten durch. Am Boden hält sie sich sehr selten auf.

Der Schloßgarten in Oldenburg und seine Vogelwelt

*Abb. 3: Auffallend viele Stockenten haben ein buntes Gefieder als Ergebnis der Einkreuzung mit Hausenten.* *Foto: Henneberg*

**Ringeltaube:**

Schon Ohrt stellt die Taube als Brutvogel vor. Heute brütet sie mit 25 Paaren im Schloßgartenbereich, in Nadelhölzern und vielen Eichen auf den gesamten Gartenbereich verteilt. Man sieht sie oft am Boden bei der Nahrungsaufnahme von Eicheln und Bucheckern. Auch auf dem im Rasen ernährt sie sich vom Gras, Grassamen. Frisches Grün der Blätter und Blüten von Rotdorn und Beeren der Felsenbirne nehmen sie gern. Zu frühzeitig brütende Tauben verlieren ihr Gelege an Eichelhäher und Rabenkrähe; so beginnen sie bald mit einem neuen Nest. Manche Paare halten zwar zusammen, brüten aber nicht. Zum Spätherbst zieht das Gros vom Schloßgarten ab, wohl auf die Felder,- so sind im Winter am Tage nur wenige Exemplare zu sehen. Größere Gruppen kommen dann zur Nachtzeit in das Gehölz.

**Turteltaube:**

Beobachtet wurde sie bereits 1890; nur selten sieht man sie heute im Parkgelände im frühen Mai zur Zugzeit.

**Kuckuck:**

Ohrt gibt den Kuckuck für den Gartenbereich an, heute fehlen jedoch Rohrsänger als Pflegeeltern der Jungen.

**Waldkauz:**

In jedem Winter der letzten Jahre war wenigstens ein Altvogel da. Der alte Brutplatz in einer Platane und eine künstlich zur Verfügung gestellte Nisthilfe wurden nicht angenommen. Beobachtet wurde die Art bereits 1890.

**Mehl-** und **Rauchschwalbe:**

Heute fliegen sie häufig über die Teichfläche, nehmen Wasser auf und fangen Insekten. In den Stallungen und an den Gebäuden wurden jedoch keine Brutversuche gemacht.

**Mauersegler:**

Ab Anfang Mai bis zum Anfang August sieht man die Mauersegler über den Baumgipfeln auf Insektenflug ständig aktiv.

**Eisvogel:**

Ohrt erwähnt ihn. Die langen, kalten Winter haben den Eisvogelbestand im Lande stark verringert. Vor 3 Jahren beobachteten wir anläßlich einer Vogelwanderung durch den Garten ein Exemplar an der Marschbäke nur kurz. Hier beobachtete ihn wohl auch der Hofgärtner Ohrt; vielleicht führte der Gartenteich damals noch klares Wasser!

**Großer Buntspecht:**

Schon 1890 hat diese Vogelart in einer alten Höhle gebrütet, es waren auch stets gute Nahrungsangebote vorhanden. Schon früh im Jahr hört man das Klopfen und Balzrufe der Spechte. 1996/97 brütete kein Paar.

**Grünspecht:**

Jedes Jahr im zeitigen Frühjahr hört man ihn. Doch zu einer Brut kam es wohl noch nicht. Ohrt hat auch nur Beobachtungen angestellt.

**Bachstelze:**

Ohrt erwähnt sie nicht als Brutvogel. Heute ist sie in wenigstens 2 Paaren mit flüggen Jungen im Juli 1997 zu beobachten. Nester waren am Bauhof und Gebäuden. Im Gemüsegarten und auf den Parkrasenflächen sind die Alten mit ihren Jungen beim Insektenfang zu sehen.

**Seidenschwanz:**

Zuletzt stellten wir im Winter 1996/97 kleine Gruppen im Park fest, als Invasionsvögel auf der Suche nach Beeren der Sträucher.

**Heckenbraunelle:**

Die Heckenbraunelle war auch früher schon Brutvogel im Schloßgarten. Im Winter singt sie schon zeitig von erhöhten Baumwipfeln oder von Pfählen herab. Fast unscheinbar huscht diese Art am Boden, im Unterholz entlang und sucht Insekten. Sie hat sich schon im Winter ganz gut an das angebotene Streufutter gewöhnt. Die

Heckenbraunelle wurde mit 3 Brutpaaren, deren Nester im Gesträuch nicht weit über dem Erdboden angebracht werden, festgestellt.

**Rotkehlchen:**

Diese Art ist zu allen Zeiten im Schloßgarten als Brutvogel ausgemacht. 10 Brutpaare konnte ich 1997 feststellen. Rotkehlchen sind auch im Winter anzutreffen, es singt dann oft in der Nähe des Vorbeigehenden sein Lied. Das Nest wird im Laubunterholz angelegt, aber auch in Remisen in Menschennähe und an Mauerwerk. Insekten und Beeren (Pfaffenhütchen) stehen auf dem Speisezettel.

**Wendehals:**

Im April zieht dieser interessante Vogel vom Süden herkommend auch in unsere Bereiche. Auch Ohrt beobachtete ihn damals; man hört den etwas traurig wirkenden Balzruf; doch nur sehr selten kann man ihn hier noch beobachten.

**Zaunkönig:**

Nach kalten Wintern in den 80er Jahren hatte der Bestand im Schloßgarten stark abgenommen; schon 1890 wird die Art als Brutvogel genannt. Jetzt sind 10 Brutpaare festgestellt. Der kräftige, auch im Winter zu hörende Gesang ist wohl jedem Schloßgartenbesucher bekannt. Der Vogel baut mehrere Nester, „Spielnester" genannt, in denen er auch die Nacht zubringt. An efeuberankten Bäumen kann man die Nester entdecken, etwa in 1 - 2 Meter Höhe am Stamm. Ein Nest wurde Mitte Juni noch dicht am Stamm einer Birke, knapp 1 Meter über oder an der Hunte entdeckt. Die Vögel waren noch beim Nestbau, leicht erreichbar mit einem Paddel der Ruderer, doch diese merkten nichts, als sie entlang ruderten. Emsig suchen die Zaunkönige Gebüsch und Unterholz nach Insekten ab, und man ist erstaunt, daß man den winzigen Vogel von einer Antenne eines Hauses herab an der Gartenstraße laut singend entdeckt!

**Nachtigall:**

Es ist schon lange her, daß Ohrt die Nachtigall im Schloßgarten als Brutvogel erwähnt. Im April hört man sie an wenigen Abenden im Dickicht, dichten Pflanzen, am südlichen Teil des Gartens nicht weit entfernt von der Brücke zur Elisabethstraße. Vermutlich waren vor 100 Jahren die Wegränder noch mit mehr hohen Kräutern wie Brennesseln z.B. bewachsen und niederen Weidenbüschen daran, wie dies noch heute an den Bornhorster Seen so ist, wo man die Nachtigall in den Abendstunden gut hören kann.

**Hausrotschwanz:**

Innerhalb der letzten Jahre brütete stets ein Paar im Stall - Remisenkomplex der Gartenverwaltung, in Dachsparren oder in Halbhöhlennistkästen. Bei Ohrt bereits als Brutvogel erwähnt; nicht in diesem Jahr beobachtet. Vermutlich ist das Angebot an fliegenden Insekten zu gering. Auch im Stadtbereich habe ich diese Art nur selten gehört.

**Gartenrotschwanz:**

Überall im Lande ist die Art sehr selten geworden. Seit fünf Jahren stellte ich die Art nicht mehr im Schloßgarten fest, die um 1890 als Brutvogel erwähnt wird. Mir fällt auf, daß es in diesem Jahr sehr wenig fliegende Insekten gibt, die Hauptnahrung des Rotschwänzchens.

**Amsel:**

Die Amsel kommt mit ca. 25 Brutpaaren im Gartengelände vor und ist zeitig im Frühjahr mit ihrem Gesang vertreten. Sie baut im März - April im Buschwerk, oft in der Nähe des Menschen, ausnahmsweise auch im Geäst der Rhododendrenanlagen ihr Nest. Die erste Brut des Jahres wird häufig vom Eichelhäher und auch vom Eichhörnchen ausgeraubt. Die am Boden laufenden, nicht ganz flugfähigen Jungen werden von Katzen leicht erwischt; auch der Sperber holt beim Durchstreifen des Parkes gern Amseln.

**Singdrossel:**

Schon 1890 wird sie als Brutvogel erwähnt, in 3 - 5 Paaren ist sie jetzt im Schloßgarten vertreten, wo sie im dichten Eiben-Taxusbereich ihre Nester anlegt. Wenn die Singdrosseln im März - April vom Süden heimkehren, freut man sich über den vielseitigen, kräftigen Gesang, der meist aus dem höheren Strauchbereich ertönt. Mit Vorliebe werden Gehäuseschnecken, Gartenschnirkelschnecken zur Nahrung gesammelt und auf steinigem Untergrund zerschlagen. Aber auch auf den großen Rasenflächen des Gartens ist sie häufig bei der Suche nach Regenwürmern zu beobachten.

**Wacholderdrossel:**

Sie hat noch nicht im Garten gebrütet, man kann sie im Winterhalbjahr in kleineren Trupps dort beobachten, wenn sie Beeren an den Sträuchern suchen oder nicht gepflückte Äpfel im Küchengarten verzehren.

**Ringdrossel:**

Sie wird von Ohrt irrtümlich als Brutvogel erwähnt, er nannte sie danach Schildamsel. Wir beobachten sie hier nur vereinzelt zu Anfang April, wenn sie auf dem Zug gen Norden vorüberzieht.

**Rotdrossel:**

Sie ist im Winterhalbjahr hin und wieder in kleinen Gruppen auf Beerensuche im Garten zu beobachten; ganz selten ist der Gesang im Frühjahr zu hören.

**Misteldrossel:**

Diese Art wurde schon 1890 als Brutvogel beobachtet. Der Gesang war besonders häufig 1997 zu hören; es wurde jedoch nur ein Gelege in einer Weide am SW-Teil des Gartens festgestellt. Der Bestand hat im Eichenbereich am Stadtrand zugenommen.

**Teichrohrsänger:**

Die Art wurde von Ohrt als Brutvogel angegeben, im heutigen Schloßgarten fehlt er ganz, da größere Bestände an Schilf und Brennessel und andere höhere Kräuter fehlen. Hin und wieder hört man im Frühjahr zur Zugzeit kurzfristig den Vogel singen.

**Gelbspötter:**

Ohrt gibt den Vogel als Brutvogel zu jener Zeit an und nennt ihn damals „Bastardnachtigall". Die Vogelart kommt spät im Mai vom Süden zurück. Die Variabilität seines Gesanges aus dichtem Strauchwerk heraus ist für jeden, der Freude am Gesang der Vögel hat, ein besonderes Erlebnis. 2 - 3 Brutpaare fand ich im niederen Buschbestand des Gartens. Große Rhododendren und dichte Taxushecken sind nicht so recht seinen Wünschen angepaßt Auch ist er als Insektenfresser auf ein gutes Angebot angewiesen. Man hört ihn häufiger in den angrenzenden Gärten der Nachbarschaft.

**Klappergrasmücke:**

Das „Müllerchen" oder die Zaungrasmücke gab es schon 1890 als Brutvogel im Schloßgarten, heute ist sie nur mit einem Paar vertreten, denn dichte Rhododendren-Taxushecken sind für die Klappergrasmücke als Insektenfresser nicht geeignet und lichtere sonnige Laubhecken fehlen.

**Gartengrasmücke:**

Sie ist nach meinen Beobachtungen der letzten Jahre im Bestand mit 3 Brutpaaren im Garten gewesen. Auch Ohrt nennt den flotten Sänger als festen Bestand des Gartens. Die Art kommt im April vom Süden zurück. Insekten und Wildbeeren sind begehrt, aber auch in den Hausgärten nimmt sie gern Johannis- und reife Stachelbeeren. Die Vogelart liebt mehr eine offene Garten- und Feldlandschaft, weniger Parkanlagen mit altem Baumbestand.

**Mönchsgrasmücke:**

Diese Art ist mit 6 Brutpaaren festgestellt und auch bei Ohrt als Brutvogel genannt. Einige Exemplare ziehen nicht gen Süden, so daß schon im zeitigen Frühjahr der wunderschöne, volltönende Gesang zu hören ist. Das Männchen ist an der schwarzen Kopfplatte, das Weibchen an einer braunen zu erkennen. Ringsum im Schloßgarten, weniger im dichten Rhododendrenbereich, sind die Gesänge zu hören, doch selten erblickt man den Vogel. In Gärten mit reifen Beeren ist die Vogelart anzutreffen.

**Zilpzalp:**

Schon 1890 als Brutvogel bekannt. Sehr zeitig im März hört man seinen einfachen

Gesang: Zilp-Zalp Zilp-Zalp. Die zarteren Nebentöne hört man meistens nicht. Als Bodenbrüter hat er im Garten weniger passende Angebote; vermutlich deshalb schreiten auch einige Paare nicht zur Brut. Mir sind in diesem Jahre die Gesangsreviere von 9 Männchen bekannt. Da zur Rückkehr die Büsche und Sträucher noch ohne Blattwerk dastehen, kann man die Vogelart leicht beim Mücken- und anderen Insektenfang beobachten.

**Fitis:**

Der Fitis wird 1890 nur als „beobachtet" erwähnt, auch während der letzten Jahrzehnte brüteten nur wenige Paare im Schloßgarten. Im Frühjahr hört man häufig den hübschen Gesang von Durchzüglern. Büsche, Sträucher, Hecken in moeriger Landschaft zieht diese Vogelart vor.

**Wintergoldhähnchen:**

Man muß gut hören oder beobachten können, um den kleinen Vogel meist im oberen Bereich des Nadelgehölzkomplexes erkennen zu können, wo er im Winter und im Sommer auf Insektenfang sich beschäftigt. Heute konnte ich nur 1 Paar feststellen. Brutvogel ist er auch bei Ohrt nicht gewesen.

**Grauer Fliegenschnäpper:**

Er war in den 80er Jahren mit zwei Brutpaaren vertreten; auch bei Ohrt als Brutvogel angegeben. Vermutlich wegen des geringen Angebotes an fliegenden Insekten ist diese Art nicht so häufig mehr vertreten, auch werden die in angebotenen Halbhöhlen brütenden Vögel häufig vom Eichelhäher ihrer Jungen beraubt.

**Trauerfliegenschnäpper:**

Noch 1996 konnte der geschickte Fliegenfänger als Brutvogel in der Nähe des Schloßgartenteiches beim Füttern der Jungen in einem Nistkasten beobachtet werden. 1890 wurde er nur beobachtet. Noch in den 80er Jahren zählten wir 4 Brutpaare im Schloßgarten.

**Schwanzmeise:**

In allen Jahren zählte ich stets nur 1 Paar im Garten. Da sie rastlos auf Insektensuche durch den ganzen Garten zogen, meinte man, es seien mehrere Bruten im Nadelgehölz durchgeführt.

**Sumpfmeise:**

Sie ist hellgrau mit dunkler Kopfplatte bis zum Nacken und ist ebenfalls als Insekten und Samenfresser im Schloßgarten seit 1890 als Brutvogel bekannt. In sehr hohen Bäumen mit Höhlungen im Randgebiet der Hunte zum südlichen Teil, sowie in einigen Nistkästen kommt sie in 4 Brutpaaren vor.

**Blaumeise:**

Unsere Blaumeisen, etwa 4 Paare, brüten Jahr für Jahr in denselben zum Glück recht hoch aufgehängten Nistkästen im Garten. Sie leben vom Insektenfang und im Winter u.a. vom Körnerangebot.

**Kohlmeise:**

Auch diese Art bevorzugt die angebotenen Nistkästen entlang der Fußwege. Wie die Blaumeise ist auch sie stets im Garten dagewesen und im Winter an den Futterplätzen zu finden.

**Kleiber:**

Er wurde schon 1890 als Brutvogel erwähnt, heute zählte ich 5 Paare im Garten. Im Sommer und im Winter ist der laut rufende Vogel baumaufwärts wie auch abwärts zu hören und während der Balz gut zu beobachten. Baumrinden, Nischen und alte Bäume werden nach Insekten abgesucht. In alten Höhlen und auch in Nistkästen zieht er seine Brut auf.

**Gartenbaumläufer:**

Schon 1890 beobachtet, läuft die Art meist an Bäumen mit rauher Rinde hinauf und sucht kleine Insekten. Hinter groben abstehenden Rindenstücken oder Höhlungen bauten im Garten 2 Paare im SW u. SE Teil des Gartens in sehr hohen Bäumen; der kleine, graue Vogel ist kaum im belaubten Park zu entdecken.

**Neuntöter:**

1890 war das Parkgehölz wohl etwas lichter und für diese Vogelart geeigneter, außerdem war das Käferangebot bzw. kleine Mäuse gewiß reichlicher als heute. Ich fand kein Nest in den Beobachtungsjahren.

**Pirol:**

Der Pirol ist in jedem Frühjahr zur Zugzeit im Schloßgarten in den hohen Eichen und Pappeln am südlichen Bereich zu hören. Doch es sind Glückstreffer, wenn man diesen schönen und scheuen Vogel zu Gesicht bekommt.

**Eichelhäher:**

Er wird 1890 schon erwähnt. Häufig hört man die Warnrufe dieser im Herbst oft in großen Gruppen den Garten besuchenden und am Boden nach Eicheln und Bucheckern suchenden Vögel. Im Jahre 1997 beobachtete ich erstmalig ein Paar, das am Schloßteich, dicht an der Hunte, nahe an der Tulpenbaumgruppe ein Nest baute. Ob die Brut zum Flüggewerden kam, konnte ich nicht feststellen.

**Elster:**

Seit Jahren hält sich 1 Paar im Gartenbereich auf. Das Paar ist sehr scheu, es baute sein Nest in diesem Jahr ganz hoch in einer Eiche nahe der Gartenstraße. Selten ist oder war das Paar am Boden zu beobachten. Ihr Jagdgebiet ist auf die Gärten in der Nähe des Schloßgartens verlegt, hier werden leider öfter andere Jungvögel aus den Nestern geraubt.

**Dohle:**

Ohrt erwähnt die Dohle noch nicht. Die Art ist erst in dem letzten Jahrzehnt im Garten ansässig geworden. Sie brütet in der großen Platane (Höhle) gegenüber der großen Metasequoia. Der Waldkauz bevorzugt sonst die Höhle, heute streiten sich die Dohlen mit den Hohltauben um die Reviere, auch in anderen „Angeboten" für Höhlenbrüter im Garten (insgesamt 3 Brutpaare).

**Saatkrähe:**

Sie kommt im Winter als Übernachtungsgast (mit Dohlen gemeinsam) mit ca. 1 - 2000 Exemplaren abends in die hohen Bäume an der Hunte im SW-Teil des Schloßgartens. Vorher fallen sie auf den Rasenflächen des Freibades ein, trinken an der Hunte und fliegen dann zur Nacht in den Schloßgartenbereich ein. Das Gros der im Oldenburger Land etwa von Oktober bis Ende Februar aus Nordosteuropa hier verweilenden Saatkrähen und Dohlen übernachtet im Blankenburger Holz (6-8000 Exemplare).

**Rabenkrähe:**

Sie wird 1890 schon als Brutvogel im Schloßgarten erwähnt. In den 60er Jahren wurde diese Vogelart durch den Stadtjäger bejagt. Inzwischen brüten 4 Paare, meist in den höchsten Spitzen der alten Eichen des Gartens. Bevor sie ihre festen Brutreviere beziehen, werden erbitterte Kämpfe untereinander ausgefochten. Den Ringeltauben werden die ersten Gelege geraubt; es werden die toten Eintagsküken der Enten gegriffen und oft erwischen sie noch Entenjunge, die sich zu weit von ihrer Mutter entfernt haben.

**Star:**

Zur Beobachtung kamen im Schloßgarten auch bereits 1890 die Stare, es brüten heute jedoch nur 2 Paare: eines in der alten Platane zur Gartenstraße hin und eines in einer alten Spechthöhle an der Hunte. Auch im Winter bleiben einige Gruppen hier, sie finden sich an den Futterstellen für das Wassergeflügel ein.

**Feld-** und **Haussperling:**

Sie werden zwar 1890 als Brutvögel genannt, sie werden nur selten im Park- Gartengelände gesehen. Noch kein Brutnachweis erbracht.

**Buchfink:**

Ca. 15 feste Brutpaare zählte ich. Die Art brütete auch um 1890 hier. Schon im zeitigen Frühjahr hört man den Gesang, den kräftigen Finkenschlag, über den Gesamtgarten verteilt. Einige Exemplare sind über den Winter hier, sie ernähren sich dort an den Futterangeboten. Nur selten sah ich Buchfinken mit flüggen Jungen.

**Grünling:**

Im Sommer wie auch im Winter trifft man im Schloßgarten einige Gruppen an. Im

Küchengarten befand sich 1997 eine Brut in einem Apfelbaum, auch im vorigen Jahrhundert brüteten sie schon im Schloßgarten.

**Stieglitz** oder **Distelfink:**

Er wurde schon früher erwähnt, man beobachtet häufig einzelne Paare, meist ohne Rast. Ein Paar brütete in einem Apfelbaum im Küchengarten. Die Art verhält sich sehr scheu. Häufiger trifft man diese Vogelart an Hecken und Feldgehölzen.

**Birkenzeisig:**

Erst in den letzten Jahren hört man auch im Schloßgarten den Balzruf des Birkenzeisigs; eine feste Brut konnte ich noch nicht feststellen.

**Erlenzeisig:**

Wurde schon 1890 beobachtet, nur sehr selten mal hört man im Sommer den Ruf von hohen Bäumen herab. Im Winter kommen große Gruppen mit 50 - 100 Exemplaren zur Suche nach Sämereien in den Gehölzen.

**Gimpel:**

Manchmal kommen im Winter Gruppen als Invasionsvögel in den Garten zur Beerensuche an den Sträuchern, leider aber auch zur Knospensuche von Nutzsträuchern. Im Schloßgarten kann man auch zur Brutzeit Gimpelpaare beobachten. 1997 baute 1 Paar in einer Eibe nahe am Gewächshaus; eine erfolgreiche Brut konnte ich nicht feststellen.

**Kernbeißer:**

Eine Brut wurde 1890 schon von Ohrt festgestellt. Auch in den letzten Jahren konnte ich ein Brutpaar mit flüggen Jungen beobachten. Sehr hoch oben im Blätterwald waren sie zu sehen und zu hören.

**Goldammer:**

In früheren Jahren war der Park noch nicht so stark mit hohen Bäumen und wenig Unterholz bestanden. Die Goldammer liebt mehr offenes mit Büschen bewachsenes Gelände. So gibt es jetzt keine Goldammer mehr im Schloßgarten.

Aus meinen Beobachtungen und langjährigen Erfassungen der Vogelarten im Schloßgarten kann man erkennen, daß gerade die Insektenfresser und Zugvögel wie Neuntöter, Nachtigall, Rohrsänger, Haus- und Gartenrotschwanz und Fliegenschnäpper sehr selten geworden sind oder hier gar nicht mehr vorkommen. Die gleiche Entwicklung läßt sich auch im Emsland feststellen.
Demgegenüber ist eine Zunahme von ortstreuen Arten wie Enten, Teichhühnern, Ringeltauben, Amseln und der Rabenkrähe nicht zu übersehen; sie finden ein gün-

stiges Nahrungsangebot. Weder im Sommer noch im Winter brauchen sie Not zu leiden.

Viele Menschen, die es gut meinen, sorgen zu jeder Zeit für die Ernährung. Der ökologischen Vielfalt, wie sie noch vor Jahren vorhanden war, wird damit jedoch ein schlechter Dienst erwiesen.

*Tab. 2: Vergleichende Betrachtung der Vogelarten des Schloßgartens.*

| Vogelarten | | 1997 Brutpaare | 1890 Brut ✽ Vorkommen O | Bemerkungen zum aktuellen Bestand |
|---|---|---|---|---|
| Höckergans | | 2 | - | werden als Zootiere gehalten |
| Nonnengans | *Branta leucopsis* | - | - | seit vielen Jahren ein einzelner Gänserich ohne Partner |
| Brautente Mandarinente | | - | - | entflogene Zoogäste aus Käfighaltung |
| Stockente | *Anas platyrhynchos* | 45 | | ab 1960 ständig zunehmend |
| Sperber | *Accipiter nisus* | - | O | 1990 fand eine Brut statt (Dr. Blaszyk) |
| Turmfalke | *Falco tinnunculus* | - | - | hin und wieder eine Brut im Krähennest |
| Teichhuhn | *Gallinula chloropus* | 6 | - | 6 Paare mit je 3 Jungen (1997), dazu einige Nichtbrüter |
| Bläßralle | *Fulica atra* | - | - | zwischen 1990-96 brütete ein Paar |
| Lach-, Silber- und Sturmmöwe | *Larus ridibundus, L. argentatus, L. camus* | - | - | im Winterhalbjahr häufige Gäste am Schloßteich |
| Hohltaube | *Columba oenas* | 3-4 | - | passende Bruthöhlen sind selten |
| Ringeltaube | *Columba palumbus* | 25 | ✽ | Nicht alle Paare brüten |
| Turteltaube | *Columba turtur* | - | O | lediglich einige Beobachtungen im Frühjahr |
| Kuckuck | *Cuculus canorus* | | O | seltener Gast im Schloßpark |
| Waldkauz | *Stri aluco* | 1? | O | mangelnde Bruthöhlen |
| Mehl- und Rauchschwalbe | | - | - | Wasserflächen werden nur als Jagdrevier genutzt |
| Mauersegler | *Apus apus* | | - | Hoch über den Bäumen auf Nahrungssuche |
| Eisvogel | *Alcedo atthis* | - | O | in den letzten Jahren vereinzelte Beobachtungen |
| Gr. Buntspecht | *Dendrocopus major* | 1 | ✽ | vermutlich eine Brut mit Jungvögeln |
| Kleinspecht | *Dendrocupus minor* | - | - | einzelne Beobachtungen im Frühjahr |
| Bachstelze | *Motacilla alba* | 2 | O | in Schuppen- und Gebäudenähe anzutreffen |
| Seidenschwanz | *Bombycilla garrulus* | - | - | im Winter 1996/96 wurden einzelne als Invasionsvögel festgestellt |
| Wendehals | *Jynx torquilla* | - | O | zur Frühjahrszugzeit hört man einzelne Exemplare |
| Zaunkönig | *Troglodytes troglodytes* | 10 | ✽ | er ist in allen Parkbereichen zu beobachten und zu hören |
| Heckenbraunelle | *Prunella modularis* | 3 | ✽ | häufiger Gesang schon im März-April |
| Rotkehlchen | *Erithacus rubecula* | 10 | ✽ | schon im Winter ist der Gesang zu vernehmen |
| Hausrotschwanz | *Phoenicurus ochruros* | 1? | ✽ | fast in allen Jahren Brutvogel, aktuell noch nicht festgestellt |
| Gartenrotschwanz | *Phoenicurus phoenicurus* | - | ✽ | kein Brutvorkommen 1997 |
| Nachtigall | *Luscinia luscinia* | - | ✽ | in der Frühjahrszugzeit hört man ihren Gesang |

Der Schloßgarten in Oldenburg und seine Vogelwelt — 355

*Tab. 2 (Fortsetzung): Vergleichende Betrachtung der Vogelarten des Schloßgartens.*

| Vogelarten | | 1997 Brutpaare | 1890 Brut * Vorkommen O | Bemerkungen zum aktuellen Bestand |
|---|---|---|---|---|
| Amsel | Turdus merula | 25 | * | der häufigste Sänger in Schloßpark |
| Singdrossel | Turdus philomelos | 3-4 | * | gegenüber den Vorjahren seltener festgestellt |
| Rotdrossel | Turdus iliacus | - | | zur Zugzeit häufig zu beobachten |
| Ringdrossel | Turdus torquatus | - | * | heute kann sie nicht mehr festgestellt werden |
| Misteldrossel | Turdus viscivorus | 1? | - | fester Brutvogel in früheren Jahren |
| Wacholderdrossel | Turdus pilaris | - | - | häufiger Durchzügler und Wintergast |
| Teichrohrsänger | Acrocephalus scirpaceus | - | * | heute fehlen vermutlich die passenden Brutreviere |
| Gelbspötter | Hippolais icterina | 2-4 | * | nur zwei feste Brutreviere ermittelt |
| Klappergrasmücke | Sylvia curruca | 1 | * | nur selten hört man noch den Gesang des „Müllerchens" |
| Gartengrasmücke | Sylvia borin | 3 | * | gegenüber dem Vorjahren, reduzierter Bestand |
| Mönchsgrasmücke | Sylvia atricapilla | 6 | * | gleichbleibender Bestand über die Jahre |
| Zilpzalp | Phylloscopus collybita | 9 | * | häufig sind unverpaarte Männchen festzustellen |
| Fitis | Phylloscopus trochilus | 1 | O | weniger gegenüber Vorjahren |
| Wintergoldhähnchen | Regulus regulus | 1 - 2 | O | der hohe Gesang ist nicht leicht zu identifizieren, deshalb höher Bestand möglich |
| Grauschnäpper | Muscicapa striata | ? | * | in Vorjahren ein Brutpaar, 1997 bis Juni nicht zu beobachten |
| Trauerschnäpper | Ficedula hypoleuca | - | O | seit mehreren Jahren keine Brut mehr |
| Schwanzmeise | Aegithalos caudatus | - | * | in den vergangen Jahren wurden noch 1 - 2 Paare festgestellt |
| Sumpfmeise | Parus palustris | 2 | * | gleichbleibender Bestand |
| Blaumeise | Parus caeruleus | 2 - 4 | * | gleichbleibender Bestand |
| Kohlmeise | Parus major | 5 | * | die angebotenen Nistkästen werden gern angenommen |
| Kleiber | Sitta europaea | 5 | * | nimmt vorhandene Höhlen und Nistkästen an |
| Gartenbaumläufer | Certhia brachydactyla | 2 | O | findet sich im Altholz und Brüchen |
| Pirol | Oriolus oriolus | - | O | im Mai kann man ihn selten hören |
| Eichelhäher | Garrulus glandarius | 1 | O | konnte erstmalig beim Nestbau beobachtet werden |
| Elster | Pica pica | 1 | * | die Elstern verhalten sich äußerst vorsichtig |
| Dohle | Corvus monedula | 3 | O | heftige Streitereien mit Waldkauz und Hohltaube um die wenigen Höhlen |
| Saatkrähe | Corvus frugilegus | - | - | Anlage wird nur im Winter als Schlafplatz genutzt, dann hohes Vorkommen |
| Rabenkrähe | Corvus corone | 4 | * | um die Brutplätze finden viele Streitereien untereinander statt |
| Star | Sturnus vulgaris | 2 | O | finden sich in alten Spechthöhlen in Gartenbereichen |
| Haussperling | Passer domesticus | 1 ? | O | nicht sicher am Verwaltungsgebäude |
| Feldsperling | Passer montanus | - | O | kann nur selten im Schloßgarten beobachtet werden, keine Brutpaare |
| Buchfink | Fringilla coelebs | 15 | * | ein häufiger Brutvogel im Schloßgarten |
| Stieglitz | Carduelis carduelis | 2 ? | * | 2 Paare wurden beobachtet, Nester konnten nicht aufgefunden werden |
| Grünling | Carduelis chlorus | 2 | * | gleichbleibender Bestand |
| Kernbeißer | Cocotraustes cocotraustes | 1 | * | wahrscheinlich ein Brutpaar im Schloßgarten |
| Gimpel | Pyrrhula pyrrhula | 1 | - | vermutlich ein Paar, ohne feste Nestbindung am Tropenhaus |

## Literatur

OHRT, H. (1890): Die Großherzoglichen Gärten und Parkanlagen zu Oldenburg. Oldenburg und Leipzig.
PÜHL, E. (1993): Schloßgarten Oldenburg. Gehölzführer. Oldenburg, 68 pp.

Egbert Koolman

# Oldenburgische Bibliographie 1996

(Mit Nachträgen aus den vorhergehenden Jahren)
In der Landesbibliothek Oldenburg bearbeitet[1]

## Bibliographien/Nachschlagewerke

1. *Koolman, Egbert*: Oldenburgische Bibliographie 1995. In: Oldenburger Jahrbuch, Bd. 96, 1996, S. 319-387.
2. *Hoffmann, Horst*: Bibliographie Wolfgang Büsing. Zsgest. u. hrsg. im Auftr. der Genealogischen Gesellschaft, Hamburg. Uelzen 1996. 20 S.; 1 Abb. 96-6386,7
3. *Lange, Jürgen*: Verzeichnis der Veröffentlichungen von Wolfgang Hartung. In: Oldenburger Jahrbuch, Bd. 96, 1996, S. 313-318.
4. *Büsing, Wolfgang*: Die Vorträge der Oldenburgischen Gesellschaft für Familienkunde 1990-1996. In: Oldenburgische Familienkunde, Jg. 38, 1996, S. 393-478; Abb.

   - s.a. Nr. 116

## Kataloge

5. *Beck, Marli*, u. *Frank Neupert*: Archivalien oldenburgischer Behörden des Fürstentums/Landesteils Birkenfeld im Landeshauptarchiv Koblenz. Koblenz: Landesarchivverwaltung Rheinland-Pfalz 1995. 615 S.; 9 Abb. (Veröffentlichungen der Landesarchivverwaltung Rheinland-Pfalz. Bd. 65.)
6. *Andrae, Christian*: Findbuch zum Archiv des Gesangvereins „Frohsinn" Ohmstede. Stadtarchiv Oldenburg, Best. 262-1 V 6. Oldenburg: Stadtarchiv 1995. 63 Bl. 4-96-1255

## Geschichte

### Ur- und Frühgeschichte

7. *Behre, Karl-Ernst*: Die Entwicklung des Naturraumes und die Verlagerungen der Küstenlinien im Stadtgebiet von Wilhelmshaven von der prähistorischen Zeit bis zum Beginn des Deichbaus. In: Friedrich Wilhelm Wulf, Archäologische Denkmale in der kreisfreien Stadt Wilhelmshaven, Hannover 1996, S. 1-7; 3 Abb. (Materialhefte zur Ur- und Frühgeschichte Niedersachsens. Reihe B: Inventare, H. 1.).

---

[1] Fortsetzung von E. Koolman und R. Lübbe: Oldenburgische Bibliographie 1972-1995; in: Oldenburger Jahrbuch 74 (1974), 78/79 (1978/79-1984), 86-96 (1986-1996).

Aus Kostengründen muß auf die bisher regelmäßig wiederholte Nennung der ausgewerteten regionalen Periodika im Abschnitt „Zeitschriften" und ebenso auf die Meldung von regionalen Fachperiodika bei den einzelnen Sachgruppen verzichtet werden. Zeitschriftentitel sind nur noch bei Titeländerung aufgenommen worden. In den Zeitschriften enthaltene Aufsätze werden weiterhin gemeldet.

Anschrift des Bearbeiters: Dr.phil. Egbert Koolman, Bibliotheksdirektor, Landesbibliothek Oldenburg, Postfach 34 80, 26024 Oldenburg.

8. *Eckert, Jörg*: Bericht der Archäologischen Denkmalpflege 1995. Niedersächsisches Landesverwaltungsamt, Institut für Denkmalpflege, Außenstelle Weser-Ems. In: Oldenburger Jahrbuch, Bd. 96, 1996, S. 229-249; 18 Abb.
9. *Eckert, Jörg*: Ein neuer Fundplatz der Trichterbecherkultur im Ammerland. [Nuttel]. In: Archäologische Mitteilungen aus Nordwestdeutschland, 19, 1996, S. 67-72; 4 Abb.
10. *Heinemeyer, Elfriede*: Der Goldring von der Südergast in Jever. Zu einem Bodenfund im Landesmuseum Oldenburg. In: Archäologische Mitteilungen aus Nordwestdeutschland, 18, 1995, S. 81-84; 2 Abb.
11. *Fansa, Mamoun*: Die Großsteingräber in der Gemeinde Lastrup. In: Oldenburger Jahrbuch, Bd. 96, 1996, S. 211-218; 6 Abb.
12. *Both, Frank*: Bodenfunde aus der Stadt Oldenburg. Eine Ergänzung des Fundstellenkatalogs. In: Oldenburger Jahrbuch, Bd. 96, 1996, S. 219-228; 2 Abb.
13. *Both, Frank*: Eine Fleischgabel des Mittelalters aus Oldenburg im Vergleich zu den Darstellungen im Oldenburger Sachsenspiegel. In: Realienforschung und historische Quellen, Oldenburg 1996, S. 137-144; 4 Abb. (Archäologische Mitteilungen aus Nordwestdeutschland. Beih., 15.)
14. *Haiduck, Hermann*: Ein mittelalterlicher Köcher aus der Wurt Niens, Ldkr. Wesermarsch. In: Archäologische Mitteilungen aus Nordwestdeutschland, 19, 1996, S. 73-78; 8 Abb.
15. *Eckert, Jörg*: Archäologische Neuentdeckung: Ein Friedhof der Bronzezeit in Vechta. In: Jahrbuch für das Oldenburger Münsterland, 1996, S. 47-52; 4 Abb.
16. *Eckert, Jörg*: Ausgrabungen in der St. Petrikirche in Westerstede, Ldkr. Ammerland. In: Berichte zur Denkmalpflege in Niedersachsen, Jg. 16, 1996, S. 68-69; 2 Abb.
17. *Wulf, Friedrich-Wilhelm*: Archäologische Denkmale in der kreisfreien Stadt Wilhelmshaven. Hannover: Hahn 1996. 197 S.; 22 Taf. mit Abb. (Materialhefte zur Ur- und Frühgeschichte Niedersachsens, Reihe B: Inventare, H. 1.) 4-97-0139
18. *Zimmermann, W. Haio*: Die Besiedlung im Stadtgebiet von Wilhelmshaven in ur- und frühgeschichtlicher Zeit und ihre Erforschung. In: Friedrich-Wilhelm Wulf, Archäologische Denkmale in der kreisfreien Stadt Wilhelmshaven, Hannover 1996, S. 9-37; 17 Abb. (Materialhefte zur Ur- und Frühgeschichte Niedersachsens. Reihe B: Inventare, H. 1.)
19. *Fansa, Mamoun,* u. *Reinhard Schneider*: Die Moorwege im Großen Moor und im Aschener-Brägeler Moor.In: Archäologische Mitteilungen aus Nordwestdeutschland, 19, 1996, S. 5-66; 25 Abb.
20. *Fansa, Mamoun,* u. *Reinhard Schneider*: Der Bohlenweg XII Ip) - Hünenbrücke - im Ipweger Moor und Grasmoor/Ldkr. Ammerland und Ldkr. Wesermarsch. In: Archäologische Mitteilungen aus Nordwestdeutschland, 18, 1995, S. 5-42; 42 Abb.
21. *Metzler, Alf*: Bericht über die Grabungen am Bohlenweg IP 12 durch das Institut für Denkmalpflege in 1989 und 1991. In: Archäologische Mitteilungen aus Nordwestdeutschland, 18, 1995, S. 45-63; 19 Abb.
22. *Fansa, Mamoun,* u. *Reinhard Schneider:* Die Rekonstruktion eines oldenburgisch-friesischen Frachtwagens aus dem 12. Jahrhundert n. Chr. In: der sassen speyghel. Sachsenspiegel - Recht - Alltag, Bd. 2, Oldenburg 1995, S. 163-172; 8 Abb.

## Mittelalterliche Geschichte

23. Die Lehnregister der Bischöfe von Münster bis 1379. Bearb.: Hugo Kemkes, Gerhard Theuerkauf u. Manfred Wolf. Münster: Regensberg 1995. 502 S. (Veröffentlichungen der Historischen Kommission für Westfalen. XXVIII: Westfälische Lehnbücher. Bd. 2.)

24. *Schmidt, Heinrich*: Der landesgeschichtliche Hintergrund des „Oldenburger Sachsenspiegels". In: Der Oldenburger Sachsenspiegel. Vollständige Faksimile-Ausg. Kommentarband. Hrsg. von Ruth Schmidt-Wiegand, Graz 1996, S. 39-58; 3 Abb. (Codices selecti. Vol. CI.)
25. *Egidius, Hans*: Fluten schwemmten riesige Moorflächen fort. In: Heimat am Meer, Jg. 1996, S. 61-62; 2 Abb.

### Neue Geschichte

26. *Hoffmann, Christian*: Oldenburg. In: Die Territorien des Reichs im Zeitalter der Reformation und Konfessionalisierung. Land und Konfession 1500-1650. Hrsg.: Anton Schindling u. Walter Ziegler. 6: Nachträge, Münster 1996, S. 130-151; 1 Kte. (Katholisches Leben und Kirchenreform im Zeitalter der Glaubensspaltung. 56.)
27. *Schmidt, Heinrich*: Dynastien, Länder und Geschichtsschreibung im nordwestlichen Niedersachsen vom 16. bis zum 19. Jahrhundert. In: Niedersächsisches Jahrbuch für Landesgeschichte, Bd. 68, 1996, S 1-17.
28. *de Wall, Karl-Heinz*: Goldene Linie sicherte Zöllner Einkommen. 1666 festgeschriebene Grenze zwischen Ostfriesland und Jeverland erschwerte den Handel. In: Heimat am Meer, Jg. 1996, S. 11-12; 1 Abb.
    Auch in: Friesische Heimat, Esens, Jg. 1996, Nr. 9, S. [2], u.d.T.: Über die „Goldene Linie" ließ sich jahrhundertelang trefflich streiten.
29. *Rönnpag, Otto*: Als der Eutiner Fürstbischof Herzog von Oldenburg wurde. In: Jahrbuch für Heimatkunde, Eutin, Jg. 30, 1996, S. 67-70; 2 Abb.
30. *Friedl, Hans*: Oldenburg, Dänemark und Rußland. Staatspolitik und dynastische Verbindungen in der Neuzeit. In: Mitteilungsblatt der Oldenburgischen Landschaft, Nr. 91, 1996, S. 1-6; 10 Abb.
31. *Ordemann, Walter*: Hehre Patrioten und Abenteuer. Die Schwarze Garde auf dem Zug durch Norddeutschland gegen Napoleon im Jahr 1809. In: Nordwest-Heimat v. 22.6.1996, S. [3-4]; 2 Abb.
32. *Ordemann, Walter*: Preußen und Oldenburg 1852-1854. Geheimverträge über das Jadegebiet und Kniphausen. Oldenburg: Kayser 1996. 163 S.; Abb.
33. *Heuzeroth, Günter*, u. *Peter Szynka*: Die im Dreck lebten. 3. Ausländische Zwangsarbeiterinnen und Zwangsarbeiter, Kriegsgefangene und die Lager in den Landkreisen Ammerland, Wesermarsch und Friesland. Ereignisse, Augenzeugenberichte u. Dokumente. Eine Spurensuche. 350 S.; Abb. - 5. Ausländische Zwangsarbeiterinnen und Zwangsarbeiter, Kriegsgefangene und die Lager in den Landkreisen Oldenburg, Cloppenburg und Vechta. 261 S.; Abb. Osnabrück, Oldenburg: Druck - u. Verlagscooperative 1996. (G. Heuzeroth, P. Szynka: Unter der Gewaltherrschaft des Nationalsozialismus. Dargest. an den Ereignissen in Weser-Ems 1939-1945. Bd. 4,3 u. 4,5.) 86-5643:4,3 u. 4,5
34. *Snell, Detlev*: Die Führererlasse vom 1. April 1944 und das Schicksal der Regierungsbezirke Aurich und Osnabrück. In: Oldenburger Jahrbuch, Bd. 96, 1996, S. 123-136.
35. *Kuropka, Joachim*: Territoriale Neuordnungspläne und -entscheidungen im westlichen Niedersachsen nach dem Zweiten Weltkrieg: Westfalen - Oldenburg - Niedersachsen. In: Westfälische Forschungen. Zeitschrift des Westfälischen Instituts für Regionalgeschichte des Landschaftsverbandes Westfalen-Lippe, 46, 1996, S. 338-365.
36. *Eckhardt, Albrecht*: Von Oldenburg nach Niedersachsen - Die Ereignisse der Jahre 1945-1946. In: Das Land Oldenburg, Nr. 93, 1996, S. 1-4; 5 Abb.

37. *Milde, Horst*: Oldenburg in Niedersachsen - Einige Erinnerungen und Betrachtungen. Ein Beitrag zum 50jährigen Bestehen des Landes Niedersachsen. In: Oldenburger Jahrbuch, Bd. 96, 1996, S. 1-23; 3 Abb.
38. *Milde, Horst*: „Oldenburg in Niedersachsen". In: Das Land Oldenburg, Nr. 93, S. 9-11.
39. *Schmidt, Heinrich*: Regionalität in Niedersachsen. In: Das Land Oldenburg, Nr. 93, 1996, S. 7-9.

## Rechtsgeschichte

40. *Sellert, Wolfgang,* u. *Peter Oestmann:* Nordwestdeutsche Landrechte. In: der sassen speyghel. Sachsenspiegel - Recht - Alltag, Bd. 1, Oldenburg 1995, S. 159-172; 2 Abb.
41. *Oestmann, Peter*: Der Kampf um das friesische Recht in Butjadingen - Landrecht zwischen Tradition und Rezeption. In: der sassen speyghel. Sachsenspiegel - Recht - Alltag, Bd. 1, Oldenburg 1995, S. 173-187; 2 Abb.
42. *Ehbrecht, Wilhelm*: Schichten und Typen der Stadtbildung zwischen Ems und Hunte in Mittelalter und Frühneuzeit. In: der sassen speyghel. Sachsenspiegel - Recht - Alltag, Bd. 1, Oldenburg 1995, S. 189-223; 5 Abb.
43. *Schmidt, Heinrich*: Freiheit und Herrschaft im Spiegel der Oldenburger Stadrechtsurkunde von 1345. In: der sassen speyghel. Sachsenspiegel - Recht - Alltag, Bd. 1, Oldenburg 1995, S. 233-248; 3 Abb.
44. *Eckhardt, Albrecht*: Bremer Stadtrechtsfamilie und Oberhof. In: der sassen speyghel. Sachsenspiegel - Recht - Alltag, Bd. 1., Oldenburg 1995, S. 249-264; 5 Abb.
45. *Müller, Walter*: Das Oberappellationsgericht Oldenburg. In: Mitteilungsblatt der Oldenburgischen Landschaft, Nr. 90, 1996, S. 13-15.
46. *Ordemann, Walter*: Die Bildung des Oberlandesgerichtsbezirks Oldenburg im Jahre 1944. In: Oldenburger Jahrbuch, Bd. 96, 1996, S. 137-147.
47. *Ordemann, Walter*: Seit 75 Jahren gibt es Notariate. In: Nordwest-Heimat v. 20.7.1996, S. [2-3]; 2 Abb.
48. *Haase, Norbert*: „Gefahr für die Manneszucht". Verweigerung und Widerstand im Spiegel der Spruchtätigkeit von Marinegerichten in Wilhelmshaven (1939-1945). Hannover: Hahn 1996. 319 S. (Veröffentlichungen der Historischen Kommission für Niedersachsen und Bremen. XXXIX, Bd. 6.) ZS 690:XXXIX,6
49. Der Oldenburger Sachsenspiegel. Vollständige Faksimile-Ausg. Textbd. Kommentarbd. Hrsg.: Ruth Schmidt-Wiegand. Graz: Akademische Druck- u. Verl.-Anst. 1995-1996. Cim III 352.
50. *Koolman, Egbert*: Untersuchungen zur Besitzgeschichte der Oldenburger Bilderhandschrift. In: Der Oldenburger Sachsenspiegel. Vollständige Faksimile-Ausg. Kommentarband. Hrsg. von Ruth Schmidt-Wiegand, Graz 1996, S. 23-38; 4 Abb. (Codices selecti. Vol. CI.)
51. *Scheele, Friedrich*: Zur Herstellung und Gestaltung der Miniaturen. Mit besonderer Berücksichtigung des Verhältnisses von Illustrationen und Registern. In: Der Oldenburger Sachsenspiegel. Vollständige Faksimile-Ausg. Kommentarband. Hrsg. von Ruth Schmidt-Wiegand, Graz 1996, S. 59-86; 10 Abb. (Codices selecti. Vol. CI.)
52. *Scheele, Friedrich*: Zum Wirklichkeitsgehalt in den Miniaturen der Oldenburger Bilderhandschrift des Sachsenspiegels. In: der sassen speyghel. Sachsenspiegel - Recht - Alltag, Bd. 2, Oldenburg 1995, S. 69-81; 6 Abb.
53. *Siebert, Anne Viola*: Fortuna und ihr Rad. Die Bedeutung eines antiken Symbols im Mittelalter. In: der sassen speyghel. Sachsenspiegel - Recht - Alltag, Bd. 2, Oldenburg 1995, S. 91-96; 4 Abb.

54. *Kroeschell, Karl*: Der Sachsenspiegel als Land- und Lehnrechtsbuch. In: Der Oldenburger Sachsenspiegel. Vollständige Faksimile-Ausg. Kommentarband. Hrsg. von Ruth Schmidt-Wiegand, Graz 1996, S. 13-21. (Codices selecti. Vol CI.)
55. *Schmidt-Wiegand, Ruth*: Mittelalterliche Alltagskultur in den Bilderhandschriften des Sachsenspiegels. In: Der Oldenburger Sachsenspiegel. Vollständige Faksimile-Ausg. Kommentarband. Hrsg. von Ruth Schmidt-Wiegand, Graz 1996, S. 143-169; 8 Abb. (Codices selecti. Vol CI.)
56. *Damme, Robert*: Ein bislang wenig beachtetes mittelniederdeutsch-lateinisches Vokabular. In: Alles was Recht war. Rechtsliteratur und literarisches Recht. Festschrift für Ruth Schmidt-Wiegand zum 70. Geburtstag, Essen 1996, S. 201-208.
57. *Bötschke, Dieter*: Die Glossen zum Sachsenspiegel. In: Alles was Recht war. Rechtsliteratur und literarisches Recht. Festschrift für Ruth Schmidt-Wiegand zum 70. Geburtstag, Essen 1996, S. 161-178.
58. *Schäfer, Rolf:* Christliches Bildungsgut im Oldenburger Sachsenspiegel. In: der sassen speyghel. Sachsenspiegel - Recht - Alltag, Bd. 1, Oldenburg 1995, S. 87-102; 5 Abb.
59. *Thier, Bernd*: „godes denest buten lande". Die Pilgerdarstellung des Oldenburger Sachsenspiegels im Lichte archäologischer Hinweise zur Wallfahrt nach Santiago de Compostela. In: der sassen speyghel. Sachsenspiegel - Recht - Alltag, Bd. 2, Oldenburg 1995, S. 351-360; 7 Abb.
60. *Kocher, Gernot:* Realien und rechtliche Bildaussage im Sachenspiegel. In: der sassen speyghel. Sachsenspiegel - Recht - Alltag, Bd. 2, Oldenburg 1995, S. 83-90; 17 Abb.
61. *Capelle, Torsten*: Bildquellen und Realienforschung im hohen Mittelalter - die Stellung des Sachsenspiegels. In: der sassen speyghel. Sachsenspiegel - Recht - Alltag, Bd. 2, Oldenburg 1995, S. 97-103; 10 Abb.
62. *Haupt, Herbert*: Der Wagen im 14. Jahrhundert. In: der sassen speyghel. Sachsenspiegel - Recht - Alltag, Bd. 2, Oldenburg 1995, S. 155-161; 6 Abb.
63. *Asche, Kurt*: Städtische Steinhäuser in Nordwestdeutschland und ihre Analogien zu 66§3 im Dritten Buch des Landrechts. In: der sassen speyghel. Sachsenspiegel - Recht - Alltag, Bd. 2, Oldenburg 1995, S. 229-239; 16 Abb.
64. *Heine, Hans-Wilhelm*: Burgen im Oldenburger Sachsenspiegel. Abbild und Wirklichkeit - Burgenkundliche Bemerkungen. In: der sassen speyghel. Sachsenspiegel - Recht - Alltag, Bd. 2, Oldenburg 1995, S. 241-260; 19 Abb.
65. *Ottenjann, Helmut*: Das Sondervermögen „Gerade" sowie Kiste und Lade im Oldenburger Sachsenspiegel und im bäuerlichen Erbrecht des Ammerlandes. In: der sassen speyghel. Sachsenspiegel - Recht - Alltag, Bd. 2, Oldenburg 1995, S. 379-397; 17 Abb.
66. *Jaacks, Gisela*: Kleidung und Textil im Oldenburger Sachsenspiegel. In: der sassen speyghel. Sachsenspiegel - Recht - Alltag, Bd. 2, Oldenburg 1995, S. 399-410; 9 Abb.
67. *Schormann, Michael Heinrich*: Waffen im Oldenburger Sachsenspiegel. Waffenkundliche Bemerkungen. In: der sassen speyghel. Sachsenspiegel - Recht - Alltag, Bd. 2, Oldenburg 1995, S. 325-342; 18 Abb.
68. *Schormann, Michael Heinrich*: Waffenkundliches zum Oldenburger Sachsenspiegel. In: Der Oldenburger Sachsenspiegel. Vollständige Faksimile-Ausg. Kommentarband. Hrsg. von Ruth Schmidt-Wiegand, Graz 1996, S. 103-123; 7 Abb. (Codices selecti. Vol. CI.)
69. *Bonte, Wolfgang,* u. *Peter Piper*: Gerichtsmedizin und Sachsenspiegel. In: der sassen speyghel. Sachsenspiegel - Recht - Alltag, Bd. 2, Oldenburg 1995, S. 423-432; 10 Abb.
70. Der Sachsenspiegel. Aus dem Leben gegriffen - Ein Rechtsbuch spiegelt seine Zeit. Katalog zur Wanderausstellung. Red.: Frank Both. Ausstellungstexte: Irmtraud Rippel-Manß u.a. Oldenburg: Isensee 1996. 92 S.; Abb. (Archäologische Mitteilungen aus Nordwestdeutschland. Beih. 14.) ZS 4375:Beih.14

[Sachsenspiegel] s.a. Nr. 13, 22, 24, 235, 236, 240-242, 272, 273, 305, 366, 394, 406, 443, 448-450

### Verfassungs-/Verwaltungsgeschichte

71. *Eckhardt, Albrecht*: Von der bürgerlichen Revolution zur nationalsozialistischen Machtübernahme. Der Oldenburgische Landtag und seine Abgeordneten 1848-1933. Oldenburg: Isensee 1996. 144 S.; Abb. (Oldenburger Forschungen. N.F. Bd. 1.) 96-6190
72. *Rönnpag, Otto*: Wie waren wir von 1919 bis 1933 im Landtag in Oldenburg vertreten? In: Jahrbuch für Heimatkunde, Eutin, Jg. 30, 1996, S. 122-131; 8 Abb.
73. Abgeordnete in Niedersachsen 1946-1994. Biographisches Handbuch. Hrsg.: Präsident des Niedersächsischen Landtages. Bearb.: Barbara Simon. Hannover: Niedersächsischer Landtag 1996. 455 S.; Abb. 97-6159
74. *Vahlenkamp, Werner*: Hinter jedem Kabinettsmitglied ein Aufpasser in Militäruniform. Neuaufbau der Zivilverwaltungen 1945/46 unter der Aufsicht britischer Offiziere. In: Nordwest-Heimat v. 17.2.1996, S. [1-2]; 1 Abb.
75. *Heintze, Cornelia*: Kommunale Verpackungssteuer als abfallpolititisches Instrument. Delmenhorst mit eigenem Satzungskonzept. In: Niedersächsischer Städtetag, Jg. 24, 1996, S. 13-17.
76. *Warnke, Fritz*: 75 Jahre Freiwillige Feuerwehr Edewecht 1921-1996. Westerstede 1996: Plois. 119 S.; Abb. 97-6373

### Gesundheitswesen

77. *Wandscher, Heiko*: Oldenburg - Medizinisches Oberzentrum im Nordwesten Niedersachsens. In: Das Blaue Adressbuch Stadt Oldenburg, Ausg. 100, 1996/97, S. 34-39; Abb.
78. 125 Jahre Pius-Hospital Oldenburg. Red.: Udo Brandes. Oldenburg 1996. 67 S.; Abb. 4-96-0315
79. *Frerichs, Holger*: Von der Rädertrage zum Rettungswagen - 100 Jahre Rettungswesen im Landkreis Friesland. Varel: Heimatverein Varel 1996. 211 S.; Abb. (Vareler Heimathefte. H. 10.) ZS 5231:10
80. *Tryba, Mathias*: Krankentransport auf Wangerooge. In: Holger Frerichs, Von der Rädertrage zum Rettungswagen, Varel 1996, S. 204-209; 2 Abb. (Vareler Heimathefte. 10.)
81. *Harms, Ingo*: „Wat mööt wi hier smachten ..." Hungertod und „Euthanasie" in der Heil- und Pflegeanstalt Wehnen im "Dritten Reich". Osnabrück, Oldenburg: Druck- & Verlagscooperative 1996. 227 S. 96-3091

### Schulen/Hochschulen

82. *Hanschmidt, Alwin*: „Verbesserung der deutschen Landschulen". Vorschläge des Langfördener Pfarrers Bernard Sigismund Hoyng (1771). In: Oldenburger Jahrbuch, Bd. 96, 1996, S. 87-97.
83. *Matzker, Gerd:* „Blutsuppe der Spartaner". Als Student in Oldenburg vor 50 Jahren. In: Der Oldenburgische Hauskalender, Jg. 170, 1996, S. 24-27.
84. *Kummerer, Klaus*: Der Studiengang Stadt- und Regionalplanung an der Carl-von-Ossietzky-Universität Oldenburg. Abgesang auf ein erfolgreiches Ausbildungskonzept. In: Raumforschung und Raumordnung, Jg. 53, 1995, S. 356-359.
85. Umzu. Fachhochschule Oldenburg. Hrsg.: Der Präsident der FHS Oldenburg. Jg. 1, 1996. ZS 5693

86. *Glöckner, Paul Wilhelm*: Die „Rektorschule" in Delmenhorst. In: Der Oldenburgische Hauskalender, Jg. 170, 1996, S. 36-38; 2 Abb.
87. *Sieve, Peter*: Die zweite Schule von Hammel. In: Volkstum und Landschaft, Nr. 139, 1996, S. 6; 2 Abb.
88. „Schule creative '93". Jugend-Kultur-Tage (an) Oldenburger Schulen. In: Zusammenarbeit von Schulen mit außerschulischen Partnern in zeit- und jugendtypischen Kulturbereichen. Hrsg.: Niedersächsisches Kultusministerium. Hannover 1996, S. 14-18: (Handreichungen für allgemeinbildende und berufsbildende Schulen.) 4-95-1055
89. *Stemann, Marianne*: Der Biotop im Schulgelände der Ludgerus-Schule in Vechta. In: Jahrbuch für das Oldenburger Münsterland, 1996, S. 265-274; 4 Abb.
90. *Schlegel, Martha*: Von der Nordseeküste in die Kinderlandverschickung 1940-1945. Zeitgeschichtl. Dokumentation. Oldenburg: Isensee 1996. 526 S.; Abb. 96-1282
91. *Wilkens, Doris:* Schulspeisung gegen Unterernährung. Beginn vor 50 Jahren im Notstandsgebiet Wilhelmshaven. In: Heimat am Meer, Jg. 1996, S. 29-30; 4 Abb.
92. *Dannemann, Geesche*: Von Frauenbildung zur Frauenschulung im Nationalsozialismus: am Beispiel der Bildungsarbeit Bertha Ramsauers in der Heimvolkshochschule Husbäke, Edewecht. Oldenburg: BIS 1994. 97 S. 94-6672
93. Schloß Neuenburg in den vergangenen 300 Jahren. Die Landfrauenschule 1921-1960. Text: Enno Hegenscheid u.a. Hrsg.: Heimatverein Neuenburg e.V., Arbeitskreis Heimatkunde. Varel 1996: Stecker. 167 S.; Abb. (Neuenburger Heimatkunde. Nr. 6.) 96-6737
94. *Franken, Bernd*: Das Gertrudenheim Oldenburg. Die Zeit von 1970-1996 und ein Überblick über 110 Jahre Unterrichts- und Pflegeanstalt. Ofen 1997: Rösemeyer. 70 S.; Abb. 97-6091
95. 10.000 Tage Erwachsenenbildung. Versuch einer Standortbestimmung. Katholisches Bildungswerk Essen/Oldb. e.V. Red.: Manfed Göken. Essen/Oldb. 1996. 85 S. 97-6040
S. 35-38: *Bernd Thonemann*: Wie es begann. Die Anfänge der Katholischen Erwachsenenbildung im Landkreis Cloppenburg.
S. 39-42: *Ferdinand Cloppenburg:* Zur Bedeutung der katholischen Bildungswerke im Landkreis Cloppenburg.
S. 47-50: *Hubert Berding*: Wie hat es damals angefangen mit dem Katholischen Bildungswerk Essen?
S. 51-59: *Manfred Göken*: Zeit macht aus einem Gerstenkorn eine Kanne Bier oder Die Entwicklung des Katholischen Bildungswerkes Essen/Oldb. in den vergangenen 10.000 Tagen.
96. *Berg, Eugenie*: „... die ist zu stolz und zu fein, um zu füttern Kuh und Schwein". Probleme bürgerlicher Pensionats-Erziehung für Mädchen auf dem Land im 19. Jahrhundert. In: Heimat am Meer, Jg. 1996, S. 5-8; 2 Abb.

### Kirchen/Glaubensgemeinschaften

97. *Brockmann, Bernhard*: Die Christianisierung des Oldenburger Münsterlandes. Abt Gerbert-Castus in seiner Zeit. Vechta: Plaggenborg 1996. 208 S., 6 Abb. (Quellen und Beiträge zur Kirchengeschichte des Oldenburger Landes. Bd. 1.)
98. *Ahlers, Gerd*: Über die Beziehungen der Zisterziener von Hude zu den Dominikanerinnen in Lemgo während der ersten Hälfte des 14. Jahrhunderts. In: Oldenburger Jahrbuch, Bd. 96, 1996, S. 33-43.
99. *Hanschmidt, Alwin*: Ein Schreiben Franz von Fürstenbergs. Zur Wiederbesetzung der Dechantenstelle im Amt Vechta ... 1797. In: Heimatblätter, Jg. 75, 1996, S. 42; 1 Abb.

100. *Instinsky, Markus*: „Bloß der Verdacht bleibt ..." Zur Amtsenthebung des ersten Vechtaer Offizials (Franz Joseph Herold) im August 1846. In: Heimatblätter, Jg. 75, 1996, S. 38-39.
101. *Kuropka, Joachim*: Ist die Zeit des Kreuzes nun vorbei? Empörung, Betroffenheit und Erinnerung an schlimme Zeiten. In: Jahrbuch für das Oldenburger Münsterland, 1996, S. 5-20; 2 Abb.
102. 50 Jahre Kolpingsfamilie Eggermühlen 1946-1996. Eine Chronik in Wort und Bild. Ankum 1996: Pfotenhauer. 36 S.; Abb. 96-6507
103. Der Caritasverband im Landkreis Vechta, Dekanatsgeschäftsstelle in Lohne. In: Kennst Du Deine Heimat, H. 20, 1996, S. 68-79; 5 Abb.
104. Die neue Synagoge und das Jüdische Kulturzentrum, Wilhelmstraße 17 in Oldenburg (Oldb.). Dokumentation der feierlichen Übergabe durch die Stadt Oldenburg am 5.3.1995 an die Jüdische Gemeinde zu Oldenburg. Oldenburg: Isensee 1996. 55 S.; Abb. 97-6056

### Militär

105. *Ney, Hans*: Zukünftige Soldaten „ehrlich gemacht". Von Rekrutierungsbräuchen im 18. Jh. In: Heimat am Meer, Jg. 1996, S. 31; 1 Abb.
Auch in: Friesische Heimat, Jever, Nr. 265, 1996, S. 1, u.d.T.: Kriminelle als Zerbster Soldaten nach Amerika.
106. *Kordes, August*: Das Oldenburger Ehrenmal in Hochhausen. In: Volkstum und Landschaft, Nr. 139, 1996, S. 2-3; 1 Abb., 1 Kte.
107. Oldenburgische Infanterie. (O.I.R.91/IR 16/PzBtl 314/FschJgBtl 314). Oldenburg, Nr. 39-41, 1996. ZS 5363

### Einzelne Orte und Landschaften

108. 250 Jahre A c c u m e r Mühle. Geschichte und Geschichten. Aus Anlaß der 250-Jahr-Feier der Accumer Mühle hrsg. im Auftr. des Arbeitskreises Accumer Mühle e.V. von Alfred Fleßner u. Dieter Mögling. Wilhelmshaven 1995: Brune. 106 S.; Abb. 97-6153

A h l h o r n  s. Nr. 290
A m m e r l a n d  s. Nr. 9, 33, 65, 237, 256, 257, 461
A s c h e n e r  M o o r  s. Nr. 19
A s t e d e  s. Nr. 111
A u g u s t f e h n  s. Nr. 261

B a k u m  s. Nr. 271
B a r ß e l  s. Nr. 295
B e v e r b r u c h  s. Nr. 279
B i r k e n f e l d  (Landesteil) s. Nr. 5, 423
B i s s e l  s. Nr. 279
B l a n k e n b u r g  s. Nr. 430

109. *Tegenkamp, Franz-Josef*: Die B o k e r n e r Mühle. In: Kennst Du Deine Heimat, H. 20, 1996, S. 20-27; 8 Abb.

B o r g  s. Nr. 165
B r ä g e l e r  M o o r  s. Nr. 19
B r a k e  s. Nr. 249
B ü h r e n  s. Nr. 462

B u t j a d i n g e n   s. Nr. 41

110. Irland - die Begegnung. Jubiläumsfestbuch zum 25jährigen Jugendaustausch C l o p -p e n b u r g  und Limerick. Hrsg.: Jubiläumskomitee im Auftr. des Landkreises Cloppenburg. Cloppenburg 1995. 126 S.

- s.a. Nr. 410

C l o p p e n b u r g  (Landkreis) s. Nr. 33, 95, 239, 256, 258

111. *Hegenscheid, Enno*: C o l l s t e d e  - früher der Bauerschaft Astede zugehörig - im Wandel der Zeit. Hrsg.: Heimatverein Neuenburg e.V., Arbeitskreis Heimatkunde. Varel 1996: Stecker. 140 S.; Abb. (Neuenburger Heimatkunde. Nr. 7.) 97-6118

112. *Holst, Marion*: Die D a m m e r  Legge bestand seit 1826. In: Heimatblätter, Jg. 75, 1996, S. 10; 1 Abb.

113. *Egidius, Hans*: D a n g a s t  - der kleine Badeort am Meer beweist seit langem große Anziehungskraft. In: Heimat am Meer, Jg. 1996, S., [3-4]; 5 Abb.
Auch in: Nordwest-Heimat v. 16.3.1996, S. [1-2] u.d.T.: Vom Häuptlingssitz zum Kurort: Nordseebad Dangast 200 Jahre alt.

114. *Pannenborg, Rüdiger*: Dangast. Ein Rundgang. Fotos. Mit e. Vorw. von Rainer Maria Engelhardt. Oldenburg: Isensee 1996. 22 ungez. Bl.; überw. Abb. 97-6180

115. *Lühmann-Diers, Agnes*: „Die Landleute zu D a r e n". In: Heimatblätter, Jg. 75, 1996, S. 33-35; 2 Abb.

116. Zeitschnitte 1371-1996. Ein Festbuch zum 625jährigen Stadtjubiläum von D e l m e n - h o r s t . Bearb.: Werner Garbas in Verb. mit Nils Aschenbeck u. Paul Wilhelm Glöckner. Mit e. Delmenhorster Bibliographie 1971-1995, zsgest. von Liesel Wittenberg. Delmenhorst: Rieck 1996. 199 S.; Abb. 4-96-1137

117. *Garbas, Werner,* u. *Liesel Wittenberg*: Delmenhorst. Ein verlorenes Stadtbild. Gudensberg-Gleichen: Wartberg 1995. 71 S.; Abb.

118. *Matschiske, Susanne*: Es war einmal ... Haus, Burg, Schloß und Festung Delmenhorst 1259-1712. Hrsg.: Gerhard Kaldewei. Oldenburg: Isensee 1996. 58 S.; Abb. 4-96-1138

119. *Glöckner, Paul Wilhelm*: Vom Schloß an der Graft blieb nur die Erinnerung. In: Von Hus un Heimat, Jg. 47, 1996, S. 35; 2 Abb.

120. *Schröer, Fritz*: Delmenhorster Innenstadt mit interessanten Befunden. In: Von Hus un Heimat, Jg. 47, 1996, S. 70-71; 5 Abb., 2 Pl.

121. *Schöer, Fritz*: Delmenhorster Hausplätze wurden mehrfach erhöht. In: Von Hus un Heimat, Jg. 47, 1996, S. 78-79; 6 Abb., 3 Pl.

122. *Marcinkowski, Heinz:* 1846 Ärger mit der Delmenhorster Torsperre. In: Von Hus un Heimat, Jg. 47, 1996, S. 61; 1 Pl.

123. *Glöckner, Paul Wilhelm*: Nationalsozialisten betreiben totale Opposition. In: Von Hus un Heimat, Jg. 47, 1996, S. 2-4; 3 Abb.

124. *Glöckner, Paul Wilhelm*: In freien Wahlen nie mehr als 34 Prozent der Stimmen errungen. Delmenhorster Bevölkerung war zum Großteil gegen Nazis eingestellt. In: Von Hus un Heimat, Jg. 47, 1996, S. 58-59; 2 Abb.

125. *Rüdebusch, Dieter*: Als Junge 1946 Durchsuchungen durch Besatzungssoldaten erlebt. In: Von Hus un Heimat, Jg. 47, 1996, S. 76-77; 2 Abb.

126. *Fischer, Helmuth*: Frühjahr 1946 - Als die Vertriebenen kamen. In: Von Hus un Heimat, Jg. 47, 1996, S. 33-34; 1 Abb.

127. *Schröer, Fritz*: Delmenhorst verlor durch Pest viele Menschen. In: Von Hus un Heimat, Jg. 47, 1996, S. 86-87; 7 Abb., 1 Pl.

128. *Kaldewei, Gerhard*: „Ein Mikrokosmos der Migrationsbewegung" - Delmenhorst 1850-2000. In: Mitteilungsblatt der Oldenburgischen Landschaft, Nr. 92, 1996, S. 14-16; 4 Abb.
129. *Fischer, Helmuth*: Liebauer erhalten Erinnerungen an Heimat aufrecht. In: Von Hus un Heimat, Jg. 47, 1996, S. 57-58; 2 Abb.
130. *Garbas, Werner*: Gastronomie-Geschichten. 1. Das „Hotel zur Post". 2. Das Bahnhofshotel. In: Von Hus un Heimat, Jg. 47, 1996, S. 49-51, 73-74.
131. *Marcinkowski, Heinz*: Als Wehrhahn wieder auf die Beine kam. Erlebnisse in einem Delmenhorster Betrieb nach dem II. Weltkrieg. In: Von Hus un Heimat, Jg. 47, 1996, S. 26-27; 2 Abb.
132. *Schröer, Fritz*: Bei Deichhorst seit 1213 Wohnsitz der Ritter von Schlutter. In: Von Hus un Heimat, Jg. 47, 1996, S. 54-55; 3 Abb., 2 Pl.
133. *Schröer, Fritz*: Rund um den „Horsthof" kam Bauernland in Staatsbesitz. In: Von Hus un Heimat, Jg. 47, 1996, S. 62-63; 3 Abb., 2 Pl.
134. *Schröer, Fritz*: Im Düsternort früher viel Wasser. In: Von Hus un Heimat, Jg. 47, 1996, S. 6-7; 4 Abb., 1 Pl.

- s.a. Nr. 75, 86, 238, 265, 332, 342, 413-417, 424, 435, 436, 460, 463

D e s u m  s. Nr. 441

135. *Sieve, Peter*: Aus alten Pergamenten. [ D i n k l a g e ]. In: Heimatblätter, Jg. 75, 1996, S. 21-22.
136. *Sieve, Peter*: Aus einer alten Handschrift: Dinklager Dorfleben im 19. Jahrhundert. T. 1. In: Heimatblätter, Jg. 75, 1996, S. 54-55; 3 Abb.
137. *Kathe, Andreas*: 10 Jahre Partnerschaft Dinklage-Epouville. Hrsg.: Stadt Dinklage. Übers. und franz. Texte: Michael Hoell. Dinklage: Caritas-Sozialwerk 1996. 42 S.; Abb. 96-6250
138. *Bührmann, Günther*: Zweiter Weltkrieg. D ö t l i n g e n  im Kriegsgeschehen. Dötlingen 1996. 29 S. Vervielf. Typoskript. 4-96-1134

D ü k e - K l e i n t o s s e n s  s. Nr. 165
D ü m m e r  s. Nr. 293
E d e w e c h t  s. Nr. 76
E g g e r m ü h l e n  s. Nr. 102

139. *Egidius, Hans-Georg*: E l l e n s e r  D a m m . Vor 400 Jahren Baubeginn. In: Heimat am Meer, Jg. 1996, S. 47-48; 3 Abb.
140. *Egidius, Hans*: Schmuggel unter Kniphauser Flagge. Die Geschichte des früheren Tidehafens Ellenserdammersiel. In: Nordwest-Heimat v. 17.8.1996, S. [2-3]; 3 Abb.
141. *Schrape, Joachim*: Gut  E l m e l o h  preußisches Lehen. In: Nordwest-Heimat v. 17.8.1996, S. [3-4]; 2 Abb.

E l s f l e t h  s. Nr. 249

142. *Schlitt, Michael*: Der Garten auf dem Hof Averesch in  E l s t e n . In: Jahrbuch für das Oldenburger Münsterland, 1996, S. 209-213; 4 Abb.

E s s e n  s. Nr. 95, 296

143. *Rönnpag, Otto*: E u t i n e r  Erinnerungen an die oldenburgische Zeit. In: Oldenburger Jahrbuch, Bd. 96, 1996, S. 113-121; 7 Abb.

E v e r s t e n  s. Nr. 193

Federwarden s. Nr. 165
Feldhausen s. Nr. 165
Fischhausen s. Nr. 233
Fladder s. Nr. 454
Friesland (Kreis) s. Nr. 33, 451

144. *Cloppenburg, Ferdinand:* Die Thüler Straße in Friesoythe im Wandel der Zeit. In: Volkstum und Landschaft, Nr. 140, 1996, S. 2-8; 9 Abb.
145. *Cloppenburg, Ferdinand*: Kirchenausschuß kämpfte um neuen Friedhof. 100 Jahre Friesoyther Friedhof auf dem Johanniskamp. In: Jahrbuch für das Oldenburger Münsterland, 1996, S. 117-120; 2 Abb.
146. *Looks-Theile, Christel*: Friesoythes evangelisch-lutherische Kirche. In: Volkstum und Landschaft, Nr. 139, 1996, S. 15; 2 Abb.

Ganderkesee s. Nr. 375

147. *Högemann, Norbert*: Partnergemeinde liegt im „Garten Frankreichs". Seit 30 Jahren Freundschaft [ Garrels ] mit dem Canton Bléré in der Touraine. In: Jahrbuch für das Oldenburger Münsterland, 1996, S. 275-279; 2 Abb.

Grasmoor s. Nr. 20, 21
Großes Moor s. Nr. 19

148. *Meiners, Gerold*: Die Chronik von Gut Hahn - ein Streifzug durch die oldenburgische Geschichte. Oldenburg: G. Meiners 1996. 127 S.; Abb. 96-2034

Hammel s. Nr. 87

149. *Heile, Dirk:* Chronik der Samtgemeinde Harpstedt. Bd. 2: von 1667 bis 1950. Wildeshausen: Kathmann 1996. 736 S.; Abb. 96-6043:2
Vgl. Oldenb. Bibliogr. 1995 (Nr. 212)
150. *Eckhardt, Albrecht:* Ohne Stadtmauer ganz auf den Schutz durch die Burg angewiesen. Die Verleihung des Weichbildrechtes an den Flecken Harpstedt vor 600 Jahren. In: Nordwest-Heimat v. 16.11.1996, S. [1-2]; 2 Abb.

Hasbruch s. Nr. 289

151. Hemmelte früher und heute 100 Jahre Herz-Jesu-Kirche. Hrsg.: Pfarrgemeinde Hemmelte. Hemmelte 1995. 800 S.

Heppens s. Nr. 312
Hochhausen s. Nr. 106

152. *Niemann, Wolfgang*: Bismarck spendete Hohenkirchens Eiche. „Liedertafel" pflanzte vor 100 Jahren Baum aus dem Sachsenwald und veranstaltete Festakt. In: Heimat am Meer, Jg. 1996, S. 27; 1 Abb.

Holle s. Nr. 434

153. Holzhausen 1995. Hrsg.:Dorfgemeinschaft Holzhausen. Zum 20jährigen Bestehen Pfingsten 1995. Vechta 1995. 130 S.
154. *Ney, Hans*: 450 Jahre Hooksiel. Bilder eines Sielortes. Wilhelmshaven: Brune 1996. 212 S.; Abb. 96-6197
155. *Ellmers, Detlef*: 450 Jahre Hooksiel. In: Friesische Heimat, Jever, Nr. 264, 1996, S. [1-3]; 4 Abb.

156. *Ney, Hans*: Unter Einsatz des Lebens: Hooksieler ruderten zum Rettungseinsatz auf die Jade. In: Heimat am Meer, Jg. 1996, S. 81-83; 3 Abb.

- s.a. Nr. 335

H u d e  s. Nr. 98, 346, 464
H u n t e  s. Nr. 275
H u s b ä k e  s. Nr. 92

157. *Roth, Oliver*: Der I d a r - O b e r s t e i n e r  Zeitungsdruck. Vom „Nahetalboten" (1864) zum „Idar-Obersteiner Wochenspiegel" und „Stadt-Kurier" der Gegenwart. In: Heimat und Museum. Festschrift für Alfred Peth, Idar-Oberstein 1996, S. 181-194; Abb.
158. *München, Wolfgang H.*: „„... unziemliches Betragen der Obersteiner ..."'? Ein mutmaßlicher Beleidigungsvorfall gegen den Großherzog von Baden 1849. In: Heimat und Museum. Festschrift für Alfred Peth, Idar-Oberstein 1996, S. 121-130.

I h o r s t  s. Nr. 309
I p w e g e r  M o o r  s. Nr. 20, 21
J a d e b u s e n  s. Nr. 277

159. *Hashagen, Ingo*: Im hohen Norden entwickelte sich eine „kleine Residenz": J e v e r schall bleuhn! In: Niedersachsen, Jg. 96, 1996, S. 214-217; 5 Abb. 1 Tab.
160. *Niemann, Wolfgang:* Als der Wirt am Buskohl auch den Zoll erhob. Kleine Historie des heue umbenannten jeverschen „Schützenhofes". In: Heimat am Meer, Jg. 1996, S. 88; 1 Abb.
161. *Wesolowski, Johannes*: Streiflichter 1948 bis 1994. Autobiographische Gedankensplitter eines Gelegenheitsschreibers der Luftwaffenhelfer-Generation. Oldenburg: Isensee (1996). 111 S.; Abb. 96-6377

- s.a. Nr. 10, 306, 408, 411, 412, 421

162. *Schäfer, Rolf*: Luther und das Jeverland - schwieriges Taktieren zwischen den Konfessionen. In: Heimat am Meer, Jg. 1996, S. 17-18; 3 Abb.

- s.a. Nr. 105, 269

163. *Ney, Hans*: Aus dem bäuerlichen „Natietzbuch". [ K n i p h a u s e n ] In: Friesische Heimat, Jever, Nr. 263, 1996, S. [1-2]; 1 Abb.

- s.a. Nr. 32

164. *Kuper, Werner*: 12 Jahre Flugwache in K r o g e - E h r e n d o r f . In: Heimatblätter, Jg. 75, 1996, S. 46; 2 Abb.
165. *Francksen, Hans H.*: Geographische Entwicklung und Siedlungsgeschichte der Kirchengemeinden L a n g w a r d e n und Tossens. Bd. 1-6. Ruhwarden, Oldenburg 1988-1996. Masch.schr. vervielf. 4-96-1251:1-6
   1. Bauerschaft Ruhwarden. 1988.
   2. Kirchengemeinde Tossens. 1989.
   3. Bauerschaft Düke-Kleintossens. Roddens 1990.
   4. Bauerschaften Seeverns, Süllwarden, Mengershausen. 1991.
   5. Bauerschaften Mürrwarden-Meide, Niens und Borg, Fedderwarden. 1995.
   6. Bauerschaften Langwarden, Feldhausen. 1996.

L a s t r u p  s. Nr. 11
L e m w e r d e r  s. Nr. 259

166. *Stock, Uwe*: L e n s a h n im ersten Drittel des 19. Jahrhunderts. In: Jahrbuch für Heimatkunde, Oldenburg/Ostholstein, Jg. 40, 1996, S. 75-88; 5 Abb.
167. *Renken, Annette*: Use L i n d e r n - de beste Timpen in den Staot! In: Jahrbuch für das Oldenburger Münsterland, 1996, S. 21-32; 9 Abb.
168. *Buchaly, Joachim*: Vor 50 Jahren. [ L o h n e ]. In: Kennst Du Deine Heimat, H. 20, 1996, S. 27-32; 7 Abb.
169. *Meyer, Martin*: Das Leben der evangelischen Gemeinde Lohne in ihrem 100. Jahr. In: Kennst Du Deine Heimat, H. 20, 1996, S. 36-37; 1 Abb.
170. *Dräger, Benno*: Zeitzeugen befragt. Pastor Karl Stechbart. In: Kennst Du Deine Heimat, H. 20, 1996, S. 38-46; 7 Abb.
171. *Sommer, Josef:* Neue Heimat Lohne. In: Kennst Du Deine Heimat, H. 20, 1996, S. 33-35; 1 Abb.
172. *Sommer, Josef*: 100 Jahre Wichelmanns Schmiede. In: Kennst Du Deine Heimat, H. 20, 1996, S. 2-20; 15 Abb., 1 Stammtaf.
173. *Boydak, Ali*, u. *Benno Dräger*: Vorstellung der türkischen Stadt Tasova im Kreis Amasya, aus der mehr als 500 in Lohne lebende türkische Mitbürger stammen. In: Kennst Du Deine Heimat, H. 20, 1996, S. 84-89; 2 Abb., 2 Ktn.

- s.a. Nr. 260, 295, 297, 340, 418, 446

L ü b e c k (Landesteil) s. Nr. 72, 423

174. *Hasenkamp, Engelbert:* Schulkinder mußten trockenen Weg suchen. Straßenbauprobleme in L u t t e n vor 90 Jahren. In: Heimatblätter, Jg. 75, 1996, S. 60-61; 3 Abb.

M a r i e n s i e l s. Nr. 229
M a r r e n s. Nr. 324
M e l l u m s. Nr. 280
M e n g e r s h a u s e s. Nr. 165
M i t t e l w a l d e s. Nr. 168
M o o r w a r f e n s. Nr. 445

175. *Bunge, Fritz*: Der Hof Schockemöhle. [ M ü h l e n ] In: Heimatblätter, Jg. 75, 1996, S. 25.

M ü r r w a r d e n - M e i d e s. Nr. 165

176. *Thamann, Franz-Josef*: 700 Jahre Bauerschaft N e l l i n g h o f . In: Heimatblätter, Jg. 75, 1996, S. 58-59; 2 Abb.
177. *Ohlenbusch, Hartwig*: Überblick über die Geschichte von Burg und Schloß N e u e n b u r g . In: Schloß Neuenburg in den vergangenen 300 Jahren, Varel 1996, S. 10-14; 1 Abb.

- s.a. Nr. 93

N e u e n k i r c h e n s. Nr. 268
N e u s t a d t g ö d e n s s. Nr. 437
N e u v r e e s s. Nr. 291
N i e n s s. Nr. 14, 165
N u t t e l s. Nr. 9
O h m s t e d e s. Nr. 6

178. Geschichte der Stadt O l d e n b u r g 1930-1995. Mit Beitr. von Christoph Reinders-Düselder u.a., bebildert von Udo Elerd. Oldenburg: Isensee 1996. 752 S.; Abb. (Geschichte der Stadt Oldenburg. Bd. 2.) 96-6963:2
   S. 9-172: Christoph Reinders-Düselder: Oldenburg im 19. Jahrhundert - Auf dem Weg zur selbstverwalteten Stadt 1830-1880.
   S. 173-286: Dietmar von Reeken: Durchbruch der Moderne? Oldenburg 1880-1918.
   S. 287-390: Matthias Nistal: Oldenburg wird moderne Hauptstadt. Vom Ende des Ersten Weltkrieges bis zum Beginn des Nationalsozialismus (1913-1932).
   S. 391-486: Karl Ludwig Sommer: Oldenburgs „braune" Jahre (1932-1945).
   S. 487-682: Heike Düselder: Oldenburg nach 1945 - Beständigkeit und Traditionen, Wachstum und Dynamik.
   S. 683-698: Claus Ahrens: Zeittafel.
179. *Elerd, Udo*: Vom Dorf zur Stadt. Zur Besiedlung und Topographie Oldenburgs. In: der sassen speyghel. Sachsenspiegel - Recht - Alltag, Bd. 1, Oldenburg 1995, S. 225-232; 4 Abb.
180. *Knollmann, Wilhelm*: Zum Verfassungsrecht der Stadt Oldenburg im Mittelalter. In: der sassen speyghel. Sachsenspiegel - Recht - Alltag, Bd. 1, Oldenburg 1995, S. 265-278; 4 Abb.
181. *Hüpper, Dagmar*: Städtische Rechtsbücher in Gebrauch - Das Oldenburger Stadtbuch. In: der sassen speyghel. Sachsenspiegel - Recht - Alltag, Bd. 1, Oldenburg 1995, S. 279-302; 5 Abb.
182. *Daniel, Horst*: Eine Bürgerversammlung erzwingt die Abschaffung der Torsperren. Erst seit 150 Jahren wird die Stadt Oldenburg abends nicht mehr weggeschlossen. In: Nordwest-Heimat v. 21.12.1996, S. [1-2]; 2 Abb.
183. *Daniel, Horst:* „Wie die Urbarmachung eines wüsten Stück Landes". Begleiter durch bewegte Zeiten. Zur 100. Auflage des Oldenburger Adreßbuches. In: Das Blaue Adressbuch Stadt Oldenburg, Ausg. 100, 1996/97, S. 13-25; Abb.
184. *Sautmann, Richard*: Die Versorgung der Bevölkerung der Stadt Oldenburg mit Lebensmitteln im 1. Weltkrieg. Oldenburg 1996. III,168 S. Masch.schr. vervielf. Magisterarbeit Univ. Oldenburg 4-97-1174
185. *Hammer, Claus*, u. *Ulrike Hahn*: Oldenburg. 55 Bilder einer Stadt. Oldenburg: Isensee 1996. 47 S.; überw. Abb. 96-2428
186. *Daniel, Horst*: Oldenburger Straßenporträts (9): Cäcilienplatz. In: Das Blaue Adressbuch Stadt Oldenburg, Ausg. 100, 1996/97, S. 50-52; 8 Abb.
187. *Eckert, Jörg*: Ungewöhnliche Zeichen an der Stadtmauer von Oldenburg. In: Der Oldenburgische Hauskalender, Jg. 170, 1996, S. 70-72; 4 Abb.
188. *Schrape, Joachim*: Die Anfänge der Wasserversorgung und der Kanalisation in der Stadt Oldenburg vor 1885. In: Ortung, Essen: Vulkan-Verl. 1995, S. 352-355. (Schriftenreihe aus dem Institut für Rohrleitungsbau an der Fachhochschule Oldenburg. Bd. 9.)
189. *Hoffmann, Gerd*: 200 Jahre Trinkwasserversorgung in Oldenburg. In: Daniel, H. (u.a.): Verkehr und Wasser in Oldenburg, Oldenburg 1996, S. 65-152; Abb.; Ktn.
190. *Daniel, Horst*, u. *Reimund Belling*: Von der Pferdebahn bis zum Niederflurbus. In: Daniel, H. (u.a.): Verkehr und Wasser in Oldenburg, Oldenburg 1996, S. 9-63; Abb.
191. *Schutte, Hans Martin*: Zur Baugeschichte der neuen Oldenburger Synagoge. In: Die neue Synagoge und das Jüdische Kulturzentrum, Wilhelmstraße 17 in Oldenburg (Oldb.). Dokumentation. Oldenburg 1996, S. 46-55; 4 Abb.
192. *Parnicke, Peter*: Oldenburger Jahrmarktstradition. Geschichte und Geschichten zu Oldenburger Schaustellermärkten. Oldenburg: Isensee 1995. 171 S.; Abb. 95-6528

193. *Schaer, Friedrich-W.*: Mit Spendenbüchlein unterwegs. Die Anfänge Everstens und die Stiftung seiner ersten Schule vor 250 Jahren. In: Nordwest-Heimat v. 19.10.1996, S. [3-4]; 2 Abb.

- s.a. Nr. 6, 12, 13, 43, 45, 77-79, 81, 83, 94, 104, 254, 256, 262, 264, 266, 267, 270, 288, 298-301, 409, 419, 425, 430, 447, 450, 465, 466

O l d e n b u r g (Kreis) s. Nr. 33

194. *Hellbernd, Franz*: Aus der Chronik der Gemeinden des O l d e n b u r g e r M ü n s t e r l a n d e s für das Jahr 1994 zsgest. nach den Berichten der Gemeinden. In: Jahrbuch für das Oldenburger Münsterland, 1996, S. 280-334; 8 Abb.
195. *Unger, Tim*: Das Niederstift Münster im Zeitalter der Reformation. Eine Göttinger kirchengeschichtliche Dissertation. In: Mitteilungsblatt der Oldenburgischen Landschaft, Nr. 92, 1996, S. 19-21; 4 Abb.

- s. a. Nr. 23, 97, 246, 247, 402, 459

O s t e r n b u r g s. Nr. 466

196. *Ney, Hans*: Von „Ehrbaren, Wolfürnehmen, Ehr- und Tugendsamen" auf dem Kirchacker [ P a k e n s ] In: Heimat am Meer, Jg. 1996, S 33-35; 3 Abb.
Auch in: Friesische Heimat, Jever, Nr. 266, 1996, S. 1-3, u.d.T.: Wertvolle Grabstelle auf dem Pakenser Kirchhof.
197. *Zoller, Dirk E.*: Rekonstruktionsversuch des ehemaligen Benediktinerklosters in R a s t e d e . In: der sassen speyghel. Sachsenspiegel - Recht - Alltag, Bd. 2, Oldenburg 1995, S. 61-68; 7 Abb.

R o d d e n s s. Nr. 165
R o d e n k i r c h e n s. Nr. 431
R ü s t e r s i e l s. Nr. 230-232, 330
R u h w a r d e n s. Nr. 165

198. *Faß, Dirk*: S a g e r H e i d e und Umgebung. Ein heimatliches Lesebuch. Bd. 2. Oldenburg: Isensee 1996. 139 S.; Abb. 96-0180:2
199. *Griep, Theodor*: Die Windmühle in S c h a r r e l . Ju Wiendmäälne in Schäddel. In: Volkstum und Landschaft, Nr. 139, 1996, S. 4-5; 2 Abb.

S c h o r t e n s s. Nr. 432
S c h w a n e b u r g e r M o o r s. Nr. 352
S e e v e r n s s. Nr. 165

200. *Ordemann, Walter*: Die Chronik einer Moorschmiede [ S p e c k e n ]. Mit Illustr. von Günther Müller. Bad Zwischenahn/Ofen 1996: Rösemeier 1996. 44 S.; Abb. 97-6103
201. S t e i n f e l d ... die beste Adresse. Hrsg.: Gemeinde Steinfeld. Red.: Rudolf Timphus, Stephan Honkomp. Vechta: Vechtaer Druckerei u. Verl. 1996. 56 S.; Abb. (Münsterlandtag. 1996.) ZS 3965:1996

- s.a. Nr. 175

S ü l l w a r d e n s. Nr. 165
T o s s e n s s. Nr. 165

202. *Egidius, Hans*: Erst die Natur bezwang die dänische Besatzungsmacht in ihrer Burg bei V a r e l . In: Heimat am Meer, Jg. 1996, S. 20-23; 2 Abb.

203. *Schute, Ursula Maria*: Das Waisenhaus in Varel. In: Mitteilungsblatt der Oldenburgischen Landschaft, Nr. 91, 1996, S. 8-11; 5 Abb.
204. *Egidius, Hans*: Das städtische Vareler Wasserwerk ersetzt seit 1914 die häuslichen Zisternen. In: Heimat am Meer, Jg. 1996, S. 37-38; 3 Abb.
205. *Egidius, Hans*: Unbekömmliches Wasser aus Flachbrunnen. Vor 100 Jahren: Wasserwerkspläne für Varel. In: Nordwest-Heimat v. 16.11.1996, S. [3]; 2 Abb.

- s.a. Nr. 334, 403

206. *Reinhardt, Rudolf*: Stadtführer V e c h t a . Vechta: Plaggenborg 1996. 144 S.; Abb. 96-1970
207. *Menke, Nikolaus*: Vechta in der Zeit vor und nach der Machtübernahme durch die Nationalsozialisten. In: Heimatblätter, Jg. 75, 1996, S. 56-57; 1 Abb.
208. *Aumann, Heinz*: Vom Adelshof zum Ausflugslokal. Um 1300 taucht der Name Welpe erstmals auf. In: Heimatblätter, Jg. 75, 1996, S. 26-27; 2 Abb.
209. *Hasenkamp, Engelbert*: „Boot D 4" war sein Deckname. Zur Geschichte des Scheinflughafens im Vechtaer Moor während des 2. Weltkrieges. In: Jahrbuch für das Oldenburger Münsterland, 1996, S. 96-116; 17 Abb.

- s.a. Nr. 15, 89, 302, 404, 420

210. *Kuropka, Joachim*: Von der „Geburtsstätte der Demokratie" zu Volksbegehren und Volksentscheid. [ L a n d k r e i s  V e c h t a ] In: Das Land Oldenburg, Nr. 93, 1996, S. 4-7.

- s.a. Nr. 33, 99, 103, 303

V i s b e k  s. Nr. 304

211. *Strahl, Erwin*: Geschichte der friesischen Besiedlung des W a n g e r l a n d e s im Mittelalter. In: Heimat am Meer, Jg. 1996, S. 53-56; 3 Abb., 1 Kte.
212. *de Wall, Karl-Heinz*: Von der Heilkraft des Meeres. Insel-Pastor wirbt 1783 für Badeleben. [ W a n g e r o o g e ] In: Nordwest-Heimat v. 20.1.1996, S. [3]; 2 Abb.
213. *Hempel, L.*: Die Nordseeinsel Wangerooge 1994: ein geoökologisches Zeitdokument nach einer Sturmflut im Januar 1994. In: Geoökodynamik, Jg. 16, 1995, S. 57-72.

- s.a. Nr. 80

W a r d e n b u r g  s. Nr. 248
W e h n e n  s. Nr. 81
W e l p e  s. Nr. 208

214. *Mester, Helmut*: Von der alten W e l s b u r g . In: Von Hus un Heimat, Jg. 46, 1996, S. 11-12; 2 Abb.
215. *Blumenberg, Adolf*: Damals ... Land & Leute in der W e s e r m a r s c h . Eine Sammlung heimatkundlicher Beiträge aus der Nordwest-Zeitung. Nordenham-Blexen: Schewe 1996. 191 S.; Abb. (Rüstringer Bibliothek.) 96-0176:5

- s.a. Nr. 33

216. *Schwerter, Alfons*: 725 Jahre W e s t e r b a k u m . Hrsg.: Dorfgemeinschaft Westerbakum. Cloppenburg 1996: Ostendorf. 296 S.; Abb. 96-6923
217. *Erasmus, Wilhelm*: Inventar der St. Petri-Kirche zu W e s t e r s t e d e von 1775 mit späteren Ergänzungen bis 1863. Westerstede 1996. 55 S.; Abb. (Westersteder Archiv-Mitteilungen. Nr. 4.) 96-6351

- s.a. Nr. 16

218. *Reinsch, Christina*: W i l d e s h a u s e n und Widukind. Zur Untersuchung eines Mythos. In: Oldenburger Jahrbuch, Bd. 96, 1996, S. 25-32; 2 Abb.

- s.a. Nr. 433

219. *Reinhardt, Waldemar*: Straßen in W i l h e l m s h a v e n . Geschichte und Geschichten. Wilhelmshaven: Brune 1996. 254 S.; Abb. 96-6196
220. *Krajinski, Axel*: Die Lebens- und Arbeitsbedingungen der Hafenarbeiter an der Jade. In: Heimat am Meer, Jg. 1996, S. 85-87; 2 Abb.
221. *Krajinski, Axel*: Vom Erdarbeiter bis zum Baudirektor - die Rangordnung auf der Hafenbaustelle. In: Heimat am Meer, Jg. 1996, S. 93-96; 3 Abb.
222. *Sommer, Ingo*: Baukunst für eine Seefestung 1933-45 zwischen Tradition und Größenwahn. In: Heimat am Meer, Jg. 1996, S. 9-11; 2 Abb.
223. *Sommer, Ingo*: Wie Bauen Arbeit beschaffte - Städtebau als Ausdrucksmittel der NS-Macht. In: Heimat am Meer, Jg. 1996, S. 13-14; 2 Abb.
224. *Sommer, Ingo*: Der Ausbau der Marinestadt vertrieb das Gespenst der Arbeitslosigkeit. In: Heimat am Meer, Jg. 1996, S. 49-51; 5 Abb.
225. *Sommer, Ingo*: Die Pläne für „tausend Jahre". Vom wehrhaften Städtebau in Wilhelmshaven. In: Heimat am Meer, Jg. 1996, S. 69-71; 3 Abb.
226. *Sommer, Ingo*: Wie die Nazis beim Wohnungsbau architektonische Tradition vortäuschten. In: Heimat am Meer, Jg. 1996, S. 73-76; 5 Abb.
227. *Sommer, Ingo*: Högers Arbeitsamt rundete geplante Centralanlagen am Rathausplatz ab. In: Heimat am Meer, Jg. 1996, S. 89-90; 2 Abb.
228. *Werner, Gerhard*: Von Vertriebenen, Schwarzschlächtern, Entnazifizierten, Bauern und Hungerleidern. Erinnerungen an eine Jugend im zerstörten Nachkriegs-Wilhelmshaven. In: Heimat am Meer, Jg. 1996, S. 65-68; 5 Abb.
229. *Egidius, Hans*: Ehemals kaiserliche Marineflieger gründen den Flugplatz Mariensiel. In: Nordwest-Heimat v. 20.7.1996, S. [1-2]; 3 Abb.
230. *Wilkens, Doris*: Als Rüstersiel unter starkem Verkehr litt. In: Heimat am Meer, Jg. 1996, S. 15; 3 Abb.
231. *Wilkens, Doris*: Genau 100 Jahre im Familienbesitz: Das Hotel Schröder am Rüstersieler Hafen. In: Heimat am Meer, Jg. 1996, S. 97-99; 4 Abb.
232. *Wilkens, Doris*: Wo Schneidermeister Anton Egts sein gestrenges Rüstersieler Regiment führte. In: Heimat am Meer, Jg. 1996, S. 52; 3 Abb.

- s.a. Nr. 7, 17, 18, 48, 90-91, 278, 286, 312, 330, 331

233. *Ney, Hans*: Häuptlingsgeschlechter von Fischhausen im Gewölbekeller zu W ü p p e l s . In: Friesische Heimat, Jever, Nr. 296, 1996, S. [1-2]; 1 Abb.
234. *Hinrichs, Theo*: Unruhige Zeiten im Grenzgebiet zwischen Horsten und Z e t e l . In: Friesische Heimat, Esens, Jg. 1996, Nr. 4, S. [2]; 1 Abb.
Auch in: Nordwest-Heimat v. 16.3.1996, S. [4].

## Wirtschafts-/Sozialgeschichte

235. *Ilisch, Peter*: Geld zur Zeit des Sachsenspiegels. In: der sassen speyghel. Sachsenspiegel - Recht - Alltag, Bd. 2, Oldenburg 1995, S. 361-366; 5 Abb.
236. *Witthöft, Harald*: Von Maß und Gewicht in Stadt und Land Oldenburg und im Sachsenspiegel. In: Der sassen speyghel. Sachsenspiegel - Recht - Alltag, Bd. 1, Oldenburg 1995, S. 303-326; 4 Abb.

237. *Kordes, August*: Umrechnung der früheren Oldenburgischen Maße und Gewichte. In: Volkstum und Landschaft, Nr. 140, 1996, S. 12-14; 6 Abb.
238. *Cromme, Angelika*: Das Jahrhundert im Spiegel der Zeit. Delmenhorster Frauen erzählen aus ihrem Leben. Delmenhorst: Rieck 1996. 111 S.; Abb.
239. 45 Jahre VdH Kreisverband Cloppenburg 1950-1995. Verband der Heimkehrer, Kriegsgefangenen und Vermißtenangehörigen Deutschlands e.V., Landesverband Niedersachsen. Red.: Walter Ecker. Cloppenburg 1995: Framme-Druck. 168 S.; Abb. 97-6154

## Landwirtschaft/Forstwirtschaft

240. *Behre, Karl-Ernst*: Landschaft und Landwirtschaft zur Zeit des Sachsenspiegels. In: der sassen speyghel. Sachsenspiegel - Recht - Alltag, Bd. 2, Oldenburg 1995, S. 133-142; 7 Abb.
241. *Both, Frank*: Landwirtschaftsgeräte im Zeitalter des Sachsenspiegels. In: der sassen speyghel. Sachsenspiegel - Recht - Alltag, Bd. 2, Oldenburg 1995, S. 143-153; 5 Abb.
242. *Zimmermann, W. Haio*: Der Rutenberg - Ein landwirtschaftliches Nebengebäude zum Bergen von Feldfrüchten und Heu. In: der sassen speyghel. Sachsenspiegel - Recht - Alltag, Bd. 2, Oldenburg 1995, S. 207-216; 7 Abb.
243. *Mütter, Bernd*: Der Aufbau einer modernen Milch- und Molkereiwirtschaft im Herzogtum Oldenburg 1871-1914/1932. In: Die Milch. Geschichte und Zukunft eines Lebensmittels. Hrsg.: Helmut Ottenjann u. Karl-Heinz Ziessow, Cloppenburg: Museumsdorf 1996, S. 177-208; 26 Abb. (Arbeit und Leben auf dem Lande. Bd. 4.)
244. Die Milch. Geschichte und Zukunft eines Lebensmittels. Hrsg.: Helmut Ottenjann u. Karl-Heinz Ziessow. Cloppenburg: Museumsdorf 1996. 403 S. (Arbeit und Leben auf dem Lande. Bd. 4.) 4-96-1164
245. *Mütter, Bernd*, u. *Robert Meyer*: „Auf den Großmärkten ... bildet das Oldenburger Schwein eine Klasse für sich!" In: Einblicke, Nr. 24, 1996, S. 26-29; 3 Abb., 1 Tab.
246. *Nischwitz, Guido*: Die Veredelungswirtschaft in Südoldenburg unter dem Einfluß sich wandelnder sozioökonomischer und politischer Rahmenbedingungen. Eine politisch-geographische Untersuchung. Vechta: Vechtaer Druckerei u. Verl. 1996. 269 S.; Abb. (Vechtaer Studien zur Angewandten Geographie und Regionalwissenschaft. Bd. 17.) 4-96-0263
247. *Seipp, Dankwart*: Bedeutung und Erhalt der Obstwiesen im Oldenburger Münsterland. In: Jahrbuch für das Oldenburger Münsterland, 1996, S. 222-240; 18 Abb.

## Handwerk/Industrie

248. *Stelljes, Wolfgang*: Der Hollandgang der Wardenburger Stukkateure. In: Mitteilungsblatt der Oldenburgischen Landschaft, Nr. 91, 1996, S. 12-14; 5 Abb.

## Handel/Banken

-----

## Schiffahrt/Häfen

249. Oldenburgische Schiffahrtschronik. Beiträge zur maritimen Geschichte von Brake und Elsfleth 1870-1930. Hrsg.: Jürgen Meyer. Oldenburg: Isensee 1996. 239 S.; Abb. (Schriftenreihe des Schiffahrtsmuseums der oldenburgischen Weserhäfen e.V. Bd. 2.) 96-6557

250. *Eveslage, Hans*: Veränderungen in der Schiffahrt. In: Barßeler Blätter, Nr. 13, 1996, S. 3-45; Abb.
251. Auswirkungen des Europäischen Binnenmarktes auf die Strukturen und Aktivitäten von Umschlagsunternehmen und Hafenverwaltungen. Hrsg.: Klaus Harald Holocher. Elsfleth: FHS Oldenburg, FB Seefahrt 1995. 130 Bl.; Abb., Ktn. (Elsflether Schriften zur Seeverkehrs- und Hafenwirtschaft. Bd. 1.)
252. *Ney, Hans*: Hoher Gewinn oder hoher Verlust: Die Schmuggler umschifften Kontinentalsperre. In: Heimat am Meer, Jg. 1996, S. 19-20; 1 Abb.
253. *Ziegner, Reinhard*: Die Dampfyacht „Lensahn", Baujahr 1901. In: Jahrbuch für Heimatkunde, Oldenburg/Ostholstein, Jg. 40, 1996, S. 125-130; 4 Abb.

### Fischerei

-----

### Fremdenverkehr

254. *Bruns, Bernhard*: Radwandern in und um Oldenburg. Oldenburg: B. Bruns 1996. 120 S.; Ktn. 96-2179
255. *Ahlers, Heiko, Uwe Leiningen* u. *Wim van Schie*: Mit dem Rad durch Natur und Kultur. 1. Friesland und umzu. Oldenburg: Isensee 1996. 191 S.; Abb., 1 Faltkte. 96-6378
256. *Leiningen, Uwe*: Oldenburg-West, Ammerland, Cloppenburg. Red.: Helga Griesel. Weilheim: Stöppel 1995. 142 S.; Abb. (Stöppel Freizeitführer. 929.) 96-2180
257. Ammerland. Gästeführung. Hrsg.: Ländliche Erwachsenenbildung Kreisarbeitsgemeinschaft Ammerland e.V. Red.: Friedrich Reuter u.a. Oldenburg 1995: Wintermann. 12 ungez. Bl.; Abb., Pl. 96-6750,7
258. *Felbinger, Jürgen*: Radwegevernetzung im Landkreis Cloppenburg. In: Jahrbuch für das Oldenburger Münsterland, 1996, S. 203-208; 4 Abb.

### Energieversorung

-----

### Einzelne Firmen

259. *Domitzlaff, Svante*: Abeking & Rasmussen. Evolution im Yachtbau. Bielefeld: Delius Klasing 1996. 159 S.; Abb. 4-97-0062
260. *Schwerter, Alfons*: Bäuerliche Bezugs- und Absatzgenossenschaft Lohne. In: Kennst Du Deine Heimat, H. 20, 1996, S. 97-99.
261. *Harms, Helmut*: Ein Stahlwerk am Kanal. In: Der Oldenburgische Hauskalender, Jg. 170, 1996, S. 48-49; 2 Abb.
262. *Hattendorf, Ingrid*: Chronik zum 150jährigen Bestehen der Gaststätte „Zum Drögen Hasen" seit May 1846. Oldenburg: Isensee 1996. 57 S.; Abb. 96-6352
263. *Schürmann, Thomas*: Vom Molkereiverbund zur einstufigen Genossenschaft - die MZO Oldenburger-Botterbloom Milch eG. In: Die Milch. Geschichte und Zukunft eines Lebensmittels. Hrsg: Helmut Ottenjann u. Karl-Heinz Ziessow, Cloppenburg: Museumsdorf 1996, S. 209-241; 13 Abb. (Arbeit und Leben auf dem Lande. Bd. 4.)
264. Nordwest-Zeitung. Alles nur zu Ihrer Information Die NWZ-Gruppe stellt sich vor. (Oldenburg: NWZ 1996.) 34 S.; Abb. 96-6246.

265. *Hartmann, Gerda*: Aufstieg und Niedergang eines Delmenhorster Industriebetriebes. Kurzer Abriß zur Geschichte der Nordwolle 1884-1982. In: Ansichten der Nordwolle 1884-1996, Oldenburg 1996, S. 63-76.
266. *Sieler, Gottfried*: Über Buchhandel am Schloßplatz im 20. Jahrhundert. Chronik der Schulzeschen Buchhandlung. T. 3: Von der Schulzeschen Buchhandlung zur Buchhandlung Anna Thye 1913-2000. Oldenburg 1996. Getr. Zählung. 4-94-1189:3
267. *Daniel, Horst, Reimund Belling* u. *Gerd Hoffmann*: Verkehr und Wasser in Oldenburg. Zur Geschichte der Verkehr und Wasser GmbH. Oldenburg: Isensee 1996. 152 S.; Abb., Ktn. 96-2427
268. Partnerschaft. Stationen einer erfolgreichen Idee. Festschrift zum 100jährigen Jubiläum der Volksbank Neuenkirchen e.G. Vechta 1996: Vechtaer Druckerei u. Verl. 123 S.; Abb. 97-6122

### Verkehr

269. *Duensing, Hildegard*: Fuhrleute im Jeverland zahlten Weggeld. In: Heimat am Meer, Jg. 1996, S. 36; 1 Abb.
270. *Schrape, Joachim*: Weitblick: Bereits 1905 denkt ein Bürgermeister an die Autobahn. In: Nordwest-Heimat v. 20.4.1996, S. [1-2]; 2 Abb.

### Post/Fernmeldewesen

271. *Hinken, Jelsche*: Bakum und seine Postgeschichte bis 1986. In: Post- und Telekommunikationsgeschichte, Jg. 1996, H. 1, S. 43-50; 9 Abb.

### Landesplanung/Raumordnung

-----

### Küstenschutz/Wasserwirtschaft

272. *Pieken, Heinz A.*: Deichrecht und Deichmauern in den Bilderhandschriften des Sachsenspiegels und in anderen Quellen. Oldenburg: Isensee 1996. 116 S.; Abb. (Oldenburger Forschungen. N.F. Bd. 2.) 97-6089
273. *Ey, Jürgen*: Der Sachsenspiegel als Quelle zum frühen Deichbau. In: der sassen speyghel. Sachsenspiegel - Recht - Alltag, Bd. 2, Oldenburg 1995, S. 203-205; 1 Abb.
274. *Ney, Hans*: Straffung der Deichorganisation nach Plänen Fr. v. Thünens. In: Friesische Heimat, Jever, Nr. 262, 1996, S. [1-2]; 2 Abb.
275. *Akkermann, Remmer*: „Land unter". Zur Hochwassergefährdung im Bereich von Hunte, Weser und Ems. In: Der Oldenburgische Hauskalender, Jg. 170, 1996, S. 51-53; 3 Abb.
276. *Ney, Hans*: Sandsäcke von amerikanischen Streitkräften. Erfahrungen aus Februarflut 1962 umgesetzt. In: Heimat am Meer, Jg. 1996, S. 63-64; 2 Abb.
277. *Egidius, Hans*: Die Geschichte des Deichbaus und der Entwässerung am westlichen Jadebusen. In: Heimat am Meer, Jg. 1996, S. 59-60; 3 Abb.
278. *Wulf, Friedrich-Wilhelm*: Die historischen Deiche, Siele und Sielhafenorte im Stadtgebiet von Wilhelmshaven. In: F.-W. Wulf, Archäologische Denkmale in der kreisfreien Stadt Wilhelmshaven, Hannover 1996, S. 39-59; 8 Abb. (Materialhefte zur Ur- und Frühgeschichte Niedersachsens. Reihe B, Inventare, H. 1.)

## Geographie/Topographie

### Geologie

279. *Faß, Dirk*: Der Bote aus dem Weltraum. In: Der Oldenburgische Hauskalender, Jg. 170, 1996, S. 30-31; 2 Abb.

### Naturkunde

#### Pflanzen

280. *Haese, Dorothee*, u. *Carsten Hobohm*: Pflanzensoziologische und bodenökologische Untersuchungen an Thero-Selicornietea-Gesellschaften auf der Nordseeinsel Mellum. In: Drosera, Jg. 1996, S. 27-32; 1 Abb., 6 Tab.

#### Tiere

281. *Bohlen, Jörg*: Historisches ichthyologisches Material aus dem Weser-Ems-Gebiet im Staatlichen Museum für Naturkunde und Vorgeschichte, Oldenburg. In: Drosera, Jg. 1996, S. 141-144.
282. *Stede, Michael, Roland Lick* u. *Harald Benke*: Buckel- und Pottwal vor der ostfriesischen Küste. Probleme der Bergung und wissenschaftlichen Bearbeitung von Strandungen großer Walarten. In: Oldenburger Jahrbuch, Bd. 96, 1996, S. 251-261.
283. *Brüning, Günter*: Lachse im Oldenburger Land. In: Mitteilungsblatt der Oldenburgischen Landschaft, Nr. 91, 1996, S. 16-18; 2 Abb.
284. *Bub, Hans,* u. *Günter Pannach*: Die akustischen und motorischen Aktivitäten einiger Buchfinkenmännchen (Fringilla c. coelebs L.,) in drei verschiedenen niedersächsischen Lebensräumen. In: Beiträge zur Naturkunde Niedersachsens, Jg. 49, 1996, S. 10-28; 25 Abb.
285. *Taux, Klaus*: Aus dem Leben der Eulen. Fünf Arten sind im Oldenburger Land heimisch. In: Der Oldenburgische Hauskalender, Jg. 170, 1996, S. 72-74; 1 Abb.
286. *Becker, Peter H.*: Flußseeschwalben (Sterna hirundo) in Wilhelmshaven. In: Oldenburger Jahrbuch, Bd. 96, 1996, S. 263-296; 21 Abb.
287. *Diesing, Peter*: Zum Verhalten des Korbweiden-Blattkäfers Phytodecta viminalis (L., 1758). In: Beiträge zur Naturkunde Niedersachsens, Jg. 49,1996, S. 113-114.
288. *Krummen, Heinrich*: Zur Situation der Laufkäferfauna (Coleoptera: Carabidae) in intensiv genutzten Landschaftsräumen einiger Stadtrandgebiete Oldenburgs. In: Drosera, Jg. 1996, S. 49-66; 10 Abb., 2 Tab.
289. *Stuke, Jens-Hermann*: Die Schwebfliegenfauna (Diptera: Syrphidae) des Waldgebietes „Hasbruch" (Niedersachsen). In: Drosera, Jg. 1996, S. 129-140; 2 Abb., 5 Tab.
290. *Ewers, Martin*: Zum Vorkommen der Sumpf-Heidelibelle (Symptrum depressiusculum) und anderer Libellenarten an den Ahlhorner Fischteichen. In: Oldenburger Jahrbuch, Bd. 96, 1996, S. 297-312; 8 Abb.
291. *Diesing, Peter*: Trauermantel (Nymphalis antiopa L.) bei Neuvrees (Landkreis Cloppenburg). In: Beiträge zur Naturkunde Niedersachsens, Jg. 49, 1996, S. 112.

## Naturschutz

292. *Akkermann, Remmer,* u. *Jürgen Drieling*: Handbuch Naturschutz und Umweltbildung zwischen Weser und Ems. Institutionen des Umwelt- und Naturschutzes, Gesetze und Verordnungen in Auszügen, Regionale Umweltzentren, Außerschulische Lernstandorte, Nationalpark-Häuser, Naturschutzstationen, Jugendwaldheime, Naturschutzgebiete, Nationalpark Niedersächsisches Wattenmeer. Wardenburg: BSH-Verl. 1996. 628 S.; Abb., Ktn. 4-97-1004
293. *Göttke-Krogmann, Jürgen*: Die Naturschutzstation Dümmer - ein neuer Weg. In: Jahrbuch für das Oldenburger Münsterland, 1996, S. 241-250; 2 Abb., 1 Kte.

## Bevölkerung

294. *Hinrichs, Ernst, Brigitte Schulze-Fröhlich* u. *Anna Margarethe Taube*: Daten zur Bevölkerungsgeschichte des Landes Oldenburg. 1662-1815: Ämter, Kirchspiele, Bauerschaften. Cloppenburg: Museumsdorf Cloppenburg 1995. 404 S. (Quellen und Studien zur Regionalgeschichte Niedersachsens. Bd. 2.) 4-96-1010
295. *Möller, Josef*: Barßeler und Lohner Familien. In: Kennst Du Deine Heimat, H. 20, 1996, S. 89-96; 2 Abb.
296. *Hillen, Friedrich*: Katholische Erwachsenenbildung und Integration von Aussiedlern in Essen. In: 10.000 Tage Erwachsenenbildung in Essen. Essen/Oldb. 1996, S. 75-76.
297. *Tegenkamp, Franz-Josef*: Den Vorfahren auf der Spur. In: Kennst Du Deine Heimat, H. 20, 1996, S. 79-84.
298. *Wachtendorf, Günter*: Oldenburger Häuserbuch. Gebäude und Bewohner im inneren Bereich der Stadt Oldenburg. Oldenburg: Bültmann & Gerriets 1996. 591 S.; Abb. (Veröffentlichungen des Stadtarchivs Oldenburg. Bd. 3.) 96-6395.
299. *Mack, Thorsten*: „... dessen sich keiner bey Vermeidung Unser Ungnade zu verweigern ...". Die Sozialstruktur in Stadt und Hausvogtei Oldenburg nach der Steuererhebung von 1744. Oldenburg: Isensee 1996. 194 S.; Abb., 3 Falttaf. (Veröffentlichungen des Stadtarchivs Oldenburg. Bd. 2.) 96-6292
300. *Schieckel, Harald*: Die oldenburgischen höheren Hofbeamten, Leibärzte und Prinzenerzieher von 1788 bis 1914. In: Oldenburgische Familienkunde, Jg. 38, 1996, S. 353-390; Abb.
301. Oldenburger Porträts. Hrsg.: Eckehard u. Barbara Brettschneider. Bremervörde: Stelljes 1996. 208 S.; Abb. 4-96-0270
302. *Wöhrmann, August*: Zur letzten Ruhe gebettet. Historische Ruhestätten in Vechta: Friedhof St. Georg, Begräbnisstätten in St. Georg, Friedhof Seekenkapelle, Grabkeller im Franziskanerkloster. Cloppenburg: Heimatbund für das Oldenburger Münsterland 1996. 74 S.; Abb. (Beiträge zur Geschichte des Oldenburger Münsterlandes. Die „Blaue Reihe" H. 2, 1995.) 4-96-0244
303. *Tegenkamp, Franz-Josef*: Die „Staatsdiener" des Amtes Vechta im Jahr 1549. In: Heimatblätter, Jg. 75, 1996, S. 5.
304. *Tegenkamp, Franz-Josef*: Die Einwohner des Kirchspiels Visbek 1549. In: Heimatblätter, Jg. 75, 1996, S. 61-63.

## Einzelne Familien und Personen

305. *Koolman, Egbert*: Oberkammerherr Friedrich von A l t e n und die Oldenburger Bilderhandschrift des Sachsenspiegels. In: der sassen speyghel. Sachsenspiegel - Recht - Alltag, Bd. 1, Oldenburg, 1995, S. 69-85; 4 Abb.
306. *Klöver, Hanne*: Ein „unbequemer" Dichter aus Jever. Oswald A n d r a e und der „Fahnenkrieg von Jever". In: Niedersachsen, Jg. 96, 1996, S. 229; 1 Abb.
307. Pater Aurelius A r k e n a u O.P. Nachtrag zur Dokumentation. Red. u. Komm.: Helmut Warmbier. Leipzig: Fraktion Bündnis 90/Die Grünen im Stadtrat (1996). 16 S.; Abb.
 Vgl. Oldenb. Bibliogr. 1995 (Nr. 470).
308. *Schieckel, Harald*: Ein unerschrockener Helfer der Verfolgten. Südoldenburger Dominikaner als Nazigegener in Leipzig aktiv: Pater Aurelius Arkenau. In: Nordwest-Heimat v. 19.10.1996, S. [4]; 1 Abb.
309. *Schieckel, Harald*: Kidnapping vor 160 Jahren. Die Entführung des Freiherrn Joseph von A s c h e b e r g aus Ihorst nach Münster 1835. In: Jahrbuch für das Oldenburger Münsterland, 1996, S. 71-95; Abb.
310. *Pille, Martin*: Bernard A u m ö l l e r : Zwischen Volksnähe und Mission. In: Volkstum und Landschaft, Nr. 139, 1996, S. 11-12; 5 Abb.
311. *Kuper, Werner*: Dr. Ludwig A v e r d a m , Pastor von Oythe. In: Heimatblätter, Jg. 75, 1996, S. 4; 1 Abb.

 A v e r e s c h (Familie) s. Nr. 142

312. *Fleischauer, Walter*: Ein alter Grabstein und die Geschichte vom Heppenser Deichrichter B e h r e n d s . In: Heimat am Meer, Jg. 1996, S. 42-44; 2 Abb.
313. *Aumann, Heinz*: Johann Anton Heinrich B e n k e r - ein zu Unrecht vergessener Künstler. In: Heimatblätter, Jg. 75, 1996, S. 43; 1 Abb.
314. *Prüllage, Heinrich*: Osnabrücker Vögte im Kirchspiel Neuenkirchen - die B i e d e n - h a r n s . In Heimatblätter, Jg. 75, 1996, S. 52-53; 1 Abb.

 B i s m a r c k , Otto v. s. Nr. 152

315. B o r n , Karl: Rettung zwischen den Fronten. Seenotdienst der deutschen Luftwaffe 1939-1945. Hamburg, Berlin, Bonn: Mittler 1996. 324 S. Abb. 96-0827
316. Dr.med.vet. Hermann B l i n d o w . (Nachruf) In: Der Oldenburgische Hauskalender, Jg. 170, 1996, S. 40; 1 Abb.
317. Hein B r e d e n d i e k . Werke aus 6 Jahrzehnten. Aquarelle, Zeichnungen, Ölbilder. Hrsg.: Peter Schmerenbeck. Oldenburg: Isensee (1996). 48 S.; Abb. (Kataloge und Schriften des Schloßmuseums Jever. H. 14.) 97-6068
318. *Bredendiek, Hein*: Summa summarum. In: Mitteilungsblatt der Oldenburgischen Landschaft, Nr. 92, 1996, S. 1-5; 5 Abb.
319. *Schieckel, Harald*: Gerd B u c e r i u s - ein Nachkomme der ältesten Judenfamilie Oldenburgs. In: Nordwest-Heimat v. 20.1.1996, S. [4]; 1 Abb.

 B ü s i n g , Wolfgang s. Nr. 2
 B u s s e (Familie) s. Nr. 115

320. *Schute, Ursula Maria*: Ferdinand C l o p p e n b u r g zum 65. Geburtstag. In: Mitteilungsblatt der Oldenburgischen Landschaft, Nr. 91, 1996, S. 27.
321. *Schute, Ursula Maria*: Annedore C h r i s t i a n s zu „einem runden Geburtstag". In: Mitteilungsblatt der Oldenburgischen Landschaft, Nr. 91, 1996, S. 26-27.

322. *Gäßler, Ewald* (Hrsg.): Heidedore D r e w s . Retrospektive. Gemälde, Aquarelle, Zeichnungen 1956-1996. Mit Beitr. von Ewald Gäßler u. Jürgen Weichardt. Oldenburg: Isensee 1996. 61 S.; Abb. (Veröffentlichungen des Stadtmuseums Oldenburg. Bd. 23.) 96-6347

E d e n h u i z e n , Hermine s. Nr. 344
E g t s , Anton s. Nr. 232

323. E h l e r s , Johann: Mein Lebenslauf. In: Von Hus un Heimat, Jg. 47, 1996, S. 13, 60, 85.
Vgl. Oldenb. Bibliogr. 1994 (Nr. 411) u. 1995 (Nr. 488)
324. *Renken, Annette*: Militairpost für Marren. [Gerhard Heinrich E i l e r s ]. In: Jahrbuch für das Oldenburger Münsterland, 1996, S. 33-46; 7 Abb.
325. *Kerbstadt, Lothar*: M.d.L. Karl F i c k - ein Mann des Widerstandes. In: Jahrbuch für Heimatkunde, Eutin, Jg. 30, 1996, S. 117-118; 1 Abb.

F o l k e r s , Hermann August s. Nr. 163
F o n t a n e , Theodor s. Nr. 338

326. F r y d a g und Freytag(h). In: Genealogisches Handbuch der Freiherrlichen Häuser, Limburg/Lahn, Bd. 18, 1995, S. 101-129; 1 Abb. (Genealogisches Handbuch des Adels. Bd. 109.)

F ü r s t e n b e r g , Franz v. s. Nr. 99

327. *Beaugrand, Günter*: Kardinal von G a l e n . Der Löwe von Münster. Hrsg.: Freundeskreis Heimathaus Münsterland e.V. Telgte. 4., erw. Aufl. Münster: Ardey-Verl. 1996, 112 S.; Abb. (Schriftenreihe zur religiösen Kultur. Bd. 5.) 4-96-0234
328. *Kuropka, Joachim*: Kardinal von Galen und die Grundwerte heute. In: Mitteilungsblatt der Oldenburgischen Landschaft, Nr. 92, 1996, S. 6-11; 4 Abb.
329. G a l l . In: Genealogisches Handbuch der Freiherrlichen Häuser, Limburg/Lahn, Bd. 18, 1995, S. 154-159. (Genealogisches Handbuch des Adels. Bd. 109.)
330. *Ney, Hans*: Kaufmann G e o r g -Rüstersiel unterhielt ein weitverzweigtes Handelshaus. In: Friesische Heimat, Jever, Nr. 262, 1996, S. [2-3]; 3 Abb.

G e r b e r t (Castus) s. Nr. 97

331. *Elpel, Dieter*: Der Berliner Ratsmaurermeister mit dem Adlerorden und die Großloge des Reiches. Erinnerungen an den Namensgeber der 75 Jahre alten Paul-G e r l a c h - Loge Wilhelmshaven. In: Heimat am Meer, Jg. 1996, S. 80.

G l o y e s t e n , Hinrich s. Nr. 366

332. *Ulpts, Jürgen*: Der Delmenhorster Polizeibeamte Hermann Joh. Heinrich G ö c k e n s . In: Von Hus un Heimat, Jg. 47, 1996, S. 20-21; 2 Abb.

G o l d s c h m i d t (Familie) s. Nr. 319
G r i e c h e n l a n d , Otto König v. s. Nr. 362, 363
H a c k m a n n (Familie) s. Nr. 340
H a l e m , Gerhard Anton v. s. Nr. 353
H a r t u n g , Wolfgang s. Nr. 3

333. *Ulpts, Jürgen*: Im Dienst von Einbrechern erschossen. [Johann H e d e m a n n ]. In: Von Hus un Heimat, Jg. 47, 1996, S. 34; 1 Abb.

334. *Otto, Viktor*: [Wilhelm] H e g e l e r : „Ich habe Varel immer als meine Heimat empfunden". In Nordwest-Heimat v. 20.1.1996, S. [1-2]; 2 Abb.
335. *Ney, Hans*: Des Hooksielers Fritz H e g e m a n n glücklose Suche nach dem Zugang zum Nordpol. In: Heimat am Meer, Jg. 1996, S. 77-79; 4 Abb.

H e i n o l d , Martha s. Nr. 171
H e r o l d , Franz Joseph s. Nr. 100
H ö g e r , Fritz s. Nr. 227

336. *Tegenkamp, Franz Josef*: Dr. (Joseph) H ö l t e r m a n n , der erste Arzt in Lohne. In: Heimatblätter, Jg. 75, 1996, S. 12-13; 2 Abb.

H o y n g , Sigismund s. Nr. 82

337. *Schieckel, Harald*: Günther J a n s e n s Ernennung zum Ministerpräsidenten 1876. Briefe Günther Jansens an seine Frau. In: Mitteilungsblatt der Oldenburgischen Landschaft, Nr. 92, 1996, S. 11-14; 8 Abb.
338. *Schieckel, Harald*: Ein Minister und ein Dichter im Vergleich: Jansen und Fontane. In: Nordwest-Heimat v. 17.2.1996, S. [4]; 3 Abb.

- s.a. Nr. 369

339. *Schieckel, Harald*: Oldenburger Verwandte eines Leipziger Verlegers. Familienkontakte zu Anton K i p p e n b e r g . In: Nordwest-Heimat v. 20.4.1996, S. [4]; 2 Abb.

K l e v e m a n n / Kl ä v e m a n n (Familie) s. Nr. 395

340. *Tegenkamp, Franz-Josef*: K l ö v e k o r n s Kotten auf dem Brink. In: Kennst Du Deine Heimat, H. 20, 1996, S. 46-68; 10 Abb.
341. K u h n e r t , Volker: Perforation Art. Red.: V. Kuhnert, Ewald Gäßler. Hrsg. aus Anl. der Ausstellung im Stadtmuseum Oldenburg vom 26.9. bis 27.10.1996. Oldenburg: Isensee 1996. 79 S.; Abb. (Stadtmuseum Oldenburg. Neue Reihe zur aktuellen Kunst. Bd. 6.) 4-96-1247
342. *Reeken, Dietmar von*: L a h u s e n . Eine Bremer Unternehmerdynastie 1816-1933. Mit 120 Abb. (Bremen:) Edition Temmen (1996). 176 S. 4-96-0414
343. *Kathe, Andreas*: „Die Wiedervereinigung im Glauben war immer ein Herzensanliegen". Pater Gordian (Hermann L a n d w e h r ) aus Lohne zählt zu den großen Ordensleuten aus unserer Heimat. In: Heimatblätter, Jg. 75, 1996, S. 24; 1 Abb.
344. *Prahm, Heyo*: Helene L a n g e fördert die erste Frauenärztin Hermine Edenhuizen. In: Nordwest-Heimat v. 22.6.1996, S. [1-2]; 3 Abb.
345. Peter L e h m a n n (Nachruf). In: Der Oldenburgische Hauskalender, Jg. 170, 1996, S. 38-39; 1 Abb.
346. *Hirschfeld, Michael*: Weder Lob erwartet noch Furcht gekannt. Die Pionierarbeit von Pfarrer Konrad L e i s t e r als erster katholischer Priester in Hude 1946-1952. In: Von Hus un Heimat, Jg. 47, 1996, S. 81-83; 3 Abb.

L e u c h t e n b e r g , Eugenie Herzogin v. s. Nr. 361

347. *Schieckel, Harald*: In Oldenburg Aufsehen erregt. Die Schriftstellerin Fanny L e w a l d - S t a h r und die Residenz. In: Nordwest-Heimat v. 20.7.1996, S. [4]; 2 Abb.
348. *Große Beilage, Hans*: Horst-Günter L u c k e zum 60. Geburtstag. In: Mitteilungsblatt der Oldenburgischen Landschaft, Nr. 90, 1996, S. 24-25.

L ü k e n (Familie) s. Nr. 395
L u t h e r , Martin s. Nr. 162

349. *Sieve, Peter*: Vor 50 Jahren in Vechta gestorben: Die Malerin Ingeborg M a g n u s -s e n . In: Heimatblätter, Jg. 75, 1996, S. 50-51; 3 Abb.
350. *Schieckel, Harald*: „Schulmeister voller Mücken und Tücken". Oldenburgische Beziehungen Thomas M a n n s während seiner letzten Lebensjahre. In: Nordwest-Heimat v. 22.6.1996, S. [4]; 2 Abb.

M a t z k e r , Gerd s. Nr. 83
M a y , Karl s. Nr. 378

351. *Stöver, Krimhild*: Als Kunsterzieher am Lehrerseminar vor 100 Jahren. [Wilhelm M e y e r ]. In: Der Oldenburgische Hauskalender, Jg. 170, 1996, S. 42-46; 7 Abb.
352. M e n k e , Nikolaus: „Christenverfolgung" für die „Sünder". Erinnerungen an die Reichsarbeitsdienstzeit im Schwaneburger Moor bei Friesoythe vom 1. April bis 30. September 1936. In: Heimatblätter, Jg. 75, 1996, S. 2-3; 4 Abb.
353. *Prignitz, Christoph*: Halem und M i r a b e a u . Zur Darstellung des Revolutionsführers in Halems Reisebeschreibung. In: Mitteilungsblatt der Oldenburgischen Landschaft, Nr. 90, 1996, S. 10-13; 4 Abb.
354. *Modick, Klaus*: Ein Orden ist der Ehre genug. [Hanne M o d i c k ]. In: Mitteilungsblatt der Oldenburgischen Landschaft, Nr. 90, 1996, S. 9-10; 1 Abb.
355. *Modick, Klaus*: Behelf, Ersatz & Prickelpit. Oldenburger Kindheit in den 50er Jahren. Oldenburg: Isensee 1996. 52 S. (Vorträge der Oldenburgischen Landschaft. H. 27.) 96-6965
356. *Modick, Klaus*: Dichter wollte ich nicht werden. In: Das Land Oldenburg, Nr. 93, S. 11-14; 3 Abb.
357. *Metsallik, Romeo*: Die Schätze der Johanniskirche in Tartu. Ein Beitrag zur Geschichte der Familie von M ü n n i c h . In: Oldenburger Jahrbuch, Bd. 96, 1996, S. 79-86; 9 Abb.

M ü n s t e r m a n n , Ludwig s. Nr. 431

358. M u n t e a n u - R i m n i c , Michaela: La couleur de l'espace. Ausstellungskatalog. Landesmuseum Braunschweig 11.2.-10.3.1996. Oldenburg 1996: F&S Druck. 42 ungez. Bl.; Abb. 96-6393
359. *Kessel, Jürgen*: Anton Wilhelm N o r d h o f (1778-1825); Arzt, Aufklärer und Rußlandkenner. In: Heimatblätter, Jg. 75, 1996, S. 36; 1 Abb.
360. *Schieckel, Harald*: Adelheid - Ida - Cäcilie. Die Gemahlinnen des Erbprinzen und Großherzogs Paul Friedrich August von O l d e n b u r g . Beiträge zu ihrer Biographie nach dem Briefwechsel des Großherzogs und seiner Verwandten. In: Oldenburger Jahrbuch, Bd. 96, 1996, S. 99-111.
361. *Schieckel, Harald*: Die Hochzeitsfeierlichkeiten des Prinzen Alexander von Oldenburg und der Herzogin Eugenie von Leuchtenberg. Nach dem Bericht des Rittmeisters Eugen von Trampe über die 1868 als Begleiter des Herzogs Elimar von Oldenburg nach St. Petersburg gemachte Reise. In: Genealogie, Jg. 45, 1996, S. 33-41; 2 Stammtaf.
362. *Schieckel, Harald*: Statt französischer Königstochter lieber die Oldenburger Prinzessin. Zur Verlobung von Amalie von Oldenburg mit Otto von Griechenland. Auf Brautschau in Böhmen. In: Nordwest-Heimat v. 17.8.1996, S. [1-2]; 2 Abb.
363. *Schieckel, Harald*: Audienz beim Bayernkönig und bei Königin Amalie von Griechenland. In: Nordwest-Heimat v. 18.5.1996, S. [1-2]; 3 Abb.
364. *Daniel, Horst*: Großherzogin Cäcilie von Oldenburg. Eine Prinzessin von Schweden im Oldenburger Schloß. In: Das Blaue Adressbuch Stadt Oldenburg, Ausg. 100, 1996/97, S. 46-48; 6 Abb.

365. *Daniel, Horst*: Großherzog Friedrich August in Marinekluft 'sehr mutig und kühn'. In: Nordwest-Heimat v. 21.9.1996, S. [1-2]; 2 Abb.
366. *Hucker, Bernd Ulrich*: Graf und Mönch - das herrschaftliche und gesellschaftliche Umfeld des Oldenburger Sachsenspiegels. [Johann III. Graf v. Oldenburg] In: der sassen speyghel. Sachsenspiegel - Recht - Alltag, Bd. 2, Oldenburg 1995, S. 51-60; 6 Abb.
367. *Rüdebusch, Dieter*: Graf Nikolaus von Delmenhorst und das Elbe-Weser-Dreieck. In: Von Hus und Heimat, Jg. 47, 1996, S. 52-53; 1 Abb.
368. *Gliantseva, Natalia*: Prinz Peter von Oldenburg (1812-1881). Ein Staatsmann mit musischem Talent. In: Mitteilungsblatt der Oldenburgischen Landschaft, Nr. 91, 1996, S. 6-7; 4 Abb.
369. *Schieckel, Harald*: Bei Prinz Peter in St. Petersburg. Zeitgenössische Berichte des Rittmeisters von Trampe und des Rates Günther Jansen. In: Nordwest-Heimat v. 21.9.1996, S. [3]; 2 Abb.

- s.a. Nr. 453

370. *Mohrmann, Ruth-E.*: Helmut O t t e n j a n n 65 Jahre. In: Mitteilungsblatt der Oldenburgischen Landschaft, Nr. 91, 1996, S. 25-26.
371. Prof. Reinhard P f e n n i g . (Nachruf). In: Der Oldenburgische Hauskalender, Jg. 170, 1996, S. 38; 1 Abb.
372. *Spiekermann, Gerd*: Wilhelm R a h d e n , een meist vergeten Schrieversmann ut dat Ollnborger Land. In: Vun Böker un Minschen. Festschrift für Friedrich W. Michelsen zum 70. Geburtstag, Hamburg 1996, S. 139-147; 7 Abb. (Quickborn, Jg. 86, 1996, H. 1/2.)

R a m s a u e r , Bertha s. Nr. 92

373. *Thietje, Gisela*: Zwei Handschreiben des Eutiner Hofgärtners Daniel R a s t e d t . In: Jahrbuch für Heimatkunde, Eutin, Jg. 30, 1996, S. 49-51.
374. *Hirschfeld, Michael*: In Solidarität mit seiner Gemeinde gelebt. Beim Wollestreik bewies Bernard R e i n sein soziales Engagement. In: Von Hus un Heimat, Jg. 47, 1996, S. 65-66; 2 Abb.
375. *Hirschfeld, Michael*: In Zeiten materieller Not einen geistlichen Halt bieten. Pfarrer Helmut R i c h t e r gründete katholische Flüchtlingsgemeinde in Ganderkesee. In: Von Hus un Heimat, Jg. 47, 1996, S 17-19; 3 Abb.
376. R ö s s i n g . In: Genealogisches Handbuch der Freiherrlichen Häuser, Limburg/Lahn, Bd. 18, 1995, S. 486-497; 1 Abb. (Genealogisches Handbuch des Adels. Bd. 109.)
377. *Braun, Werner*: (Johann Martin) R u b e r t , (Philipp von) Zesen, Oldenburg. Musikalisch-poetische Konstellationen um 1650. In: Oldenburger Jahrbuch, Bd. 96, 1996, S. 53-78.
378. *Sämmer, Wolfgang,* u. *Volker Griese*: Der Fall (Georg) R u s e l e r . Ein Kapitel aus dem Leben Karl Mays. Föhren: Karl-May-Gesellschaft 1996. 41 S. (Sonderheft der Karl-May-Gesellschaft. Nr. 107.) 97-6572
379. Dr.phil. Walter S c h a u b . (Nachruf). In: Der Oldenburgische Hauskalender, Jg. 170, 1996, S. 39-40; 1 Abb.
380. *Schmidt, Gerold*: Die Familie S c h e i d e . T. 1: Die Herkunft aus Wagenfeld (Kreis Diepholz) und Ausdehnung nach Oldenburg. In: Oldenburgische Familienkunde, Jg. 38, 1996, S. 245-351; 19 Abb.

S c h l u t t e r (Familie) s. Nr. 132
S c h o c k e m ö h l e (Familie) s. Nr. 175

381. *Henneberg, Jörg Michael*: Karl S c h r ö d e r . Eine biographische Skizze. In: Mitteilungsblatt der Oldenburgischen Landschaft, Nr. 92, 1996, S. 17-19; 3 Abb.

S c h r ö d e r (Familie in Rüstersiel) s. Nr. 231

382. *Glöckner, Paul Wilhelm:* Erinnerungen an einen „Mann der ersten Stunde": Wilhelm S c h r o e r s . In: Von Hus un Heimat, Jg. 47, 1996, S. 67; 2 Abb.

S c h ü r m a n n (Familie) s. Nr. 340
S c h w e d e n , Cäcilie Prinzessin v. s. Nr. 364

383. *Ordemann, Walter*: Am andern Ufer lauern schon die Häscher. Johann Gottfried S e u m e s Flucht über die Hunte. In. Nordwest-Heimat v. 21.12.1996, S. [4]; 1 Abb.
384. *Zumholz, Maria Anna*: Laurentius S i e m e r O.P. In: Jahrbuch für das Oldenburger Münsterland, 1996, S. 53-70; 2 Abb.
385. S i e v e , Franz: 6 ½ Jahre hinter Stacheldraht. Im Zweiten Weltkrieg als Kriegsgefangener in Rußland 1943-1950. o.O. (1995). 165 S.

S t e c h b a r t , Karl s. Nr. 170

386. *Bredendiek, Hein*: Dr.jur. Karl S t e i n h o f f zum Gedenken. In: Mitteilungsblatt der Oldenburgischen Landschaft, Nr. 91, 1996, S. 27-28.
387. *Ahlrichs, Richard*: Leben im Schatten des Vaters. Theodor S t o r m s Sohn Karl fand seine letzte Ruhestätte in Varel. In: Friesische Heimat, Esens, Jg. 1996, Nr. 11, S. [3]; 1 Abb.
388. *Kuper, Werner*: Erika T ä u b e r aus Vechta wurde 75. In: Heimatblätter, Jg. 75, 1996, S. 7.

T e b b e (Familie) s. Nr. 340

389. *Gäßler, Ewald*: Werner T e g e t h o f . Retrospektive. Gemälde, Aquarelle, Zeichnungen, Druckgraphik 1946-1996. Oldenburg: Isensee 1996. 115 S.; Abb. (Veröffentlichungen des Stadtmuseums Oldenburg. Bd. 24.) 96-6964

T h ü n e n , Friedrich v. S. Nr. 274
T r a m p e , Eugen v. s. 361, 369

390. Otto U e c h t r i t z . (Nachruf). In: Der Oldenburgische Hauskalender, Jg. 160, 1996, S. 39; 1 Abb.

U n g n a d , Elisabeth v. s. Nr. 455

391. Aus Briefen und Gedichten von Georg v o n d e r V r i n g (1889-1968) und Therese von der Vring (1894-1927). Lesung von Kathrin Rietzschel u. Thomas Otto in einer Matinée am 3.11.1996 im Künstlerhaus Jan Oeltjen in Jaderberg. Ausgew. u. eingel. von Jörg Michael Henneberg u. Christian von der Vring. Jaderberg 1996. 16 S.; Abb. (Veröffentlichungen des Künstlerhauses Jan Oeltjen e.V. Bd. 13.) 97-6310,8
392. Therese von der Vring. 1894-1927. Biographie und Werkverzeichnis. Künstlerhaus Jan Oeltjen. Oldenburg: Isensee 1996. 83 S.; Abb. (Veröffentlichungen des Künstlerhauses Jan Oeltjen e.V. Bd. 12.) [Umschlagtitel:] Therese von der Vring. 1894-1927. Eine Künstlerin des Expressionismus. 97-6105

V o s t e e n (Familie) s. Nr. 395

393. W e l s b u r g . In: Genealogisches Handbuch der Gräflichen Häuser, Limburg/Lahn, Bd. 15, 1997, S. 554-559; 2 Abb. (Genealogisches Handbuch des Adels. Bd. 112.)

Wesolowski, Johannes s. Nr. 161
Wichelmann (Familie) s. Nr. 172
Widukind s. Nr. 218
Winter, Bernhard s. Nr. 354
Zesen, Philipp von s. Nr. 377

## Wappenkunde

394. *Nass, Klaus*: Die Wappen in der Oldenburger Bilderhandschrift des Sachsenspiegels. In: Der Oldenburger Sachsenspiegel. Vollständige Faksimile-Ausg. Kommentarband. Hrsg. von Ruth Schmidt-Wiegand, Graz 1996, S. 87-101; 4 Abb. (Codices selecti. Vol. CI.)
395. *Kannenberg, Bolko*: Oldenburger Wappentafel 20. Zeichnungen: Kurt Schweder. In: Der Oldenburgische Hauskalender, Jg. 170, 1996, S. 50; 3 Abb. (Klevemann/Klävemann; Lüken; Vosteen)

## Münzkunde

396. *Kalvelage, Peter*, u. *Hartmut Trippler*: Die Münzen der Grafen, Herzöge und Großherzöge von Oldenburg. Osnabrück: Künker 1996. 367 S.; Abb. 4-96-0166

## Orden

-----

## Kultur und Kunst

397. Kulturland Oldenburg 1996. Jahresbericht der Oldenburgischen Landschaft. Oldenburg: Isensee 1997. 163 S.; Abb. ZS 3527
398. Mitteilungsblatt der Oldenburgischen Landschaft (Nr. 93ff.: Das Land Oldenburg), Nr. 90-93, Oldenburg 1996. ZS 3910
399. *Müller, Walter*: Verein der Freunde und Förderer der Oldenburgischen Landschaft. In: Mitteilungsblatt der Oldenburgischen Landschaft, Nr. 90, 1996, S. 23; 2 Abb.
400. Berichte des Oldenburger Landesvereins für Geschichte, Natur- und Heimatkunde e.V. für 1995/96. In: Oldenburger Jahrbuch, Bd. 96, 1996, S. 389-418.
401. *Büsing, Wolfgang*: Jahresbericht der Oldenburgischen Gesellschaft für Familienkunde für 1996. In: Oldenburgische Familienkunde, Jg. 38, 1996, S. 479-481.
402. *Ottenjann, Helmut*: Aus der Arbeit des Heimatbundes Oldenburger Münsterland 1994/95. In: Jahrbuch für das Oldenburger Münsterland, 1996, S. 335-359; 2 Abb.
403. 75 Jahre Heimatverein Varel. Bearb.: Georg Buchtmann [u.a.]. Varel: Heimatverein 1996. 120 S.; Abb. 97-6099
404. *Baumann, Willi*: Das Offizialatsarchiv in Vechta. In: Mitteilungsblatt der Oldenburgischen Landschaft, Nr. 90, 1996, S. 22-23.
405. *Müller, Klaus-Peter*: Vom Ende der großherzoglichen Privatbibliothek in Oldenburg 1919. In: Geschichte als Verantwortung. Festschrift für Hans Fenske zum 60. Geburtstag. Hrsg.: Ernst Otto Bräunche u. Hermann Hiery. Karlsruhe: Heinz Wolf Fachverl. 1996, S. 65-83.
406. *Müller, Klaus-Peter*: Ältere Sachsenspiegel-Drucke in der Landesbibliothek Oldenburg - ein Bestand und seine Entstehung. In: der sassen speyghel. Sachsenspiegel - Recht - Alltag, Bd. 1, Oldenburg 1995, S. 47-62; 3 Abb.

407. *Eberspächer, Cord*: Was wird hier gespielt? Theater im Oldenburger Land. In: Mitteilungsblatt der Oldenburgischen Landschaft, Nr. 90, 1996, S. 20-22; 4 Abb.
408. *Niemann, Wolfgang*: Der Milchmann lieferte die Lachsalven. Jevers niederdeutsche Bühne „Speeldeel" feiert am 4. April ihr 75jähriges Bestehen. In: Heimat am Meer, Jg. 1996, S. 28; 1 Abb.
409. *Riedel, Karl Veit*: Niederdeutsches Theater in Oldenburg. Geschichte der August Hinrichs Bühne am Oldenburgischen Staatstheater. Oldenburg: Isensee 1996. 128 S.; Abb. 96-6353
410. *Ottenjann, Helmut*: Museumsdorf Cloppenburg - Niedersächsisches Freilichtmuseum 1994. In: Jahrbuch für das Oldenburger Münsterland, 1996, S. 360-364.
411. *Meiners, Uwe*: Das Schloß in Jever: Alter Häuptlingssitz wird zum kulturhistorischen Museum. In: Niedersachsen, Jg. 96, 1996, S. 218-220; 5 Abb.
412. *Ebner von Eschenbach, Friederike*: Die Restaurierung der Tapisserien im Schloßmuseum zu Jever. In: Berichte zur Denkmalpflege in Niedersachsen, Jg. 16, 1996, S. 135-137; 4 Abb.
413. Ansichten der Nordwolle 1884-1996. Von der NWK 1884 zum Fabrikmuseum Nordwolle Delmenhorst 1996. Hrsg. im Auftr. der Stadt Delmenhorst von Gerhard Kaldewei. Oldenburg: Isensee 1996. 109 S.; Abb. (Schriften der Museen der Stadt Delmenhorst. Reihe: Fabrikmuseum Nordwolle. Bd. 1.) 4-96-0298
414. *Kaldewei, Gerhard*: An der Delme jenseits der Bahn. Von der NWK 1884 zum „Fabrikmuseum Delmenhorst". Ein Industriemuseums-Projekt im Kontext von Industriearchäologie und Industriekultur. In: Ansichten der Nordwolle 1884-1996, Oldenburg, 1996, S. 31-44; Abb., Pl.
415. *Precht, Hans-Hermann*: Zum Konzept des „Fabrikmuseums Nordwolle Delmenhorst". In: Ansichten der Nordwolle 1884-1996, Oldenburg 1996, S. 45-63; 1 Faltpl.
416. *Hartmann, Gerda*: Photodokumentation: Von der NWK 1884 zum „Fabrikmuseum Nordwolle Delmenhorst" 1996. In: Ansichten der Nordwolle 1884-1996, Oldenburg 1996, S. 77-108.
417. Leben im Industriedenkmal „Nordwolle" in Delmenhorst. In: Niedersachsen, Jg. 96, 1996, S. 141-142; 3 Abb.
418. *Huhnt, Bruno*: Das Industrie-Museum Lohne - ein Überblick. In: Kennst Du Deine Heimat, H. 20, 1996, S. 101-104.
419. *Gäßler, Ewald*: Neuerwerbungen des Stadtmuseums Oldenburg in den vergangenen zehn Jahren. In: Das Land Oldenburg, Nr. 93, S. 14-19; 22 Abb.
420. *Fahl-Dreger, Axel*: Das historische „Museum im Zeughaus". [Vechta]. In: Heimatblätter, Jg. 75, 1996, S. 18-19; 4 Abb.
421. *Schmerenbeck, Peter,* u. *Wilfried Wördemann*: Barocker Traum. Fayencen aus Zerbst und Jever. Begleitheft zur gleichnamigen Ausstellung im Schloßmuseum Jever vom 3.10.1996-15.1.1997 sowie im Museum der Stadt Zerbst vom 8.4.1997-1.6.1997. Mit Beitr. von Juliane Jürgens u. Horst Mauter. Oldenburg: Isensee 1996. 160 S.; Abb. (Kataloge und Schriften des Schloßmuseums Jever. H. 15.) 97-6096
422. *Deuter, Jörg*: Die Genesis des Klassizismus in Nordwestdeutschland. In: Mitteilungsblatt der Oldenburgischen Landschaft, Nr. 90, 1996, S. 15-18; 3 Abb.
423. *Brandt, Michael W.*: Die Architektur des Klassizismus im Herzogtum Oldenburg und in den Fürstentümern Lübeck und Birkenfeld 1785-1853. In: Mitteilungsblatt der Oldenburgischen Landschaft, Nr. 91, 1996, S. 18-20; 2 Abb.
424. *Jefferies, Matthew*: The Werkbund in Delmenhorst. A forgotten episode in German design history. In: Journal of design history, Vol. 7, 1994, S. 13-27.
425. *Struck, Matthias*: In bunten Farben schillert der Backstein. Klinkerexpressionismus in Oldenburg. In: Der Oldenburgische Hauskalender, Jg. 170, 1996, S. 59-64; 4 Abb.

426. *Henneberg, Jörg Michael*: Die Künstlergruppe „Barke" und die Kulturzeitschrift „Der Ziehbrunnen" - zwei Beispiele des Expressionismus im Oldenburger Land. In: Therese von der Vring 1894-1927. Biographie und Werkverzeichnis. Künstlerhaus Jan Oeltjen, Oldenburg: Isensee 1996, S. 60-81; Abb. (Veröffentlichung des Künstlerhauses Jan Oeltjen e.V. Bd. 12.)
427. *Weichardt, Jürgen*: Rückkehr der Moderne. Die zeitgenössische Kunst in Oldenburg nach dem Kriege. In: Mitteilungsblatt der Oldenburgischen Landschaft, Nr. 90, 1996, S. 1-8; 16 Abb.
428. *Henneberg, Jörg Michael*: „Balanceakt". Künstlerinnen aus dem Oldenburger Land zeichnen für den Hauskalender. In: Der Oldenburgische Hauskalender, Jg. 170, 1996, S. 56-58; 5 Abb.
429. *Brandt, Michael W.*, u. *Ruth Irmgard Dalinghaus*: Kirchenfenster des 19. Jahrhunderts im Oldenburger Land. Ein Pilotprojekt der Oldenburgischen Landschaft. In: Das Land Oldenburg, Nr. 93, 1996, S. 20-23; 7 Abb.
430. *Daniel, Horst*: Kloster-Altar zeigt vollkommene Bildersprache christlicher Kunst. Wenige kennen Schnitzwerk aus Blankenburg. In: Nordwest-Heimat v. 19.10.1996, S. [1-2]; 2 Abb.
431. *Behrens, Elke, Delev Gadesmann* u. *Peter Königfeld*: Der Altar von Ludwig Münstermann in Rodenkirchen - aktueller Stand der Untersuchungen. In: Berichte zur Denkmalpflege in Niedersachsen, Jg. 16, 1996, S. 132-135; 4 Abb.
432. *Nöldeke, Ingeborg*: Pilatus wäscht seine Hände in Unschuld. Beobachtungen zu Unklarheiten im Bildprogramm des Altarretabels in der Schortenser St. Stephanuskirche. In: Oldenburger Jahrbuch, Bd. 96, 1996, S. 45-52; 6 Abb.
433. *Retterath, Bernd*, u. *Kerstin Klein*: Die gotischen Wandmalereien im ehemaligen Kapitelsaal des St. Alexandri-Stiftes in Wildeshausen. In: Berichte zur Denkmalpflege in Niedersachsen, Jg. 16, 1996, S. 137-140; 5 Abb.
434. *Heinemeyer, Elfriede*: Eine Oblatendose aus Holle. In: Der Oldenburgische Hauskalender, Jg. 170, 1996, S. 34; 2 Abb.
435. *Hirschfeld, Rolf*: Die Orgeln in der Pfarrkirche St. Marien zu Delmenhorst. Delmenhorst 1993. 30 S.; Abb. 97-6480
436. Die neue Orgel in St. Christophorus Düsternort, Delmenhorst. [Umschlagtitel]. Zsgest. von Barbara Meiwald u. Rolf Kettenburg. Delmenhorst 1996: Blauth. 12 ungez. Bl.; Abb. 97-6482
437. *Nöldeke, Ingeborg*: Wie das Bild des großen Hofmalers in die kleine ostfriesische Dorfkirche kam. Neustadtgödenser Terwesten-Altargemälde wird im Charlottenburger Schloß in Berlin ausgestellt. In: Heimat am Meer, Jg. 1996, S. 1-2; 1 Abb.
438. *Reinbold, Michael*: Zu Besuch in Oldenburg. Zwei Kostbarkeiten aus Kopenhagen. In: Der Oldenburgische Hauskalender, Jg. 170, 1996, S. 16-19; 2 Abb.
439. *Kastler, José*: Zwei unbekannte Portraits des „Kranich". In: Mitteilungsblatt der Oldenburgischen Landschaft, Nr. 92, 1996, S. 22-23; 2 Abb.
440. Kulturschatzinsel Bauernhof. Einzigartiges Kulturerbe im Weser-Ems-Gebiet. Eine Denkschrift. Hrsg.: Bezirksregierung Weser-Ems und Präsidenten der Landschaften [im Reg.-Bez.] Weser-Ems. Red.: Helmut Ottenjann u. Hermann Schieder. Oldenburg 1996: Haferkamp. 44 S.; Abb. 4-97-1042
441. *Kuper, Werner*: Über den alten Desum-Gedenkstein. In: Heimatblätter, Jg. 75, 1996, S.6; 1 Abb.

## Volkskunde

442. Sagen, Bräuche und historische Geschichten aus dem Oldenburger Land. Ges. u. bearb. von Helge Dettmer u. Michael Krüttgen. Leun/Lahn: Phönix 1990. 207 S.; Abb 4-97-0033
443. *Blaschitz, Gertrud*: Das Würfelspiel im Hoch- und Spätmittelalter unter besonderer Berücksichtigung der Würfelszene in der Oldenburger Bilderhandschrift des Sachsenspiegels. In: der sassen speyghel. Sachsenspiegel - Recht - Alltag, Bd. 2, Oldenburg 1995, S. 307-323: 11 Abb.
444. *Klöver, Helga*: Das Kohl-&-Pinkel-Buch. Bremen: Ed. Temmen 1996. 192 S.; Abb. 97-0317
445. *Kohlrenken, Peter*: Seit 50 Jahren bereichern die Moorwarfer Maibaummacher die Dorfgemeinschaft. In: Heimat am Meer, Jg. 1996, S. 39; 1 Abb.
446. *Tegenkamp, Franz-Josef*: Schützenfest in Lohne vor 100 Jahren. In: Jahrbuch für das Oldenburger Münsterland, 1996, S. 183-202; 10 Abb.
447. *Büsing, Wolfgang*: Vom Preisschießen der Oldenburger Schützen. In: Der Oldenburgische Hauskalender, Jg. 170, 1996, S. 32-33; 3 Abb.

## Sprache/Literatur

448. *Peters, Werner*: Der Rechtswortschatz in Land und Stadt Oldenburg. In: der sassen speyghel. Sachsenspiegel - Recht - Alltag, Bd. 1, Oldenburg 1995, S. 361-372; 2 Abb.
449. *Peters, Werner*: Der Rechtswortschatz. In: Der Oldenburger Sachsenspiegel. Vollständige Faksimile-Ausg. Kommentarband. Hrsg. von Ruth Schmidt-Wiegand, Graz 1996, S. 125-141. (Codices selecti. Vol. CI.)
450. *Peters, Robert*: Zur Geschichte der Stadtsprache Oldenburgs. In: der sassen speyghel. Sachsenspiegel - Recht - Alltag, Bd. 1, Oldenburg 1995, S. 327-360; 5 Abb.
451. *Lohse, Gerhart*: Geschichte der Ortsnamen im östlichen Friesland zwischen Weser und Ems. E. Beitrag zur historischen Landeskunde der deutschen Nordseeküste. 2., erg. Aufl. Wilhelmshaven: Brune 1996. 230 S.; 1 Falttaf. (Oldenburger Forschungen. H. 5.) 97-6134
452. Als Großmutter klein war. Alte Spiele, Reigen, Reime und Lieder in Hoch- und Plattdeutsch. Hrsg. Landfrauenverein Lohne. Illustr.: Anny Göttke-Krogmann. Lohne 1996. 108 S.; Abb.
453. *Friedl, Hans:* Fürstliche Dichtung und Tonkunst aus dem Hause Oldenburg. Bad Zwischenahn: Braun 1996. 6 ungez. Bl.; überw. Abb. 96-6039,15
454. *Arkenau, Reinhard*: „Der lächerliche Aufzug im Fladder". Ein plattdeutsches Gedicht in 28 Strophen von F.M. Driver über die Streitigkeiten Osnabrück-Vechta. In: Heimatblätter, Jg. 75, 1996, S. 20-21; 1 Abb.
455. Elisabeth von Ungnad. Programmheft. Sommerspectakulum vor dem Neuenburger Schloß. Hrsg.: Niederdeutsche Bühne Neuenburg. Zetel 1996: Friesendruck. 30 S.; Abb.
456. *Kühn, Günter*: Der „neue" alte Schrieverkring. In: Mitteilungsblatt der Oldenburgischen Landschaft, Nr. 91, 1996, S. 23-24.
457. *Scholz, Carl*: Schrieverkring Weser-Ems. In: Mitteilungsblatt der Oldenburgischen Landschaft, Nr. 91, 1996, S. 24-25.
458. *Andrae, Oswald*: Heimat - Wat is dat? Von der Liebe zu einem Lande, das mancher verließ. Oldenburg: Isensee 1996. 69 S. 96-6399

## Sport

459. *Schulze, Willy*: Zur Geschichte der Deutschen Jugendkraft (DJK) bis 1935 im oldenburgischen Teil des Bistums Münster. In: Jahrbuch für das Oldenburger Münsterland, 1996, S 173-182; 2 Abb.
460. *Glöckner, Paul Wilhelm*: 50 Jahre Stadtsportbund Delmenhorst.In: Von Hus un Heimat, Jg. 47, 1996, S. 41-42; 2 Abb.
461. Niedersächsischer Fußballverband e.V. Kreis Ammerland 1946-1996. Festschrift zum 50jährigen Jubiläum. Westerstede 1996. 32 S.; Abb. 4-96-1152
462. 75 Jahre in Wort und Bild. Ballspielverein Bühren e.V. Bühren 1996. 168 S.
463. *Glöckner, Paul Wilhelm*: Turnen als Protest gegen den Landesherrn. Vor 150 Jahren erster Turnverein in Delmenhorst aus der Taufe gehoben. In: Von Hus un Heimat, Jg. 47, 1996, S. 9-10; 2 Abb.
464. 100 Jahre TV Hude 1895-1995. Red.: Jürgen Boyn, Lisa Aschmoneit. Hrsg.: Turnverein Hude von 1895 e.V. Bremen 1995: C. Albrecht. 120 S.; Abb. 97-0143
465. *Bullwinkel, Axel*, u. *Uwe Nuttelmann*: VfB Oldenburg 1878-1996. Jade: Nuttelmann 1996. 342 S.; Abb. (Die Statistik der deutschen Vereine. T. 1.) 96-2182:1
466. Osternburger Kicker. Hrsg.: GVO Oldenburg. Bearb.: Matthias Schachtschneider u. Manfred Uhlhorn. Oldenburg, Ausg. 1, 1996: 100 Jahre Osternburger Fußball. ZS 5800:1

# Berichte
## des Oldenburger Landesvereins für Geschichte, Natur- und Heimatkunde e.V. für 1996/97

### EHRENVORSITZENDER

Dr. jur. Helmut Möller, Verwaltungsgerichtspräsident i.R. (1994)

### EHRENMITGLIEDER

Klaus Barelmann, Studiendirektor i.R. (1992)
Tanno Tantzen, Jurist (1995)
Hans Rudolf Henneberg (1995)

**Vorstand, Schriftführer, Schatzmeister:**

Jürgen Lange (Vorsitzender)
Klaus Barelmann (1. stellvertr. Vorsitzender)
Prof. Dr. Albrecht Eckhardt (2. stellvertr. Vorsitzender)
Werner Michaelsen (Schriftführer)
Tanno Tantzen (Schatzmeister bis 31. Dezember 1997)
Dr. Michael Hahn (Schatzmeister ab 1. Januar 1998)

**Mitglieder des Beirates:**

**Abteilung I (Geschichte, Volks- und Landeskunde)**
 1. Wolfgang Büsing
 2. Dr. Jörg Eckert
 3. Prof. Dr. Albrecht Eckhardt
 4. Franz Hellbernd
 5. Dr. Egbert Koolman
 6. Dr. Helmut Möller
 7. Dr. Walter Ordemann
 8. Prof. Dr. Helmut Ottenjann
 9. Dr. Dieter Rüdebusch
10. Prof. Dr. Heinrich Schmidt
11. Tanno Tantzen

**Abteilung II (Naturkunde, Natur- und Heimatschutz)**
12. Dr. Remmer Akkermann
13. Prof. Dr. Franz Bairlein
14. Klaus Barelmann
15. Prof. Dr. Karl-Ernst Behre
16. Dr. Ulf Beichle
17. Prof. Dr. Wolfgang Eber
18. Prof. Dr. Mamoun Fansa
19. Dr. Michael Hahn
20. Hans-Rudolf Henneberg
21. Jürgen Lange
22. Prof. Dr. Karl-Otto Meyer
23. Werner Michaelsen
24. Dr. Jörn Wrede

**Vertreter öffentlich-rechtlicher Körperschaften:**
25. Erich Wille

**Vertreterin der Förderer:**
26. Ursula Maria Schute

Stand: 22. April 1997

# Jahresberichte 1996/97

**1. Jahresbericht des Vorsitzenden für 1996/97**
Der Bericht wird zeitlich umrissen durch
die Jahreshauptversammlung am 17. April 1996
und die Jahreshauptversammlung am 16. April 1997.

**1.1 Aus dem Kreis der Mitglieder. Vorstand. Mitgliederversammlungen. Beirat.**
**Aus dem Kreis der Mitglieder.** Wie stets gedenken wir zunächst der Mitglieder, die - soweit uns bekannt geworden ist - innerhalb dieses Zeitraumes verstorben sind:
Dr. jur. Karl Steinhoff, Oldenburg; Dr. phil. Enno Meyer, Oldenburg; Margret Hartmann, Oldenburg; Fritz Stukenberg, Oldenburg; Friedrich Schohusen, Oldenburg; Gustav Martens, Oldenburg; Herbert Hayen, Oldenburg; Karl-Heinz Draeger, Oldenburg; Dr. Agnes Bellm, Oldenburg; Gerhard Wintermann, Sandkrug; Friedrich Coburger, Oldenburg; Irene Janssen, Wangerland; Franz Lankenau, Nordenham-Blexen; Erika Brigitte Bruns, Oldenburg; Gerda Peppmüller, Hatten; Walter Denis, Cloppenburg; Klaus Wolter, Oldenburg; Theodor Murken, Wilhelmshaven; Günter Hobbie, Hamburg.
Wir werden allen Verstorbenen ein treues Andenken bewahren!
Unser langjähriges Mitglied, **Frau Emma Wintermann,** geb. Piehl, die - wie bereits berichtet - am 3. November 1995 verstorben war, hat neben anderen Kulturvereinen und Sozialeinrichtungen auch dem Oldenburger Landesverein ein ansehnliches Vermächtnis zugewandt. Der Landesverein wird dieses Legat verwenden, um im Rahmen seiner Schriftenreihe Oldenburger Forschungen Neue Folge den Briefwechsel zwischen dem Berliner Philosophen Friedrich Nicolai und den Oldenburger Aufklärern Gerhard Anton Gramberg und Gerhard Anton von Halem zu veröffentlichen. Frau Oberbibliotheksrätin Gabriele Crusius bereitet die Herausgabe zusammen mit einem ausführlichen Vorwort vor. Der Erscheinungstermin ist noch unbestimmt, voraussichtlich 1998. Der Landesverein wird diesen Band ausdrücklich der Erinnerung an Frau Emma Wintermann widmen, zumal er glaubt, daß er damit auch ihren literarischen Neigungen nahekommt.
Mit Stolz dürfen wir verzeichnen, daß eine Reihe unserer Mitglieder für hervorragende Leistungen ausgezeichnet oder in angesehene Ämter berufen wurden. Dr. Wolfgang Schütz ist das Niedersächsische Verdienstkreuz verliehen worden. Bei der Oldenburgischen Landschaft sind Prof. Dr. Albrecht Eckhardt zum neuen Leiter der Arbeitsgemeinschaft Landes- und Regionalgeschichte sowie Prof. Dr. Rolf Schäfer zum neuen Leiter der Arbeitsgemeinschaft Kunst bestimmt worden. Unser Beirats- und Ehrenmitglied Hans-Rudolf Henneberg wurde zum Ehrenmitglied des Mellumrates e.V. gewählt. Landtagspräsident Horst Milde ist zum Ehrenmitglied des Niedersächsischen Heimatbundes ernannt worden. Erster Träger der neugeschaffenen Ehrennadel der Oldenburgischen Landschaft wurde Wolfgang Engelhardt. Un-

ser Beiratsmitglied Dr. Remmer Akkermann wurde zum ersten Direktor des neugegründeten Instituts für Naturschutz und Umweltbildung der Hochschule Vechta gewählt. Prof. Dr. Peter Schmid, ehemaliger Direktor des Instituts für historische Küstenforschung, ist mit dem Hermann-Allmers-Preis für Heimatforschung ausgezeichnet worden.

Mit großer Freude und Dankbarkeit haben wir das 30jährige Jubiläum unseres lieben **Tanno Tantzen** als Schatzmeister des Oldenburger Landesvereins begangen. Im Dezember 1966 ist er von unserem Beirat einstimmig zum Schatzmeister gewählt

*Dank des Oldenburger Landesvereins an seinen Schatzmeister Tanno Tantzen (links) und seine Frau Irmgard. Rechts der Vorsitzende, Jürgen Lange.*

worden. Am 1. Januar 1967 hat er das Amt angetreten, das er am 31. Dezember 1996 30 Jahre innehatte. Vor unserem Schloßsaalvortrag vom 27. Januar 1997 haben wir ihm den Dank und die Anerkennung des Landesvereins öffentlich ausgesprochen, ihm ein Buch und seiner Frau Irmgard einen Blumenstrauß überreicht; denn auch

unseren Frauen sind wir Dank schuldig dafür, daß sie unsere Abhaltungen und Abwesenheiten durch die Arbeit für den Landesverein mit liebevoller Geduld tragen.
**Vorstand. Mitgliederversammlungen.** Die Arbeit in diesen Gremien verlief in gewohnter Routine. Einen besonderen Schwerpunkt bildete unsere neu belebte Publikationstätigkeit und die Finanzierung insbesondere des Oldenburger Jahrbuchs (dazu unten).
**Beirat.** Der Beirat muß neu gewählt werden, denn seine dreijährige Amtszeit (§ 9 Abs. 6 der Satzung, abgedruckt in Old.JB 94 (1994) S. 479 ff.) läuft im April 1997 ab. Nun kann man verschiedener Ansicht darüber sein, ob die Amtszeit der jeweiligen Beiratsmitglieder oder des Beirats im ganzen drei Jahre beträgt. Im ersteren Falle müßte praktisch auf jeder Mitgliederversammlung eine Wahl einzelner Beiratsmitglieder stattfinden, da mehrere in der Zwischenzeit seit der letzten Beirats-Gesamtwahl im April 1994 hinzugewählt worden sind und daher unterschiedliche Amtszeiten für die einzelnen Beiratsmitglieder laufen. Nach Beratung hat sich der Vorstand jedoch für die zweite Interpretation ausgesprochen, die sich streng am Wortlaut der Satzung orientiert, auch praktikabler ist und auf eine Beirats-Gesamtwahl alle drei Jahre hinausläuft. Prof. Dr. Karl-Ernst Behre, Leitender wissenschaftlicher Direktor des Niedersächsischen Instituts für historische Küstenforschung in Wilhelmshaven, und Leitender Museumsdirektor a.D. Prof. Dr. Helmut Ottenjann gehören dem Beirat des Landesvereins erstmals an. Wir haben sie zur Wahl vorgeschlagen, um die jahrzehntelange, enge Zusammenarbeit mit beiden Institutionen und ihren wissenschaftlichen Mitgliedern weiter zu vertiefen. Dr. Michael Hahn wird zur Wahl in den Beirat vorgeschlagen, um künftig die Aufgaben des Schatzmeisters zu übernehmen, wozu er sich dankenswerterweise bereit erklärt hat. Denn unser langjähriger Schatzmeister Tanno Tantzen ist nach über 30 Jahren amtsmüde. Aus dem Beirat sind auf eigenen Wunsch ausgeschieden Dr. Elfriede Heinemeyer und Helmut Göttke-Krogmann. Ihnen sei auch an dieser Stelle Dank und Anerkennung für ihren langjährigen Einsatz für die Belange des Landesvereins ausgesprochen.

**1.2 Organisation des Oldenburger Landesvereins und seiner Fachabteilungen.** Da nicht allen Mitgliedern die Organisationsstruktur des Landesvereins klar ist, hat der Berichterstatter versucht, dies durch eine graphische Darstellung anschaulich zu machen (Abb. 2). Die Satzung setzt das Vorhandensein von Fachabteilungen voraus (§ 11 Abs. 1). Ihre Zahl ist nicht festgelegt. Es versteht sich von selbst, daß sie den Vereinszielen dienen müssen. Die Leiter der Fachabteilungen Landesgeschichte, Familienkunde (Oldenburgische Gesellschaft für Familienkunde) sowie Naturkunde und Vorgeschichte werden vom Beirat gewählt (§ 11 Abs. 2 der Satzung). Die übrigen Fachabteilungen - als solche sehen wir die Ornithologische Arbeitsgemeinschaft Oldenburg und die Pflanzenkundliche Gesellschaft zu Oldenburg e.V. an - wählen ihre Leiter bzw. Vorsitzenden selbst. Deren Mitglieder sind nicht automatisch auch Mitglieder des Landesvereins, wenngleich ihr Beitritt erwünscht ist. Alle Fachabteilungen werden vom Landesverein im Rahmen seiner - beengten - Möglichkeiten finanziell und durch Werbung unterstützt, haben Publikationsmöglichkeiten in unseren Vereinsorganen. In welcher Weise sie tätig werden, ergibt sich aus der untersten Zeile im abgebildeten Organisationsschema.

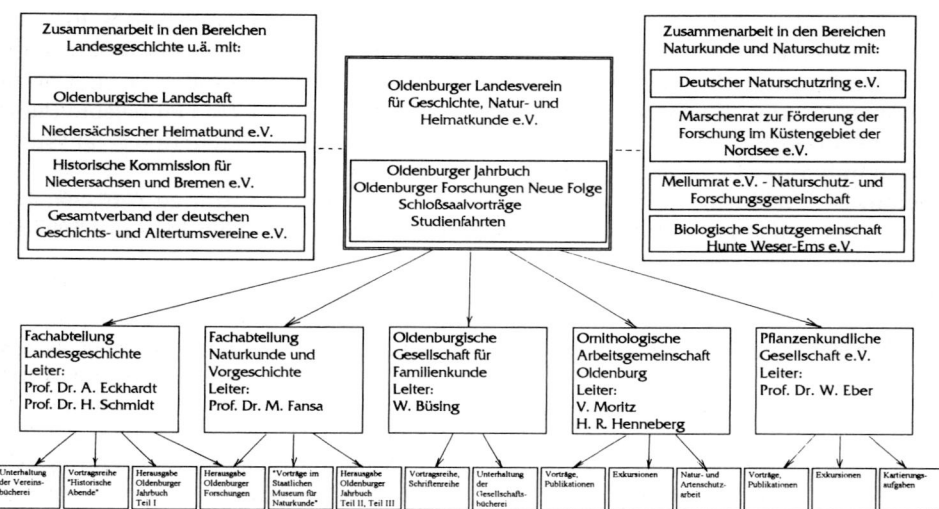

*Organisationsschema des Oldenburger Landesvereins (Stand 1. 4. 1997).*

**Organisation der Arbeit am Oldenburger Jahrbuch.** Nicht ganz so anschaulich läßt sich darstellen, wie das Niedersächsische Staatsarchiv in Oldenburg, das Staatliche Museum für Naturkunde und Vorgeschichte sowie die Landesbibliothek in die Arbeit am Oldenburger Jahrbuch eingebunden sind. Die Verflechtung erfolgt durch die Person des jeweiligen Leiters dieser Einrichtungen, der zugleich Schriftleiter für einen bestimmten Teil des Jahrbuchs ist. Schriftleiter sind im allgemeinen der jeweilige Leiter des Staatsarchivs (gegenwärtig Prof. Dr. A. Eckhardt) für Teil I, der jeweilige Leiter des Naturkundemuseums und sein Vertreter (gegenwärtig Prof. Dr. M. Fansa und Dr. Beichle) für Teile II und III sowie der Leiter der Landesbibliothek (gegenwärtig Dr. Koolman) für Teil IV. Die Schriftleiter stellen in den von ihnen betreuten Teilen wissenschaftliche Ergebnisse ihrer Arbeitsgebiete aus unserer Region vor, womit sie nicht nur unseren Mitgliedern und der Öffentlichkeit, sondern auch eigenen dienstlichen Aufgaben dienen, wie dies z.B. bei der Veröffentlichung historischer Erkenntnisse unter Auswertung des Archivgutes der Fall sein kann oder bei der Erarbeitung der Oldenburgischen Bibliographie, die nicht zuletzt bei der täglichen bibliothekarischen Beratungstätigkeit benutzt wird. Der Landesverein stellt diesen drei Einrichtungen im Gegenzug für die Schriftleitertätigkeit unentgeltlich insgesamt 300 Exemplare des jeweiligen Oldenburger Jahrbuchs zur Verfügung. Mit Hilfe der Jahrbücher haben sie einen regelmäßigen Tauschverkehr mit den ihnen entsprechenden wissenschaftlichen Einrichtungen wie Landes- und Universitätsbibliotheken, Staats- und Stadtarchiven, Historischen, Archäologischen, Geografischen und Naturwissenschaftlichen Instituten, Landes- und Stadtmuseen, Altertums-, Geschichts-, Museums- und Naturwissenschaftlichen Vereinen u.a. aufgebaut, deren wissenschaftliche Publikationen sie als (kostenlose) Gegengaben für das Oldenburger Jahrbuch erhalten. Die Gegengaben, die das Niedersächsische Staatsarchiv empfängt, werden Eigentum des Landesvereins; sie bilden den Hauptstock der Vereinsbücherei (vgl. hierzu Jahresbericht 1994/95, Old.JB 95 (1995) S. 402 ff., S. 406). Die übrigen Gegengaben werden Eigentum des Naturkundemuseums und der Landesbibliothek. Dieser Tauschverkehr besteht z.Zt. mit rund 240 wissenschaftlichen Einrichtungen in allen Regionen Deutschlands und etwa 50 wissenschaftlichen Einrichtungen in 13 europäischen und überseeischen Ländern von den USA bis Polen und von Skandinavien bis Israel (vgl. Barelmann, 100 Jahre Oldenburger Jahrbuch, Old.JB 92 (1992) S. 1 ff., Anhang 2 S. 18 ff.). Die so entstehenden Bestände sind allgemein und unentgeltlich zugänglich und außerdem mit der Carl von Ossietzky Universität vernetzt.

An der Vorbereitung des jeweiligen Jahrgangsbandes wird fortlaufend gearbeitet. Die Schriftleiter wählen eigenverantwortlich die ihnen angeboten Beiträge aus. Sie achten auf deren Qualität und die Einhaltung der für jeden Teil vorgegebenen Manuskriptrichtlinien. Ende Juni eines jeden Jahres findet eine Redaktionskonferenz unter Leitung des Vorsitzenden statt, auf der nach Maßgabe der zur Verfügung stehenden finanziellen Mittel der Umfang und die Ausstattung der einzelnen Teile, insbesondere die Zahl der Farbabbildungen, festgelegt werden. Danach erfolgt die Druckvorbereitung mit dem Ziel, das Jahrbuch möglichst noch im Herbst eines jeden Jahres auszuliefern.

## 1.3 Druckkostenzuschuß für das Oldenburger Jahrbuch.

Der Oldenburger Landesverein hat für die Herausgabe des Oldenburger Jahrbuchs **stets** einen staatlichen Zuschuß - zunächst vom früheren Oldenburgischen Staat, dann vom Land Niedersachsen, später von der Oldenburg-Stiftung und seitdem von der Oldenburgischen Landschaft - erhalten, weil die Förderung dieser Arbeit des Landesvereins als eine staatliche Aufgabe angesehen worden ist. Nachdem der Vorstand der Oldenburgischen Landschaft bereits 1990 eine drastische Kürzung dieser Unterstützung beschlossen hatte, die jedoch nach gemeinsamen Gesprächen zwischen den beiderseitigen Vorständen wieder rückgängig gemacht werden konnte (vgl. Jahresbericht des Vorsitzenden für 1989/90, Old.JB 90 (1990) S. 418 ff., S. 420), reduziert der Vorstand der Landschaft erneut den Druckkostenzuschuß auf ein solches Minimum, daß die Herausgabe des Oldenburger Jahrbuchs stark gefährdet wird. Die Landschaft hatte für 1995 noch 15.000 DM (wie in den Vorjahren) gewährt. Für 1996 hat sie den Zuschuß auf 10.000 DM abgesenkt und für 1997 auf 7.500 DM (zuzüglich einer persönlichen Spende des Präsidenten der Landschaft von 2.500 DM) weiter vermindert. Der Präsident der Landschaft hat keinen Zweifel daran gelassen, daß der Landesverein in den folgenden Jahren mit weiterer Reduzierung rechnen müsse. Obwohl der Vorstand des Landesvereins in einem gemeinsamen Gespräch darauf hingewiesen hat, daß dann die Herausgabe des Oldenburger Jahrbuchs existenziell gefährdet ist, war mit dem Hinweis auf die Verringerung auch des Landeszuschusses an die Landschaft keine Änderung der Auffassung zu erreichen, obwohl diese Verringerung nur etwa 10 Prozent ausmacht und keine Kürzung um 50 Prozent, wie sie uns von Seiten der Landschaft zugemutet wird.

Der Berichterstatter hält sich für verpflichtet, die Hauptversammlung über diese Gefährdung der Herausgabe des Jahrbuchs rechtzeitig zu unterrichten. Er bittet die Mitglieder darüber hinaus im Rahmen ihrer Möglichkeiten um Spenden sowie um die Gewinnung von Sponsoren, für die wir auch Werbung in das Jahrbuch aufnehmen können, wie das bereits geschehen ist. Es müssen alle Kräfte mobilisiert und eingesetzt werden, um zu verhindern, daß das Oldenburger Jahrbuch nicht mehr herausgegeben werden kann! Es würden die seit Jahrzehnten aufgebaute interdisziplinäre Erarbeitung und überregionale Verbreitung wissenschaftlicher Erkenntnisse aus unserer Region, der intensive wissenschaftliche Tauschverkehr mit anderen Regionen und die oben beschriebene Förderung des Staatsarchivs, des Naturkundemuseums und der Landesbibliothek zum Erliegen kommen. Der Verlust für die wissenschaftlichen Bestrebungen und für die Bevölkerung unseres Raumes wären gar nicht abzuschätzen!

### 1.4 Publikationstätigkeit.

**Verlagsvertrag.** Der Oldenburger Landesverein als Herausgeber und die Florian Isensee GmbH als Verlag haben am 7. November 1996 einen vorläufigen Verlagsvertrag abgeschlossen, der vorübergehend bis zum Abschluß eines endgültigen Vertrages gilt und der die Veröffentlichung und den Vertrieb wissenschaftlicher Werke und des Oldenburger Jahrbuchs regelt. Hierin heißt es im wesentlichen:

*„Der Herausgeber als alleiniger Inhaber aller Rechte an den Werken und an dem Oldenburger Jahrbuch räumt dem Verlag, räumlich und inhaltlich unbeschränkt und für die Dauer des gesetzlichen Urheberrechtsschutzes, das ausschließliche Recht zur Vervielfältigung und Verbreitung in Buchform für die erste Auflage und Ausgabe ein und erklärt, daß weder die Herausgabe der Werke Rechte und Ansprüche Dritter oder das Gesetz verletzt noch daß über Nutzungsrechte an den Werken ganz oder teilweise anderweitig verfügt worden ist. Weitere Auflagen und Ausgaben, die Weiterübertragung der Rechte aus diesem Vertrag, ein Ausverkauf und die Vergabe aller Nebenrechte - auch für Einzelbeiträge im Oldenburger Jahrbuch - bedürfen der einvernehmlichen Abstimmung zwischen Herausgeber und Verlag; läßt sich ein Einvernehmen nicht herstellen, entscheidet der Herausgeber."*

**Archäologischer Führer. Jahrbuch-Register.** Unter diesen Stichworten hat der Berichterstatter im letzten Jahresbericht über neue Projekte unterrichtet. Die Arbeit an dem „Führer zu den obertägig sichtbaren archäologischen Denkmalen zwischen Weser und Ems" (Arbeitstitel) nimmt ihren planmäßigen Fortgang. Mehrere Autorenkonferenzen haben stattgefunden. Die Finanzierung erscheint gesichert. Der Erscheinungstermin ist noch unbestimmt. - Auch die Erarbeitung des Registers für die Oldenburger Jahrbücher, das den Zeitraum von 1948/49 bis etwa 1995 umfassen soll, schreitet voran. Richtlinien für die Erfassung und Bildung von Stichwörtern usw. sind ausgearbeitet. An die Mitarbeiter sind einzelne Jahrgangsbände zur Auswertung ausgeteilt. Der Arbeitskreis trifft sich regelmäßig. Weitere Mitarbeiter sind willkommen.

**Gerhart Lohse: Geschichte der Ortsnamen im östlichen Friesland zwischen Weser und Ems** (Oldenburger Forschungen Heft 5). Auf Wunsch der Fachwelt hat der Landesverein das 1939 erstmals erschienene Werk 1996 in 2., ergänzter Auflage im Brune-Verlag Wilhelmshaven herausgeben lassen können, nachdem ein ungenannt bleiben wollender Spender die Drucklegung dankenswerterweise ermöglichte. Wir stellten die Neuauflage am 30. August 1996 zum 6. Tag der Niedersächsischen Denkmalpflege, der in Wilhelmshaven stattfand, im Niedersächsischen Institut für historische Küstenforschung der Öffentlichkeit vor. Prof. Dr. Lohse, im 83. Lebensjahr stehend, hat wegen der mit der Anreise verbundenen Anstrengungen auf die

Teilnahme verzichten müssen. Aus der von ihm vorbereiteten „Dankadresse", die Prof. Dr. Behre verlesen hat, sei zitiert:

*„Die Entstehung meiner Bonner Dissertation verbindet sich mit Namen und sonstigen Beziehungen, über die ich mit einigen Sätzen berichten will: Die Anregung zu einer Arbeit über die Ortsnamen an der deutschen Nordseeküste geht auf Adolf Bach zurück, den Verfasser des noch heute unübertroffenen 5-bändigen Standardwerks ‚Deutsche Namenkunde' (1952/56). Die eigentliche Betreuung der Dissertation übernahm Hans Naumann, der 1911 in Straßburg mit einer Arbeit über ‚Altnordische Namenstudien' promoviert worden war. Ich erhielt das Thema gegen Ende meines 3. Studiensemesters in Bonn im Frühjahr 1936 und habe die Arbeit - neben dem laufenden Studium (Fächer: Deutsch, Geschichte, Geographie) - in 1 1/2 Jahren zu Stande gebracht.... Am 15. 10. 1937 habe ich in Sillenstede dem bekannten Heimatforscher Pastor Carl Woebcken das Ergebnis vorgetragen und seine Zustimmung erhalten ... Am 23. 11. 1938 bestand ich in Bonn das Rigorosum. Der Druck der Arbeit geschah im Sommer 1939, und das Dr.-Diplom vom 14. 11. 1939 wurde mir ins Feld nachgeschickt, denn seit dem September 1939 war ich als Reserveoffizier im Osten. Soweit der äußere Ablauf.*

*Eine Arbeit über den Küstenraum zwischen Weser und Ems war für mich eine Freude. Zwar liegt meine Geburtsstadt Bremerhaven auf dem Ostufer der Weser. Aber während meines Studiums amtierte mein Vater als Direktor des Reform-Realgymnasiums (der späteren Admiral-Scheer-Schule) in Rüstringen (ab 1937 Wilhelmshaven). Er selbst war in Jever groß geworden, wo mein Großvater Leiter einer Bankfiliale war. Ein Bruder des Großvaters war jahrzehntelang Pastor in Stollhamm, ein anderer Inhaber der Lohseschen Buchhandlung in Wilhelmshaven (heute Lohse-Eissing). Die familiären Beziehungen zu meinem Untersuchungsgebiet sind also vielfältig....*

*Von den Personen, die bei der Entstehung meiner Dissertation eine Rolle gespielt haben, wurden Adolf Bach und der Dr.-Vater Hans Naumann schon genannt, auch Pastor Carl Woebcken, den ich von Wilhelmshaven aus oft aufgesucht habe, natürlich mit dem Fahrrad, das mir auch sonst behilflich war, mein Untersuchungsgebiet zu erkunden. Ferner müssen erwähnt werden Prof. Dr. Kurt Tackenberg, der Ordinarius für Vor- und Frühgeschichte in Bonn, dem ich viele Anregungen verdankte, und Hermann Lübbing, Direktor des Oldenburger Staatsarchivs, übrigens ein Schüler meines Vaters. Hermann Lübbing hat die Aufnahme der Arbeit in die ‚Oldenburger Forschungen' betrieben und die Finanzierung geregelt. An ihr war neben dem Ministerium für Kirchen und Schulen des Landes Oldenburg auch die Ostfriesische Landschaft... beteiligt. Am Rande sei erwähnt, daß ich über das Ergebnis meiner Studien im Frühjahr 1939 vor dem Oldenburger Landesverein vorgetragen habe. Wenn meine Erinnerung mich nicht trügt, war anwesend auch Heinrich Schütte, einer der beiden Pioniere der deutschen Küstenforschung. Zu dem anderen, dem hiesigen Hafenbaudirektor Wilhelm Krüger, bestanden - etwas weitläufige - verwandschaftliche Beziehungen.*

*Für die Vorbereitung und die Durchführung des Nachdrucks ist herzlich zu danken dem Oldenburger Landesverein und seinem Vorsitzenden ... Von ihm weiß ich, daß die eigentliche Initiative vom Institut für historische Küstenforschung in Wilhelmshaven, und zwar von Herrn Dr. Zimmermann ausgegangen ist ... Zu danken habe ich ferner Herrn Prof. Dr. Rudolf Schützeichel in Münster, dem gegenwärtigen Primus der deutschen Namensforschung. Er hat mich ermuntert, dem Nachdruck zuzustimmen, und er hat für diesen ein Vorwort geschrieben.*

*Im Rückblick auf die 60 Jahre, die vom Beginn meiner Arbeit bis heute vergangen sind, ist zu sagen, daß ich Anlaß zu großer Dankbarkeit habe. Wer schon von meinem Jahrgang (1914) hat sein Studium noch vor Kriegsbeginn (1939) beenden können? Wer hat den Krieg und eine langjährige sowjetische Gefangenschaft überlebt und wer konnte nach dem Kriege eine erfolgreiche Berufslaufbahn hinter sich bringen? Und wenn auf dem 1. Platz meiner inzwischen fast 300 Publikationen die Bonner Dissertation über die Ortsnamen im östlichen Friesland zwischen Weser und Ems steht, so erfüllt mich das heute mit wirklicher Genugtuung und großer Freude."*

**Hermann Böning: Plattdeutsches Wörterbuch für das Oldenburger Land** (Oldenburger Forschungen Heft 7). Wir sind dem Gedanken an eine Neuherausgabe des 1941 erstmals erschienenen Werkes nähergetreten, da dieser Wunsch wiederholt an uns herangetragen worden ist. Der Berichterstatter hat dem Vorwort von Heinrich Diers zur 2. Auflage von 1970, die der Heimatverein Herrlichkeit Dinklage e.V. mit unserer Genehmigung veranstaltet hatte, entnommen, daß Hermann Böning noch zu Lebzeiten neue Wörter und Ergänzungen gesammelt hatte. Bei seinen Nachforschungen nach dem Verbleib dieser Nachträge, die in eine neue Auflage unbedingt eingearbeitet werden sollten, ist der Berichterstatter zunächst darauf gestoßen, daß der Heimatverein Herrlichkeit Dinklage e.V. bereits 1984 einen weiteren Nachdruck vorgenommen hatte, für den keine Zustimmung des Landesvereins als Inhaber des Urheberrechts vorlag. Gegen Übereignung von 50 Exemplaren, die dann ermäßigt an Mitglieder verkauft wurden, hat der Berichterstatter die nachträgliche Genehmigung dieses Nachdrucks ausgesprochen. Nach mehrmonatiger Suche fanden sich die handschriftlichen Nachträge von Hermann Böning im Niedersächsischen Staatsarchiv Oldenburg. Daraufhin hat der Berichterstatter sowohl Prof. Dr. Dieter Stellmacher vom Institut für Historische Landesforschung der Universität Göttingen - Arbeitsstelle Niedersächsisches Wörterbuch - als auch Dr. Ulf-Thomas Lesle vom Institut für Niederdeutsche Sprache in Bremen um ein Votum gebeten. Beide befürworteten uneingeschränkt eine Neuauflage unter Einarbeitung der Nachträge und mit z.T. weitergehenden Bearbeitungswünschen, denen wir jedoch leider nicht entsprechen konnten. Als kompetenten Bearbeiter der nun beabsichtigten 4. Auflage haben wir Dr. Hans-Joachim Mews, Wilhelmshaven, gewinnen können, der einschlägig promoviert worden ist („Die Mundart des Oldenburger Ammerlandes. Atlas zur Laut- und Wortgeographie", Oldenburger Studien Band 4, 1971).

**Heinz A. Pieken: Deichrecht und Deichmauern in den Bilderhandschriften des Sachsenspiegels und in anderen Quellen** (Oldenburger Forschungen Neue Folge Band 2). Wie im letzten Jahresbericht bereits angekündigt, konnten wir dieses Werk am 6. Dezember 1996 der Öffentlichkeit vorstellen, nachdem die Drucklegung durch den Zuschuß eines ungenannt bleiben wollenden Spenders ermöglicht worden war. Im Anschluß an die Oldenburger Sachsenspiegel-Ausstellung (vgl. Jahresbericht in Old.JB 95 (1995) S. 411) untersucht der Autor den Quellenwert der Deichbilder in den Bilderhandschriften des Sachsenspiegels. Es überrascht nämlich, daß die Deichbilder als Hochwasserschutz eine Mauer auf einem Unterbau zeigen. Der Autor ist den damit verbundenen Fragen unter Auswertung literarischer und archivalischer Zeugnisse sowie eines archäologischen Belegs mit Sorgfalt nachgegangen. Siehe hierzu den Beitrag von Dr. Johannes Ey unter I in diesem Band.

**Michael Reinbold: „Der Unterthanen liebster Vater". Herrscherpropaganda und Selbstdarstellung in den Bildnissen des Grafen Anton Günther von Oldenburg**

**(1583 - 1667)** (Oldenburger Forschungen Neue Folge Band 3). Diesen Band konnten wir am 18. März 1997 im Haus der Gegenseitigkeit Versicherung Oldenburg im Rahmen einer ansprechenden Veranstaltung öffentlich präsentieren. Die Gegenseitigkeit Versicherung Oldenburg, vertreten durch ihren Vorstandsvorsitzenden Carl August Freiherr von Gablenz, hat das Erscheinen des Werkes durch eine namhafte Spende sehr erleichtert. Dafür sei ihr auch an dieser Stelle unser aufrichtiger Dank ausgesprochen! Uns allen sind ja die Abbildungen Anton Günthers auf seinem Pferd Kranich aus dem Oldenburger Stadtbild gegenwärtig. Aber es fehlte bislang eine zusammenfassende Darstellung und Interpretation aller bekannten zeitgenössischen Portraits Anton Günthers. Auch können Herrscherbildnisse mit den verschiedensten Portraitformen, Standesattributen und Symbolen ausgestattet, die unterschiedlichsten Zwecke erfüllen. Der Autor ist den damit verbundenen Fragen im Falle Anton Günthers nachgegangen und hat einen lesenswerten Beitrag geliefert.

**1.5 Schloßsaalvorträge. Studienfahrten.**
**Schloßsaalvorträge.** Am 23. Oktober 1996 konnten wir das 50jährige Jubiläum unserer Schloßsaalvorträge begehen. Das ist eine kulturelle Leistung, auf die wir - ohne unbescheiden zu sein - mit Stolz zurückblicken dürfen! Sie ist untrennbar verbunden mit unserem unvergessenen Stellvertretenden Vorsitzenden, Prof. Dr. Wolfgang Hartung, der sie 49 Jahre lang organisiert und geleitet hat. Auf den Tag genau vor 50 Jahren sprach er über „Wesen und Ursachen der Eiszeit im Lichte neuerer Forschung". Dieser erste Vortrag fiel in eine Zeit, in der alles fehlte und in der jeder nach Jahren der Entbehrung, des Krieges, der Verfolgung und der Vertreibung begierig auf geistige Nahrung war. Auch waren in Oldenburg tausende Heimatvertriebene aufgenommen worden, die die naturräumlichen und geschichtlichen Grundlagen ihrer neuen Heimat kennenlernen wollten. Schon bald erweiterte sich der Themenkreis um die großen Probleme moderner naturwissenschaftlicher Forschung und um die europäische Geschichte. Dementsprechend hat uns Wolfgang Hartung neben einheimischen Rednern zahlreiche namhafte Professoren zugeführt, von denen nur einige der klangvollsten Namen aufgezählt seien: Gerhard Ritter, Percy Ernst Schramm, Wilhelm Treue, Herbert Jankuhn, Herbert Kühn, Adolf Butenandt, Konrad Lorenz, Herman Staudinger. Zum Jubiläum sprach Regierungsvizepräsident Dieter Boll das Grußwort in Vertretung des verhinderten Regierungspräsidenten. Danach hielt Landesminister a.D. Prof. Dr. Bernd Heydemann den Festvortrag über das Thema: „Die Natur als Partner - von welchen Gratisleistungen der Natur ist der Mensch abhängig?" Wegen der weiteren Schloßsaalvorträge des Winterhalbjahres 1996/97 sei auf den Abschnitt „Vortragswesen" Bezug genommen.
**Studienfahrten.** Unter Leitung von Werner Michaelsen unternahmen wir wiederum - neben Ausstellungsbesuchen im Staatlichen Museum für Naturkunde und Vorgeschichte - eine Vielzahl von Halbtages-, Tages- und mehrtägigen Studienfahrten. Unter den letzteren war die Fahrt nach Gotland vom 28. September bis zum 6. Oktober 1996 unter der gemeinsamen Leitung von Prof. Dr. Heinrich Schmidt und Werner Michaelsen ein besonderer Höhepunkt. Sie brachte uns die Geologie und Geographie sowie die Landes- und Kunstgeschichte Südschwedens und insbesondere Gotlands nahe. In diesem Zusammenhang sei vermerkt, daß eine ganze Reihe unserer Mitglieder mit ihrem Fachwissen zum Gelingen unserer Studienfahrten beigetra-

gen haben. Ausdrücklich genannt seien Prof. Dr. Wolfgang Eber, Hans-Rudolf Henneberg, Dr. Walter Ordemann, Margarethe Pauly, Klaus Barelmann, Friedrich Ach, Prof. Dr. Peter Schmid, Dr. Wilhelm Erasmus und Edzard Folkers. Ihnen allen sei an dieser Stelle noch einmal herzlich für ihren Einsatz gedankt!

1.6 **Natur- und Umweltschutz.**
**Schwarze Flecken im Wattenmeer.** Ende Mai 1996 wurden riesige „schwarze Flecken" insbesondere im Watt zwischen Wangerooge und Norderney und der oldenburgisch-ostfriesischen Küste entdeckt, die etwa 20 v.H. des Wattenmeeres verfärbten. Schon in den 70er Jahren stießen Wattführer auf solche toten Stellen im Schlick, was damals aber weder öffentliche Aufmerksamkeit noch ein nennenswertes wissenschaftliches Interesse weckte. Das nun vielfach größere Ausmaß dieser Veränderungen alarmierte Forscher wie Öffentlichkeit. Neben zivilisationsbedingten Belastungen durch Schad- und Nährstoffeinträge (vgl. Jahresbericht in Old.JB 96 (1996) S. 400) dürfte der vorangegangene lange Eiswinter Hauptverursacher der „schwarzen Flecken" gewesen sein, in dem im Watt viele Muscheln, Schnecken, Würmer, Krebse und dgl. verendeten und mit den abgestorbenen Algen von Sand und Schlick bedeckt worden sind, in denen sie nun verfaulten. Diese Zersetzungsarbeit leisteten vor allem die sulfatreduzierenden Bakterien im Wattboden. Ihr Stoffwechsel setzt Schwefelwasserstoff frei, ein stark nach faulen Eiern riechendes Gas. Unter normalen Bedingungen wird dieses Gas von anderen Bakterien wieder abgebaut, doch dürften hier die Selbstreinigungskräfte des Watts überfordert gewesen sein. Denn überall dort, wo Schwefelwasserstoff aus dem Schlick aufstieg, traten auch die Schwarzfärbungen auf. Die Gerüche waren bei Beobachtungsflügen über den schwarzen Flächen noch in großer Höhe wahrzunehmen. Erfreulicherweise konnte schon im Hochsommer 1996 festgestellt werden, daß eine außerordentlich aktive Neubesiedlung mit Bodentieren, vor allem junge Wattwürmer, dazu führte, daß die oberen Sedimente des Watts mit einer zwar dünnen, jedoch sauerstoffversorgten Schicht bedeckt waren, die das Austreten des Schwefelwasserstoffs verhinderten. Gegen Jahresende hatten sich diese Flächen noch weitgehender regeneriert. Dennoch kann keine Entwarnung gegeben werden, solange nicht die zivilisationsbedingten Belastungen drastisch reduziert und nicht die wattenmeertypischen Lebensräume wie z. B. Salz- und Seegraswiesen stärker geschützt werden.
**Deichbau kontra Umweltschutz.** Zu einer Auseinandersetzung vor dem Verwaltungsgericht Oldenburg kam es zwischen dem Bund für Umwelt und Naturschutz Deutschland (BUND) und der Bezirksregierung Weser-Ems um die Erhöhung und Verstärkung des Hauptdeiches zwischen Mariensiel und Dangast (Landkreis Friesland) durch den III. Oldenburgischen Deichband. Die Bezirksregierung hatte eine Variante planfestgestellt, durch die der Deich auf seiner Außenseite verstärkt werden sollte, und zwar in der Weise, daß der Deich durchgehend eine etwa 32 m breite Fläche des bisherigen Vorlandes auf Dauer in Anspruch nimmt und ein etwa 20 m breiter Arbeitsstreifen das Deichvorland vorübergehend beeinträchtigt. Eine Alternative wäre für den gesamten Streckenabschnitt eine binnenseitige Verstärkung des Deiches gewesen. Im vorläufigen Rechtsschutzverfahren stoppte das Verwaltungsgericht die Bauarbeiten wegen Verstoßes gegen das Bundesnaturschutzgesetz. Die besondere Bedeutung der Entscheidung liegt in der starken Gewichtung europäi-

scher Naturschutznormen, insbesondere der Fauna-Flora-Habitat-Richtlinie und der Vogelschutz-Richtlinie. Insgesamt hatte die planfeststellende Bezirksregierung nach Auffassung des Gerichts nicht genügend berücksichtigt, daß die Standsicherheit des Deiches voraussichtlich in noch ausreichender Weise mit der Binnendeichslösung und unter Einhaltung der genannten EU-Richtlinien erreicht werden konnte (Verwaltungsgericht Oldenburg, Beschluß vom 21. Juni 1996 - 1 B 1858/96 - Zeitschrift für Umweltrecht 1997 S. 89 ff. mit Anm. Joachim Burmeister). Nach Bekanntwerden der Entscheidung protestierten die um ihre Sicherheit besorgten Anwohner am Jadebusen zu Zehntausenden mit Lichterketten. In Varel fand eine öffentliche Diskussion zwischen den Behörden und Naturschützern unter starker Beteiligung der Bevölkerung statt. Die Naturschützer hatten dabei einen schweren Stand. Die Ängste der Menschen vor schweren Sturmfluten mit gebrochenen Deichen wurden überdeutlich. Der Wert der außendeichs gelegenen Salzwiesen für eine gesunde Natur und Umwelt schien ihnen teils zweifelhaft, teils zweitrangig. Die gerichtlichen Auseinandersetzungen wurden einige Wochen später durch einen außergerichtlichen Vergleich beendet. Es wurden Ausgleichsmaßnahmen im Langwarder Groden an der Nordspitze Butjadingens vereinbart, wo nach Änderung der vorhandenen Vordeichlinie etwa 20 ha dem Einfluß der Gezeiten ausgesetzt werden, die sich so zu Salzwiesen entwickeln sollen. Damit konnte der Deichausbau unverändert fortgesetzt werden. Die Menschen am Jadebusen dürfen sich sicher fühlen. Dem Umweltschutz ist gerichtlich bestätigt worden, daß seine Argumente mit der ihnen zukommenden Gewichtung in eine Abwägung aller öffentlichen Belange eingestellt werden müssen.

**Lethe-Forum.** Unter Federführung unseres Beiratsmitgliedes Dr. Remmer Akkermann, dem Vorsitzenden der Biologischen Schutzgemeinschaft Hunte Weser-Ems e.V., haben sich mehrere Verbände - darunter auch der Oldenburger Landesverein - in einem Lethe-Forum zusammengefunden. Die Lethe und die Ahlhorner Fischteiche sind besonders schutz- und förderungswürdige Ökosysteme im Hinblick auf Gewässerökologie, Schutz wandernder und wassergebundener Tierarten, naturverträglicher Gewässerbewirtschaftung, Wasserschutzgebiete, Wasserrückhaltung, kurz es geht um den Erhalt einer historischen Natur- und Kulturlandschaft. Zunächst müssen die agrarstrukturellen, hydrologischen und biologischen Mißstände erfaßt, die Defizite bei der Überwachung der Einhaltung von Rechtsvorschriften sowie sonstige Eingriffe und Belastungen beseitigt werden. Ziele des Vorhabens sind die Sicherung und Entwicklung von auentypischen Lebensräumen und Lebensgemeinschaften, von Lebensräumen für Amphibien und Kleinfische, wassergebundene Vögel und zugehörigen Nahrungsketten, Teichbodengesellschaften. Gleichzeitig müssen extensive und naturschonende Formen der Landwirtschaft gefördert und ein wirksamer Schutz der Wasserqualität angestrebt werden. Diese Sanierungsziele müssen in raumbedeutsame Planungen wie Landschaftsrahmen- und Bauleitpläne eingebunden werden. Mit diesem Vorhaben soll ein sich gegenseitig verstärkender und unterstützender Prozeß zur umweltgerechten Entwicklung des unteren Lethetales in Gang gesetzt werden.

## 1.7 Museen in Oldenburg.

**Staatliches Museum für Naturkunde und Vorgeschichte Oldenburg.** Für die weitere Vertiefung der Zusammenarbeit mit dem uns ohnehin eng verbundenen Museum, für das wir aufgrund einer Verfügung der Bezirksregierung Weser-Ems vom 12. November 1973 bereits einzelne Förderaufgaben übernommen haben, haben wir einen neuen Ansatz gefunden. Wir haben zusammen Ausstellungen gestaltet und durch ein anspruchsvolles Vortragsprogramm begleitet, für die wir bei der Bezirksregierung Weser-Ems Zuwendungen nach dem Runderlaß zur Verbesserung der Umweltvorsorge und des Umweltbewußtseins beantragt und erhalten haben. Es handelte sich hierbei zunächst um die Ausstellung „Zukunftsmarkt Deutschland - Bausteine für eine nachhaltige Entwicklung" vom 9. März bis zum 11. Mai 1997. Die Ausstellung versuchte, die abstrakten Begriffe „Nachhaltigkeit" und „Zukunftsfähigkeit" an konkreten Beispielen erfahrbar zu machen: Bunte Bausteine luden ein, sich aktiv mit Themen wie „Umweltraum Boden", „Umweltraum Energie", „Lebensqualität", „Bruttosozialprodukt" auseinanderzusetzen. Zentrales Thema war die Diskussion um Lebensqualität unter dem Motto: „Nicht der ist reich, der viel hat, sondern der, der wenig verbraucht". Als nächstes bereiten wir gemeinsam die Ausstellung vor „Ein Hoch auf das Moor - Hochmoorlandschaften zwischen Oldenburg und Papenburg", die vom 27. April bis Ende Juni 1997 gezeigt wird. Die Reste der Hochmoore gilt es zu bewahren und zu entwickeln, damit ihre einmalige Flora und Fauna nicht auf immer verlorengeht. Das Land Niedersachen plant deshalb ein großräumiges Moorschutzgebietssystem zwischen Oldenburg und Papenburg. Dafür bedarf es der Identifikation und Auseinandersetzung der Bevölkerung mit der Hochmoorlandschaft. Eine Wanderausstellung, die anschließend in den betroffenen Gemeinden zu sehen sein wird, ist das geeignete Medium.

**Landesmuseum für Kunst und Kulturgeschichte** Oldenburg. Die Planungen über die Einrichtung und Unterbringung einer Abteilung Geschichte im Schloß (vgl. Jahresbericht in Old.JB 96 (1996) S. 401) nähern sich ihrem Abschluß. Der von der Bezirksregierung Weser-Ems dazu berufene wissenschaftliche Beirat hat nach einer Reihe von Sitzungen das Nutzungskonzept erarbeitet. Unsere Beiratsmitglieder Prof. Dr. Heinrich Schmidt und Prof. Dr. Albrecht Eckhardt wirken dabei mit und sichern so die Interessen, die der Oldenburger Landesverein als Geschichtsverein, der er ja auch ist, an der Einrichtung einer historischen Abteilung hat. Damit wird nicht zuletzt die kulturelle Vielfalt unserer Region gehoben.

**„Beutekunst".** Das Landesmuseum für Kunst und Kulturgeschichte sieht sich nach einem Bericht in der Nordwest-Zeitung vom 10. Februar 1997 mit den Ansprüchen einiger Kirchengemeinden konfrontiert, die ihre sakralen Kunstgegenstände zurückfordern. Die Objekte stammen überwiegend aus der Großherzoglichen Altertümersammlung, die eine der Wurzeln des Landesmuseums bildet. Oberkammerherr Friedrich von Alten (1822 - 1894) hatte viele dieser Kunstwerke aus dem Besitz oldenburgischer Kirchengemeinden für die Sammlung erworben und damit nicht selten vor dem Verfall gerettet. Inzwischen ist das Bewußtsein für den Wert der Kunstwerke wieder erwacht und die Kirchengemeinden in Edewecht, Varel, Westerstede und Schwei bemühen sich um die Rückgabe. Im wesentlichen geht es dabei um Altarfragmente. Museumsdirektor Dr. Peter Reindl befürchtet, daß - konsequent fortgedacht - das Museum ausgeräumt wird. Das Institut für Denkmalpflege hält es für wünschenswert, die Raumausstattung der Kirchen möglichst zu vervollständigen, wenn auch einzelne Objekte besser im Museum aufgehoben seien. Die Bezirks-

regierung Weser-Ems hält die Standpunkte beider Seiten für berechtigt und hofft auf eine gütliche Einigung mit Hilfe hochwertiger Repliken.
**Janssen-Museum.** In Oldenburg soll für ein Horst-Janssen-Museum ein Anbau an das Stadtmuseum errichtet werden. Zentrum des Museums werden die rund 2.000 Blätter sein, die die Oldenburger Claus Hüppe-Stiftung von dem Hamburger Sammler-Ehepaar Vogel angekauft und der Stadt als Dauerleihgabe zur Verfügung gestellt hat. Etwa 40 v.H. der auf 12 Mio. DM geschätzten Bau-, Planungs- und Einrichtungskosten trägt das Land; den Rest müssen die Stadt Oldenburg und weitere Sponsoren aufbringen. Am 1. Mai 2000 soll das neue Museum eröffnet werden. Wir freuen uns über diesen weiteren kulturellen Akzent in unserer Region!

**1.8 Dank**
Am Schluß meines Jahresberichts habe ich Dank abzustatten. Mein Dank gilt den Mitgliedern des Vorstandes und des Beirates, dem Herausgeberkollegium des Oldenburger Jahrbuchs und der Oldenburger Forschungen, den Mitarbeitern am Jahrbuch-Register sowie Frau Luise Schmidt, Frau Barbara Christmann, Herrn Peter Heinrich Arnold und Herrn Rolf Hauerken, die alle tatkräftig zum Wohle des Landesvereins mitgearbeitet haben. Mein Dank gilt aber auch Ihnen, liebe Mitglieder, die Sie uns durch Ihre Treue, Ihre vielfältige Unterstützung und Ihre Teilnahme an unseren Veranstaltungen Ihre Anerkennung für unsere Arbeit gezeigt und uns dadurch ermutigt haben!

**2. Kassenbericht des Schatzmeisters über das Geschäftsjahr 1996.**

Aus dem vorgetragenen Jahresergebnis ist ersichtlich, daß die Einnahmen im Jahre 1996 unter den Ausgaben lagen. Ein Ausgleich konnte jedoch durch das aus dem Jahr 1995 übertragene und dafür vorgesehene Rücklagenguthaben geschaffen werden.
Bei den Ausgaben umfaßte die Drucklegung des „Oldenburger Jahrbuchs" einschließlich der damit zusammenhängenden Kosten in Höhe von insgesamt DM 75.986,— den größten Posten. Zu berücksichtigen ist dabei jedoch, daß in diesem Betrag noch ein Restbetrag von rd. DM 28.222,— für das Oldenburger Jahrbuch Band 95/1995 enthalten ist, weil die abschließenden Rechnungen erst 1996 vorlagen. Das Oldenburger Jahrbuch Band 96/1996 hat mit seinem neuen ansprechenden Erscheinungsbild, seinem interessanten Inhalt und seinem Umfang von 418 Seiten nebst eindrucksvollen Farbfotos viel Anklang gefunden.
Wir konnten aber auch feststellen, daß die Nachfrage nach alten und neueren Jahrgängen des Oldenburger Jahrbuches aus den Beständen des Vereins äußerst rege war. Vor allem neue Mitglieder haben von der Abgabe dieser Jahrbücher regen Gebrauch gemacht.
Der Oldenburgischen Landschaft sei in dieser Hauptversammlung besonders dafür gedankt, daß sie für das Jahrbuch Band 96/1996 einen Druckkostenzuschuß in Höhe von DM 10.000,— zur Verfügung gestellt hat.
Dankbar hervorheben möchte ich auch, daß unser langjähriges Mitglied Frau Emmi Wintermann, Oldenburg, die am 23. November 1995 verstorben ist, ein beachtliches

Vermächtnis für den Oldenburger Landesverein ausgesetzt hat. Diese großzügige Zuwendung bedeutet für die weitere volksbildende Arbeit des Vereins eine hilfreiche Unterstützung.

Die Mitgliederzahl des Vereins hat sich 1996 und besonders zu Beginn des Jahres 1997 sehr günstig entwickelt. 49 neue Mitglieder konnten 1996 und weitere 45 neue Mitglieder in den ersten 3 Monaten des Jahres 1997 begrüßt werden.

Mein besonderer Dank gilt den Herren Peter Heinrich Arnold und Rolf Hauerken, die trotz zahlreicher anderweitiger Verpflichtungen es übernommen haben, die Kasse des Landesvereins zu prüfen.

Ferner danke ich an dieser Stelle allen Damen und Herren, nicht zuletzt Frau Barbara Christmann und Frau Luise Schmidt, die durch ihren selbstlosen Einsatz die Geschäftsführung des Vereins entlastet haben.

Abschließend sei allen Mitgliedern und Förderern des Vereins, die ihre Beiträge bzw. freiwillig erhöhten Beiträge sowie Spenden dem Verein rechtzeitig überwiesen haben, gedankt. Durch die schnelle Überweisung der Beiträge haben sie dem Verein unnötige Kosten erspart und der Kassenführung die Arbeit erheblich erleichtert.

## 3. Berichte unserer Fachabteilungen

### 3.1 Jahresbericht der Fachabteilung Landesgeschichte
Leiter: Prof. Dr. Albrecht Eckhardt, Prof. Dr. Heinrich Schmidt.

Die Vortragssaison ist äußerst erfolgreich verlaufen. Zu den sechs Historischen Abenden, die die Fachabteilung zusammen mit dem Niedersächsischen Staatsarchiv in Oldenburg veranstaltete, kamen 735 Besucherinnen und Besucher, was einen neuen Rekord darstellt. Dem Landesverein danken wir für die finanzielle Unterstützung der Vorträge. Übersicht über die Vorträge unter „Vortragswesen und Studienfahrten 1996/97".

### 3.2 Jahresbericht der Fachabteilung Familienkunde
(Oldenburgische Gesellschaft für Familienkunde)
Leiter: Wolfgang Büsing

Die Oldenburgische Gesellschaft für Familienkunde (OGF) hat sich auch im Jahre 1996 um erfolgreiche Arbeit durch Forschung, Veröffentlichungen, Vorträge, Beratung und Pflege der Bücherei bemüht. Die Zeitschrift „Oldenburgische Familienkunde" erschien im 38. Jahrgang mit einer umfangreichen Untersuchung „Die Familie Scheide" von Dr. Gerold Schmidt, des weiteren mit einer Darstellung „Die oldenburgischen höheren Hofbeamten, Leibärzte und Prinzenerzieher von 1788 bis 1914" von Harald Schieckel sowie mit einer Zusammenstellung der Berichte über unsere Vorträge der letzten sieben Jahre von Wolfgang Büsing, womit ein wesentlicher Teil der Vereinsarbeit dargelegt wird.

Außerdem seien aus unserem Mitgliederkreis folgende Forschungsergebnisse vor-

gestellt: „Die Vorfahren der Familie Carstens - Suhrborg" von Gerold Diers; „Der Oldenburgische Landtag und seine Abgeordneten 1848 - 1933" sowie „Beiträge zur Geschichte der Stadt Wildeshausen im 13. Jahrhundert" von Albrecht Eckhardt; „Siedlungsgeschichte Langwarden-Tossens" Band 6 sowie „Die Familie Kloppenburg in Colmar/Strückhausen" und „Die Familie Reumann in der Wesermarsch" von Hans Hermann Francksen; „Grabinschriften für alle Fälle" von Enno Hansing; „Heinrich Reichsfreiherr von Galen 1878 - 1946" von Clemens Heitmann; Ahnenliste Logemann, Ahnentafel Kobbenbring sowie „Geschichte der Familie Punke und ihres Hofes in Hammelwarder Außendeich" von Ewald Janßen; „Renaissance- und Barock-Ofenkacheln aus Funden auf zwei Linteler Althöfen, zugleich eine kleine Kachelofenkunde" von Walter Janßen-Holldiek; „Menschen im Landkreis Oldenburg 1918 bis 1945" von Werner Meiners; „Preußen und Oldenburg 1825 - 1854, Geheimverträge über das Jadegebiet und Kniphausen" von Walter Ordemann; „August Kühnel, ein Musikerschicksal im 17. Jahrhundert" von Dieter Rüdebusch; „Ahnenliste Meiners", 2. erw. Aufl., von Ernst Schürfe; „Die Entführung des Freiherrn Joseph von Ascheberg aus Ihorst nach Münster 1835" von Harald Schieckel; „Rund um die Uhr, Die Kunst des Uhrmachers in Stadt und Land zwischen Weser und Ems" von Heinz-Günter Vosgerau; „Oldenburger Häuserbuch, Gebäude und Bewohner im inneren Bereich der Stadt Oldenburg" von Günter Wachtendorf; „Die Harzreise des Oldenburgers Christoph Hermann Krafft 1824" sowie „Ein Elsässer Zweig der oldenburgischen Familie von Lindern" von Wolfgang Büsing.
Unser Arbeitskreis Kirchenbuchverkartung traf sich unter dem Vorsitz von Dierk Feye am 14. September 1996 zu einer Arbeitssitzung, in der Herr Heiko Thimm aus Birnbach sein erweitertes Genealogie-Computerprogramm GENprofi'96 vorstellte. - Im Frühjahr und Herbst wurden wiederum verschiedene Volkshochschulkurse für Genealogie durchgeführt, in Rastede und Oldenburg von den Herren Falk Liebezeit und Johann Lüschen, in Jever, Zetel, Varel und Wilhelmshaven von Herrn Heino Albers. - Die Familie Ohlenbusch veranstaltete am 13. Juli 1996 in Stenum ihr erstes Familientreffen mit einer Beteiligung von 142 Angehörigen.
Auf dem 48. Deutschen Genealogentag im September 1996 in Magdeburg war die OGF durch ihren Vorsitzenden Wolfgang Büsing vertreten, der sodann im November in Bremen vor der dortigen Gesellschaft für Familienforschung (MAUS) einen Lichtbildervortrag über die genealogische Bedeutung der Studentenstammbücher hielt. - Über die laufenden Ergänzungen zu unserer Bücherei konnte eine 3. Nachtragsliste zu unserem Bücherverzeichnis versandt werden.
Die Mitgliederzahl beträgt jetzt 325 Personen.
Übersicht über die Vorträge unter „Vortragswesen und Studienfahrten 1996/97".

## 3.3 Jahresbericht der Fachabteilung Naturkunde und Vorgeschichte
Leiter: Prof. Dr. Mamoun Fansa

Die Fachabteilung hat zusammen mit dem Staatlichen Museum für Naturkunde und Vorgeschichte Oldenburg Vorträge veranstaltet, die insgesamt gut besucht wurden. Die Fachabteilung dankt dem Landesverein für die finanzielle Unterstützung.
Übersicht über die Vorträge unter „Vortragswesen und Studienfahrten 1996/97".

## 3.4 Jahresbericht der Fachabteilung Ornithologie
(Ornithologische Arbeitsgemeinschaft Oldenburg - OAO)
Sprecher: Volker Moritz

Tätigkeitsschwerpunkte der Ornithologischen Arbeits- gemeinschaft Oldenburg (OAO) waren in 1996 Bestandserfassungen ausgewählter Vogelarten; herausragend zu nennen ist dabei ein gründlicher Zensus des regionalen Bestandes des Blaukehlchens *Luscinia svecica*. Die Erhebungen und Umfragen führten zu einem Rekordergebnis von über 100 bekannten Brutplätzen dieser in Feuchtgebüschen und Röhrichten lebenden und in Niedersachsen stark gefährdeten Kleinvogelart, die übrigens mit der Nachtigall verwandt ist.

Ornithologisch herausragend war auch die Neuentdeckung einer kleinen Population der Wiesenweihe *Circus pygargus* im Landkreis Oldenburg. Diese Greifvogelart - von der gegenwärtig in Niedersachsen nur noch ca. 50 Brutplätze bekannt sind - nistete früher mehr oder minder zahlreich in Riedern und Röhrichten auf Niedermoorstandorten und in den Auenbereichen größerer Flußniederungen. Durch drastische Lebensraumverluste ist die Wiesenweihe in den letzten Jahren offenbar vermehrt in agrarisch geprägte Biotope eingewandert. Aufgrund der in 1996 gewonnenen Erkenntnisse und Erfahrungen mit Brutplätzen in Getreidefeldern, strebt die OAO die Entwicklung eines regionalen Schutzkonzeptes für die vom Aussterben bedrohte Wiesenweihe an. Neben Brutvogelarten gilt ein besonderes Augenmerk auch den Gastvogelarten im Oldenburger Land. Zu den hier nur unregelmäßig auftretenden Arten zählte im Winter 1995/96 der Seidenschwanz *Bombycilla garrulus*, eine hochnordische Kleinvogelart, die jahrweise invasionsartig nach Mitteleuropa einfliegt. In Zusammenarbeit mit dem Naturschutzbund Deutschland - Bezirksgruppe Oldenburger Land - erfolgte ein Aufruf zur Meldung von Seidenschwanzvorkommen in der örtlichen Presse, in dessen Folge zahlreiche verwertbare Hinweise eingingen. Zusammen mit den eigenen Meldungen verfügt die OAO damit erstmals über einen Datenpool, der das örtliche und zeitliche Auftreten des Seidenschwanzes sehr gut dokumentiert.

Die Vorarbeiten für die Herausgabe von Band 14 der Jahresberichte der Ornithologischen Arbeitsgemeinschaft Oldenburg wurden weitgehend abgeschlossen. Neben einem umfangreichen ornithologischen Jahresbericht für den Zeitraum 1993 - 1995, wurden Manuskripte für acht weitere Veröffentlichungen eingereicht, darunter Aufarbeitungen der Blaukehlchenerfassungen und des Seidenschwanzeinfluges. Der Jahresbericht wird voraussichtlich im März 1997 der Öffentlichkeit vorgelegt werden. 1996 gab es weitere Umstrukturierungen in Organisation und Leitung der OAO: Um den Anforderungen aus einem kontinuierlich gestiegenen Arbeitspensum gerecht zu werden, haben Dipl.-Biol. Volker Moritz und cand. rer. nat. Thorsten Krüger die Leitung der Arbeitsgemeinschaft zusammen übernommen. Da Peter Südbeck und Hans Rudolf Henneberg auch weiterhin an vorderster Stelle mitarbeiten, verfügt die OAO über ein leistungsstarkes Führungsteam. Die auf PC gespeicherten Datenbestände der OAO (insgesamt mehr als 15.000 Datensätze) wurden in 1996 weiter deutlich vermehrt und konsolidiert. Künftig wird es möglich sein, auch spezifische Daten zu Habitatwahl und Verhalten der einzelnen Vogelarten zu sammeln und zu archivieren.

Neu war 1996 die Herausgabe eines Rundbriefes, der einer intensiveren Information der Mitglieder über ornithologisch bedeutsame Ereignisse und Veranstaltungen dient und in dem neue Projekte und aktuelle Arbeitsstände angelaufener Untersuchungen mitgeteilt werden. Der Rundbrief soll künftig wenigstens zweimal jährlich erscheinen.

Für das Jahrestreffen der Ornithologischen Arbeitsgemeinschaft am 16. November 1996 an der Thülsfelder Talsperre wurden drei Referenten gewonnen. Dr. Thomas Clemens berichtete eindringlich und höchst informativ über die Arbeit des Mellumrates, insbesondere die aktuelle Situation in den vom Mellumrat betreuten Schutzgebieten, Jann Wübbenhorst über die Ergebnisse seiner gründlichen Studien zu Brutvogelbeständen auf der Strohauser Plate und schließlich referierte Günther Pohl mit beeindruckenden Farbdias über Brutbiologie und Verhalten der Nachtschwalbe *Caprimulgus europaeus* sowie anderer seltener und gefährdeter Vogelarten in Heide, Moor und Buschlandschaften.

### 3.5 Jahresbericht der Fachabteilung Pflanzenkunde
(Pflanzenkundliche Gesellschaft zu Oldenburg e.V.)
Leiter: Prof. Dr. Wolfgang Eber

Das vergangene Jahr war durch ein kontinuierliches Fortschreiten der floristischen Erforschung der Region ohne herausragende Neufunde gekennzeichnet. Bemerkenswert sind jedoch Entwicklungen auf Bundesebene, die auch die Arbeit der Regionalstelle Oldenburg/Ostfriesland berühren. Verzögert durch die politischen Ereignisse der letzten Jahre, sind nun endlich die Ergebnisse der ostdeutschen Kartierungen auf dem Gebiet der ehemaligen DDR in einem Atlas publiziert worden. Da diese in einem feineren Raster durchgeführt worden sind als in der Bundesrepublik in ihren alten Grenzen, sollten ihre Ergebnisse nicht lediglich in die Neuauflage des Atlas für die gesamte Bundesrepublik aufgehen. Für diese Neuauflage wird zur Zeit eine Aktualisierung der Daten vorgenommen, die die deutlichen Veränderungen der Flora in den letzten Jahrzehnten berücksichtigt.

Für dieses Vorhaben wird auch der aktuelle Kenntnisstand unserer Regionalstelle abgefragt werden. Daher laufen zur Zeit intensive Bemühungen, alle in den letzten Jahren erhobenen Daten in die Datenbank der Regionalstelle einzugeben, damit sie direkt in die zentrale Datenbank für die Bundesrepublik bei der Bundesanstalt für Naturschutz in Bonn übernommen werden können. Diese Arbeiten werden im wesentlichen in der Arbeitsgruppe Morphologie/Vegetationskunde an der Universität durchgeführt. Die umfangreichen Daten aus der Erfassung der 28 a-Biotope des Landkreises Oldenburg wurden von Herrn Jürgen Brand, der diese Kartierungen durchgeführt hat, in einem von der Pflanzenkundlichen Gesellschaft finanzierten Werkauftrag in die Datenbank überführt.

Besonders intensiv werden zur Zeit die Wälder im Nordteil des Landes Oldenburg untersucht, wobei vor allem historisch alte Wälder, die nie unter landwirtschaftlicher Nutzung standen, besonderes Interesse finden. Sie weisen ein Spektrum spezifischer Waldarten auf, das selbst älteren Sekundärwäldern fehlt. Dadurch wird deutlich, daß die Vernichtung oder auch nur Umgestaltung alter Wälder durch den

Anbau standortfremder Holzarten wie Pappeln und Koniferen zu unwiederbringlichen Verlusten führt. Von Herrn Dr. Cord Peppler-Lisbach betreute Diplomarbeiten befassen sich mit dem Hasbruch, dem Stenumer Holz, dem Michelshorn und dem Neuenburger Urwald. In weiteren Arbeiten werden der Truppenübungsplatz Bümmerstede, der Rittrumer Mühlenbach und der Segelflugplatz Rostrup untersucht, die bereits seit längerer Zeit durch ihren Reichtum an bedrohten Arten und Lebensgemeinschaften bekannt sind. Besonders reichhaltige Kartierungsbeiträge stammen von den Herren Arnulf Keßler und Johann Reinken (Westerstede-Halsbek), die neben Wäldern vor allem Lebensräume aufsuchten, die bisher bei Kartierungen noch nicht erfaßt worden waren. Die eigenen Untersuchungen, in deren Mittelpunkt Wälder und Magerrasen an Wald- und Straßenrändern standen, machten deutlich, daß einige Arten nur ein begrenztes Areal haben, in diesem jedoch durchaus häufig sein können. So ist die Goldrute *Solidago virgaurea* im Westersteder Gebiet eine relativ häufige Art der Wald- und Straßenränder; sie scheint dagegen um Oldenburg zu fehlen und tritt im Osten des Kreises Ammerland nur sporadisch auf. Die Notwendigkeit flächendeckender Untersuchungen im gesamten Gebiet wird dadurch unterstrichen.

Ein besonderes Problem ist die Erforschung artenärmerer, oft durch menschliche Nutzungen stärker gestörter und zerstörter Lebensräume, in denen bemerkenswerte Arten seltener und unerwarteter auftreten. Da sie für den Naturschutz von geringerer Bedeutung, für wissenschaftliche Untersuchungen weniger ergiebig und für den Kartierer kaum interessant sind, werden sie zwangsläufig für längere Zeit weiße Flecken bleiben.

## 4. Jahresbericht des Mellumrats e.V.
(Naturschutz- und Forschungsgemeinschaft)
Vorsitzender: Dr. Jörn Wrede

Die Arbeit in den Schutzgebieten verlief dank des engagierten Einsatzes der Naturschutzwarte/innen und der intensiven Betreuung durch die Beauftragten sehr erfolgreich. Trotz erheblichen logistischen und finanziellen Aufwandes beteiligte sich der Mellumrat, wie in den Vorjahren, an den 14tägigen Wasser- und Watvogelzählungen und zusätzlichen internationalen Zählungen auf den Inseln Mellum, Minsener Oog und Wangerooge. Die Daten wurden ebenso wie die Brutvogelbestandserfassungen an das NLÖ weitergeleitet.

Auf der **Insel Wangerooge** wurden die Pflegemaßnahmen zum Erhalt der Orchideenwiese mit einem großflächigen Vorkommen von Geflecktem und Breitblättrigem Knabenkraut, Sumpfwurz und Gemeiner Natternzunge im Ostinnengroden ausgeweitet. Neben dem tradionellen Arbeitseinsatz der Jugendgruppe des DRK-Landesverbandes Westfalen-Lippe wurde durch Vermittlung der Föderation der Nationalparke Deutschlands (FÖNAD) und gesponsert durch die Fa. EFFEM eine weitere Gruppe freiwilliger Helfer aktiv. Die Station Wangerooge Ost ist erstmals auch im Winterhalbjahr mit Naturschutzwarten besetzt.

Auf der **Insel Minsener Oog** führt der Mellumrat in Zusammenarbeit mit dem Institut für Vogelforschung „Vogelwarte Helgoland" Begleituntersuchungen zu einer

Biotopmanagement-Maßnahme der Nationalparkverwaltung durch. Im Nordwesten der Insel wurde im November 1995 auf einer ca. 6 ha großen Versuchsfläche das „schachbrettartig" die Insel überziehende Wallsystem in Teilbereichen eingeebnet. Damit soll eine naturnahe Dynamik und Dünensukzession zumindest in Ansätzen initiiert und die Überführung von Teilbereichen des Minsener Oogs in einen naturnäheren Zustand erprobt werden. Ein weiteres Ziel der Maßnahme ist die Verbesserung bestehender und die Schaffung neuer Bruthabitate für Seeschwalben und Regenpfeifer (Artenhilfsprogramm) sowie die Reduzierung von Störungen durch Silbermöven (Predation, Brutplatzkonkurrenz). Die Begleituntersuchungen umfassen u.a. Kartierungen der Neststandorte der Brutvögel und der Rastplätze von Wat- und Wasservögeln, Planbeobachtungen inner- und außerhalb der Probefläche sowie pflanzensoziologische Untersuchungen. Die auf zunächst zwei Jahre befristete Untersuchung wird von der Niedersächsischen Wattenmeer-Stiftung gefördert. Das Projekt findet eine breite Zustimmung seitens der Naturschutzverbände.

Für das **Schutzgebiet Sager Meer** wurde eine umfassende und neue vertragliche Vereinbarung zwischen dem Land Niedersachsen, vertreten durch die Bezirksregierung Weser-Ems, und dem Mellumrat für die Durchführung von Betreuungs- und Pflegearbeiten getroffen. Neben dem NSG „Sager Meer" (betreut seit 1951) und dem NSG „Kleiner Sand Bissel" (betreut seit 1983) wurden das Heumoor und ein größerer Bereich der Letheniederung in den Betreuungsvertrag aufgenommen. In dem rd.

*Die Naturschutzgebiete „Kleiner Sand Bissel" und „Sager Meere" aus südwestlicher Richtung - Foto: Clemens, 16.09.1996*

410 ha großen Gebiet werden in Abstimmung mit den Naturschutzbehörden regelmäßig naturschutzfachlich relevante Daten erhoben, ausgewertet und für Pflege- und Entwicklungsmaßnahmen umgesetzt. Die fachliche Grundlage bildet ein umfangreiches Gutachten von IBL Umweltplanung aus Oldenburg. Ein Beispiel für die gute Zusammenarbeit vor Ort ist die Schutzmaßnahme zur Verringerung der Nährstoffbelastung für die Sager Meere. Eine Schilfpolderanlage wurde von Mellumrat, Bezirksregierung und Landkreis geplant, von der Hunte-Wasseracht gebaut und vom Sager Bürgerverein mit Schilf bepflanzt. Die Aufgaben des Mellumrats werden von Herrn Dr. A. Wolters, Landschaftsarchitekt aus Ahlhorn, wahrgenommen. Er löste als Beauftragten Herrn Gottfried Schleuder aus Cloppenburg ab, dem wir für seine jahrzehntelange ehrenamtliche Tätigkeit zu Dank verpflichtet sind.

Am **Dümmer** führten von der Station in Dümmerlohausen aus zwei Diplom-Biologen im Auftrag des Mellumrates Rastvogelerfassungen an neu angelegten Kleingewässern als ornithologische Effizienzkontrolle einer Management-Maßnahme durch. In der nördlichen Dümmerniederung - Osterfeiner Moor und angrenzende Gebiete - wurden im Winter 1995/96 insgesamt 21 Kleingewässer angelegt, um noch vorhandene feuchtgrünlandtypische Vegetation zu erhalten und die Habitatqualität insbesondere für Wiesenvögel zu verbessern.

# Vortragswesen und Studienfahrten 1996/97

## 1. Die Schloßsaalvorträge
Leiter: Jürgen Lange

331.  *50 Jahre Schloßsaalvorträge (1946 - 1996)*
23. 10. 1996   Regierungsvizepräsident Dieter Boll, Oldenburg: Grußwort
Landesminister a.D. Prof. Dr. Berndt Heydemann, Christian Albrecht Universität Kiel: „Die Natur als Partner - von welchen Gratisleistungen der Natur ist der Mensch abhängig? -" (mit Lichtbildern)

332.  Prof. Dr. Rudolf Holbach, Carl von Ossietzky Universität Oldenburg:
19. 11. 1996   „Die Hanse, Flandern und der Handel mit Tuch" (mit Lichtbildern)

333.  Ltd. Museumsdirektor a.D. Prof. Dr. Helmut Ottenjann, Cloppenburg:
18. 12. 1996   „Neue Einblicke in regionale Kulturverläufe und Kulturausprägungen vom 16. bis zum 20. Jahrhundert im Weser-Ems-Gebiet" (mit Lichtbildern)

334.  Prof. Dr. Karl-Ernst Behre, Institut für historische Küstenforschung,
27. 01. 1997   Wilhelmshaven: „Meeresspiegelbewegungen und Siedlungsgeschichte im südlichen Nordseegebiet" (mit Lichtbildern)

335.  Museumsdirektor Dr. Dr. Günter Wegner, Niedersächsisches Landes-
19. 02. 1997   museum Hannover: „Die Ausgrabung der Großen Steine von Kleinenkneten 1933 - 1938. Anmerkungen zum Verhältnis von Vorgeschichtsforschung und nationalsozialistischer Ideologie."

336.  Oberkustos Dr. Ulf Beichle, Staatliches Museum für Naturkunde und
21. 03. 1997   Vorgeschichte Oldenburg: „Samoa: Südsee-Natur zwischen Riff und Nebelwald" (mit Lichtbildern)

## 2. Historische Abende im Staatsarchiv
(Fachabteilung Landesgeschichte)

24. 10. 1996   *Zum fünfzigjährigen Bestehen des Landes Niedersachsen*
Prof. Dr. Albrecht Eckhardt, Staatsarchiv Oldenburg: „Von Oldenburg nach Niedersachsen - Die Ereignisse von 1945/46"
Prof. Dr. Joachim Kuropka, Hochschule Vechta: „Von der ‚Geburtsstätte der Demokratie' zu Volksbegehren und Volksentscheid"
Prof. Dr. Heinrich Schmidt, Carl von Ossietzky Universität Oldenburg: „Regionalidentität in Niedersachsen"
Landtagspräsident Horst Milde, Oldenburg/Hannover: „Oldenburg in Niedersachsen"

28. 11. 1996  *Zum 200. Todestag der großen Kaiserin von Rußland*
Dr. Claus Scharf, Institut für Europäische Geschichte Mainz: „Katharina II. und Deutschland"

30. 01. 1997  *Zum 50. Todestag des oldenburgischen Ministerpräsidenten (am 11. Januar)*
Dr. Martina Neumann, Hannover: „Theodor Tantzen. Ein widerspenstiger Liberaler gegen den Nationalsozialismus"

27. 02. 1997  *Zusammen mit dem Staatlichen Museum für Naturkunde und Vorgeschichte Oldenburg*
Jutta Schienerl, Oldenburg: „Von Jever in den Jemen: Der Forscher Ulrich Jasper Seetzen im Orient (1805 - 1811)" (mit Lichtbildern)

20. 03. 1997  Prof. Dr. Wilhelm Janßen, Fachhochschule Oldenburg: „Der Ellenser Damm und seine Befestigungen" (mit Lichtbildern)

## 3. Vorträge der Fachabteilung Familienkunde

343.    Heinrich Aufderheide, Wildeshausen: „Wildeshausens Geschichte bildlich gesehen" (mit Lichtbildern)
12. 10. 1996

344.    Domprediger Dr. theol. Peter Ulrich, Bremen: „Die Gräber im Bremer St.-Petri-Dom, ein Forschungsprojekt der MAUS" (mit Lichtbildern)
09. 11. 1996

345.    Adolf Dierking, Bremen: „Ernste und heitere Geschichten aus vergangener Zeit"
11. 01. 1997

346.    Dr. Walter Ordemann, Oldenburg: „Familie Ordemann von der Delmenhorster Geest"
08. 02 1997

347.    Prof. Dr. Heinrich Schmidt, Oldenburg: „Haus und Familie in der Geschichte"
08. 03. 1997

348.    Franz-Josef Tegenkamp, Lohne: „Südoldenburgs Anteil an der Amerika-Auswanderung" (mit Lichtbildern)
12. 04. 1997

## 4. Vorträge der Fachabteilung Naturkunde und Vorgeschichte

07. 11. 1996  Dipl.-Ldw. Günter Brüning, Oldenburg: „Verschwunden, vernichtet und jetzt wieder da: Der Lachs zwischen Weser und Ems" (mit Lichtbildern)

28. 11. 1996  Dipl.-Biologe Martin Ewers, Wardenburg: „Die Libellen der Ahlhorner Fischteiche" (mit Lichtbildern)

09. 01. 1997  Prof. Dr. Dr. Nicolaus Heutger, Carl von Ossietzky Universität Oldenburg: „Christen und Juden in der Antike im Lichte der neueren Forschung"

16. 01. 1997  Elli Kriesch M. A., München: „Der Schatz von Troja und seine Geschichte"

06. 02. 1997  Prof. Dr. Wolfgang Eber, Carl von Ossietzky Universität Oldenburg: „Aloe und Königsprotea - Glanzlicher einer internationalen Exkursion durch Südafrika" (mit Lichtbildern)

20. 02. 1997 Thorsten-D. Künnemann, Carl von Ossietzky Universität Oldenburg: „Die Sinne der Tiere - eine Reise in unbekannte Wahrnehmungswelten" (mit Lichtbildern und Experimenten)
18. 03. 1997 Dr. Jens Reißmann, Niedersächsisches Kultusministerium, Hannover: „Bildung für eine nachhaltige, umweltgerechte Entwicklung"
15. 04. 1997 Prof. Dr. Walter Siebel, Carl von Ossietzky Universität Oldenburg: „Ökologie statt Urbanität?"

## 5. Vorträge der Fachabteilung Pflanzenkunde

11. 02. 1997 Studienrat Rudolf Stamer, Westerstede: „Lebensbilder aus ungestörten Mooren des Baltikums" (mit Lichtbildern)

## 6. Führungen und Studienfahrten
Leiter: Werner Michaelsen

261. „Vorfrühling im Botanischen Garten Oldenburg"
    Termin: Sonntag, 17. März 1996
    Leitung: Prof. Dr. Wolfgang Eber
262. „Vogel- und landeskundliche Führung in der Hunte- und Wesermarsch"
    Termin: Sonntag, 21. April 1996
    Leitung: Hans Rudolf Henneberg, Werner Michaelsen,
    Ziele: Bornhorst, Moorhauser Polder, Huntdorf, Moorriem, Neuenfelde, Brake, Elsfleth, Berne (Kirche, Storchenstation)
263. „Das Jagdschloß Clemenswerth und der Hümmling"
    Termin: Mittwoch, 1. Mai 1996
    Leitung: Dr. Walter Ordemann, Werner Michaelsen,
    Ziele: Johanniterkapelle in Bokelesch, Meppen (Museum), Sögel (Waldführung), Schloß Clemenswerth (Führung), Werpeloh (Spaziergang zum Hünengrab)
264. „Darß, Zingst und die Boddenlandschaft der Ostseeküste"
    Termin: Donnerstag, 16. Mai 1996, bis Sonntag, 19. Mai 1996
    Leitung: Werner Michaelsen
    Ziele: Neukloster, Darß/Zingst (Übersichtsexkursion), Krakower See (Führung)
265. „Schloß und Park Rastede"
    Termin: Sonntag, 16. Juni 1996
    Leitung: Margarethe Pauly, Klaus Barelmann
    Ziele: Führungen durch Park, Klosterkirche, Schloß und Garten
266. „Die Stadt Magdeburg und ihr Umland"
    Termin: Freitag, 28. Juni 1996, bis Sonntag, 30. Juni 1996
    Leitung: Friedrich Ach, Werner Michaelsen
    Ziele: Bad Helmstedt, Schwanefeld (Allergraben), Bördenlandschaft, Rothensee (Schiffshebewerk), Stadtführung und Domführung in Magdeburg, Burg Gommern, Leitzkau, Schönebeck, Harbke (Braunkohle) u.a.

267. „Geschichte und Landschaft im Elbe-Weser-Dreieck"
   Termin: Sonntag, 11. August 1996
   Leitung: Prof. Dr. Peter Schmid, Werner Michaelsen
   Ziele: Rodenkirchen (Grabung des Instituts für historische Küstenforschung), Bederkesa (Museum), Land Wursten, Sievern (Pipinsburg), Wremen (Wurtendorf, Kirche), Dorum
268. „Kopenhagen - Kulturby 1996"
   Termin: Donnerstag, 22. August 1996, bis Sonntag, 26. August 1996
   Leitung: Klaus Barelmann
   Ziele: Stevenklint (Landschaft, Landschaftsgenese); Kopenhagen (Stadtführung), Schloß Rosenborg, Schloß Frederiksborg, Schloß Helsingör; „dänische Riviera"; Seeland, Roskilde (Dom, Wikinger-Schiffsmuseum), Gamle Lejre (historisch-archäologisches Zentrum); Moens Klint
269. „Ostfriesische Teekultur"
   Termin: Sonntag, 1. September 1996
   Leitung: Dr. Wilhelm Erasmus, Klaus Barelmann,
   Ziele: Stadt Norden, Ludgerikirche, Teemuseum
270. „Die alte Brückenstadt Syke und ihr Umland"
   Termin: Sonnabend, 14. September 1996
   Leitung: Edzard Folkers (Syke), Werner Michaelsen
   Ziele: Groß Mackenstedt, Gut Varrel, Heiligenrode, Syke (Museum), Neu Bruchhausen, Bassum
271. „Gotland - ein kulturhistorisches Zentrum in der Ostsee"
   Termin: Sonnabend, 28. September 1996, bis Sonntag, 6. Oktober 1996
   Leitung: Prof. Dr. Heinrich Schmidt, Werner Michaelsen
   Ziele: Geografie, Landes- und Kunstgeschichte Südschwedens und insbesondere Gotlands
272. „Zum Abschluß der diesjährigen Studienfahrten: Wanderung und Fischseminar in Ostfriesland"
   Termin: Sonnabend, 30. November 1996
   Leitung: Werner Michaelsen

# Fahrtberichte 1996/97

## Studienfahrt Kopenhagen - Kulturhauptstadt Europas 1996
vom 22. bis 25. 8. 1996

Durchführung und Bericht: Klaus Barelmann

Ziel der Studienfahrt des Oldenburger Landesvereins in diesem Sommer war Kopenhagen, als 12. europäische Stadt ausgezeichnet mit dem Titel „Kulturhauptstadt Europas 1996".
Entsprechend der Zielsetzung der Pflege von Geschichte, Natur- und Landeskunde im Oldenburger Landesverein erfaßte das Programm historische Zusammenhänge, die von der Steinzeit über die Epoche der Wikinger, des Mittelalters und der frühen Neuzeit bis zur Gegenwart reichen. Besondere Aufmerksamkeit fanden historische Verbindungen, die zwischen Oldenburg und Dänemark seit dem Regierungsantritt des Grafen Christian 1448 als erstem König von Dänemark aus dem bis heute regierenden Hause Oldenburg bestehen.
Geologische Themen gewannen Interesse bereits an der Ostküste der Insel Møn. Hier beobachtete man, wie durch gewaltige Gletscherströme aus dem Raum der östlichen Ostsee vor 20 Tsd. Jahren schmale Streifen gestört liegender Schichten der Kreideformation und dazwischen geschobenen Geschiebemergels zu einem hohen Kliff aufgestaucht und gefaltet wurden. Mit einer Höhe von 128 m des „Dronningenstolen" bilden sie ein einzigartiges hell leuchtendes Kliff.
Am letzten Exkursionstag zeigte der Küstenabbruch bei Stevns Klint an der Ostküste von Seeland, wie über der Hohlkehle der weichen Schreibkreide (Senon, vor 100 Mio. J.), die von der Brandung ausgewaschen wurde, die harten Bänke der Flint- und Kalksteinschichten abbrechen. 1928 wurden dabei Chor und Friedhof der aus dem 13. Jh. stammenden Kirche von Höjerup ins Meer gerissen.
Im Zentrum des Programms standen kultur-historische Themen. Erstes eindrucksvolles Erlebnis hierin war die Kirche von Keldby auf Møn wegen ihrer Kalkmalereien. Frau J. Schienerl, Mitglied der Exkursionsgruppe, erläuterte die Kunstwerke mit Motiven aus der Zeit von Romanik, Gotik und dem späten 15. Jahrhundert, in denen mit Themen aus Altem und Neuem Testament den Gläubigen die biblische Geschichte veranschaulicht wurde. Die lebendige und anschauliche Art ihres Vortrages bewirkte hohen Grad des Verständnisses und Freude des Erlebens dieser berühmten Kunstwerke.
Die Bedeutung Kopenhagens in seiner Eigenschaft als „Kulturhauptstadt 1996" war Thema der Stadtrundfahrt. Hier führte Frau Ortvig, „authorised guide". Beim Besuch des Schlosses Rosenborg, als Lustschloß König Christians IV. 1601-1635 erbaut, zog besonders die Schatzkammer mit dem „Oldenburger Wunderhorn" (Köln 1474) die Aufmerksamkeit an und weckte Erinnerung an die Präsentation in der Ausstellung zum 650. Stadtrechtsjubiläum Oldenburgs 1995. Als herrschende Ansicht über

den Ursprung des Hornes ergab sich nach Diskussionen über Vermutungen seit 1696 der Versuch einer Friedensvermittlung 1474. Er wurde unternommen zwischen dem Erzbischof von Köln, im Bunde mit Herzog Karl dem Kühnen von Burgund und dem Domkapitel, unterstützt durch Kaiser Friedrich III., seitens des dänischen Königs Christians I. von Oldenburg. Nach dem Fehlschlag dieser Bemühungen gelangte das als Stiftung anläßlich des erhofften Friedens vorgesehene Horn an den

*Kirchen auf Seeland und Møn.*
*Chor und Friedhof der Kirche von Höjerup (13. Jh.) stürzten durch den Abbruch von Stevns Klint 1928 ins Meer, als über der Brandungshohlkehle der weichen Schreibkreide die harten Flint- und Kalksteinschichten verfielen.*
*Die Kalkmalereien des Meisters von Elmelunde aus der Zeit von Romanik, Gotik und dem 15. Jh. in der Kirche von Keldby auf Møn mit Motiven aus Altem und Neuem Testament wurden ebenso berühmt wie die großartigen Kreidefelsen.*
*(Abb.: Fremdenverkehrsverband für Dänemark)*

Bruder Christians I., den Grafen „Gerd den Mutigen" von Oldenburg. In seinem Testament bestimmte Graf Anton Günther nach Ausbleiben eines rechtmäßigen Erben 1667, daß das Horn in Dänemark „beim Hause Oldenburg verordnet sein sollte".
Das als „seltenes Schmuckstück unter den nordischen Altertümern" von dem dänischen Bibliothekar Weinwich 1811 bezeichnete Horn stellt Bilder des deutschen Burglebens im Mittelalter dar.
Die vier Palais mit der Residenz der gegenwärtigen Königin Margarethe II. um den 1749 projektierten Amalienborger Schloßplatz mit der berühmten Reiterfigur König Friedrichs V. (1688) erinnern an das 300-jährige Jubiläum des oldenburgischen Königshauses in Dänemark.
Der Dom, als Frauenkirche bereits 1200 errichtet, wurde nach der Zerstörung durch englisches Bombardement 1809 von C. F. Hansen 1811-1829 im griechischen Renaissancestil wieder aufgebaut. Über dem Portal befindet sich eine Figurengruppe um Johannes den Täufer, ein Meisterwerk des Bildhauers B. Thorvaldsen.
Aus der Zeit, als unter König Christian IV. Kopenhagen Hauptstadt Dänemarks, Islands und Grönlands sowie Norwegens war, zeugen folgende Gebäude sowie ein Stadtteil von der hochentwickelten Renaissancekultur dieser Stadt: die Börse (1690-94), der um 1650 von Christian IV. für königliche Seeleute geschaffene Stadtteil Nyboder, das Zeughaus (1599-1605) als ehemaliges Arsenal der Flotte, der Runde Turm der Trinitatiskirche als Observatorium (1637-42) und Bürgerhäuser wie das repräsentative Haus am Amagertorv von 1616, heute Verkaufsstelle der Königlichen Porzellanmanufaktur (gegr. 1775).
An der Langelinie, der Hafenpromenade, erinnert die „Kleine Meerjungfrau" an den weltberühmten Märchenerzähler H. C. Andersen. Die von dem Brauer C. Jacobsen gestiftete Ny Carlsberg Glyptothek mit ihren ägyptischen, griechischen, etruskischen und römischen Skulpturensammlungen, das Nationalmuseum mit der Illustration der dänischen Kultur von der Steinzeit bis zur Gegenwart repräsentieren den hohen Stand der Pflege von Kunst und Wissenschaft und unterstreichen so den Charakter Kopenhagens als „Kulturstadt".
In der Region Kopenhagen ist mit den Zentren Roskilde, Frederiksborg und Helsingör das kulturelle Angebot erweitert, das im Jahre 1996 von der Funktion Kopenhagens als Kulturhauptstadt ausgeht. In Roskilde wird unter dem Titel „Kopenhagen und die Welt" die Zeit der Wikinger mit den Zeugnissen der hohen Entwicklung des Schiffsbaues dokumentiert.
In der Wikinger-Schiffshalle erfuhr man wie aus Unterwasserausgrabungen im Roskildefjord Hochseesegler, Handels- und Kriegsschiffe geborgen, trockengelegt und konserviert werden. Diese hochseetüchtigen Schiffe überquerten Nordsee und Nordatlantik auf ihren Handelsfahrten nach England, Irland, Grönland und Nordamerika. Wahrzeichen für die Schiffe sind die hohen Türme des Domes, um 1170 unter Bischof Absalon im romanisch-gotischen Mischstil erbaut. Als Begräbnisstätte der dänischen Könige aus dem Hause Oldenburg seit Christian I. (1448-81) zieht der Dom das besondere Interesse der Besucher aus dem oldenburgischen Stammland an. Seit der Zeit der Wikinger war Roskilde Zentrum dänischer Königsmacht und der christlichen Kirche als Bischofssitz. Durch eine Galerie sind Bischofshof und Dom verbunden.
Unweit von Roskilde führt das Lejre Versuchszentrum in die Eisenzeit vor ca. 2000

Jahren. Hier werden die Lebensbedingungen in einem Eisenzeitdorf erforscht und veranschaulicht, so daß man sich Wohnung, Kleidung, Ernährung und Religion der damals lebenden Menschen gut vorstellen kann. Man kann Einblick nehmen in Bauweise und Nutzung der Kleinbauernhäuser, beobachten, wie Getreide gemahlen, Kleidung und Werkzeug hergestellt und genutzt wurden. Besonders interessant war eine Modenschau: Angehörige des Versuchszentrums führten die in eisenzeitlicher Handwerkskunst gefertigte Kleidung vor. Das wirtschaftliche und soziale Leben dieser Kulturepoche wird so insgesamt sehr anschaulich dargestellt.

In dem Wasserschloß Frederiksborg, das von Christian IV. 1602-20 erbaut wurde und als großartigstes Bauwerk der dänischen Renaissance gilt, geben Bildnisse, Gemälde und Kunstwerke eine Übersicht über die dänische Geschichte. Nach dem Brand von 1859 wurde dieses Schloß durch den Carlsberg-Fonds 1877 in ein Museum umgewandelt. Die unversehrt gebliebene Schloßkirche beeindruckt durch die Betkammer, das eingelegte Gestühl, die prachtvolle Kanzel und schöne Orgel. An den Wänden hängen die Wappen der Staatsoberhäupter, denen der Elefantenorden verliehen wurde.

Den nur 4,5 km breiten Öresund bewacht das Schloß Kronborg, das Frederik II., der Vater Christians IV., 1577-85 im Renaissancestil errichten ließ. König Erik von Pommern (1382-1459) erhob hier seit 1429 den Sundzoll. Bis zu seiner Ablösung durch die seefahrenden Nationen 1857 war dieser Zoll die Haupteinnahmequelle des dänischen Staates. Unter den vielen Schiffen, die den Sund als Seeverkehrsweg von den Weltmeeren in den Ostseeraum nutzten, befanden sich zwischen 1557 und 1616 auch 115 Schiffe aus Oldenburg. Mit der Flaggenterrasse vor den Bastionen der Festung ist die Hamlet-Sage verbunden, die Shakespeare in seinem Drama aufnahm.

Seine Bedeutung als „Kulturhauptstadt Europas 1996" bekräftigt Kopenhagen auch durch die Veranstaltung internationaler Sommerkonzerte in der Konzerthalle des Vergnügungsparks Tivoli. Am Abend vor der Rückreise wurde hier das Konzert der New Yorker Philharmonie zu einem begeisternden Erlebnis. Unter der Leitung von Kurt Masur erklangen ein „Konzert für Englischhorn und Orchester" von N. Rorem (geb. 1923) mit Th. Stacy als Solisten und im Gedenken an den 100. Todestag des Komponisten die Symphonie Nr. 4, Es-Dur von Anton Bruckner. In den Jubel über die in Hochform vorgetragene Musik spielten die New Yorker Symphoniker als Zugaben Tschaikowskis Streicher-Walzer und ihre Blechbläser Jazzcombo „That's a Plenty".

Als Interpret der Stimmung, die am Ende der Exkursion herrschte, faßte Dipl.-Ing. G. Rieken wichtige Eindrücke zusammen. Nicht nur die geologischen, landeskundlichen, historischen und kunstgeschichtlichen Studien seien von hoher Wertschätzung getragen, sondern auch das Erlebnis pulsierenden Lebens in der nordeuropäischen Großstadt, das ein Stadtbummel ermöglichte. Dank galt allen, die zum Gelingen dieser interessanten Studienfahrt beitrugen.

# OLDENBURGER LANDESVEREIN FÜR GESCHICHTE, NATUR- UND HEIMATKUNDE E.V.

## Oldenburgische Geschichtsquellen

Hg. vom Oldenburger Verein für Landesgeschichte und Altertumskunde; Band 2: hg. vom Oldenburger Landesverein für Geschichte und Heimatkunde; Band 3: hg. von der Historischen Gesellschaft des Oldenburger Landesvereins für Geschichte, Natur- und Heimatkunde in Verbindung mit dem Niedersächsischen Staatsarchiv Oldenburg; ab Band 4: hg. vom Oldenburger Landesverein für Geschichte, Natur- und Heimatkunde durch die Historische Gesellschaft zu Oldenburg

Vorläufer:
Hermann Oncken
**Die ältesten Lehnsregister der Grafen von Oldenburg und Oldenburg-Bruchhausen**
*1893, vergriffen*

Band 1
Hermann Hamelmann
**Oldenburgische Chronik (bis 1588)**
Neue Ausgabe nach der Handschrift im Staatsarchiv Oldenburg von Gustav Rüthning
*1940, vergriffen*

Band 2
Hermann Lübbing
**Die Bestände des Staatsarchivs Oldenburg**
Gesamtübersicht und Archivplan mit einer Stamm- und Regententafel
*1943, vergriffen*

Band 3
Carl Haase
**Mittelalterliche Rechtsquellen der Stadt Wildeshausen**
*1953, vergriffen*

Band 4
**Oldenburger Salbuch**
Register des Drosten Jakob von der Specken über Grundbesitz und Einkünfte der Grafen von Oldenburg um 1428 bis 1450.
Bearb. und hg. von Hermann Lübbing
*152 Seiten, 12 Abb., 5 Karten im Text, 1 Münztafel, 1 Karte im Anhang, 1965, gbd., DM 30,-*
ISBN 3 89358 255 4

Band 5
(Karl Groß)
**Tagebuch des Seejunkers Diedrich Adolph Karl Groß 1851-1855**
*90 Seiten, 1 Farbtafel, 1960, kart., DM 18,-*
ISBN 3 87358 248 1

## Oldenburger Forschungen

Hg. vom Oldenburger Verein für Landesgeschichte und Altertumskunde; ab Heft 8: Hg. vom Oldenburger Landesverein für Geschichte, Natur- und Heimatkunde durch die Historische Gesellschaft zu Oldenburg

Heft 1
Karl Düßmann
**Graf Anton Günther von Oldenburg und der Westfälische Friede 1643-1654**
*1935, vergriffen*

Heft 2
Albert C. Schwarting
**Oldenburg unter Herzog Peter Friedrich Ludwig von 1785-1811**
*1936, vergriffen*

Heft 3
Eduard Kellerhoff
**Beiträge zur Geschichte der Stadt Rüstringen**
*1937, vergriffen*

Heft 4
Oskar Brunken
**Das alte Amt Wildeshausen**
Landschaftsentwicklung, Besiedlung und Bauernhöfe
*1938, vergriffen*

Heft 5
Gerhart Lohse
**Geschichte der Ortsnamen im östlichen Friesland zwischen Weser und Ems**
Ein Beitrag zur historischen Landeskunde der deutschen Nordseeküste
*2. Aufl. 1996 über Brune Verlag, Wilhelmshaven*

Heft 6
Franz Kohnen
**Die Grafschaft Oldenburg und der Westfälische Reichskreis bis 1667**
*1940, vergriffen*

Heft 7
Hermann Böning
**Plattdeutsches Wörterbuch für das Oldenburger Land**
*1941. Reproducke 1970 und 1984 durch den Heimatverein Herrlichkeit Dinklage e.V. in Dinklage*

Heft 8
Georg Linnemann
**Musikgeschichte der Stadt Oldenburg**
*339 Seiten, 20 Abb., 1956, kart., DM 24,-*
*ISBN 3 87358 253 8*

Heft 9
Martin Sellmann
**Entwicklung und Geschichte der Verwaltungsgerichtsbarkeit in Oldenburg**
*111 Seiten, 8 Abb., 1957, kart., DM 12,-*
*ISBN 3 87358 258 9*

Heft 10
Kurt Hartong
**Beiträge zur Geschichte des Oldenburgischen Staatsrechts**
*211 Seiten, 1 Karte, 10 Abb., 1958, kart., DM 21,-*
*ISBN 3 87358 251 1*

Heft 11
Werner Storkebaum
**Graf Christoph von Oldenburg (1504-1566)**
Ein Lebensbild im Rahmen der Reformationsgeschichte
*200 Seiten, 2 Abb., 1959, kart., DM 24,-*
*ISBN 3 87358 259 7*

Heft 12
Hans Hanken
**Das Kollegiatstift zu Oldenburg, seine Kirchen, seine Geistlichen und seine Güter**
Eine Studie zu den kirchlichen Verhältnissen der Stadt Oldenburg im Mittelalter
*107 Seiten, 2 Karten im Text, 11 Abb. auf Tafeln, 1959, kart., DM 21,-*
*ISBN 3 87358 249 X*

Heft 13
Christian Friedrich Logemann
**Die geschichtliche Entwicklung des besonderen Sielrechts in Oldenburg**
*63 Seiten, 2 Karten, 1959, kart., DM 18,-*
*ISBN 3 87358 254 6*

Heft 14
Johanna-Luise Brockmann
**Esdras Heinrich Mutzenbecher (1744-1801)**
Ein Beitrag zur Geschichte des Bildungswesens im Zeitalter der Aufklärung
*113 Seiten, 1 Abb., 1959, kart., DM 18,-*
*ISBN 3 87358 247 3*

Heft 15
Walter Kaufmann
**Die Orgeln des alten Herzogtums Oldenburg**
„Nordoldenburgische Orgeltopographie"
*200 Seiten, 1 Karte, 32 Abb. auf Tafeln, 1959, gbd., DM 24,-*
*ISBN 3 87358 252 X*

Heft 16
Hellmut Rogowski
**Verfassung und Verwaltung der Herrschaft und Stadt Jever von den Anfängen bis zum Jahre 1807**
*179 Seiten, 1 Abb., 1967, kart., DM 18,-*
*ISBN 3 87358 257 0*

Heft 17
Manfred Richter
**Die Anfänge des Elsflether Weserzolles**
Beiträge zur Geschichte von Schiffahrt und Wirtschaft der Unterweser im 17. Jahrhundert
*109 Seiten, 4 Karten im Anhang, DM 12,-*
*ISBN 3 87358 256 2*

## Oldenburger Forschungen
## Neue Folge

Hg. im Auftrag des Oldenburger Landesvereins für Geschichte, Natur- und Heimatkunde e.V. von Albrecht Eckhardt, Mamoun Fansa, Egbert Koolman und Ulf Beichle

Band 1
Albrecht Eckhardt
**Von der bürgerlichen Revolution zur nationalsozialistischen Machtübernahme**
Der Oldenburgische Landtag und seine Abgeordneten 1848-1933
*116 Seiten, 1 farbige und 11 s/w Abb., 1996, brosch., DM 19,-*
*ISBN 3 89598 327 6*

Band 2
Heinz A. Pieken
**Deichrecht und Deichmauern in den Bilderhandschriften des Sachsenspiegels und in anderen Quellen**
*116 Seiten, 7 farbige und 6 s/w Abb., 1996, brosch., DM 19,-*
*ISBN 3 89598 364 0*

Band 3
Michael Reinbold
**„Der Unterthanen liebster Vater"**
Herrscherpropaganda und Selbstdarstellung in den Bildnissen des Grafen Anton Günther von Oldenburg (1583-1667)
*104 Seiten, 14 farbige und 27 s/w Abb., 1997, brosch., DM 20,-*
*ISBN 3 89598 365 9*

Band 4
Wilhelm Janßen
**Der Ellenser Damm und seine Befestigungen**
*96 Seiten, 56 s/w Abb., 1997, brosch., DM 19,-*
*ISBN 3 89598 465 5*

*In Vorbereitung:*

Band 5
Egbert Koolman / Harald Schieckel
**Militär und Zivil im alten Oldenburg**
Die Erinnerungen von Wilhelm und Christoph Meinardus
*Erscheint im Frühjahr 1998*

Band 6
Richard Tantzen / Sergej Iskjul / Wadim Tschernych
**Das Haus Oldenburg in Rußland**
*Erscheint im Sommer 1998*

Band 7
Hermann Böning
**Plattdeutsches Wörterbuch**
für das Oldenburger Land
*Erscheint im Sommer 1998*